A Collection of Historical Writings by Deng Guangming

邓广铭治史丛稿

邓广铭 著

北京大学出版社
PEKING UNIVERSITY PRESS

图书在版编目(CIP)数据

邓广铭治史丛稿/邓广铭著.—北京:北京大学出版社,2022.10
ISBN 978-7-301-32925-2

Ⅰ.①邓…　Ⅱ.①邓…　Ⅲ.①中国历史—辽宋金元时代—文集
Ⅳ.①K244.07-53

中国版本图书馆 CIP 数据核字(2022)第 038540 号

书　　　名	邓广铭治史丛稿 DENG GUANGMING ZHISHI CONGGAO
著作责任者	邓广铭　著
责任编辑	刘书广　刘　方
标准书号	ISBN 978-7-301-32925-2
出版发行	北京大学出版社
地　　　址	北京市海淀区成府路 205 号　100871
网　　　址	http://www.pup.cn　新浪微博:@北京大学出版社
电子邮箱	编辑部 wsz@pup.cn　总编室 zpup@pup.cn
电　　　话	邮购部 010-62752015　发行部 010-62750672 编辑部 010-62755217
印刷者	北京中科印刷有限公司
经销者	新华书店
	650 毫米×980 毫米　16 开本　38 印张　610 千字 1997 年 6 月第 1 版　2010 年 6 月第 2 版 2022 年 10 月第 3 版　2024 年 1 月第 2 次印刷
定　　　价	148.00 元

未经许可,不得以任何方式复制或抄袭本书之部分或全部内容。
版权所有,侵权必究
举报电话:010-62752024　电子邮箱:fd@pup.cn
图书如有印装质量问题,请与出版部联系,电话:010-62756370

自　序

清人章学诚的《文史通义·答客问(中)》有几段话,我觉得是说得很好的,今分别摘引于下。他有一段说:

> 由汉氏以来,学者以其所得,托之撰述以自表见者,盖不少矣:高明者多独断之学,沉潜者尚考索之功,天下之学术,不能不具此二途。

章学诚的书名既然是《文史通义》,则他所说的天下之学术,实际上也只是限于文史。他所说的独断之学,应即是要求撰述者以其史识(在今天,还应包括理论水平)作出应有的论断;他所说的考索之功,应即是要求撰述者对于文献资料能够加以选择,具有去粗取精、去伪存真的本领。

他另有一段说:

> 若夫比次之书,则掌故令史之孔目,簿书记注之成格,其原虽本柱下之所藏,其用止于备稽检而供采择,初无他奇也。然而独断之学非是不为取裁;考索之功非是不为按据,如旨酒之不离乎糟粕,嘉禾之不离乎粪土。

这里所说的"比次之书",应是指一些分门别类编辑而成的历史资料,例如会要、会典和某些史料丛编之类。没有这类比较原始的资料,则所谓"独断之学"和"考索之功"便全都无所凭依了。

《答客问(中)》的最后,对马端临和他所编著的《文献通考》提出批评说:

马贵与无独断之学,而《通考》不足以成比次之功。……此乃经生决科之策括。不敢抒一独得之见,标一法外之意,而奄然媚世为乡愿。

把这番话用在马端临和《文献通考》身上,我觉得并不十分公允,只因与本题无关,现且不去说它。

总括以上引述的章学诚的几段话,那就是他认为每一个从事撰述的人(他虽做出"高明"与"沉潜"那两种区分,在这里却是无关重要的),一是必须具备独到的见解,二是必须具备考索的功力,而这两者又必须先以掌握大量的历史资料为凭借。而章学诚最反对的,则是一个撰述者在其撰述的成品当中,既不能"抒一独得之见",又不敢"标一法外之意,而奄然媚世为乡愿"。我以为,对于今天从事研究文史学科的人来说,也应当把这些话作为写作规范。我自己所撰述的文章,尽管未能完全符合章氏所规定的几项标准,但是,我一直是试把它们作为追求的目标的。选在这本《治史丛稿》当中的文章,也全都是在这种追求之下写成的。至于"奄然媚世为乡愿"的那种作风,更是我所深恶痛绝,一直力求避免的。

这本《治史丛稿》所收录的文章共四十六篇,全都是属于辽、宋、金史方面的。其中一大部分原已收录在我的一本《学术论著自选集》当中,只因该书共印了一千五百册,所以又商得首都师范大学出版社的同意,从中选录了很多篇章收入这本《治史丛稿》中来。

这本《丛稿》所收各篇论文的编列顺序,不是按照写作时间的先后加以区分的,也不是按照文章的体裁加以区分的,而是完全依照各文所谈论的实际问题而区分的。例如书中收录了几篇序文,其中间有应著作人之嘱而写的,这类文章,一般被称为酬世之作,而在我却无任何一篇敷衍塞责之作,都是严肃认真地作为一个研究课题对待的,所以,也都依其内容而分别列于各门类之中,不再另设序跋一类。

1995 年 12 月 24 日

目 录

《辽史·兵卫志》中"御帐亲军""大首领部族军"两事目考源辨误 / 001

杨若薇《契丹王朝政治军事制度研究》序言 / 017

《宋史·职官志》抉原匡谬 / 021

《〈宋史·职官志〉考正》自序与凡例 / 036

  附 录：陈寅恪先生所作《〈宋史·职官志〉考正》序 / 042

邓小南《宋代文官选任制度诸层面》序言 / 043

《〈宋史·刑法志〉考正》序 / 047

宋代文化的高度发展与宋王朝的文化政策

  ——《北宋文化史述论稿》序引 / 056

北宋的募兵制度及其与当时积弱积贫和农业生产的关系 / 064

王安石对北宋兵制的改革措施及其设想 / 089

陈傅良的《历代兵制》卷八与王铚的《枢廷备检》

  ——为纪念陈援庵先生诞辰110周年而作 / 099

宋朝的家法和北宋的政治改革运动 / 106

南宋初年对金斗争中的几个问题 / 123

略谈宋学 / 138

王安石在北宋儒家学派中的地位

  ——附说理学家的开山祖问题 / 150

关于周敦颐的师承和传授 / 164

朱陈论辩中陈亮王霸义利观的确解　/ 182

陈亮反儒问题辨析　/ 192

略论辛稼轩及其词　/ 209

辛稼轩归附南宋的初衷和奏进《美芹十论》的主旨
　　——纪念辛稼轩诞辰850周年　/ 226

略论辛稼轩作于立春日的《汉宫春》词的写作年份和地点
　　——读郑骞教授《辛稼轩与韩侂胄》书后　/ 237

辛稼轩"书东流村壁"的《念奴娇》的写作时、地问题
　　——与陈志昂君商榷　/ 244

略论有关《涑水记闻》的几个问题　/ 254

《辨奸论》真伪问题的重提与再判　/ 269

对有关《太平治迹统类》诸问题的新考索　/ 294

校点本《宋诸臣奏议》弁言　/ 321

再论《大金国志》和《金人南迁录》的真伪问题
　　——与崔文印君商榷　/ 329

三十卷本《陈龙川文集》补阙订误发覆　/ 338

《辛稼轩年谱》及《稼轩词疏证》总辨正　/ 356

书诸家跋四卷本《稼轩词》后　/ 373

论赵匡胤　/ 380

陈桥兵变黄袍加身故事考释　/ 391

宋太祖太宗皇位授受问题辨析　/ 402

试破宋太宗即位大赦诏书之谜　/ 426

关于王安石的居里茔墓及其他诸问题　/ 435

不需要为沈括锦上添花
　　——万春圩并非沈括兴建小考　/ 442

关于宋江的投降与征方腊问题　/ 451

读《漫谈辛稼轩的经济生活》书后
　　——与罗忼烈教授商榷　/ 460

《稼轩词甲集》序文作者范开家世小考　/ 470

《宋史》岳飞、张宪、牛皋、杨再兴传考源　/ 479

"黄龙痛饮"考释　/ 493

有关"拐子马"的诸问题的考释　/ 502

《鄂王行实编年》中所记朱仙镇之捷及有关岳飞奉诏班师
　　诸事考辨　/ 518

再论岳飞的《满江红》词不是伪作　/ 533

　　附录：臧克家与作者关于岳飞《满江红》词的通信　/ 546

陈龙川狱事考　/ 548

朱唐交忤中的陈同甫　/ 560

辨陈龙川之不得令终　/ 565

邓广铭与20世纪的宋代史学　刘浦江　/ 572

邓广铭学术年表　邓小南　刘浦江　聂文华　/ 593

《辽史·兵卫志》中"御帐亲军""大首领部族军"两事目考源辨误

《辽史》一书，在二十四史当中是篇卷最少的一种，然而其中所存在的问题，在全部二十四史当中却并不以它为最少。把《辽史》中的问题作一概括的区分，可以归纳为三大类：一是疏漏纰缪之处太多，二是前后重复之处太多，三是自相矛盾之处太多。其所以如此，是因为，在元代纂修《辽史》的时候，上距辽国之亡已经二百余年，参与纂修工作的史官们，对于有辽一代的朝章政典全都不甚谙悉，而从辽国传留下来的资料又实在太少，迫不得已，遂一方面把同一事件、制度等等使其在纪、志、表、传之中互见迭出，以求富其卷帙；另一方面又把汉人方面的一些有关记载，例如冒称南宋人叶隆礼编的《契丹国志》等，不问其是否出之传闻，也不问其是否和出自辽人的记载抵牾矛盾，只是生吞活剥地加以抄袭。又加史官们为应付当时的功令，急于在一年之内把全书编完，一切取办于仓促，在全书编写完毕之后且竟不暇从头到尾作一次总的复查工作。《辽史》中大部分的重复、疏漏、抵牾、错误诸病，主要就是由于这几种原因造成的。

从18世纪到近年来，曾有一些人对《辽史》做过补充校正的工作。其间如厉鹗、杨复吉、冯家昇诸人且已都有成书刊布。但是他们的著作，或则着重于罗列异说，或则着重于版本的校勘，而对于其中所记典章、制度、事件、现象诸方面的混淆错谬之处则很少加以考核辨证。即如关于有辽一代的营卫建置、军法兵政等事，如果仿照《新唐书》的例子，在《辽史》中专立《兵志》一篇加以叙述也尽够了；而《辽史》的纂修者们却偏要分为《营卫》和《兵卫》两志，每一志且各分为上中下三卷，而事实上分隶在此六卷书中的一些事目,有很多是彼此重复的。例如《营卫志》中的《斡鲁朵》与《兵卫志》中的《宫卫》即是。这样做了之后,仍还不能充满六卷书的篇幅,遂又把《契丹国志》中的兵马制度章中所载数事摘抄了来,而不管《国志》所载是否真是有辽一代的定制及其与《辽史》其他部分是否抵触。这导致的淆乱错杂,莫衷一是,对于正确了解辽代史实成为一大障碍。前此研治《辽史》的人对这样的问题既未加以辨析和订正,我在翻读之际便先就这一问题做了一番穷源究委、疏通证明的工作,写成此文,作为我《读〈辽史〉札记》的第一篇。

一、《辽史·兵卫志》中"御帐亲军""大首领部族军"两条中所存在的问题

(一)《辽史·兵卫志》中的"御帐亲军"和"大首领部族军"

《辽史》卷三五《兵卫志(中)》的第一个条目是"御帐亲军",其全文如下:

> 汉武帝多行幸之事,置期门、伙飞、羽林之目,天子始有亲军。唐太宗加亲、勋、翊、千牛之卫,布腹心之地,防卫密矣。
>
> 辽太祖宗室盛强,分迭剌部为二,宫卫内虚,经营四方,未遑鸠集。皇后述律氏居守之际,摘蕃汉精锐为属珊军;太宗益选天下精甲,置诸爪牙,为皮室军。合骑五十万,国威壮矣。
>
> 大帐皮室军——太宗置,凡三十万骑。
>
> 属珊军——地皇后置,二十万骑。

《辽史》这一卷的第三个条目是"大首领部族军",这一条的全文是:

> 辽亲王大臣,体国如家,征伐之际,往往置私甲以从王事;大者千余骑,小者数百人,著籍皇府。国有戎政,量借三五千骑,常留余兵为部族根本。
>
> 太子军　　伟王军　　永康王军
> 于越王军　麻答军　　五押军

上引两条的文字虽很简单,但若稍加研究,和另外的一些有关资料稍加比勘,便会发现,其中所存在的问题却不算很少很小的。

(二)"御帐亲军"在阿保机称帝之初就已经设立了

根据"御帐亲军"条所说,在辽太祖时候,"宫卫内虚,经营四方,未遑鸠集"。到他的儿子辽太宗时候,才"选天下精甲,置诸爪牙,为皮室军"。这记载是错误的。首先,这和《营卫志》中的记载就是不相符合的。《营卫志(上)》的"宫卫"条说:

> 算斡鲁朵,太祖置。国语:心腹曰算,宫曰斡鲁朵。是为弘义宫。以心腹之卫置。益以渤海俘、锦州户。其斡鲁朵在临潢府。

其次,这和《兵卫志(中)》之"宫卫骑军"条的记载也是不相符合的。"宫卫骑军"条说:

> 太祖以迭剌部受禅,分本部为五院、六院,统以皇族,而亲卫缺然。乃立斡鲁朵法:裂州县,割户丁,以强干弱支,诒谋嗣续,世建宫卫。……简天下精锐,聚之腹心之中。怀旧者岁深,增新者世盛,此军制之良者也。

后两条引文中的所谓"心腹之卫",所谓"简天下精锐,聚之腹心之中",当然就是指"御帐亲军"亦即"大帐皮室军"而言。既然如此,可知所谓"御帐亲军"(即大帐皮室军)并不是迟到辽太宗时候才建立的。

也许还会有这样的疑问:"御帐亲军"条的记载和后两条引文中的记载之不相符合,正是所谓"彼亦一是非,此亦一是非",怎见得后两条记载之必是,前一条记载之必非呢?

答复是:前一条记载之所以必误,是因为在《辽史》的纪、志、表、传之中,还可以为后两条记载找出很多佐证,而前条记载则连一条佐证也找不出来。这里姑举以下五事为证:

一、《辽史》卷七三《耶律曷鲁传》有云:"〔太祖〕即皇帝位,命曷鲁总军国事。时制度未讲,国用未充,扈从未备,而诸弟剌葛等往往觊非望,太祖宫行营始置腹心部,选诸部豪健二千余充之,以曷鲁及萧敌鲁总焉。"

二、同书同卷《耶律斜涅赤传》："太祖即位，掌腹心部。……天显中卒，年七十。居佐命功臣之一。"

三、同书同卷《耶律欲稳传》："太祖始置宫分以自卫，欲稳率门客首附宫籍，帝益嘉其忠。"

四、同书同卷《耶律老古传》："老古字撒懒。……隶太祖帐下。〔太祖〕既即位，屡有战功。……以功授右皮室详稳，典宿卫。太祖侵燕赵，遇唐兵云碧店，老古恃勇轻敌，直犯其锋，战久之，被数创，归营而卒。太祖深悼惜之。"

五、同书同卷《耶律颇得传》："颇得字兀古邻，弱冠事太祖，天显初为左皮室详稳，典宿卫。"

从以上所举的五事，可以知道：在辽太祖时候，不但已经有了很森严的"卫从"（或叫"腹心部"，或叫"宫分"），而且已经有了"皮室"的名称了；不但有了皮室的名称，而且已经把皮室军分为"左皮室"和"右皮室"了。

《辽史》的纂修者们，乱七八糟地拼凑了这许多记载，在纂修过程中大概也觉察到其间颇有抵牾不合之处，便又在《百官志（二）》的"左右北南诸皮室详稳司"条下加了一段话说：

> 太宗选天下精甲三十万为皮室军。
>
> 初，太祖以行营为宫，选诸部豪健千余人，置为腹心部。耶律老古以功为右皮室详稳，则皮室军自太祖时已有，即腹心部是也。太宗增多至三十万耳。

既然确定在太祖时已经设置了"皮室军"（即"御帐亲军"），何以不把《兵卫志》中"御帐亲军"的文字改从一律呢？

（三）辽朝的"御帐亲军"果真经常有五十万人之多吗

出现于第十世纪初年的契丹国，是包括了一些各有各的生活方式、各有各的语言的部落和部族的集合体。单就居于国家统治地位的契丹族而论，它在那时还正处在原始公社解体和向家长奴役制发展的阶段。这时期契丹全族人还都处在军事组织之中，战争是他们经常的职业。

从第8、9世纪以来的长时期内,对其毗邻的唐帝国所不断进行的战争,对契丹族的军事组织也起了巩固和发展的作用。所以《辽史·食货志》说:

> 契丹旧俗,其富以马,其强以兵。纵马于野,弛兵于民,有事而战,驱骑介夫,卯命辰集。马逐水草,人仰湩酪,挽强射生以给日用,糗粮刍茭,道在是矣。以是制胜,所向无前。

这也就是《辽史·营卫志(中)》所说的:

> 胜兵甲者即著军籍(按:《辽史·兵卫志(上)》"兵制"条说"辽国兵制,凡民年十五以上、五十以下隶兵籍"。这里所说的"胜兵甲者"当即指所有年十五以上、五十以下的人),分隶诸路详稳、统军、招讨司。番居内地者,岁时田牧平莽间。……绩毛饮湩以为衣食。

这可见,在辽国初建以及既建之后的若干年代之内,契丹族内的所有壮丁,在平时都从事于畜牧渔猎,一遇战事便都被征发从军。其征发的手续,据《辽史·兵卫志(上)》"兵制"条所载是:

> 凡举兵,……〔诸道〕始闻诏,攒户丁,推户力,核籍齐众以待。自十将以上,次第点集军马器仗。……
>
> 然后皇帝亲点将校,又先勋戚大臣,充行营兵马都统、副都统、都监各一人。又选诸军兵马尤精锐者三万人为护驾军。又选骁勇三千人为先锋军。又选剽悍百人之上为远探拦子军。以上各有将领。

这里是说,不但出征的大军全是出于临时征发的,连保卫皇帝的"护驾军"都是从这些临时征发来的军队中选拔出来的。

既然契丹族的丁壮平时都在从事于畜牧畋渔,辽国对外作战的军队既然全是临时调发而来,这便等于说,在辽国,为了保卫京城和最高统治者们而经常豢养着的职业兵,其数量是既不需要也不可能十分巨大的。

既然如此,我们对于《辽史·兵卫志(中)》"御帐亲军"条所载大帐皮室军"凡三十万骑",属珊军"凡二十万骑","合骑五十万,国威壮矣"诸点便不能不发生很大的怀疑了。

(四)"大首领部族军"是贯通有辽一代长期存在的吗

《辽史·兵卫志》的"大首领部族军"条所举诸大首领的名号,其中的"太子"似乎可以被理解为泛指所有曾被立为太子的人,"于越"和"五押"似乎也可以被理解为所有曾经膺受过这种名衔、职事的人;但"伟王"的封号在整部《辽史》当中只此处一见,显然不是世袭的职位,麻答则更是某一个别人物的私名,则伟王军和麻答军便不应是在辽国长期存在的军队番号。以此例彼,则所谓"太子军""于越王军"和"五押军"之是否各为经久存在的军队名号,也实在是大可怀疑的。

为求正确解答上列诸疑问,必须把《辽史·兵卫志》中这两条记载所根据的原始材料追查清楚。

《辽史·兵卫志》的这两条,是直接抄自《契丹国志》,而间接出自北宋初年的大臣宋琪的一道奏章的。

二、根据宋琪的《平燕蓟十策》订正 《辽史·兵卫志》的错误

(一)宋琪的《平燕蓟十策》

宋琪的《平燕蓟十策》,见于以下四书:1.《宋史》卷二六四《宋琪传》;2.《宋会要辑稿》蕃夷一之一四至一九;3.《续资治通鉴长编》卷二七;4.《历代名臣奏议》卷三二二《御边门》。这里的引文主要是依据《宋史·宋琪传》所载,也间有参据他本之处。

> 国家将平燕蓟,臣敢陈十策:一、契丹种族。二、料贼众寡。三、贼来布置。四、备边。五、命将。六、排阵讨伐。七、和蕃。八、馈运。九、收幽州。十、灭契丹。

> 契丹,蕃部之别种,代居辽泽中。南界潢水,西距邢山,疆土幅员千里而近。其主自阿保机始强盛,因攻渤海,死于辽阳。妻述律氏生三男:长曰东丹;次曰德光,德光南侵还,死于杀胡林;季曰自在太子。东丹生永康,永康代德光为主,谋起军南侵,被杀于火神淀。

德光之子述律代立,号为"睡王",二〔十〕年(按:述律为辽穆宗。他于951年即位,至969年为近侍所杀,在位共十九年,此处之"二年"当为二十年之误,各本均脱"十"字。)为永康子明记所篡。明记死,幼主代立。明记妻萧氏,蕃将守兴之女。今幼主,萧氏所生也。

按:以上当即是《十策》中的第一策,即"契丹种族"。

晋末,契丹主头下兵谓之大帐,有皮室兵约三万,皆精甲也,为其爪牙。

国母述律氏头下谓之属珊,属珊有众二万,乃阿保机之牙将,当是时半已老矣。南来时量分借得三五千骑,述律常留余兵为部族根本。

其诸大首领,有太子、伟王、永康、南北王、于越、麻答、五押等。(原注:于越谓其国舅也。)大者千余骑,次者数百骑,皆私甲也。

别族则有奚、霫,胜兵亦万余人,少马多步。(原注:奚,其王名阿保得者,昔年犯阙时,令送刘晞、崔廷勋屯河洛者也。)

又有渤海首领大舍利高模翰步骑万余人,并髡发左衽,窃为契丹之饰。

复有近界达靼、尉厥里、室韦、女真、党项,亦被胁属,每部不过千余骑。

其三部落,吐浑,沙陀,泊幽州管内、雁门以北十余州军部落汉兵,合二万余众,此是石晋割以赂蕃之地也。

蕃汉诸族其数可见矣。

按:以上当即是《十策》中的第二策,即"料贼众寡"。

每蕃部南侵,其众不啻十万。契丹入界之时,步骑车帐不从阡陌东西,一概而行。

大帐前及东西面,差大首领三人,各率万骑,支散游奕百十里外,亦交相侦逻,谓之拦子马。

契丹主吹角为号,众即顿舍,环绕穹庐,以近及远。只折木梢屈之,为弓子铺,不设枪营堑栅之备。或闻声言斫寨之声者,皆不实也。

每军行,听鼓三伐,不问昏昼,一匝便行。

未逢大敌,不乘战马,俟近我师,即竞乘之,所以新羁战马蹄有余力也。

其用军之术,成列而不战,俟退而乘之。多伏兵断粮道。冒夜举火,上风曳柴,馈饷自赍,退败无耻,散而复聚,寒而益坚(原注:盖并毡裘骑士之故)。此其所长也。

按:以上当即是《十策》中的第三策,即"贼来布置"。

中原所长:秋夏霖霪,天时也;山林河津,地利也;枪突剑弩,兵胜也;财丰士众,力强也。乘时互用,较然可知。

王师备边破敌之计:每秋冬时,河朔州军,缘边砦栅,但专守境,勿辄侵渔,令彼寻戈,其词无措。或戎马既肥,长驱入寇,戎主亲行,胡群萃至,寒云翳日,朔雪迷空,鞍马相持,毡褐之利。所宜守陴坐甲,以逸待劳。令骑士并屯于天雄军、贝、磁、相州以来。(原注:若分在边城,缓急难于会合。)近边州府只用步兵,多屯弩手,大者万卒,小者千人,坚壁固守,勿令出战。彼以全国戎羯,此以一郡貔貅,虽勇懦之有殊,虑众寡之不敌也。

按:以上当即是《十策》中的第四策,即"备边"。以下诸策从略。

(二) 宋琪上疏的年代和疏中所述辽事的时间断限

根据《宋史》卷二六四《宋琪传》所载,宋琪是幽州蓟县人。在石敬瑭把燕云十六州出卖给契丹之后,宋琪在契丹应进士举中第,在941年被辽廷派充寿安王(耶律德光的长子,即后来辽国的穆宗皇帝)的侍读。因为这种职位关系,宋琪对于辽廷中的军国大事,所见所闻遂都较多一些。

946年辽国以幽州帅赵延寿为前锋而出兵攻击后晋,这时宋琪已被赵延寿辟置在他的帅幕之中,也跟随赵延寿一同南下,所以他对于辽方侵略军的调动布置方面所知道的也比较多。到947年辽兵撤离开封北归时候,宋琪没有随军北去,从此即转为赵德钧的儿子赵匡赞的幕僚。赵匡赞历仕后晋、后汉、后周,到北宋初年还曾做过寿阳和延安两镇的守臣,在这期内宋琪一直是他的佐贰。此后宋琪被调为开封府的推官,受到了开封尹赵光义的赏识,到赵光义做了皇帝之后,宋琪的官职连次升迁,到983年的一年内便连升四次,由参知政事而登上宰相之位。

宋太宗在979年曾发动过对辽的军事进攻,结果是在幽州城下被辽军打得大败而回。982年辽景宗耶律贤卒,其子隆绪以十二岁的冲龄继承皇帝之位,由其母萧氏当政,而大臣韩德让宠幸用事。宋太宗知道这等情况之后,认为这是可乘之机,便打算再发动一次对辽的军事进攻。在准备过程中,他先下诏给宋廷的臣僚,要他们提供对辽国用兵的意见。宋琪的《平燕蓟十策》就是在986年春间奏陈的。(按:《宋会要》和《宋史·宋琪传》都说这道奏章是989年进呈的。李焘在《续资治通鉴长编》中曾附加注文,指出此说的错误,以为这道奏章是986年春曹彬等出师时所上,今从之。)

从947年宋琪离开了赵延寿,离开了辽的军队,到986年他奏陈《平燕蓟十策》,其间已隔了将近四十年了,在这四十年内,宋琪宦游于陕西、四川、安徽、河南等地,除了对辽国皇帝的更代必然有所闻知以外,对于辽国内部军政大局的发展和变化,他却是无从再得到确实而详细的消息的。因而,在其《平燕蓟十策》的第一策中所述契丹主世次虽也一直说到了幼主(辽圣宗)的代立,而在第二策中所述辽的军事实力,却只是限于辽太宗在石晋末年举兵南侵时候的情况。惟其如此,所以在这段的开头处首先冠以"晋末"二字。惟其如此,所以在"属珊"军下加以解释说:"乃阿保机之牙将,当是时半已老矣。""当是时",仍是指的辽兵南犯之时。

(三)宋琪疏中所举辽的"诸大首领"考实

(1)"太子"非泛指,是专指阿保机的第三子李胡说的。

宋琪奏疏的第一策中,说阿保机共有三子,其第三子被称为"自在太子"。据《辽史》卷六四《皇子表》中所载,阿保机的第三子名叫李胡。表中又说,到辽太宗耶律德光时候,凡遇太宗亲出征伐时,常常由李胡留守京师。《辽史·太宗本纪》于天显五年(930)三月乙亥也载有"册皇弟李胡为寿昌皇太子兼天下兵马大元帅"事。可见直到辽太宗在位期内,李胡还是有"太子"的称号的。《契丹国志》卷一四《诸王传》中说阿保机的第三子"少豪侠有智略,善弹、工射。太祖奇之,曰:'吾家铁儿也。'征渤海时,山坂高峻,士马惮劳苦,太子径于东谷缘崖而进,屡战有功。后渤海平,封为自在太子"。

根据上引诸书的记载,则宋琪在其奏疏的第二策《其诸大首领》下所首先列名的"太子",显然不是泛指辽国先后所有的太子,而只是专指李胡说的。

(2) 伟王是指阿保机弟安端说的。

在《辽史》全书之中,除了《兵卫志·大首领部族军》条中见有伟王名号外,其余各纪志表传之中再也查不到究竟这里是指谁而言。但在北宋方面的一些史书中,伟王之名却是屡见的。《通鉴》卷二八七后汉高祖天福十二年六月壬申载:

> 契丹述律太后闻契丹主(按:即世宗兀欲)自立,大怒,发兵拒之。契丹主以伟王为前锋,相遇于石桥。初,晋侍卫马军都指挥使李彦韬从晋主北迁,隶述律太后麾下,太后以为排阵使,彦韬迎降于伟王,太后兵由是大败。契丹主幽太后于阿保机墓。

《旧五代史》卷八八《李彦韬传》也记及此事:

> 及契丹犯阙,迁少帝于开封府。一日,少帝遣人急召彦韬将与计事,彦韬辞不赴命。……及少帝北迁,戎主遣彦韬从行。洎至蕃中,隶于国母帐下。永康王举兵攻国母,以伟王为前锋,国母发兵拒之,以彦韬为排阵使,彦韬降于伟王,伟王置之帐下。其后卒于幽州。

从《通鉴》和《旧五代史》的这两条记事中,知道伟王在世宗即位之初,在与太后、李胡以兵戎相见时,是一个身任前锋的人。据《辽史·世宗纪》所载这次的战役是:

> 大同元年二月,封永康王。四月丁丑,太宗崩于栾城。戊寅,梓宫次镇阳,即皇帝位于柩前。……太后闻帝即位,遣太弟李胡率兵拒之。六月甲寅朔,次南京。五院夷离堇安端、详稳刘哥遣人驰报,请为前锋,至泰德泉,遇李胡军,战败之。上遣郎君勤德等诣两军谕

解。秋闰七月,次潢河,太后、李胡整兵拒于横渡,相持数日,用屋质之谋,各罢兵趋上京。既而闻太后、李胡复有异谋,迁于祖州。

《辽史》卷七二《李胡传》:

> 世宗即位镇阳,太后怒,遣李胡将兵击之,至泰德泉,为安端、刘哥所败。

根据《辽史》这两条记载,知道在这次战役中替辽世宗打前锋的共是两人,一为安端,另一为耶律刘哥。那么伟王究竟是哪一个人的封爵呢?这问题仍可以从《通鉴》中找到解决的线索。《通鉴》卷二九〇后周太祖广顺元年九月载:

> 北汉主遣招讨使李存瓌将兵自团柏入寇,契丹主欲引兵会之,与酋长议于九十九泉。诸部皆不欲南寇,契丹主强之。癸亥,行至新州之火神淀,燕王述轧及伟王之子太宁王沤僧作乱,杀契丹主而立述轧。契丹主德光之子述律逃入南山,诸部奉述律以攻述轧、沤僧,杀之,并其族党,立述律为帝,改元应历。

《册府元龟》卷九六七《外臣部(十二)·继袭门(二)》也有与此类似的一条记载:

> 初,德光卒,东丹王突欲子兀欲立为天授皇帝。周太祖广顺元年九月,伟王子太宁王与燕王耶律述轧杀兀欲并其妻于帐下。时德光子述律王子讨太宁之乱,诸部首领共推为国主,伪号天顺皇帝。

只须查明杀害辽世宗的太宁王沤僧是什么人,查明他是什么人的儿子,"伟王"的问题便完全解决了。今查《辽史》卷一一二《逆臣传》中的《耶律察割传》云:

> 察割字欧辛,明王安端之子。……以功封泰宁王。……帝伐周,至详古山,太后与帝祭文献皇帝于行宫,〔帝与〕群臣皆醉,……〔察割〕是夕率兵入弑太后及帝。

这段记载和《通鉴》所记全相符合。两相对照,知《通鉴》中的"沤僧"即《辽史》中的"欧辛"的另一写法,二者同是耶律察割的小字的音译。察割是安端的儿子,可以证知《通鉴》诸书所屡次提及的"伟王"必然即是安端。

据《辽史·皇子表》,安端是辽太祖阿保机的五弟,小字猥隐。他在太祖神册三年(918)为惕隐,天赞四年(926)为北院夷离堇。当辽太宗南侵石晋的时候,安端率兵先出鸿门,攻下忻州和代州,及太宗死在栾城,世宗自立于军中,安端首先率兵往应,与李胡战于泰德泉,败之。其后即因这次的功劳而被封为东丹国王,并赐号明王。

(3) 永康王是辽世宗兀欲即位前的封爵。

辽世宗是阿保机长子突欲的儿子。据《辽史》本纪所说,辽太宗耶律德光很喜欢他,"爱之如子"。在945年他也跟随耶律德光南下,及耶律德光攻灭石晋,进入开封后便封他为永康王。946年四月耶律德光死在北返途中,兀欲即在军中即皇帝位。此后在辽方的记载中虽也把他改称为帝,但在五代和宋人的记载中却一直还称他为永康王。

(4) 南北大王是指耶律吼和耶律洼说的。

南大王是指耶律吼——《辽史》卷七七《耶律吼传》说,辽太宗对耶律吼特别倚任,会同六年(943)以吼为南院大王。到辽兵南侵,耶律吼以所部兵从。在入汴之后,诸将皆取内帑珍异,吼独取马铠,因而更受到了辽太宗的嘉奖。世宗立,以功加采访使,仍赐宫户五十。天禄三年(949)卒,年三十九。

北大王是指耶律洼——《辽史》卷七七《耶律洼传》说:洼字敌辇,太宗即位为惕隐。会同中迁北院大王。及伐晋,复为先锋,与梁汉璋战于瀛州,败之。世宗即位,赐宫户五十,拜于越。卒年五十四。

(5) 于越系指"国舅萧翰"。

宋琪疏第二策中,在所列诸大首领内的"于越"之下曾加有一句注解说:"谓其国舅也。"这一"国舅"是指谁说的呢?

查《通鉴》卷二八七,萧翰由开封撤师北归,中途到了恒州,便和麻答以铁骑包围了张砺的住宅,声数张砺前此得罪于他的几件事。其中有一事云:"吾为宣武节度使,且国舅也,汝在中书乃帖我。"萧翰是阿保机妻述律后之侄,耶律德光妻萧后之兄,所以以"国舅"自称。宋琪疏中的"于越"下既注明系指"国舅"而言,则其所指为萧翰当无可疑。

（6）麻答即解里，亦即耶律拔里得，是阿保机的侄子。

据《辽史·太宗本纪》和《资治通鉴》所记，在契丹攻灭后晋的战役中，麻答是一个很重要的带兵将领，而在《辽史》的列传中却不见麻答之名。胡三省在《通鉴》注中有一处曾引用宋白的话，说道：

> 麻答本名解里，阿保机之从子也。其父曰撒剌，归梁，死于汴。

在《通鉴》正文中也有把麻答称作解里之处，例如卷二八七，六月甲寅记萧翰数张砺"罪状"，其中的一条为：

> 又谮我及解里于先帝，云解里好掠人财，我好掠人子女。

这里的"解里"即是麻答。

《通鉴》注的另一处又引用薛居正的《五代史》中的话，说道：

> 麻答，耶律德光之从弟。其父曰萨剌，阿保机时自蕃中奔唐庄宗，寻奔梁。庄宗平梁，获之，磔于市。

既然这两处的记载都说麻答是阿保机之从子，耶律德光之从弟，则麻答之父萨（撒）剌必然是阿保机的同胞兄弟之一。今查《辽史·皇子表》，阿保机的二弟名剌葛，字率懒。于神册二年（917）自幽州南奔，为人所杀。"率懒"必即宋、薛所说的"萨（撒）剌"。据《辽史·皇族表》，剌葛有二子，一个名叫"赛保"，另一个是中京留守"拔里"。"拔里"在《辽史》列传中又作"拔里得"，而他就正是麻答。《辽史》卷七六《耶律拔里得传》云：

> 耶律拔里得字孩邻（按：即宋白所说的"解里"），太祖弟剌葛之子。太宗即位，以亲爱见任。会同七年，讨石重贵，拔里得进围德州，下之，擒刺史师居璠等二十七人。九年，再举兵，次滹沱河，降杜重威，战功居多。太宗入汴，以功授安国节度使，总领河北道事。师还，州郡往往叛以应刘知远，拔里得不能守而归。世宗即位，迁中京留守，卒。

《通鉴》卷二八七、二八八两卷中记述麻答攻灭后晋以后的一些残暴罪行甚详悉，今摘录几事于后，一方面和《辽史》本传互相印证，另一方面也可以明了麻答所以致死的因由。

契丹主兀欲勒兵北归，以安国节度使麻答为中京留守。

麻答贪猾残忍。民间有珍货美妇女必夺取之。又捕村民，诬以为盗，披面、抉目、断腕、焚炙而杀之，欲以威众。常以其具自随，左右悬人肝胆手足，饮食起居于其间，语笑自若。

常恐汉人亡去，谓门者曰："汉有窥门者，即断其首以来。"

契丹所留兵不满二千，麻答令所司给万四千人食，收其余以自入。麻答常疑汉兵，且以为无用，稍稍废省，又损其食以饲胡兵，众心怨愤。闻帝（按：指刘知远）入大梁，皆有南归之志。前颍州防御使何福进、控鹤指挥使太原李荣，潜结军中壮士数十人，……夺契丹守门者兵，击契丹，杀十余人，因突入府中。李荣先据甲库，悉召汉兵及市人，以铠仗授之，焚牙门与契丹战，……烟火四起，鼓噪震地。麻答等大惊，载宝货家属走保北城。……会日暮，有村民数千噪于城外，欲夺契丹宝货妇女，契丹惧而北遁。麻答、刘晞、崔廷勋皆奔定州。……于是晋末州县陷契丹者皆复为汉有矣。

麻答至其国，契丹主责以失守，麻答不服，曰："因朝廷征汉官致乱耳。"契丹主鸩杀之。

(7)"五押"是官名不是人名。

《辽史·百官志（二）》所记控制西夏的"西京诸司"当中，有"西南面五押招讨司"和"五押招讨大将军"两事，在《辽史·国语解》中并没有对"五押"特作解释。宋琪疏中既将"五押"列在"诸大首领"之下，把它和"南北王""于越"平列，当也是把它作为一种职位名称提出，而不是像麻答一样作为人名提出的。

（四）《辽史·兵卫志》系因辗转抄袭宋琪的《平燕蓟十策》而造成错误

把《辽史·兵卫志（中）》当中的"御帐亲军""大首领部族军"两条文字和宋琪的《平燕蓟十策》略加对照，便可以断言，《辽史》这两条的文字，只是把宋琪十策的第二策摘抄了来，又各加上了几句废话，例如"汉武帝多行幸之事""唐太宗加亲、勋、翊、千牛之卫"以及"亲王大臣体国如家"之类，改头换面，敷衍成篇的。

但是，假如纂修《辽史·兵卫志》的人真曾看到宋琪的《平燕蓟十策》的全文，则在摘抄之时也许还不至鲁莽灭裂到如此地步，不幸的是，他们虽摘抄了这段文章，却根本还不知道这段文章是出自宋琪之手的。《辽史·兵卫志》的编纂者既没有看到宋琪十策的全文，所摘抄的这一片段也只是从冒南宋叶隆礼之名而实际是由元代书坊中人编纂的《契丹国志》辗转稗贩而来的。这事的原委应如下述：

宋琪的《平燕蓟十策》全部收录在《宋会要》中，到南宋李焘纂修《续资治通鉴长编》时却将第一策略去未载，只引用了第二到第十诸策，而第二策中的"当是时"三字和宋琪自己所加的"于越谓其国舅也"一句注解也全在李焘的删削之列。到元朝中叶的书坊中人冒叶隆礼之名所编辑的《契丹国志》中，又只从《长编》当中摘抄了宋琪的二、三两策，在文字上也有所删改，而却在文前标了一个《兵马制度》的大标题。《辽史·兵卫志》的纂修者为这样一个堂皇的标题所迷惑，竟然也把这段文章中所述及的事项全部误认作辽国的永恒的制度，而把它分别摘抄到《兵卫志》中。当此抄袭之际，大概认为三万和二万的兵马数目与辽国当时的强盛情况太不相称，便肆臆武断而把它们妄改为三十万和二十万了。（另外，还漏掉了"南北王军"，且把"量借三五千骑，常留余兵为部族根本"两句抄错了地方。）

《辽史·兵卫志》中这两条记载的源流及其致误之由，既全已考察清楚，我们可以根据宋琪的十策对这两条中的错误作如下的订正：

一、述律后的属珊军是由阿保机在世时的一些牙将编组而成，在第十世纪的四十年代（即石晋末年）就已经"半已老矣"，在述律后之后，这支亲卫军必不再存在，属珊军的名号也必不再存在了。《辽史·兵卫志》把它作为一种在辽代长期存在的部队是荒谬的。

二、辽代的"御帐亲军"（"皮室军"）是从阿保机建国时起就已设置了的，不是到辽太宗时才设置的。军队的人马数目前后容有不同，但在辽太宗时最多只是三万人。《辽史·兵卫志》以为是三十万人骑是不对的。把属珊军的人马数目也凭空扩大了十倍，并且把它也算在"御帐亲军"之内，以为共是五十万人骑，也是大错特错的。

三、太子李胡、伟王安端、南北大王、麻答、国舅萧翰等人,即所谓"诸大首领者",依照辽代的制度,他们是会有一定数量的私甲(也叫做"头下")的。此种私甲必即以其所属首领的名号为名号,例如伟王的私甲称伟王军,麻答的私甲称麻答军,等等。及此一首领死亡,这支私甲便也不再存在。因而绝对不会从辽国初建直到辽国灭亡,其间一直有一支军队称为伟王军,一直又有另一支军队称为麻答军,等等。《辽史·兵卫志》把几个大首领的个别名号及其私甲认为是贯通整个辽代的定制,是长期存在的封爵和部队的名号,也是大错特错的。

四、《辽史·国语解》中对"于越"所作的解释是:"贵官,无所职。其位居北南大王上。非有大功德者不授。"《兵卫志》中却又出现了"于越王军",把"于越王"和伟王、麻答并列,这说明《兵卫志》的编纂者在从《契丹国志》中抄袭此段文字时,竟连"于越"一词的涵义也还是不知道的。

五、辽代的所谓部族兵者,是指役属于辽国的契丹诸部以外的部族兵而言,如宋琪疏中所举的奚、霫、女真、党项、沙陀等是。契丹诸大首领的私甲可能杂有这些部族中人,但在任何一个大首领的私甲当中,都不是以这些部族中人占大多数,更不是专由一个部族中人组成的。因而,《辽史·兵卫志》把这一条的题目标作"大首领部族军"也是错的。

(原载《北京大学学报》1956年第2期)

杨若薇《契丹王朝政治军事制度研究》序言

契丹贵族耶律阿保机于916年建立了契丹政权,与先后出现在长城以南的五代十国对峙。耶律德光于947年因援助石敬瑭建立后晋政权之故,而据有了燕云十六州之地,其实力之强大,为当时并存的其他割据政权之所不能及。北宋建国并相继灭掉了华中、华南和河东地区(今山西省)的诸割据政权之后,虽也曾几次主动或被动地出兵与契丹进行较量,但大都遭到失败,只有1004年的澶渊之盟,可以算打了一个平局。这说明,在当时中国境土上的诸割据政权当中,仍以契丹最为强大。

在甘州(今甘肃省张掖)建立牙帐的回鹘,在西州(今新疆吐鲁番)建立政权的回鹘,以及在葱岭以西建立政权的回鹘黑汗王朝,即使在北宋政权建立之后,也基本上都是亲附于契丹政权的,其与北宋的关系则较疏。

因此,在唐王朝衰亡之后,被中亚、西亚以至更西的诸国人作为中国的代表称谓的,不是五代十国和北宋的任何一个朝代,而是契丹。这个称谓至少持续了有数百年之久。中亚和西亚的伊斯兰教各国学人,在13世纪末叶所撰写的兵书当中,还把由中国传去的火药和火器称作"契丹花""契丹火箭""契丹火轮"等。直到今天,俄罗斯民族的语言和文字当中,也依旧是以契丹来称呼中国的。这些都是最好的证明。

所以,契丹族所建立的国家,如果不与西辽合并计算,其国祚虽仅延续了二百余年,但从其对中国历史以及亚洲历史所起的作用、所做的贡献来看,却都是值得大书特书的。

尽管建立后晋政权的石敬瑭对契丹的耶律德光自称为"儿皇帝",

一直受到人们的唾骂，但从澶渊之盟以来，北宋即与契丹正式定为兄弟之国。元朝的史官们，在经过反复商讨之后，最终还是把辽、宋、金三朝的历史各自为书，平等对待，均列于正史之中。明代的柯维骐，在其所撰《宋史新编》中，虽曾荒诞迂腐地企图把辽金作为两宋的附庸；王洙在其所撰《宋史质》中，则更为悖谬地根本不承认有辽金元三朝的存在；但他们的这种谬论既得不到同代人和后代人的赞同，他们的这两部著作也就理所当然地得不到后代治史者的重视。

可惜的是，以如此重要的一个朝代，在它灭亡之后，后人却未能撰写一部能与它的历史地位相称的史书。元朝的史官们把辽、宋、金三朝的历史各自为书、平等对待的做法固然极为正确，然而当其修史之时，上距辽朝之亡已经二百二十余年，参预修史的史官们，对于辽朝的典章制度、部族离合、部伍编制，大都已甚茫然，而辽朝臣僚们所撰写的史志文本，在经过许多次事变之后，又鲜有遗存。事出无奈，他们便只能凭借仅有的不论出自辽人或宋人的，以及由当时书坊抄撮而成的一些记载（例如《契丹国志》），依傍拼合，仍难凑成部帙，遂乃不惜把同一事件、同一建置，稍稍更易其名称，而使之在纪、志、表、传之中重见迭出，以充篇幅。例如，在《太宗纪》中载有"诏以于谐里河、胪朐河之近地给赐南院欧堇突吕、乙斯勃、北院温纳何剌三石烈人为农田"，而于《食货志》（卷五九）则又载"诏以谐里河、胪朐河近地赐南院欧堇突吕、乙斯勃、北院温纳河剌三石烈人以事耕种"。其实，于谐里河即谐里河；南院之欧堇突吕、乙斯勃，即《营卫志》（卷三三）五院部中之欧昆、亦习本；北院之温纳何（河）剌，即《营卫志》（卷三三）六院部中之斡纳阿剌。若谓这样的一些失误无关宏旨，则《营卫志》中的"斡鲁朵"与《兵卫志》中的"宫卫"，前者只是把契丹语音写为他字，后者则是把它意译为汉文语词，半斤八两，毫无区别，然而因用字不同，竟在两《志》中各占用了不少篇幅，对于辽朝所特有的这一制度，反而会使读史者更难于理解其真实情况。更如《兵卫志》（卷三五）首条所叙述的"御帐亲军"，第三条所叙述的"大首领部族军"，其内容全都是从《契丹国志》辗转摘抄宋臣宋琪（一个由辽归宋的人）写给宋太宗的《平燕蓟十策》而成的，对原文稍加改易，便产生了种种谬误（我曾有文专论其事）。这说明《辽史》的纂修者们是如何地昧于有辽一代的重大史事了。

清代的厉鹗曾撰写了一部《辽史拾遗》,从本世纪的30年代以来,也曾有几位学者撰写了对于《辽史》的考正或校证之类的书册,然而大都仅仅校勘其字句的异同、违失和脱误,而极少涉及朝章政典一类的大问题。在有关辽代文献资料的搜集、整理方面,近年虽也有人在清人王仁俊《辽文萃》的基础上,又增益了一部分新出现的碑志之类而辑成一本总集印行,然而疏漏舛误既多(例如,王仁俊因避清帝名讳而改动的文字,也照抄了来),而标点断句方面的错误更多到不可胜数。对于《辽史》研究者说来,这实在是非徒无益而又害之的!

在东北三省和蒙古地区沦为半殖民地,且曾一度沦为日本的殖民地的时期之内,追随在日本侵略军的脚步之后,日本的一些历史工作者也得以因势利便,在契丹旧境进行了一些考古发掘,追寻和察访了一些文物遗存,相继刊布了一些有关契丹史实的论著。我们在解放了东北三省以及全中国之后,虽也在契丹故地进行了一些调查察访工作,对于一些新出土的文物,虽也进行了整理研究,但总的说来,在量的方面还为数较少,在质的方面也还不曾突出地超越了前人。这说明,我们的史学界在契丹史研究方面的力量还是如何的薄弱,我们还应以如何的快速步伐急起直追。

前年由北京大学授予博士学位的杨若薇同志,因为是生长在辽宁省的,有较便利的条件,所以,从读大学本科时就对契丹族和契丹王朝的历史开始发生了兴趣。十多年来,她朝于斯,夕于斯,孜孜不倦地从事于这一学科的钻研。在北京大学攻读博士学位的时期之内,她集中精力攻治契丹王朝政治和军事制度方面的一些问题。她在治学方面给予我的印象,是长于读书得间,亦即善于发现问题。而她还富于初生之犊不畏虎的精神,勇于去开拓前人不曾垦辟过的领域,也敢于对前此似乎已成定论的问题,或者已由富有权威性的学者所做出的结论提出怀疑。例如,我的亡友傅乐焕教授生前曾写过一篇《辽史复文举例》。但他在这篇文章中,只举述了刘晟、萧惠等几个人的事迹的重复,鸭子河与混同江名称的重复等,而对于契丹王朝所建置的特有制度方面却也不曾涉及。杨若薇同志则把"复文"用作检核全部《辽史》的权衡,首先用以检核《辽史》

的各《志》，于是而写出了《斡鲁朵内官制考实》《对〈辽史·百官志〉"殿前都点检司"及"宿卫司"的考察》《〈辽史·百官志〉所记载的北面官》等篇论文。对于契丹王朝所建置的诸部族紃，日本的箭内亘、羽田亨、藤田丰八，中国的王国维、陈寅恪、邵循正等史学家们，都曾进行过讨论，各执一词，莫衷一是。所以直到目前，依然有人就此问题不厌其烦地进行磋商，有的人甚至以为"紃"字乃是契丹字混入汉字中的，其为说可谓愈出愈奇。我则一向以为，在契丹王朝期内，其所建置的某部族紃，实际上也就是某部族军，因而在其时，并无"紃军"这一名称，只有到金朝和蒙元，才把契丹王朝统治时所建置的各个部族紃，合并称为"紃军"。杨若薇同志很同意我的这一论点，她便极其勤奋地披阅了大量史籍，钩稽了大量资料，证明了这一论点确能成立，于是而写成了《契丹王朝"紃"之探讨及部族戍边制度》一文，进一步做出了雄辩有力的论证，得到了许多辽史研究者的赞同；辽金元史的专家杨志玖教授看到这篇论文之后，更大加赞赏说，这真是所谓"踏破铁鞋无觅处，得来全不费功夫"的成功之作。另外，对于目前正在讨论的，契丹王朝在中京建成之后，是否即由上京迁都中京的问题，她也写了论文，提出了自己的意见。

上述种种，都说明杨若薇同志在思考问题的深度和广度方面，在进行纵的和横的联系方面，都有其特长和独到之处，也说明我对她的治学精神所得的印象是经得起考验的。故当她的这本著作即将付印之际，我很高兴地为她写了这篇序文。

1988 年 5 月 9 日
写于北京大学中国中古史研究中心

《宋史·职官志》抉原匡谬

　　《宋史》为书凡四百九十六卷,在二十四史当中是卷帙最多的一部。因其卷帙之多,故历来对于它的批评总少不了"芜杂"二字。其所以芜杂,最可能的原因之一,是因为宋朝的官史种类特别多,文字记载特别详备,有《时政记》以记言,《起居注》以记动,又有《日历》综记言动二者。《日历》之外,既有《实录》,《实录》之外,复有《正史》。其臣僚士庶的私家著述经奏进或被旨而收入史馆中去的,在北宋与南宋都非常之多。据《元史·董文炳传》所载,当蒙古军攻陷南宋的首都临安以后,文炳即将宋史馆中的诸记注尽数收归于燕京,贮之于国史院中。到元朝臣僚受命纂修胜国史书的时候,这些旧的记注,自然是绝好的资料。史料虽左右逢源,史官却未必均具史才,稍一失于剪裁,昧于别择,芜累之弊,便因以不免了。

　　芜杂二字,若为转换一好的字面,则是详赡。我们现时对于古代的史事,唯患所知不能详尽。假如《宋史》的毛病只此一点,我们自不妨一反前人的论断,而予以好评,而不幸《宋史》于此外,还有很多别种缺点。

　　《宋史》中的纪、传、表、志、世家,来源极庞杂,抄撮于一书之内,遂致剌谬疏舛,抵牾矛盾等弊,莫不有之。现且只就其中《志》的部分而论:

　　既然南宋史馆中所存史籍俱已收贮于元都的史院之内,则《宋史》中的各《志》按理应都是由宋代所修各朝正史如《三朝国史》《两朝国史》《四朝国史》等的旧志脱化而成的。宋代国史,现已全佚,就辑本《宋会要稿》及李焘《续通鉴长编》中所引各朝史志之文,取与《宋史》各志相照,知《河渠志》《食货志》《兵志》等,大都均采录旧史,少所改易,而《礼志》《职官志》等,却又不然。今单论《职官志》:

《职官志》(《宋史》卷一六一至一七二)的各条当中散见有不少的"国朝"字样,当是元代史官录用旧文,而失于审订的。这使我们得知,《职官志》也并非出于元人之撰作。然这些旧文与《会要》《长编》中所见的各朝史《职官志》之文每不相合,乃知《宋史》此志必系七拼八凑而成,而一切问题也便从此发生。今且只就其主要来源之一加以抉发,并论证其所以失误之故。(以下所引《宋史》文句,全据涵芬楼影印百衲本二十四史中之《宋史》。)

《宋史·职官志》的开端处,也和其他各志的开端处相同,是一篇总括的叙论,其中有云:

> 宋承唐制,抑又甚焉。三师三公不常置,宰相不专任三省长官,尚书、门下并列于外,又别置中书禁中,是为政事堂,与枢密对掌大政。天下财赋,内庭诸司,中外管库,悉隶三司,中书省但掌册文、覆奏、考帐。门下省主乘舆八宝,朝会板位,流外考较,诸司附奏挟名而已。台、省、寺、监官,无定员,无专职,悉皆出入分莅庶务,故三省、六曹、二十四司,类以他官主判,虽有正官,非别敕不治本司事,事之所寄,十七二三。故中书令、侍中、尚书令不预朝政,侍郎、给事不领省职,谏议无言责,起居不记注,中书常阙舍人,门下罕除常侍,司谏正言,非特旨供职,亦不任谏诤。至于仆射、尚书、丞、郎、员外,居其官不知其职者,十常八九。

> 其官人受授之别,则有官,有职,有差遣:官以寓禄秩,叙位著;职以待文学之选;而别为差遣以治内外之事。其次又有阶,有勋,有爵。故仕人以登台阁、升禁从为显宦,而不以官之迟速为荣滞;以差遣要剧为贵途,而不以阶、勋、爵、邑有无为轻重。时人语曰:"宁登瀛,不为卿;宁抱槧,不为监。"虚名不足以砥砺天下若此。

这两段文字,在马端临的《文献通考》卷四七《职官考》一《官制总序》中也找得出来,字句间并没有大不相同之处,只是《通考》于此段之前,先对宋以前各朝的职官加以论述,故于此段开首数语作:"宋朝('宋'字疑原作'国'字,当由后来刻《通考》者所改。《通考》中所有'宋朝'字样均然。)设官之制,名号品秩一切袭用唐旧,然三师三公不常置。"此外则:

类以他官主判，《通考》作"互以他官典领"。

谏议无言责，起居不记注，《通考》作"左右谏议无言责，而起居郎、起居舍人不执记事之笔"。

司谏正言，非特旨供职亦不任谏诤，《通考》作"补阙拾遗，改为司谏正言，而非特旨供职，亦不任谏诤"。

丞、郎、员外，《通考》作"丞、郎、郎中、员外"。

十常八九，《通考》作"十常七八"。

官人受授之制，《通考》作"官人授受之别"。

于"十常七八"句下，《通考》更有"秘书殿中二省名存实废"云云一大段，其下方接以"至于官人授受之别"一段。

两书中的文句，虽然是小异而大同，但二者或许是同出于一源。《文献通考》一书本也是纂辑之功多，而撰作之处较少，所以我们不能根据上面的比较，就贸贸然断定其孰为撰作，孰为抄袭；或孰为首抄，孰为转抄。我们再把《宋史·职官志》篇首的文字看下去：

> 故自真宗、仁宗以来，议者多以正名为请。咸平中，杨亿首言："文昌会府，有名无实，宜复其旧。"既而言者相继，乞复二十四司之制。至和中，吴育亦言："尚书省，天下之大有司，而废为闲所，当渐复之。"然朝论异同，未遑厘正。神宗即位，慨然欲更其制。熙宁末，始命馆阁校《唐六典》。元丰三年，以摹本赐群臣。乃置局中书，命翰林学士张璪等详定。八月，下诏肇新官制，省台寺监领空名者，一切罢去，而易之以阶。九月，详定所上《寄禄格》。会明堂礼成，近臣迁秩，即用新制，而省台寺监之官各还所职矣。

> 五年，省台寺监法成。六年，尚书新省成。帝亲临幸，召六曹长贰以下，询以职事，因诫敕焉。初，新阶尚少，而转行者易以及；元祐初，于朝议大夫六阶以上，始分左右；既又以流品无别，乃诏寄禄官悉分左右，词人为左，余人为右。绍圣中罢之。崇宁初，以议者有请，自承直至将仕郎，凡换选人七阶。大观初，又增宣奉至奉直大夫四阶。政和末，自从政至迪功郎，又改选人三阶。于是文阶始备，而武阶亦诏易以新名：正使为大夫，副使为郎，而横班十二阶使副亦

然,故有郎居大夫之上者。继以新名未具,增置宣正、履正大夫郎,凡十阶,通为横班,而文武官制,益加详矣。

　　大抵自元祐以后,渐更元丰之制:二府不分班奏事;枢密加置签书;户部则不令右曹专典常平,而总于其长;起居郎、舍人则通记起居,而不分言、动;馆职则增置校勘黄本;凡此皆与元丰稍异也。其后蔡京当国,率意自用,然动以继志为言,首更开封守臣为尹牧。由是府分六曹,县分六案,又内侍省职,悉仿机廷之号。已而修六尚局,建三卫郎,又更两省之长为左辅右弼,易端揆之称为太宰少宰。是时员既滥冗,名且紊杂,甚者走马承受升拥使华,黄冠道流亦滥朝品。元丰之制,至此大坏。及宣和末,王黼用事,方且追咎元祐纷更,乃请设局以修官制格,目为正名,亦何补矣。

这两段也同样见于《文献通考·职官考》的《官制总序》之内,其第一段且见引于南宋末谢维新的《古今合璧事类备要·后集》卷二六《职官·六部门》。谢书于"各还所职"句下,紧接"神宗尝论苏绰建复官制"云云数语,而附注云:"出《四朝志》。"此所谓《四朝志》者,是指南宋孝宗时候赵雄等所奏进的神、哲、徽、钦四朝国史志而言。然则根据谢书中的这条夹注,或者可以使人认为《宋史·职官志》和《通考·职官考》必全是由《四朝史志》转抄而来的吧,然而跟着便又有问题。何以《宋史》对于《四朝史志》旧文的剪裁,与《通考》不谋而适同?即何以二者同将"神宗尝论苏绰"云云一段删去不载呢?又何以《宋史》自"五年,省台寺监法成"以下一大段,也恰恰与《通考》大体相同呢?这就不免使人怀疑到《宋史》或不无剽窃《通考》之嫌了。只是宋代正史中论列到神宗厘正官制一事的,在南宋赵雄等人所纂修的《四朝史志》之前,当北宋哲宗时候,就曾修成了一部《神宗正史》,其《职官志》中对此事之论述必特别详尽。现在此书既已不可得见,《宋史》与《通考》雷同之处,是否同自该书承用而来呢?对此问题,若不是李焘在《续通鉴长编》中供给了一项材料,我们几乎是无法解决的。《长编》卷三〇七,元丰三年八月乙巳载:

　　诏中书:"朕嘉成周以事建官,以爵制禄,小大详要,莫不有叙,分职率属,而万事条理,监于二代,为备且隆。逮于末流,道与时降,因革杂驳,无取法焉。惟是宇文造周,旁资硕辅,准古创制,义为可观。国家受命百年,四海承德,岂兹官政,尚愧前闻。今将推本制作董正之原,若稽祖述宪章之意,参酌损益,趋时之宜,使台、省、寺、监之官实典职事,领空名者一切罢去,而易之以阶,因以制禄。凡厥恩数,悉如旧章。不惟朝廷可以循名考正万事,且使卿士大夫莅官居职,知所责任,而不失宠禄之实,岂不善欤!其应合行事件,中书条具以闻。"(原注:"《职官志》篇首云,熙宁末,上欲正官名,始命馆阁校《唐六典》。元丰三年,以摹本赐群臣,遂下此诏云云。")

《四朝国史》之修纂,与李焘之修纂《续通鉴长编》几在同时,李焘且曾躬与修撰之事,所以《长编》中对于神宗一代典章制度的记载,凡其云据《食货志》或《兵志》等者,均指《神宗正史》中者而言,则此之所谓《职官志》,也即是说《神宗正史·职官志》。《宋史》不载此诏,其"熙宁末"诸语,与《长编》所引也不相同,则其不出于神宗史志,盖可断言。

我说《宋史》中"五年省台寺监法成"一段,与《通考》"大体相同",这意思自然暗示也还有些"小异"在内,但由这些"小异"之处所可证明的,不是两书的关系之疏远,却反而是两书的关系之密切。兹列举其异同如下:

《宋史》	《通考》
(一)转行者易以及;元祐初……	(一)转行者易以混杂。及元祐初……
(二)枢密则加置签书	(二)枢密则加置签书,徽省则既罢复建
(三)悉仿机廷之号	(三)悉仿机庭之号
(四)乃请设局以修官制格,目为正名,亦何补矣	(四)乃请设局以修官制格目为名,书未成而边事起矣

就这四条看来,除最后一条为有意改正《通考》的字句外,其前三条则全是沿用《通考》原文,而有所脱误者。末条虽是有意的删润,而乃截取"官制格目"的"目"字使属下读,强凑为"目为正名"之句,上句既被腰斩,下句也极不通,则其为仓猝间生吞活剥《通考》之文字,必无可疑。

《通考·职官总序》对古往今来张官置吏的沿革得失,均予以通贯而又概括的叙述,虽或参用旧文,实亦掉以词华,如"走马承受"及"黄冠道流"等句是也。《宋史》为官修正史,根据东都迄于钱塘三数百年设官史实,何患其不能生一新的理解,立一新的议论呢?而乃募缘私人之残溺,以搪塞职责,实觉有些不甚相宜。

虽然,倘使见解恰正相合,对于《通考》中的议论确有先得我心之感,倒也不必勉强立异以为高。若是,则《宋史·职官志》总论部分之偶尔采用《通考》中的几段文字,终属情有可原。至于史实方面,则如前所述,当伯颜攻陷临安之后,已将其历朝史籍捆载而北,《实录》《会要》《正史》,莫不有之,在在可以参稽,可供采择,似只嫌文献之多,而绝不至患其不足,当无须再仰赖《通考》等私家纂辑之类书以为资据;而究其实又颇不然。兹姑举显而易见的几事为例:

《通考》卷五四《职官》八于记述诸殿学士、诸阁学士、直学士及诸阁待制之前,均各冠以总论一段,其《总殿学士》云:

> 宋朝殿学士,有观文殿大学士、学士、资政殿大学士、学士,端明殿学士。殿学士资望极峻,无吏守,无典掌,惟出入侍从,备顾问而已。观文殿大学士,非曾为宰相不除;观文殿学士,资政殿大学士及学士,并以宠辅臣之去位者。端明殿学士,惟学士久次者始除,近岁以待签枢云。

其《总阁学士直学士》云:

> 宋朝庶官之外,别加职名,所以厉行义文学之士,高以备顾问,其次与议论、典校雠,得之为荣,选择尤精。元丰中,修三省寺监之制,其职并罢,满岁补外,然后加恩兼职:直龙图阁,省郎、寺监长贰补外,或领监司帅臣,则除之;待制、杂学士,给谏以上补外则除之;系一时恩旨,非有必得之理。元祐二年,诏增复馆职及职事官并许带职:尚书,二年加直学士;中丞、侍郎、给舍、谏议,通及一年加待制。绍圣三年,诏职事官罢带职,非职事之官仍旧。中兴后,学士率以授中司、列曹尚书、翰林学士之补外者;权尚书、给谏、侍郎,则带直学士、待制。

其《总待制》云：

> 宋朝景德元年置龙图阁待制，以杜镐、戚纶充，并依旧充职。祥符二年，诏班视知制诰，列其下。元祐令，从四品，掌侍从，备顾问，有所献纳，则请到（按：当作"对"）或奏对。刘挚言：待制学士之选太滥（原注："见学士门"）。王岩叟亦言：待制，祖宗之时，其选最精，出入朝廷才一二人，今立法无定员，将一年待制满朝，必有"车载斗量"之谣。

每条总论，实际是简括地综述前后制度的因革，与各条本文（如"观文殿大学士"条等）也都有些互为详略的关系。《宋史》于"龙图阁学士"条前，一字不易地抄袭了《通考》中"总阁学士直学士"条，而"总殿学士"与"总待制"两条却没有袭用，只于"观文殿大学士"条的起首处云：

> 学士之职，资望极峻，无吏守，无职掌，唯出入侍从，备顾问而已。

这明明是没有看明白《通考》中编置次第的用意，便妄为改删，而不知因为删改之无当，反更露了破绽出来。《通考》"总殿学士"条，本以诸殿大学士及学士为限，《宋史》删去了"殿"字，而唯曰"学士之职"云云，是则翰林学士及诸阁学士，似已悉数包括在内，稍明宋代史事的人，当绝不至发生此等错误。这便可以十足地证明，《宋史》此条绝不是另有所本，乃是完全因为要掩饰抄袭《通考》之迹，妄为并改，而致铸成此错。

然而其荒谬处还不止于此。

《通考》之叙述诸殿大学士、学士及诸阁学士、待制等，均以一殿或一阁作单位，而将大学士、学士或直学士、待制等合并叙述于一条之下。至于马端临本人的考证，以及所征引各家的议论，则均低一格或两格，而附录于各条正文之后。《宋史》诸殿学士、诸阁学士各条文字，均与《通考》完全相同，其为抄自《通考》毫无可疑。然所抄均为《通考》正文，其所附录的考订议论文字，则一概摒弃不取，而独将观文殿大学士及学士分条叙述，于"观文殿大学士"条，既照抄了《通考》"观文殿大学士学士"条的全文，而于其后却又另出"观文殿学士"一条。查《通考》"观文殿大学士学士"条云：

> 宋朝观文殿即旧日延恩殿也。庆历七年，以文明殿学士称呼同真宗谥号，……更名观文殿。皇祐元年，诏置观文殿大学士宠待旧相，今后须曾任宰相，乃得除授。时贾昌朝由使相右仆射观文殿大学士判尚书都省，观文殿置大学士，自昌朝始。三年，诏班在观文殿学士之前、六尚书之上。自是曾任宰相者，出必为大学士。熙宁中，韩绛宣抚陕西、河东，得罪，罢守本官。四年，用明堂赦授观文殿学士。宰相不为大学士，自绛始。中兴后，非宰相而除者，自绍兴二十年秦熺（《宋史》误作蔡熺）始。熺知枢密院，郊祀大礼使，礼成，以学士迁，且视仪揆路，非典故也。乾道四年，汪澈旧以枢密使为学士迁。九年，王炎以枢密使为西川安抚使除。至庆元间，赵彦逾自工部尚书为端明殿学士，直以序迁至焉。曾为宰相而不为大学士者，自绍兴元年范宗尹始。

这里所讲的，不但是观文殿大学士，也包括观文殿学士在内，《宋史》既抄录了这全段文字，则在题目中也应与《通考》一样，将学士附列于内才是；而却另列观文殿学士为独立的一条，该条全文为：

> 观文殿学士。观文殿，本隋炀帝殿名，国初为文明殿学士。庆历七年，宋庠言："文明殿学士称呼正同真宗谥号，兼禁中无此殿额，其学士理自当罢，乞择见今正朝或秘殿以名学士，易之。"乃诏改为紫宸殿学士，以参知政事丁度为之。时学士多以殿名为官称，丁遂称曰丁紫宸。八年，御史何郯以为紫宸不可为官称，于是改延恩殿为观文殿，即殿名置学士，仍以度为之。自后非曾任执政者弗除。熙宁中，王韶以熙河功，元丰中，王陶以官僚，虽未历二府，亦除是职，盖异恩也。然诏犹兼端明殿、龙图学士云。

在这一段文字当中，"改延恩殿为观文殿"，与"观文殿大学士"条重出，王韶兼端明殿龙图学士事，与本题全不相干，仅仅丁度为观文殿学士一事为切题之文。《通考》中之所谓"以宠辅臣之去位者"为极有关系之一点，反而未加采用，因而这一段的大部分全都是些题外的废话。然则写来何用呢？原来这本是《通考》附录于"观文殿大学士"条后的一段按语，因其为按语，故不妨与正文有重复处；也因其为按语，故不妨略有些别生枝节处。《宋史》拾人唾余而奉为珍宝，改作正文，标以题目，对于《通考》的体例既有所未审，而自己的剽窃之道前后也实未能一致。

史事的记载，只重在符实，旧史倘已有了精确难移的记述，固也仍然不妨因仍其文，因而《宋史》记事部分之抄袭《通考》，也并非绝对不可原谅；唯是抄袭自有抄袭之法，此所谓"盗亦有道"，若抄袭而竟至于拙谬到如下文所述的地步，却实在无法原谅了。

《通考》五四《职官》八"翰林侍讲学士"条有云：

> 台谏兼侍讲：庆历二年，召御史中丞贾昌朝侍讲迩英阁。故事，台丞无在经筵者，上以昌朝长于讲说，特召之。（原注：《仁宗实录》）神宗用吕正献，亦止命时赴讲筵，去学士职。中兴后，王尚书宾为御史中丞，建请复开经筵，遂命兼侍讲。自后十五年间，继之者惟王唐公、徐师川二人，皆上意也。绍兴十二年春，万俟中丞卨、罗谏议汝楫并兼讲、读。绍兴二十五年春，董殿院德元、王正言珉并兼侍讲，非台丞、谏长而以侍讲为称，又自此始。其后犹或兼说书：台官自尹穑，隆兴二年五月；谏官自詹元宗，乾道九年十二月。后并以侍讲为称，不复兼说书矣。（原注：《朝野杂记》）

《通考》因为注明了材料的来源，所以文中所涉及的人物，或则称名，或则称字，或则称其谥号，均一仍原书之旧，而不再改从一例。且《通考》为私家著述，体例即容有不谨严处，自亦无所不可。《宋史》为官修正史，既要进奏于当时的皇帝，也要征信于后代的读者，身份既极尊严，体例自须统一。然而看它抄用《通考》此文时，是否曾妥善地改正过：

> 台谏兼侍讲：庆历二年，召御史中丞贾昌朝侍讲迩英阁。故事，台丞无在经筵者，仁宗以昌朝长于讲说，特召之。神宗用吕正献，亦止命时赴讲筵，去学士职。中兴后，王宾为御史中丞，见请复开经筵，遂命兼讲。自后十五年间，继之者惟王唐、徐俯二人，皆出上意。绍兴十二年，则万俟卨、罗汝楫，绍兴二十五年则正言王珉、殿中侍御史董德元，并兼侍讲，非台丞、谏长而以侍讲为称，又自此始。其后

或兼说书：台官自尹穑，隆兴二年五月；谏官自詹元宗，乾道九年十二月。后并以侍讲为称，不复兼说书矣。

改徐师川为徐俯，删"中丞""谏议"等称，而且名之曰万俟卨、罗汝楫等等，这都改得很对；然查吕正献者，乃是吕公著的谥号，据杜大珪《名臣碑传琬琰集》下编卷一〇所载《实录》中吕公著的附传，知其于神宗一朝即曾三兼经筵，后代人因为尊敬他的相业，所以多称其谥，而不称其名。元人纂修《宋史》，时移事易，自亦应照改徐师川为徐俯的办法，一律改正才是；今乃沿而用之，则修撰人必以为在神宗时候，有一个姓吕名叫正献的台谏官了。又查王唐公者，乃是王绹的字，钱士升《南宋书·文苑传》云：

王绹字唐公，审琦五世孙，建炎中为御史中丞，扈从南渡，拜参知政事。

《宋会要·职官》六《翰林侍读侍讲门》及南宋何异的《中兴学士院题名》中对王绹之直学士院及兼任侍读事，各有所载，当修撰《宋史》之时，所可能得到的有关王氏的材料必更多，乃竟不稍加检照，一方面既疑惑唐公未必是本名，一方面却又绝不设法求得其本名，乃即卤莽灭裂地删去一"公"字而弥缝了事。又查李心传《系年要录》一四四，绍兴十二年三月庚子记御史中丞万俟卨兼侍讲、左谏议大夫罗汝楫兼侍读事，知《通考》所引《朝野杂记》之文，谓二人"并兼讲读"者，亦即一人兼侍讲，一人兼侍读之意。今《宋史》于二人下删去此语，其意当是以董德元下之"并兼侍讲"句总接上文，如是则似万俟卨、罗汝楫于同时皆兼侍讲了。又查陈骙《南宋馆阁录》卷七所著录乾道以后之著作佐郎有詹亢宗，云："字道子，会稽人，王佐榜同进士出身，治《书》。"乾道九年，以谏官兼说书者必即此人，《宋史》作詹元宗，亦承《通考》之误。

然而其荒谬处也还不止于此。

《通考》五三《职官》七"御史中丞"条，于"绍兴十二年万俟卨又以中丞兼侍讲，由是言路始兼经筵"句下附注云：

祖宗时，台谏例不兼讲读，盖以宰执间侍经筵，避嫌也。神宗命吕正献，亦止命时赴讲筵。中兴后兼者三人，皆出上意。绍兴时，万

> 俟卨、罗汝楫以中丞谏议兼,盖以秦桧之弟若孙相继为说书,便于传导。桧死,遂罢兼。庆元后,台丞、谏长暨副端、正言、司谏以上,无不预经筵者。

这段注文,很显然,也是采用《朝野杂记(乙集)》一三"祖宗时台谏不兼经筵"条的文字而有所删削的,因在下卷的"翰林侍讲学士"条内将此段采入正文,所以在此处即简括其文而列于附注,如此便不嫌其前后复出。《宋史·职官志》四"御史中丞"条,也全是抄自《通考》而又加以改窜过的,且把《通考》之正文及夹注混而为一,于是上段夹注出现于《宋史》正文中的已改为:

> 台谏例不兼讲读,神宗命吕正献,亦止命时赴讲筵;中兴兼者三人,万俟卨、罗汝楫皆以秦桧意。庆元后,司谏以上,无不预经筵者矣。

在这样短短的一段当中,经过《宋史》纂修人稍加删润,便至少生出了以下的四种毛病:删去了避嫌之说,遂乃使人不知道台谏官所以例不兼讲读之故,此其一;吕正献仍未知改作吕公著,此其二;台丞之兼经筵,本以仁宗时候贾昌朝为始,《宋史》于侍讲学士条中已抄入《通考》之文而备载其事,于此乃复首自吕氏说起,又似台丞入经筵是从吕氏开端者,前后便不免自相矛盾(《通考》于中丞条内本只列为附注,不具重要性,故其从吕氏说起,与后卷之正文并不相妨),此其三;《通考》附注中删削《朝野杂记》之文,只曰"中兴后兼者三人,皆出上意",而不载明三人的姓名,这也是因为要在侍讲学士条内详叙其人其事,故此处不妨从略,修《宋史》的人乃竟健忘之极,忘记了在前卷"翰林侍讲学士"条内已曾将《通考》所引《朝野杂记》之文全盘抄入,且并妄改王唐公为王唐一事也竟尔忘记,于是乃又删去了《通考》注文中的"皆出上意"及"绍兴时"七字,而以万俟卨、罗汝楫两人的名字直承"中兴兼者三人"一句,是乃以为万俟卨和罗汝楫也在"兼者三人"之列了。然则与王宾、王绹、徐俯相加,岂不成了五人?此其四。大概元代与修宋史之人,确如其在《进宋史表》中所自道的,"述作之才有限,而报效之志无穷",亟亟于书成以后升官迁秩的事,遇事便均草草了事,殊不知元朝皇帝固易欺骗,其何以征信于天下后世之翻读斯书者哉!

《朝野杂记(甲集)》一二"两镇三镇节度使"条云:

> 国朝元臣拜两镇节度使者才三人:熙宁初韩魏公,元丰中文潞公,绍兴中吕诚公是也。然三公卒辞之。渡江以来,诸大将若韩、张、吴、岳、杨、刘之流,率至两镇节度使;其后加至三镇者三人:韩蕲王镇南、武安、宁国;张循王静江、宁武、静海;刘安城王护国、宁武、保静。

《通考》五九《职官考》一三"节度使"条于"中兴诸州改节镇凡十有二,是时诸将勋名鼎盛,有兼两镇三镇者,实为希阔之典"等句下,采录此段列为附注,一字未予改易。《宋史·职官志》六"节度使"条文字全抄《通考》,唯将此注文稍加改易为:

> 宋朝元臣拜两镇节度使者才三人:韩琦,文彦博,中兴后吕颐浩是也。三公卒辞之。而诸大将若韩、张、吕、岳、杨、刘之流,率至两镇节度使;其后加至三镇者三人:韩世忠镇南、武安、宁国;张俊静江、宁武、静海;刘锜护国、宁武、保静。

钱大昕《廿二史考异》卷七一有关于此注的一条云:

> 中兴诸大将,若韩、张、吕、岳、杨、刘之流,率至两镇节度使,——谓韩世忠、张俊、吕文德、岳飞、杨存中、刘光世也。吕当在杨刘之下。或云吕当作吴,吴玠亦尝兼两镇也。

今按:此说非是。大概钱氏看到《通考》作"吴",与《宋史》有异,而不敢断言《宋史》此条即完全从《通考》抄袭而来,又不知《通考》原亦抄自《朝野杂记》,所以只于末尾说"或云吕当作吴",他自己的意思,却以为吕字为指吕文德而言。查吕文德以拒抗蒙古收复泸州之功,于度宗时加宁武保康军节度使,其后不久即复为蒙古所赚,而至于疽发背死,姑不论其功业不能上与韩、张、刘、岳诸人相比,其年代也远在李心传《朝野杂记》成书之后。且《宋史》中并没有为吕文德立传,更岂肯把他与诸大将相提并论呢?因知《宋史》之作"吕",纯系出于校刻之误,当不是修纂者有意改动的。

然而吕字之误，虽不能归罪于史臣，这却并不是说史臣们所改此段注文已全然妥善。

李心传对本朝勋旧示其崇敬，故《朝野杂记》中对韩文吕诸人均称其封号，而曰韩魏公、文潞公、吕诚公，其下亦遂以"三公卒辞"句承接之。《宋史》于三人既均改用其名，于"三公卒辞"句却承而用之，殊为不当。又如安城王者，本为刘光世卒后于孝宗乾道八年所追加之封号。《宋史》乃张冠李戴，误以为刘锜，殊不知锜不唯未曾兼领三节镇，且并不曾兼领两节镇，而其生前身后，也从不曾受封为王也。

《朝野杂记（甲集）》一一"镇抚使"条有云：

> 镇抚使，旧无有，建炎四年，……时剧盗李成在舒蕲，桑仲在襄邓，郭仲威在维扬，薛庆在高邮，皆即以为镇抚使。

《通考》六二《职官》一六"镇抚使"条，大体均依据《朝野杂记》此条而修成者，《宋史》则又全袭《通考》之文。然在高邮之剧盗薛庆，《通考》作许庆，检《宋会要辑稿·职官》四二之七五所载建炎四年五月二十四日任李成等人为镇抚使之诏命，及李心传《系年要录》同日之记事，亦俱作薛，不作许，是知《通考》作许庆，乃以许薛音近而致误者，其误当也出于刊工。然《宋史》对此则又懵然弗晓，也承袭着《通考》之误，而作许庆了。

《朝野杂记》一书，对宋代的朝章国典、礼乐政刑诸大端，所载其兴革损益之迹，大都粲然具备。考求宋代制作者，自必须于是而取征，故马端临于《通考》中多所采录：或稍加删削，而列入正文；或全篇悉载，而作为附注。《宋史》纂修之时，去《通考》成书之时间未远，《朝野杂记》一书，并非难得，乃竟不知取而参稽，一切唯从《通考》辗转稗贩，结果遂不免失厥本真了。

书籍因传写或刊刻之故，每易增加许多讹误，从《宋史》所抄袭于《通考》中的各条看来，可知在初刻本的《通考》中，便已有了不少讹夺之处。然其中的许多处所，也尽可从情理上察知，而应即取他书加以参稽者，可惜这又不是与修《宋史》的人们所能做到的。于是而又有"卫尉寺并入工部"之谬说：

《通考》卷五五《职官考》九"卫尉寺"条末句云：

> 中兴后，废卫尉，并入工部。

按卫尉寺所典掌的事项，是仅卫兵械甲胄之政令，以及内外作坊输纳兵器时辨其名数，验其良窳等等，与工部有何干涉，而于中兴后乃并入其内呢？是则《通考》此文之必有讹误，不待证而已可知。查《宋会要辑稿·职官》二二"卫尉寺门"最末条云：

> 高宗建炎三年四月十三日，诏卫尉寺并归兵部。

李心传《系年要录》二二，建炎三年四月庚申载是日省并之省局寺监凡十有三，其中亦云："卫尉寺归兵部。"从而可知《通考》中的"工"字亦出于传刻之误。《宋史》"卫尉寺"全条均照抄《通考》文字，于"工"字乃也因仍未改，倘有人不明白《通考》《宋史》二者间的主与盗的关系，而取此二书以证明其他书中"并入兵部"说之非，则误人不已甚乎！

有清一代的考据学家们，用力于《宋史》者不能说很少，然就其所作成的考证文字而论，如邵二云的《南江札记》，钱竹汀的《廿二史考异》，赵瓯北的《廿二史札记》，以及四库馆臣的《四库全书考证》中《宋史考证》部分，大都是对其琐细处加以指责，而列传部分所占成分为最多。因现时所见的宋人文集中，还保留着不少的碑传志状，可供与《宋史》各传相参，故此事较易为力。至于《职官志》中的重大谬误，却从无一人加以摘发。明人柯维骐的《宋史新编》，对《宋史》也仅稍加补苴或删润，其《职官志》中则并补苴之功也极少有。结果，也只是以讹传讹。本文也只是就《宋史·职官志》与《通考·职官考》具有源流关系者略事胪举，以为例证。两书的纠葛，并不以上述诸事为止，而《宋史·职官志》之所本也非仅《通考》一书，因而其中还尽有较上举各点更为重大的谬误之处，在此一概不能列举，其详具见拙作《〈宋史·职官志〉考正》中。

《通考》这部书，有些人深加推许，如《四库提要》是；但通常也有人因其无大异于南宋晚年的别种类书，如章如愚的《山堂考索》等，便目为专备射策之用的工具书，而加以鄙视，如章实斋是。今将价值判断姑置不论，其中既是门分类别，而又本末备悉，修《宋史》者为贪图方便而加以剽取，虽终有失史局之尊严，假使所抄尽得其当，我们自也不必深责；今所抄乃至远在《通考》原文之下，且更多因毫厘之差而致千里之谬，则何如直截了当地取《通考·职官考》的全部而借作《职官志》呢？

赵瓯北《廿二史札记》二三"宋辽金三史"条谓元人修《宋史》前后有数次，至顺帝诏宋辽金各为一史时，各史之纪、传、表、志本已完备，故不三年遂竣事。实则《通考》成书以后，于元仁宗延祐六年四月，方经王寿衍奏进，到元英宗至治二年六月，方降旨令饶州路誊写刊印。史馆据以抄袭者，必是已经刻成之本，则其事必在顺帝降诏修纂之时，然则赵氏谓其时纪、传、表、志均已完备亦误。

一九四一年夏写于四川南溪县之板栗坳
（原载《文史杂志》2 卷 4 期，1942 年 4 月）

《〈宋史·职官志〉考正》自序与凡例

壹、自　序

《宋史》为书,近五百卷,部帙之富,居廿四史之首位。然其书本仓猝修成,史臣取了目前,潦草将事,故其纰缪疏舛之处,亦视各史为独多。明清两代屡有倡议重修之人,且有已将成书刊布者。然对《宋史》本书实未能先为之条分件析,洞察其各部分症结所在;仅模糊笼统,谓其义例之未善而遽予更改,谓其文字之芜累而遽予删除,是则所加诸未能征信于世人之书者,仍为不足以取信于世人之道,其果为功为罪,正难遽断,此王洙《宋史质》、柯维骐《宋史新编》之所以未能取重于史林也。窃不自揣,欲萃其精力,广征天水一代之史册,取与元修《宋史》相校雠,勘正其谬误,补苴其疏脱,考论其得失,疏通其晦涩,探索其源流,汇为《宋史校正》一书,使《宋史》之长短利病,毕皆呈露,议改修者庶可就此而得所凭借。今诸志之雠勘已粗就伦绪,其中之亟须陈献于方家之前以相商榷者,则《职官志》之校稿也。

《四库提要》于《崇文总目》下有云:"托克托等作《宋史·艺文志》,纰漏颠倒,瑕隙百出,于诸史志中最为丛脞。"而不知《职官志》之于《艺文志》,其荒谬更为过之。施国祁尝谓《金史》之病有三:曰总裁失检,曰纂修纰缪,曰写刊错误。执此而论《宋史·职官志》,亦莫不恰中其失。聊举数证,以实吾言:

晚唐五季,藩镇乱离,赵宋开国,务惩厥失。其设官分职之际,亦多寓有此意。如枢密院为袭晚唐制也,然唐之枢密使以宦者为之,至宋则概用士人,与中书对称二府,分持文武之柄,既以分宰相之权,且足使统兵之将不得操行兵之符,而制令之臣又不得统内外之兵,此与唐之用意,区以别矣。诸路州军,在唐仅一使以临之者也,至宋则既夺其兵柄,又分其职事于帅、漕、宪、仓四司,且复遍置倅贰以分长吏之权,斯又足使身膺一路之寄者不得有所展布矣。凡此皆所以收相互维制之效,以防大臣擅国及藩镇陆梁之祸。而其官员之冗滥,政治之因循,即均以此为基因。举述此事实而阐发其底蕴,应为总序之所有事,而《宋史·职官志总序》之中,则未尝及于此也。

神宗厘革官制,为新法中之一大节目,虽以元祐诸大臣之力复旧章,对此犹未稍置异词,知其确为犁然有当而不可移易者矣。盖当北宋初叶,官爵秩名,纷错失序,如尚书、侍郎、给谏、卿监、郎中、员外郎之属,本皆职事官也,而有其名不任其职,谓之寄禄,仅以为叙迁之阶。幕职令录本州县之属官,而乃有以某路某县令为阶官而实任某路转运司勾当公事者;有以某路某军节度判官为阶官而实任某州州学教授者;有以某军判官为阶官而试秘书省校书郎者;舛乱可笑,于斯为极。神宗于元丰中本《唐六典》而加以董正,首使中朝百僚,各正厥名,各还所职,宋之官制,至此方纳于正轨。《宋史·职官志总序》之中,虽约略涉及此事,而各卷正文则言之极不详晰,有仅述元丰以前之制者,有但载厘正以后之制者,其宋初诸臣列传之中,更多误以尚书侍郎等为职事官而一概存之,以大夫郎为散官而强半删之,知其于纂修之际,对当时更改之由,已不深悉,殆所谓不知而作者矣。

然揆厥情势,实不应尔。两宋文事极隆,史学尤盛,其记载本朝史事者,有官修之《实录》《日历》《会要》《起居注》《时政记》及各朝正史;私家著述,于表、纪、志、传诸体之书,更无所不备。洎临安既陷,史馆所储,悉归燕都(见《元史》卷一五六《董文炳传》),末叶三朝,亦均在内(见《宋季三朝政要》卷首自识语),故欧阳玄于所撰《进〈宋史〉表》中,亦谓"视金源其未远,绅石室以具存",是则载笔诸臣,大可曲汇旁通,取作凭借,非有书阙简脱、文献不足之苦也。即或迫于期会之促,苦无从容镕铸之暇,则取前修之所已备,剪裁修润之使无复沓抵牾之失亦可也;若必舍此而乞讨于稗贩之手,捃摭于类事之家,则为事理之所不可解,而《宋史·职官志》固又甘落下乘,而奉类书为祖祢矣。

自北宋罢诗赋而以经义论策取士,古今典制,为决科发策之士所必诵习,然而事类浩瀚,獭祭难周,各种"类书"遂乃应时纂辑。当代官制既亦须网罗于内,编纂者乃就列朝《正史》及《会要》《日历》《实录》之属为取材之所。作始者区分汇录,草创规模;继起诸家则修饰润色,踵事增华;及夫南宋末年之所修,于两宋官制因革,记载已臻详备,条贯亦既分明,实已具备正史志书之规模。元代史臣,苟自审"述作之才有限",如《进书表》之所云云者,则选取类书中较为完善之一家,详慎比勘而补正之,即以移充正式之史志,则虽不足自解,而为情终犹可原。顾乃矜于史局之尊严,不敢依样以画葫芦,既须剽窃,复图掩饰,割裂联缀,仅乃成篇。而复出之以苟且,不肯通全志而加以综核,遂至有诸书同载一事,因文字稍有不同而均被采录者,如卷九、卷一〇复出之"勋官""检校官""功臣号"等条是也;有某书征引旧文有讹,而不知覆按原书,以致因仍差失者,如《文献通考》引《朝野杂记》而误薛庆为许庆、误朱震以秘少兼侍讲为以秘少兼崇政殿说书是也。其以昧于当时情事而致误,如名姓之舛误,年月之讹夺,节次之颠倒,称谓之违失等,更不知其几何也。

以上所举,唯以出于总裁失检及纂修纰缪者为限,亦尚未足以概其他失,其刊写之讹脱更不与也。以史学最盛之朝,其典章制度乃仅得此等拙劣之史志以传后,斯可憾已。是故《宋史》之其他部分,尽有稍稍增益或删削即可底于完善者,而以《职官志》挂漏之独多,舛误之特甚,非彻首尾而重修之则不可。吾学未逮而妄欲先试诸此,恐所见之或未当而所言之容有诬也,爰先举此校读之稿以为验,是为《〈宋史·职官志〉考正》焉。

贰、凡　例

一、本文所引《宋史·职官志》之原文,一依涵芬楼辑印百衲本二十四史中之《宋史》。其书为配合元至正初刊本及明成化重刊本而成。凡半叶十行、行二十二字者,元刊本也。半叶十行、行二十字者,明刊本也。《职官志》一二卷中,唯卷一一为元刊,余均明刊。

一、本文所据主要参证资料者为：

《宋会要辑稿》（上海大东书局影印本）

李焘《续资治通鉴长编》（爱日精庐活字本）

杨仲良《续通鉴长编纪事本末》（广雅书局本）

李心传《建炎以来系年要录》（四川仁寿萧氏刻本）

《建炎以来朝野杂记》（《适园丛书》本）

李攸《宋朝事实》（清武英殿《聚珍版丛书》本）

程俱《麟台故事》（同上）

徐自明《宋宰辅编年录》（《敬乡楼丛书》本）

潜说友《咸淳临安志》（清钱塘汪氏仿宋刊本）

叶梦得《石林燕语》（叶德辉《郋园丛书》本）

汪应辰《〈石林燕语〉辨》（《儒学警悟》本）

程大昌《考古编》（同上）

徐度《却扫编》（《学津讨原》本）

孙逢吉《职官分纪》（《四库珍本丛书》初集本）

章如愚《山堂先生群书考索》（明正德刘氏慎独斋刊本）

刘子实《翰苑新书》（明万历金陵周氏仁寿堂刊本）

谢维新《古今合璧事类备要》（明嘉靖三衢夏氏刊本）

马端临《文献通考》（浙江书局刻本）

一、宋代各朝《会要》，经元迄明，多所散佚。明修《永乐大典》时，取文渊阁所藏二百零三册之残本，分门散隶于各韵之中。宣德间文渊阁火，残存之本乃亦同归于尽。清嘉庆中，大兴徐松方自《永乐大典》各韵中重为辑出，而以卷帙浩瀚，刊写两难，终清之世，唯原辑之稿本孤行，故明清两代之治宋史者无一人得见此书。今得影印本，遂亟取以与《宋史》对读，本文中所取材于《宋会要》者亦遂视各书为独多。然《宋会要》之辑录实出于匆遽之间，嗣后未曾再经细校，其部类比次，又大体依据《宋史》各《志》之门目为准，坐是而差谬讹夺，随在不免。本文于征引之际，倍极审慎，凡有他书可相比照者，亦一并引录，以资佐证。

一、南宋诸家所修"类书"，大都辗转抄引，其记载宋代官制较详而流传至今者，厥唯上举章如愚、刘子实、谢维新三家之书。章书成于宁宗时,谢书成于理宗时,刘书之成当亦与谢书相先后。三书所载事目均多雷同,而以谢书、刘书之间为尤甚;所列条目,所述沿革,同者盖将什九。则似三书之间,应有源流关系存在。然细核其相同各节,章书时次居前,而其所载出典反不及刘书、谢书之完备;即刘书、谢书之所载,亦多有此具彼阙、此阙彼具者,知其时必尚有为各书共同祖述之一书,而今亡矣。马端临《文献通考》中之《职官考》,其正文同于刘谢二家之书者亦什八九。然刘谢两家亦有互异之处,如刘书前集(九)"太守"条引《中兴会要》之文,于"许通差武臣一次"句下有一段云:"绍兴元年知越州陈汝锡言:'诸路守臣并许节制管内军马,除逐州遇有缓急事宜合依前项指挥听从本州守臣节制外,所有事干一路军政,及合隶帅司差发之类,并令遵依旧法施行。'诏申明行下。"同卷"通判"条夹注中有"经总制钱旧法守贰通掌而隶提刑司"云云一段,为谢书"太守"条及"通判"条所不载。谢书后集卷七六"教授"条云:"国初有四书院:庐山白鹿洞、嵩阳书院、岳麓书院、应天府书院(按:四书院下原各有夹注一段,兹从略),未建州学也。乾兴元年兖州守臣孙奭私建学舍,聚生徒,乞请太学助教杨光辅充本州讲书,从之。余镇未置学也。景祐四年诏藩镇始立学,他州勿听也。宝元元年颍州守臣蔡齐请立学,时大郡始有学,而小郡犹未置也。庆历四年诏诸路州、军、监各令立学,……委运司及长吏于幕职州县官内荐教授,或本处举人举有德艺者充。当时虽置教授,或用兼官,或举士人,委于漕司而未隶朝廷也。"层次极为清晰,而刘书"教授"条所载则较此大简。其外取舍繁简之不同犹难殚数。而凡此诸处,《通考》均与谢书相同。因知其渊源所自,盖为《合璧事类》而非《翰苑新书》也。《宋史·职官志》袭用之书非一,而其径自《通考》出者为数最多。今于校读之际,于此等源流关系均加探究,故所借赖于章、刘、谢、马诸家之书者亦至繁夥。

一、《通考》所载宋代职官,大体虽与《合璧事类》相同,而其间亦时有详略互异之处。今查凡《通考》所无而仅见于《合璧事类》之条目,《宋史·职官志》苟亦有之,则二者间之内容必多异;凡《合璧事类》所无而仅见于《通考》之条目,《宋史·职官志》苟亦有之,则二者间之内容大体上必不殊。且凡《通考》录用《合璧事类》之成文,偶因传写而有所失误者,《宋史·职官志》亦皆踵讹袭谬,未予是正。据知《宋史·职官志》之与上举二书相雷同者,必皆出自《通考》而与《合璧事类》则无直接之因缘也。故于对读考校之际,虽取章、刘、谢、马诸家之书而并用之,就中实以用马书之处为尤多。其间有《通考》改易《合璧事类》之文而有迹象可寻、或《通考》有误而《合璧事类》本不误者,即引录《合璧事类》之文以相比证。虽分疏之际不免辞费,顾亦所以明《宋史·职官志》中若干条目之来源在此而不在彼耳。

一、《宋史·职官志》中条目之不出于《通考》者,亦必出于另一成书,其书为何,今未能明。其中有行文顺序与《通考》异而记叙之谬误与《通考》同者,则二者又必同出一源。本文遇此种情形,间亦录而存之,为俟异日探求其本源也。

一、昔人校正《宋史》之著述,《四库全书总目·宋史提要》中引有沈世泊《宋史就正编》内驳正《宋史》者数条,而沈氏此书则未为《四库》所收录,故今亦未能得见,不知其书之内容果何若。余如武英殿本《宋史》各卷后所附载之《考证》,钱大昕《廿二史考异》及邵晋涵《南江札记》中之考订《宋史》部分,均以列传为多,涉及《职官志》者寥寥无几。凡诸书所已论及而又为我之所同意者,即不在文中重复论述,凡诸家之考论犹有疑文剩义者,则更摘出参决之。

一、本书为求易于征信起见,取证唯求其充,推考唯求其尽,虽一字、一词、一年月、一名氏之是正,亦往往反复辨说,期于无可置疑而后已。文字芜累,读者谅之。

一、继本书而可谋定稿付印者,为《刑法志》《河渠志》《兵志》及一部分列传之校稿。

一、心未周浃夫全史,功力仅及于钉铠,此固通学之所不屑为,而我则未能优为之者。考论之所不中,念虑之所不周,雠勘之所疏漏,参照之所未及者,不知凡几,愿受宏雅之指教焉。

1941 年 9 月 8 日写于四川南溪县之板栗坳

(原载《读书通讯》第 62 期,1943 年 3 月)

附 录：
陈寅恪先生所作《〈宋史·职官志〉考正》序

吾国近年之学术，如考古历史文艺及思想史等，以世局激荡及外缘薰习之故，咸有显著之变迁。将来所止之境，今固未敢断论，惟可一言蔽之曰，宋代学术之复兴，或新宋学之建立是已。华夏民族之文化，历数千年之演进，造极于赵宋之世。后渐衰微，终必复振。譬诸冬季之树木，虽已凋落，而本根未死，阳春气暖，萌芽日长，及至盛夏，枝叶扶疏，亭亭如车盖，又可庇荫百十人矣。由是言之，宋代之史事，乃今日所亟应致力者。此为世人所共知，然亦谈何容易耶？盖天水一朝之史料，曾汇集于元修之《宋史》。自来所谓正史者，皆不能无所阙误，而《宋史》尤甚。若欲补其阙遗，正其讹误，必先精研本书，然后始有增订工事之可言。《宋史》一书，于诸正史中，卷帙最为繁多，数百年来，真能熟读之者，实无几人。更何论探索其根据，比较其同异，借为改创之资乎？邓恭三先生广铭，夙治宋史，欲著《宋史校正》一书，先以《宋史职官志考正》一篇，刊布于世。其用力之勤，持论之慎，并世治宋史者，未能或之先也。寅恪前居旧京时，获读先生考辨辛稼轩事迹之文，深服其精博，愿得一见为幸。及南来之后，同寓昆明青园学舍，而寅恪病榻呻吟，救死不暇，固难与之论学论史，但当时亦见先生甚为尘俗琐杂所困，疑其必鲜余力，可以从事著述。殊不意其拨冗偷闲，竟成此篇。是其神思之缜密，志愿之果毅，逾越等伦。他日新宋学之建立，先生当为最有功之一人，可以无疑也。噫！先生与稼轩生同乡土，遭际国难，间关南渡，尤复似之。然稼轩本功名之士，仕宦颇显达矣，仍郁郁不得志，遂有斜阳烟柳之句。先生则始终殚力竭智，以建立新宋学为务，不屑同于假手功名之士，而能自致于不朽之域。其乡土踪迹，虽不异前贤，独俾书养亲，自甘寂寞，乃迥不相同。故身历目睹，有所不乐者，辄以达观遣之。然则今日即有稼轩所感之事，岂必遽兴稼轩当日之叹哉？寅恪承先生之命，为是篇弁言，惧其羁泊西南，胸次或如稼轩之郁郁，因并论古今世变及功名学术之同异，以慰释之。庶几益得专一于校史之工事，而全书遂可早日写定欤？三十二年一月二十七日陈寅恪书于桂林雁山别墅。

原载《金明馆丛稿二编》

邓小南《宋代文官选任制度诸层面》序言

宋代的职官制度,就其部门与层次来说是错综复杂的,就其相互间的关系来说,又是胶葛混淆的。因此,它自来被宋史的研究者们视为畏途,望望然去之,避之唯恐不远。然而照实说来,在宋史研究领域里,它却是一个最具关键性的问题。我们似乎可以说,对于宋代职官制度了解的多少,是会在质的方面,决定一个宋史研究者研究成果的水平高低的,尽管其研究课题有这样那样的不同。我的朋友当中就曾有人说:"职官制度方面的事,即使你不去管它,它也要来管你,不管你研究的是哪一类问题。"这些话,都是正得我心之所同然的。

在宋代职官制度中,其最为通常出现的,关系到绝大多数官员的升迁、黜降事件的,一个是有关铨选的问题,另一个则是有关磨勘的问题。前一个,虽是从前代沿袭而来的一种制度,到宋代却又具有了与前代大不相同的一些特点;后一个,虽也是属于前代已有的考核制度之一种,但不仅这一名称为宋朝所首创,其所实施的种种细则,也是前代所不曾有过的。因此,我们似又不妨说,对于铨选、磨勘等问题如缺乏清晰的概念和透彻的理解,对于宋代的职官制度也就会随时随地遇到一些扞格难通之处,从而也就无法真正领悟。

《宋史》把章惇列入《奸臣传》中,但在章惇的传中,却插入了如下几句话:

> 惇敏识加人数等,穷凶稔恶,不肯以官爵私所亲。四子连登科,独季子援尝为校书郎,余皆随牒东铨,仕州县,讫无显者。

李纲的《梁溪全集》卷一六○也有《书章子厚事》一文,文中有一段说道:

> 方子厚当轴,士大夫喜诋诃其失;然自今观之,爱惜名器,坚守法度,诸子虽擢第,仕不过管库、州县。岂不贤哉!

以上两段引文所反映的是,在宋代的大小官僚们的仕宦进程中,有的人可以利用其既得的特权,可以令其子弟不依铨选的固定程序而快速晋升;而被一般人认作并非善类的章惇,却独能奉公守法,令其子弟均按部就班地听候铨叙机构的注拟。

伴随着科举制度的盛行,在唐代即已有了"循资格"的死板规定,作为入仕人群升迁调补的准则和限制;到宋代,科举之盛更远非唐代之所能比,官僚群体之员额也几乎是年有所益,月有所增,于是待次待阙于铨部者纷纷扰扰,于是铨部在极端正常的情况下(即非徇私枉法时)也只能做到"资深者序进,格到者次迁"的地步,自无法使得非常之才得以尽快地脱颖而出。这对于造成宋代吏治之因循保守,显得奄奄无生气,不能不是一个重要原因。

倘若不深入理解铨选在宋代职官制度中所占有的地位,就连章惇所具有的那一独特的美德也无法领会,更何论于对宋代的官制以至对宋代政治历史的研究呢?

《宋史》的《范仲淹传》,于记叙其在庆历三四年(1043—1044)内推行了一些新政,后因遇到很大阻力以致不能不离开参知政事的职位时,对范仲淹所推行的新政作了一段总的评述说:

> 仲淹以天下为己任,裁削幸滥,考覆官吏,日夜谋虑兴致太平。然更张无渐,规摹阔大,论者以为不可行。及按察使出,多所举劾,人心不悦。自任子之恩薄,磨勘之法密,侥幸者不便,于是谤毁稍行,而朋党之论浸闻上矣。

《宋史》的《苏轼传》载有苏轼于王安石罢相退居金陵之时,在由黄州去常州的途中特地与王安石会晤时的一段谈话,其最末一事为:

> 安石又曰:"人须是知行一不义、杀一不辜、得天下弗为,乃可。"轼戏曰:"今之君子,争减半年磨勘,虽杀人亦为之。"安石笑而不言。(按:《宋史》此段当抄自邵伯温《闻见录》。)

上面的引文,一则反映出,对于磨勘法之改进和加密,竟可以使一个参知政事因而去职,足证磨勘法在官员群体中的牵动面如何之广;二则反映出,官员群体中人,为企图把磨勘提前半年进行,竟至可以不择手段地去谋求。这就又都反映出,磨勘问题关系到一个官员的仕宦进程,是如何重要的一个问题。

总括上面的一些论述,我们说,铨选与磨勘二者,乃是宋代职官制度中极为关键的事,是研究宋代职官制度史者不可不首先董理清楚的问题,自然是没有任何过分之处的。

在50年代中期,为了培养学生"向科学进军"的本领,我曾参照清代乾嘉学者的意见而向学生提出研治史学的"四把钥匙",即职官制度、历史地理、年代学和目录学四者。当时的学生正热衷于讨论"理论挂帅""以论带史"和"论史结合"等等的问题,大都把我的意见认为是"老生常谈",是陈旧过时的方法论,因此,它所起的引导作用实极微末。然而,到1958年的教育革命期内,北大历史系的一部分学生为批判我的学术思想,贴出了铺天盖地的大字报,绝大部分是以我所提出的治史的"四把钥匙"作为批判对象的。有的大字报上还突出地画出了一把金黄色的钥匙,用以象征马列主义,并向我质问道,为什么竟把这一把最灵验的钥匙撇开不谈?当时我心想,倘若我真的把马列主义降低到与年代学、职官制度、历史地理、目录学诸门类同等的水平,那岂不将构成更严重的错误吗?只因当时我并没有进行答辩的资格,所以就默尔而息了。事后,虽经学术界的领导人物郭沫若、胡乔木分别在报刊上或会议上为我所提出的"四把钥匙"进行了平反,然而年轻人真肯使用这四把钥匙(或者其中的任何一把)去研治史学者,却依然是为数寥寥。

在真肯使用"四把钥匙"治学的青年学子当中,邓小南竟也是厕身其中的一人。照实说,她并不是在我的指引之下,而是在陈寅恪先生的高足王永兴教授的加意指引之下而掌握了这一治学途径的。王永兴教授所开课程是隋唐五代史,隋唐的职官制度、隋唐职官制度中的铨选制度,属于王教授的重点讲授内容之一,使听课者均深受其益,而小南则又把她所传承于王先生者推衍到宋代职官制度和铨选制度的研究,终日甘居于寂寞之滨,孜孜矻矻地乐此不疲。她以"水滴石穿"的功力,努力去攻克宋史研究中的这一坚硬堡垒。其研究成果则是目前要奉献于专家学者面前的这本《宋代文官选任制度诸层面》。

这本书中的一些篇章，已曾在国内各地的期刊上刊出过，也大都受到一些专家学者的注意和品评。有的人说，她的这些文章，反映了她的基本功底的深厚扎实、逻辑思维的周密谨严，诠释精当，剖析和论述也都层次井然；有的人则说她的选题难度大，而她却能够开掘得很深，阐释得很透，随时随地都能提出自己独到的见解，使读之者不致产生"陈旧""平庸"和"似曾相识"的感觉；有的人又说，对于北宋前期官、职、差遣的分离问题进行探讨分析的文章并非太少，其中有些或则就事论事，或则蹈故袭陈，而她的论文却出手不凡，将官与差遣分离的历史过程追本溯源，爬梳得一清二楚，犁然有当；有的人则更说，特别难能可贵的是，她把官制史的研究放在广泛的政治、社会和历史的联系中进行，这是就制度论制度者永难望其项背的。这些话，虽大都出之于同行同道的史学研究者之口、之手、之文，似乎不免有内台喝彩之嫌，但实事求是地加以衡量，我却也觉得这些话是符合实际的，并没有揄扬过分或失实之处，用特摘述于此，以代替我要说的一些内举不避亲的话语。

我还想说一些离题稍远的话。如今的世道，大家，特别是不少的青年人，都成了急功近利主义者，都急于求得声名和财富。这种歪风邪气，不幸竟也污染到学术研究的领域，更不幸是竟也污染到宋史的研究领域中来。这对我们的学术研究事业，是非徒无益而又害之的。我们应当奋力改变这种状况，应当树立一种笃实的学术风气，应当对于正在走着淳朴务实道路的青年学子和学女，尽可能给予鼓励和扶持，使其辛勤笔耕的成果不至湮没无闻，使一些不仅能弄清史实而且有独到见地的著作能够一批批涌现出来。此事看似微末，然而我国学术事业的振兴，再缩小范围来说，我国宋代史事研究的振兴，实利赖之。爰借这本小书印行的机会，对于在学术界较有影响的老辈学者和操文衡、主编政的先生们提出这一呼吁。

1991 年 5 月 20 日于北京大学
中国中古史研究中心

《〈宋史·刑法志〉考正》序

《宋史》中的志凡十五种，共为一百六十二卷，差不多占《宋史》全书总量的三分之一。在整部二十四史当中，不但志的卷数全都没有这样多，在一书中志的比例数达到这样高的，也再没有第二种了。

在《宋史》的十五种志当中，《刑法志》共只三卷，是卷数最少的一种，然而在这三卷书中，其有待于我们考索订补的问题，却不是各志中为数最少的一种。

一、《宋史·刑法志》的来源

我对《宋史·刑法志》的渊源力为探索的结果，在今天，还只能得出以下的三项答案：

第一，《宋史·刑法志》不是直接以宋代《国史》中的志作蓝本，稍加删改而成的。

第二，《宋史·刑法志》当中的一部分记事，是从马端临的《文献通考》中的《刑考》抄袭来的。

第三，《宋史·刑法志》的记事，除抄用《文献通考》外，还从别的书中采摭了一些。所以它的来源是多元的而不是一元的。

以下，我对这三项答案稍加论证。

在《宋史》诸志的小序当中，有好几种都曾说到它自身的渊源。例如《五行志》的《序》末说："今因先后史氏所纪休咎之征，汇而辑之，作《五行志》。"《礼志》的《序》末说："今因前史之旧，芟其繁乱，汇为五礼，以备一代之制。"《舆服志》的《序》末说："今取旧史所载，著于篇，作《舆服志》。"《选举志》的《序》末说："今辑旧史所录,……櫽括归类,作《选举志》。"既有这样的声明,知其取材必不外乎宋《国史》的各本志。

在元代设置史局纂修《宋史》的时候,宋代《国史》中的上述各志既还都完整可作依据,其中的《刑法志》断不会单独残缺散失;如不曾残缺散失,则修《宋史·刑法志》的人断不应不加参考采用的。然而事实却是非常奇怪,不但在《宋史·刑法志》的《小序》中没有说到导源于《国史》旧志的话,我们把现尚散见于史册中的宋代《国史·刑法志》的片段文字与《宋史》本志对比,见其间异同甚大,也适足证明二者间确实没有直接的源流关系。

李焘的《续资治通鉴长编》卷三四四,神宗元丰七年三月乙巳,记"详定重修编敕所"修《元丰编敕》成,删定官崔台符、王震等迁官赐银绢事,其下附载夹注一段说：

> 《刑法志》云:初议修敕必先置局,诏中外言法之不便与约束之未尽者,议集然后更定。所言可采而行者,赏录其人。书成,诏中书、枢密院及刑法司律官,俾参订可否以闻。
>
> 始,《咸平敕》成,别为《仪制令》一卷,天圣中取《咸平仪制令》约束之,在《敕》者五百余条,悉附《令》后,号曰《附令》,庆历、嘉祐皆因之。《熙宁敕》虽更定为多,然其体制莫辨。至元丰修《敕》,详定官请对,上问敕令格式体制如何,对曰:"以重轻分之。"上曰:"非也。禁于已然之谓敕,禁于未然之谓令,设于此以待彼之至之谓格,设于此使彼效之之谓式。修书者要当知此。'有典有则,贻厥子孙',今之敕令格式则典则也。若其书备具,政府总之,有司守之,斯无事矣。"

这一段文字,李焘所依据的必是北宋《国史·刑法志》中的一段。《宋史·刑法志》第一卷中也载神宗和臣僚谈论敕令格式的这件事,但文字与此段大不相同,对于敕和令所下的界说,也正和此段互相颠倒。今查《宋史》本志中的一段,和洪迈《容斋随笔》的"敕令格式"条文字完全相同,我们姑不论其为直接或间接抄自洪氏之书,其与《国史·刑法志》之绝无因缘,却是可以断言的。

《续通鉴长编》于同一年月日又载有更定治盗重法事,首谓"自嘉祐六年始命开封府诸县盗贼囊橐之家立重法,后稍及曹、濮、澶、滑等州。熙宁中诸郡或请行者,朝廷从之,因著为令。至元丰更定其法,于是河北、京东、淮南、福建等路用重法郡县浸益广矣"。以下便详载"凡劫盗罪当死者,籍其家赀以赏告人,妻子编置千里"等条文,即上文所说元丰中更定的治盗重法。条文后有附注说:

> 《刑法志》有此,不得其时。因《编敕》成,附见。须细考之。

《宋史·刑法志》也载"治盗重法"先后的几次演变,行文和《长编》不相同,而在"凡劫盗罪"云云句上,首冠"熙宁四年"四字。李焘在《国史》旧志中"不得其时",而《宋史·刑法志》则标举了确切年份,这使我们又可断言:《宋史·刑法志》的这一段,一定不是删改《国史》旧志的文字而成,而必是从另外的史书中采辑来的。然据《长编》所说,知道"凡劫盗罪当死者,……妻子编置千里"等条文,乃是"元丰更定"的新办法。《宋会要·刑法门》也载有一事云:

> 元祐三年四月二十一日,监院御史赵屼言:"元丰敕,重法地分劫盗者,妻子编管。元祐新敕一切削去,前此编管者宜不少,请令从便。"从之。(《宋会要·刑法》四之三〇及六之二〇凡两见。)

这是一条极有力的佐证,可以证明编管盗贼妻子的办法,确实是在元丰中才立定的。今查《史志》此段与《文献通考·刑考》六记载订立治盗重法事的文字全同,《通考》也正是系其事于熙宁四年的。两书对于这件事情为什么系错了年份,我们虽然不能考知其故,但此项错误之首出于《通考》,《宋史》本志此段记事必是全自《通考》照抄而来,却又是一桩极明显的事。

就以上两例推考,自然可以知道:假如在元代修撰《宋史》之日,负责《刑法志》的史官曾有宋代《国史》的《刑法志》作蓝本,他们断不会弃置上引两段于不顾,而却这样东鳞西爪地去拼凑缀辑的。他们既不曾用旧史《刑法志》作底本,则《宋史·刑法志》的全部纪事,不唯与旧史志文相异者是从他书采掇而来,即其与旧史偶同的,也一定不是直接导源于旧史,而是辗转从他书中辑录来的。

以上是对于第一项答案所提供的论据。至于修《宋史·刑法志》的人们究竟何以弃置旧史本志不用,我对这一问题还是无法加以解说的。

《文献通考》之作成,下距《宋史》之纂修,尚有二十几年。书成之后,先经王寿衍于元仁宗延祐六年(1319)誊写进呈,到英宗至治二年(1322)降诏"校勘刊印",到顺帝至正三年(1343)方设局纂修宋、辽、金三史。大约在《文献通考》刻成之后,立即列置史局,备修史诸人的参考。因为其中所载多为历代的朝章政典,且多半直到南宋为止,对于负责修撰《宋史》诸志的人遂特别重要。故如《宋史·职官志》,其中不但大量地抄袭了《通考·职官考》的记事文字,连其中所载入的诸家以及马端临本人的议论,也袭用了很多。《宋史·刑法志》抄袭《通考》的情形,大致与《职官志》是相同的。今且摘录其中抄袭迹状最显而易见者数事为例:

一、宋太宗太平兴国中,有安定妇人杀害了其夫前妻的儿媳,朝廷为此事曾特别降诏立法,原诏见《宋大诏令集》卷二〇〇《刑法类》上,其末尾几句是:

今后继母杀伤夫前妻之子及其妇,并以杀伤凡人论。

《长编》所录节文与此全同。《通考·刑考》九引此数句,改作:

自今继母杀伤夫前妻之子,及姑杀妇者,并以凡人论。

一字之差,原意大改。而《宋史·刑法志》所载此诏节文,却完全和《通考》相同。

二、《通考·刑考》六记仁宗天圣五年(1027)陕西旱灾事,其下却附载司马光论除淮南京西盗贼事宜的一道奏札。今查天圣五年司马光还只是一个八九岁的孩子,而那道奏札实际上乃是英宗治平元年(1064)所上,先后相差几四十年。这样明显的错误,史官们竟也漫不加察,《宋史·刑法志》中竟是一字不易地照抄了《通考》这段记事和司马光那道奏章。

三、仁宗景祐二年,侍御史庞籍上疏,请求郊祀后不要大赦,《通考·刑考》一二《赦宥》门把庞籍的奏疏节录了一段,却只说"言者以为"

云云,而不著庞籍姓名。于庞疏节文之后,《通考》中附加一段文字,说明此疏未被采行之故。《宋史·刑法志》的末卷之末,也有庞籍此道奏章的节文,也只说"言者以为"云云,其下也附说未被采行之故,而整段文字也和《通考》完全雷同。

四、叶梦得的《石林燕语》卷二,有一条记苏颂于元丰中建议"请依古置圜土"以处流罪人事,《通考·刑考》七将此条引入而误脱"置"字,《史志》卷三也引入了,而也一样的漏去了"置"字。

五、《通考·刑考》卷六于熙宁八年李逢、王庭筠、赵世居、李士宁诸人狱事下,附载一段按语云:

> 按:凌迟之法,昭陵以前虽凶强杀人之盗亦未尝轻用,自诏狱既兴,而以口语狂悖者皆丽此刑矣。诏狱盛于熙、丰之间,盖柄国之权臣借此以威缙绅。……其置狱之本意自有所谓,故非深竟党与不能以逞其私憾,而非中以危法则不能以深竟党与,此所以滥酷之刑至于轻施也。

这段按语是较记事正文低两格的,故必是马端临本人的议论,而在《宋史·刑法志》卷二,于同一狱事之下也同样有一段议论说:

> 若凌迟腰斩之法,熙宁以前未尝用于元凶巨蠹,而自是以口语狂悖致罪者丽于极法矣。盖诏狱之兴,始由柄国之臣借此以威缙绅,逞其私憾,朋党之祸遂起,流毒不已。

两相比较,《史志》中的斧凿之痕犹自可见。然则我们断言《史志》中的一部分记事是从《通考》抄袭来的,当不会有丝毫诬枉之处了。

《宋史·刑法志》中的记事,凡其不是照抄或改削《文献通考》中的文字的,大部分也可以在现尚传世的两宋官私史书中找得一些线索出来。可惜线索只是线索,其因袭的迹状全不像因袭《通考》那样的明白易见,所以我们不能再确指某一种书是修志者确曾从其中采辑了某条记事的"源头书"。然而像专记南宋史事的几部书,如熊克的《中兴小历》、留正的《皇宋中兴两朝圣政》,以及书坊编刻的《宋史全文》等等,其中或多或少,总都有一些和《宋史·刑法志》似有源流关系的条目。这些条目即令不是直接从上举各书中引录而来,也必是辗转从另外的一些什么书上零星稗贩来的。这样自然便又归结到我的第三项答案:《宋史·刑法志》中的记载,是从许多种书册中渔猎而来,既不是单从《文献通考》的《刑考》各卷中的条目摘抄而成,也不是单就另外的某"一"种尚未被我们发现的刑法史志之类删削润色而成的。

二、《宋史·刑法志》的疵病及本文的作意

归纳《宋史·刑法志》当中的各种毛病,大致可以区分为下列几类:

第一,年代和时次的错误。例如太宗淳化中因蔡州的知州张荣和推官江嗣宗宽恤罪人而下诏褒奖,《史志》误以为真宗时事;钦宗靖康初治误国害民诸臣僚罪,最先赐死和被杀的是李彦、王黼二人,其后为梁师成,再后才是梁方平,而《史志》则误以梁方平为最先就戮之人。

第二,地名和人名的错误。地名如金州误为房州,广安军误为广定军之类;人名如陈纲误为陈纶,朱巽误为朱选,胡思误为胡思文之类。

第三,记事自相矛盾。例如设置审刑院事,《史志》既以为是太祖时候的事,又以为是太宗时候的事。又如记谳理所事,《本志》与《安惇传》有出入;记同文馆狱事,《本志》与《刘挚传》不尽同。

第四,叙事不能原始要终。例如《史志》的第一部分本是记述各朝编修和颁行格令诸项经由,但对《宋刑统》的修撰却一字不提,只于叙述新修《编敕》既成之后,附着"诏与新定《刑统》并颁天下"一句。又如不载哲宗元祐中施行阶官犯赃罪者不带左右字之制,而于高宗绍兴中施行其制却特加记载。

第五,类例区分不清。《宋史·刑法志》三卷中,只有第一卷开首记格令的部分,第二卷末记诏狱的部分,第三卷的后半记配役、赎刑、赦宥诸部分,算是分类比较清楚的,此外则全无标题,只是把一些相类甚或不相类的事件笼统叙述下去。我们现时参照《宋会要辑稿》,赵汝愚编《国朝诸臣奏议》、《文献通考》和《古今合璧事类备要》诸书中刑法门的分类,虽也勉强可以把《史志》三卷区分为若干门类,然每一类中总不免有出乎其类的事例,而在不同的两门类中又不免有互相类似的事件。

第六，叙北宋事较详，叙南宋事太略。《宋史》的通病之一，是详于北宋而略于南宋。《四库总目》的《宋史提要》说："理度两朝，宋人罕所记载，故《史传》亦不具首尾。"并且举出《文苑》和《循吏》两传为例。钱大昕也说："《宋史》述南渡七朝事，丛冗无法，不如前九朝之完善。宁宗以后四朝，又不如高、孝、光三朝之详。"（见《十驾斋养新录》卷七"南渡诸臣传不备"条）《刑法志》中也正有这种毛病。其对于南宋一代刑政的叙述，属于南渡初年的则失之于"丛冗无法"，属于宁宗以后的则失之于"首尾不具"。

第七，删改旧史文字而失其原意，甚至和原意完全相反。例如引录陈次升论强盗计赃法的奏状，而改其"并增一倍"句为"并减一倍"；引录利州路钤辖论纽绢估赃的奏状，而改其"多不至重法"句为"多至重法"等。

第八，抄袭旧史文字而不稍检照，遂乃以讹传讹，甚至愈失愈甚。上文所举《史志》袭用《通考》诸条，均可为例，这里不再多举。

在这八类之外，也还有一些毛病，例如刊写方面的讹误，将"纸"误为"缗"，"枷"误为"加"，"粮"误为"量"等。因其不是修撰人的过失，故不再列举。

《宋史·刑法志》的全部记事既是有所承袭的，则上举八种疵病必也有一大部分是从旧的书册中沿袭了来，而不是由纂修《史志》的人制造出来的。事实虽或如此，而在负责纂修《史志》的人，却不能以此作为辞责诿过的借口。因为，修志时参考所及的各种书籍，或为私修，或属野史，或者为著作人的学力和成见所拘牵，或者为著作时的材料和时势所限制，其记事自难期其不偏不曲，翔实周到；《宋史》是易代之后的政府设置专局纂修的，各种志书依理是应由各部门的专门学人分别负责的，修成之后又一定是要凭借政治力量使其必传于后世的，如此则史臣于秉笔之际必须具有一些责任感，于缀辑任何一条记载时，必先明悉本事之原委，比考诸书之异同，确证某说之是非，须待事状灼然，方可下笔写定。而《宋史·刑法志》的撰人却把这几项必须经由的手续和步骤概置不顾，只顾卤莽灭裂地袭用旧说，而又一方面用则不疑，一方面率意改削，遂致歧互纷错，集诸般瑕累之大观。这与阿鲁图在《进〈宋史〉表》中所说的：

"旧史之传述既多,杂记之搜罗又广,于是参是非而去取,权丰约以损增"诸语,也显然是全不相符的。既然如此,我们如何能不专向《刑法志》的作者加以指责呢?

尽管《宋史·刑法志》中可訾议的问题这样多,过去治《宋史》的学者们却都不曾注意及此。柯维骐的《宋史新编》,把《刑法志》三卷删并为一卷,又标明门类,加以区分,又从列传中钩出数事移于志中,对于《刑法志》总算用过一番工夫,然而对于志中所有的各种差谬,却全未加以补正,一切都照原样移植在《新编》当中。清代武英殿刻本的《二十四史》,在纪志表传之后大都附有考证文字,而独于《宋史·刑法志》三卷则不著一字。钱大昕《廿二史考异》中也仅举述《刑法志》与列传相重复之文字两段。而谭瑆为续北宋刘筠的《刑法叙略》而作的《续刑法叙略》,也和《宋史新编》一样,只是节抄《史志》之文,毫无考索订正之功。大约是因为在他们的时代,得书不似今日之易,汇集资料的工作也不似今日之方便,所以不易引起校雠比勘的动机;再不然,便是因为过去的学人大都还是读书万卷不读律的,所以要特意避开《刑法志》而不予注意了。

我对于《宋史·刑法志》的考订工作,本是和考订《宋史》中另外的几种志的工作同时进行的。那时正是抗日战争的中期,我随同中央研究院历史语言研究所由昆明迁往四川南溪,研究所藏书之富,为当时后方任何图书馆所不能及,所以我的考订工作得以顺利进行。后来因为有些图书是在后方无法得到的,遂只将《〈职官志〉考正》一种整理付刊,另外的几种全都没有完成。前年复员来平,稍得多见一些后方所不可得见之书,便又取未完各稿重加订补,而因为《刑法志》的卷数最少,毕事最易,所以我的订补工作便又先从《刑法志》开始。

我先后两次所翻阅的有关宋代史事的官私书册,其成书大都是在《宋史》以前的。《宋史·刑法志》中的记事,十之八九都可以在这些书册中找得出来。所以,不论它们和《史志》之间有无何等因缘,只因其成书均较早,其中的记载较与直接史料相近,故其可以信赖依据的程度均较《史志》为高。我借用这一些较早的记载,将《宋史》本志的全部记事加以比勘,较量其异同,论证其是非,订正其讹谬,补苴其疏失,一切都和《〈职官志〉考正》的作法略相似。只有上述第六类的毛病我不曾加以救正,因为那是重修史志者的工作,已不是我的工作范围以内的事了。

我很盼望有专精法律的学人,依此考订结果,更广采两宋官私史籍中有关刑政各故实,重订义例,重行排比,为《宋史》重新作出几卷有条有理的《刑法志》来。这工作,是可能的,也是需要的。

1948年9月10日广铭自记于北平东厂胡同一号

(原载《历史语言研究所集刊》,第20本,商务印书馆,

1949年12月)

宋代文化的高度发展与宋王朝的文化政策

——《北宋文化史述论稿》序引

一

宋代的文化,在中国封建社会历史时期之内,截至明清之际的西学东渐的时期为止,可以说,已经达到了登峰造极的高度。历史不能割断,论述宋代文化自然也须如此。单以隋唐为上限,宋代文化发展的基因之从这两代传承而来者就难以枚举。姑举几件重要性较大的来说:

士族地主势力之消逝,庶族地主之繁兴,以及与此密切相关的农业生产的大发展,交通运输工具的日益完备,商品经济的日益发达,等等。

刻版印书事业之由创始而渐盛行,造纸技术日益普及、提高,这都使得书籍的流通量得以增广扩大。到宋初,大部头的儒书和佛道典籍都能结集刊行,则一般乡塾所用的启蒙通俗读物的大量印行流传自可想见。(唐政府禁止私人印制历书,可以为证。)

开始于隋唐之际的科举制度,规定一般读书人可以"怀牒自列于州县",这不仅使"天下英雄"都入此"彀中",使政府得以从中选拔大量行政官员,而其影响所及,在那些中选的"英雄"之外,还育成了大量著名诗人,产生了大量的传世诗篇,构成了中华民族文化中一种极特殊、极丰富的瑰宝。

唐朝还通行一种不成文的规定:举子在应试之前,先须向主司投献所业以求得赞扬,叫"行卷",也叫作"温卷"。所进献的文章,大都是举子们的"力作",可以表见其"史才""诗笔"和"议论"的,例如《玄怪录》《传奇》之类的作品(见宋赵彦卫《云麓漫抄》卷八)。举子们既多从事于此,便又不期然而然地对古文的复兴起了催化的作用。

以上举述的种种条件(当然还有未被列入的其他许多条件),到北宋期内,交错杂糅,相互影响,经常地产生着一些综合性的良性循环作用,这种综合性的良性循环作用随处可见,而宋代的科举制度更是集中体现这种作用的事项之一。

二

科举制度在唐代即已显示出了上文所举述的那些社会效益,也就是说,它已突破了唐王朝的最高统治者们所期望于它的那种笼络文人学士和选拔官员的狭隘效果。到了宋代,对于科场考试的一些法规显然比唐朝更严格了一些,例如,行卷、温卷的做法在宋代即不再允许。据李焘《续资治通鉴长编》卷三,宋太祖建隆三年(962)九月载:

> 诏及第举人不得呼知举官为恩门、师门及自称门生。

同书卷四,乾德元年(963)九月丙子载:

> 诏礼部贡举人,自今朝臣不得更发公荐,违者重置其罪。故事:每岁知举官将赴贡院,台阁近臣得保荐抱文艺者,号曰"公荐",然去取不能无所私,至是禁止。

这都是北宋建国之初就发布的诏令。我以为,这些诏令,在扩大应试者的范围方面和防制权贵人物对科第的把持、垄断方面,都是能发生积极作用的。因为,当时庶族地主阶层的数量和实力,在社会上已占绝对优势;商品经济的发展,使得大量原居社会下层的人群得有较多活动机会;所以,宋王朝的当政者们,只经常提及重农的原则,却很少(甚至可以说没有人)再呼喊抑商的口号;而在科举方面,也经常考虑要尽可能给予身居社会中下层的士子以出身的机会。这自然也应作为当时综合性良性循环的有机组织的一部分。这种种因素的具备,遂使国内的每一个丰衣足食的小康之家,都要令其子弟去读书应考,争取科名。科名虽只有小部分人能够争取得到,但在这种动力之下,全社会却有日益增多的人群的文化素质得到大大的提高。因此,我们可以说,科举制度在两宋期内所发挥出来的进步作用,所收取到的社会效益,都是远非唐代之所可比拟的。

三

在唐代,释道两家的教义和学说都盛行于世,其声势且都骎骎凌驾于儒家之上。这一事实,从唐代后期以来已促使知识分子群中的许多人萌生了一种意识:要把儒家独尊的地位重新恢复起来。于是,有人从儒家经典著作中选出了《大学》《中庸》,就前者阐明治学和治国经邦的程序,就后者吸取其抽象的义理以与释道相对抗;也有人专为维护儒家学说的正统地位,把释道都作为异端而加以排斥;更有人致力于释道二家以及法家学说的钻研,然后援法入儒,援佛入儒或援道入儒。经过长时期的相互抵排、交斗和交融,从而在北宋初叶以后的一些以儒家面目出现的学者,例如胡瑗、杨亿、范仲淹、欧阳修、王安石等等,固然已经大异于由汉到唐的那些拘守章句训诂之学的儒家学者,却也绝对不是春秋战国期内儒家学术的再版。就他们所致力的学术领域的界限来说,也非复孔门四科和六艺(射、御二者除外)之所能涵盖;就其义理的深奥精密来说,也非复由先秦到唐代的儒家学者之所能企及。对于这样一些先后辈出的学者,对于这样一些先后被开拓的广阔学术研究领域,只有一个最为适合的概括称号,那就是"宋学"。

四

从秦始皇建立专制主义中央集权的封建王朝之始,就在试行文化专制主义,所以有焚书坑儒之举。到汉武帝,则又采纳董仲舒的建议,要罢黜百家,独尊儒术(虽然并未真正做到)。北魏、北周、晚唐、五代期内所发生的"三武""一宗"的毁灭佛法的事件,不论其各次的历史背景如何,总之都是要对文化实行专制主义。但北宋王朝自建立以来,就把最大的注意力分别集中在:如何消除存在于各地的割据势力;如何防范文武大臣篡夺之祸;如何抵御北方强大敌国契丹王朝的侵袭;如何禁制百官间或士大夫间凭借种种因缘而结为朋党,构成专制政权的一种分割力量等等。这种种错综复杂的问题,使得北宋最高统治者们实在没有余力再去对文化事业的各方面实行其专制主义。因此,他们对于儒释道三家无所轻重于其间,对于思想、学术、艺术领域的各个流派,也一概采取兼容并包的态度。

在科场考试方面,不但在考官们命题时并不以儒书为限,多杂出于老庄之书,致使"先儒传注一切废不用"的情况,早在王安石成名成家之前便已开其端倪;对于应考人士的答卷,不论在形式上或内容上也都不做任何规定和限制。司马光在宋神宗初年所上的《论风俗札子》(《温公文集》卷四五)中就已说道:

> 今之举人,发言秉笔,先论性命,乃至流荡忘返,遂入老庄。纵虚无之谈,骋荒唐之辞,以此欺惑考官,猎取名第。禄利所在,众心所趋,如水赴壑,不可禁遏。

既然已经形成了一种"不可禁遏"的趋向,可见已经是"非一朝一夕之故",而是"其所由来者渐矣"了。司马光本人虽未入于老庄,然而他和稍早于他的江西李觏却都有怀疑和非难《孟子》的著作;欧阳修则公然倡言《周易》中的《系辞》非孔子所作。这样一些言论,并不曾被北宋王朝或当时的学者目为非圣无法。

至于宋神宗曾一度试图用《三经新义》统一举子们的论点,那也仍然不成其为文化专制。因为《三经新义》的本身,就把释道和先秦诸子书中的"合乎义理"的言论采撷于其中了。元祐党争也只限于统治阶级上层人物的派系斗争,整个社会文化事业发展却并未为所阻遏。

上述种种,既表明了北宋的最高统治者们没有对文化实行专制主义,也确实证明了这一政策(尽管不是他们有意识地制定的)对当时学士大夫们的思想的相对解放起了很好的作用。宋学之所以昌盛,不能不推此为其最重要的原因之一。

五

自来的论史者大都认为,宋代文化之兴盛,主要应归功于宋王朝的重文轻武政策,还有人更具体地落实到宋初几个皇帝的"右文"政策上。我则以为,"重文轻武"只不过是一种表面现象。实际上,北宋建都于四战之区的开封,建国之初则为了削平十国割据的残局,其后则北方的劲敌契丹和继起于西北地区的西夏,无一不需要用武力去对付。所以,从北宋政权一开始就注定了"国倚兵而立"的局势,如何能够制定轻武的政策呢?既不能轻武,而宋太祖本人就是以掌握军权而夺取了政权的,深知高级将帅的篡夺之祸必须加以防范,所以在他即位后不久,就解除了与他同辈分的几个将帅的兵权,到宋太宗时,则又实行"将从中御"的办法,使得"将在外"也必须严遵君命;至于其所以把文臣的地位摆在同等级的武臣之上,则只是希望借此使其能够发生牵制的作用。这才是问题的实质所在。至于所谓的"右文",无非指扩大科举名额以及大量刻印书籍等类事体,我以为这也都是顺应当时社会发展所已经具备的条件,因势利便而做出来的,并非真有什么右文政策。即使北宋王朝的上述种种举措,对其时文化的发展也不无某些好处,但与当时全然由客观环境关系而被动施行的在文化上的兼容并包政策所起的作用相较,则是显然微小的。

与明朝的统治稍作比对,就可知文化专制主义之施行与否,与文化事业的发展和衰落的密切关系。

朱元璋是一个没有文化的人,在他取得政权之后,采行了极其横暴的极权专制主义。他在文化事业方面所推行的专制主义则集中体现在各级科场的"制艺"亦即所谓的八股文上。自从元朝于英宗至治三年(1323)恢复科举制度以来,所定《考试程式》虽然已规定了必须从《四书》中出题,答卷则必须用朱熹的《章句》和《集注》,且还规定了字数,其后并有人作出《书义矜式》(即以其本人所作经义之文作为举子的范本),遂而成为八股文的滥觞;然而,严格而呆板的八股程式,毕竟还没有用行政命令的方式加以颁布。明朝建立以后,一心想加强专制主义的朱元璋,对这种考试规定极为赞赏(他与朱熹同姓,也是重要原因之一),专力推行,八股文的体式遂被固定下来(而且一直推行到清王朝的末期)。这样一来,科举制度在唐宋两代所起的推动文化发展的作用便一概消失,转变为禁锢和僵化读书应试生员思想的桎梏。近今还常常有土八股、洋八股和党八股的出现,可见其毒害至今尚未清除净尽。因而在明朝统治的二百六十多年内所培育出来的真正有贡献的学者,为数实在不多。有一些不肯入此牢笼的人,如李时珍、徐霞客等等,反而能在学术文化领域内作出度越前人的成绩来。在两宋期内居于全世界领先地位的中国文化,硬是被明朝的文化专制主义给断送了。明末清初的顾亭林曾说八股文的祸害甚于秦之焚书,这确实是一句切中要害的至理名言。

六

尽管如前所论述,宋代文化的发展,在中国封建社会历史时期之内达于顶峰,不但超越了前代,也为其后的元明之所不能及,然而近年来,不论是论述中外文化交流的,或专论中国传统文化的,对于宋代的文化,大都只是作一般性的概述,而没有人作全面、系统、深入的研究和探讨。因此,我们在此就且不妨说,有之,自陈植锷同志的这篇《北宋文化史述论稿》始。虽然他所论述的,在时间上还只限于北宋而未及南宋,而在这一时限之内,又还只论述了属于精神文化的各个方面,而未涉及于科学技术方面的诸多发现、进展、创造和发明。

陈植锷同志这篇论文,取材广泛,思路畅达,所发议论比较鲜明、新颖,文字表达能力也强,所以,不但具有学术价值,而且颇有可读性。

既然这篇论文具有开创性,既然就中随处可以发现作者的独到之见,在其中便难免有不能立即获得公认者。例如,王安石因撰《三经新义》而除左仆射时,他在所进《谢表》中有云:

> 孔氏以羁臣而兴未丧之文,孟子以游士而承既没之圣,异端虽作,精义尚存。逮更煨烬之灾,遂失源流之正:章句之文胜质,传注之博溺心,此淫辞诐行之所由昌,而妙道至言之所为隐。

作者把这段文字引入到论文当中,但在这段引文之前,他先已引用了程颐论当时学术界有三弊的一段话:

> 今之学者有三弊:一溺于文章,二牵于训诂,三惑于异端。苟无此三者,则将何归?必趋于道矣。

然后他把王、程二人的话加以比并牵合,说道"传注之博溺心",即批评训诂之学;"章句之文胜质",则批评文章之学;"淫辞诐行"指佛老等异端。把传注等同于训诂或无问题;把章句等同于文章似乎就不甚切合;王安石对佛老的态度与二程是大不相同的,因而把王文中的"淫辞诐行"与程文中的"异端"都直指为佛老,那就更有商榷的余地了。再如作者把北宋的儒学分为义理之学和性理之学两个阶段,且是论文中的一个着力论述的部分,这在答辩的当场,便已有学者提出了异议。当然,这些也可以说是属于见仁见智的不同,是值得进行商榷,而不能遽断其孰是孰非的问题;或者更可以说,作者在这里又提出了一些发人深思的问题,而这对于这一课题的深入研究,是更会发生一些有益的作用的。

曾经有人把清代的学术文化与欧洲的文艺复兴相比拟,也曾有人把宋代的学术文化称之为中国的文艺复兴时期。我则以为,欧洲文艺复兴时期的文化发展趋向,不论与宋代或清代相比,都有其大不相同之处,因而不必牵强加以比附。但实事求是地说来,宋代文化的发展,既超越了居于它之前的唐代,也为居于它之后的元明两代之所不能及,这却是无可争辩的事实。因此,我热切希望陈植锷同志如能继此论文之后,再把他论述的时限延伸而及于南宋,更把其中所论述的课题,由儒学、理学、文学等精神文化而扩及于由两宋人士所创造、发明或发展、改进了的物质文化诸方面,使读者借此能窥得宋学的全貌,那就将是对于中国文化学术史的一桩更大的贡献了。

宋学之所以繁荣昌盛,作者在论文的开端便已有所论述,但他很快就进入本题,对于宋代文化发展的渊源及其与当时政治的关系,都没有展开论述,我所写的这篇序引,从第一节到第五节,粗看似乎离题较远,实际上,我是想要就这一课题的社会历史背景的一个侧面,作一些鸟瞰式的补充,而且要使它成为与这篇论文有内部联系的一个组成部分。但愿作者和读者们读后所得的印象,能与我的这一意愿相符合,因再赘数语于此。

1989 年 9 月 4 日写于北京大学朗润园
(原载《历史研究》1990 年第 1 期)

北宋的募兵制度及其与当时积弱积贫和农业生产的关系

一、北宋政权赋予募兵制度的种种妙用

当赵匡胤建立北宋政权之初,他就是以防弊之政作为立国之法的。他所最为关注的,是要革除掉晚唐五代期内的一些主要弊政,以免重蹈它们的倏兴忽亡的覆辙。他运用这一原则来"创业",他的继承人则更要充分运用这一原则去"垂统"。当他的令弟赵光义以阴谋诡计夺取到帝位之后,在宣告即位的《赦书》当中,就有如下几句话:

> 先皇帝创业垂二十年,事为之防,曲为之制,纪律已定,物有其常。谨当遵承,不敢逾越。(李焘《续资治通鉴长编》卷一七,开宝九年十月乙卯)

这几句话,不但很扼要地概括了赵匡胤在位期内一切军政措施的最微妙用意,而且表明了赵光义还要把它作为他本人及其世代继承人奉行无失并要随时加以充实的一个传统家法。

"事为之防,曲为之制"的另一种说法,叫作"防微杜渐",而在"防微杜渐"方面所最经常采用的办法,则是对于牵制作用的充分利用。在北宋前期的张官置吏方面最能具体地体现这一精神。例如前代的宰相事无不统,北宋则既在宰相之下设置了参知政事;又把晚唐曾权宜设置的枢密院定为常设机构,设置枢密使副以分宰相的军政之权;设三司,置三司使副以分宰相的财政之权;而诸路州郡,也于长吏之下设置副贰,并使

其遇事可以专达,甚至以"监州"的身份自居,使长吏无法专擅。而在其军事制度和设施方面也同样最能具体地体现这一精神。我现在只就这后一事加以论述。

北宋王朝把全国军队分为禁兵、厢兵、乡兵和蕃兵四种。禁兵也被称为正兵,他们负荷着守卫和征战的职责;厢兵则多是因身材不够魁伟、体力不够健壮,而不能编入禁军中的人,他们只在诸路州郡供杂役,虽有兵的名称,却无战守之责。这两种兵,都是由北宋政府招募而来,按月、按节或按年付与一定数量的廪给、衣粮、赐与和特支等等。

所谓北宋的募兵制度,主要是指禁兵和厢兵而言的。

北宋的乡兵是指,在与辽、夏搭界的缘边诸路,或有大量少数民族聚居的诸路,间或也在内地的某路,按居民各户丁壮数目,以三丁抽一、五丁抽二的办法抽调出来,编制而成的。在农闲季节有时也加以训练。他们是专供诸路随时调用的"土兵"。北宋政府有时也把乡兵刺为正兵。

蕃兵是指,在西北缘边诸路,羌族种落甚多,不相统一,把其中汉化较深、与汉人关系较好的所谓熟户或属户中的壮丁编制而成的。

乡兵和蕃兵既都是由抽调征发而来,而不是由北宋政府用一定数量的"廪给""请受"雇佣来的,尽管在某些特定的时间内也必须由北宋政府给予一些物质资助,但这二者基本上不能列入"募兵制度"的范围内,而只是"募兵制度"的一种补充物。

北宋王朝所施行的募兵制度,如所周知,是从晚唐、五代继承下来的。但是,自从它开始继承沿用之日起,它即又赋予这一制度一些前所未有的妙用,亦即功能或职能,以贯彻其"事为之防,曲为之制"的精神。就当时一些军事设施和有关的言论稍加剖析,可以概括出下述诸事:

第一,北宋政权之所以沿袭五代梁、晋、汉、周旧规,不选取一个有山溪之险可以依恃之地,而选取一个四战之区的开封为其首都,原因在于开封最便于接受东南诸路的漕运;而其所以那样仰仗东南漕运,则是因为它是"依重师而为国""国依兵而立",必须为赡养这些师旅而准备足够的食粮之故。但是,它虽在实质上是"依重兵而为国",而在另一方面,它却又深恐,若使军权高于一切而无所制裁,则"黄袍加身"的戏剧性事件可能还要继续演出。因此,它特别提高文职官员的地位,在王朝内外和举国上下都造成一种重文轻武的气势,把一些根本没有造反能力的士大夫压在将帅等类武职官员之上。委派在与辽、夏为邻的沿边诸路,经常肩负着战守重任的封疆大吏,也照例都是以不能带领兵马的文臣任正职(例如安抚使),以真能带领兵马的武将任副职(例如安抚副使)。这样就使军人气焰无法高涨,也不能不受制于文职官员了。这是北宋政权有意识地使高级文官与禁军将帅互相牵制,以收取互相制约的作用。

第二,晁说之(1059—1129)的《嵩山文集》卷一,收有他在元符三年(1100)写给宋徽宗的一道《应诏封事》,其中叙述了一个故事说:

> 太祖既得天下,使赵普等二三大臣陈当今之大事可以为百代之利者。普等屡为言,太祖俾"更思其上者"。普等毕思虑,无以言。乃请于太祖。
>
> 太祖为言:"可以利百代者,唯'养兵'也。方凶年饥岁,有叛民而无叛兵;不幸乐岁而变生,则有叛兵而无叛民。"

从赵匡胤的这几句话中,可以看出,他对于以实施募兵制度而使兵与民截然划分开来,成为两个互相绝缘的社会人群,是感到如何的高兴。而他的继承人和北宋政权的一些御用史官们,对此也都倍加赞赏,因而也都要继续奉行。记载北宋仁宗英宗两朝史事的《两朝国史志》(自马端临《文献通考·兵考[四]》转引)论及北宋兵制时说道:

> 召募之制起于府卫之废。盖籍天下良民以讨有罪,三代之兵与府卫是也;收天下犷悍之徒以卫良民,今召募之兵是也……
>
> 自国初以来,其取非一途:或土人就在所团立,或取营伍子弟听从本军,或乘岁凶募饥民补本城,或以有罪配隶给役。是以天下失职犷悍之徒悉收籍之:伉健者迁禁卫,短弱者为厢军。制以队伍,束以法令,帖帖然不敢出绳墨。平居食俸廪,养妻子,备征防之用;一有警急,勇者力战斗,弱者给漕挽,则向之天下失职犷悍之徒,今皆为良民之卫矣。

《续资治通鉴长编》卷三二七,在元丰五年(1082)六月壬申也载有宋神宗赵顼论述北宋兵制的一段话：

> 前世为乱者,皆无赖不逞之人。艺祖平定天下,悉招聚四方无赖不逞之人以为兵,连营以居之,什伍相制,节以军法,厚禄其长,使自爱重,付以生杀〔之权〕,寓威于阶级之间,使不得动。无赖不逞之人既聚而为兵,有以制之,无敢为非;因取其力以卫养良民,各安田里。所以太平之业定而无叛民,自古未有及者。

从上面的三段引文,可知不论是北宋的皇帝或史官,在论述募兵的用意时,全都十分强调把各地"失职犷悍之徒"收编在军队当中的重要意义。所谓"失职犷悍之徒",实即专指被从土地上排斥出来的破产失业农民。把他们招募入伍,豢养起来,首先就会在被剥削被压迫阶级当中产生釜底抽薪的作用,使得现政权多获得一些保险系数。当被招募入伍的破产农民既已转化为职业兵,长时期脱离乡村居民大众之后,便不会再与他们一致行动。当农民因这样那样的问题而群起反抗现政权时,他们不仅不与之协同动作,且还要为现政权进行武装镇压。这样,就把一些本来可能反抗现政权的潜在力量,转变为维护现政权的力量了。反转来说,也因为兵、民既已截然划分,不可能再一致行动,则如一旦在军队当中发生了意外动乱或哗变时,各地村居农民自也不会随同他们一起闹事了。

第三,北宋禁军所负荷的职责,不只是卫护宫禁和京城,而且要戍守外地州郡及边疆地区,负担着对内的镇压(例如对起义农民或少数民族,以及各种叛乱事件)和对邻邦的防御、征讨等等任务。因此,在内外驻军的数量和比例上,便也不能不大费一番心思,以求能够做出符合于互相制约原则的种种安排。前所征引《续资治通鉴长编》卷三二七所载宋神宗的谈话,也还有涉及这一问题的一段。他说道:

> 艺祖养兵止二十二万,京师十万余,诸道十万余。使京师之兵足以制诸道,则无外乱;合诸道之兵足以当京师,则无内变。内外相制,无偏重之患。天下承平百余年,盖因于此。

甚至于,驻屯在京城之内的亲卫诸军,与驻屯在京城四周畿辅地区的禁军,在分布上也寓有使之彼此互相制约的作用。这在南宋人王铚所撰《枢廷备检》(见王明清《挥麈录·余话》卷一)中曾有所论列:

> 京师之内,有亲卫诸兵;而四城之外,诸营列峙相望。此京师内外相制之兵也。

从赵匡胤对禁军屯驻地区和人数比例的安排上,也可以看出,他的确是在"居常思变,居安思危",无时无刻不处心积虑,唯恐其统治权因这样那样的疏忽大意而致失坠。无怪乎他感觉到"为天子亦大艰难","终夕未尝敢安寝而卧也!"(司马光《涑水记闻》卷一)

第四,在将帅与士兵之间,在驻军与地方之间,都要用屯戍和"更戍"(即换防)的办法而使之不至相互结托,结为不解之缘。据《文献通考·兵考(五)》说:

> 五代承唐藩镇之弊,兵骄而将专,务自封殖,横猾难制。祖宗初定天下,惩创其弊,分遣禁旅戍守边地,率一二年而更。欲使往来道路足以习劳苦,南北番戍足以均劳佚。故将不得专其兵,而兵亦不至骄惰。

> 及承平既久,方外郡国合为一家,无复如曩时之难制,而禁旅更戍尚循其旧,新故相仍,交错旁午,相属于道。议者以为:更番迭戍无益于事,徒使兵不知将,将不知兵,缓急恐不可恃。

尽管"议者"所提出的意见,是很值得考虑的,然而北宋王朝的最高统治者们,一直到宋神宗熙宁年间(1068—1077)改行将兵法之前,却大体上还都是按照"更戍"法办事的。这说明,要使"兵不知将,将不知兵",正是北宋王朝实施更戍法之用意所在。

第五,是使直接带领军队的三衙(即殿前司、侍卫马军司与侍卫步军司)将帅与主管军事行政的枢密院首长互相制约。这在范祖禹于元祐八年(1093)所上《论曹诵札子》(见《范太史集》卷二六)中有较详明的论述:

> 祖宗制兵之法,天下之兵本于枢密,〔枢密〕有发兵之权而无握兵之重;京师之兵总于三帅,〔三帅〕有握兵之重而无发兵之权。上

下相维,不得专制。此所以百三十余年无兵变也。

自唐室衰季,以及五代,枢密之权偏重,动为国患,由乎握禁旅又得兴发也。今副都承旨(按指曹诵)为枢密属官,权任管军,是本兵之地又得握兵,合而为一,非祖宗制兵之意。

范祖禹在此文中所表述的是:北宋建国之始,当它制定军事制度时就寓有一种用意,即要使直接领兵的将帅不得参与军政大计(如军队的调遣、换防以至战时的战略决策等),以防范他们利用机会发动军事异动以至政变;而主管军政大计的枢密院正副长官,虽有权调遣军队,制定战略决策等事,但他们手下却又无一兵一卒,因而他们就更不可能以私意发动军事政变之类的事了。

二、 募兵制度是北宋王朝"积弱"的重要原因之一

(一)

从北宋建国初期直到宋仁宗庆历年间,在此九十年内,北宋政府所雇佣的禁军和厢军的数量,可以说是直线上升,与日俱增的。据《宋史·兵志(一)》所载北宋前期的四个皇帝先后统治期内,其各朝所养禁军和厢军的数字如下:

太祖开宝年间(968—976),禁军与厢军总数为三十七万八千。禁军马步合计共为十九万三千。(从总数中减去禁军之数,知厢军应为十八万五千。)

太宗至道年间(995—997),二者总数为六十六万六千。禁军马步军合计为三十五万八千。(从总数中减去禁军之数,知厢军应为三十万八千。)

真宗天禧年间(1017—1021),二者总数为九十一万二千,禁军马步合计为四十三万二千。(从总数中减去禁军之数,知厢军应为四十八万。)

仁宗庆历年间(1041—1048),二者总数为一百二十五万九千。禁军马步合计为八十二万六千。(从总数中减去禁军之数,知厢军

应为四十三万三千。厢军数字之所以较前减少,是因为许多地方的厢军升为禁军了。)

自庆历以后,北宋全国的职业兵的数字略有减少,所以一百二十五万九千之数应为北宋一代所豢养的禁厢军的最高数字。(但王铚在《枢廷备检》中却说:"逮咸平西北边警之后,兵增至六十万。皇祐之初(1049)兵已一百四十万矣。"王铚的话也当是有根据的,若然,则北宋所养禁厢军的最高数字便应为一百四十万。)

(二)

王铚在《枢廷备检》中引录了孙洙评述北宋兵制的一段文字,说道:

> 今内外之兵百余万,而别为三四,又离为六七也。……离而为六七者,谓之兵而不知战者也:给漕挽者兵也,服工役者兵也,缮河防者兵也,供寝庙者兵也,养国马者兵也,疲老而坐食者兵也。前世之兵未有猥多如今日者也,前世制兵之害未有甚于今日者也。

孙洙在这里所列举的,虽说是"离为六七",却无一而非厢军。我们要在此加以评述的,主要却在于禁军。也就是,在禁军数量最多之日既已达八十余万,何以在对辽、对西夏的战争当中总是不能取得胜利呢?这在北宋当时就已有很多议论,而其所涉及的问题,有一些竟是由北宋王朝所实施的雇募制度本身所带来、所产生的。因为这些弱点是逐渐暴露出来的,是积渐而成,并且日益严重,所以称之为"积弱"。今综述如下:

第一,北宋政权在沿袭施行晚唐五代以来的募兵制度时,既然把重点放在"收养失职犷悍之人"方面,这些人一被招募入伍,便终身"仰食于官",虽在疾病老衰之后也不被淘汰,成为终身制的职业兵。这样,就不可避免地把一些老弱不堪战斗之人和一些气锐力强的少壮者混杂在一起,到一旦临阵斗敌之时,势必要大大影响士气。仁宗至和二年(1055),知谏院范镇在所上《论益兵困民》的奏章(见赵汝愚《宋诸臣奏议》卷一二〇)中说道:

> 今河北、河东养兵三十余万,五十年矣。……就三十余万中,半

皆老弱怯懦。老弱怯懦之人，遇敌则先自败亡，非独先自败亡，适所以为骁壮者之累。是骁壮者不可不拣练，而老弱怯懦者不可不抑去也。骁壮者不拣练则兵殆，老弱怯懦者不抑去则费广。费广则民疲，民疲则不自爱。养殆兵以卫不自爱之民，臣恐朝廷之忧不在塞外而在塞内也。

《宋史·吕景初传》载吕景初于宋仁宗晚年所上奏章也说道：

比年招置〔士兵〕太多，未加拣汰。若兵皆勇健，能捍寇敌，竭民膏血以啖之，犹为不可；况羸疾老怯者又常过半，徒费粟帛，战则先奔，致勇者亦相牵以败。……望诏中书、枢密院，议罢招补而汰冗滥。

第二，北宋王朝派遣禁军出外戍守，却又采用"更戍"之制，基本上每三年变更一次防地，以求收取"兵无常帅，帅无常兵"的效果。然而这样施行之后，并没有持续太久，其弊病就完全暴露出来了：当宋太宗于雍熙三年（986）第二次出兵北向，意图恢复燕云诸州，不料又大败而归之后，于端拱二年（989）下诏要群臣上疏论列"御戎之策"，户部郎中张洎在奏章中举述了两年前战争失败的多种原因，其一为：

臣顷闻涿州之战，元戎不知将校之能否，将校不知三军之勇怯。各不相管辖，以谦谨自任。未闻赏一效用，戮一叛命者。（《续资治通鉴长编》卷三〇）

到仁宗庆历之初（1041），北宋与西夏进入了长期军事相持状态，而历次战役，总以宋军吃败仗之时为多。陕西经略安抚判官田况在这年上《论兵策十四事》，其第十事为：

主将用兵，非素抚而威临之，则上下不相附，指令不如意。……昨任福在庆州，蕃汉渐各信服，士卒亦已谙练，一旦骤徙泾原，适值贼至，麾下队兵逐急差拨，诸军将校都不识面，势不得不陷覆。今请诸路将佐，非大故毋得轻换易，庶几责其成功。（《续资治通鉴长编》卷一三二）

第三，在北宋开国初期，对于其所招募到的禁军还肯依时加以教阅，到后来，屯驻各地的禁军将校，对所谓教阅训练等事，大都采取敷衍了事的态度，并不肯认真严格执行。如苏舜钦写给范仲淹的《谘目（二）》（见《苏学士文集》卷一〇）所说：

> 今诸营教习固不用心，事艺岂能精练？盖上不留意，则典军者亦不提辖，将校得以苟且，骎弛纪律，加之等级名分，往往不肯自异，至于人员（按指将校）与长行（按指士兵）交易饮博者多矣。如此则约束教令岂复听从？故出入无时，终日嬉游廛市间，以鬻伎巧绣画为业，衣服举措不类军兵，习以成风，纵为骄惰。

"骄惰"到何等程度呢？单就驻在首都的禁军来说，就已出现了如欧阳修在《原弊》（见《欧阳文忠公文集·外集》卷九）一文中所说的情况：

> 今卫兵入宿，不自持被而使人持之；禁兵给粮，不自荷而雇人荷之。其骄如此，况肯冒辛苦以战斗乎！

在首都的尚且如此，在外地诸路州郡的更不问可知。

在与辽政权的疆界相毗邻的河北、河东诸路，按道理是最应把驻军精加训练的吧，却又恰恰相反。自从在1004年宋辽签订了"澶渊盟约"以后，北宋王朝惟恐辽朝抓到口实，借故挑衅，对于北方边防沿线的守军，竟至连教练也不敢进行，连营寨和防御工事也不敢修葺。这不是心甘情愿地要在军事上出现"积弱"的结局吗？而这个结局也果然到来了。在田况所上《论兵策十四事》中，所述与西夏作战的北宋骑兵的情况是：

> 沿边屯戍骑兵，军额（按即番号）高者无如龙卫，闻其间有不能披甲上马者；况骁胜、云骑、武骑之类，驰走挽弓不过五六斗，每教射皆望空发箭，马前一二十步即已堕地。以贼甲之坚，纵使能中，亦不能入，况未能中之！

以具有上述种种弱点的军队而想望战必胜，攻必克，那只能是梦想，于是，在多次接触的过程当中，辽与西夏的部队全都深知北宋禁军之并非劲旅，因而也全都不把它放在眼里。据《续资治通鉴长编》卷一二七康定元年（1040）四月乙巳所载：

> 诏河北都转运使姚仲孙、河北缘边安抚使高志宁，密下诸州军

添补"强壮"(按此为河北乡兵名称)。初,知制诰王拱辰使契丹还,言"见河北父老,皆云契丹不畏官军而畏土丁。盖〔土丁〕天资勇悍,乡关之地,人自为战,不费粮廪,坐得劲兵,宜速加招募而训练之"。故降是诏。

一经王拱辰指出辽人"不畏官军"的事实,北宋王朝立即下诏在河北添补土丁,可见北宋最高统治集团对于禁军也是缺乏信心的。至于西夏人之对于北宋禁军,那就更加轻视了。司马光在治平二年(1065)所上《言西边上殿札子》(见《传家集》卷三五)中说道:

> 其(按指西夏)所以诱胁熟户、迫逐弓箭手者,其意以为:东方客军(按指禁军)皆不足畏,唯熟户弓箭手生长极边,勇悍善斗,若先事剪去,则边人失其所恃,入寇之时可以通行无碍也。

苏辙在熙宁二年(1069)的《上皇帝书》(《栾城集》卷二一)中说道:

> 今世之强兵莫如沿边之土人,而今世之惰兵莫如内郡之禁旅。其名愈高,其廪愈厚;其廪愈厚,其材愈薄。往者西边用兵(按此指仁宗庆历年间宋夏交战事),禁军不堪其役,死者不可胜计,羌人(按即西夏人)每出,闻多禁军,辄举手相贺;闻多土兵,辄相戒不敢轻犯。

这里不但反映出来,在西夏人心目中,北宋禁军之如何不堪一击;即以苏辙对北宋禁军所作的概括,即"其名愈高,其廪愈厚","其材愈薄"诸语,必也是具有极大代表性的一种意见,因而也必然反映了北宋社会人群对禁军的舆论和评价。而这也的的确确就是王安石实行将兵法以提高禁军战斗力,实行保甲法企图逐渐以民兵制代替募兵制的直接原因之所在。

三、 募兵制度是北宋王朝"积贫"的主要原因之一

《文献通考·兵考(四)》引录的《两朝国史志》还有下面的一些话:

> 总内外厢禁诸军且百万,言国费最巨者宜无出此。虽然,古者

寓兵于民,民既出常赋,有事复裹粮而为兵。后世兵农分,常赋之外,山泽关市之利悉以养兵。然有警则以素所养者捍之,民晏然无预征役也。……世之议者不达,乃谓竭民赋租以养不战之卒,縻国帑廪以优坐食之校。是岂知祖宗所以扰役强悍、销弭争乱之深意哉。

《两朝国史志》是记载仁宗和英宗两朝的时事和政典的。其中指责"世之议者"所提出的"竭民赋租以养不战之卒,縻国帑廪以优坐食之校"的意见,以为这是一种不够通达的意见。事实上,如在当时抱持这类意见的不是很多,断断不可能致使史官们取来作为指责对象。甚至还可以说,凡是当时对这事提出意见的,除如韩琦等极少数人外,几乎再难找见不属于这个"不达"的"世之议者"一派的。今略举数人的议论如下:

《续资治通鉴长编》卷一一二,于明道二年(1033)七月甲申载范仲淹所上《陈〔救弊〕八事疏》,其所论第四事为:

> 国家重兵悉在京师,而军食仰于度支,则所养之兵不可不精也。禁军代回,五十以上不任披带者,降为畿内及陈许等处近下禁军,一卒之费岁不下百千,万人则百万缗矣。七十岁乃放停,……乡园改易,骨肉沦谢,羸老者归复何托?是未停之前大蠹国用,既废之后复伤物情。

同书卷一一四及《宋史·兵志》(八)均载三司使程琳于景祐元年(1034)所上奏疏,其中有云:

> 兵在精,不在众。河北、陕西军储数匮,而招募不已,且住营(按指戍守边地之禁军)一兵之费,可给屯驻(按指就地招募之"土兵")三兵,昔养万兵者今三万兵矣。
>
> 河北岁费刍粮千二十万,其赋入支十之三;陕西岁费千五百万,其赋入支十之五;自余悉仰给京师。
>
> 自咸平(998—1003)逮今,凡二边所增马步军指挥百六十。计骑兵一指挥所给,岁约费缗钱四万三千;步兵所给,岁约费缗钱三万

二千。他给赐不预。

合新旧兵所费,不啻千万缗。天地生财有限,而用无纪极,此国用所以日绌也。

范仲淹没有把禁军的骑兵与步兵分开,而笼统地说"一卒之费岁不下百千",这大概是一个平均数字。程琳则把骑兵与步兵的岁给分别列举了。按北宋时的规定,骑兵每指挥为四百人,步兵每指挥为五百人,依此核算,则每一骑兵每年约费百贯以上,每一步兵约费六十四贯左右,而这还只是正常规定的廪给,其他"给赐""特支"之类还都不包括在内。假如一股脑儿全计算在内,则其平均数字也与范仲淹所说的大致相似。

范、程二人还都是只就禁军中每个士兵的费用说的,没有谈到禁军将校的费用。而在为数已达七八十万人的禁军当中,还有大大小小的各级将校,他们的"月俸",据《宋史·兵志》(八)所载,诸班直将校自三十千至二千,凡十二等;诸军将校自三十千至三百,凡二十三等。宋神宗于熙宁二年合并了许多军营,减掉了低级将校"十将以下三千余人"(按,十将与将虞候为同一等级,其下则只有押官与承局,二者亦为同一等级,是为军校之最低级),"计一岁所省为钱四十五万缗",是则"十将"等低级将校的月俸当为十二贯左右。至于"上军"和"诸军"的"都校",即都指挥使、都虞候等,其月俸则自百千至五十千。这类人员的总数也是大得可观的。

范、程二人所谈都只限于禁军,关于厢军的费用,他们也都没有谈及。

《续资治通鉴长编》卷一六一,庆历七年(1047)岁末附载三司使张方平的奏疏(《乐全集》卷二三作《论国计出纳事》)有云:

勘会陕西用兵以来,内外所增置禁军八百六十余指挥,约四十有余万人。通人员(按指将校)、长行(按指士兵)用中等例,每人约料钱五百,月粮两石五斗,春冬衣紬绢六匹,绵一十二两,随衣钱三千,计每年共支料钱二百四十万缗,粮一千二百万石,准例六折,米计七百二十万石,紬绢二百四十万匹,绵四百八十万两,随衣钱一百二十万缗。每次南郊赏给六百万缗。内马军一百二十余指挥,若马数全足,计六万有余匹,每年支草一千五百一十二万束,料一百五十一万二千石。其系三路保捷、振武、宣毅、武卫、清边、蕃落等指挥,并本道土兵,连营仰给,约二十余万人,比屯驻戍兵当四十万人。……

今禁兵之籍不啻百万人,坐而衣食,无有解期,七八年间天下已困,而中外恬然不知正救。请举一事而言,则他可以类知也:景祐中天下预买䌷绢一百九十万匹,去年至买三百万匹,诸路转运司率多诉者,有司末如之何。议者徒知茶盐诸课利之法弊,而不知弊之所由。臣详求其故,法实不弊,势使然尔。置兵有策则边费可省,边费省则兼并之民不能观时缓急以侵利权,然后有司得制其轻重矣。

引文的第一段,所说虽也只限禁军,而且只限于新增置的四十万禁军,然却是包括将校、士兵二者而进行统计的。可惜其中未将粮、绵、绸、绢等折价计算,因而难于和范程二人所举费用进行比较。(《乐全集》卷二四载张方平在治平末又上《论国计事》,其中又说:"冗兵最为大患。略计中等禁军一卒岁给约五十千。……庆历五年禁军之数,比景祐以前增置八百六十余指挥、四十余万人,是增岁费二千万缗也。"这却又只谈士卒的岁给而不包括将校在内了,所以他前后两文所举数字并不等同。)其第二段则是主张对"坐而衣食"的百万禁军加以裁减,然后有关财政的各种问题才可得到解决。

《续资治通鉴长编》卷一六七,皇祐元年(1049)十二月壬戌载:

初,枢密使庞籍与宰相文彦博以国用不足,建议省兵,众议纷然陈其不可,缘边诸将争之尤力,且言:"兵皆习弓刀,不乐归农,一旦失衣粮,必散之间阎,相聚为盗贼。"上亦疑焉。彦博与籍共奏:"今公私困竭,上下皇皇,其故非他,正由养兵太多尔。若不减放,无由苏息。……"

侍御史知杂事何郯言:"伏睹朝廷昨降诏旨,委诸路转运使等第选退州郡老弱兵士,……议者谓练士省财,兹实为利。……缘方今天下之患莫甚于冗食(按指老弱兵士),冗食未去不可以节财用,财用未节不可以除横敛,横敛未除不可以宽民力,民力未宽不可以图至治。欲求至治,宜以去冗食为先。"

司马光《传家集》卷三五,收有治平二年(1065)二月所上《言招军札子》,其中也说道:

> 庆历中赵元昊叛,西边用兵,朝廷广加招募,应诸州都监、监押募及千人者皆特迁一官,以此之故,天下冗兵愈众,国力愈贫。近岁又累次大拣厢军以补禁军之数,即目系籍之兵已为不少矣,何苦更复直招禁军及招饥民以充厢军?臣不知建议之臣曾与不曾计较今日府库之积以养今日旧有之兵,果为有余、为不足乎?

庞、文、何和司马四人所论虽均更笼统,但却全是属于反对"养不战之卒""优坐食之校"一派的。

蔡襄的《忠惠公文集》卷一八,有《论兵十事疏》,是他在治平元年(1064)任三司使时写进的。其中论"养兵之费"一事说道:

> 禁军一兵之费,以衣粮、特支、郊赍通计,一岁约费钱五十千;厢军一兵之费,岁约三十千。通一百一十八万余人,一岁约费四千八百万缗。此其大较也。

在这篇《论兵十事疏》之后,蔡襄还附列了关于军费的一个大的账单,今也照抄于此:

> 禁军六十九万三千三百三十九人。
> 厢军四十八万八千一百九十三人。
> 共计一百一十八万一千五百三十二人。

钱

> 收三千六百八十二万二千五百四十一贯一百六十五文(内夏秋税只有四百九十三万二千九百九十一贯文)。
>
> 支三千三百一十七万六百三十一贯八百八文(南郊赏给不在数内)。
>
> 管军及军班兵士九百九十四万一千四十七贯九百三十三文(十分中三分有余)。

匹帛绢绸绝

收八百七十四万五千五百三十五匹(内税绢三百七十六万三千五百九十二匹)。

支七百二十三万五千六百四十一匹(南郊赏给不在数内。绫罗锦绮不在数内)。

管军及军班兵士七百四十二万二千七百六十八匹半(十分有余)。

粮

收二千六百九十四万三千五百七十五石(内税一千八百七万三千九十四石)。

支三千四十七万二千七百八石。

管军及军班兵士二千三百一十七万二百二十三石(八分)。

草

收二千九百三十九万六千一百一十三束。

支二千九百五十二万四百六十九束。

管军及军班以下二千四百九十八万四百六十四束(八分)。

夏秋税所纳

钱——四百九十三万二千九百九十一贯。

匹帛——二百七十六万三千五百九十二匹。

斛斗——一千八百七万三千九十四石。

以上三件,更有折变在内,其余所阙粮草匹帛,并是见钱和买并课利、折科、诸般博买应付得足。一岁所用,养兵之费常居六七,国用无几矣。臣恳恳而言,盖见其本末。不早图之,是谓失策矣。

蔡襄写这道奏章和开具这个账单时,他正在三司使任上。他开的这个账单如此具体细致,其确凿可靠,自不容我们再存在任何疑点。然而,他说"禁军一兵之费,以衣粮、特支、郊赉通计,一岁约费五十千",这与范仲淹、程琳的估计相差将及一半,这倒是比较不易理解的(因为我觉得范、程二人所举数字都不会是有所夸张的)。好在蔡襄自己已经说过"此其大较也"(大较即大略、大概),范、程二人所说当然也都是属于大略的推算,因而也就不必再细加核实了。

在这个账单的最后,蔡襄核计了一下养兵费用在当时北宋王朝全部财政收入中所占比重,说道:"一岁所用,养兵之费常居六七,国用无几矣。"这个统计数字,与蔡襄在前此不久所奏进的《国论要目十二篇》(见《忠惠公文集》卷一八)中之《强兵篇》所说也并不相同:

> 今天下大患者在兵:禁军约七十万,厢军约五十万,积兵之多,仰天子衣食,五代而上,上至秦汉无有也。……
>
> 臣约一岁总计,天下之入不过缗钱六千余万,而养兵之费约及五千〔万〕。是天下六分之物,五分养兵,一分给郊庙之奉、国家之费,国何得不穷?民何得不困?

蔡襄在相距不久的时间内所上的这两道奏章,先既说了"天下六分之物,五分养兵",接着却又说"养兵之费"在全部财政收入中"常居六七",好像蔡襄并不知道这两个统计数字是大有区别的,亦殊令人难解。但不论就二者中的哪一个来说,总也可以看出,因养兵费用之庞大,使得北宋王朝的财政经常处于拮据困乏的窘境之中,却是千真万确的。

然而蔡襄所说,终于还只是处于静态中的养兵费用,实际上,即使把对辽或对西夏的历次战役所临时增加的军费概不计入,在平时,北宋戍守各地的禁军也是每三年就要"更戍"、要流动的,而这就又要支付极大的一笔开支。在苏轼的一篇题为《定军制》的文章(见《经进东坡文集事略》卷一八)中,曾论及此事说:

> 费莫大于养兵,养兵之费莫大于征行。今出禁兵而戍郡县,远者或数千里,其月廪岁给之外,又日供刍粟。三岁而一迁,往者纷纷,来者累累。虽不过数百为辈,而要其归,无以异于数十万之兵三岁而一出征也。农夫之力安得不竭?馈运之卒安得不疲?

出戍禁军每三年一次的换防,的确要等于"数十万之兵三岁而一出征",其所耗费的钱财,为数当然也很庞大,然而这却是并未列入蔡襄的账单之内的。

另外，据贾昌朝在宋仁宗宝元元年（1038）所上《乞裁减冗费疏》（见《宋诸臣奏议》卷一〇一《财赋门》）说：

> 臣尝治畿邑，有禁兵三千，而留万户赋输，仅能了足。其三年赏给，仍出自内府。况他郡邑，兵不啻此。推是可以知天下虚实矣。

贾昌朝曾在什么年代做过哪个"畿邑"的令长，无可考知。疏中说，除"郊赉"由内府支给外，其余均由禁军所驻屯的这个"畿邑"扣留的民户赋输供应。他还据以推断，驻有禁军的其他郡邑一定也是如此。这说明，在出戍外地州郡的大量禁军中，必还有很大一部分的廪给并不由三司支付，而是由其驻在的州郡扣留的民户赋输供应的。所以在王铚于建炎四年（1130）所修撰的《枢廷备检》中也说道：

> 盖常率计天下之户口千有余万，自皇祐一岁之入一倍，二千六百余万，而耗于兵者常什八，而留州以供军者又数百万也。
>
> 总户口岁入之数，而以百万之兵计之，无〔虑〕十户而资一厢兵，十万（原误"亩"，据《历代兵制》卷八引文改）而给一散卒矣。

王铚所说的"一岁之入"，是指北宋王朝的三司一年的收入，说养兵之费"常什八"，也是就三司的全部收入说的；其所说"留州以供军者又数百万"，则是既不入于三司，也不计入三司的支出数字之内的，与贾昌朝所说"留万户赋输"于畿邑作为三千禁军的费用乃同一类事体。

把三司的全部收入的十分之八（或六分之五）用于养兵，使得北宋王朝中央政府的财政陷入困境；而戍守各地的禁军还需要各州郡以民户"赋输"供其耗费，"推是可以知天下虚实"，意即可以想见北宋王朝各地方政府的财政困窘状况。所以，最后还得归结为一句话：募兵制度是北宋王朝积贫的最主要原因之一。

四、募兵制度给予北宋农业生产的影响

（一）

北宋政权实行募兵制度的主要用意之一，是要把一些可能反抗现政

权的潜在力量转变为维护现政权的力量。这一目的,部分地达到了,却没有完全达到。有许多次农民起义,就首先是由哗变的军队引起的。对北宋政权来说,这也不能不算是一种消极作用。然而对于北宋时期的社会生产(主要是农业生产)来说,募兵制度所产生的消极作用,也是应当给予充分估计的。

如上所述,自从北宋王朝建立以来,在其招募士兵时候,就以社会上的"失职犷悍之徒"作为主要对象。所谓失职,主要是指从土地上、从农业生产上被排斥出来的那些人;所谓犷悍,是指身体魁伟,而且"孔武有力"的那些人。总之,原都是农业生产上的一些强壮劳动力。

在真宗仁宗相继统治期内(998—1063),为了抵抗来自北方(辽)和西北方(西夏)的日益严重的军事威胁,北宋王朝招募农民从军的事也愈来愈多。据《宋史·兵志(七)》载:

> 仁宗天圣元年(1023),诏京东西、河北、河东、淮南、陕西路募兵。当部送〔阙下〕者,刺"指挥"二字,家属给口粮。兵官代还,以所募多寡为赏罚。

> 又诏益、利、梓、夔路岁募兵充军士,及数即部送,分隶奉节、川效忠、川忠节。

> 于是远方健勇失业之民悉有所归。

在北宋时期,农业生产力主要还是依靠人力,牲畜和机械所起的作用还居第二位。在这样的生产力水平下,强壮劳动力源源不断地流入军队,成为职业兵,并形成一个寄生的社会人群,一律从壮健到老年永远脱离农业生产,其对农业生产的影响当然是十分严重的。在这种情况出现后,北宋的高级统治阶层也不能视若无睹。因此,在宋仁宗景祐元年(1034)正月甲戌,宋廷下诏说:

> 天下承平久矣。四夷和附,兵革不试,而边未撤警,屯戍尚繁。吾民氓从军籍者多,而服农功者寡。富庶弗臻,其殆以此。执政大臣其议更制兵农、可以利天下、为后世法者,条列以闻。(《续资治通鉴长编》卷一一四)

欧阳修也在康定元年（1040）所写《原弊》中说道：

> 古之凡民，长大壮健者皆在南亩，农隙则教之以战。今乃大异：一遇凶岁，则州郡吏以尺度量民之长大，而试其壮健者招之去为禁兵；其次不及尺度而稍怯弱者，籍之以为厢兵。吏招人多者有赏，而民方穷时争投之。故一经凶荒，则所留在南亩者惟老弱也。而吏方曰："不收为兵，则恐为盗。"噫，苟知一时之不为盗，而不知其终身骄惰而窃食也！
>
> 古之长大壮健者任耕，而老弱者游惰；今之长大壮健者游惰，而老弱者留耕也。何相反之甚耶！
>
> 然民尽力乎南亩者或不免乎狗彘之食，而一去为僧、兵，则终身安佚而享丰腴，则南亩之民不得不日减也。

庆历六年（1046）十二月，权三司使张方平也写了一道《再上国计事》（见《乐全集》卷二三），其中也说：

> 连营之士日增，南亩之民日减。迩来七年之间，民力大困，天下耕夫织妇莫能给其衣食。生民之膏泽竭尽，国家之仓库空虚。而此冗兵狃于姑息，浸骄以炽，渐成厉阶。然且上下恬然，不图正救，惟恐招置之不多也！

但是，尽管诏令中已经强调指出，因招募农民入伍的过多，以致服田力穑者过少，而使社会不能富庶；尽管欧阳修、张方平也极中要害地论述了一遇凶年就大量招兵的做法，对农业生产的影响如何严重；而在此以后，北宋的各级政府并没有改变这种做法，有计划或无计划地招募农民参军的事依然层见叠出。例如《文献通考·兵考（八）郡国兵》载：

> 仁宗皇祐（1049—1053）中，京东安抚使富弼上言："臣顷因河北水灾，农民流入京东者三十余万。臣既悯其滨死，又防其为盗，遂募伉健者以为厢兵。既而选尤壮者得九指挥，教以武技，已类禁军。今止用厢兵俸廪而得禁军之用，可使效死战斗，而无骄横难制之患，此当世大利也。"诏以骑兵为教阅骑射、威边；步兵为教阅壮武、威勇。分置青、莱、淄、徐、沂、密、淮阳七州军。征役同禁军。

河北的这次水灾,发生在庆历八年(1048),并非皇祐年间,在皇祐元年(1049)的二月,富弼就因安置这批流民的功劳而受到进秩的奖励(见《续资治通鉴长编》卷一六六)。富弼上此奏章的时间,可能在进秩受奖之后。奏章说"农民流入京东三十余万,……遂募伉健者以为厢兵。既而选尤壮者得九指挥,教以武技,已类禁军"。九指挥为四千五百人,此为"尤壮者"之数目,究竟被招募的"伉健者"共有多少人呢?据苏轼所撰《富弼行状》,在三十万流民中被富弼"募以为兵者"实乃万有余人,其余的全被安置到京东路所属的州县中去了。但不论如何,说明到此时仍是一遇凶年就要大量招收饥民为兵。这些被募为兵的农民,从此便再也不可能回到农业生产上去了。

《续资治通鉴长编》卷一七九,于至和二年(1055)五月乙丑载有知谏院范镇的奏疏说:

> 臣比奉使河北还,伏见河北连岁招兵未已,皆是坊市无赖及陇亩力田之人。……况今田甚旷,民甚稀,赋役甚重,国用甚不足,所以然者,正由兵多也。……
>
> 方契丹贪利而不敢动之时,其民(按指宋民)宜富实而反日以困,国用宜饶足而反日以蹙,此无他,兵多而民稀、田旷而赋役重也。……
>
> 夫取兵于民则民稀,民稀则田旷,田旷则赋役重,赋役重则民心离;寓兵于民则民稠,民稠则田辟,田辟则赋役轻,赋役轻则民心固。……

最后,我再引录刘敞的一首古诗为证。《公是集》卷一八有一首题为《荒田行》的七言古诗,其作年已很难考知,其全诗云:

> 大农弃田避征役,小农挈家就兵籍。
> 良田茫茫少耕者,秋来雨止生荆棘。
> 县官募兵有著令,募兵如率官有庆。
> 从今无复官劝农,还逐鱼盐作亡命。

上面举述的这些言论和事件,尽管还都没有提供出精确的数据,使我们可据以做出更精确的论证；但它们却终于还能反映出来：由于养兵数额经常在百万以上，而且还在不断地陆续招收，在农业生产方面因失去了这样多的劳动力而致产生了农田荒芜，水利失修等等的现象，却已经是朝野上下、社会舆论所一致承认的事实了。

（二）

以下，我把论述范围紧缩在北宋的心腹地带，特别是当时属于京西路的一些州郡的情况，引录部分有关资料，稍加分析，用以说明募兵制度在这一特定地区的农业生产方面所发生的消极影响。

《宋诸臣奏议》卷一〇五《财赋门》，载有宋太宗时的太常博士直史馆陈靖于至道二年（996）所上《乞从京东西起首劝课疏》，其中说：

> 京畿之地，南北东西环绕三二十州，连接三数千里，其田之耕稼者十才二三。又其耕稼之田，所入租税十无五六。既有坐家破逃之户，又有惰农废业之夫。坐家破逃者则奸伪日生，赋额岁减，赋额减则国用不丰，国用不丰则配率科敛无所不行矣；惰农废业者则游手日众，地利斯寡，地利寡则民食不足，民食不足则争盗杀伤无所不至矣。……
>
> 又臣常由衔命出入，所见抛荒田畴，或倚枕沟渠，或比邻城郭，……而皆卒（率？）是污莱，极目无际者。臣亦尝询问，备得缘由。皆谓朝廷累下诏书，许民复业，虽官中放其赋税，限以岁时，然乡县之间行用非细（按：意即并不严格照办），且每一户归业，即须申报所由。朝耕尺寸之田，暮入差科之籍，追呼责问，继踵到村。其免税之名已受朝廷之赐，而逐时之费逾于租赋之资。……以此逃亡不还者遂逐食于他乡，复归田里者亦无门而力穑。

引文的第一段，指明北宋国都附近的一些州郡，随处都有大面积抛荒的土地；第二段则是指明，土地荒废的原因，在于农业劳动人手之不足，人手之所以不足则是由于，或因赋繁役重，或因私债所逼，都不能不抛家舍业，走上流亡道路。流亡人群何所归趋呢？陈靖文中并未涉及此问题。对此，我们今天根据情理加以推测，这些逃亡人群的极大可能的归趋应是：一部分"逐食他乡"；一部分则自相聚集为反抗剥削压迫的武装力量；更有一部分，甚至是最多的一部分，则被北宋王朝作为"失职犷悍之徒"而加以招募，使之变为永远过寄生生活的职业兵。当北宋政府下诏安辑流民归还本乡本业时，走上前两种道路的人容或有真的返回的，尽管其最终结局仍是"无门力耕"，因而"绝意归耕"，重新再去流亡；其被招募入伍的，不论其为禁兵、厢兵，却决不会因此而再回到农业生产岗位上去。到此，我们就可以得出一个合乎逻辑的推断：环绕开封周围的三二十州的州境之内，之所以有那样多抛荒的土地，农民之被招参军的数额过多，总应是极重要的原因之一。

欧阳修在宋仁宗康定元年(1040)写了一篇《通进司上书》(见《欧阳文忠公集》卷四五)，其中有云：

> 今天下之土不耕者多矣，臣未能悉言，谨举其近者：自京以西，土之不辟者不知其数，非土之瘠而弃也，盖人不勤农，与夫役重而逃尔。久废之地，其利数倍于营田，今若督之使勤，与免其役，则愿耕者众矣。臣闻乡兵之不便于民，议者方论之矣：充兵之人，遂弃农业，托云教习，聚而饮博，取资其家，不顾无有，官吏不加禁，父兄不敢诘，家家自以为患也。……
>
> 其尤可患者，京西素贫之地，非有山泽之饶，民唯力农是仰，而今三夫之家一人、五夫之家三人为游手，凡十八九州，以少言之，尚可四五万人，不耕而食，是自相糜耗而重困也。……
>
> 且乡兵本农也，籍而为兵，遂弃其业。今幸其去农未久，尚可复驱还之田亩，使不得群游而饮博，以为父兄之患，此民所愿也。一夫之力，以逸而言，任耕缦田一顷，使四五万人皆耕，而久废之田利又数倍，则岁谷不可胜数矣。

欧阳修在文中所论述的只限于京西路的诸州郡，其所举土地荒废原因，一为"人不勤农"；二为役重而逃亡者多；三为被抽调充乡兵者约四五万人，他们都放弃农业，不耕而食。第一个原因过于空泛，我们可以置之不论。第二个原因，是由于役重而逃亡者多。有了这一原因，势必又要出现如欧阳修在《原弊》中所说一遇凶岁的那种情况，由于农民逃亡者多，州郡吏大量招兵,而穷困农民也争往"投之",以致在每次招募之后,留在农业生产上的尽属老弱,较健壮者大都从军入伍,转变为职业兵,终身不再服田力穑。北宋政权一直在持续奉行其"收天下失职犷悍之徒"去当兵的政策,而"天下失职犷悍之徒"也一直以从军入伍为其主要归宿。因而,对于京西路诸州郡内抛荒土地之大量出现,就必须由它承担一部分乃至一大部分的责任。第三个原因,即抽调乡兵,加以教习,使其"遂弃农业"。在宋仁宗统治期内,不但把许多地方的厢军提升为禁军,且还把陕西等地的乡兵"刺充保捷指挥,差于沿边戍守"(司马光《乞罢陕西义勇札子》中语)。从欧阳修在这道奏疏中所说情况看来,可知对于京西路诸州郡内的乡兵也是施行同样办法的。在这一地区的幸而不曾流徙的农民当中,再抽调出四五万乃至更多的丁壮,当然要使这个久已荒废的地带更无法把农业生产恢复起来了。

苏辙的《栾城应诏集》卷一〇,收有他写的关于"民政"的几道《进策》,其第三道有云:

> 当今自楚之北至于唐、邓、汝、颍、陈、蔡、许、洛之间,平田万里,农夫逃散,不生五谷,荆棘布野,而地至肥壤,泉源陂泽之迹逶迤犹在。其民不知水耕之利,而长吏又不以为意。一遇水旱,民乏菜茹。往者因其死丧流亡,废县罢镇者盖往往是矣。……今者举千里之地废之为场,以养禽兽而不甚顾惜,此与私割地以与人何异!
>
> 尝闻之于野人,自五代以来,天下丧乱,驱民为兵,而唐、邓、蔡、汝之间,故陂旧堤遂以堙废而不治,至今百有余年。其间犹未甚远也。盖修败补阙亦旬月之故耳,而独患为吏者莫以为事。
>
> 若夫许州,非有洪河大江之冲,而每岁盛夏,众水决溢,无以救御,是以民常苦饥而不乐其俗。夫许,诸侯之故邦,魏武之所都,而唐节度之所治,使岁辄被水而五谷不熟,则其当时军旅之费,宗庙朝廷之用,将何以供?此岂非近世之弊,因循不治以至此哉!

苏辙的《应诏集》乃嘉祐五年(1060)经杨畋奏荐于朝者,则上引一文至晚当作于嘉祐五年前。文中也是集中论述京西路诸州郡土地荒废的情况和原因。其中除与陈靖、欧阳修两人大致相似相同的一些论述外,还更把许州地区的农田水利情况作了古今对比,并且引用了"野人"的话,把京西诸州郡土地之所以"堙废而不治",归咎于"自五代以来,天下丧乱,驱民为兵"这一事实。我以为,这个"野人"的话是切中要害的。这不只是指明了一个历史的原因,也指明了一个一直持续存在着的现实的原因。因为,倘若这个原因已不持续存在,则"农夫逃散""流亡"之后,宋政府不再把他们收养为兵,在北宋政权统治了数十年后,便不应再有"废县罢镇"的事,更不会再出现"今者举千里之地,废以为场,以养禽兽而不知顾惜"的事。

基于以上对陈靖、欧阳修、苏辙三篇文章的分析,又可以得出一个合乎逻辑的结论,那就是自五代以来,直到北宋中叶,京西路诸州郡之所以一直存在着大面积的抛荒土地,这是与当时实行的募兵制度有直接关系的。

如果说,我在引述和分析陈靖、欧阳修、苏辙三人的文章时,并没有举出北宋王朝针对着与这些文章相应的时间、地区而特地颁降的招兵诏令,因而说服力还不免微弱。对此,我的回答是:在凶荒年份或流民众多地区,州郡长吏之大量招兵,乃是遵依北宋王朝的既定政策照例奉行的,原无需宋廷特降诏令。只有出现了特殊严重的情况时,才会有诏令另作规定。例如:《续资治通鉴长编》卷一一一于仁宗明道元年(1032)载有两事:

〔二月〕丙寅诏:淮南民大饥,有聚为盗者,其令转运使张亿经画以闻。

〔三月〕乙亥诏:淮南饥民有愿隶军而不中者,听隶下军。

宋廷连续颁降这两道诏令的背景是,在天圣九年(1031),淮南地区遭受了特大的灾荒,好多农民都相聚造反,所以宋廷诏令转运使张亿措划对策,其中当然就包括了招兵的办法。然而招募禁军厢军各类兵丁,其身长都须符合于不同的尺寸才行,这样则淮南地区的灾民中不少人必有因身长不及格而不被收容于军队中的,仍将成为可忧虑因素。因此就又下了第二道诏令,等于说,过去所定身长尺寸,目前全可废除,尽量把这批灾民收纳于军队中好了。这正好反映出来,如果不是需要打破旧规,则照定章而募流民为兵,是无需宋廷特降诏令的。

再就前所举述的富弼在青州招募河北流民为兵的事例来看,也可以得出同样结论。庆历八年(1048)夏季,黄河在河北地区数处决口,因而在七月戊戌就下诏说:"河北水灾,其令州县募饥民为军。"(《续资治通鉴长编》卷一六四)但从富弼在皇祐初所上的那道奏章看来,他之所以招募那些伉健流民从军,却只是因为"悯其滨死,防其为盗"之故,并不是为遵照七月戊戌的那道诏令才那样做的。既是如此,则说他只是遵依北宋王朝的既定政策而照例奉行的,岂不是更为恰当些吗?

(三)

不管我国历史学界的学者们把北宋和南宋划归中国封建社会的中期或后期,当其时,封建制的生产关系却仍是能够适应于当时生产力的发展水平,使生产力仍有发展余地的。绝对不能认为,当时封建的生产关系已经成为生产力再向前发展的障碍和桎梏了。所以,北宋(甚至南宋以及更后的元、明)的社会经济仍是处于继续缓慢发展的时期,而绝对不能说封建社会已经面临着它的崩溃或没落时期。说募兵制度对当时农业生产的发展起了不好的影响,这也只是说,倘若不受到与募兵制度有关的这样那样的一些妨碍,当时农业生产的发展情况本来是会更好些的。

(原载《中国史研究》1980年第4期)

王安石对北宋兵制的改革措施及其设想

王安石的新法的制定和推行,全是以他的"三不足"精神(即"天变不足畏,祖宗不足法,流俗之言不足恤")为支柱,才得以贯彻始终地实施的。他对于北宋王朝自其建立以来即沿袭施行的募兵制度的力谋改革,也具体体现了他的"三不足"精神,特别是其中的"祖宗不足法"一事。

王安石在有关财政经济的立法方面,特别着重于发展生产,亦即重在"开源"。但他却绝对不是只顾开源而不要节流。在他的新法中具备了既能节约大量财政开支,又能达到他的"因天下之力以生天下之财"的发展农业生产(亦即开源)的目的的,则是他对于兵制的改革。

王安石改革兵制的终极目标,是恢复古代曾经长久施行过的民兵(亦即征兵)制度。他所制定施行的保甲法,是通向民兵制的一项过渡办法,决不应把它作为王安石改革兵制的终极目标。

以下,我把王安石有关改革兵制的言论和举措稍加列举,对他之所以要改革兵制的用意和设想略加论证。

一、 募兵制度应当废除的原因何在

(一)

北宋建国之初,其开国皇帝赵匡胤之创法立制,主要是在于力矫唐末五代以来的各种积弊。而其所以独独沿袭行用晚唐五代以来的募兵制度,其主要用意则又在于利用其"兵民分离"这一作用。这在晁说之

《嵩山文集》卷一《元符三年应诏封事》中曾有一段极明确的记载:

> 太祖既得天下,使赵普等二三大臣陈当今之大事可以为百代利者。普等屡为言,太祖俾"更思其上者"。普等毕思虑,无以言。乃请于太祖。
>
> 太祖为言:"可以利百代者,唯'养兵'也。方凶年饥岁,有叛民而无叛兵;不幸乐岁而变生,则有叛兵而无叛民。"

赵匡胤的这番话,最直截了当地说出来,他之所以沿袭前代的募兵制度,只是因为它能使兵与民截然划分开来,使之成为两个互相绝缘的社会人群之故。

在宋太祖以后的几位继体守文之君,即太宗、真宗、英宗诸帝,也都在一贯地继续行用募兵制度。宋神宗赵顼,虽是一个大力支持王安石变法运动(包括施行保甲制度的某些改革措施)的人,而对于宋太祖之袭用前代的募兵制度及其用意所在,他却一直还是赞不绝口的。例如,李焘的《续资治通鉴长编》卷三二七,在元丰五年(1082)六月壬申载有宋神宗论北宋兵制的一段谈话说:

> 前世为乱者皆无赖不逞之人。艺祖平定天下,悉招聚四方无赖不逞之人以为兵。连营以居之,什伍相制,节以军法,厚禄其长,使自爱重。付以生杀〔之权〕,寓威于阶级之间,使不得动。无赖不逞之人既聚而为兵,有以制之,无敢为非。因取其力以卫养良民,各安田里。所以太平之业定而无叛民,自古未有及者。

在从宋太祖到宋英宗这一期间,尽管也有一些臣僚发表议论,指出募兵制度有这样那样的毛病,但一直还不曾有人要从根本上加以全盘否定,要把它整个儿加以废除。然而王安石在进入北宋王朝的最高统治集团,做了参知政事之后不久,便在他的《熙宁奏对日录》中记有他于熙宁二年(1069)闰十一月十九日与宋神宗的一段对话说:

> 上曰:"侯叔献有言义勇上番文字,……"
>
> 旸叔(按,即陈升之)曰:"今募兵未消,又养上番义勇,则调度(按,即费用)尤不易。"

> 余因为上言:"募兵之害终不可经久。"
>
> 金以为如此。
>
> 余曰:"今养兵虽多,及用则患少,以民与兵为两故也。又五代祸乱之虞终未能去,以此等皆本无赖奸猾之人故也。"(转引自《朱文公文集》卷八三《跋王荆公进邺侯遗事奏稿》)

《续通鉴长编》卷二一八,熙宁三年十二月乙丑也载有王安石对宋神宗论述募兵与民兵的一段话,其中有云:

> 募兵多浮浪不顾死亡之人,则其喜祸乱,非良农(按指保丁、民兵)之比。

马端临的《文献通考·兵考(五)》也载有一事说:

> 王安石欲变募兵而行保甲,帝从其议。……安石曰:"……臣以为,倘不能理兵稍复古制,则中国无富强之理。陛下若欲去数百年募兵之弊,则宜果断,立法制,令本末备具;不然,无补也。"……
>
> 帝曰:"募兵专于战守,故或可恃;至民兵,则兵农其业相半,可恃以战守平?"
>
> 安石曰:"唐以前未有黥兵(按,自五代后梁时即在招募入伍士兵之面部刺字,以防其逃跑,故亦称募兵为黥兵),然亦可以战守。臣以为募兵与民兵无异,顾所用将帅何如尔。"

从王安石这几段话当中,可以很清楚地看出,他是要把募兵制度废除,而恢复古代曾经长久实施过的征兵制度,亦即寓兵于农的民兵制度的。《文献通考》说他要在废除募兵制度之后"而行保甲",那是不够确切的。保甲只是王安石要在逐步废除募兵制的过程中采取的一个过渡办法,决不是他改革兵制的全进程的最终点。

赵匡胤对于募兵制度最加赞赏的一点,是它能使兵和民截然分离;而王安石所指出的募兵制度的最大弱点,却正在于它的"以民与兵为两";赵匡胤认为,收天下失职犷悍之徒于军队之中,用军事纪律对他们管束起来,这是募兵制度的另一个应加赞赏之处;而王安石则以为专召"天下落魄无赖之人"为兵,乃是"守五代乱亡之遗法",不但"不足以致安强",而且"宗庙社稷之忧亦在于此"。所以又成了他对募兵制度进行指摘的另一致命弱点。上述二事,虽都不是先立定一个反对"祖宗之法"的意念,然而在其实践过程当中,如果不是始终贯串着一个"祖宗之法不足守"的主见,却必然也是无法那样坚持的。

(二)

王安石之所以要对募兵制进行彻底的改革,减缩财政开支的意图,也是极为重要的一点。

北宋雇佣兵的数额,在仁宗晚年曾达到一百三四十万人,英宗时候虽有减少,然而曾先后两次充任三司长官的蔡襄之上书呼吁养兵费用数额过于庞大,却正是英宗在位期内。到宋神宗继位,王安石操持了政柄之后,除如前引《文献通考·兵考(五)》所载,他曾与宋神宗说"倘不能理兵稍复古制,则中国无富强之理"的那段谈话而外,在《续通鉴长编》卷二二一,也于熙宁四年(1071)三月甲午写道:

上言:"久远须至什伍百姓为用,募兵不可恃。"

安石曰:"欲公私财用不匮,为宗庙社稷久长计,募兵之法诚当变革,不可独恃。"

同书卷二三一,又于熙宁五年(1072)三月甲申写道:

〔王安石〕因为上言:"西事稍弭,边计正当措置。天下困敝,惟兵为患。若措置得兵,即中国可以富强。余皆不足议也。"

他从消极方面来作推断,则说"天下困敝,惟兵为患",说如不改变募兵制度,"则中国无富强之理";从积极方面来作推断,则说若能把兵制改革,"即中国可以富强"。这些话语,就是把"富""强"并提的。其意以为,如不改革兵制,固然不能改变"外则不能无惧于夷狄"的局势,而专从财政经济上着眼,也同样不能改变目前的"困敝"问题。也就是说,王安石把募兵制度之能否改变,认为也是理财方面的一个关键性问题。

尽管在王安石一生的言论当中,对于宋太祖赵匡胤并没有发表过多少明确的指责意见,然而,赵匡胤对于沿袭前代实施募兵制度是那样地踌躇满志,而王安石则是立志一定要把募兵制度废除,这却无论如何不能不使我们得出这样一个结论:在其改革兵制的政治实践当中,也恰恰是贯串着一个"祖宗不足法"的指导原则的。

二、 改革兵制的长远设想及其未能实现之故

(一)

王安石所制定推行的保甲法,不只是用什什伍伍的办法把农村居民加以编组,而且还打算依照预定的先后步骤把全国各路各州郡的保丁挨次在农隙给予军事教练。这一措施,在当时就受到保守派人物的强烈反对,就中尤以司马光的反对意见最为突出。司马光于元祐初(1086)所上《乞罢保甲状》中,既说保甲法实施之后,使得"畎亩之民忽皆戎服执兵奔驱满野",见者无不惊骇、叹息,"以为不祥";还说保甲法只是一种"驱民为盗""教民为盗"和"纵民为盗"的制度。总之是其坏无比的一种制度。直到近代,由于蒋介石王朝也曾一度推行了"保甲法",有人便为之追根溯源,以为这是取法于王安石的"保甲法"的,于是又对王安石其人其法大肆抨击,说王安石之所以创行此法,乃是专为防范劳动人民的革命活动,专为镇压劳动人民的。这样的议论,虽与司马光的议论完全是反背着的,但所采取的完全否定态度,则是全然相同的。

从司马光反对保甲法的言论当中,我们反而可以看到王安石在实施保甲法过程中所已经收到的一些效果,即大量的农村丁壮都已"戎装执兵",接受到军事训练了。被司马光加以否定的一些事项,倒正是我们应当加以肯定的事项,此容在下文再进行论述。至于近、现代人对王安石的保甲法所进行的攻击,却是有失公道的。第一,说它有防范和镇压劳动人民的一面,这虽不诬,但这却是任何剥削阶级政权的武装力量所全都具有的职能之一,决不能说保甲法较之募兵制在这方面所起的作用更为凶恶。第二,王安石实施保甲法的最主要的目的,是要用它作为通向民兵制即征兵制的桥梁,作为加强军事实力的一种途径,借以改变北宋王朝"外则不能无惧于夷狄"的积弱局势;而蒋家王朝所实行的

保甲法,则是与其时军事、国防完全无关的一种社会组织,是专以防范人民大众的革命活动为其唯一任务的。因此,是不能把这二者相提并论的。

(二)

《续通鉴长编》卷二二一,熙宁四年(1071)三月丁未载有王安石与宋神宗的一段谈话:

> 今所以为保甲,〔为其〕足以除盗。然非特除盗也,固可渐习其为兵。既人人能射,又为旗鼓变其耳目,渐与约,免税,上番,代巡检下兵士;又令都副保正,能捕贼者奖之,或使为官,则人竞劝。然后使与募兵相参,则可以消募兵骄志,省养兵财费,事渐可以复古。此宗庙长久计,非小事也。

这番话是王安石在刚刚开始推行保甲法的时候说出的,其中已经很明确地说到他此后所准备采取的步骤及其长远打算,那就是:首先,要使农村丁壮人人都学得一套作战本领,熟悉战场上的种种规程;其次,要保丁轮流去执行正规兵的防守任务;再其次,对于禁军缺额不再招募补充,而只以受过训练的保丁填补。这样,则日久天长之后,募兵因老病逃亡,数额日益减耗,到那时,除了极少数常备兵须依旧召募,此外则一律是平时从事农耕,战时束装从戎的"民兵"了。而上述种种,却正是司马光自始至终所要竭力加以反对的。

王安石何以不采取断然措施,把当前豢养的百余万的雇佣兵一律令其解甲归田,而却必待他们发生自然减员之后,才用保丁去补充、取代呢?这是因为,王安石深知这些应募入伍的职业兵,长久以来,处于"行不得为商,居不得为农,而仰食于官"(苏轼《应诏策·练军实》文中语)的情况下,已经都变成了口馋体懒、好逸恶劳的人,如一旦令其全部解甲归田,则归去之后,也都不肯或不能再去从事农业劳动,那就仍是社会上的寄生虫,是非徒无益,且将有害的。王安石所作《省兵》诗中有句云:"有客语省兵,省兵非所先。……骄惰习已久,归去岂能田?不田亦不桑,衣食犹兵然。省兵岂无时,施置有后前。"正是极其明确清晰地表述了他本人的这种想法。

当王安石依照他的这些预定步骤对兵制进行改革时,前后曾不只一次引起皇帝赵顼的疑心和顾虑,这又反映出来,在赵顼本人,虽然为求减少财政开支之故,对于王安石的推行保甲法也表示同意并加以支持,而在另一方面,他却是希图在最大幅度上把募兵制度保留下来的。而这就使得王安石不能顺利实现其恢复民兵制度的终极目标了。姑举几个例证于下:

例一,前所引录的《文献通考·兵考(五)》所载宋神宗质问王安石的话,有云:

> 募兵专于战守,故或可恃;至民兵,则兵农其业相半,可恃以战守乎?

例二,《续通鉴长编》卷二三三,熙宁五年(1072)五月丙戌载有王安石与宋神宗的一次对话:

> 上批付中书:"保甲,浮浪无家之人,不得令习武艺。"……
>
> 安石曰:"须随材等第与收拾。"上终虑浮浪人习学武艺为害,以保甲不如禁军法严密。
>
> 安石曰:"保甲须渐令严密。纵使其间有浮浪凶恶人,不胜良民之众,即不能为害。"

例三,同书卷二三六,熙宁五年闰七月壬戌载赵顼与王安石的一次谈话说:

> 上曰:"保甲要亦未可便替正军上番。"
>
> 安石曰:"王安礼所奏固云:'俟其习熟〔武技〕,乃令上番。'然义勇(按,此指河东乡兵)与东军武艺亦不相较。……今募兵大抵皆偷惰顽猾不能自振之人,为农者皆朴力一心听令之人。以此较之,则缓急莫如民兵可用。"

例四,《续通鉴长编》卷二四六,熙宁六年(1073)八月丁酉载:

> 上曰:"如保甲、义勇,将来岂不费粮草?"
>
> 安石曰:"保甲、义勇,乃须计置减募兵,以其粮米供之。如府界

罢四千兵,所供保甲之费,才养兵所费十之一二。"

上曰:"府界募兵亦未减得。"(按,《长编》卷二三六,于熙宁五年闰七月壬戌条附注,引《神宗正史·兵志》之文,此句作"畿内募兵之数已减于旧,强本之势,未可悉减。")

安石曰:"既有保甲代其窠坐,即不要此四千募兵,可指合要兵数,减此四千。今京师募兵,逃、死、放、停,一季亦须及数千,但勿招填,即是减得。"

从上举四例可以看出:当王安石要把各地保丁都在农闲与以军事教练时,宋神宗则以为,对一些"浮浪之人"如一律教以武艺,那倒反而是要为害的;当王安石要使保丁轮流上番代替正兵时,或代替正兵去从事战守时,宋神宗则以为保丁远不如正兵之可靠;当王安石要用部分保丁代替禁兵拱卫京城时,宋神宗则以为强干弱枝的政策,正是体现在以足够的禁军护卫京城这一点上,从而"畿内募兵之数"绝对不应再予减损。既是如此,那就只能让募兵制与保甲法永远并行不悖,民兵制度也就永远不可能有真正实现之一日了。

三、 反对刺面、刺手背,主张"以礼义奖养"

前已言及,赵匡胤在夺取到政权之后,在其立法创制方面,几乎是把五代期内的弊政都作为鉴戒的。然而对于募兵制度,他却独独沿袭行用。甚至连同后梁朱温所创行的,在士兵脸上刺字的办法,他也沿袭行用。《宋史·兵志(七)》说:

召募之制,起于府卫之废。唐末士卒疲于征役,多亡命者。梁祖(按即朱温)令诸军悉黥面为字,以识军号,是为长征之兵。方其募时,先度人材,次阅走跃,试瞻视,然后黥面,赐以缗钱、衣履而隶诸籍。国初因之。

"黥面"就是"黥面",也就是在脸上刺字。这本是从古以来对罪犯施行的一种刑法,而今竟用之于新被召募入伍的士兵,可见是把士兵与某些罪犯同样看待,是把他们看作低贱人和下等人的。后代所广泛流行的那句"好男不当兵,好铁不打钉"的谚语,很可能就是从北宋一代开始编造出来并广泛传布的。

王安石对于在士兵的脸上刺字的办法是很不以为然的。这主要表现在,他主张通过保甲法的施行,通过对保丁普遍进行军事技能的训练,使募兵制逐步地为民兵制(亦即征兵制)所取代,而对于参加军事训练的保丁,在保甲法中却是绝对没有关于黥面、刺字等类规定的。

北宋所施行的募兵制度,只是指那些被召募而来,在入伍之后即终身成为职业兵或职业役兵的禁军与厢军二者而言。在此二者之外,还有不列入募兵之内的乡兵和蕃兵两种。蕃兵是由居住在西北边境上的少数民族诸部落的壮丁组织而成的,乡兵则是在与辽、夏搭界的河北、河东、陕西诸地,按三丁抽一、五丁抽二的办法,从民户中抽调、编组而成的。这两者基本上都不由北宋政府按月或按年付与固定数量的廪给、粮饷或衣赐、犒赏等物,基本上也并不脱离农、牧业,所以不被称为募兵。

河北、河东、陕西诸路的乡兵,也各自有其番号,例如神锐、忠勇、强壮等等,然而一般则通称之为"义勇"。这些被称为"义勇"的乡兵,虽非募兵,虽不在面部刺字,一般说来却是都要在手背上刺字的。而这种刺手背的做法,在王安石也是很不以为然的。在我已于前面摘引的王安石那一条《熙宁奏对日录》中,在他与宋神宗的那些对话之下,紧接着就有涉及此事的一段,今再摘录于下:

> 上因问府兵之制,曰:"何处言府兵最备?"
>
> 余曰:"《李邺侯传》言之详备。"
>
> 上曰:"府兵与租庸调法相须否?"
>
> 余曰:"今上番供役则以衣粮给之,则无贫富皆可以入卫出戍,虽未有租庸调法亦可为也。但义勇不须刺手背,刺手背何补于制御之实?今既以良民为之,当以礼义奖养。刺手背但使其不乐,而实无补也。又择其乡间豪杰为之将校,量加奖拔则人自悦服。……况不至如此费官禄,已足使人乐为之。……此乃先王成法,社稷之大计也。"

这是熙宁二年(1069)闰十一月十九日的一次对话。当其时,保甲法还没有提出,故只就与保甲略相似的义勇展开了议论。王安石在这里所提出的"义勇不须刺手背",而只"当以礼义奖养",是一种极为高明的见解,是从北宋直到南宋的所有政治家和军事家所全都不曾提出过的一种卓识。他所说的"当以礼义奖养",就是说应向他们灌输一些封建时代的伦常道德,例如忠君爱国等类教条,借使他们乐于为维护封建国家和封建统治阶级而出力效劳。他不但这样说了,当他日后推行保甲法时,也完全是这样做的。

若问:在实行保甲法的同时,对于一些新召募入伍的士兵,王安石何以没有提出废止黥面的主张呢?

答曰:王安石在其推行保甲法后,对于保丁并不刺面,也不刺手背。在他计划中的一些步骤,是对于死伤逃亡的正兵不再招补,是要逐渐地用保丁去代替正兵,最终完全实现其以民兵制度代替募兵制度的长远设想的。他的这一长远设想倘能实现,则在全部民兵之中,就断断乎不会再有被黥面或刺手背的人了。

(原载 1980 年"中国宋史研究会"年会编刊之《宋史研究论文集》)

陈傅良的《历代兵制》卷八与王铚的《枢廷备检》

——为纪念陈援庵先生诞辰110周年而作

《四库全书》的《史部·政书类·兵政之属》中,收有南宋陈傅良《历代兵制》八卷,其卷一述周朝兵制,卷二述两汉,卷三述三国、两晋,卷四述南朝,卷五述北朝,卷六述唐,卷七述五代,卷八述宋。然查陈振孙《直斋书录解题》及马端临《文献通考·经籍考》以及《宋史·艺文志》,均不见《历代兵制》之名。再查蔡幼学撰陈傅良《行状》,叶适撰陈《墓志铭》,楼钥撰陈《神道碑》,三文虽都写得十分周详,然也都不载及此书。只有陈的门人曹叔远于其《止斋先生文集序》中,在叙述了他把陈傅良的诗文裒次为《止斋文集》总五十一卷之后,说道:

> 若成书,则有《读书谱》二卷、《春秋后传》十二卷,《左氏章指》三十卷……未脱稿,则有《诗训义》《周汉以来兵制》《皇朝大事记》……别自为编,附识其目,庸熄淆乱。

这篇序文作于嘉定元年(1208),亦即陈傅良死后的第五年,当然是第一手资料,是最可信据的资料。其中所说的《周汉以来兵制》当即指《四库全书》所收的《历代兵制》,而它是被列入"未脱稿"的几种著作之内,可知此书中必还有"阙然"未及讲述的朝代。但我们所见的《四库全书》本以及《守山阁丛书》等各种刻本,却如上所述从周到宋,并无短阙,而四库馆臣对此书所作的《提要》,还特别对其论述宋代兵制的最后一卷加以赞扬。今将《提要》全文照录如下:

> 《历代兵制》八卷　浙江范懋柱家天一阁藏本　宋陈傅良撰。

傅良有《春秋传》，已著录。是书上溯成周乡遂之法，及春秋秦汉唐以来历代兵制之得失，于宋代言之尤详。如太祖躬定军制，亲卫殿禁，戍守更迭；京师府畿，内外相维；发兵转饷捕盗之制；皆能撮举其大旨。其总论之中，谓祖宗时兵虽少，而至精，逮咸平后，边境之兵增至六十万，皇祐初兵已一百四十一万。谓之兵而不知战，给漕挽、服工役、缮河防、供寝庙、养国马者皆兵也。疲老而坐食，前世之兵未有猥多如今日者。总户口岁入之数而以百万之兵计之，无虑十户而资一厢兵，十万而给一散卒，其兵职卫士之给又浮费数倍，何得而不大蠹云云。其言至为深切。盖傅良当南宋之时，目睹主弱兵骄之害，故著为是书，追言致弊之本，可谓切于时务者矣。

这篇《提要》把讲述宋代兵制的第八卷作为《历代兵制》一书的最重要的篇章，突出地加以评介，又把宋代兵制所发生的流弊作为本卷的侧重点而特加致意，以为作者生"当南宋之时，目睹主弱兵骄之害，故著为是书，追言致弊之本，可谓切于时务者矣"。认真说来，这篇《提要》是写得不恰当、不得《历代兵制》一书的要领的。因为，如果说卷七讲述五代兵制的一篇是"追言"宋代兵制"致弊之本"，固还勉强可以理解，而它却是依两周、两汉、三国、两晋的朝代先后顺序挨次讲述的，怎么能说作者"著为是书"是专为了"追言"宋代兵制的"致弊之本"呢？

再退一步说，即专就卷八讲述宋代兵制的一篇而论，也并不是偏重在叙述宋代兵政之弊，而是用很大的篇幅讲述了宋代兵制的优点。兹举下述几段为证：

> 艺祖皇帝历试诸艰，亲总戎旅，逮应天顺人，历数有归，则躬定军制，纪律详尽。……其最大者：召前朝慢令悖功藩镇大臣，一日而列于环卫，皆俯伏骇汗，听命不暇，更用侍从、馆殿、郎官、拾遗、补阙代为守臣，销累朝跋扈偃蹇之患于呼吸俄顷之际。每召藩臣，朝令夕至，破百年难制之弊，使民享安泰于无穷者，盖宸心已定，利害素分，刚断必行故也。……
>
> 以勇悍忠实之臣分控西北边孔道：何继筠守沧景，李汉超守关南，以〔备北藩〕〔拒虏〕；郭进在邢州以御太原；姚内斌守庆州，董遵

诲守通远军,以遏西戎。倾心委之,谗谤弗入,来朝必升殿赐坐,对御饮食,锡赉殊渥,事事精丰,使边境无事,得以尽力削平东南僭伪诸国者,〔得猛士以守四方,而边境夷狄无内外之患者〕此也。

州郡节察防团刺史,虽召居京师,谓之遥授;至于一郡,则尽行军制:守臣通判名衔必带军州,其佐曰签书军事及节度观察军事(惟帑库独推)〔推官判官之名,虽曹掾悉曰参军。一州税赋民财出纳之所,独〕曰军资库〔者〕,盖税赋本以赡军,著其实于一州官吏与帑库者,使知一州必以兵为重,咸知所先也。

置转运使于逐路,专一飞挽刍粮饷军为职,不务科敛,不抑兼并,曰:"富室连我阡陌,为国守财尔,缓急盗贼窃发,边境扰动,兼并之财乐于输纳,皆我之物。"所以赋税不增,元元无愁叹之声。兵卒营于州郡,民庶安于田间。外之租赋足以赡军,内之甲兵足以卫民,城郭与村乡相资,无内外之患者此也。

一州钱斛之出入,士卒之役使,尽委(二)〔贰〕郡者当其事,一兵之寡,一米之微,守臣不得〔而〕独预,其防微杜渐深矣。

上引诸段文字,与"追言"宋代兵制的"致弊之本"是全无关系的。通过这几段文字,我们不仅可以了解到从宋初以来创立兵制的主旨所在,而且还可以了解到,其地方文武官员的设置,财政制度的建置,一切都是以"军事"为中心而进行安排的。这也颇能启发我们对于已经沿用了千百年的"宋代重文轻武"之说之究竟正确与否进行更深层的思考。如果要追究两宋武力不竞的终极原因所在,我认为,那是还应向自宋太宗即位以来的最高阶层所一贯奉行的那种战略战术去探求,并不是应由其所创建的兵制专任其咎的。

我们再细审《历代兵制》的第八卷全文,其开头的一大段,乃是从"唐自盗起山陵,藩镇窃据"说起,以下即对梁、唐、晋、汉、周五代之倏兴忽亡的因由,作了简单概括的叙述。这些话语,既有与卷六、卷七中的话语重复的,也有与卷六、卷七中的话语互相矛盾的。而其写作体例则与卷一至卷七的写作体例全不相同:前七卷在几句正文之下大都附以双行注语,卷八则通篇未附夹注;前七卷在几段正文之后大都附有作者的大段按语,卷八则通篇未附按语。照此情况看来,第八卷显然与前七卷并非出于同一作者之手。而曹叔远在《止斋文集·序》中既分明把《周汉以来兵制》置诸陈傅良"未脱稿"诸书的序列之内,据此则可断言,陈傅良只写了《历代兵制》的前七卷,其第八卷乃是后来刻书人任意从其他文籍中掇拾了来而补入其中的。《历代兵制》这一书名,自然也不是陈傅良所拟定的。

八卷本的《历代兵制》的第一次刻本究竟是何时、何地、何人所为,我现在还都未能考知。但它既未为《直斋书录解题》所著录,则其行世最早也应在十三世纪中叶之后,而其收作卷八的这一整篇文字,则是从王明清的《挥麈余话》卷之一的"祖宗兵制名《枢廷备检》"一条内移录来的。《挥麈录》的各集现均有刊本流行,故此事极易检照坐实。只是在《挥麈余话》此条的开端处,还载有王明清如下数语:

> 建炎庚戌,先人被旨修《祖宗兵制》,书成,赐名《枢廷备检》,今藏于右府。其详已见《后录》。独有引文存于家集,用录于后。

庚戌是建炎四年,即 1130 年。王明清的先人,即《默记》一书的作者王铚,是一个"尤长于国朝故事"(陆游《老学庵笔记》中语)的人。他于建炎四年正任枢密院编修(见《挥麈后录》),故被旨修《祖宗兵制》。《枢廷备检》的原作虽在当时即已"藏于右府",但经王明清所抄录在《挥麈余话》中的一个副本,却在陈傅良未谢世之前的十二世纪的最后十年内便已写成,并于 1200 年由赵不谫刊布于世。是则《历代兵制》第八卷之必系自《挥麈余话》移录而来,自勿须更加论证。

既然查明《历代兵制》卷八全篇作者为王铚,其写作时间是在宋高宗喘息未定的南渡之初,所反映的概属北宋一代军政,则四库馆臣为该书所撰《提要》中所说的:

> 盖〔陈〕傅良当南宋之时,目睹主弱兵骄之害,故著为是书,追言致弊之本,可谓切于时务者矣。

岂不全都成了不着边际的废话了吗!

把并非世所难见的王铚的著作,硬塞进陈傅良的一本"未脱稿"中去,使陈傅良可能会因此而蒙受抄袭的恶名,这当然是不知出自何人的一桩不正当的行为;但从生于二十世纪的我们看来,却又正可以从这桩不正当的作为当中得到某些好处,这就是,它使此文有了可资校对比勘的另一个版本。

当王明清撰写《挥麈录》以至《挥麈余话》诸集时,大都是写成一集即随时印行,所以在他生前就已亲自看到了各集的刊本。直到近世,还有宋刻各集的残本以及明人的影宋抄本。但是,根据现尚可以见到的一些最早的传本看来,其最初的刻本在校勘方面大概就做得不够细致,其传刻传抄次数越多,脱漏、衍讹之处自也越多。今单就《枢廷备检》一篇而论,其被移录为《历代兵制》的第八卷虽不知确在何时,但两相对照,其可以相互校正之处甚多。前段引文中,凡用圆括号括起者,即均《历代兵制》传写脱误之处,其用方括号括起者,则俱依据《挥麈余话》校正补充者也。

然亦有可据《历代兵制》引录之文以校正《挥麈余话》之失误者。例如:

1.《枢廷备检》开头述唐末五代兵制之弊一段,涉及朱温的几句,《挥麈余话》所载为:

> 至于朱温,以编户残寇,挟宣武之师,睥睨王室,必俟天子禁卫神策之兵屠戮俱尽,却迁洛阳,乃可得志。

其中之"却迁洛阳"一句,应据《历代兵制》改作"劫迁洛阳"。

2. 同段中涉及李克用、王建、杨行密的几句,《挥麈余话》所载为:

> 如李克用、王建、杨行密非不忠义,旋以遐方孤镇,同盟欲□王室,皆悲叱愤懑,坐视凶逆。

其中之"旋以遐方",应据《历代兵制》改作"徒以遐方";"同盟欲□王室",应于"欲"下补"救"字;"皆悲叱愤懑"之"叱"字应改为"咤"字。

3. 其下述宋太祖躬定军制一段,涉及"转员"规定的几句,《挥麈余话》所载为:

> 为卒长转员之例,定其功实,超转资级。

其中的"转员之例"应据《历代兵制》改作"转员之制","定其功实"应改作"定其功赏"。

4. 同段中涉及教阅的几句,《挥麈余话》所载为:

选为教首,严其军号,精其服饰,而骄锐出矣。

其中的"选为"二字应据《历代兵制》改作"选其","骄锐"二字应改作"骁锐"。

5. 下文谈及转运使的一段,《挥麈余话》所载为:

置转运使于逐路,专一飞挽刍粮饷军为职,不务科敛,不抑兼并。"富室连我阡陌,为国守财尔,缓急盗贼窃发,边境扰动,兼并之财乐于输纳,皆我之物"。所以税赋不增,元元无愁叹之声。

《枢廷备检》是讲述北宋军事制度的一篇很重要的文章,而上引一段,又是全文中一段很重要的文字,因为它所说的是宋朝"不立田制,不抑兼并"的理论根据。然而只因脱落了一个字,其文义脉络便不易寻索,因而,应依照《历代兵制》于"富室连我阡陌"句上加一"曰"字,前后文义脉络便清楚得多了。

6. 其下又有叙述州郡长吏及其职权的一段,《挥麈余话》所载为:

一州钱斛之出入,士卒之役使,令委贰郡者当其事。……节度州有三印:节度印随本使在阙则纳于有司;观察印则长吏用之;州印则昼付录事掌用,至暮归于长吏。……故命师必曰某军节度、某州管内观察等使、某州刺史,必具此三者。……

与《历代兵制》相校,知"令委贰郡者"当作"尽委贰郡者";"节度州有三印"当作"节度、观察、州有三印";"节度印随本使"云云句,当作"节度印随本使所在,阙则纳于有司";"观察印则长吏用之"句当作"观察使印则长吏用之";"故命师"云云句,"师"字应作"帅"。

7. 其下叙述明赏罚的一段,《挥麈余话》所载为:

明于赏罚则上下奋励,知所耸动,而奸宄不敢少逾绳墨之外,事必立就也。

这里的最末一句,据《历代兵制》应作"事则必立,功则必就也"。

8. 其下论及宋代冗兵冗费一段,《挥麈余话》所载为:

> 总户口岁入之数而以百万之兵计之,无十户而资一厢兵,十亩而给一散卒矣。

校以《历代兵制》,则"无十户而资一厢兵"句应作"无虑十户而资一厢兵";"十亩而给一散卒矣"应作"十万而给一散卒矣"。在前一句中既已明言"以百万之兵"耗费天下"户口"的"岁入之数",则决不应再涉及田亩,因"岁入之数"中决不包括农亩在内也。

仅就以上所举八事(当然还可以举出更多的一些条目),已可以知道,由于有人(尽管不知何时何人)把《枢廷备检》从《挥麈余话》移录到《历代兵制》第八卷中,虽使陈傅良蒙受了冤枉,而却使得《枢廷备检》得到了可资校勘的另一传本,这也未尝不是一件好事。

自明代以来的一些藏书家和校勘学者,都未能察觉到《历代兵制》第八卷与《挥麈余话》所载《枢廷备检》之雷同,所以都未能把此条校改得文从理顺。据一斑以窥全貌,则《挥麈录》各集中的脱漏错讹之多可以想见。然而这既说明了对《挥麈录》各集的校勘确实是一件极艰巨的工作,同时却也说明它又是一件亟需有人奋勇承担的工作。1961年上海中华书局曾印行的那一校点本,校勘既极不精细,断句也颇多错误,是应当有人出而对之重新加工的。

1990年6月15日完稿于北京大学朗润园第十公寓
(原载《纪念陈垣校长诞生110周年学术论文集》)

宋朝的家法和北宋的政治改革运动

一、宋太祖、太宗的创法立制和宋朝家法的形成

当赵匡胤夺取到政权之日，他所接收的实际上只是一个烂摊子。就这个政权本身来说，所继承的是五个短命王朝，即在五十三年的时间内，改换了五个朝代和八个姓氏的十三个君主。如何能免于再成为第六代的短命王朝，这是他处心积虑想要加以解决的一个问题。

北宋政权处于中原的开封，所统辖的境土还很狭小，而中原地区之外，在北边，不但有强大的契丹（辽），在太原还有一个在契丹卵翼之下的北汉；在长江流域的上下游及其附近，则有在四川的后蜀、江陵的南平、湖南的楚、杭州的吴越、金陵的南唐；还有在广东的南汉、福建的闽。这些割据政权的出现，是唐代后期以来藩镇割据局面的进一步发展。这些地区物产丰富，而这些政权的军事实力却都不够强大。赵匡胤曾经随从周世宗出师征辽，虽也收复了石敬瑭割让给辽的十六州中瀛、莫两州，但这两州并不是以武力攻取到的，而是两州守臣望风迎降的。如再前进去攻打幽州，则须打硬仗。恰巧这时周世宗因病班师，征辽之役便告终结。但赵匡胤却因此认识到"当今劲敌唯在契丹"，所以在他夺得政权后就对契丹采取守势，而集中力量去消灭南方的几个割据政权。在他在位的十七年内，除在太原的北汉是宋太宗即位后于979年把它灭掉的以外，黄河流域以南的诸州郡已都归入宋政权的统治之下了。

因为在夺取政权之初，对内部的篡夺成风的局势必须刹住，对外部的分崩离析局面也必须加以结束，而且还要防范其重演。所以，赵匡胤

在即位之后,在政治、军事和财政经济诸方面的立法都贯串着一个总的原则:以防弊之政,为立国之法。

宋太宗以阴谋取代了他哥哥的皇位之后,第二天就在一道大赦天下的诏书中说:

> 先皇帝创业垂二十年,事为之防,曲为之制,纪律已定,物有其常。谨当遵承,不敢逾越。(《长编》卷十七。《宋大诏令集》亦有此日之大赦诏,但内容大异,无此诸语。我另有文论其异同之故。)

这几句话,可以说是最确切地概括了宋太祖在位的十七年内所有政治、军事设施的微妙用意,亦即其精神实质。诏中"谨当遵承,不敢逾越"两语,并不表明宋太宗对其令兄也要做一个"善继人之志,善述人之事"的人,而是他也体会到:"事为之防,曲为之制",实在是巩固政权最可取的一个法宝。所以,他不但继承了这一法宝,而且还从各个方面加以发展。

牵制作用的充分利用,首先表现在中央政府的组织方面。鉴于唐末五代以来,政权屡经更易的原因,在于操实权的武将和藩臣。而赵匡胤在掌握军事实权之后,很快即得以黄袍加身,更主要是由于他与一些军事首脑人物,如石守信、高怀德等人,结为十兄弟,从而得到他们的助力之故。十兄弟中人,既有拥立之功,也有可能对赵匡胤其人并不真诚拥护,若然,就随时可能发生黄袍加于其他人身上的事。所以,在建隆初元,赵匡胤即收夺了高级将领的兵权(世间盛传的"杯酒释兵权"那一戏剧性事件则是查无实据的),取消了殿前都副点检的职称,而分别设置了殿前司、侍卫马军司和侍卫步军司,即所谓三衙,名义上是由枢密院而实际是由皇帝直接统领。

石守信、王审琦、高怀德等人都是十兄弟中人,所以成为解除兵权的主要对象。而后来消灭南方诸割据政权时,所用的统兵将帅如曹彬、潘美等则皆为后起人物。

宰相权大也常常威胁到政权的稳定,五代虽无此事例,而历代所发生的这类事件却不少。所以,从宋初开始,就对相权加以分割。前代的宰相,号称"事无不统",北宋初年则设置了枢密使,以使宰相不能掌管军政,枢密院与宰相府对称二府。设置三司,号为计省,三司使则号为计相,以使宰相不能过问财政。

宰相的职权被缩小,又都是用一些文人充当,因而其对国家大事所能起的作用是极为有限的。《涑水记闻》卷三载一事云:

> 太祖时赵韩王普为相,车驾因出,忽幸其第。时两浙钱俶方遣使致书及海物十瓶于韩王,置在左庑下。会车驾至,仓卒出迎,不及屏也。上顾见,问何物,韩王以实对,上曰:"此海物必佳。"即命启之,皆满贮瓜子金也。韩王惶恐,顿首谢曰:"臣未发书,实不知。若知之,当奏闻而却之。"上笑曰:"但取之,无虑。彼谓国家事皆由汝书生耳。"因命韩王谢而受之。韩王东京宅,皆用此金所修也。(原注:富公云。)

太祖口中所说"彼谓国家事皆由汝书生耳"这句话,不正可反映出,他并不把国家大事的决策之权交与宰辅们吗!

设置枢密使的用意,也不专在于分宰相之权,而且是用以与带兵的大将起互相牵制的作用:枢密使有制令之权而无握兵之重,大将有握兵之重而无制令之权。

到宋太宗时,不但把枢密院的制令之权归于皇帝,而且对带兵出征作战的大将,实行"将从中御"的办法,对大将在前线上的举动也加以限制。这也成为宋朝的一条家法,从而造成了极严重的后果。因为,战争现场最主要的问题,是要统兵将帅有主动权,能灵活机动;捆住了前线将帅在指挥上的因时因地制宜之权,那就等于把主动权交于敌方了。因为在其时信息的传递太慢,对战争是无法遥控的。

为了使割据局势不重演,便把州郡长官的权力也大大收缩,正如朱熹所说:

> 本朝鉴五代藩镇之弊,遂尽夺藩镇之权,兵也收了,财也收了,赏罚刑政一切收了。州郡遂日就困弱。靖康之祸,虏骑所过,莫不溃散。(《朱子语类》卷一二八《本朝法制》)

为了束缚文武臣僚的手脚,不使其喜事兴功,而只能循规蹈矩,还有另外的一些相应的传统做法——亦即家法,那就是:不任官而任吏,不任人而任法。叶适的《水心别集》卷一〇《始议二》有云：

> 国家因唐、五季之极弊，收敛藩镇，权归于上，一兵之籍，一财之源，一地之守，皆人主自为之也。欲专大利而无受其大害，遂废人而用法，废官而用吏，禁防纤悉，特与古异，而威柄最为不分。……故人才衰乏，外削中弱，以天下之大而畏人（按：此"人"字指辽、夏、金），是一代之法度有以使之矣。

当时的宰相，从太祖太宗时的赵普，到真宗时的李沆，即都以不生事为原则。《邵氏闻见录》（卷六）谓赵普于厅事坐屏后置二大瓮，凡有人投利害文字，皆置其中，满即焚于通衢。《长编》（卷五六）载李沆"自言：居重位，实无补万分，惟四方言利事者未尝一施行，聊以此报国尔。朝廷防制，纤悉备具，或徇所陈请，妄有更张，即所伤多矣"。王旦的《神道碑》（《欧阳文忠公集》卷二二）则说他"为相，务行故事，慎所改作"。长久如此因循，便造成了王安石所说的那样一些弊端：

> 本朝累世因循末俗之弊，……一切因任自然之理势，而精神之运有所不加。（《临川文集》卷四一《本朝百年无事札子》）

第一个对这样的束缚手脚的条条框框提出反对意见的是寇准。《宋史·寇准传》载（《长编》所载同）：

> 准在相位，用人不以次，同列颇不悦。它日，又除官，同列因吏持《例簿》以进，准曰："宰相所以进贤退不肖也，若用《例》，一吏职尔！"

章如愚《山堂考索》续集卷三九"宋朝堂除及资格"条也载：

> 寇忠愍议擢指挥使，吏以《例籍》进，公曰："用一牙官，尚须检《例》，安用我辈！"

就此两事，便足以看出寇准是一个真正具有宰相识见的人。然而正如南宋的叶适所说："至咸平、景德初，资格始稍严。一寇准欲出意进天下之士，而上下群攻之矣。"（《水心别集》卷一二《资格》）事实上就正是因其如此，使他不可能久居相位的，因为他背离了宋朝的家法了。所以即使不因王钦若的"孤注一掷"的谮言,他也不会久于其位的。这次罢相之后,宋真宗还向新拜相的王旦说:"寇准多许人官,以为己恩。俟行,当深戒之。"从另一方面看,这几句话也正是反映出寇准敢于任责的精神。

澶渊之盟,史书所载多不符实。寇准之迫使宋真宗亲征,似过于孟浪,叶适亦谓寇准在其《论澶渊事宜》中并未提出有把握的办法,只不过说到需要时便急调某某军护驾而已。但在当时情况下,非出此策,则只有迁都逃避,如真迁都,那就有可能助长辽军威风,将如后来宋高宗南迁时一样了。

在这次罢相的十多年内,即在真宗去世以前,寇准又曾两次入朝做宰辅,但也全未久于其任,少则数月,多则一年,即又被罢免。当他在天禧三年(1019)第三次进入政府时,"时真宗得风疾,刘太后预政于内,准请间曰:'皇太子人所属望,愿陛下思宗庙之重,传以神器,择方正大臣为羽翼。丁谓、钱惟演佞人也,不可以辅少主。'帝然之。准密令翰林学士杨亿草表,请太子监国,且欲援亿辅政。已而谋泄,罢为太子太傅,封莱国公"(《宋史》本传)。建议真宗禅位的事虽因"谋泄"而失败,寇准也因此而又被罢斥,但他敢于作这样的建议,说明他具有出众的胆识,是敢于以天下之重为己任的人。只可惜这样的作风与宋朝的家法大相背戾,所以注定要失败。

当宋真宗有一次要用寇准为当政大臣时,有人以为寇准的作风与其他大臣截然不同,便请问所以要用寇准之故,真宗回答说,要使一些意见不同、作风不同的人共谋朝政,他们互相之间便要"异论相搅,即各不敢为非"。这表明宋真宗是在恪守家法,要使大臣们彼此间互相制约。宋神宗用王安石为宰相,要他实行其变法的主张,同时却还想把反对变法最力的司马光提升为枢密副使,司马光虽未肯就职,而保守派的文彦博却继续做了多年的枢密使,还把另一个一直反对新法的冯京用为枢密副使和参知政事。尽管宋神宗始终不曾吐露其用意所在,其不欲使王安石独断专行,要安置一些人对他进行牵制,则是显然可见的。从而可知,充分利用臣僚间的牵制作用这一道家法,宋朝的皇帝们大多是在奉行不替的。

宋太祖还曾非常郑重地把募兵制度宣告为他的一大传家法宝,希望他的继承者也要继续奉行不变。

募兵制度本是从唐代后期以来逐渐形成的,并非北宋政权所创建。但宋太祖对于这一制度却别有会心,特加赞赏,一定要把它确定为不可改变的制度。北宋末年的晁说之曾在其《元符三年(1100)应诏封事》(《嵩山文集》卷一)中追述这一事实说:

> 臣窃闻太祖既得天下,使赵普等二三大臣陈当今之大事可以为百代利者。普等屡为言,太祖俾"更思其上者"。普等毕思虑,无以言,乃请于太祖。太祖为言:"可以利百代者,唯养兵也:方凶年饥岁,有叛民而无叛兵;不幸乐岁而变生,则有叛兵而无叛民。"普等顿首曰:"此圣略,非臣下所能及!"

这番对话反映出来,宋太祖之所以要把募兵制度作为传家法宝,是因为,通过施行这一制度,可以把军人与民众截然分割开来,使两者可以不至互相影响,协同动作。但施行后所产生的流弊,却决非太祖始料之所能及。为充分利用这一制度,宋政府凡遇有水旱之灾的年份和地区,即在其时其地大量招募(有时甚至是强制)灾民入伍当兵,供其衣食,以免他们集聚于山林川泽之中,成为反抗政府的一支力量。然沿用未久即弊端丛生:招募不已,员额日增,老弱参杂,训练全废,已全非英勇善战的劲旅。建国八十年后,军人数量已达一百四十余万,成为国家财政的极大负担,使北宋政权日益陷入积贫积弱的困境。

二、 庆历新政与王安石的变法

(一) 庆历新政

宋仁宗在位,首尾共为四十二年(1022—1063),正居于北宋一代的正中间。庆历共八年(1041—1048),又正居于仁宗统治的正中间。在这期间,国境之内已经发生了许多次农民起义和兵变事件,西夏又与辽互相配合,对北宋构成了极严重的威胁。辽于 1042 年遣使来求关南之地(即瀛、莫二州),使得北宋朝廷一度陷于张皇失措的情况下,结果派富弼出使,以增加岁币二十万(绢十万匹、银十万两)而告结束。

王安石在嘉祐四年（1059）所上《言事书》中所说的，"内则不能无以社稷为忧，外则不能无惧于夷狄，天下财力日以困穷而风俗日以衰坏"的窘态，在这时已经毕露。这使得宋仁宗也深感内外交迫的严重性，便把当时深孚众望的范仲淹、韩琦、富弼、欧阳修等人召入政府，责成他们有所更张以"兴致太平"。

朱熹曾说："太宗朝，一时人多尚《文中子》，盖见朝廷事不振，而《文中子》之书颇说治道故也，然不得其要。范文正公虽有欲为之志，然也粗，不精密，失照管处多。"（《朱子语类》卷一二九《自国初至熙宁用人》）

又说："吕夷简最是个无能底人。……其所引援皆是半间不界无状之人，弄得天下之事日入于昏乱。及一旦不奈元昊何，遂尽挨与范文正公。若非范文正公，则西方之事决定弄得郎当，无如之何矣。"（同上）

又说："本朝自李文靖公、王文正公当国以来，庙论主于安静，凡有建明，便以生事归之，驯至后来天下弊事极多。……且如仁宗朝是甚次第时节，国势却如此缓弱，事多不理。"（同上书卷一三〇《自熙宁至靖康用人》）

范仲淹在接奉手诏之后，奏进了一道《答手诏条陈十事疏》（《范文正公政府奏议》上），其首段有云：

我国家革五代之乱，富有四海，垂八十年，纲纪制度，日削月侵。官壅于下，民困于外，夷狄骄盛，寇盗横炽，不可不更张以救之。然则欲正其末，必端其本，欲清其流，必澄其源。

其下他就把他所认为可以"端本澄源"的，列举了十事：

一曰明黜陟　　二曰抑侥幸　　三曰精贡举
四曰择官长　　五曰均公田　　六曰厚农桑
七曰修武备　　八曰减徭役　　九曰覃恩信
十曰重命令

其中的前五项，全是关于澄清和改善吏治的问题。大概范仲淹认为，通过这样五项措施,就可以培育和选拔出贤明能干的官吏,能爱惜百姓,均其徭役,宽其赋敛,使百姓各获安宁,便不致再爆发反抗斗争。

正是吏治的问题,才是既得权势、地位的阶层最切身的问题,必然会遇到极大阻力。而在这几项政令发布推行之后,果然就遇到了。反对者造谣中伤,谤议日甚,最后便说范、韩、富、欧阳等人结为朋党,构成了宋朝的皇帝最不能容忍的罪行。于是,在庆历四年的下半年,他们都被排斥出政府,推行不及一年的新政随之而一一宣告废罢。

单从表面现象看,庆历新政的失败,似乎并非由于抵触了宋朝的某种家法之故,仔细加以推考,却也不然。

宋太祖在夺得政权的第三年(962)的九月,即曾下诏说:"及第举人,不得呼知举官为恩门、师门及自称门生。"(《长编》卷三)这是针对自唐以来在进士考试中每每发生门生座主结为派系的情况而发的。而如前节所引述,宋真宗也曾发表过要使大臣们彼此"异论相搅",则各自"不敢为非"的意见。这都说明,宋朝的最高统治者所最害怕的,是在朝的大臣之间或大臣和一般士大夫之间结合成派系或朋党,以致成为中央集权的一个分割力量。他们要把互相牵制的作用也充分运用在高级官僚的人际关系之中。所以,这实际上也是从宋初以来逐渐形成的一道家法。宋仁宗天圣七年(1029)三月癸未,在下诏令"百官转对极言时政阙失如旧仪"时,仁宗就曾嘱咐辅臣说:"所下诏,宜增朋党之戒。"(《长编》卷一○七)反映他对于朋党具有何等高的警惕性。

范仲淹、韩琦于庆历三年进入北宋中央政府,并受命出谋献策以"兴致太平"之后,他们和富弼、欧阳修等人,几乎可以说是同心协力,和衷共济,有时且还互相推崇。这自然容易招致朋党之讥,而事实上也确已发生了这样的讥议。范、韩、欧阳诸人,对此不但不稍加避忌,却反而对之直认不讳。欧阳修甚至还特地写了一篇《朋党论》,极力论证只有君子才能结为朋党,小人则皆以利相结,"利尽则交疏",是不会结为朋党的。这就更授予反对派以口实和把柄。于是而"谤议浸兴,朋党之论滋不可解",迫使韩、范、富、欧阳最终不能不离开北宋中央政府。所以,导致庆历新政失败的最深层的原因之一,也在于它抵触了宋朝的家法。

(二) 王安石变法

（1）治平四年（1067）宋英宗逝世，宋神宗以十八岁的少年继承帝位。他急于求治，想望出现国富兵强局势。他起用富弼重登相位。却不料富弼的官僚积习已极深重，他不但劝说神宗二十年内不要提及用兵二字，而且"惑道家全神养气之言，徇曲士忘名忌满之节，不以天下之重易其爱身，不以万务之急妨其养性"。"屡以旧疾谒告，入则随众循旧，不欲有为；退则谢客杜门，罕通人事"；"恤己深于恤物，忧疾过于忧邦"（《范忠宣公奏议》上《论富弼入相久谢病不出》）。这种作风当然要使神宗大为失望。而这时的王安石却正以其政治主张和个人操行而深孚众望，大家都以为"介甫不起则已，起则太平可立致，生民必被其泽"（《司马温公集》卷六〇《与王介甫书》）。熙宁二年（1069）神宗便擢用王安石为参知政事。

王安石曾在嘉祐四年（1059）上了一封《言事书》给宋仁宗，力陈北宋王朝所奉行的传统政策，全已不能适应当时"所遭之变"和"所遇之势"，因而造成了"内则不能无以社稷为忧，外则不能无惧于夷狄"的艰危处境。他认为，必须把这些旧的法度（即太祖太宗所制定的法度）加以"改易更革"，使其能适应现实局势，才能把危机扭转过来。

做了参知政事的王安石，要把他的变法理想逐步实现。他向神宗面陈："变风俗，立法度"和"奖用功实"乃是当前国家大政的当务之急。然而变法必然要遭受到官绅豪强享有特权阶层的强烈反抗。为事前做好应战的精神准备，他又向宋神宗明确提出："陛下方以道胜流俗，与战无异。今稍自却，即坐为流俗所胜矣。"这几句话也表明了他自己勇往直前，敢于斗争、敢于胜利的态度和信念，而"天变不足畏""祖宗不足法""人言不足恤"三原则，就是王安石为迎接这场战斗而提出的，用以破除迷信、解放思想的战斗原则。在整个变法过程中，这三个原则对扫除思想障碍，打退守旧派人物的进攻，起了很大的作用。

关于"天变不足畏"——当王安石变法之始，官绅豪强大地主阶层的代言人，顽固保守的官僚士大夫们，就全都拿"天变"来吓唬宋神宗，妄图以此阻挠变法工作的进行。例如，当宰相富弼听到王安石有"灾异非人事所致"的议论时,立即说这是"奸臣"的"邪说",并且说:"人君所畏惟天,若不畏天,何事不可为者?去乱亡无几矣!"他还为此而专向宋神宗建议说:方今"诸处地动,灾异,宜且安静"(陈均《九朝编年备要》熙宁二年二月)。御史中丞吕诲也在熙宁二年六月专为弹劾王安石而上疏说:"臣究安石之迹,固无远略,唯务改作,立异于人。……今方天灾屡见,人情未知,唯在澄清,不宜挠浊。如安石久居庙堂,必无安静之理。"(《宋文鉴》卷五〇)

面对着保守派假借"天变"来破坏新法的种种言论,王安石一而再、再而三地阐明他的"天变不足畏"的观点,用作反击保守派的锐利武器。他一则说天上的日月星辰阴阳之气,地上的山川丘陵万物之形,其变化规律都是可以通过钻研、根据数据而加以掌握的(《临川文集》卷六六)。再则说:"天地与人,了不相关,薄蚀、震摇,皆有常数,不足畏忌。"(《司马温公文集》卷七二《学士院试李清臣等策目》)熙宁八年(1075)冬天,守旧派又借彗星的出现攻击新法时,王安石斩钉截铁地说道:"天文之变无穷,人事之变无已,上下傅会,或远或近,岂无偶合?此其所以不足信也。"(《长编》卷二六九,熙宁八年十月戊戌条)但很可惜,这一次却未能把守旧派的恶意叫嚣镇压下去,而且导致了他的第一次罢相。

关于"祖宗不足法"——司马光于嘉祐六年(1061)向宋仁宗奏进《五规》,其中的《惜时篇》说:"夫继体之君,谨守祖宗之成法,苟不隳之以逸欲,败之以逸谀,则世世相承,无有穷期。"到王安石变法时,司马光更利用向神宗讲述西汉史事的机会,提出"祖宗之法不可变"的议论。文彦博也当面向宋神宗说:"陛下即位以来,励精求治,而人情未安,盖更张之过也。祖宗以来,法制未必皆不可行","祖宗法制具在,不须更张,以失人心"(《长编》卷二二一,熙宁四年三月戊子条)。司马光等人所以拼命要维护祖宗之法,一方面固然是为儒家的"敬天""法祖"思想所支配,另一方面则是要借此维护他们那一阶层在政治上和经济上的既得权益。

王安石对北宋王朝的乃祖乃宗所创立的财赋、军事、教育、选举诸方面的规章制度,大部分都是采取否定态度的。他在嘉祐四年(1059)写给仁宗的《言事书》的主要内容,就是对当时的"法度"要大作一番"改易更革",以适合于当前"所遭之变"和"所遇之势"。在熙宁元年(1068),当

宋朝的家法和北宋的政治改革运动

谏官吴申上疏,说应该"谨奉祖宗成宪"时,王安石就向神宗说道:"不知申意欲如何'谨奉'?若事事因循弊法,不敢一有所改,谓之'谨奉成宪',恐非是。"(《太平治迹统类》卷十三)同时,他在写给宋神宗的《本朝百年无事札子》当中,列举现行法度的种种弊端,并且说,"赖非夷狄昌炽之时",又无特大水旱之灾,所以才得"无事",否则必会发生大乱子的。可见非"改易更革"不可。王安石当政未久,司马光就写信给他说:"今介甫为政,尽变更祖宗旧法。"真可谓"一语破的"。

由此可见,"祖宗不足法"的现实政治意义,在于反对北宋王朝建立以来所奉行的传统政策,在于要对官绅豪强大地主阶层所享有的特权给予一定程度的制裁,而从其思想路线来说,则是对保守派的"法祖"思想的否定。

关于"人言不足恤"——王安石变法的目的,是要使地主阶级的中下层和富裕农民们免于遭受豪强兼并之家的蚕食而致倾家荡产,并使地主经济能保持其正常的发展。他知道,这样的变革"所宽优者皆村乡朴蠢不能自达之穷氓,所裁取者乃仕宦、并兼、能致人言之豪右"(《长编》卷二二七,熙宁四年十月壬子条)。这后一种人,"皆豪杰有力之人,其议论足以动士大夫"。既然如此,则在每一种新法触犯到"豪右"们的某种特殊权益时,作为他们这一阶层的代言人的官绅士大夫们,必然要站出来大吵大闹。正像他在《答司马谏议书》中所说的:"至于怨诽之多,则固前知其如此也。"唯其是"前知其如此",所以就在变法之前定出了"人言不足恤"的原则,用以排除那些来自保守派人物的议论的干扰。

王安石既深信他所主持的变法适合于当前"所遭之变"和"所遇之势",所以在熙宁三年(1070)他回答神宗关于"三不足"的问话时,就说道:"人言固有不足恤者。苟当于义理,则人言何足恤?故《传》称'礼义不愆,何恤于人言!'郑庄公以'人之多言,亦足畏矣',故小不忍致大乱,乃诗人所刺。则以人言不足恤,未过也。"在谈论关于役法的改革时,王安石又说道:"朝廷制法,当内自断以义,而要久远便民而已;岂须规规恤浅近人之议论!"在另一次对话中,王安石则向宋神宗说:"譬如运瓮,须在瓮外方能运,若坐瓮中,岂能运瓮?今欲制天下之事,运流俗之人,当自拔于流俗之外,乃能运之;今陛下尚未免坐于流俗之中,何能运流俗,使人顺听陛下所为也?"(陈瓘《四明尊尧集》卷三)王安石这种坚定不移、顽强奋斗精神,正就是他"径行直前,敢当天下大事"(《宋史》卷三三四《萧注传》)的一个精神支柱。

王安石所认为"不足恤"的"人言",只是那些顽固地站在官绅豪强大地主的立场上,坚决反对变法,坚持要开历史倒车的那些腐儒俗儒们的言论。对于他们以外的人们的言论,王安石不但尊重,而且是积极访求的。例如,在熙宁二年(1069)的三月,亦即在其变法的最初阶段,王安石就向宋神宗建议说:"除弊兴利,非合众智则不能尽天下之理,乞诏三司判官、诸路监司及内外官,有知财用利害者,详具事状闻奏。诸色人听于本司(按指新成立的制置三司条例司)陈述。"而每当推行任何一种新法之前,也无不是广泛征求官员和民户的意见。有时还明确规定,要先把新法条文在各地揭示,须待"民无异词",然后才能实施。

司马光指责王安石"拒谏""遂非""执拗",南宋朱熹指责王安石"违众自用""足己自圣",显然都是恶意诬蔑。

(2)王安石所要"改易更革"的对象,是宋朝的太祖太宗所制定的那些法度,而他变法改制的远大目的,则是富国和强兵,以求能够缓解内部的阶级矛盾和外部的民族矛盾。

从学术思想这一侧面来看,王安石是把释道两家学说中的义理尽量吸收到儒家学说中来,使儒家学说的内容得到极大的深化和提高的;从政治思想这一侧面来看,王安石则又是援法入儒,甚至可以说,他是把法家思想作为制定和推行新法的指导思想的。

战国时期的法家都很重视农耕和打仗这两件大事。曹操在《置屯田令》中也说:"定国之术,在于强兵、足食。"王安石变法的实质性措施也主要是劝农、教战二事。

王安石在变法之初就提出:"理财为方今先急",而"理财以农事为先"。依据这样的见地,他制定了"农田水利法"以大兴水土之利;制定了"青苗法"以抑制豪强兼并之家的高利贷;制定了"免役法"以"释天下之农归于田亩",使农业劳动者尽可能多地回到农业生产上去;制定了"方田均税法",丈量土地,确定地权,借以尽量纠正豪强人家"有产无税"、贫穷人家"产去税存"的不合理现象。他所以要改变雇佣兵制的用意之一,也是为了不使过多的劳动力去充当寄生的职业兵,以求能够出现"游民慕草野,岁熟不在天"的景象。

从爱国主义立场出发,王安石曾向宋神宗说:"今乃称契丹母为叔祖母,称契丹〔主〕为叔父,更岁与数十万钱帛,此乃臣之所耻!"(《长编》卷二三七,熙宁五年八月甲申条)而这就正是促使他在变法过程中要练兵讲武、改革军制、增强军事实力的重要原因。王安石认为:秦之"所以兵众而强",是由于商鞅实行了"什伍之法"的缘故;北宋养兵虽多,其战斗力却很弱,则是因为把兵和民截然分开的缘故。他的结论是,北宋政府"非什伍其民而用之,则不可以致治强"。因此,王安石在变法过程中,除了实行"将兵法"而"择将付以职",把现有的雇佣兵加以教练,以求提高其素质和作战能力外,也采用"什伍之法"而把居民联为保甲,使农村中的大多数壮丁都能受到军事的教练,都能具有当兵作战的能力之后,先使民兵与募兵相参为用,最后则完全以征兵制度代替募兵制度。此外,王安石还设置了"军器监"以专力讲求和改善兵器的制造。

王安石还经常把历史上一些法家人物变法的经验取作借鉴:他曾向宋神宗称赞吴起在楚变法"务在富国强兵,破驰说之言纵横者";又曾向他说:"陛下看商鞅所以精耕、战之法,只司马迁所记数行具足。"当他要改革科举的考试办法时,所持理由是,当时的"学术不一,一人一义,十人十义,朝廷欲有所为,异论纷然,莫肯相听。此盖朝廷不能一道德故也"。马端临在《文献通考》中指出,这段话与李斯建议焚书时所持理由全然相同。当宋神宗要用韩维做御史中丞时,王安石说,韩维"善附流俗,以非上所建立"(《宋史》卷三二七《王安石传》)。这更是直接使用李斯"焚书之议"当中反对颂古非今的话作为自己立论的根据了。

儒家把《春秋》的地位高抬在其他诸"经"之上,甚至要以《春秋》治狱,要依《春秋》经义来"断天下之事,决天下之疑"。王安石却不但不把《春秋》列作一般举子们研习和应试的经典,而且还在熙宁四年(1071)十月明令规定,所有"奏补初仕"人和得替应"守选"者,全须经流内铨试断案或律令大义,然后才能按等第高下分别注官(《长编》卷二二七)。到熙宁六年(1073)三月,更把这一规定的范围放宽,"凡进士诸科同出身及授试监簿人",要注官,全须经由这类考试才行(《长编》卷二四三)。熙宁八年(1075)七月又下令,进士高科者亦须试律令大义、断案(《长编》卷二六六)。王安石注重法治的精神在这件事上是表现得很突出的。

上述种种可以说明,王安石不仅继承了法家的思想,在政治实践上也是采行了法家的道路的。而这种种,又全都是与北宋建国以来所传承的指导原则(亦即家法)大相背离的。

三、 王安石变法的失败与宋朝家法的关系

王安石在熙宁初年所陆续制定和推行的新法,在他于熙宁九年(1076)第二次罢相之后,一直到元丰八年(1085)宋神宗逝世之日为止,基本上都在继续施行。而在这一整段时期之内,在推行新法的过程之中,基本上也并未发生严重问题。从这个意义方面来说,王安石的变法不能算是失败的。至于宋神宗逝世之后,保守派人物登上政治舞台,颠顶粗暴地把新法一律推翻,我认为这也不能算作王安石变法的失败。

在我所写《王安石》那本书的第十一章中,曾列有"新法的失败"一节。在那一节中,我是从王安石变法的最终目标(缓和当时的阶级矛盾和民族矛盾,改变"内则不能无以社稷为忧,外则不能无惧于夷狄"的严峻局势)着眼,认为他的这一目标远未达到,所以应算作失败。现在,我要从一个侧面说明他所以遭致某些失败的一个缘由。

一般人全都认为:得君之专,皇帝对他的信任之笃,在北宋一代的宰相当中几乎是无人能与王安石相比拟的。事实上,这看法未免失之肤浅,如能洞察到深层,便会知其却并不如此。当王安石制定和推行新法时,只有在不太明显地触犯北宋家法的项目上,宋神宗才肯全力予以支持,而凡触犯到其祖传家法的项目,宋神宗就会表现出犹疑以至深切的疑虑。正是君相之间的这种见地的歧异,使得王安石的变革工作经常从神宗那里得不到支持,有时甚至遭遇到挫折。王安石之所以罢相,特别是第二次罢相的真正原因,这应当是最为主要的一个,尽管因为它是潜在的而非显露的,从而历来不曾为论史者所注意。从这个意义上看,不能不说王安石的变法毕竟得算是失败了的。下边,我再列举一些有关事例略加述论。

1. 宋初的立法是要把财政和军政大权都从宰相职权中分割出去的。王安石在当政之后,尽管主管财政的三司依然存在,然而他却首先就设立了一个制置三司条例司,其用意就是要把财政权收揽到他的职权范围以内来,所以司马光在写给他的信中,把"财利不以委三司而自治之"作为他的一条罪状。在军政方面,尽管专主其事的枢密院也还存在,然而他却向神宗说道:"天下困敝,惟兵为患,若措置得兵,即中国可以富强。"很明显,他是把军政也要收揽到自己的职权范围之内来的。制置三司条例司设置不甚久即又废除;而神宗于元丰三年(1080)进行官制改革时,他不论怎样也不肯把枢密院撤销。从这两事正可反映出来,他对于王安石那种想把军政、财政和民政诸大权一律集中于宰相的做法,内心里是不会完全赞同的,虽则他不曾明白说出过。

2. 募兵制度是被宋太祖明确肯定为"可以为百代之利"的,其用意则是要把兵与民截然分割开来。在弊端丛生之后,欧阳修、吕景初等人都曾先后上疏论列过,然而却都只提一些补偏救弊的措施,而没有人敢于提议改变这一制度。王安石却提出,"募兵之害"正在于"分民与兵为两",所以主张先以实行保甲作为过渡阶段,然后以民兵制度取代募兵制度。他"直情径行"地要把自己的主张变为现实。而在实施过程当中,宋神宗却又随时随地表示迟疑,不予同意。例如:

当王安石最初谈及应以民兵代替募兵制时,神宗就反问王安石说:"募兵专于战守,故或可恃;至民兵,则兵农之业相半,可恃以战守乎?"(《文献通考·兵考(五)》)当王安石建议减募兵之数,移其费用于训练保甲时,神宗又回答他说:"畿内募兵之数已减于旧,强本之势未可悉减。"(《长编》卷二三六,熙宁五年闰七月壬戌条)在另一次对话时,神宗更重申了实行募兵制的原意,说道:"禁军,无赖乃投募,非农民比。尽收无赖而厚养之,又重禄尊爵养其渠帅,乃所以弭乱。"(《长编》卷二六二,熙宁八年四月甲子条)言外之意,反映出他对于实行民兵制度总是不那么赞成的。但既是如此,在王安石二次罢相之后,宋神宗亲自推行新法之时,何以保甲法还在继续推行而未予废罢呢?我认为这问题是很容易解答的:宋神宗只是把保甲法作为募兵制度的一个补充物而继续推行的,已不再打算用它取代募兵制度了,两者可以并行不悖,与王安石推行此法的原意已大不相同了。

3."将从中御"是宋太宗规定的一种办法,他在位期间宋对辽的历次战役,全是采用的这种办法。真宗时宋辽间的澶渊之役,一切战略战术决策也全如此。仁宗时宋与西夏的几次战役,根据范仲淹曾与韩琦发生主守主攻的争议来看,似乎战争决策之权已全部交付与守边的文武大臣,实际上则是因为,那时北宋朝廷上最高统治集团中,实在没有一个人能在战略决策方面作出主张,而且走马承受往返奔命,宋廷也不是全然不想进行遥控的。更何况,当时战争前沿各路的部署,都是文臣为正,武帅为副,文武足可互相制约,也就足可保证不至发生问题了。然而王安石在当权之后,当其要作军事筹策时,却公然对太宗以来的这种做法进行了讥议:

> 太宗为傅潜奏防秋在近,亦未知兵将所在,诏付两卷文字,云:"兵数尽在其中:候贼如此,即开某卷;如彼,即开某卷。"若御将如此,即唯王超、傅潜(按:两人皆庸将)乃肯为将,稍有材略,必不肯于此时为将,坐待败衄也。但任将一事如此,即便无以胜敌。(《长编》卷二四八,熙宁六年十一月戊午条)

这样的议论,正是王安石的"祖宗不足法"那一见解的具体体现。且还不只如此。当熙宁四年至六年(1071—1073),由王韶发动的为断西夏右臂而经营河、湟蕃部的战争,受到枢密使文彦博等大臣的反对,宋神宗也因"群疑方作"而屡次表示要"中止"其事。王安石却以宰相身份力排众议,给予王韶以支持和鼓舞,并致函王韶,付以相机处理前线军务的全权,决不遥加制御。在取得胜利之后,神宗对王安石虽也极为嘉奖,但对王安石继即一再提出的向西夏本土进军的建议,却一直不予采纳。到元丰四年(1081),即王安石罢相后的第五年,宋神宗发动了泾原、秦凤等五路大军去进攻西夏。每路都分别设置一个统帅,却不设总统五路的大帅。大帅的职责实际上是由远在开封的宋神宗承担的。他分明还在继续其"将从中御"的家法。可见,宋神宗对于王安石的那种议论及其实践,内心是怀有抵触情绪的。

王安石是一个意志极端坚强的人,在他做宰相的最初几年,凡他认为应兴应革的事,如得不到宋神宗的同意,他必定要尽力说服他,甚或与之力争,以求自己的见解能被采纳和实行。他是不肯轻易动摇和灰心的。马永卿在《元城语录》中所记刘安世的一段话正是这样说的:"〔金陵〕得君之初,与人主若朋友,一言不合己,必面折之,反复诘难,使人主伏弱乃已。"但到后来,特别是在他第二次入居相位之后,宋神宗对他的意见基本上已是以不再支持、不肯听从之时居多了。这又正如吕本中的《杂记》所载:"王安石再相,上意颇厌之,事多不从。安石对所厚叹曰:'只从得五分时也得也!'"事到如此地步,王安石只有一走了之了。在王安石去职之后,表面上新法虽还继续推行,就其实质而言,有一些却已不符合于王安石立法的原意了。

但是,元丰年间新法的变质,只是由于宋神宗不肯背离其乃祖乃宗所订立的家法之故,这与宋徽宗时蔡京假借新法之名而胡作非为,是并没有任何相同之处的。

(原载《中华文史论丛》1986 年第 3 期)

南宋初年对金斗争中的几个问题

一、南宋初年政府内部抗战派与屈服投降派的斗争

女真贵族在公元1125年把辽的天祚皇帝捉获,最终把流亡中的辽政权消灭掉之后,立即掉转矛头,对北宋进行军事侵犯,对华北以至中原的广大汉族地区肆行掠夺、焚杀和蹂躏,两度包围了北宋的首都开封,在1127年春间终于又灭掉了北宋政权,并把北宋的徽钦二帝俘掳北去。

公元1127年的夏历五月初一日,宋徽宗的第九子康王赵构即帝位于应天府(今河南商丘,当时也称作南京)。

赵构登上皇帝宝座,并不等于已经把宋政权重新建立了起来,而要想重建宋政权,亦即要想组成一个粗具规模的政府,具备一种能够同金国相对抗的气势,其势必须起用一个负时誉和孚众望的人物做宰相才行,而这样的人物是只有在主战派中才能找得出来的。

李纲在北宋末年,当女真兵马第一次南侵时,曾极力反对迁都(实即逃跑)之议,初则主张团结民心,相与坚守,以待勤王之师;及勤王之师大至,就又提议扼守河津,切断敌兵的粮道,以重兵临敌营,坚壁不战,俟敌人食尽力疲,纵其北归,待其半渡而击之。而这一次守卫开封的一切部署规划,就都是由李纲负责措划的。只因后来李纲又被排斥出去,他的一切规划也都被推翻,北宋政权乃也随之而为女真军所灭亡。北宋的灭亡,更加证实了李纲的抗战主张和抗战部署之英明正确,真所谓"不幸而言中,不听则国必亡"者,李纲遂乃成为抗战派人物中声名最高的一人。也因此,赵构才起用李纲做了重建的宋政权的第一任宰相。

然而,新皇帝赵构的怯懦卑鄙,是和乃父乃兄并不两样的。他曾一度到金国的兵营中做过人质,亲眼看到过女真兵马的野蛮残暴,因而已经患有严重的"恐金病"。他也深知北宋政府的军队都已被金人打垮,而他所新建的军队则仅仅能够充当他的禁卫之用,他决不肯把它放在抗击女真南侵军的斗争上去。因此,尽管他起用了抗战派的李纲做宰相,而他本人却从来就没有认真作过抗击金人的打算。他所最亲信听从的,是一味要向金朝屈服的黄潜善和汪伯彦二人。

既然如此,所以从宋政权重建之日起,在其最高统治集团的内部,在如何对待金人的问题上,就已展开了两条道路的斗争。

两派人的斗争是围绕着以下的三个问题展开的:一是对金和战的问题,二是建都在哪里的问题,三是如何对待被金人俘虏了去的徽钦二帝的问题。这三个问题其实只是如何对待女真入侵者这一问题的三个方面。

女真兵马虽然打垮了北宋政府的军队,却没有吓倒中原和华北地区的人民。自从金兵侵入华北地区以来,特别是,自从北宋政府答应割让太原、河间、中山三镇之日起,河北河东的人民就自动纠结起来,"怀土顾恋,以死坚守",绝不肯去做女真统治者的顺民。河东人民组成的忠义民兵,号称"红巾军",到处邀截金军,以死力保卫自己的家乡和土地,不但把金军长时期牵制在太原城下,而且曾几乎攻破金军的西路统帅粘罕的大寨。他们在已和金军周旋了很久之后,便总结出一条经验,以为女真兵马毫不足畏,他们的兵械并不甚精,其所以能够取胜,只是因为他们心协力齐,奋不顾死之故。红巾军的成员也都能心协力齐、奋不顾死,因此,只要他们能得到很好的组织和领导,能得到宋政府的正规军的应援,双方很好地配合,便可以"尽执敌人戮之"。河北地区的人民,也是自从境内遭受到女真兵马的蹂躏之后,就靠山的入山结寨,靠水的入水结寨,稍后,这些散处各地的忠义社,以马扩、赵邦杰等人结扎在庆源府(今赵县)五马山上的兵寨为中心,互通消息,互为声援,形成了几十万人的游击队伍。

事实是,正是因为河东、河北忠义民兵的游击活动把女真兵马牵制在黄河以北,使其无力继续南侵,赵构才得以在应天府从容登上皇帝宝座的。在宋政权既已重建之后,若认真打算抗击金人,单靠政府的军队既还不能把这一任务承担起来,因而真正可以倚恃的也只有这些人民武装力量。主战派的李纲进入政府之后,认为最急先的任务就是料理河东和河北。他选用了前此曾在抗金战争中有所表现、享有声名的张所和傅亮分别担任了河北的招抚使和河东的经制副使,要他们把两地的忠义民兵加以组织和领导,并用宗泽为开封留守。宗泽立即赴任,在那里召募战士,修造兵器和防御工事,并且与黄河北岸的忠义民兵取得密切联系。前此在各地起而反抗北宋政权的一些农民起义军,看到宋政权已被金兵所颠覆,也"皆赴东京留守宗泽纳款"(《宋会要辑稿·兵》一三之一《捕贼下》),要共同抗击入侵的金人。

这些策划和布置,使得刚刚重建的宋政权立即具有了稳定的态势。因此,在事过几十年后,南宋的学者朱熹还说道:"自李公入来整顿一番,方略成个朝廷模样。"(《朱子语类》卷一三一)

可是,赵构、汪、黄等人的心怀中所打算的,却是和李纲的这些措划、部署全然不同的。赵构害怕金人,但他对人民力量的畏惧远远超过了他的害怕金人。在他看来,如果使这些忠义民兵的力量在抗击金人的过程中发展壮大起来,则必然要对赵姓统治权构成更严重的威胁,因而这是万万使不得的。他不但在对金屈服投降或依靠人民武装以抗击金人的两种做法中宁肯选取前者,而且在心里还怀着一种不可告人的罪恶打算:他希望假手于女真兵马而把这些忠义民兵消灭掉。李纲的一些措划还没有来得及全部变为现实,张所和傅亮对于河北、河东的忠义民兵刚开始着手整编工作,赵构、汪、黄等人已从种种方面加以阻挠:张所和傅亮的职务先后相继被他们解除了;河北、河东忠义民兵的首领们,不论怎样向他们请求支援,他们也全都置若罔闻。

关于建都何地的问题,在李纲看来,最好还是回到开封去。如果一定要迁都,那就只能选取西北的长安,因为那是一个更适宜于抗击金人的地点,更适宜于采取积极措施的地方;他反对迁都到长江下游的建康或其他地方去,因为,那是以迁都之名而实行逃跑,是不但会更招致金兵的深入追逼,而且会瓦解自己的士气的。而在赵构、汪、黄等人,却正是一天天在盘算着要从应天府首先逃往扬州,再从扬州逃往建康,在那里,不但可以远离开金兵的威胁,而且还可以对那些地方的繁华景物尽情地享受一番。赵构虽同时下令给长安、襄邓和建康,要这三地都做好他去"巡幸"的准备,而实际上他却是和汪、黄等人专在准备逃向扬州的事。

关于如何对待被金人掳去的徽钦二帝的问题,在李纲看来,这事情完全取决于宋政府的实力如何:如果宋的最高统治集团真能"枕戈尝胆",以从事于"内修外攘",把自身的力量充实壮大起来,则二帝不俟迎请就自然可以归来。因而,他是反对以迎请二帝的名义而遣使于金的。赵构对于这一问题,在其心的深处,也有一套见不得人的想法。他实际上是唯恐金人再把他的父兄释放回来,那样他就又将不能继续坐在皇帝宝座上了。正因为他也明知单凭派遣迎请使臣决不会真能把他们迎请回来,他倒越要派人前去迎请。他的真实打算是:假手于以迎请为名的使臣,向金国的当权人物表达他要对金屈膝投降的愿望。

如何对待这三个问题,在原则上既有极大的分歧,而这种分歧且还愈演愈烈。李纲因为要坚持自己的主张,以去就力争,最后遂以李纲的罢相作为这两派人物、两种主张的斗争的第一个回合的结局。李纲在相位共仅七十几天。紧接在李纲罢相之后,他在相位期内的全部施为,除宗泽尚留在开封留守任上外(那是因为没有人敢去接替他的职务),其余全都随之而废罢了。在这年十月,在金人并无再次南下迹象、前线并无任何警急情况下,赵构、汪、黄等人自动放弃了应天府,把新建的政府南迁到扬州去了。

宋廷的南迁,等于明确表示情愿放弃河东、河北的土地和人民,女真贵族们便也要进一步把全部河东、河北之地攫为己有,并加强其控制。他们首先把军事力量集中在这一地区,向各处的忠义民兵进行了残酷的扫荡。到一些最主要的民兵营寨都被金军攻破之后,金军的主力便又渡河而南,向着宋廷所在的扬州进发。

金军的这次南犯,是被宋廷的南逃吸引了来的。宋廷继续向南逃跑,金军便也继续向南追逼。赵构在建炎三年(1129)正月又从扬州狼狈渡江南遁,由镇江转往杭州,金军就也一直继续追赶下去。赵构虽在到达杭州后就罢免了黄潜善和汪伯彦,但那不是因为他们始终奉行逃跑政策,而是因为他们从扬州逃跑得太不及时。在被追逼得穷蹙无计的情况下,赵构仍然执迷不悟,不知幡然改悔,去号召和组织各方面的力量,从事于对金的抵抗,反而在这一年内几次三番地奉书给金国的军事首脑粘罕,向他乞哀,更加死心塌地地要把国家民族的独立和主权拱手奉献给金人。他在一封乞哀书中竟至说出了这样的话:

> 古之有国家而迫于危亡者,不过守与奔而已。今大国之征小邦,譬孟贲之搏僬侥耳,以中原全大之时,犹不能抗,况方军兵挠败、盗贼交侵、财贿日朘、土疆日蹙,若偏师一来则束手听命而已,守奚为哉!……建炎二年之间无虑三徙,今越在荆蛮之域矣。所行益穷,所投日狭,天网恢恢,将安之耶!是以守则无人,以奔则无地,……此所以朝夕諰諰然惟冀阁下之见哀而赦己也。前者连奉书,愿削去旧号,是天地之间皆大金之国,而尊无二上,亦何必劳师以远涉而后为快哉。(据《建炎以来系年要录》卷二六,建炎三年八月丁卯记事及附注所录《国史拾遗》摘引)

在赵构的意想中以为,既然表现了这样一副可怜相,就应当可以打动粘罕的慈悲心肠了吧;既然自动付出了这样高的代价,就应当可以满足女真贵族的贪欲了吧。殊不知这时金国的军事首脑,正被一连串的胜利搞得头昏脑胀,得意忘形,赵构的乞哀书只越发助长了他们的气焰,越发助长了他们对武力的迷信,他们越发认为,只要不放松地追赶下去,就可以把赵构捉到,就可以再一次把宋政权颠覆,因而,对于赵构在乞哀书中所哀恳的一切,他们总是不理睬、不考虑的。

当金兵已经由江宁、苏州而向浙江东西路进发时,赵构乃又从杭州出走,经由越州和明州,到这年的腊月,采取了宰相吕颐浩的建议,把政府官员大量遣散,只偕同着几名高级官僚,从明州坐上几只楼船,避难到海中去了!

南宋小朝廷的下海,又一次证明了李纲的抗战主张及其战略部署的正确,倘使南宋政府不采取屈服逃跑政策,那是不会落到如此狼狈穷蹙的境地的。

二、秦桧的当权及其出卖祖国的罪恶活动

在建炎年代（1127—1130）当中，尽管赵构始终是处在要向金人投降而不可得的情况下，但南宋政府的军队和各地的忠义民兵，都在人自为战、军自为战的情况下，到处与南犯的金军相周旋，使其不能在江南地区横行无阻；而且在几年的鏖战过程中，也终于锻炼了几支劲旅出来。例如，在建炎三年（1129）十一月，张俊就曾在明州打败过兀朮所率领的女真兵马；在建炎四年内，当兀朮的军队屡次受挫于江浙地区的民兵，因而宣称"搜山检海"已毕，要率军北返的时候，在黄天荡被韩世忠军阻截了四十余日而不得通过；以后不久，岳飞就又由宜兴出师去收复了江东的军事重镇建康城。

金军这次渡江南犯，本是打算把赵构捉获、把南宋政权消灭掉的，其结果却是，不但这些目的全没有达到，而且不断地遭受到一些挫折。到这时，女真贵族们才认识到，单凭靠军事力量而想把南宋征服，并不是那么容易的事。他们从此把政策作了某些改变，采取了两种手法来对待南宋："以和议佐攻战，以僭逆诱叛党。"（《大金国志》卷七《太宗纪》）而且在建炎四年（1130）就把这政策见诸实施：在这年九月树立了伪齐傀儡政权；同时又以兵力侵占了秦川五路之地；这年十月，把汉奸秦桧放归南宋，使其到南宋政府内部去做女真贵族的代理人。

女真贵族之所以选中秦桧为其代理人，乃是因为，秦桧自从做了金人的俘虏以后，就竭智尽虑地替女真贵族策划如何征服南宋的事。他代替宋徽宗上书给粘罕，向他建议，派遣一名宋廷旧臣南归，使其劝说赵构屈膝称藩，"世世臣属，年年输贡"。他自己更向女真贵族们表示，愿意担任这个政治掮客任务。建炎三年（1129），秦桧充当了金国另一军事首脑挞懒的军事参议，随同南犯的金军而到达淮东。金军攻打楚州不下，秦桧便代替挞懒作了一道檄文，劝说楚州的军民投降金人。经过诸如此类的一些事件，女真贵族们知道秦桧是一个最能顺承意旨的奴才，所以就选定了他。

把秦桧放回南宋，何以就一定能够使他打进南宋的最高统治集团之

内呢？这是因为，当时宋金矛盾的主要方面是在金方，女真贵族们的予取予求，赵构无不唯命是听。这是女真贵族们所深知，也是秦桧所深知的。因此，秦桧在回到南宋之后，有把握能使赵构急于同他见面，而他果然立即为赵构所引见了。

秦桧在金国已经居住了好几年，对金的最高统治集团内部的情况，了解得应已不算很少，倘使他这时还多少具有一些民族意识或还没有完全背弃其民族立场的话，在他第一次见到赵构的时候，所应当做的最首要的事情只应是，向他如实地揭发金的统治集团间所存在的一些弱点，例如军事首脑人物粘罕、挞懒、兀朮等人之间的龃龉不和和矛盾斗争等事，借以加强赵构对抗金斗争的信心，但是，秦桧这时已是一个完全变了节的人，已变做一个彻头彻尾的汉奸，他只是一心想做女真主子的忠顺奴才，因此，他见到赵构之后，只是向他表明了自己之如何如何为挞懒所器重，南宋之如何如何应降服于金，以及他之情愿而且能够担任投降掮客等等。甚至于，连向挞懒乞降的一封"国书"，秦桧也早已代替赵构拟好了。

赵构在引见秦桧之后，自称曾终夜喜而不寐。于是秦桧立即成为南宋政府的要员，不出几个月的时间，已由礼部尚书而参知政事，而正式拜相，赵构要依靠他来进行对金投降的种种勾当了。

秦桧在做了宰相之后，首先在宋金关系上所提出的对策是：南人归南，北人归北。这也就是说，目前居处在南宋政府统治区域之内的，不论是官僚豪绅或军民人等，凡是原籍贯在河东、河北的，都要还诸金人；凡是原籍贯在中原的，都要还给伪齐刘豫。这八个字的对策，看似简单，其中所包含的罪恶阴谋却是很复杂也很险毒的：

第一，它意味着要使南宋自动解除武装。从北宋到南宋，在一般人的意想中，总是认为，生长在西北地区的人勇武善战，生长在东南地区的人则不然。李纲做宰相时曾向赵构说："自古中兴之主，起于西北，则足以据中原而有东南；起于东南，则不能以复中原而有西北。盖天下精兵健马皆在西北。"这种意见，不论其正确性如何，在当时却是具有极大的代表性的。而南宋初年政府军队中的兵和将，极大多数正就是出生在陕西、河东和河北的。也正因其如此，所以在建炎三年二月，金人攻陷扬州城时,就在城内揭榜,要"西北人从便归乡",其用意就是要瓦解南宋的武装力量。秦桧的这个对策如见之施行,那当然首先就要把出生在北方和中原地带的兵卒和将官一律遣返原籍,其结果就是自动解除武装。

第二,这将使得华北和中原的居民,不论遭受到敌伪的何等奴役,再也不敢投奔南宋境内,因为投奔了去最终也还得被遣送回来。而这也就等于替敌伪安定了社会秩序。

第三,这等于承认了华北和中原之地正式归于敌伪所有,恢复失地之事再也不容提及了。

在汉奸秦桧的这个对策当中,所要付出的代价实在高得骇人,因而,不但为当时的"清议所不容,诟詈唾斥,欲食其肉而寝其皮";也不只当时全国的人,"无贤愚,无贵贱",都"交口合辞以为不可"(《朱文公文集》卷七五《戊午谠议序》);就连赵构也觉得不能通过,他向人说道:"桧言南人归南,北人归北,朕北人,将安归?"在这一情况下,南宋政府的谏官上章弹劾"秦桧专主和议,沮止恢复,植党专权,渐不可长"。秦桧不能不在绍兴二年(1132)内又从南宋政府被贬谪出去。

从这里可以看到,赵构有要对金投降的一面,但也还有和女真贵族们相互矛盾的一面。在要投降而不可得的时候,他有时就采纳抗战派的主张,允许他们用武力去对金斗争;而在秦桧,却一心只是要执行他的作为女真贵族代理人的职务,在不论大大小小的问题上,他和女真主子之间是不存在任何矛盾的。

在赵构的"两面"中,占主导地位的是他要对金投降的一面。因此,他虽然在还不敢冒天下大不韪的情况下同意把秦桧贬斥出去,却也从此把秦桧牢牢记在心头。到投降机缘再度来临时,他仍然是要依靠秦桧负责去干有关投降的各种勾当的。

绍兴五年(1135)金国发生了一次政变,挞懒推倒了粘罕,自己成为最掌权的军事首脑人物。赵构在听到这一消息之后,认为又可以乘机进行投降活动了,便又把秦桧召回政府,先是做枢密使,后来就又重登相位。秦桧在此后悍然不顾一切地摆出女真贵族代理人的架势,赵构在此后的对金问题上也一切都要听从秦桧任意摆布了。

三、 围绕着所谓绍兴和议的斗争

秦桧第二次进入南宋政府之日,也正是主张武装抗金最力的岳飞通过战斗的实践而成为抗金斗争的一面最鲜明的旗帜之时。

绍兴三年(1133),南宋政府把东起江州、西到江陵的这一广阔地区作为岳飞和岳家军的防区。从这时起,岳飞就从抗金战争的全局着眼,确定了"连结河朔"的战略方针,要和在河东、河北地区从事游击活动的忠义民兵密切联系,配合行动。第二年,他就率军从这一军区出击伪齐,收复了襄阳、唐邓随郢四州和信阳军。是因为南宋政府严格限制他"不得辄出上件州军界分",不得宣称"提兵北伐,或言收复汴京之类",所以他才没有更向前进军。绍兴六年(1136),岳家军的一部分又从襄阳出发,长驱北上,一直打到了洛阳西南的长水县境。黄河北岸的忠义民兵也都起而扰乱敌人的后方,准备接应岳家军过河北进。这一次也是因为南宋政府不肯积极支援,以致最后不得不在"钱粮不继""在寨卒伍有饥饿而死者"的情况下,又把军队抽回。

这些事实说明,敌伪的力量并不是不可战胜的,中原和河朔的失地,并不是不能恢复的。因此,到绍兴七年(1137)春,岳飞又上书给赵构,表示岳家军要把"雪国家之耻,拯海内之穷"的责任承担起来,要求让他伺隙而动,提兵直趋京洛,并渡河"长驱其巢穴"。他还自己提出限期说,"亦不过三二年间,可以尽复故地"。他所要求于赵构的,一是派遣韩世忠、张俊出师京东诸郡;二是"戒敕有司,广为储备,俾臣得一意静虑,不为兵食乱其方寸,则谋定计审,必能济此大事"。然而,这是和赵构心怀中的想头全然相左的,因而没有得到赵构的认可。

挞懒在金国成为头号有权势的人物之后,因为与伪齐刘豫素有矛盾,到绍兴七年冬他便废掉了刘豫及其傀儡政权,刘豫的旧部有的就率众归降于岳飞。敌伪间矛盾的加深,正又是南宋报仇雪耻和收复中原河朔的大好时机。岳飞又一再上书给赵构,要求把岳家军的兵力再行增强,让他去完成收复中原的大功。他还向枢密院的负责人表示:"若不把握今日良机,待至时移事易,劳师费财也必难成功。今岁若不出师,我即要纳节致仕!"这一切依然和前此一样的毫无结果。

一直处在要投降而不可得的情况下的赵构,其所以在绍兴七年初又把秦桧召回南宋政府,则是想利用挞懒在金国掌握大权的机会,通过秦桧而使其投降夙愿得以遂行。

秦桧在第二次进入南宋政府之后,立即开始了对金投降的活动。把前一次被排斥出中央政府的事作为经验教训,秦桧在这次重进入中央政府之后,更加明目张胆地摆出了女真贵族代理人的身份,处处挟其女真主子的威势而对赵构肆行要挟。对一切仇恨女真入侵者的人,他都怀有莫大的仇恨。他胁迫赵构把对金"讲和"的事交与他全权处理,不许群臣中任何人加以干预;他以迎请宋徽宗的尸身为名,派人到金国去向女真贵族表示:这次是不惜任何代价,要彻底对金投降了。

绍兴八年,金国派了"江南招谕使",携带着金主的诏书,要在杭州举行一次受降的典礼:要南宋把国号取消,要赵构把帝号取消,由金主册封赵构做他的藩属,做刘豫第二,而且要赵构亲自跪拜在金使面前,接受他携带来的那封诏书!如果赵构一一遵办,那么,徽宗的尸身即可送还,原属伪齐统治的地区也可以转交赵构统治。

这可见,在讲和的名义之下,金国所要达到的,依然是"以和议佐攻战"的目的。赵构如果照金人要求而一一遵行,从金国来说,那正是通过多年的征战而未能如愿以偿的,这次却反而是"不战而屈人之国"了。

然而赵构竟下了一道手谕,借口于"梓宫未还,母后在远,陵寝宫阙久稽汛扫,兄弟宗族未得会聚,南北军民十余年间不得休息",而要不顾一切地"欲屈己就和"了。

南宋朝廷上的臣僚们群起反对赵构、秦桧的这种卖国投降活动。他们痛切指陈:自从宋金发生军事冲突以来,金人就不断地用"讲和"之说玩弄宋方,曾经以此来松弛北宋的边备,索取巨万财帛,而最后还是把北宋政权消灭掉;现今又以此来"弛我边备","竭我国力",要借此而使南宋的将帅解体,麻痹宋人的斗志,涣散宋人的同仇敌忾之心;如果再度陷入这一圈套之中,就更将经受不起金人的袭击,金人就更可以为所欲为,肆意进行其侮弄了。更何况,如果就答应了金国的这种种无理要求,实际就是金人以尺纸之书而灭南宋,这怎能叫做"讲和"呢?

面对着这些深切著明的议论,面对着这般慷慨激昂的群情,秦桧再也找不到任何道理来为自己的卖国罪行作辩解,他只是悻悻然地说,不应当总是揣测敌人包藏着这样那样的阴谋,用他自己的话说,就是不应当"以智料敌";而应当相信敌人有要求和平的真情实意,用他自己的话说,就是应当"以诚待敌"(《宋史》卷四三《秦桧传》)。这是一副十足的女真贵族代理人的嘴脸。他把所有反对投降的人都加以罢斥,最后就由他代替赵构跪拜在金使面前,接受了金国的诏书,完成了投降的仪式。

赵构、秦桧的对金投降,只能代表南宋政府中一小撮民族败类。绝大多数具有民族意识的官吏士大夫和军民人等,对他们的这一行径是一致极力反对的。作为抗战派代表人物的岳飞,在接到宣告"和议"成功的诏令之后,又上表慷慨陈词,说道:

> 身居将阃,功无补于涓埃;口诵诏书,面有惭于军旅!……愿定谋于全胜,期收地于两河。唾手燕云,终欲复仇而报国;誓心天地,当令稽首以称藩!

这就是明确表示:对于赵构、秦桧所已经做成的卖国罪行是根本不予承认的;他坚决主张,在今以后仍然必须以武力去打击女真入侵者,不但不能屈膝在女真贵族面前而做他们的藩属,且还必须把女真贵族制服,而令其称藩于南宋。

和战之权既一直操在女真贵族手中,女真贵族们的胃口和贪欲就永无满足之时。投降和受降的议定,是在绍兴九年(1139)春间的事,而到绍兴十年春,女真贵族就又完全翻脸变卦,一心想把南中国也放在他们直接统治之下,不愿再假手于赵构秦桧等人而只进行间接的统治了。他们撕毁了所谓的"和约",兀朮在绍兴十年夏间又带领兵马大举南侵了。岳飞在知道兀朮要从开封南下的时候,就发兵北上,要迎头去痛击金人,要把他在前此的章表中所陈述的壮志雄图付诸实践,并要以抗金战争的实际行动给予投降派以致命打击。

岳飞在这次出兵之前,原曾接到赵构的几道御札,督催他兼程北上,务必在闰六月内完成击敌的大功。但岳家军的总部出发未久,秦桧就又胁迫赵构派李若虚前来劝说他停止前进,或索性班师返回鄂州。岳飞坚决拒绝接受这一乱命,并且以民族大义驳斥李若虚的说词,使得李若虚无言答对,岳家军乃按照原定的计划向前进发。

在和金军遭遇之后,岳家军在颍昌战役、郾城战役和临颍县小商桥的战役中,都和金军打了硬仗,都打败了金军,而且严重消耗了金军的有生力量。岳家军的先遣部队,勇往直前,北进收复了郑州,又转而西进收复了洛阳。渡过黄河去统领忠义民兵的梁兴、董荣等人,则在河东攻占了绛州的垣曲县、翼城县和赵城等地,在河北的大名、澶州等地截获金人正在输送途中的金帛纲和马纲。河北的豪杰也都在约日兴师,要作为岳家军的应援;居民也都暗自积聚兵仗和粮食,引领等候岳家军的过河。在金军方面,则兀朮已令随军老小尽先离开开封,渡河北返,有准备从河南总撤退的模样了;金政府的号令在河东、河北地区都已不易推行了。

岳家军这次所取得的辉煌战绩,是自从宋金发生战争以来所不曾有过的。它充分说明了,宋金双方军事实力的对比,已经发生了极大的变化,金军的绝对优势已经不能再保了。

然而,当岳家军逐步踏进胜利门槛,使得女真贵族开始发生惊惶战栗的时候,秦桧和赵构也竟随之而惊惶战栗起来。这在赵构,是出于他的不敢斗争,怕斗争的胜利会"引惹"起金人更大规模的军事侵犯;而在秦桧,则在战栗之余就又下定决心,要利用这最关键的时刻为他的主子效犬马之劳,要尽一切可能阻止住岳家军的进程,如果做不到的话,就索性假手金人把这支军队消灭掉。

金军有从河南撤退的迹象,同时也有在开封背城借一、集中全力作一次最后挣扎的可能。为求再给予它一次严重打击,逼使它非从河南撤退不可,单靠岳家军便难以奏功,还必须有其他各路军队的配合作战才行。岳飞把这些情况向南宋政府奏陈,请其下令给诸路军队"火急并进",协力去收复开封,首先把金军赶回河北,然后他就可以渡河北上,去收复河朔。

秦桧从岳飞的奏章中知道岳家军正处在与金军大决战的前夕,知道它如得不到友军的配合就很可能被金军打败,遂利用这最紧急的时刻,不但不下令给诸路友军令其"火速并进",却反而下令给岳飞,要他"措置班师"!

岳飞再上书陈说,当此胜利已经在望之际,措置班师则机会实在可惜,因而仍请下令给淮东、淮西诸路军队,急速配合前进。汉奸秦桧却利用这公文往返的时机,把原来驻扎在宿州、亳州和淮水北岸的张俊和韩世忠的队伍全部撤回淮南,让金军可以一直推向淮水北岸,使其可以对岳家军构成从正侧两面合击之势,使岳家军陷入于如不班师便要丧师的严重关头。到这时,岳飞才看清了秦桧的险毒阴谋,在班师和丧师二者间加以抉择,他只能忍令十年之功废于一旦而遵命班师。

岳家军在攻城夺地方面所取得的辉煌战果虽然被秦桧一齐断送掉,它所赢得的一种精神上的战果,在此后的一个较长时期内却一直起着作用:它使得醉心于武力征服的女真贵族们又一次从迷梦中清醒过来,又重新认识到,宋政权终于还不是仅凭靠武力就可以征服得了的;它使得南宋各阶层中人对于抗金斗争的胜利信念更为增强,使他们的战斗情绪都更加昂扬起来。然而,令人痛恨的是,秦桧和赵构是连这种精神战果也要极力加以销铄蹂躏,务要把它摧残得一干二净而后才以为快的。

在绍兴十一年(1141)内,秦桧一方面又加紧了对金投降的活动,另一方面则把南宋的国防力量从根本上加以摧毁:解除了张俊、韩世忠、岳飞三大将的兵权,取消了三大将的宣抚司(即总司令部),借向金人表示彻底投降的诚意。这年秋季,女真贵族知道南宋已自动解除了武装,就又要借用军事讹诈以加强政治的压力。他们通知南宋政府说,又要"水陆并进""问罪江表"了,若想讨饶,就必须依从两事:一是把淮水以北割归金国;二是杀害岳飞,并把岳家军彻底摧毁。秦桧表示唯命是从,于是,在绍兴十一年十一月,双方又一次订立了"讲和"的正式"盟约":从此南宋取消独立,称臣于金,并且要"世世子孙,谨守臣节";把东起淮水中流、西至大散关以北之地全部割归金人;每年由南宋向女真贵族交纳银二十五万两,绢二十五万匹。

绍兴十年岳家军在抗金战争中分明是节节胜利前进,而且分明已经攻克了郑州和洛阳,挺进到黄河南岸了,却硬要把这些战果完全牺牲,硬要使十分有利的局势整个逆转,把人民的权利和国家的主权与独立一起断送,把南部中国的命运硬拖入更危难险恶的途程之中。到此,秦桧和赵构之成为我们历史上的千古罪人,就由他们自身的这些罪恶行径作出了判决了。

以下,还必须对几个错误的论点加以驳斥。

一个是:从本世纪二十年代以来,曾经有好几个人,先后相继,提出一种意见,以为南宋在当时如要继续以武力抗击金人,则军费负担实在太重,将更使得民不聊生。所以秦桧的坚主对金讲和,实在是有不得已的苦衷,这对南宋人民是有很大好处的。我说,为秦桧作这样的辩解是枉费心机的。南宋的朱熹早就说过,秦桧、赵构对金讲和的本意,"上不为宗社,下不为生灵,中不为息兵待时"(《朱子语类》卷一二七)。这话说得很对。在对金乞降的过程当中,秦桧虽先已把南宋的国防力量摧毁,但从南宋初年以来最为纳税民户所患苦的"经总制钱"和"月桩钱"等等无名苛敛,原都是在筹措抗金军事费用的借口下增添出来的,在所谓议和之后却并未稍得轻减。而在此以外,秦桧还假借自己的威势,"密谕诸路,暗增民税七八",以致"民力重困,饿死者众,皆桧之为也"(《宋史》卷一七四《食货志·赋税》)。以后他更逼令各州县把民户所有耕牛、水车、舟船、农具等等皆"估为物力",依其数目多少而摊派各种捐税差徭(《建炎以来系年要录》卷一六三,绍兴二十二年五月癸卯)。这只是把老百姓更推向贫困冻馁的深渊,何曾使老百姓的负担有一星半点的减轻呢?

另一个是:也是从二十年代以来,就有人提出一种意见,以为在南宋初年,张、韩、刘、岳等大将全都是非常飞扬跋扈的,南宋政府对他们已经感到难以制驭和尾大不掉。为使这种局面不继续发展下去,为提高中央政府对诸大将的控制之权,所以采取了杀一儆百的办法而把岳飞杀掉。这样说,事实上就等于说岳飞之被害是完全应当的,是没有什么冤枉可言的。这是为秦桧、赵构残害民族英雄的罪行喝彩,是一种荒谬绝伦的议论!南宋初年的武将中诚然有些十分嚣张的,但岳飞的作风却不是那样。如果确是为想防制武将跋扈而杀一儆百,则最先应当收拾的是刘光世和张俊,万无杀及岳飞之理。今竟先从岳飞开刀,这就显见得是别有阴谋,是与所谓制裁武人一事全不相干的。

第三个是:有些人认为岳飞的被害,是因为他经常叫喊"迎还二圣"(徽钦二帝)的口号,深为赵构所忌之故。明代的文徵明在《满江红》词中所说的"念徽钦若返,此身何属?"以及"笑区区一桧有何能,逢其(按指赵构)欲"等句,到今天也还有人加以援引。而其实,这样的解释也是不符合历史实际的。"迎二圣,归京阙"的口号,在南宋政权建立之初,的确是每个主张武力抗金的人都经常叫喊的,岳飞也的确是其中的一人。但是,到绍兴五年(1135)以后,宋徽宗已经死在金的五国城,而这时女真贵族却又常常声言,要把宋钦宗或其子赵谌送回开封,重新把他册立为宋的皇帝,借以向伪齐的刘豫和南宋的赵构进行一箭双雕的恫吓。在这种情况下,如仍旧强调迎还钦宗的主张,那就无异于做敌人的应声虫,并且以行动与敌人互相配合了,这当然是岳飞所万万不肯为的。所以,从绍兴六年起,不论在任何场合,岳飞都不再提起迎还宋钦宗的事了。例如,他在绍兴七年春间写给赵构的一道奏章中就只说道:"异时迎还太上皇帝、宁德皇后梓宫,奉邀天眷以归故国,使宗庙再安,万姓同欢,陛下高枕无北顾之忧,臣之志愿毕矣。"在同年秋季的一道奏章中,他更向赵构建议,把宗室子赵伯琮(即后来的宋孝宗)立为皇子以沮敌人之谋。此事虽在赵构面前碰了钉子,但在岳飞此后的所有奏章中,也还是只能看到"复仇报国""收地两河""此正是陛下中兴之机,乃金贼必亡之日"等类话语,再不见所谓"渊圣"(当时以此称宋钦宗)云云的字样了。所以,以为岳飞因主张迎还钦宗而遭赵构毒手之说,是完全昧于史实者的一种无稽之谈。

岳飞之死,乃是南宋政府中抗战派与投降派尖锐斗争的又一回合的悲剧结局。岳飞的杀身之祸,如我在上文所说,只是因为他坚持以武力抗击金人,坚决反对卖国投降的所谓"讲和"而招惹了来的,是秦桧和赵构共同对他下的毒手。也正是因为岳飞始终一贯地坚持收复失地、报仇雪耻,特别是坚决反对任何形式的叛卖国家和民族的罪行,虽遭受到投降派的君相的忌恨而不稍改变,且终至以身殉之,所以他才能够成为我们历史上最伟大的民族英雄之一。岳飞为此而生,为此而死,他的死,大义凛然,重于泰山!

(原载《历史研究》1963年第2期)

略谈宋学

一、应当把宋学和理学加以区别

我在此首先纠正我自己的一个错误提法。由翦伯赞主编,于1962年首次印行的《中国史纲要》,其中的宋辽金史部分是由我执笔撰写的,我在这一部分的"两宋的哲学思想"一节中,开头便说道:

> 支配两宋三百多年的哲学思想,是理学。两宋理学是佛教哲学和道家思想渗透到儒家哲学以后出现的一个新儒家学派。

我现在必须说,上面的这几句话是完全说错了的,是亟应加以纠正的。

把理学家们称作一个新儒家学派,并没有什么不可以的,但是,出现在理学家们以前和以后,或与理学家们同时,而却都不属于理学家流派的一些宋代学者,也同样可以称作新儒家学派,这样就容易把他们混同起来了。而且理学家这一学术流派的出现,是在程颢、程颐逝世之后,在他们的及门弟子和私淑弟子们大力宣扬其师说之后的事。因此也可以说,是在南宋前期,亦即在12世纪的中叶,才形成了理学家这一学术流派的。这从南宋反对理学家最力的陈亮的著作中可以找到证据。陈亮有一篇《送吴允成运幹序》,是写于宋光宗绍熙元年(1190)的,序中有两段说:

> 往三十年时,亮初有识知,犹记为士者必以文章行义自名,居官者必以政事书判自显,各务其实而极其所至,人各有能有不能,卒亦不敢强也。
>
> 自道德性命之说一兴,而寻常烂熟无所能解之人自托于其间,

以端悫静深为体,以徐行缓语为用,务为不可穷测以盖其所无,……于是天下之士始丧其所有而不知适从矣。为士者耻言文章行义,而曰"尽心知性";居官者耻言政事书判,而曰"学道爱人";相蒙相欺以尽废天下之实,则亦终于百事不理而已。(《陈亮集》卷二四)

陈亮还写有一篇《送王仲德序》,序中也有类似的一段话语:

二十年之间,道德性命之说一兴,迭相唱和,不知其所从来,后生小子读书未成句读,执笔未免手颤者,已能拾其遗说,高自誉道,非议前辈以为不足学矣。(同上)

《送王仲德序》虽未著明写作年份,就其语气看来,必与前序相距不会很久,还可能是在绍熙元年(1190)之前。由此上推二十几年,则当为宋孝宗即位初期,亦即隆兴、乾道年间(1163—1173)。

依照陈亮在上引两篇序文中所说的那些话语,我们断定理学之形成为一个学术流派,并在当时的部分学士大夫中间形成一种言必谈修养、说性命的风气,乃是在宋高宗在位的晚年和宋孝宗即位初期的事,应当是不会有什么问题的。既然如此,则在北宋后期尽管有二程、张载等人的出现,尽管他们也都收徒讲学,却还远远没有形成一个学术流派,自然更不能说它对整个北宋一代产生过什么支配作用了。

如果把萌兴于唐代后期而大盛于北宋建国以后的那个新儒家学派称之为宋学,我以为是比较合适的。北宋一代的儒学家们,尽管绝大多数还都尊奉儒家学说为正宗,然而他们的思考方法及其所钻研的课题,都已与由汉到唐的儒生们大不相同。他们所具有的共同特点是:1.都力求突破前代儒家们寻章摘句的学风,向义理的纵深处进行探索;2.都怀有经世致用的要求。

理学是从宋学中衍生出来的一个支派,我们却不应该把理学等同于宋学。

二、 宋学是汉学的对立物,是汉学引起的一种反动

汉代的儒家学者,在其传授经典时,都是着重在章句训诂之学,而且

师弟子代代相传,也都注重师法(也叫作家法):门弟子递禀师承,"训诂相传,莫敢同异,篇章字句亦恪守所闻"。

这样的学风,从汉代一直沿袭到唐代。唐代前期的儒家们所编纂的对诸经书的注疏,依然是承袭了南北朝以来正义义疏的繁琐章句之学,与汉代的儒家们并无多大变化。宋代的学者,则大都趋向于义理的探索,而视名物训诂为破碎琐屑。所以,宋学是作为汉学的对立物而出现的,它乃是汉学所引起的一种反动。

宋学又是儒释道三家的学说经过长时期的互相交流、互相斗争、互相排斥、互相渗透、互相摄取的一个产物。他们从佛道两家所摄取的,笼统说来是偏重在义理方面和心性修养方面的一些东西,而对儒家的主张一直坚守不变的,则是那个经世致用的原则。理学家则是专讲求修养身心性命之学的那一部分人,他们甚至把经世致用的原理原则也都弃置不问了。南宋的张栻评述前代的学风时,曾谓当时的"求道者反不涉于事",出现在南宋期内的理学家们,正就是"求道者反不涉于事"的那样一些人物。他们是把宋学更加深邃化、抽象化了的一些学人。

儒学家们把研究、思考和探索的对象,由章句训诂而转向义理,是从唐代后期就已开始了的。韩愈的文集中有一篇《施先生墓志》,其中有云:

> 古圣人言,其旨密微。笺注纷罗,颠倒是非。闻先生讲论,如客得归。

我们从这几句话所得到的消息是:当时已经有人不肯信奉前代儒生的笺注,而要另辟蹊径,透过字面自行寻求其义蕴了。至于韩愈本人,则更如陈寅恪先生在《论韩愈》一文中所说,他是"奠定后来宋代新儒学之基础""开启后代新儒家治经之途径"的一个人物。

唐代后期的儒生们之所以感觉到必须开创一个新的治经和治学的途径,是因为他们看到,佛家和道家这两个教派的教义和学术思想均极盛行,都已比儒家学说占有优势,他们便要急起直追,充实、革新以至改造儒家学说的内容,以求与佛道两家相抗衡。汲取佛道两家学说中的某些成分,用以充实儒家学说,正就是为求达到以相抗衡的目的。

三、 佛教和佛学对晚唐至北宋的儒家的影响

东汉时期传入中国的佛教,只是一种宗教,而非学术流派。佛学的传入,是指佛教经典著述被大量翻译为汉文而言。此事之开始正是在魏晋南北朝玄学和清谈之风盛行之时,而玄学与清谈,又都是以儒家思想与老庄思想的糅合物为内容的。学术界的这种气氛,对于佛典及其义理的接受准备了良好条件。所以,讲习佛教经、论之风,在南朝就大为兴盛,其时出现了很多知名的"经师"和"论师"。

佛教经、论讲说日久之后,讲说人的意见不免发生分歧,都各自在理论方面有其独特发展,而且也多与儒道两家互相糅杂。于是,各派的学说也不再恪守师说,而多有所改造。例如,著名的天台宗和华严宗,其为说即都非复印度的原貌。禅宗所倡导的"佛性本自具足,三宝不假外求","明心见性,即证圣境",和"顿悟成佛"等言论,实皆渊源于魏晋玄学,而一概皆非从印度传来者。所以,禅宗这一佛教宗派,实际上乃是中国僧人所创立。就后来对中国思想的影响来说,也以禅宗为最大。

隋唐时期,佛教的各教派都自称本派为得正法、受真传,借以为本派力争正统地位,于是就都极力抬高本教派的传授历史。例如禅宗本肇始于弘忍(602—675)的"东山法门"或大鉴禅师慧能(638—713),然而这一派的徒众们却一定要追认由南天竺来华的菩提达摩(?—536)为其始祖。天台教本智顗(智者大师,538—597)所创立,而其徒众必上溯至慧文(东魏北齐间人)、慧思(515—577)。陈寅恪先生说,天台宗是佛教各派中吸取道家义理最多的一个宗派。

各个教派之所以大搞上述那种"定祖"活动,主要原因是为了争取法统(亦称道统)。每个搞学问的佛教徒,此后无不分属于这一宗或那一宗。而这一宗和那一宗之间,又全都壁垒森严,互相攻击。

佛教各派在"定祖"之后,又复离析为一些支派。从而又产生了"传衣钵""传灯""法嗣""血脉"等说,在各支派相互之间,又展开了谁是衣钵真传(亦即道统嫡传)的斗争。如禅宗则又有了北宗和南宗,天台宗则又分为"山家"和"山外"等。

很明显,佛教内部的这些"定祖"和争道统的事件,也给予晚唐以至宋代的儒家们以极大影响。就连平素以"攘斥佛老"自诩的韩愈,也在其《原道》一文中写道:

> 斯道也,何道也?曰:斯吾所谓道也,非向所谓老与佛之道也。尧以是传之舜,舜以是传之禹,禹以是传之汤,汤以是传之文、武、周公,文、武、周公传之孔子,孔子传之孟轲。轲之死不得其传焉。

这段文字,是兼有"定祖"和明确儒家道统体系的两种意义在内的,其为从佛教徒摹拟而来,自属无可怀疑。而自韩愈第一次倡为此说之后,两宋的儒家,包括理学家们在内,即使对韩愈的学问文章有所不满的人,也都毫无异议地信从其说。及相沿既久,除近代的陈寅恪先生以外,竟也是很少人觉察到韩愈此说的渊源所自了。

佛教各宗派的学说,给予晚唐以至两宋的儒学家们的另一重大影响,则在于:佛学家们的讲论,大都注重于身心性命的所谓内向的修养工夫,其时的儒学家们有鉴于此,便也把注意力转移到这方面来。例如与韩愈同时的李翱,就写了一篇《复性书》,内容是把《小戴礼》的《中庸》篇中的"尽性命之道"的道理加以阐发。认为《中庸》中所讲的这番道理,后世"学者莫能明,是故皆入于庄、列、老、释"。可见他之所以谈论"复性",乃是要在讲述身心性命之学方面,与佛道两家争夺领地的。到宋代的儒家学者(包括理学家们),更都把《大学》《中庸》提到与《论语》《孟子》同样的重要地位了。

佛教的传教和讲学的活动,给予晚唐以至两宋的儒家的第三种影响,则是书院的出现。

佛教徒集中在寺院里面,他们的生活来源,最初只是靠"行乞"和"受请设会"(即由施主布施)二者,但从南北朝时期起,统治阶级大力提倡佛法,寺院的财产大都极为雄厚,各拥有大量田园。这对各教派的发展起了不小推动作用。例如,天台宗的创始人智𫖮所在的天台山国清寺,不但拥有大量田园,陈朝的皇帝还下令把始丰县(后改天台县)的全部赋税割归天台山上这座寺庙,因此它就成为传布"天台教法"的基地了。

寺庙具备了经济实力,不只是传布佛学的基地,当然也是发展佛教的基地。在唐代,各地的寺庙中即多频繁地进行"僧讲"(专对寺院内的僧众讲说佛教经典)和"俗讲"(专对不出家的世俗人讲说通俗道理,意在募集钱财)。

佛教和佛学的这种传布方法和发展情况,自然也给予儒家学派一些影响、刺激和启发,使他们想方设法进行反对、斗争,以求与之抗衡。从晚唐、五代即已出现,到北宋而出现较多的儒家们所建立的书院(且不说北宋朝廷下令各州郡设立的那些官办学校),我以为,是应当向佛教的上述种种活动情况寻求其原因的,至少也应是主要原因之一。

四、 在建立宋学进程中几名最突出的人物

欧阳修写了一本名叫《归田录》的笔记。在这本笔记的开头处他就记述了这样一个故事:

> 太祖皇帝初幸相国寺,至佛像前烧香,问:"当拜与不拜?"僧录赞宁奏曰:"不拜。"问其何故,对曰:"见在佛不拜过去佛。"①
>
> 赞宁者,颇知书,有口辩。其语虽类俳优,然适会上意,故微笑而颔之。遂以为定制。至今行幸焚香皆不拜也。议者以为得礼。

这一条记事透露给我们的消息是:佛教的势力,经过从北魏到五代后周所谓"三武""一宗"的严重打击,在政治方面已经甘愿居于被统治者的地位了。然而这并不等于说,佛教的思想意识在中国学术界以至整个社会上的势力也都随之而有所削弱。恰恰相反,它的影响仍然是弥漫于社会上各个方面的。甚至北宋政府也还设置了译佛经的机构,继续翻译。

单就宋代的儒家学者钻研学术的风气来说,一方面是和唐代李翱之阐发《中庸》中的微妙道理那样,尽量向儒家经典中所涵蕴的义理深入探索,另一方面则直接把佛家以及道家所宣扬的思想学说搬运进来,借以发扬光大儒家的理致和学说。

《宋元学案》是把胡瑗(993—1059)列居宋代学者首位的。但在胡瑗

---

① 宋太祖时,杭州钱氏吴越政权尚未纳土归附,赞宁为钱氏署为两浙僧统,不应为相国寺僧录,欧阳修所记僧名盖误。

以前,生活于真仁之际的晁迥,既"宗向佛乘""归心释教",又把"庄、老、儒书会而为一",而他却始终是以一个儒者面目出现的人物。他的著述,既有属于道家方面的《道院别集》,也有属于释家方面的《法藏碎金录》。《郡斋读书后志》引王古语,以为晁迥著作中的"名理之妙,虽白乐天不迨也"。而《宋史·晁迥传》也概括地说:迥"通释老书,以经传傅致为一家之言"。据此当可窥见其学术趋向之一斑。

在北宋一代的学术界,晁迥并不占有什么地位,所以他的名字在《宋元学案》中一次也不曾提到。但是,他把儒释道同等对待,不囿于一家一派的成见,不入主出奴,这种趋向,却是和"宋学"家们研究学术的风尚全相符合的。

被《宋元学案》列于首位的学者胡瑗,在北宋一代的学者中确实是一位影响极大,从而也极具代表性的人物。自来为学人所重视的"明体、达用"二事,在胡瑗的治学、讲学过程中体现得最为明白。据《吕氏家塾记》(自《五朝名臣言行录》转引)所载:

> 安定先生(即胡瑗)自庆历中教学于苏湖间二十余年,束脩弟子前后以数千计。是时方尚辞赋,独湖学以经义及时务〔讲于〕学中,故有经义斋、治事斋。经义斋者,择疏通有器局者居之;治事斋者,人各治一事,又兼一事,如边防、水利之类。

薛季宣的《浪语集》卷二三有《又与朱编修书》,其中也说道:

> 尝谓翼之先生所以教人,……成人成己,众人未足以知之。且君子道无精粗,无小大,是故致广大者必尽精微,极高明者必道中庸。滞于一方,要为"徒法""徒善"。汉儒之陋,则有所谓章句家法;异端之教,则有所谓不立文字。稽于"政在方册,人存乃举",礼仪威仪,待人以行,智者观之,不待辨而章矣。

蔡襄在其所撰《胡瑗墓志》(《忠惠集》卷三三)中也有云:

> 学徒千数,日月攒劘,为文章皆傅经义,必以理胜,信其师说,敦尚行实。后为太学,四方归之,庠舍不能容,旁拓步军居署以广之。五经异论,弟子记之,目为《胡氏口义》。

蔡襄在这里所说的《胡氏口义》,应是包举五经而言,我们今天所能看到的,却只有《周易口义》和《洪范口义》两种。但从《周易口义》即可看到,胡瑗所大异于前代学者的是:他既不讲"互体",也不讲"象数",而是开了以义理讲述《周易》的先河。而在《洪范口义》当中,他更能驳正前代儒生的注疏而独抒心得。而从其在苏、湖学中分设经义斋和治事斋来看,则又正如薛季宣所阐明的,体现了《中庸》篇中所说的"致广大而尽精微,极高明而道中庸"的旨意。而这种种,既从一方面反映出他对于由汉以来的儒生们章句训诂之学的抵排,也从另一个方面反映出他从佛教徒们"弘扬教旨"的实践受到了启迪和诱发。

王安石(1021—1086)的出生虽稍晚于胡瑗,然在宋学的建立方面,却毋宁说他是更为重要的一人。

作为一个政治家来说,王安石是一个"援法入儒"的人;作为一个学问家来说,王安石却又是一个把儒释道三家融和为一的人。

王安石对于"先儒传注一切废不用",是史有明文的,这表明了他对章句训诂之学的最彻底的反对;他与吕惠卿、王雱等人共同撰写的《三经新义》,则又都是全力阐明各经的义理内涵的。

晁公武的《郡斋读书志》中,在《王介甫临川集》一三〇卷和《王氏杂说》一〇卷下的解题中,都引入了蔡卞所作《王安石传》(可能是《神宗实录》中的附传)中的话,而以《王氏杂说》下所引录的文字较多,今转引于下:

> 蔡卞为《安石传》,其略曰:"自先王泽竭,国异家殊,由汉迄唐,源流浸深。宋兴,文物盛矣,然不知道德性命之理。安石奋乎百世之下,追尧舜三代,通乎昼夜阴阳所不能测而入于神。初著《杂说》数万言,世谓其言与孟轲相上下。于是天下之士始原道德之意,窥性命之端云。"

《郡斋读书志》在《字说》二十卷的解题中还说道:

> 蔡卞谓介甫晚年闲居金陵,以天地万物之理著为此书,与《易》相表里云。

而元祐中言者指其"糅杂释老,穿凿破碎,聋瞽学者",特禁绝之。

在《临川集》的解题中也引用了蔡卞所撰《王安石传》中涉及《字说》的几句,与上段引文字句稍异,再摘抄于下:

> 晚以所学,考字画奇耦横直,深造天地阴阳造化之理,著《字说》,包括万象,与《易》相表里。

《杂说》是王安石早年的著作,《字说》是王安石晚年的著作,而其内容却都着重于"原道德之意,窥性命之端",就连《字说》这部本应专讲文字学的书籍,竟也能透过字画的"奇耦横直"而深入探讨"天地阴阳造化之理",与《周易》相表里。尽管蔡卞是王安石的女婿,这些话不无夸大阿私之处,但王安石的著作当中始终如一地贯穿着一个探求义蕴的宗旨,却总是无法否认的事吧。而这与朱熹所揭示的"大学始教,必使学者即凡天下之物,莫不因其已知之理而益穷之,以求至乎其极"云云的道理,岂不是全相符同的吗。

在北宋释惠洪的《冷斋夜话》卷六载有一事云:

> 舒王(按即王安石)嗜佛书,曾子固欲讽之,未有以发之也。居一日,会于南昌,少顷,潘延之(按即潘兴嗣)亦至。延之谈禅,舒王问其所得,子固熟视之。已而又论人物,曰:"某人可押。"子固曰:"介甫老而逃佛,亦可一押。"舒王曰:"子固失言也。善学者读其书,唯理之求,有合吾心者,则樵牧之言犹不废;言而无理,周、孔所不敢从。"子固笑曰:"前言第戏之耳!"

在王安石自己所写的《涟水军淳化院经藏记》中,也说道:

> 道之不一久矣。人善其所见,以为教于天下而传之后世。后世学者,或狥乎身之所然,或诱乎世之所趋,或得乎心之所好,于是圣人之大体分裂而为八九。……
>
> 盖有见于"无思无为""退藏于密""寂然不动"者,中国之老庄,西域之佛也。

上面的两段引文都可证明,王安石是只用"义理"作为他决定是非取舍的唯一标尺,而不考虑其说究竟发之于儒家、佛家或道家。所以,那班"元祐学者"说他的《字说》"糅杂释老",是十分正确的。

另外,据《郡斋读书志》及《附志》所载,王安石既曾编撰过《楞严经解》一〇卷,又曾编撰过《老子注》二卷、《庄子解》四卷。而他的儿子王雱,和新党中的吕惠卿、陆佃、刘仲平诸人,也都各编撰了《老子注》二卷。王雱和吕惠卿还都有《庄子注》十卷。这可见,熔儒释道于一炉,偏重义理之学,以求通经致用,在变法派的人物当中是莫不皆然的。这对宋学的建立当然是树立了功勋的。

程颢、程颐兄弟更把儒家学说向着抽象的方向和玄妙精深的方向以及专从事于个人身心修养的方向推进,更由其一传再传的门弟子们推波助澜,到南宋便形成了理学这一学术流派。

因为要"致广大",所以要经世致用,都有其治国平天下的抱负;因为要"尽精微",所以都要对儒家学说的义理进行深入的探索。这二者,可以概括为宋学家们所都具有的特点。倘若这样的概括基本无误,则北宋的范仲淹、欧阳修、李觏、司马光以及三苏等人,也全都可以归入宋学家这一流派之内的,尽管他们的相互之间,以及他们与上文所举诸代表人物之间的思想见解有大不相同之处。

司马光编写了一部不朽史学名著《资治通鉴》,只因不曾在个人身心修养方面下功夫,竟至被程颐讥为"未尝学",只是"资禀过人耳"。程颐专注重个人的身心修养,而被胡瑗的门生顾临讽刺道:"欲与程正叔诸人同为山居,专治《通典》一二年,如此则学问应变无不浃洽矣。"(二事均见吕本中《师友杂志》)我以为,从这两个故事,正可以体察出宋学家与理学家的区别所在。

宋廷南迁以后,理学的流派虽已形成,在学术界和思想界虽都已声势很大,影响很大,但仍不能说它已经居于支配的地位。例如当时先后出生在浙东金华、永嘉诸地的吕祖谦、郑伯熊、薛季宣、陈傅良、陈亮、叶适等人,他们就决不应列入理学家中,而是只能被称为"宋学家"的。今把这几个人的学术梗概举述于下:

吕祖谦(1139—1181)是金华人。他的学问渊源,是"稽诸中原文献之所传,博诸四方师友之所讲,参贯融液无所偏滞"的(其弟祖俭所撰《圹记》中语)。他特别注意研究历史上的治乱兴衰和典章制度,对于苏轼的文章也深所喜爱。且都因此而受到朱熹的批评。

郑伯熊(？—1181),是永嘉人。他一方面私淑于程门弟子周行己,在经学的研究上却极推崇王安石的弟子龚原,而在写作文章时则取法于苏轼。在行己方面他取法于北宋的吕公著和范祖禹,在论事方面则又羡慕汉的贾谊和唐的陆贽。这也就决定了他的学问趋向,既要探求义理之微眇,也注意考论古今治乱兴衰的关键所在。

薛季宣(1134—1173)也是永嘉人。他虽是程门的再传弟子,而却告诫学者不要"徒诵语录"(当即指当时最流行的二程语录)。他对于六经百家、礼乐兵农以至方术兵书、地形水利,无所不通,而对于历代制度的本原尤所致力,总想通其委曲以求见之事功。

陈傅良(1137—1203),是温州瑞安人。从他的师承来说,吕祖谦、张栻、郑伯熊和薛季宣都应列入。他把那几个人的学术荟萃于一身,更进而精研经史,贯穿百家,考核历代礼乐政刑损益异同之所由然,借以综理当代的一些现实问题。所以,他既是一个把"经制之学"发展到更高阶段的人,又是一个不但"知古"而且最为"知今"的人。

陈亮(1143—1194),是婺州永康县人。他对于周敦颐、二程和张载诸人都相当敬重,而且还曾选取他们的著作编辑为《伊洛正源书》以备日览。元代的刘埙甚至还有"龙川理学以程氏为本"之说。但他有时却又向人说道:"亮以豪狂驰骤诸公间,诸公既教以道德性命,非不屈折求合,然终不近。"(《与韩无咎书》)又曾说道:"研穷义理之精微,辨析古今之同异,原心于秒忽,较礼于分寸,以积累为功,涵养为正,晬面盎背,则亮于诸儒诚有愧焉;至于堂堂之阵,正正之旗,风雨云雷交发而并至,龙蛇虎豹变见而出没,推倒一世之智勇,开拓万古之心胸,……自谓差有一日之长。"他平生志切抗金复仇,所以治学也以治史为主,他要从史书上考究历代盛衰原因,特别是对于分裂时期的历史,和某个王朝由中衰而复兴的历史,以便能为现实服务。在文章方面他也是喜欢苏轼并取法于他的。

叶适(1150—1223),也是永嘉人。他可以说是一个把南宋浙东诸学者的经义和经制以及经世致用之学集其大成的人。他在义理之学方面有极高深的造诣。他不但傲视当代的那些理学家们,而且拔本塞源,认为理学家们最推崇的《周易》中的《十翼》非尽孔子所作,作《大学》的曾子和作《中庸》的子思,都不是孔门的真传。对于历史和文学,他都极重视,对于吕祖谦所编《宋文鉴》极为推崇,并认为南宋一代的文章之沦坏,应由伊洛学者负其责。

以上,我只是就两宋的学术界中举述一些具有代表性的人物,说明他们乃是当时最有实力因而也最有影响的一些学者,并用以证明,不但因二程、张载等人的学说流行较晚,在北宋一代的学术界不曾取得支配地位;即在南宋一代,尽管有理学大师朱熹、陆九渊等人的出现,然而理学家们的声势仍然未能笼盖了当时的学术界,与之并驾齐驱的,至少就可举出重视经世致用之学的浙东学派,以及专重史学的蜀中的李焘、李心传、王称、彭百川等人。

王安石在北宋儒家学派中的地位
——附说理学家的开山祖问题

一

北宋一代,是儒家学者们的觉醒时期,当时绝大部分的儒学家们,都在努力于振兴儒学,要使儒家学派的地位重新居于佛道两家之上,改变长期以来佛道两家的声势都凌驾于儒家之上的那种状态。但其中的一些人,仍像唐代的韩愈、李翱那样,只是拘守着儒家旧有的思想壁垒,作为反对佛老的基地。由于不可能扩大其阵地,遂也不可能扩大其战果,达不到预期的目的。所幸绝大多数学者是并不如此的。

尽管在《宋元学案》中并不曾给予应有的学术地位,但是,我们却必须注意到,从北宋前期直到南宋后期,渊源于澶州的一个晁氏家族,先后绵延不断地出现了一些著名的学者。其中最早的一人,则是显名于真宗仁宗之际的晁迥(951—1043)。他一生累官至工部尚书、集贤院学士,而以太子少保致仕,官位不可谓不高。但《宋史》本传说他善吐纳养生之术,可知其必然信奉道家之说,并实行道教的养生术。本传还综括地评述说:迥"通释、老之书,以经传傅致为一家之言"。他的裔孙晁公武在所著《郡斋读书志》中,既著录了晁迥著述中属于道家方面的《道院别集》,也有属于释家方面的《法藏碎金录》,而在《郡斋读书后志》中还引用了王古的话,以为晁迥著作中的"名理之妙,虽白乐天不及也"。这反映出,晁迥确实是熔冶了儒释道三家学说于一炉的一个人;而他却始终是以一个儒家学者的面目出现的。

但更须注意的是，晁迥的这种学术取向，不但为晁氏一族的学者所世代承袭，综观北宋一代的学术界，这种学术取向也是颇有其代表性的。正是这个总的取向，才构成了宋学这一学术流派的一个最重要的特点。

或明或暗地吸收和汲引释道两家的心性义理之学于儒家学说之中，使儒家学说中原有一些抽象的道理更得到充实和提高，不但摆脱了从汉到唐正统儒生的章句训诂之学的束缚，也大不同于魏晋期内的玄学的空疏放荡，这就是我们称之为宋学的结构。假如说，晁迥所代表的还只是这一学术取向的初期，那么，活跃于北宋中期的学术界的王安石（1021—1085），则是推动这一学术取向达于高峰的一个代表人物。

王安石于宋仁宗庆历二年（1042）进士及第之后，被派往扬州做"签书淮南节度判官厅公事"。他在那里为了读书和著书，常达旦不寐。他写成了《淮南杂说》十卷，一经流布，见者便比为《孟子》。

《淮南杂说》一书大概在南宋以后即已失传，我们现在只能从当时人诋毁此书的文章中略得窥见其内容的一二。宋神宗熙宁四年（1071），做御史中丞的杨绘，上疏《论王安石之文有异志》（见《宋诸臣奏议》卷八三），其中引述了《杂说》的三段话：

其一是引《杂说》曰："'鲁之郊也可乎？'曰：'有伊尹之志，则放其君可也；有汤之仁，则绌其君可也；有周公之功，则用郊不亦可乎？'"

其二是引《杂说》曰："'周公用天子礼乐可乎？'曰：'周公之功，人臣所不能为；天子礼乐，人臣所不得用。有人臣所不能为之功，而报之以人臣所不得用之礼乐，此之谓称。'"

其三是引《杂说》曰："有伊尹之志而放君可也；有周公之功而代兄可也；有周之后妃之贤而求贤审官可也。夫以后妃之贤而佐王以有天下，其功岂小补哉，与夫妇人女子从夫、子者可同日语乎？"

杨绘所摘引的《杂说》诸条，与孟子的劝齐宣王"行王政、毋毁明堂"以及武王灭殷乃是"诛一夫纣"而非"弑君"诸议论固大致相似，但《孟子》书中还有很多章节乃是谈说道德仁义和尽心知命、存心养性等事的。而如蔡卞所说，正是因《杂说》之出，才使天下之士"始原道德之意，窥性命之端"，这就使我们可据以作出推断说，当时人之所以把《杂说》与《孟子》相比,必不是因为杨绘所举述的那些条目,而是因其多谈道德性命之故。在现在王安石的文集当中,就还收录了许多篇这类的文章,这是足可为证的。

宋神宗于熙宁二年(1069)要用王安石为参知政事时,向他说道:"人皆不能知卿,以为卿但知经术,不可以经世务。"安石对曰:"经术者所以经世务也;果不足以经世务,则经术何赖焉。"(《续通鉴长编纪事本末·王安石事迹(上)》)这两条记载至少向我们提供了两道信息:其一是,他青年时期的第一部著作刚问世,由于其中像《孟子》一样多谈及性、命、心、气等问题,就为他在学术界和思想界奠定了较高的地位,而在他入参大政之前,他已经以"知经术"名家了。其二是,王安石的研究儒家经术,是为了经理世务的,而不是脱离现实的专事记诵其文辞,或陷溺于先儒的繁琐传注之中。

在王安石做了参知政事,也就是在宋神宗与他谈论过"知经术"与"经世务"的问题之后不久,王安石与其子王雱等人就受宋神宗之命训释《周礼》《诗》《尚书》这三部儒家经典。《周礼义》是由王安石一人撰写的,《诗义》是由王雱"训其辞"、王安石"训其义"的,《书义》也是由王安石父子合力撰写的。在进行训释的实践过程中,他们所依循的宗旨也不外下述两条:一为阐明其义旨,二为通经以致用。这从王安石为这三部书所写的《序》中全可以找到最明确的论据。例如,在《周礼义序》(《临川文集》卷八四)中他有两段文字说:

> 自周之衰以至于今,历岁千数百矣,太平之遗迹扫荡几尽,学者所见无复全经。于是时也,乃欲训而发之,臣诚不自揆,然知其难也。
>
> 以训而发之之为难,则又以知夫立政造事、追而复之之为难。然窃观陛下致法就功,取成于心,训迪在位,有冯有翼,亹亹乎乡六服承德之世矣。以所观乎今,考所学乎古,所谓见而知之者,臣诚不自揆,妄以为庶几焉。

从此中的"以训而发之之为难,则又以知夫立政造事、追而复之之为难"诸句看来,其通经之为求致用的旨意自然是很明白的。在《诗义序》

(《临川文集》卷八四)中他有一段文字说：

> 《诗》,上通乎道德,下止乎礼义。放其言之文,君子以兴焉;循其道之序,圣人以成焉。然以孔子之门人,赐也商也有得于一言,则孔子悦而进之,盖其说之难明如此,则自周衰以迄于今,泯泯纷纷,岂不宜哉！伏惟皇帝陛下……微言奥义既自得之,又命承学之臣训释厥遗,乐与天下共之。顾臣等所闻如爝火焉,岂足以赓日月之余光,姑承明制代匵而已。

这番话,表明了王安石父子对于《诗》的训释,也是把着重点放在"道德""礼义"和"微言奥义"诸方面,而孔子所说的"多识于鸟兽草木之名"一事却并不成为重点。至于因为有得于《诗》的一言而被孔子悦而进之的子贡(赐)和子夏(商),则也是因为,孔子称赞了"贫而乐、富而好礼",子贡便联想到《诗》中的"如切如磋,如琢如磨";孔子答复子夏问"素以为绚兮"的《诗》句如何解释时说"绘事后素",子夏因而接连问道："礼后乎？"这使孔子深为赞赏,说道："起予者商也,始可与言《诗》已矣。"从王安石所引述的这两个例证中,也可看出,其父子二人训释《诗》的着重点真乃在于"微言奥义"。

在《书义序》(《临川文集》卷八四)中,最主要的一段文字是：

> 惟虞夏商周之遗文,更秦而几亡,遭汉而仅存。赖学士大夫诵说,以故不泯。而世主莫或知其可用。天纵皇帝大知,实始操之以验物,考之以决事;又命训其义,兼明天下后世,而臣父子以区区所闻承乏与荣焉。然言之渊懿而释以浅陋,命之重大而承以轻眇,兹荣也只所以为愧欤。

既然要把训释后的《尚书》使天下后世都能"操之以验物,考之以决事",而又要把《尚书》所载古代君臣对话的深渊涵义加以阐明,这正好说明,他们所撰作的《书义》是既要发挥其义理,也要使其能够经世致用的。

在早年撰作了《淮南杂说》、中年完成了《三经新义》的王安石,到他晚年罢相而退居江宁之后,却又集中精力去撰作了一部《字说》。在《字

说序》(《临川文集》卷八四)中他对撰作此书的宗旨交代说:

> 文者,奇偶刚柔杂比以相承,如天地之文,故谓之文。字者,始于一二而生生至于无穷,如母之字子,故谓之字。其声之抑扬开塞,合散出入,其形之衡从曲直,邪正上下,内外左右,皆有义,皆本于自然,非人私智所能为也。……
>
> 余读许慎《说文》而于书之意时有所悟,因序录其说为二十卷,以与门人所推经义附之。惜乎先王之文缺已久,慎所记不具,又多舛,而以余之浅陋考之,且有所不合。虽然,庸讵非天之将兴斯文也,而以余赞其始,故其教学必自此始。能知此者,则于道德之意已十九矣。

据此可知,王安石是认为,不论在文字的读音方面或在其形体方面,全都具有一定的"义",他撰作《字说》,就是要把每个文字的"义"揭释出来,使读过此书的人,"对于道德之意"便大都可以理解了。

南宋晁公武,于《郡斋读书志》中的《王介甫临川集》下,于《读书后志》中的《王氏杂说》下,都引录了蔡卞所作《王安石传》(可能是附在《神宗实录》后的)中的一大段话;今稍加并合,引录如下:

> 自先王泽竭,国异家殊,由汉迄唐,源流浸深。宋兴,文物盛矣,然士习卑陋,不知道德性命之理。安石奋乎百世之下,追尧舜三代,通乎昼夜阴阳所不能测而入于神。
>
> 初著《杂说》数万言,世谓其言与孟轲相上下。于是天下之士始原道德之意,窥性命之端云。
>
> 晚以所学,考字画奇耦横直,深造天地阴阳造化之理,著《字说》,包括万象。与《易》相表里。

《朱子语类》卷一三〇也载有朱熹的一段谈话说:

> 荆公作《字说》时,只在一禅寺中,禅床前置笔砚,掩一龛灯,人有书翰来者,拆封皮埋放一边,就倒禅床睡少许,又忽然起来写一两字。看来都不曾眠。字,本来无许多义理,他要个个如此做出来。又要照顾须前后,要相贯通。

蔡卞说《字说》"深造天地阴阳造化之理"，朱熹也说，他要就每个字都寻求其"义理"，而且要照顾前后使相贯通，《字说》之因此而致穿凿附会之处固极多，但王学之重视义理也极为明显。

苏轼说韩愈"文起八代之衰"，蔡卞的这些话，同样是说，王安石在"道德性命之理"的探索研究方面，也起了由汉到唐的诸代之衰。我以为，王安石对于这一评价，确实是足以当之无愧的。

二

王安石在"道德性命之理"方面之所以能有超越前人的成就，主要还应归功他对于佛老两家的学术和义理不存门户之见，凡其可以吸取之处，一律公开地而不是遮遮掩掩地加以吸取之故。这有以下的事例可以为证：

《郡斋读书志》的《子部·道家类》中著录了王安石、王雱、吕惠卿、陆佃、刘仲平等变法派人物各都作有《老子注》，在《解题》中则特别说道：

> 介甫平生最喜《老子》，故解释最所致意。

释惠洪《冷斋夜话》卷六"曾子固讽舒王嗜佛"条载：

> 舒王嗜佛书，曾子固欲讽之，未有以发之也。居一日，会于南昌，少顷，潘延之（名兴嗣）亦至。延之谈禅，舒王问其所得，子固熟视之；已而又论人物，曰某人可押。子固曰："介甫老而逃佛，亦可一押。"舒王曰："子固失言也。善学者，读其书唯理之求。有合吾心者，则樵牧之言犹不废；言而无理，周、孔所不敢从。"子固笑曰："前言第戏之耳！"

《续通鉴长编》卷二三三，熙宁五年五月甲午载有王安石与宋神宗的一段对话云：

> 安石曰："……臣观佛书乃与经合，盖理如此，则虽相去远，其合犹符节也。"上曰："佛西域人，言语即异，道理何缘异！"安石曰："臣

愚以为,苟合于理,虽鬼神异趣,要无以易。"

在王安石自己所写的一篇《涟水军淳化院经藏记》中,也有如下两段话语:

> 道之不一久矣。人善其所见,以为教于天下而传之后世。后世学者或徇乎身之所然,或诱乎世之所趋,或得乎心之所好,于是圣人之大体分裂而为八九。……
>
> 盖有见于"无思无为""退藏于密""寂然不动"者(按:此均《周易·系辞》中语),中国之老、庄,西域之佛也。

赵希弁《郡斋读书附志(上)·释书类》载有《楞严经解十卷》,谓系"王荆公安石所解也"。王安石何以在浩瀚的佛经中专对此书加以解说呢?那就只能是因为此书的内容,主要是在于"阐明心性本体,为一代法门精髓"之故。

从以上五条引文和记载看来,可知王安石是只以"义理"作为他衡量是非、决定取舍的唯一标尺,而不考虑其说究竟发之于儒家、佛家或道家。

实际上,从王安石看来,还不只是佛道两家所讲说的,凡合于"圣人之大体"的义理是可取的,在老、释以外诸子百家的学说当中,也各都有其合于义理、可以吸取的成分。当他在变法时期,就大量地采行了法家的一些治术。南宋张九成在为刘安世《尽言集》所作的《序文》中即说,王安石所学的是申商刑名之术,而"文之以六经"。这虽不免过甚其词,却也不妨用来作为一个比较突出的评论。甚至对于孟子所竭力反对的杨朱墨翟之道,王安石也认为:"杨墨之道,得圣人之一而废其百者是也。圣人之道兼杨、墨,而无可无不可者是也。"(《临川文集》卷六八《杨墨》)程颢曾向宋神宗说过王安石"博学多闻"的话,我则以为,王安石最应该肯定的,是他的"兼收博采"。晁说之在《元符三年应诏封事》中说《新经义》"援释老诞谩之说以为高,挟申商刻核之说以为理",也正反映了这一事实。

从唐的韩愈李翱,到北宋前期的三先生(胡瑗、孙复、石介),虽全都是力求抬高儒家地位的,但他们的思想活动全都局限在儒家学派本身的领域之内,而没有再向新的领域进行展拓,这就正如王安石所说的,"读经而已,则不足以知经"(《临川文集》卷七三《答曾子固书》)。只有像王安石这样,把释道及诸子百家兼容并取,而仍以儒家的学说义理为本位,为主体,自然就会使儒家的学说义理的广度和深度都能扩展到一个崭新境界了。

然而我们还须进一步说,王安石虽则有取于释、老、申、商等诸子百家,他却并不是一味地无选择地盲目信从其中的任何一家。《郡斋读书志》不是说"介甫平生最喜《老子》"吗,然而在他写的《老子》一文(《临川文集》卷六八)中却说道:

> 道有本有末,本者万物之所以生也,末者万物之所以成也。……故昔圣人之在上而以万物为己任者,必制四术焉。四术者,礼、乐、刑、政是也,所以成万物者也。故圣人唯务修其成万物者,不言其生万物者,盖生者尸之于自然,非人力之所得与矣。
>
> 老子者独不然,以为涉乎形器者皆不足言也,不足为也,故抵去礼乐刑政而唯道之称焉,是不察于理而务高之过矣。……其书曰"三十辐,共一毂,当其无,有车之用"。……今之治车者知治其毂辐,而未尝及于无也,然而车以成者,盖毂辐具则无必为用矣。如其知无为用而不治毂辐,则为车之术固已疏矣。

这段文章表明,王安石对于他素所喜欢的《老子》所讲的道理,也是采取了批判性的吸取,而不是全然陷溺其中的。

王安石采用了申不害、商鞅等刑名法家的治术,这也是历来的学人(清朝中叶的蔡上翔应除外)所公认的,然而他在《三不欺》一文(《临川文集》卷六七)中却说道:

> 昔论者曰:"……君任刑,则下不敢欺。"……西门豹之政使人不敢欺。夫不及于德而任刑以治,是孔子所谓"民免而无耻"者也,然则刑之使人不欺,岂可独任也哉。……
>
> 或曰:"刑亦足任以治乎?"曰:"所任者,盖亦非专用之而足以治也。豹治十二渠以利民,至乎汉,吏不能废——民以为西门君所为,

> 不从吏以废也。则豹之德亦足以感于民心矣。"然则尚刑,故曰任刑焉耳,使无以怀之而惟刑之见,则民岂得或不能欺之哉!

这又可见,王安石虽认为刑名法术是为政者可以采行的途术之一,而并非离开德教的感化而可以独任的。

三

综上所述,可知不论所谓援佛入儒,援道入儒,援法入儒,以及援诸子百家以入儒,在王安石,当然就是想用释、老、法以及诸子百家的学说中之可以吸取、值得吸取者,尽量吸取来以充实和弘扬儒家的学说和义理,在政治的实践中也同样如此。在王安石的文章中,他曾不止一处写出一些比较"辩证"的话。例如,在《非礼之礼》(《临川文集》卷六七)中他写道:

> 古之人以是为礼而吾今必由之,是未必合于古之礼也;古之人以是为义而吾今必由之,是未必合于古之义也。夫天下之事,其为变岂一乎哉,固有迹同而实异者矣。今之人诇诇然求合于其迹,而不知权时之变,是则所同者古人之迹,而所异者其实也。事同于古人之迹而异于其实,则其为天下之害莫大矣。此圣人贵乎权时之变者也。孟子曰:"非礼之礼,非义之义,大人不为。"所以盖所谓迹同而实异者也。

又如在《禄隐》一文(《临川文集》卷六九)中,他也写道:

> 圣贤之言行,有所同而有所不必同,不可以一端求也。同者道也,不同者迹也。……盖时不同则言行不得无不同,唯其不同,是所以同也。如时不同而固欲为之同,则是所同者迹也,所不同者道也。……
>
> 世之士不知道之不可一迹也久矣。圣贤之宗于道,犹水之宗于海也。水之流,一曲焉,一直焉,未尝同也;至其宗于海,则同矣。圣贤之言行,一伸焉,一屈焉,未尝同也;至其宗于道,则同矣。故水因地而曲直,故能宗于海;圣贤因时而屈伸,故能宗于道。

上引两文都是说，"萧条异代不同时"（并且还应包括异国异地）的圣贤，就其某些言行的表象来说虽未必全同，而其全都符合于道，则是无异的。以此与上文所引《续通鉴长编》卷二三三所载王安石对宋神宗所说的"臣观佛书乃与经合，盖理如此，则虽相去远，其合犹符节"合看，前者是就时间的差异看，后者是就地域的差异看，这等于现在我们所常说的，在坚持原则的大前提下，处理具体事物的方法，则允许有以时间、地点、条件为转移的灵活性，所以他才主张广泛吸取释老以及诸子百家之说以充实和丰富儒家学说。"泰山不让土壤，故能成其大；河海不择细流，故能就其深"。在王安石兼收博采之后，果然使此后的儒家学说得到了发扬光大，不但能在"纸上谈兵"，而一切都能贯穿在政治实践当中，使内圣外王的概念真正得到了具体体现。

上文已经说到，王安石当政之后，曾奉神宗之命，从事于《周礼》《诗》《尚书》三经新义的修撰，三书先后修成之后，便"颁于学官，用以取士"。到宋哲宗即位，司马光被起用，新法一一全被废罢，并明令禁止学者学习《字说》，而对于《三经新义》则不但未予禁止，且仍然受到好评。例如最忠实于司马光的刘挚，在元祐元年（1086）论劾国子司业黄隐排斥《三经新义》的奏疏中说道：

> 故相王安石训经旨，视诸儒义说，得圣人之意为多，故先帝以其书立之于学，以启迪多士……与先儒之说并行而兼存，未尝禁也。隐微见安石政事多已更改，辄尔妄意迎合傅会，因欲废安石之学，每见生员试卷引用，隐辄排斥其说，此学者所以疑惑而怨之深也。夫安石相业虽有间，然至于经术学谊，有天下公论所在，岂隐之所能知也！朝廷既立其书，又禁学者之习，此何理哉。（《长编》卷三九〇，元祐元年七月末）

清代全祖望，在其为《周礼新义》所作的《题词》中也说道：

> 荆公解经，最有孔、郑诸公家法：言简意赅。……盖尝统荆公之经学而言之，《易传》不在三经之内，……然伊川独令学者习其书，……朱子于《尚书》推四家，荆公与焉，且谓其不强作解事。

《三经新义》早已失传,现在我们仅能看到关于《周礼新义》和《毛诗新义》两书的辑本。其中的注释,确如全谢山所说,"言简意赅",文字不甚多。从中也找不出某些注释出自道家、某些出自佛学的明显迹象。这是由于,王安石已经把这两家之学融会贯通于胸中,随文取用,浑然天成,全不采用寻章摘句的"集注"的方式,所以《三经新义》就不像《字说》那样,在元祐年间被"言者指其糅杂释老,穿凿破碎,聋瞽学者,特禁绝之"(《郡斋读书志·〈字说〉解题》)了。

清代乾嘉学派中的大师戴震(1724—1777)在其《答彭进士允初书》(中华书局校点本《孟子字义疏证》附载)中,有一段指斥宋儒的话:

> 宋以前,孔孟自孔孟,老释自老释;谈老释者高妙其言,不依附孔孟。宋以来,孔孟之书尽失其解,儒者杂袭老释之言以解之。于是有读儒书而流入老释者;有好老释而溺其中,既而触于儒书,乐其道之得助,因凭借儒书以谈老释者;对同己则共证心宗,对异己则寄托其说于六经、孔孟,曰:"吾所得者圣人之微言奥义。"而交错旁午,屡变益工,浑然无罅漏。

戴震的这番话,主要是针对宋代的程、张、朱、陆等理学家而发的,实际上,宋代的不以"理学"名家的某些学者,包括王安石在内,其学术取向也完全属于戴震所指斥的范围之内。戴震力图维护儒家学说的纯粹性,故对宋儒的这种学风不胜其愤愤。但他却不知道,任何一种思想、理论和学说,全不能一成不变,而是必须随时有所改进和发展的;他把宋儒的糅杂释道作为孔孟的罪人,我们用发展观点来看,却正应把宋儒视为弘扬了儒学的一群有大功之人。王安石自然也是其中重要的一员。

如上所述,在北宋一代,对于儒家学说中有关道德性命的义蕴的阐释和发挥,前乎王安石者实无人能与之相比。由于他曾一度得君当政,他的学术思想在士大夫间所产生的影响,终北宋一代也同样无人能与之相比。周敦颐(1017—1073)也是把释道(特别是道)二家的义理融入儒家的学者,其在义理方面的造诣也较高,但他在北宋的学术界毫无影响,二程也绝非他的传人。对此,我已另有《关于周敦颐的师承和传授》一文加以论述(见《纪念陈寅恪先生诞辰百年学术论文集》)。二程学说之大行,则是宋室南渡以后的事,故周密谓伊洛之学行于世,至乾道淳熙而盛(《齐东野语》卷一一《道学》),当他们在世之日,直到北宋政权灭亡之时,所谓理学这一学术流派是还不曾形成的。

再概括一下:王安石援诸子百家学说中的合乎"义理"的部分以入儒,特别是援佛老两家学说中的合乎"义理"的部分以入儒,这就使得儒家学说中的义理大为丰富和充实,从而也就把儒家的地位提高到佛道两家之上。因此,从其对儒家学说的贡献及其对北宋后期的影响来说,王安石应为北宋儒家学者中高居首位的人物。

对于北宋政权之灭亡,应负主要罪责的君相,是宋徽宗和蔡京。在他们胡作非为,置国家命运、民族前途于不顾的同时,他们却一直打着一个推行王安石的新法的幌子。于是,到北宋覆亡之后,一般人不予认真辨析,便也以为亡国之祸当真是由新法招致,遂致新法的名声扫地,而王安石及其一派的学术著作和思想议论,也随之而无人敢于公然地加以继承,而所谓的"荆公新学"便从此日益式微了。

我们可否这样设想:假如王安石不曾参预大政,不曾变法改制,他的那些学术思想见解,在他生前虽未必能那样风行于一时,到他的身后,却必定还要被治经术的儒家们长久传承的。

四

以下,我要附带谈一下关于理学这一儒家流派的开山始祖的问题。

我尽管说了如上那些话语,却决不是有意要把王安石拥上宋代理学的开山始祖的地位。这不单是因为此事决不会为宋代理学家的主要人物如二程、朱熹等人所接受、所承认,还更因为,王安石公开地吸取释老诸家的义理以阐释儒家的经典,而又用这样的"经术"去经理世务,即付诸政治实践,这才是真正的内圣外王之学,单就这点而论,他与宋代正宗的理学家程、朱等人就是大有区别的。程、朱一派的理学家们,虽然有时也把内圣外王的主张挂在嘴上,实际上他们却是专讲求内圣而不讲求外王。例如,朱熹在从政之后,虽然面对着的是女真强敌当前,境内民困财乏的局势,而他上疏给宋孝宗,总是把"正君心"作为头等重要事,而把如何御侮、安民、理财、练兵等事一律放在极其次要的地位;当他评价当代的从政人员时也是如此。例如他在给杜叔高的信中对文武全才的辛弃疾所下的评语即为:"辛丈相会,想极款曲,……今日如此人物岂易可得?向使早向里来有用心处,则其事业俊伟光明,岂但如今所就而已耶。"(《朱文公集》卷六〇)我对这番话觉得很难理解。我实在不知道,如果辛弃疾早就像朱熹那样,在个人的身心修养方面多用工夫,究竟对他所做的哪些事业能够更加"俊伟光明"一些?

  总之是,理学家们所着重的,只是内圣的工夫。在此,我要套用王安石批评老子的那些话语来批评理学家们:理学家们也是以为涉乎形器者皆不足言、不足为,故也抵去刑、政、兵、农而唯道之求,他们也是犯了脱离实际而务高之过。这与王安石之对于内圣外王同时并重,是大异其趣的。所以,不能把王安石称为理学这一儒家学派的开山祖。

  另外,我还记起了,在1947年的新年后不久,当时做北京大学校长的胡适先生,曾在那时叫作北楼的一间大教室里做过一次学术讲演,题目是《宋代理学发生的历史背景》,所讲说的内容,我现在已一概记不起来了。近来从耿云志先生所编《胡适年谱》中又看到对此事的记载,《年谱》对讲演内容也未述及,只说他"认为'理学之开山祖师'是司马光"。我认为,胡先生当时如果确是作出这样一个结论,那也是不够恰当的。我觉得司马光是一个具有务实思想的人,大概他也与司马迁一样,认为"载之空言,不如见之行事之深切著明",所以他编写《资治通鉴》,想用历代治乱兴衰具体事例作为济世济民的借鉴和殷鉴;对于大谈性、命、心、气的孟子,他就写了《疑孟》一书以相诘问。他在熙宁元年(1068)做翰林学士时,就上了一篇《论风俗札子》(《温公集》卷四十五),其中主要是指责进士科场的风习,说举子们把"循守注疏者谓之腐儒,穿凿臆说者谓之精义",并说:"性者子贡之所不及〔闻〕,命者孔子之所罕言;今之举人,发口秉笔,先论性命,乃至流荡忘返,遂入老庄,纵虚无之谈,骋荒唐之辞,以此欺惑考官,猎取名第。"他的见解如此,议论如此,与偏重阐发儒家的义理的王安石既大不相同,而从二程以来的理学家们,对司马光的学术也都不十分尊重。因此,把司马光推上理学家祖师爷的宝座,当然是很不合适的。

然则理学家的祖师爷究应归之于谁呢?答曰:只能归之于程颢、程颐和张载三人。而理学之成为流派,则是宋室南渡以后的事。

1990 年 12 月 7 日完稿于北京大学朗润园

1992 年 2 月 17 日重加改订

(原载《北京大学学报》1991 年第 2 期)

关于周敦颐的师承和传授

一、小 引

周敦颐(1017—1073)生活在北宋中叶,曾任虔州南安军司理参军,湖南郴县、桂阳县和洪州南昌县的县令,也曾做过广南东路的转运判官和提点刑狱。著有《太极图》和《通书》。卒于宋神宗的熙宁六年(1073),年仅五十六岁。他一生的官位既不很显达,他的著作在北宋一代也并未受到学术界的重视。可以说,到南宋初年为止,他是一直不曾被认作重要学人的。在他死后,他的儿子为他撰写了一篇《行状》,去求他生前好友潘兴嗣据此《行状》写了一篇《墓志铭》。《行状》早已失传,不知潘兴嗣所作《墓志铭》与《行状》中的记叙有无歧异或有多大的歧异。在《墓志铭》中,潘兴嗣却只用了"尤善谈名理,深于《易》学"的话概括了周敦颐的学问,别无与其学术师承及传授有关的字样。他的另一好友蒲宗孟也为他写了一篇很简短的《墓铭》,在《铭》前也只说道:

> 吾尝谓茂叔为贫而仕,仕而有所为,亦大概略见于人,人亦颇知之。然至其孤风远操,寓怀于尘埃之外,常有高栖遐遁之意,则世人未必尽知之也。于其死吾深悲焉,故想像君之平生而写其所好,以寄之《铭》云。(《周元公集》卷四《事状》门附载)

其《铭》辞的全部都是着意描绘其"孤风远操"云云诸端,而并无一语道及周的学术造诣及其源流。到周敦颐去世二十一年之后,即宋哲宗的绍圣元年(1094),北宋著名文学家苏轼由知定州贬知英州,是年七月南行

过庐山下,作了一首《故周茂叔先生濂溪》诗,诗中有云:

> 先生本全德,廉退乃一隅。因抛彭泽米,偶似西山夫。遂即世所知,以为溪之呼。先生岂我辈,造物乃其徒。

这是全篇诗中最主要的几句,这几句所描述的,全是属于周敦颐的品德性行方面的,也无一句谈到他在学术方面的造诣。

到周敦颐去世整整三十年之后,即宋徽宗的崇宁元年(1102)秋,又有一位著名诗人黄庭坚行经江州,去江州城外走访了周敦颐的故居(此据黄䇦编《山谷年谱》),应周敦颐的儿子寿、焘二人的请求而写了一首《濂溪诗》,诗前冠以长序云:

> 舂陵周茂叔,人品甚高,胸中洒落,如光风霁月。好读书,雅意林壑,初不为人窘束世故……
>
> 任司理参军,运使以权利变具狱,茂叔争之不能得,投告身欲去,使者敛手听之。
>
> 赵公悦道号称好贤,人有恶茂叔者,赵公以使者临之甚威,茂叔处之超然。其后乃悟曰:"周茂叔天下士也。"荐之于朝,论之于士大夫,终其身。
>
> 其为使者,进退官吏,得罪者自以不冤。中岁乞身,老于溢城。……
>
> 茂叔短于取名而惠于求志,薄于徼福而厚于得民,菲于奉身而燕及茕嫠,陋于希世而尚友千古。……
>
> 二子寿、焘,皆好学承家,求余作《濂溪诗》,思咏潜德。茂叔虽仕宦三十年,而平生之志终在丘壑,故余诗词不及世故,犹仿佛其音尘。(《豫章文集》卷一)

为要发周敦颐的潜德之幽光,故黄山谷把这首诗的序引写得如此之长,然而只是着意于描绘其"人品甚高,如光风霁月,好读书,雅意林壑",以及"短于取名而勇于求志""陋于希世而尚友千古"等有关其品格方面的事,对其学术造诣及其来龙去脉,则也一概不曾涉及。其诗的词句中也同样如此。

南宋理学大师朱熹,一心要把周敦颐的学术地位及其对当代和后代的学术影响加以夸大和拔高,对于潘、黄诸人所作的评价深感不满,便十分遗憾地向他的学生们说道:

> 濂溪在当时,人见其政事精绝,则以为宦业过人;见其有山林之志,则以为襟袖洒落,有仙风道气;无有知其学者。(《朱子语类》卷九三)

尽管朱熹对潘黄等人评价周敦颐的文字如此不满,而除潘黄诸人之外,却并无更多的人对周敦颐的学术作过论述,真正像朱熹所说,在北宋一代,确确实实是"无有知其学者"。而从南宋前期以来的几位理学家,特别是朱熹,却偏要根据一些并不确凿的事由,把周敦颐的学术地位提高。这就造成了从南宋迄于近今,一直在纠缠而一直还未得到确切答案的一个问题。我现在写这篇文章,其意图就是想对于周敦颐的学术源流问题作进一步的探索。

二、 关于周敦颐的师承问题

南宋高宗绍兴四年(1134),做翰林学士的朱震写成了一部《汉上易集传》,在其《进书表》中,有一大段文字叙述《易》学在北宋一代的传授源流,说道:

> 陈抟以《先天图》传种放,放传穆修,修传李之才,之才传邵雍。放以《河图》《洛书》传李溉,溉传许坚,坚传范谔昌,谔昌传刘牧。修以《太极图》传周敦颐,敦颐传程颢、程颐。是时张载讲学于二程、邵雍之间,故雍著《皇极经世》之书,牧陈天地五十有五之数,敦颐作《通书》,程颐述《易传》,载造《太和》《参两》等篇。臣今以《易传》为宗,和会雍、载之论,上采汉、魏、吴、晋,下逮有唐及今,包括异同,补苴罅漏,庶几道离而复合。

朱震为了表述自己的学术渊源有自,而把周敦颐的师承及其传授都指名道姓地说了出来。但他的这番话是否都有根有据,确实可信呢?这却是难以简单地作出判断的,不然的话,就不会从南宋一直纠缠到近今而仍未休止了。现在,暂把周敦颐是否传《太极图》于二程的问题留待下文讨论,先讨论一下穆修是否曾把《太极图》传授给周敦颐的问题。

对于朱震所说穆修传《太极图》于周敦颐之说,首先表示异议的是朱熹。朱熹在《周子太极·通书后序》(《朱文公文集》卷七五)中说道:

> 熹又尝读朱内翰震《进易说表》,谓此图之传,自陈抟、种放、穆修而来,而五峰胡公仁仲作《通书序》,又谓先生非止为种、穆之学者,此特其学之一师耳,非其至者也。夫以先生之学之妙不出此图,以为得之于人,则决非种、穆所及,以为非其至者,则先生之学又何以加于此图哉。是以尝窃疑之。及得《志》文(按:即指潘兴嗣所作《墓志》)考之,然后知其果先生之所自作,而非有所受于人者。〔胡〕公盖皆未见此《志》而云云耳。

潘兴嗣在周敦颐的《墓志》中不曾提及穆修传《太极图》于周的事,朱熹便据以断定《太极图》乃周所自作,而不是有所受于人的。

陆九渊不同意朱熹的这个判断,在一次致函朱熹时,他说道:

> 朱子发谓濂溪得《太极图》于穆伯长、伯长之传出于陈希夷,其必有考。希夷之学,老氏之学也。"无极"二字出于《老子·知其雄章》,吾圣人之书所无有也。……潘清逸诗文可见矣,彼岂能知濂溪者。明道伊川亲师承濂溪,当时名贤居潘右者亦复不少,濂溪之《志》卒属于潘,可见其子孙之不能世其学也。(《象山全集》卷二)

陆九渊所持的反对理由只此两点:一是朱震所述《太极图》的传授源流"其必有考"(意即或许有据);二是潘兴嗣在周的《墓志》中之所以不载《太极图》之传授,是因为潘兴嗣的学识不能理解周氏,而周的子孙又"不能世其家学"之故。但这两个理由全是陆九渊的臆断之词,既不足以折服朱熹,更不足以使后人相信无疑。因此,我们还应就这些问题作跟踪的考察。(陆函谓"明道伊川亲师承濂溪",其误与朱熹正同,此当于下节详论。)

最先谈及穆修的《易》学授受的,是程颢所写的《邵康节先生墓志》

(《二程全书》卷四一),其中说:

> 千余岁师道不立,学者莫知其从来,独先生之学为有传也。先生得之于李挺之,挺之得之于穆伯长,推其源流,远有端绪。今穆、李之言及其行事概可见矣。

这段文字所述,有一点应予注意:邵雍生于宋真宗大中祥符四年(1011),年长于周敦颐六岁,而且生于中原地区的共城,但他却只是穆修的再传弟子,而不是及门弟子。

在晁说之(1095—1129)的《嵩山文集》卷一九,有一篇《李挺之传》,写于北宋末年,其中所述穆修传《易》于李之才的事实甚明确,其中却未谈及《太极图》事。《传》云:

> 李之才字挺之,青社人,天圣八年同进士出身。……师河南穆伯长,……尝与参校柳文者累月,卒能受《易》。时苏子美亦从伯长学《易》,其专授受者惟挺之。
>
> 伯长之《易》受之种征君明逸,种征君受之希夷先生陈图南,其源流为最远。究观三才象数变通,非若晚出尚辞以自名者。

今也先就这篇《传》中所涉及的陈抟、种放以外的几个人的年岁考察一下。穆修为郓州汶阳人,后徙家蔡州,生于宋太宗太平兴国四年(979),卒于宋仁宗明道元年(1032)。李之才生年无考,但天圣八年(1030)既已"同进士出身",估计其年龄必已在二十岁以上,则当出生于宋真宗大中祥符三年(1010)之前,他卒于宋仁宗庆历五年(1045)。苏舜钦为梓州铜山人,后家苏州。他生于宋真宗大中祥符元年(1008),卒于宋仁宗庆历八年(1048)。是则李之才、苏舜钦均年长于周敦颐十岁左右。当穆修卒前,他们都已是成年人,所以都能从学于穆修(《宋史·苏舜钦传》谓"当天圣中,学者为文多病偶对,独舜钦与河南穆修好为古文、歌诗,一时豪俊多从之游",这与《李挺之传》所说"亦从伯长受《易》"之说稍不同)。而周敦颐则于宋真宗天禧元年(1017)方生于湖南道州之营道县,至天圣九年(1031),年十五,方到开封去依靠他的舅氏郑向(据度正所编年谱)。以此与朱震的《进书表》所述种种相对照,自不免启人疑窦:何以穆修不肯把《太极图》传授于已成年的李之才、苏舜钦等人，而专要授予最后到来的一个不满十五岁的学童周敦颐呢？而何况，周敦颐于天圣九年（1031）方到开封，翌年九月穆修即病死在回蔡州的途中（一说死在蔡州家中），在这个短促的时间之内，周敦颐果曾得到从学于穆修的机会吗？对此，事实只能作出否定的回答，从而朱震所独家提出的"穆修以《太极图》传周敦颐"之说，便只能是一种无稽之谈了。

根据以上的论述，可以总结说，周敦颐的《太极图说》，确实是如朱熹所说，是周敦颐"所自作，而非有所受于人"的，也就是说，并不是由穆修传授给他的。然而正因如此，却更证明了周敦颐所接受的道家者流的思想是非常深重的。清代的全祖望在其《周程学统论》（《宋元学案·濂溪学案》附录）的最后，说："而'无极之真'（按：即指《太极图说》），原于道家者流，必非周子之作，斯则不易之论，正未可以表章于朱子而墨守之也。"这也是非常缺乏说服力的一种武断。

在度正所编的《濂溪先生年谱》（《周濂溪集》卷一〇）的最后，还附载一事云：

> 或谓先生与胡文恭公（按：即胡宿）同师润州鹤林寺僧寿涯……遂同授《易》书。

今查《欧阳文忠公集》卷三四有为胡宿撰作的《墓志》，说他卒于治平四年（1067），年七十三。据此上推其生年，当为宋太宗的至道元年（995）。是则胡宿年长于周敦颐二十二岁。《墓志》谓胡宿于天圣二年（1024）中进士乙科，其时周氏方在童年，且尚未至开封。到景祐四年（1037），周的母亲去世，葬于润州其舅氏郑向的墓旁。即便此时有可能与胡宿邂逅，其时胡宿已仕宦十数年，周敦颐也已因郑向恩荫而入仕两年，两人均不可能长期逗留其地，则共同学《易》于僧人寿涯之说，自也必然是一种无稽之谈，我们也不必再加追寻了。

三、 关于周敦颐学术的传授问题

对于朱震所说的"穆修以《太极图》传周敦颐"这句话，虽然引起了长时期的争论,而对于他紧跟在这句话后面的"敦颐传程颢、程颐"一句,则南宋学者均不曾有根本加以否定者:他们或则无条件地加以接受,或则以为周所传授于二程的,虽非《太极图》,但二程的学术思想渊源则是出自周敦颐的,亦即认二程乃周敦颐的嫡传。其最先就朱震的那番话表示意见的,是胡安国的儿子,张栻的老师胡宏的《周子通书序》(《五峰集》卷三):

> 《通书》四十(一)章,周子之所述也。周子名敦颐,字茂叔,舂陵人。推其道学所自,或曰传《太极图》于穆修也。修传《先天图》于种放,放传于陈抟,此殆其学之一师欤,非其至者……程明道先生尝谓门弟子曰:"昔受学于周子,令寻仲尼颜子所乐者何事。"而明道自再见周子,吟风弄月以归。道学之士皆谓程颢氏续孟子不传之学,则周子岂特为种、穆之学而止者哉……今周子启程氏兄弟以不传之学,一回万古之光明,如日丽天;将为百世之利泽,如水行地;其功盖在孔孟之间矣。

这段引文的前一部分,对《太极图》并不十分推崇,认为,即使周敦颐真曾由穆修授以《太极图》,那也只是"其学之一师",而真能体现周氏学术的最高成就的,却是与穆修无关的《通书》。《通书》才是周敦颐传授给二程的真正衣钵。这可见,他对于周、程间的传道授业关系,是完全肯定的。

不属于理学家的群体之内的曾幾(1084—1166),对于周与二程间的学术源流关系,也是与胡宏持说相同的。他在《永州倅厅拙堂记》(引自《周濂溪集·附录》,《茶山集》有诗无文)中说道:

> 二程先生,一世师表,而问学渊源,实自濂溪出。〔濂溪之〕工于道乃如是。

胡宏的学生张栻在所作《道州重建周濂溪先生祠记》(《南轩集》卷十)中说道:

> ……言学而莫适其序,言治而不本于学,言道德性命而流入于虚诞,吾儒之学其果如是乎哉!陵夷至此,亦云极矣。及吾先生起

于远方,乃超然有所自得于其心,本乎《易》之太极,《中庸》之诚,以极乎天地万物之变化,其教人,使之志伊尹之志,学颜子之学;推之于治,先王之礼乐刑政,可举而行,如指诸掌。于是河南二程先生兄弟从而得其说,推明究极之,广大精微,殆无余蕴,学者始知夫孔孟之所以教,盖在此而不在乎他。

在张栻的文集中,为周濂溪祠堂而写的文章,并不只此一篇,凡涉及周与二程间学术传承关系,他的用语总是有意的使其含混一些,决不用"受学"一类字样,以免发生罅隙,授人口实。然而他的主要用意,却还是认为二程继承了周氏的学统,而又把它发扬光大了的。

朱熹于宋孝宗乾道初年编撰《伊洛渊源录》,把《濂溪先生事状》列于卷首,分明等于佛家各宗派中之"定祖"。故《四库提要》说:"宋人谈道学宗派自此书始,而宋人分道学门户,亦自此书始。"朱熹写的这篇《事状》与潘兴嗣所撰周敦颐的《墓志铭》颇有不同,而其最大的区别所在,则是他在《事状》中着重提出:

> 先生博学力行,闻道甚早。……尝作《太极图》《易说》《易通》数十篇。在南安〔为司理参军〕时,年少,不为守所知,洛人程公珦摄通守事,视其气貌非常人,与语,知其为学知道也,因与为友,且使其二子往受学焉。……而程公二子,即所谓河南二先生者也。

这里所说的二程曾受学于周敦颐,乃是二程幼年时候的事,只能算是启蒙教师,而不可能传授道德性命等高深学问。但朱熹在《周子太极·通书后序》(《朱文公文集》卷七五)中又有进一步的说明:

> 盖先生之学,其妙具于《太极》一图,《通书》之言,皆发此图之蕴。而程先生兄弟语及性命之际,亦未尝不因其说。观《通书》之诚、动静、理性命等章,及程氏书之《李仲通铭》《程邵公志》《颜子好学论》等篇,则可见矣。故潘清逸志先生之墓,叙所著书,特以作《太极图》为称首,然则此图当为书首不疑也。然先生既手以授二程本因附书后(原注:祁宽居之云),传者见其如此,遂误以《图》为《书》之卒章,不复厘正,使先生立象尽意之微旨暗而不明,而骤读《通书》

者亦复不知有所总摄。此则诸本皆失之。

据我看，朱熹写这段文字，下笔时是有针对性的。因为，在他写成《伊洛渊源录》之后，汪应辰已经向他一再提出过异议了，所以，不惜多费笔墨，委曲迂回地来证成他的观点，还不惜引述祁宽的无稽之谈以为证。而其实这也全属枉然。今且把汪应辰在致朱函中两次所提异议摘录于下：

一次说："濂溪先生高明纯正，然谓二程'受学'，恐未能尽。范文正公一见横渠奇之，授以《中庸》，谓横渠学文正则不可也。"又一次说："伊川于濂溪，若止云'少年尝从学'，则无害矣。"（均见《文定集》卷一五）朱熹的答复，容在下文引述。

在上面引述的几段文字中，朱熹都承认潘兴嗣在周氏墓志中的记述，承认《太极图》乃周敦颐所作，而不是由穆修传授与他的，这比胡宏借用"或曰"二字而仍引用朱震之说，以为《太极图》乃穆修所传授，在语气和态度上，都明朗确定得多，因而也确实可以解决问题了。至于《太极通书后序》中所提及的程颢所作两篇墓志及程颐的《颜子好学论》，都是要借以证明二程确系传承周氏之学统的，今也分别摘录于下，容待下文进行讨论。

《李仲通铭》即《二程遗书》卷四一之《李寺丞志》，志文的叙事部分无何特殊之处，其重要部分当为铭词，全文如下：

> 二气交运兮五行顺施，刚柔杂揉兮美恶不齐。禀生之类兮偏驳其宜，有钟粹美兮会元之期。圣虽可学兮所贵者资，便儇皎厉兮去道远而，展矣仲通兮赋材特奇，进复甚勇兮其造可知。德何完兮命何亏，秀而不实圣所悲，孰能使我无愧辞。后欲有考观铭诗。

《程邵公志》（同上）是程颢为其早亡的次子端悫（幼名邵公）所写的《墓志》，其涉及阴阳性命之说的则是最后一段：

> 夫动静者阴阳之本，况五气交运则益参差不齐矣。赋生之类，宜其杂揉者众，而精一者间或值焉。以其间值之难，则其数或不能长亦宜矣。吾儿其得气之精一而数之局者欤。天理然矣，吾何言哉。

程颐的《颜子好学论》，是他肄业于太学时，掌教的胡瑗为太学生出的试题，虽与程颢所说"昔受学于周茂叔，每令寻仲尼颜子乐处，所乐何事"颇为相似，然而总不能说胡瑗是接受了周敦颐的学说才命此试题的；而程颐以这篇论文得到胡瑗的赏识，并即"延见，处以学职"之后，也一直没有人说程氏乃是窃取了周氏之说立论的。是则朱熹举此文来证明程学导源于周，显然是强为牵合的。程氏的论文我也不再摘引了。

总之是，经过朱熹等几次三番地力加论证之后，伊洛渊源于濂溪之说便为理学家们的徒众所普遍接受，形成了一种一定不易之论。史弥远在粉碎了韩侂胄一派的势力之后，到宋宁宗嘉定年间，便大力为理学家们翻案，并先后为几位重要的理学家追赠定谥。嘉定九年（1216），在朱熹、张栻诸人已经赐谥之后，魏了翁和任希逸便又分别上疏，为周敦颐、二程请谥。他们的奏疏中所持的理由，特别是在太常寺定谥的拟议当中，全都是综合了南宋以来理学家们对周、程所作的评价。例如魏了翁为周敦颐请谥的奏疏当中说道（按：因避宋光宗之讳，故奏疏中均改称周为周颐）：

> 盖自周衰孔孟氏殁，……而颐独奋乎百世之下，穷探造化之赜，建《图》著《书》，阐幽抉秘，即斯人日用常行之际，示学者穷理尽性之归，使诵其遗言者始得以晓然于洙泗之正传，而知世之所谓学者，非滞于俗师则沦于异端，盖有不足学者。于是河南程颢、程颐亲得其传，而圣学益以大振，虽三人于时皆不及大用，而其嗣往圣，开来哲，发天理，正人心，使孔孟绝学独盛于本朝而超出乎百代，功用所系，治理所关，诚为不小。（《道命录》卷九）

到嘉定十二年（1219），由太常丞臧格写定了一道《谥议》，其中更把周敦颐的学术造诣推崇到无以复加的高度，也把他与二程的学术传承关系加以肯定。说道：

> 自孟轲氏没，异端滋炽。重以专门于汉，清谈于晋，至唐则文艺益工，展转沉痼，以迄五季之陋，几于蠹蚀不存矣。……宋兴，……有濂溪先生出焉。先生道学渊懿，超然自达，复出乎万物之表；而其最深切者，《太极》有图，所以发是理之幽秘；《易通》有书，所以阐是

关于周敦颐的师承和传授

《图》之精微。《图》有无穷之义,《书》有不尽之言。学者潜玩而服行之,如是可以探二气五行之运,如是可以见中正仁义之本,如是可以识神物动静之别。……要之,先生所得之奥,不俟师传,匪由智索,神交心契,固已极其本统。……谨按《谥法》,"主善行德曰元"。先生博学力行,会道有元,脉络贯通,上接乎洙泗;条理精密,下逮乎河洛。以"元"易名,庶几百世之下,知孟氏之后,观圣道者必自濂溪始。(《道命录》卷九)

南宋嘉定年间,权相史弥远为了巩固他的政治权势,必须力反韩侂胄当政时的所作所为,所以对于从北宋到南宋的理学家们,作了一系列的表扬和褒奖的工作,而一切又都是参照朱熹生前所发表的意见办理的。从此以后,以周敦颐为祖师爷的这个所谓"濂洛关闽"的宋代理学家的系列组合便人为地构成了。

而其实,这个系列组合是勉强拼凑在一起的,特别是濂洛之间的学术传承关系,只是处于若有若无的状态之下,是经不起认真的推敲和论证的。主要是因为此说并不是建立在坚实牢固的基础之上的。例如,在宋高宗绍兴七年(1137)正月,因有诏禁程颐之学,徽猷阁待制胡安国(即胡宏之父)闻之,便上奏说:

士以孔孟为师,不易之至论。然孔孟之道久矣,自程颐始发明之,而后其道可学而至。今使学者师孔孟而禁不得从颐之学,是入室而不由户也。夫颐之文,于诸经、《语》《孟》则发其微旨而知求仁之方,入德之序。鄙言怪语,岂其文哉!……高视阔步,岂其行哉!

自嘉祐以来,颐与兄颢及邵雍、张载,皆以道德名世,如司马光、吕大防莫不荐之。……望下礼官讨论故事,加此四人封爵,载在祀典,比于荀、扬之列。仍诏馆阁裒其遗书,以羽翼六经,使邪说不得作而道术定矣。(《建炎以来系年要录》卷一〇八)

胡安国此奏当中,是认为程颐于千载后直接上承孔孟之道的,不但没有提及程颐与周敦颐有师弟子的关系,而且在所举述的从嘉祐到熙宁的重要儒家学者当中,也根本没有周氏其人。

又如上文所引述,胡宏、朱熹都是力主二程继承并发扬了周敦颐的学术思想的,但在他们自己的文章当中,有时就不免对此说作了具体的否定。例如胡宏的《程子雅言后序》(《五峰集》卷三)中有一段文字说道:

> 自秦焚书坑儒以后,章句紊乱,六经之义,浸微浸昏。重以本朝丞相王安石专用己意训释经典,倚威为化,以利为罗,化以革天下之英才,罗以收天下之中流,故五十年间经术颓靡,日入于暗昧支离,而六经置于空虚无用之地。方其时也,西洛程伯淳、其弟正叔二先生者,天实生之,当五百余岁之数,禀真元之会,绍孔孟之统,振六经之教。然风气仍衰而未盛也。故明道先生早世,先进高第相继以亡;伊川先生以一己之力横制颓波,是以六经之文犹有未赞者,而先生已没。然大纲张理者亦多矣。

在这一大段文字当中,在其所述王安石当政前后五十年的时期内,在北宋的儒家学派的活动人物当中,何曾有周敦颐其人在内? 而且二程乃是"天实生之"以"当五百余岁之数"的人物,何曾说到启其端者还有周敦颐其人呢? 又还说程颢和他的高足相继沦亡之后,便只剩了程颐一人,"以一己之力横制颓波",是则不但二程并非继承和发扬周敦颐学术思想的人物,在那整个五十年内的北宋学者中,也根本没有周敦颐的任何一个门徒在内。这岂不是把周敦颐在北宋学术界思想界的影响和地位都一笔勾销了吗?

朱熹在《程氏遗书后序》(《朱文公文集》卷七五)中也说了与胡宏相类似的一句话:

> 夫以二先生唱明道学于孔孟既没、千载不传之后,可谓盛矣!

话虽仅此一句,而其"潜台词"的含义,却也是与胡宏一样,是在说:在二程之前,是没有任何人能够继承孔孟的千载不传之绝学的。难道这不也是已经把周敦颐在儒家的学统或道统中的地位一笔勾销了吗?

朱熹在《太极通书后序》中用来证明伊洛渊源的论据,《李仲通墓志铭》和《程邵公志》中所涉及的阴阳、动静、性命等等,乃是在大量吸收了释道二家学说的宋代儒生们(包括王安石等学者在内)经常涉及的命题,既非周敦颐的独得之学,程颢的那两段议论也决非从《通书》中引申而来。所以,朱熹在这篇《后序》以及《语类》所载他的谈话中,虽都似乎言之凿凿,而在他答复汪应辰表示异议的两次来信时,第一次复信中说道:

> "受学"之语,见于吕与叔所记二先生语中,云"昔受学于周茂叔",故据以为说。

这是把他在《伊洛渊源录》中所用的"受学"二字,推到吕大临所记的《二程语录》上面去了,颇有苏东坡"赤壁怀古"的《念奴娇》词中"人道是三国周郎赤壁"的意味,等于说,是否确凿恰当,我是不负其责了。表明朱熹在此似已不坚持二程受学于周敦颐之说了。

在答复汪应辰第二次的来信时,他又说道:

> 濂溪、河南授受之际,非末学所敢议,然以其迹论之,则来教为得其实矣,敢不承命而改焉!但《通书》《太极图》之属,更望暇日试一研味,恐或不能无补万分,然后有以知二先生之于夫子,非若孔子之于老聃、郯子、苌弘也。(两函均见《朱文公文集》卷三〇)

在汪应辰的有理有据的质疑问难之下,朱熹只能表示完全接受他的意见,并表示要按照汪应辰的意见加以改正。然而,朱熹是一个最好负气求胜的人,他虽然说"来教为得其实,敢不承命而改",在他心的深处却仍是不肯服输,所以在这两句话前,他先写了"然以其迹论之"一句,暗示汪应辰只是从形式上而不是从实质上观察问题;而在这句话之后,又建议汪应辰把《通书》和《太极图》去仔细研读体味一番,那就必会受到补益,必能从思想脉络上了解二程与周敦颐的学术关系的实质了。因此,他不但没有实践自己的诺言,对"受学"之说稍加改正,反而还向他的门徒们把汪应辰批评了一番。在《朱子语类》卷九三记有一事云:

> 汪端明(按:即汪应辰)尝言:"二程之学,非全资于周先生者。"盖《通书》人多忽略,不曾考究。今观《通书》皆是发明《太极》,《书》虽不多,而统纪已尽。二程盖得其传。但二程之业广耳。

这岂不是又把写给汪应辰的复信中的话全部推翻了吗?

朱熹在淳熙六年(1179)写了一篇《隆兴府学濂溪先生祠记》(《朱文公文集》卷七八),其中有一大段文字是:

> 盖尝窃谓先生之言,其高极乎无极太极之妙,而其实不离乎日用之间;其幽探乎阴阳五行造化之赜,而其实不离乎仁义礼智刚柔善恶之际。其体用之一源,显微之无间,秦汉以下诚未有臻斯理者,而其实则不外乎六经、论语、中庸、大学、七篇(按即《孟子》)之所传也。盖其所谓太极云者,合天地万物之理而一名之耳:以其无器与形而天地万物之理无不在是,故曰无极而太极;以其具天地万物之理而无器与形,故曰太极本无极也。是岂离乎生民日用之常而自为一物哉!……顾孟氏既没,而诸儒之智不足以及此,是以世之学者茫然莫知所适:高则放于虚无寂灭之外,卑则溺于杂博华靡之中,自以为道固如是,而莫或知其非也。及先生出,始发明之以传于程氏,而其流遂及于天下,天下之学者于是始知圣贤之所以相传之实乃出于此而有以用其力焉。此先生之教所以继往圣、开来学而大有功于斯世也。

这一大段文字的前一部分,把周敦颐的学问,描述得极高明而尽精微,博大精深,但这与《语类》中所说"二程之业广"一语不免有些不合,周氏之学既已广博到无所不包,二程更向哪里去拓而广之呢?其后一部分,则仍是坚持二程为传周氏之学的,仍是不肯考虑汪应辰函告他的那些意见的。

然而,一个佐证不够充分的论断总不会具有说服力的。所以在朱熹的身后,仍不断有人对他的论断提出异议。例如,在明代,则有丰道生说过(据《宋元学案·濂溪学案》转引。疑原出丰氏《易辨》中,今未见其书):

> 二程之称胡安定,必曰胡先生,不敢曰翼之。于周,一则曰茂叔,再则曰茂叔,虽有吟风弄月之游,实非师事也。至于《太极图》,两人生平俱未尝一言道及,盖明知为异端,莫之齿也。

说二程认《太极图》为异端,恐出丰氏武断,但谓"两人生平俱未尝一言道及",以及说二程之对于周氏,"一则曰茂叔,再则曰茂叔",这却都是无可辩驳的事实。黄百家在《学案》中谓黄宗羲曾作诗驳斥丰氏之说,我认为是并不恰当的。可能,参与《宋元学案》编纂工作的全祖望(1705—1755),也是不以朱熹的论断为然的,他所撰写的《濂溪学案·序录》就这样说:

> 濂溪之门,二程子少尝游焉。其后伊洛所得,实不由于濂溪。是在高弟荥阳吕公(按:即吕希哲)已明言之,其孙紫微(按:即吕本中)又申言之,汪玉山亦云然。今观二程子终身不甚推濂溪,并未得与马(按:指司马光)邵(按:指邵雍)之列,可以见二吕之言不诬也。晦翁南轩始确然以为二程子所自出,自是后世宗之,而疑者亦踵相接焉。然虽疑之,而皆未尝考及二吕之言以为证,则终无据。予谓濂溪诚入圣人之室,而二程子未尝传其学,则必欲沟而合之,良无庸矣。

全祖望是一位历史学家,他的这段话,实事求是,公正平允。然而我所不解的是,他何以只举述二吕的话作证据,而对于一条最直接、最原始、最重要也最可信据的资料,即程颐为程颢所作《行状》中的一大段有关论述,反而放过不用呢?

生年稍晚于全祖望的戴震(1723—1777),在其所著《孟子字义疏证》当中,就根据程颐这篇《明道行状》而不只一次地否认周程之间的师生关系。例如在《孟子私淑录》卷下就写有如下一段话:

> 曰:周子之学,得于老释者深,而其言浑然与孔孟相比附,后儒莫能辨也。朱子以周子为二程子所师,故信之笃,考其实,固不然。程叔子撰《明道先生行状》,言"自十五六时,闻周茂叔论道,遂厌科举之业,慨然有求道之志。未知其要,泛滥于诸家,出入于老释者几十年,返求诸六经,然后得之"。其不得于周子明矣;且直字之曰周茂叔,其未尝师事亦明矣。见周茂叔后乃出入于老释;张横渠亦访诸释老之书累年;朱子年四十以前犹驰心空妙。宋儒求道,往往先以老释为借阶,虽终能觉悟老释之非,而受其蔽、习于先入之言而不察者亦不少。周子论学圣人主于无欲,……以老释废学之意论学,害之大者也。

戴东原在这里说二程之学不出于周敦颐，完全正确；但说"朱子以周子为二程子所师，故信之笃"，却不免把前因后果颠倒了。事实是，因为朱熹衷心敬佩周敦颐，才硬把周程之间的关系制造成师弟子的关系的。这一点似乎还并未为戴东原所觉察。

在此，我仍觉得有必要把《明道先生行状》中的某些有关部分再加摘引，并稍稍进行一些分析。

《二程遗书》卷四二载《明道行状》全文，其中有一大段文字，说道：

> 先生为学，自十五六时，闻汝南周茂叔论道，遂厌科举之业，慨然有求道之志。未知其要，泛滥于诸家，出入于老释者几十年，返求诸六经而后得之。明于庶物，察于人伦，知尽性至命必本于孝悌，穷神知化由通于礼乐，辨异端似是之非，开百代未明之惑。秦汉而下，未有臻斯理也。
>
> 谓孟子没而圣学不传，以兴起斯文为己任。其言曰："道之不明，异端害之也。昔之害近而易知，今之害深而难辨。昔之惑人也乘其迷暗，今之入人也因其高明。……是皆正路之榛芜，圣门之蔽塞，辟之而后可以入道。"先生进将觉斯人，退将明之书，不幸早世，皆未及也。其辨析精微，稍见于世者，学者之所传耳。

在这段文字中，值得我们思考的，有以下诸点：

1. 程颢在少年时闻周敦颐论道，即"厌科举之业"（周敦颐非科举出身，所以他平素对科举制度也必不会加以赞扬），然据《行状》所述，他却是在"逾冠"之年即"中进士第"，可见他从周敦颐所受到的这一启发，也并未遵行。

2. 程颢虽然从与周敦颐相见之后即"慨然有求道之志"，然而也还是"茫然莫知所适"，亦即并未从周敦颐得知求道的门径，是在他"泛滥于诸家，出入于老释"十来年之后，才"返诸六经而后得之"的。由此可见，程颢后来之成为理学家（道学家），与周敦颐并无丝毫干涉。程颢如此，程颐当然更是如此。

3. 程颢也和韩愈一样，认为"自孟子没而圣学不传"，所以他自己"以兴起斯文为己任"，可见他也并未把周敦颐放在心目当中，并不认为他已能够算作继承儒家道统的一人,因而周氏本人也就不具备可以被继承的学统了。

4. 程颐所说其兄在学术领域中的主要活动,是"辨异端似是之非,开百代未明之惑",这与周敦颐的《太极图》和《通书》的内容全然异趣。朱熹只想凭借《李寺丞墓志铭》和《程邵公志》两文而硬要把周、程牵合为一,这是无法令人折服的。

基于上述的分析,我可以斩钉截铁地说,二程决不是受"学"(理学)于周敦颐的,特别是对于他的《太极图》和《通书》,二程是都不曾接触过的。

四、短 结

根据以上三节的考察和论证,我们可以把周敦颐的学业,其师承与传授,以及他在北宋儒家学者中的地位,综括为如下数事:

一、周敦颐的《太极图》和《通书》,都是他本人深造自得的著作,而决非受之于穆修的。从他的著作的内容看,知其学术思想所受道家的影响必甚大,但他与陈抟、种放等人之间也不存在直接或间接的传授关系。至于他究竟受学于何人,则于史无征。

二、二程决非周敦颐的学业的传人。二程以外,在北宋人的文献记载当中,也找不到有任何人曾经受学于他。所以他的学业,在北宋一代并未见有人加以称述和表彰。到南宋孝宗时候,经胡宏、张栻,特别是朱熹才得揭出其人其书而大加表扬,使之著称于世。

三、在宋人的记载当中,也找不到周敦颐与其同时代的主要学人互相商讨、切磋学术问题的痕迹。仅在其裔孙所编《周濂溪集》的附录当中见有以下两条:

> 1. 王荆公为江东提点刑狱时,已号为通儒,茂叔遇之,与语连日夜。荆公退而精思,至忘寝食。
>
> 2. 谢无逸志潘延之墓云:"荆公、子固在江南,二公议论或有疑而未决,必曰:'姑置是,待他日茂叔来订之。'"

这两条记载虽也并不能说明任何问题,但毕竟还是与论学论道相关的。除此以外,与周敦颐关系较多的,如赵抃、吕陶、程师孟等人,则都是因宦游各地而成为知交的,虽相互间多有酬唱赠答之作,却都不是涉及学问的事。就连推崇周氏备至的朱熹,如我在此文引言中所引用的,他也不能不以十分遗憾的口气说道:"濂溪在当时,……无有知其学者。"语气尽管遗憾,却道出了一个铁一般的事实。因此,我以为,如果专就北宋时期内的学术界来说,周敦颐在其时的儒家学派当中,是根本不曾占有什么地位的。

(原载《纪念陈寅恪先生诞辰百年学术论文集》)
1988 年 12 月 17 日初稿
1991 年 2 月 2 日订补

朱陈论辩中陈亮王霸义利观的确解

陈亮同朱熹关于王霸义利的一场争论,开始于宋孝宗淳熙十一年(1184),持续了将近三年之久,最终还只是一个不了了之的结局。然而它是南宋思想界一个重要事件,对当时的思想界既搅起了一大波澜,对以后的思想界也具有很大影响。

陈亮是一个才气横溢,在生活作风上有些不拘小节的人物。他同朱熹相识,大概是在淳熙五六年(1178年或1179年)内。介绍他们认识的是金华的学者吕祖谦。此后二人便不断有些来往。而在淳熙五年(1178),陈亮在写给宋孝宗的一道奏章中,对当时的儒者们作了严厉的批评,写道:"今世之儒士,自以为得正心诚意之学者,皆风痹不知痛痒之人也。举一世安于君父之仇,而方低头拱手以谈性命,不知何者谓之性命乎!"这些话当然会为朱熹所不满。到淳熙八年(1180)冬,吕祖谦去世了,陈亮在祭吕文中写有"孝悌忠信常不足以趋天下之变,而材术辩智常不足以定天下之经"等话语,朱熹闻知后,更认为这些言论太违背了儒家的伦理规范,过分地离经叛道了。

淳熙十一年(1184)春,陈亮因受乡人诬告而被关进牢房,做了将近百日的囚徒才获释放。朱熹在闻悉陈亮入狱时并未设法营救,到他风闻陈亮获释时,却写了一信给陈亮,对他进行规劝。信的主要内容是说,陈亮的系狱,他虽还不知其原因所在,也许是全然冤枉的;但从陈的平日言行来说,似乎也有足以招致怨谤之处。因此,他进一步奉劝陈亮说:

> 老兄高明刚决,非吝于改过者,愿以愚言思之,绌去"义利双行、王霸并用"之说,而从事于惩忿窒欲、迁善改过之事,粹然以醇儒之

> 道自律,则岂独免于人道之祸,而其所以培壅本根、澄源正本、为异时发挥事业之地者,益光大而高明矣。(《朱文公文集》卷三六)

对于朱熹这番奉劝的话,陈亮认为全都不能接受。他遂写信给朱熹,对他所劝告的一些意见进行辩论。战幕从此揭开。陈亮对于"醇儒"问题的意见,我已在《陈亮反儒问题辨析》一文中讨论过,现只把有关"义利双行,王霸并用"的论争阐明一下:

陈亮认为,朱熹把他关于历史发展的一些论点归纳为"义利双行,王霸并用",完全误解了他的原意,他写给朱熹的回信中说:

> 自孟荀论义利王霸,汉唐诸儒未能深明其说。本朝伊洛诸公,辩析天理人欲,而王霸义利之说于是大明。然谓三代以道治天下,汉唐以智力把持天下,其说固已不能使人心服;而近世诸儒,遂谓三代专以天理行,汉唐专以人欲行,其间有与天理暗合者,是以亦能久长。信斯言也,千五百年之间,天地亦是架漏过时,而人心亦是牵补度日,万物何以阜蕃而道何以常存乎?
>
> 故亮以为:汉唐之君本领非不洪大开廓,故能以其国与天地并立,而人物赖以生息。惟其时有转移,故其间不无渗漏。
>
> 谓之杂霸者,其道固本于王也。诸儒自处者曰义曰王,汉唐做得成者曰利曰霸,一头自如此说,一头自如彼做;说得虽甚好,做得亦不恶。如此却是义利双行、王霸并用;如亮之说,却是直上直下,只有一个头颅做得成耳。(《陈亮集》增订本卷二八《甲辰秋书》)

陈亮信中的前一段话,其所谓伊洛诸公及近世诸儒,分明是指二程及其徒众(包括朱熹)而言。因为在程颢《语录》中,就记有他说的:

> 三代之治,顺理(按:此理字当即天理)者也;两汉以下,皆把持天下者也。(《二程遗书》卷一一)

而在他于熙宁二年(1069)上的一篇《论王霸札子》(《二程遗书》卷三九)中也说道:

> 得天理之正,极人伦之至者,尧舜之道也;用其私心,倚仁义之偏者,霸者之事也。……霸者崎岖反侧于曲径之中而卒不可与入尧

舜之道,故诚心而王则王矣,假之而霸则霸矣。二者其道不同。……故仲尼之徒无道桓文之事而曾西耻比管仲者,义所不由也。况下于霸者哉。

陈亮信中的后两段话,则主要是对于自己的王霸义利观点所做的明白确切的解释。把这些话换用现代语言加以概括,应为:

从三代的禹、汤、文、武,到汉祖、唐宗,全都是用王道和义理治理天下的,所以都能享国长久。三代之君的所作所为,无往而非王道和义理;汉祖唐宗之所作所为,则间或有背离了义理和王道之处。在他们之间,就以王道义理来说,只存在程度的区别,而并无本质的差异。因而不能把这种观点归纳为"义利双行、王霸并用"。

决策布政都做到十分圆满适当的,就是王道,就是行了天理;只做到几分适当而做不到十分圆满的,就可算做行霸道,重功利。故王道与霸道,仁义与功利,乃是出于一个源头(亦即一元),而不是有两个源头(亦即二元)的。

所谓杂霸,也是本源于王道的。像近世诸儒那样,把自身讲说的一套称做仁义、王道,把汉祖唐宗做成的功业叫做利和霸;诸儒的讲论固很美好,汉祖唐宗的业绩也同样美好。这才是"义利双行,王霸并用"呢。

朱熹认为陈亮的这番议论仍极错误,便在回信中提出一系列的反驳和诘难:

老兄视汉高帝唐太宗之所为而察其心,果出于义耶、出于利耶?出于邪耶、正耶?若高帝,则私意分数犹未甚炽,然已不可谓之无;太宗之心,则吾恐其无一念之不出于人欲也。直以其能假仁借义以行其私,而当时与之争者才能知术既出其下,又不知有仁义之可借,是以彼善于此而得以成其功耳。若以其能建立国家、传世久远,便谓其得天理之正,此正是以成败论是非,但取其获禽之多,而不羞其诡遇之不出于正也。(《朱文公文集》卷三六)

朱熹的历史观,认为人类社会是日益退化而非进化的,只认为尧舜三代是历史上的黄金时代,其后则一代不如一代,故唐太宗就远远不如汉高祖了。陈亮的历史观虽也不能称之为历史进化论,但也并非退化论,至少,他是并不认为一代不如一代的。对于朱熹的那种观点,他当然不能接受。因此,他又写了一封长信给朱熹,其中有关对王霸义利观点再作解释的一段是:

> 惟圣为能尽伦,自余于伦有不尽,而非尽欺人以为伦也;惟王为能尽制,自余于制有不尽,而非尽罔世以为制也。……亮非喜汉唐获禽之多也,正欲论当时御者之有罪耳。高祖太宗本君子之射也,惟御者之不纯乎正,故其射一出一入;而终归于禁暴戢乱、爱人利物而不可掩者,其本领宏大开廓故也。(《陈亮集》增订本卷二八《乙巳春书之一》)

朱熹又写回信争辩。现也只摘录其有关王霸义利的两段于下:

> 来教云云,其说虽多,然其大概,不过推尊汉唐,以为与三代不异;贬抑三代,以为与汉唐不殊。而其所以为说者,则不过以为古今异宜,圣贤之事不可尽以为法,但有救时之志,除乱之功,则其所为虽不尽合义理,亦自不妨为一世英雄。……
>
> 以儒者之学不传,而尧舜禹汤文武以来转相授受之心不明于天下,故汉唐之君虽或不能无暗合之时,而其全体却只是在利欲上,此其所以尧舜三代自尧舜三代,汉祖唐宗自汉祖唐宗,终不能合而为一也。(《朱文公文集》卷三六)

这不但是寸步未让,而在信的最后,朱熹还用极其严厉的口吻指责陈亮说,如果还不放弃这种错误议论,"窃恐后生传闻,轻相染习,使义利之别不明,舜跖之途不判,眩流俗之观听,坏学者之心术,不唯老兄为有识者所议,而朋友亦且陷于收司连坐之法,此熹之所深忧而甚惧者"。此信更明白地反映出来:对于王道和霸道、义理和功利,朱熹都是持二元论的。

正因为朱熹的斥责如此严厉,陈亮更不能不把自己的论点不惮重复地再作一次辩白,以求取得朱熹的正确理解,他又回信说:

> 来谕谓亮"推尊汉唐以为与三代不异,贬抑三代以为与汉唐不殊",如此则不独不察其心,亦并与其言不察矣。
>
> 某大概以为:三代做得尽者也,汉唐做不到尽者也。……惟其做得尽,故当其盛时,三光全而寒暑平,无一物之不得其生,无一人之不遂其性;惟其做不到尽,故虽其盛时,三光明矣而不保其常全,寒暑运矣而不保其常平,物得其生而亦有时而夭阏者,人遂其性亦有时而乖戾者。……
>
> 来书又谓:"立心之本,当以尽者为法,不当以不尽者为准。"此亦明言也。而谓汉唐不无愧于三代之盛时便以为欺罔者,不知千五百年之间以何为真心乎?(《陈亮集》增订本卷二八《乙巳春书之二》)

这信中所说的"三代做得尽者也,汉唐做不到尽者也",也仍是在说:三代的禹汤文武,是能彻头彻尾地推行仁义之政,推行王道的;汉祖唐宗所推行的政令虽间有背离了仁义,不尽符合于王道之处,然就其大本而论,却也只是一个"尽"与"不尽"的问题,亦即只是量的区别而并无本质的差异。北宋的儒家学者司马光在其所著《迂书》的"道同"条中,所表述的正是与陈亮完全相同的意见,亦即认为,王道与霸道二者之间,只是程度的区别而非本质的差异。故标题为《道同》。《道同》全文为:

> 合天下而君之之谓王,王者必立三公,二公分天下而治之,曰二伯,一公处乎内,皆王官也。周衰,二伯之职废,齐桓、晋文纠合诸侯以尊天子,天子因命之为侯伯,修旧职也。伯之语转而为霸,霸之名自是兴。自孟荀氏而下,皆曰:"由何道而王,由何道而霸。"道岂有二哉!得之有浅深,成功有小大耳。譬诸水,为畎为浍,为谷为溪,为川为渎,若所钟,则海也。大夫、士,畎浍也;诸侯,溪谷也;州牧,川也;方伯,渎也;天子,海也。小大虽殊,水之性奚以异哉!(《增广司马温公全集》卷一〇二,字句与《传家集》及《司马温公集》所载均稍不同。)

司马光此文写于元丰六年(1083),其中的有些话,我怀疑是针对程颢《论王霸札子》而发的。它的写成,下距朱陈的这次辩论已整整百年。在此一百年内,从无一人对司马光的这番话提出过商榷意见。《朱子语类》中

记有朱熹论述司马光言论著作处甚多,也无一处涉及这段议论。然而他对陈亮的这封信却是不肯轻易放过的。他又写答书给陈亮说:

> 古之圣贤从本根上便有"惟精惟一"功夫,所以能执其中,彻头彻尾无不尽善。后来所谓英雄,则未尝有此功夫,但在利欲场中头出头没,其资美者,乃能有所暗合,而随其分数之多少以有所立。然其或中或否,不能尽善,则一而已。来谕所谓"三代做得尽,汉唐做得不尽"者,正谓此也。然但论其尽与不尽,而不论其所以尽与不尽,却将圣人事业去就利欲场中比并较量,见有仿佛相似,便谓圣人样子不过如此,则所谓毫厘之差、千里之谬者,其在此矣。……
>
> 至于古人已往之迹,则其为金为铁固有定形,而非后人口舌议论所能改易久矣,今乃欲追点功利之铁以成道义之金,……谓汉唐以下便是真金,固无待于点化,而其实又有大不然者。盖圣人者金中之金也,学圣人而不至者,金中犹有铁也。汉祖唐宗用心行事之合理者,铁中之金也。曹操、刘裕之徒则铁而已矣。
>
> 夫金中之金乃天命之固然,非由外铄,淘择不净犹有可憾;今乃无故必欲弃舍自家光明宝藏,而奔走道路,向铁炉边查矿中拨取零金,不亦误乎!(《朱文公文集》卷三六)

"惟精惟一,允执厥中",这是宋代的理学家们称为从尧舜到孟子转相传授的"心法",亦即孟子之后便不得其传的"往圣绝学"。朱熹用这种"心法"和"绝学"作为衡量一切是非善恶的标准,所以他认为世道人心、社会风习都在倒退,故不能拿汉祖唐宗与禹汤文武对比;而陈亮却从来不承认这样的标准,所以他又写了反驳意见给朱熹,说道:

> 亮大意以为本领闳阔,工夫至到,便做得三代;有本领,无工夫,只做得汉唐。而秘书必谓汉唐并无些子本领,只是头出头没,偶有暗合处,便得功业成就,其实则是利欲场中走。……天地之间何物非道?赫日当空,处处光明。闭眼之人,开眼即是,岂举世皆盲,便不可与共此光明乎!眼盲者摸索得着,故谓之暗合,不应二千年之间有眼皆盲也!
>
> 亮以为:后世英雄豪杰之尤者,眼光如黑漆,有时闭眼胡做,遂

为圣门之罪人;及其开眼运用,无往而非赫日之光明。天地赖以撑拄,人物赖以生育。今指其闭眼胡做时便以为盲,无一分眼光;指其开眼运用时只以为偶合,其实不离于盲。嗟乎冤哉! 彼直闭眼耳,眼光未尝不如黑漆也。一念足以周天下者,岂非其眼光固如黑漆乎!

秘书以为三代以前都无利欲,都无要富贵底人,今《诗》《书》载得如此净洁,只此是正大本子。亮以为才有人心便有许多不净洁,……秘书亦何忍见二千年间世界涂涴、而光明宝藏独数儒者自得之,更待其有时而若合符节乎?(《陈亮集》增订本卷二八《乙巳秋书》)

朱熹接到此信之后,是感到大不耐烦了呢,是觉得莫可奈何了呢,还是丧失了最后必胜的信念了呢? 总之是,只极其简单地,而且是颇含鄙夷意态地,写给陈亮一封回信,说道:

诲谕缕缕,甚荷不鄙。但区区愚见,前书固已尽之矣。细读来谕,愈觉费力。……已往是非不足深较,如今日计,但当穷理修身,学取圣贤事业,使穷而有以独善其身,达而有以兼善天下,则庶几不枉为一世人耳!(《朱文公文集》卷三六)

陈亮见此信后,自然也要识相一些,遂于淳熙十三年(1186)秋写回信给朱熹时,只在中间插入了如下一段文字:

秘书之学,至公而时行之学也;秘书之为人,扫尽情伪而一于至公者也。……有公则无私,私则不复有公。王霸可以杂用,则天理人欲可以并行矣。亮所以为缕缕者,不欲更添一条路,所以开拓大中,张皇幽眇,而助秘书之正学也。岂好为异说而求出于秘书之外乎! 不深察其心,则今可止矣。比见陈一之国录,说张体仁太博为门下士,每读亮与门下书,则怒发冲冠,以为异说;每见亮来,则以为怪人,辄舍去不与共坐。由此言之,此数书未能免罪于世俗,而得罪于门下士多矣;不止,则楚人又将钳我于市。进退维谷,可以一笑也。(《陈亮集》增订本卷二八《丙午复朱元晦秘书书》)

对于朱、陈二人的这场争辩,浙东学派中的陈傅良(陈亮的好友之一),在与陈亮经过一度曲折商讨之后,当即作出表态,明确表示同意陈亮的论点。

陈亮是把他与朱熹争论的往返函件随时转告陈傅良的。在最初,陈傅良大概也并没有认真体认双方的论点,而就写信给陈亮,把双方的论点作了概括和评论,说道:

> 以不肖者妄论:功到成处便是有德,事到济处便是有理,此老兄之说也。如此,则三代圣贤枉作工夫。功有适成,何必有德,事有偶济,何必有理,此朱丈之说也。如此,则汉祖唐宗贤于盗贼不远。以三代圣贤枉作工夫,则是人力可以独运;以汉祖唐宗贤于盗贼不远,则是天命可以苟得。谓人力可以独运,其弊上无兢畏之君;谓天命可以苟得,其弊下有觊觎之臣。二君子立论不免于为骄君乱臣之地,窃所未安也。(《止斋文集》卷三六)

这等于对双方各打了五十大板。但也反映出来,他对于陈亮在与朱熹辩论中所再三申明的关于王霸义利的观点并未真正理解。例如,陈亮认为,汉祖唐宗施政决策时的用心,基本上是出于道心而非私心,他们之所以能够建功立业的根本原因也正在此。而陈傅良却归结为"功到成处便是有德,事到济处便是有理",就与陈亮的原意完全背戾,把因果关系弄颠倒了。陈亮对此无法接受,便又写信给他,对自己的论点再郑重申明道:

> 亮与朱元晦所论,本非为三代、汉、唐设,且欲明此道在天地间如明星皎月,闭眼之人开眼即是,安得有所谓暗合者乎!

> 天理人欲,岂是同出而异用?只是情之流乃为人欲耳,人欲如何主持得世界!亮之论乃与天地日月雪冤,而尊兄乃名以跳踉叫呼,拥戈直上;元晦之论只是与二程主张门户,而尊兄乃名之以正大,且占得地步平正,有以逸待劳之气。嗟乎冤哉!吾兄为一世儒者巨擘,其论已如此,在亮便应闭口藏舌,不复更下注脚;终念有怀不尽,非二十年相聚之本旨,聊复云云。(《陈亮集》增订本卷二九《与陈君举》)

陈傅良对此信的回答,内容与前信大不相同。他不但表示倾向陈亮的论点,还对朱熹的论点进行了驳诘。只是认为,陈亮在写给朱熹的那些辩论信件中,语气颇像禅宗和尚们的"当头棒喝",措词有失于轻率和欠斟酌处,遂被朱熹捉到话柄了。他写道:

> 元晦往复诸书,何尝敢道老兄点当得错?只是〔老兄〕书中词气全似衲子面棒之语,不应写在纸上,一便传十,百便传千。岂可不忍耐特择言语,却乃信手添起,后生胡乱模画,而元晦亦赶趁出了无限不恰好话。……
>
> 且汉唐事业,若说并无分毫扶助正道,教谁肯伏?……"暗合"两字如何断人?识得三两分便有三两分功用,识得六七分便有六七分功用。却有全然识了,为作不行,放低一着之理;决无全然不识,横作竖作,偶然撞着之理。此亦分晓,不须多论。
>
> 但老兄任直,不能廉纤自占便宜,其间时有漏气言语,元晦执以见攻,盖是忠爱。然亦缘要攻老兄漏气去处,遂把话头脱体蹉过。
>
> (《止斋文集》卷三六)

陈傅良还有写给朱熹的两封信,其第二封的末段有云:

> 如永康往还〔诸书〕,动数千言,更相切磋,未见其益。学者转务夸毗,浸失本指。盖刻画太精,颇伤易简;矜持已甚,反涉吝骄。以此益觉书不能宣,要须请见究此衷曲耳。(《止斋文集》卷三八)

这正好是一个佐证,证明陈傅良第二次写给陈亮的信中那些同情和支持的语言,确是他的由衷之言,并非因受到陈亮的责怪而写来敷衍塞责的。

浙东学派的另一学者叶适,也是陈亮的好友之一。他在陈亮死后为《龙川文集》所作的《序言》中有云:

> 同甫既修皇帝王霸之学,上下二千余年,考其合散,发其秘藏,见圣贤之精微常流行于事物,儒者失其指,故不足以开物成务。其说皆今人所未讲,朱公元晦意有不与而不能夺也。

这些话都是指朱、陈的王霸义利之辩而说的。引文的末句的大意是说,朱熹对于陈亮关于王霸义利的观点虽不赞成,然而他终于未能把陈驳倒。

我认为,朱、陈之间关于王霸义利的争辩,是因为陈亮不承认朱熹说他有"义利双行,王霸并用"的主张而引起的,这场笔墨官司虽是不了了之的,但朱熹也不再把这一主张硬栽到陈亮身上了。因此,在这场笔墨官司之后,在陈亮既已把自己的王霸义利的观点反反复复地作了解释之后,我们只应当把陈亮称作"王道霸道一元论者"和"仁义功利一元论者",而决不应再跟在朱熹后边,称陈亮为"义利双行、王霸并用"的主张者,或称他为"功利主义者",像《宋元学案》的编纂者们那样。这也就是我写这篇文章的目的所在。

1984 年春初稿
1987 年第一次修改于日本东京
1989 年冬再次修改于北京大学朗润园
(原载《北京大学学报》1990 年第 2 期)

陈亮反儒问题辨析

在由"四人帮"发动的大谈"儒法斗争"的一场闹剧中，南宋的陈亮，因为曾和当时的理学大师朱熹展开过一次关于王霸义利的争论，便被"四人帮"的御用学者们吹捧为"法家"，为十二世纪内反儒的急先锋。在"四人帮"被粉碎之后，他们所制造的包括"儒法斗争"问题在内的种种奇谈怪论，已经逐渐地挨次得到了廓清和纠正；但是，陈亮是一个反对儒家的健将这一论点，似乎直到今天还没有得到澄清。而其实，这也是必须加以澄清的一个谬论。

一、陈亮认为儒家只是先秦以来各种学派中的一派，并不反儒

陈亮曾对儒家下过一个界说，并曾经明确表示过他对儒家的态度。那是在宋孝宗的淳熙十一年（1184）的夏间，他因受诬陷系狱半年，刚被释放出来，就接得理学大师朱熹写给他的一封信，信中规劝他要改变他的思想作风，要努力把自己改变为一个"醇儒"。陈亮对朱熹的这一规劝深不谓然，在写给朱熹的回信当中，便对于儒家发出了如下的一些议论：

> 夫人之所以与天地并立而为三者，仁智勇之达德具于一身而无遗也。孟子终日言仁义，而与公孙丑论一段勇如此之详，又自发为浩然之气。盖担当开廓不去，则亦何有于仁义哉！
> 气不足以充其所知，才不足以发其所能，守规矩准绳而不敢有

一毫走作,传先民之说而后学有所持循,此子夏所以分出一门而谓之儒也。成人之道宜未尽于此。……

故亮以为:学者学为成人,而儒者亦一门户中之大者耳。秘书(按指朱熹)不教以成人之道,而教以醇儒自律,岂揣其分量则止于此乎? 不然,亮犹有遗恨也。(《陈亮集》增订本卷二八《甲辰秋书》)

在接到朱熹的答书之后,陈亮又在下一年(1185)的春间致书朱熹,其中又对儒家发了一番议论:

天地人为三才,人生只是要做个人。圣人,人之极则也。如圣人,方是成人。……才立个儒者名字,固有该不尽之处矣。学者,所以学为人也,而岂必其儒哉! 子夏、子张、子游皆所谓儒者也,学之不至,则荀卿有某氏贱儒之说,而不及其他。《论语》一书,只告子夏以"汝为君子儒",其他亦未之闻也,则亮之说亦不为无据矣。管仲尽合有商量处,其见笑于儒家亦多,毕竟总其大体,却是个人,当得世界轻重有无,故孔子曰"人也"。

亮之不肖,于今世儒者无能为役,其不足论甚矣,然亦自要做个人,非专徇管、萧以下规摹也。正欲搅金、银、铜、铁镕作一器,要以适用为主耳。(《陈亮集》增订本卷二八《乙巳春书之一》)

对上面引录的这两段文字加以分析和概括,我们可以作出下述几个论断:

1. 对于孔子、孟子其人及其言论,陈亮都是非常尊重的。把他们尊为古圣先贤,而且简直达到了"吾无间然矣"的程度。《荀子·儒效篇》中把仲尼、子弓称为"大儒"。陈亮却不把孔、孟二人置于儒家之列,也不把孔子作为儒家的创始人。

2. 陈亮认为,是孔子的门人子夏、子张和子游等人,因气魄不够,才力不足,才从智勇仁义和才德俱全的"成人之道"中分离出一个支派而称之为儒。尽管儒家学派在同时并存的各学派中算得一个大门户,然而"成人之道宜未尽于此"。任何一个学者,都应当是学做一个"成人"亦即"圣人"的。

3. 陈亮对于儒家学派是采取批评态度,而不是予以全称肯定的。所以他在给朱熹的信中说:"气不足以充其所知,才不足以发其所能,守规矩准绳而不敢有一毫走作,传先民之说而后学有所持循。此子夏所以分出一门而谓之儒也。成人之道宜未尽于此。"而早在淳熙八年(1181),他所作《祭吕东莱文》中也曾对儒家学派深致其不满:

> 呜呼!孔氏之家法,儒者世守之,得其粗而遗其精,则流而为度数刑名;圣人之妙用,英豪窃闻之,徇其流而忘其源,则变而为权谲纵横。故孝悌忠信常不足以趋天下之变,而材术辩智常不足以定天下之经。在人道无一事之可少,而人心有万变之难明。(《陈亮集》增订本卷三二)

这段批评的矛头所指,也不是孔子,而是号称孔门之徒而并未得其真传的所谓儒家者流。

司马迁之父司马谈在其《论六家要旨》中对儒家的评论是:

> 儒者博而寡要,劳而少功,是以其事难尽从。然其序君臣父子之礼,列夫妇长幼之别,不可易也。

这是有所否定也有所肯定的。陈亮之对于儒家,也是这样的。上面所引录的几段文字,是偏向于否定方面的;下面,再引录他站在儒家立场上并对儒家加以肯定的一些话语。

其一是,他在《上孝宗皇帝第三书》中的一段话:

> 艺祖皇帝用天下之士人以易武臣之任事者,而五代之乱不崇朝而定。故本朝以儒立国,而儒道之振独优于前代。……前汉以军吏立国,而用儒辄败人事(此据宋刊《龙川水心二先生文粹》及明永乐中黄淮杨士奇所编《历代名臣奏议》卷九二所收此文改正。自明成化以来所刻《陈龙川文集》均将"辄败人事"四字改为"以致太平",与陈亮原意完全相反了),要之,人各有家法,未易轻动,惟在变而通之耳。(《陈亮集》增订本卷一)

其二是,他在《与应仲实(孟明)书》中的一段话:

> 儒释之道,判然两途,此是而彼非,此非而彼是。而溺于佛者,直曰:"其道有吾儒所未及者。"否亦曰:"其精微处吻合无间。"而高明之士犹曰:"儒释深处,所差秒忽尔。"此举世所以溺焉而不自知;虽知其非者,亦如猩猩知酒之将杀己,且骂而且饮之也。……苟无儒先生驾说以辟之,则中崩外溃之势遂成,吾道之不绝如缕耳。(《陈亮集》增订本卷二七)

这段文字明确反映出来,在佛与儒二者的交斗中,陈亮是把儒家学派称之为"吾道",而竭尽全力加以维护的。

其三是,当陈亮与朱熹为了"王霸义利之辨"而论战正酣之时,陈亮在写给陈傅良的一封信中,却推崇陈傅良说:

> 吾兄为一世儒者巨擘。(《陈亮集》增订本卷二九《与陈君举》)

这里的"儒者巨擘"诸字,只是用以称颂陈君举的,是既非微词,也无贬义的。

其四是,他在《勉强行道大有功》这篇文章的开头几句话:

> 天下岂有道外之事哉,而人心之危不可一息而不操也。不操其心,而从容乎声、色、货、利之境,以泛应乎一日万几之繁,而责事之不效,亦可谓失其本矣。此儒者之所甚惧也。(《陈亮集》增订本卷九)

且不说"人心之危"云云诸句与儒家的讲说很难找出差异,单从这最末一句即可看出,在这里,陈亮是直截了当地把自己摆在儒家一边的。

其五是,他在状元及第后的《谢恩》诗的末联云:

> 复仇自是平生志,勿谓儒臣鬓发苍。

这岂不更是以儒臣自称了吗?

既然司马谈对于儒家者流有褒有贬,而历来不曾有人称他为反儒的学者,那么,陈亮之对于儒家,也是既有所批评也有所肯定,有时且竟态度显明地站在儒家立场上,这就当然也不应当把他称作反儒的学者,更不是什么反儒的急先锋了。

二、 陈亮所反对的只是南宋的理学家(即道学家)

(一)

北宋的理学,在朱熹编著的《伊洛渊源录》行世以后,世人便都以为由周敦颐开其端,周敦颐将其学传授于程颢、程颐兄弟,二程又把它加以发扬光大,而二程的表叔张载,也在这同一时期崛兴于关中。陈亮也在朱熹此书的影响之下,对于这四位学者都非常推崇。他说周敦颐"奋乎百世之下,穷太极之蕴,以见圣人之心,盖天民之先觉也"。对于二程和张载,陈亮则援引当时社会舆论给予他们的评价,说道:"世以孟子比横渠,而以二程为颜子,其学问之渊源顾岂苟然者。"(《伊洛正源书序》)尽管他对于二程、张载之忽视历代的典章法度也颇为不满,如他在《三先生论事录序》中所说:

> 昔顾子敦尝为人言:"欲就山间与程正叔读《通典》十年。"世之以是病先生之学者,盖不独今日也。……先生之学,固非求子敦之知者,而为先生之徒者,吾惧子敦之言遂得行乎其间;因取先生兄弟与横渠相与讲明法度者录之篇首,而集其平居议论附之,目曰《三先生论事录》。夫岂以为有补于先生之学,顾其自警者不得不然耳。(《陈亮集》增订本卷二三)

尽管在陈亮与朱熹进行王霸义利之辩的过程中,陈亮于乙巳春致朱熹书中也有如下一段话语:

> 天下大物也,不是本领宏阔,如何担当开廓得去?惟其事变万状而真心易以汩没,到得失枝落节处,其皎然者终不可诬耳。〔汉〕高祖、〔唐〕太宗及皇家太祖,盖天地赖以常运而不息,人纪赖以接续而不坠;而谓道之存亡非人之所能预,则过矣。……道非赖人以存,则释氏所谓千劫万劫者是真有之矣。此论正在于毫厘分寸处较得失,而心之本体实非斗饤辏合以成。此大圣人所以独运天下者,非小夫学者之所能知。使两程而在,犹当正色明辨。(《陈亮集》增订

本卷二八《乙巳春书之一》)

在同一年春间的另一封信中,陈亮又向朱熹提及关于管仲的评价,以为:

> 孔子之称管仲曰:"威公九合诸侯,不以兵车,管仲之力也。如其仁,如其仁。"……说者以为:"孔氏之门,五尺童子皆羞称五伯,……所谓'如其仁'者,盖曰似之而非也。"观其语脉,决不如说者所云。故伊川所谓如其仁者,称其有仁之功用也。仁人明其道不计其功,夫子亦计人之功乎?若如伊川所云,则亦近于来谕所谓"喜获禽之多"矣。功用与心不相应,则伊川所论"心、迹元不曾判"者,今亦有时而判乎?(《陈亮集》增订本卷二八《乙巳春书之二》)

陈亮与朱熹所进行的关于王霸义利的一场争辩,是因陈亮不同意朱熹的那种唯心主义的历史观点(其中包括道统问题和不传之绝学问题)所引起的,而在陈亮写给陈傅良的一封信中,却有如下一段话:

> 亮与朱元晦所论,本非为三代、汉、唐设,……乃与天地日月雪冤,……元晦之论只是与二程主张门户,而尊兄乃名之以正大,且占得地步平正,有以逸待劳之气。嗟乎冤哉!(《陈亮集》增订本卷二九《与陈君举》)

这可见,他虽以朱熹其人作为直接争辩对象,而其锋芒所向,却是要透过朱熹而远射二程的一些思想见解的。

但是,上面引录的陈亮对二程和张载的评论,只是说,陈亮曾经指出:他们的学术思想都有些偏颇之处,因而不能令人满意。我们自然仍不能根据这些话就断言陈亮是反对这些人及其全部学术思想的。试看,陈亮不但把周敦颐的《太极图》、张载的《西铭》、二程关于《周易》和《春秋》的解说编辑为《伊洛正源书》(今按:单从这书名也可知他是受了《伊洛渊源录》的影响的)"以备日览",而且为了救偏补弊,他还把二程与张载关于法度的讨论文字和平居议论编辑为《三先生论事录》;还作了一篇《西铭说》,强调说,《西铭》之书和程颐推崇《西铭》的一些话语都是"昭乎其如日星"的;而且,尽管陈亮与朱熹进行王霸义利之辩,而在陈亮甲辰(1189)秋致朱熹的信中还说道:"自孟荀论义利王霸,汉唐诸儒未能深明其说,本朝伊洛诸公辩析天理人欲,而王霸义利之说于是大明。"这种种,都足以说明,对于被一般人认作北宋理学创始人的周、张、二程,陈亮不但不是一贯持反对态度,且还经常表示一些敬佩之意,所以元刘壎在其《隐居通议》中有龙川理学以程氏为本之说。当然,我们也可以说,对于上举北宋诸人,特别是对于其中的二程,陈亮是既有所肯定也有所否定,是"一分为二"地对待他们的。但即使如此,我们也还必须承认,陈亮对他们的肯定是较多于否定的。

(二)

"四人帮"在提出所谓"儒法斗争"和大搞所谓"评法批儒"之时,强迫全国的学术界用同一个口径讲说中国的政治、经济、学术、文化、思想、艺术乃至科学技术的历史,当其时,全国大部分高等院校都被强制编写了《儒法斗争简史》一类的书,而在这类书中,又无一例外地都把陈亮塑造成中国历史上反对儒家的头号英雄人物。他们用作陈亮反儒的最主要的根据,是陈亮于淳熙五年(1178)《上孝宗皇帝第一书》中如下一段文字:

> 臣不佞,自少有驱驰四方之志,常欲求天下豪杰之士而与之论今日之大计。……辛卯、壬辰(按:即孝宗乾道七、八两年,1171年、1172年)之间,始退而穷天地造化之初,考古今沿革之变,……始悟今世之儒士,自以为得正心诚意之学者,皆风痹不知痛痒之人也。举一世安于君父之仇,而方低头拱手以谈性命,不知何者谓之性命乎!陛下接之而不任以事,臣于是服陛下之仁。……
>
> 陛下厉志复仇,……此百代之英主也。今乃驱委庸人,笼络小儒,以迁延大有为之岁月,臣不胜愤悱……(《陈亮集》增订本卷一)

以这段文字作为陈亮反儒的例证,当然是没有问题的。然而却又不能不注意,陈亮在这里所斥责的,乃只限于"今世之儒士",而不是泛指自周秦以来的所有儒士。更确切地说,是连北宋时代的儒士也不包括在内,而是专指宋廷南渡以后的儒士。这在陈亮于绍熙元年(1190)写的《送吴允成运干序》中可以找到更为明确的交代：

> 往三十年时，亮初有识知，犹记为士者必以文章行义自名，居官者必以政事书判自显。各务其实而极其所至，人各有能有不能，卒亦不敢强也。
>
> 自道德性命之说一兴，而寻常烂熟无所能解之人自托于其间，以端悫静深为体，以徐行缓语为用，务为不可穷测以盖其所无，一艺一能皆以为不足自通于圣人之道也。于是天下之士始丧其所有，而不知适从矣。为士者耻言文章、行义，而曰"尽心知性"；居官者耻言政事、书判，而曰"学道爱人"。相蒙相欺以尽废天下之实，则亦终于百事不理而已。（《陈亮集》增订本卷二四）

在陈亮的《送王仲德序》中也有如下一段话语：

> 二十年之间，道德性命之说一兴，迭相唱和，不知其所从来。后生小子读书未成句读，执笔未免手颤者，已能拾其遗说，高自誉道，非议前辈，以为不足学矣。（《陈亮集》增订本卷二四）

上面的两段引文中，都说到"往三十年时"如何如何，"近二十年之间"又变得如何如何，虽然后一篇文章的写作年份还难确定，但与上一序的写作年份总应相去不远。今也定为1190年左右，由此上推二三十年，也可证知陈亮所极力反对的儒生，乃是专指和他同时代的那班理学家们。这在他与朱熹辩论王霸义利的文字中也可以找到佐证。他在甲辰（1184）秋写给朱熹的信中有一段说：

> 李密有言："人言当指实，宁可面诋。"研穷义理之精微，辩析古今之同异，原心于秒忽，较礼于分寸，以积累为功，以涵养为正，晬面盎背，则亮于诸儒诚有愧焉；至于堂堂之阵，正正之旗，风雨云雷交发而并至，龙蛇虎豹变见而出没，推倒一世之智勇，开拓万古之心胸，如世俗所谓粗块大脔，饱有余而文不足者，自谓差有一日之长。（《陈亮集》增订本卷二八）

他在乙巳（1185）秋写给朱熹的信中又有以下两段话：

> 亮大意以为：本领闳阔，工夫至到，便做得三代；有本领无工夫，

只做得汉唐。而秘书必谓汉唐并无些子本领,只是头出头没,偶有暗合处,便得功业成就,其实则是利欲场中走。使二千年之英雄豪杰不得近圣人之光,犹是小事,而向来儒者所谓"只这些子殄灭不得",秘书便以为好说话、无病痛乎!……

今不欲天地清明,赫日长在,只是"这些子殄灭不得"者便以为古今秘宝,因吾眼之偶开便以为得不传之绝学,三三两两,附耳而语,有同告密;画界而立,一似结坛,尽绝一世之人于门外,而谓二千年之君子皆盲眼不可点洗,二千年之天地日月若有若无,世界皆是利欲,斯道之不绝者仅如缕耳。此英雄豪杰所以自绝于门外,以为立功建业别是法门,这些好说话且与留着妆景足矣。若知开眼即是个中人,安得撰到此地位乎!(同上)

在这里,陈亮对其当代理学家们的斥责,较之他的《送吴允成运幹序》和《送王仲德序》是更为严厉的。这两信都是写给朱熹的,朱熹是当时理学界的大宗师,究竟陈亮在此两信中以及上引两序中所严厉痛斥的当代理学家,是否也包括朱熹本人在内,甚或就是以他为主要对象的呢?我以为这是一个必须进行细致分析才能作出正确判断的问题。

(三)

陈亮对于宋室南渡后的理学家们一系列的抨击言论,深深触怒了作为当时理学大宗师的朱熹。对于陈亮每一次所发出的这类言论,在朱熹的文章或语录当中大都可以找得出反应。这使得朱熹对陈亮其人是不胜其鄙夷的。以至在陈亮死后,其子与婿去求朱熹写一篇墓志铭,朱熹却只写了"有宋龙川先生陈君同父之墓"十二字(《朱子语类》卷一〇七)。可以推想,倘不是出于卫道的用心,朱熹一定是不屑于与陈亮书信往返得那样勤的。事实上,说来也许会使人感到奇怪,我以为陈亮不但没有把朱熹摆在他所抨击的理学家之内,而且对于朱熹的道德、政见和学术造诣还是由衷地景仰钦佩的,尽管在辨析王霸义利的过程当中,他的许多重要意见完全与朱熹背道而驰。

我的此说,乍看虽似怪论,实际却极平实,因为它有如下的许多根据:

一、每逢朱熹生朝,陈亮总是派人送些礼物给他。即在争辩王霸义利的过程中也并不废此礼数。如不值朱熹生朝,陈亮每次派遣人送信与朱时,也仍是常常致送一些礼物,借以表示其敬意。这敬意却又是真诚的而决非虚假的。这在他于甲辰秋致朱熹书中的一段话可以为证:

> 痛念二三十年之间,诸儒学问各有长处,本不可以埋没,而人人须着些针线,……独秘书杰特崇深,负孔融李膺之气,有霍光、张昭之重,卓然有深会于亮心者,故不自知其心之惓惓、言之缕缕也。……管敬仲、王景略之不作久矣,临染不胜浩叹之至。(《陈亮集》增订本卷二八)

陈亮以朱熹与历史上建立过大功名大事业的人物孔融、李膺、霍光、张昭等相比拟,尽管朱熹本人还并不以为然,在他的答书中还说道:"李、孔、霍、张则吾岂敢;然夷吾、景略之事亦不敢为同甫愿之耳。"但陈亮之所以对朱熹特加敬重,这段话却表述得极为明确。那就是,陈亮并不把朱熹认作"风痹不知痛痒之人",或"务为不可穷测以盖其所无"的人,而是把他认作一个能够对挽救当前的世局和国运有所作为的人。

如果陈亮仅仅在朱熹面前说这样一些奉承恭维的话,那当然不免有阿谀之嫌,然而事实却并非如此,在许多与朱熹毫无关系的处所,陈亮对朱熹也只一味称赞而不稍作微词的。例如在他于淳熙十年(1183)写给辛幼安殿撰(弃疾)的一封信中有云:

> 亮顽钝浸已老矣,……平生所谓学者又皆扫荡无余,……真不足置齿牙者。独念世道日以艰难,识此香气者,不但人摧败之,天亦僵仆之殆尽。四海所系望者,东序惟元晦,西序惟公与子师耳。又觉戛戛然若不相入,甚思无个伯恭在中间捆就也。(《陈亮集》增订本卷二九)

在他于淳熙十五年(1188)写给张定叟侍郎(构)的一封信中有云:

> 近者晦庵入奏事,侍郎适还从班,行都父老莫不以手加额,不敢以意分先后,亮时实亲见之。(同上)

在他于绍熙三年(1192)春写给章德茂侍郎(森)的第二封信中亦有云:

> 朱元晦、辛幼安相念甚至,无时不相闻。各家年龄衰暮,前程大概已可知。古语所谓"痴人自相惜",自今言之,要亦不妄。(《陈亮集》增订本卷二七)

在他于绍熙三四年内写给林和叔侍郎(大中)的一封信中亦有云:

> 朱元晦人中之龙也,屡书与朝士大夫叹服高谊不容已,……其降叹如此,举天下无不在下风矣。(同上)

从以上这些书信中所反映的,可以看出,陈亮之对于朱熹,与朱熹之对于陈亮恰恰相反,不论他们进行论战之前或论战之后,他对朱氏都是由衷地佩服和景仰的。

若问:陈亮对于朱熹既然那样的敬佩,何以又在有关王霸义利的问题上,与朱熹争辩不休呢?

答曰:这也同样得用一分为二的原则来解释。陈亮所敬佩于朱熹的,是他的人品和学业,是他的政治见解和精干能力;而其所始终不肯苟同的,则是朱熹的唯心主义的历史观点。前者是属于实际的行为方面和政治方面的,后者则是属于思想意识方面的。权其轻重,度其长短,偏重点自然是在于前者而非后者。因为,具备了前一方面的那许多条件,就已证明朱熹的确是一个像李膺、霍光那样的人物,是一个在济世济民方面可以发挥重要作用的人物,是一个与国家的前途和民族的命运有重大关系的人物;而思想意识方面的问题,历史观点的问题,在陈亮看来,这不但是厚诬了许多圣帝名王和昔贤往哲,且使天地日月受到冤屈,并且与历史发展真况也不相符合,所以非与之争辩不可。不但争辩,而且要争辩到使朱熹改变甚至根本放弃其这一观点才行。然以此问题与前者相较,毕竟要算次要的问题,而且也无损于朱熹的道德品质、政治谋猷和本领。既是如此,所以陈亮虽在与朱熹进行关于王霸义利论战的同时,以至于论战休止之后,其敬重朱熹的心意却始终未或稍变。而这种敬重,又确是由衷的而不是虚假的,不是矫情造作出来的。这既不表明陈亮的议论和行动之间有不相符合乃至自相矛盾之处,因而也就丝毫没有什么不可理解或值得奇怪之处了。

三、陈亮对儒家所最重视的伦常道德
（孝悌忠信）的评价

（一）

淳熙八年（1181）吕祖谦病卒，陈亮在祭他的文章中，既对儒家有不敬之词，还有"孝悌忠信常不足以趋天下之变"等语句。朱熹在看到之后，竟至火冒三丈，曾与他的学生有如下一段对话：

> 陈同父祭东莱文云："在天下无一事之可少，而人心有万变之难明。"先生曰："若如此，则鸡鸣狗盗皆不可无！……"又云"同父在利欲胶漆盆中"。（《朱子语类》卷一二三）

朱熹于淳熙十一年甲辰（1184）答陈亮书中又说道：

> 向见《祭伯恭文》，亦疑二公何故相与聚头作如此议论，近见叔昌、子约书中说话，乃知前此此话已说成了！（《朱文公文集》卷三六）

孝悌忠信是儒家主张虔诚奉行的伦常道德，而陈亮从治理天下国家的角度着眼，却非常清醒也极为正确地认识到，单凭孝悌忠信是不能应付错综复杂的社会政治局势的，特别是那个民族矛盾和阶级矛盾都处于极度紧张情况下的南宋中叶的世局。所以陈亮于淳熙十二年乙巳（1185）写给朱熹的信中又写了如下一段话：

> 匡章通国皆称其不孝，而孟子独礼貌之者，眼目既高，于驳杂中有以得其真心故也。波流奔迸，利欲万端，宛转于其中而能察其真心之所在者，此君子之道所以为可贵耳。（《陈亮集》增订本卷二八《乙巳春书之二》）

综合陈亮在上引各文中所表述的对孝悌忠信这类伦常道德的评价，当可看出，这与曹操当年下令物色"不仁不孝而有治国平天下之术"的人物的思想是颇为相近的，尽管陈亮对于曹操也并不完全加以肯定。然而正是

这样的一些议论,才惹得朱熹极端不谓然的。《朱子语类》卷一二三载一事云:

> 因言:陈同父读书,譬如人看劫盗公案,看了须要断得他罪,及防备禁制他,教做不得;他(按指陈亮)却不要断他罪,及防备禁制他,只要理会得许多做劫盗底道理,待学他做。

我想这必然就是针对上边引录的陈亮的那一类言论而发的。

(二)

上文作出的一些分析和论断,我相信都是不会有很大错误的。下面,我将以上文那些论断为基础,进而推翻那已经流传了将近八百年的关于陈亮的一桩公案。

宋孝宗是由宋高宗收养在宫中的一个远房的宗室子,然他对于高宗却是极尽奉养服侍之能事。宋光宗是孝宗的亲生子,情况却大异于孝宗之于高宗。光宗的妻子李氏,是一个不折不扣的泼妇。在光宗即位之前,她与孝宗曾发生过几次语言上的误会,到孝宗既已禅位给光宗而退居重华宫去做太上皇之后,李氏已成为皇后,她便时常挟制光宗,使他不能按照一定的节序到重华宫去谒见孝宗。这种背离封建教条的行为,惹得南宋朝野议论纷纷:上自宰辅,下至布衣,有人面谏,有人疏陈,都要光宗按时去朝谒重华宫。但都未生效。在绍熙四年(1193)的重阳节后,光宗宣称要到重华宫去朝谒,百官也都已立班静候,不料光宗刚走近御屏,李皇后又赶来挽他回宫,说道:

> 天色寒冷,官家且〔回宫去〕进一杯酒。

这又使得百官和侍卫全都失色相顾。而班列中的中书舍人陈傅良,赶紧就趋前拉住皇帝的衣裾,要他莫再回宫。李皇后大骂陈傅良说:

> 这里是什么去处,你秀才们的驴头要被砍掉的呀!

陈傅良紧接着便在殿下恸哭起来。然而终于还是无济于事,皇帝赵惇终究被李后拖回宫中去了。(此据周密《齐东野语》卷三"绍熙内禅"条)

在扮演这一幕颇带戏剧性事件的同一年,即绍熙四年的早些时候,是依例应当举行进士考试的年份,陈亮从三衢监狱中释放出来虽还不满一年,但也到临安去应试了。他顺利通过了礼部的三场考试,并且被列名为第三,而等待着去对策大廷。

皇帝赵惇因受制于其悍妇李氏,以致与其父赵昚的关系搞得那样糟糕,而这次殿试策问题目却是以如下的文句开头的:

> 朕以凉菲,承寿皇付托之重,夙夜祗翼,思所以遵慈谟、蹈明宪者甚切至也,临政五年于兹,而治不加进,泽不加广,岂教化之实未著,而号令之意未孚耶?(《陈亮集》增订本卷一一《廷对策》)

在这段话语中,只是从"临政五年"一句以下才是与试者应进行回答、有文章可做的地方,在此句之上,则只能算作引子或套语,应试者原可不必加以理睬,更不必对之作任何应答的。然而陈亮对之却别有会心,他不肯把它放过不管,而是作出了如下一段文章:

> 臣窃叹陛下之于寿皇,莅政二十有八年之间,宁有一政一事之不在圣怀,而问安视寝之余,所以察词而观色,因此而得彼者,其端甚众,亦既得其机要而见诸施行矣。岂徒一月四朝而以为京邑之美观也哉!(同上)

这段文字当然是极力为皇帝赵惇的不孝行为进行开脱的。意思是说赵惇作皇子和太子的时期内(亦即孝宗在位的时期内),他从父亲那里所接受到的言传和身教已经够多,已经有了受用不尽的准则和榜样,又何在乎继承帝位以后频频去朝谒重华宫的一些形式上的礼貌呢!

陈亮的这段对策,深受赵惇的赞赏,说他"善处人父子之间",把他擢为状元。但它也引起了当时人和后代人的许多非议。例如,与他同时的危稹评论说:

> 陈同甫上书气振,对策气索,盖要做状元也。(《宋元学案·龙川学案》)

清代的全祖望在《宋元学案·龙川学案》的小序中既说:

> 永康则专言事功而无所承,其学更粗莽。抡魁晚节,尤有惭德。

而在其所作《陈同甫论》中又说道：

> 嗟夫，同甫当上书时，敝屣一官，且有逾垣以拒曾觌之勇，而其暮年对策，遂阿光宗嫌忌重华之旨，谓"不徒以一月四朝为京邑之美观"，何其谬也！盖当其累困之余，急求一售，遂不惜诡遇而得之。……
>
> 永嘉（按指陈傅良）经制之学，其出入于汉唐之间，大略与同甫等，然止斋进退出处之节则渺渺不可及矣。即以争过宫言之，同甫不能无愧心。可谓一龙而一蛇者矣。（《鲒埼亭集》卷二九。亦收入《龙川学案》）

上引这些非议之词，其焦点无不集中在陈亮的殿试对策的那段文字上。谴责陈亮对赵惇的不孝行径曲为回护，以求攫取自身的科名；科名虽已取得，却使自己的晚节有了"虽有孝子慈孙百世不能改"的惭德。

在距今四十六七年前，当我写《陈龙川传》时，对于陈氏的这段对策文字，我也认为是不免有些"曲学阿世"，有意逢迎的；然而我却又为他辩解说："世事是那样的艰难而又那样的容易，只要稍微掉以匠心，不惜枉尺以直寻，便可以求则得之。事实上这也是每个举子都暗自理解的诀窍。既然不能'高尚其事'，而须参加省试和殿试，借机向皇帝或当权大臣说些逢迎话、恭维话，那就只看谁能逢迎得最好、恭维得最高了。可惜陈氏是在受尽百般折磨之后才理解得这机关，才实际加以运用，而也果然就取得了效果。"

（三）

近些年来，经过翻复思考，我认为上面所举述的，对陈亮殿试对策中的那段话的解释，包括我自己的解释在内，全都是一些曲解，因而一律应予推翻。

在陈亮于淳熙八年（1181）所写的《祭吕东莱文》中，不是已经有"孝悌忠信不足以趋天下之变"的话吗？

在陈亮于淳熙十一年（1184）写给朱熹的信中，不是已经因孟子对于通国皆称其不孝的匡章独加礼貌，而称颂孟子"眼目既高，于驳杂中有以得其真心"吗？

试想想看,陈亮所生活于其中的时代和社会,民族大敌当前,战祸旦夕难免,民族之劫难,国祚之存亡,全都值得担心和忧虑。在这样一种动乱的时势格局之下,单凭靠"孝悌忠信"能够应付得了吗？如果在最高统治集团当中能出现一个具有大智大勇可以应付这种局势的人,岂不正是符合时代的需要,而可以让他放手去经营谋画吗？怎么还能再用乡愿式的道德规范对于他求全责备呢？

当孝宗赵昚于1162年夏受禅即位之日,赵惇已经十六岁,对于一些人事和世局,已应能有所理解。自此而至1189年孝宗之禅位于他,恰恰是二十七年。在这一时期之内,南宋虽也不曾在武装斗争方面制胜金人,然而孝宗却是一改高宗赵构所一贯采取的对金屈辱降服政策,经常在考虑着用武力进行抗拒的事,也经常擢用一些有志于恢复的人。只因在采取实际措施时,总遇到这样那样的阻力,致使他的壮志雄图屡屡受挫,而终于未能得到任何幅度的实现。这不能不算有违他的初心。这也就是说,赵惇在做皇子、作太子的长时期内,既朝夕随侍于孝宗身旁,他所耳濡目染的,无非是报仇雪耻、恢复失地等类的国家大事,倘若他真能依照"善继人之志,善述人之事"的那种古训去笃实践履,那已十分符合于"达孝"的标准,又何在乎即位之后,一月四朝重华宫那种仅仅属于表面上、形式上的礼节呢？

根据以上的论述,我可以说,陈亮的这段对策,只是反对那些专讲形式的虚文琐节,而不是对于孝道的根本否定。这与他在《祭吕东莱文》中所说的"孝悌忠信常不足以趋天下之变,而才术辩智常不足以定天下之经"等语的主旨,也是完全一致的。怎么能说他是为了要做状元而故作曲笔以求迎合呢？

实际上,陈亮的这全篇对策,有许多地方全都是表述他平素的思想见解的,并不只上述那段文字为然。例如,在上述那段文字之后,陈亮又进而论述人君应当负荷的职责,共为"师道"和"君道"两个方面,在其论述"师道"的部分,就有一段文字说道:

> 吾夫子列四科,而厕德行于言语、政事、文学者,天下之长俱得而自进于极也。……《周官》之儒以道得民,师以贤得民,亦以当得

民之二条耳。而二十年来,道德性命之学一兴,而文章、政事几于尽废。……臣愿陛下明师道以临天下,仁义孝悌交发而示之,尽收天下之人材,长短小大,各见诸用,德行、言语、政事、文学,无一之或废,而德行常居其先,荡荡乎与天下共由于斯道。(《陈亮集》增订本卷一一)

首先,这段文字的词句,有很多是和他的送吴允成、王仲德两序文中的词句相同的;而其大意,既是对《祭吕东莱文》中的"在人道无一事之可少,而人心有万变之难明"两句的阐明和发挥,也是陈氏对于他乙巳年致朱熹书中所说的"谓之圣人者,于人中为圣;谓之大人者,于人中为大。才立个儒者名字,固有该不尽之处矣。学者,所以学为人也,而岂必其儒哉!"(《陈亮集》增订本卷二八《乙巳春书之一》)这段话语的阐明和发挥。

以上的论证,我也同样相信它是不会有很大错误的。那么,在这一论断的基础上,我们就又可进一步作出论断说:陈亮于绍熙四年(1193)表述在他的殿试对策中的全部议论,全都与他平素的思想见解相符合,其中并没有为了攫取功名而做的违心之论,如危稹、全祖望等人所说的那样。

明万历年间所刻二十六卷本《龙川文集》,卷首有郭士望序(见《陈亮集》增订本《附录》),序中也曾对陈亮的《对策》中受人讥评的那几句话作过辩白,今摘抄于下:

> 或者谓一月四朝之说为曲笔阿人主,不知人主束缚太急,责备太过,则患其显有所出事而旁有所迂逸。假令光宗疏问视之节而断然与金绝,日夕讲求刷耻之务,则重华宫之青草,孰与夫五国城(按此指宋徽钦二帝葬身之地)之悲孟婆(按指塞外风霜)、叹马角(按指归还无日)者哉?故迂回以之于正,此真善处人父子之间者矣。

从"假令"云云以下诸语,我认为都是很有见地、很可取的,所以抄在这里以作我的同调,并以结束本文。

(原载《燕园论学集》,北京大学出版社1984年4月)

略论辛稼轩及其词

一、一个忠义奋发、始终一节的爱国志士

辛稼轩从事于各种社会活动,并且也从事于诗文歌词创作活动的年代,是从公元1161年到1207年这四十六年。

在这一时期之内,统治着淮水以北广大中原华北地区的金国,其实力虽已逐渐衰颓下去,对中原华北地区汉族人民的横暴的奴役和压榨,却不但丝毫没有放松,且反而在随时加紧;对于积贫积弱、腐朽无能的南宋政权,它也依然是一个极大的威胁。因而,贯通于这一时期的主要历史课题,和它的稍前与稍后的几十年内并不两样,是南方的汉族人民与其文化如何得免于女真铁骑的蹂躏、摧残乃至毁灭,以及北方汉族人民如何从女真贵族的奴役压榨之下解放出来的问题。所以,实际上作了这一特定时代的起讫标志的,主要的还不是辛稼轩个人参加社会活动和他本人的死亡等事件,而是:1161年为金主完颜亮所发动、后来却招致了自身溃败后果的女真兵马的南侵之役和1206年到1207年为韩侂胄所发动、后来也同样招致了自身溃败后果的南宋军队的北伐之役。这两次战役,以及介居于这两次战役之间的宋、金两国间的其他斗争,辛稼轩几乎每一次都是很奋勇地投身在内,为保卫汉族人民及其文化的安全而贡献出他的智能和力量。

完颜亮是在1153年把金的首都从东北的会宁府迁到燕京的,在此以后,他便连续不断地向汉族地区居民大量地签兵征饷,积极从事于对南宋进行军事侵犯的准备。到1161年,汉族人民对女真统治者的"怨已

深、痛已巨、而怒已盈"(《美芹十论·观衅》第三),便趁着完颜亮亲自督率大军南侵的时机,相互聚结起义。爆发于现今山东省中部、泰山周围的山区中的起义军,同时就有两支:一支的领导人是济南的一个农民,名叫耿京;另一支的领导人便是刚满二十一岁的青年知识分子辛稼轩。耿京领导的一支,由于劳动人民踊跃参加,很快就发展壮大起来,但一般出身于地主阶级的知识分子却都还徘徊顾望,不肯去厕身于这个农民所领导的行列中,辛稼轩却带领他所聚合的两千人率先投归耿京的旗帜下,担任了耿京军的"掌书记",和耿京共同擘画一切,使得这支起义军更加迅速地发展壮大起来。

起义军的活动,动摇了金政权在中原和华北地区的统治,也严重地影响了南侵金军的士气军心。当完颜亮急切地迫令金军于三日内渡江南下时,军中将吏便同谋把他杀害,一面派人去与南宋议和,一面便引军北还。南宋政府只以金军撤退为莫大之幸,不敢设想利用金国的混乱局势,与中原华北地区的起义民军密切配合,进一步反击敌人。辛稼轩这时遂向耿京建议,要主动地去与南宋政府联系,以便双方协同作战,给予女真统治者以致命打击。嗣后他即与贾瑞等人奉派为起义军的代表,去与南宋政府进行商洽。

不料在辛稼轩等人南下之后,起义军中的部将张安国被金人所收买,把耿京阴谋杀害,把起义军大部遣散,劫持着另一部分去投降了金人。金政府立即派张安国去做济州(今山东巨野县)的知州。辛稼轩北返复命,抵达海州才得到这一事变的消息,就在那里组合了五十名忠义军人,驰骑直趋济州,于五万人众中把叛徒张安国捉获,缚置马上,当场又号召了上万的士兵起而反正,并即带领他们南向急驰,渴不暇饮,饥不暇食,直到渡过淮水才得休息。

年轻的辛稼轩,初出茅庐,就以这样一些英雄行为受到社会各阶层的景仰称赞,在反抗女真统治者的斗争当中,长时期起着鼓舞人心的作用。

南宋政府从来就是害怕忠义民兵的,辛稼轩"壮岁旌旗拥万夫"而南下之后,首先便被解除了武装,稍后又被派往江阴军去做签判;他部众万余人,只被当作南下的流民而散置在淮南各州县当中。

宋孝宗受禅继位之后,起用主战派的张浚主持军队,于1163年对金发动军事攻势,不幸在符离地方为金人所败,于是张浚等人又被排斥出政府,主和派的人物和议论又在南宋政府中占了优势。辛稼轩在这时不顾自身官职如何低微,挺身而出,独抒所见,就宋金双方的和与战的前途具体分析,写成论文十篇,名之曰《美芹十论》,于1165年奏陈给孝宗皇帝。在论文的序引当中,他首先指出,对金的斗争亟应争取主动,不要使"和战之权常出于敌"。尽管张浚的符离之败使宋方遭到很大损失,但与秦桧当政期内所奉行的屈辱政策相较,攻战虽败,终于还表现出一些生气;而秦桧为求媚敌,对士气和民心极力加以摧抑销铄,其所起的坏作用却是十分酷烈的。因而,万不可为了这一战役的挫败,就要改变乃至放弃恢复大计。这些论断充分表明,不论在如何艰困的局势下,辛稼轩对于抗金斗争的胜利信念都是坚定不移的。

《十论》的前三篇,论证了金国外强中干的情况,分析了金政权统治区域内汉族人民对女真统治者的憎恶、怨恨和仇视情绪之日甚,及金的最高统治集团中人互相倾轧、猜忌和残杀的真相,因而得出结论说,金不但不可怕,而且有"离合之衅"可乘。《十论》的后七篇,就南宋方面应如何充实其实力、转被动为主动、抓紧时机进军恢复等事提出意见,并作了具体规划。他以为首先应当破除普遍存在于士大夫间的,认为"南北有定势,吴楚之脆弱不足以争衡于中原"的一种谬见,破除了这种谬见,才可以有信心,谈自治。他建议:迁都金陵,并停止交纳给金朝的岁币。这样做,内可以作三军之气,外可以破敌人之心,造成进取的气势,中原之民也将有所恃而勇于起为内应。他主张要主动地"出兵以攻人",不要被动地"坐而待人之攻";要进而战于敌人之地,不要退而战于自己之地。因此他具体指陈,出兵伐金应先从山东入手。山东民气劲勇,乐为内应,而金人在山东的军事布置又比较薄弱,故兵出山东,则山东指日可下,攻下山东则河朔必望风而震,进攻幽燕也便大有可能了。

1170年,虞允文正在南宋政府做宰相,他是曾于1161年在采石打败过金军的人,在当时的高级官员当中,他也是一个比较有朝气、敢作敢为的人。辛稼轩希望他真能在抗金斗争中建立一番功业,便又写成九篇论文,名曰《九议》,陈献给他。《九议》的内容,除包括了《美芹十论》中的一些重要论点而外,还有:一,对敌斗争应当"勿欲速"和"能任败",不要因小胜小败而轻易改变成算。二,应当尽可能利用敌方的弱点,扩大其内部的矛盾。三,打击敌人,恢复国土,是关系到国家和生民的大业,不是属于皇帝或宰相的私事,因而他们不能只着眼于私人利害而避开这一任务。

不论在《十论》或在《九议》当中,辛稼轩不但提供了自己的智计韬略,而且也贯注了充沛的热情和必胜的信念。他希望借此能对南宋的当权人物给以鼓舞,把他们拔出于消沉畏缩的气氛之中,把勇气和战斗情绪振作昂扬起来。然而,不论《十论》或《九议》,不论在宋孝宗或虞允文那里,都没有换回辛稼轩所预期的反应,他们甚或根本就不曾加以重视。尽管如此,到《十论》和《九议》逐渐传布开去之后,由于其中的议论"英伟磊落"(刘克庄《后村大全集》卷九八《辛稼轩集序》),却终于把一些希望、信心和力量给予了具有民族意识的汉族各阶层的人员,唤起或提高了他们的战斗精神。刚满三十岁的辛稼轩,不但早已"以气节自负,以功业自许",当时的一些爱国志士以及更广大的社会人群,也都已认识出他是一个结合了多方面智计干才的英雄豪杰人物,而以必能建立丰功伟业期待于他了。

但是,不论金国内部各种矛盾的爆发多少次给予南宋以可乘之机,不论中原和华北的汉族人民如何殷切地企望南宋政府用军事力量把他们从女真贵族的压榨下拯救出来,自然更不论辛稼轩和其他爱国志士们如何殷切期待一个效命于民族斗争的机会,南宋的最高统治集团总是不敢把抗金斗争任务列入日程之内,不敢把人民的力量发动起来,把它引导到反抗金人的斗争上去。因此,辛稼轩不但在投归南宋的最初几年只是浮沉于下级僚吏之中,即在他的才干谋略已经有所表现,已被公认为英雄豪杰人物时,也还只是在江西、湖北、湖南等地做了几任地方官。从1182年到1203年,在这漫长的二十年的岁月之内,除曾一度出任福建路的提刑和安抚使共不满三年外,他是完全被南宋政府弃置不用的。

1203年,独揽政治军事大权的韩侂胄,为求提高自身的威望,要起用一些负有时誉的人物,要发动对金的军事攻势,要建立一番功业。辛稼轩在这年之前本是韩侂胄所极力排斥的一人,这年夏天竟又被他起用为浙江东路的安抚使。1204年春初被皇帝召见,改命为镇江知府。当他被召见时,爱国诗人陆放翁特地写了一首长诗送他,把他和管仲、萧何相比,劝他不要介意于过去的受排斥,而要勇往直前地把克复中原的事业担当起来(陆游《剑南诗稿》卷五七《送辛稼轩殿撰造朝诗》)。当他到镇江去上任之日,镇江的学者刘宰也在欢迎书中把他比作张良和诸葛亮,而且说道:"敢因画戟之来,遂贺舆图之复。"(刘宰《漫塘文集》卷一五《贺辛待制弃疾知镇江启》)这些都反映出当时一般士大夫们对辛稼轩的期待之殷切与远大。

辛稼轩这时一方面明确断言金国必乱必亡,另方面却又认为南宋还并未曾具备对金用兵取胜的条件。他以为,不应当像南朝宋文帝元嘉年中对拓跋魏的军事那样:不精确估计双方实力的对比,就草率地盲目进取,那反而是只会"赢得仓皇北顾"的。因而,他向宋宁宗和韩侂胄强调提出:应当大力从事于准备工作,应当把对金用兵的事委托给元老重臣,"务为仓猝可以应变之计"(李心传《建炎以来朝野杂记》乙集卷一八,《丙寅淮汉蜀口用兵事目》),而这所谓元老重臣,他必是当仁不让地也把自己包括在内的。所以他到镇江上任之后,立即布置了军事进取的准备工作:先派遣间谍深入金国,去侦察其兵马数目、屯戍地点、将帅姓名、帑廪位置等,又赶做军装一万套,要在沿边各地招募土丁以应敌(程珌《洺水集》(嘉靖本)《丙子轮对札子》之二)。

韩侂胄和他所引进到政府中的,大都是一些纨绔之徒,他们和北宋末年的蔡京、童贯、王黼等是同一流的人物。对金作战的主张既已取得社会舆论的赞同、支持,他们便认为这是极易建立的功勋,是唾手可得的功名,竟不愿意再假手别人,或与别人共成其事。因此,辛稼轩做镇江知府还不满十五个月,一切施设还没有安排妥当,便又被韩侂胄及其喽啰论劾为"好色贪财",把他罢免。一个老而益壮,生气勃勃如虎(刘过《龙洲集·呈稼轩诗》有"精神此老健于虎,红颊白须双眼青"句。陆游《剑南诗稿》卷八〇《寄赵昌甫诗》亦有"君看幼安气如虎,一病遽已归荒墟"句),而且自愿献身于抗金战线上的辛稼轩,只得再回到铅山去过田园生活了。此后不久,韩侂胄以郭倬、皇甫斌等人率师伐金,不幸正如辛稼轩所担忧的,这次战役只换来一个惨败的结局。到1207年秋,南宋的大仇未复,大耻未雪,辛稼轩的平生志愿百无一酬(谢枋得《叠山集》卷七,《祭辛稼轩先生墓记》),这个一代英豪人物,还不满六十八岁,就赍志以殁了。

二、 一个有良心、有干才的地方官

从1172年到1207年这三十五年内,辛稼轩先后两次在上饶和铅山赋闲家居,就占去了二十年以上的岁月,另外的十多年虽仕宦于外,而被南宋政府所委派的职务,绝大多数是州郡的长官或某一路的监司。尽管当时士大夫阶层中许多人都替他感到委屈,认为这是"大材小用",然而,凡是辛稼轩仕履所及之地,不论为时久暂,在地方事业方面总都有一番兴建。

1172年,辛稼轩被派做滁州的知州。滁州地僻且瘠,且屡经兵燹灾荒,这时候的景况是:城郭已荡然为墟,人民则编茅结苇,寄居于瓦砾之场,市上没有商贩,居民甚至于养不起鸡豚。辛稼轩到任之后,看到了这种萧条景象,也看到了这里的农民们都是乐于服田力穑、勤于治生的,他便首先申请南宋政府把这里的民户前此所欠缴的课税全部豁免,把此后的课税定额减轻,并把征收期限放宽,以便农民能尽力于垄亩,流亡在外的也乐于再回到本乡本业。对于行商坐贾的税收额也加以轻减,并在州城之内兴筑了一些邸店客舍,以招徕商贩,振兴商业。在这一系列的措施之下,经过了半年多的时光,滁州的景象便大为改观,"人情愉愉,上下绥泰,乐生兴事,民用富庶,……荒陋之气一洗而空"了(此段据周孚《蠹斋铅刀编》卷二三《滁州奠枕楼记》及崔敦礼《宫教集》卷六代严子文作《滁州奠枕楼记》)。

从1175年到1181年这几年,辛稼轩宦游于江南东西和荆湖南北诸路,担任过提点刑狱、转运副使、安抚使等职务。从十二世纪六十年代中叶开始,在上述地区之内曾屡次爆发过小规模起义事件:1165年(宋孝宗乾道元年),以政府向各地民户强制派销乳香作为导火线,在湖南郴州爆发了李金领导的起义;1175年(孝宗淳熙二年),以赖文政为首的几百名贩卖私茶的人起事于湖北,流转于湖南、江西等地,这次事变后来就是由辛稼轩带兵到江西去扑灭了的;1178—1179年两年内,以政府强制征购粮米过于苛暴为导火线,爆发了以连州的李晞、郴州的陈峒等人为首的武装暴动;1179年在湖南广西交界处还爆发了以李接、陈子明为首的起义。这些事件反映了什么问题?爆发这些事件的基本原因何在?辛稼轩巡回往复于这些地区,察视询访为日既久之后,对于这两个问题得到了具体的答案。他在1179年任湖南转运副使时,上书给宋孝宗,对当时农民的疾苦之所在,亦即不断爆发小规模武装暴动的基本原因之所在,作了如下的描述和分析:

> 自臣到任之初,见百姓遮道自言嗷嗷困苦之状。臣以谓斯民无所诉,不去为"盗",将安之乎?
>
> 臣一一按奏,所谓诛之则不可胜诛。臣试为陛下言其略:
>
> 陛下不许多取百姓斗面米,今有一岁所取反数倍于前者;陛下不许将百姓租米折纳见钱,今有一石折纳至三倍者。并"耗"言之,横敛可知。
>
> 陛下不许科罚人户钱贯,今则有旬日之间追二三千户而科罚者;又有已纳足租税而复科纳者;有已纳足、复纳足,又诬以违限而科罚者。
>
> 有违法科卖醋钱,写状纸、由子、户帖之属,其钱不可胜计者。
>
> 军兴之际,又有非军行处所,公然分上中下户而科钱,每都保至数百千者。
>
> 有以贱价抑买、贵价抑卖百姓之物,使之破荡家业,自缢而死者。
>
> 有二、三月间便催夏税钱者。
>
> 其他暴征苛敛,不可胜数。然此特官府聚敛之弊尔;流弊之极,又有甚者:
>
> 州以趣办财赋为急,县有残民害物之政而州不敢问;县以并缘科敛为急,吏有残民害物之状而县不敢问;吏以取乞货赂为急,豪民大姓有残民害物之罪而吏不敢问。
>
> 故田野之民,郡以聚敛害之,县以科率害之,吏以取乞害之,豪

民大姓以兼并害之,而又盗贼以剽杀攘夺害之,臣以谓"不去为盗将安之乎",正谓是耳。

且近年以来,年谷屡丰,粒米狼戾,而盗贼不禁乃如此,一有水旱乘之,臣知其弊有不可胜言者。

民者国之根本,而贪浊之吏迫使为盗。今年剿除,明年扫荡,譬之木焉,日刻月削,不损则折。臣不胜忧国之心,实有私忧过计者。欲望陛下深思致盗之由,讲求弭盗之术,无恃其有平盗之兵也。(《辛稼轩诗文抄存·淳熙己亥论盗贼札子》)

辛稼轩虽是南宋统治阶级当中的一员,他所说的上面这一段话语,却几乎像是代表呻吟于苛暴的压榨剥削下的劳动人民说话,几乎像是代表劳动人民对统治阶级提出控诉,这在当时的统治阶级当中,虽还不能说绝无而仅有,却也实在是很难得的。

辛稼轩任湖南转运副使不久,即改知潭州兼湖南安抚使。1180年春,他下令给湖南路的各州郡,动用官仓中所存粮食,大募民工,浚筑陂塘。其所以这样做,一则要使官米能在青黄不接时候,真正为贫苦劳动人民所食用,二则陂塘修成便可使一路农田大得灌溉之利。(《宋会要辑稿·水利(四)》)在同一年内,他还创置了一支二千五百人的飞虎军,战马铁甲,一应俱全。只是在修造营栅时候,适逢雨季,所需要的二十万片瓦无法烧造,辛稼轩下令给长沙城内外的居民,要每家供送二十片瓦,限两日内送往营房基地,当即付与瓦价一百文。所需瓦片在两天内便如数凑足。为了扩展道路,所需石块数量也很大,辛稼轩调发在押的囚徒到长沙城北驼嘴山去开凿,按照各人罪情轻重,规定其所应供送石块数目,作为赎罪代价。石块也在短期内如数凑足。(参据《宋史·辛弃疾传》和罗大经《鹤林玉露》卷一二"临事之智"条)1181年,辛稼轩改知隆兴府兼江南西路安抚使,其时江西各地正遭逢严重旱灾,他到任之后,立即在各州县的大街要道上张贴出八个大字的布告:"闭籴者配,强籴者斩。"(《宋史·辛弃疾传》)前一句是逼迫囤积粮米的人家必须把它粜卖出来,后一句是严禁缺粮人家向囤粮户强行劫夺。这一简捷了当的措施,不但在当时收到了较好的效果,到元、明、清诸代也还被流传为救荒史上的佳话。

辛稼轩对农民疾苦的深切关怀,积极为农民兴利除弊的作风,也和他对于祖国的热爱相同,是一直继续到他的晚年而无或稍异的。1203年,他六十四岁,被起用知绍兴府兼浙江东路安抚使,他到任后就向宁宗皇帝奏陈本路害农最甚的六件事,请求明令停罢,并着各路的监司和朝内监察人员纠察,凡州县官吏犯有这类害农罪行的,即加弹劾罢免。其所举六事之一,便是:"输纳岁计有余,又为折变,高估趣纳",以饱私囊。(马端临《文献通考·田赋考(五)》)

从上举事例,可以看出:辛稼轩的作风是,勇往直前,果决明快;在他作地方官的时期内,他能够关心劳动人民在生活和生产等方面的问题,能够对他们的疾苦病痛根源具有一定程度的理解,而且也的的确确曾经推行了一些有利于劳动人民的实政。像他这样的一个地方长官,毫无疑问,是一定会受到他仕宦所在各地人民大众的欢迎的。

三、 论稼轩词

辛稼轩一生所写作的歌词,为数很多,流传到现今的只是其中的一部分,共还有六百二十多首,在现存两宋词人的作品当中,是数量最多的一家。就辛稼轩所写作的这些歌词的形式及其内容来说,其题材之广阔,体裁之多种多样,用以抒情,用以咏物,用以铺陈事实或讲说道理,有的"委婉清丽",有的"秾纤绵密",有的"奋发激越",有的"悲歌慷慨",其丰富多彩也是两宋其他词人的作品所不能比拟的。

然而,辛稼轩之所以比两宋其他词人获得更高的声誉,其所以在我国文学史上应该占有崇高的地位,上述诸端虽也都是重要原因,而其最主要的原因却还别有所在。

摆在南宋人民面前的历史课题和斗争任务,主要的是以下两个:一个是,不但要能抵抗得住女真的兵马,使其不致再随时南侵,而且要更进一步,把女真贵族在中原和华北的统治根本推翻。这一历史使命,就是从南宋统治阶级的立场来看,为求解除严重的军事威胁,也同样是绝对必要的。在当时的历史条件下,也只有统治阶级能善于把全国的力量加以组织和引导,才可能把这一任务胜利完成。另一个是,对于南宋政权的专制淫威和苛暴剥削,必须给以强有力的打击、反抗,以求能把劳动人民自身的生活和生产条件稍加改善。

假如我们承认,一个真正的文艺作家,不会不关心其祖国的前途和命运,不会不关心其同时代人民大众的休戚苦乐;假如我们承认,真正的文学艺术作品,必须能反映它那时代的主要社会矛盾及其他现实问题;那么,南宋一代的文人学士们所应加以揭发或暴露、描绘或歌咏的,便只应当以与上述问题有关的事项为其主题和主体,而不应当是此外的其他任何东西。然而,南宋一代的文人学士们,一部分则钻到"理学"的领域中去,虽也揭橥出"民胞物与"的口号,却把与"民"与"物"最密切相关的一些事全不加以理会,甚至把理财、用兵等事也全鄙为俗务,不屑于稍加之意;终日只是玩弄概念,故作玄虚,借口于修身养性、正心诚意,实际上只是以此作为逃避现实的桃花源。还有一部分,则又只把目光和心力全都贯注在猥琐庸俗的个人生活上面,吟风弄月,留连光景,在其作品中所描述、所表现的,只是社会生活当中一些次要的乃至全无重要意义的节目,例如良辰美景、离愁别恨之类。词藻虽或有巧拙美丑之不同,情致却大都颓废低沉,是只可供清客贵妇人们浅斟低唱、娱情解闷之用的,全然缺乏生命力的一些靡靡之音。虽是写在漫天烽火的紧张斗争年代,其中却显现不出丝毫的战斗紧张气氛。

真正能够集中表现当时勤劳勇敢的人民大众呼声,因而也就成为南宋文坛上的中流砥柱的,是陆放翁和辛稼轩等人。

辛稼轩既然是当时民族斗争战线上的一员战士,是一个始终很英勇地参加这一火热斗争的人,平生又"以气节自负,以功业自许",以这样的一个人而借歌词作为"陶写之具",这就显然用不着证明,他的歌词必和那一时代的现实本质有着血肉般的联系。这种与社会现实的密切关联,在辛稼轩的作品当中具体表现为以下各种特点:

第一,辛稼轩对于侵占了中原和华北的女真统治者具有强烈的仇恨感,具有要复仇雪耻的炽烈愿望,因而,充盈于他的各个时期和各种形式的作品之内的,是一种跃然纸上的壮健奋发的积极进取精神。他以报仇雪耻、整顿乾坤的事业自勉,也经常以此策励他的朋辈。例如,当他守滁

州时,曾在一次登楼远眺时触景生情,因而写成一首《声声慢》以见意:

> 今年太平万里,罢长淮千骑临秋!凭栏望:有东南佳气,西北神州!

对于做建康留守的史正志,他鼓励他说:

> 袖里珍奇光五色,他年要补天西北。(《满江红》)

对于做宰相的叶衡,他鼓励他说:

> 好都取山河献君王,看父子貂蝉,玉京迎驾。(《洞仙歌》)

对于一个要到汉水流域赴任的人,他策勉他说:

> 汉水东流,都洗尽髭胡膏血。人尽说,君家飞将,旧时英烈:破敌金城雷过耳,谈兵玉帐冰生颊。想王郎结发赋从戎,传遗业。(《满江红》)

在饯送张坚去守汉中时,他首先想到汉中是西汉肇兴王业的地方,在当前,岂不也是进取关中的大好基地吗?他因而写成《木兰花慢》一首以示此意:

> 汉中开汉业,问此地,是耶非?想剑指三秦,君王得意,一战东归!

然而他所面对的现实情况,却又不能不使他有所感慨:

> 落日胡尘未断,西风塞马空肥!

当郑汝谐在知信州任上被宋孝宗召见时,他赋词相送,加以鼓舞,说道:

> 闻道是:君王着意,太平长策。此老自当兵十万,长安正在天西北。(《满江红》)

对于具有高度爱国热情而却始终不得其用的陈亮,他更怀着无限敬爱和同情,特地"赋壮词以寄之":

> 醉里挑灯看剑,梦回吹角连营。八百里分麾下炙,五十弦翻塞外声。沙场秋点兵。 马作的卢飞快,弓如霹雳弦惊。了却君王

天下事,赢得生前身后名。可怜白发生!(《破阵子》)

第二,南宋的统治集团中人,既大都是文恬武嬉,沉迷于醉梦腐朽的生活当中,而一般飘浮在社会上层的文人学士,又大都寄情于声色,或把时光消磨在玩弄虚玄概念上。对于这样的政风和士习,辛稼轩在痛心和憎恨之余,时常在其歌词当中给予一些泼辣尖锐的批评和抗议,冷讽和热嘲。例如,他的"休去倚危栏,斜阳正在烟柳断肠处"之句,寓意虽并不十分显露,然已使得宋孝宗大不高兴(罗大经《鹤林玉露》卷四"辛幼安词"条);为庆祝韩元吉的寿辰而作的《水龙吟》,则很明显地是借王衍作为南宋统治集团和社会上层人物的替身而痛加指斥了:

渡江天马南来,几人真是经纶手?长安父老,新亭风景,可怜依旧!夷甫诸人,神州沉陆,几曾回首?算平戎万里,功名本是,真儒事,公知否?

一般"骚人墨客"只把离愁别恨、儿女情怀作为抒写的主题,而整个国家、民族所遭遇到的严重灾难和深仇大恨,却几乎在他们的作品内容中占不到地位,辛稼轩也在歌词中对此有所责问:

今古恨,几千般,只应离合是悲欢?江头未是风波恶,别有人间行路难!(《鹧鸪天》)

他自己,被南宋政府长时期投置闲散之地,有时虽也勉强找一些话语来开解自己,说什么:

万事到白发,日月几西东。羊肠九折歧路,老我惯经从。竹树前溪风月,鸡酒东家父老,一笑偶相逢。此乐竟谁觉?天外有冥鸿。(《水调歌头》)

而他的真情实况,却老是在殷切地系念着国家民族兴亡的大问题,他的愁和恨也全都集中在这里:

近来愁似天来大,谁解相怜?谁解相怜?又把愁来做个天。都将今古无穷事,放在愁边。放在愁边,却自移家向酒泉。(《丑奴儿》)

他对自己之壮志难伸、之被人随意摆布,也常常在歌词中以讽刺、牢骚语句表示愤慨:

> 绿涨连云翠拂空,十分风月处,著衰翁。垂杨影断岸西东。君恩重:教且种芙蓉!(《小重山》)

> 还自笑,人今老。空有恨,萦怀抱。记江湖十载,厌持旌纛。瓠落我材无所用,易除殆类无根潦!(《满江红》)

> 壮岁旌旗拥万夫,锦襜突骑渡江初。燕兵夜娖银胡䩮,汉箭朝飞金仆姑。　追往事,叹今吾:春风不染白髭须。却将万字平戎策,换得东家种树书!(《鹧鸪天》)

> 不向长安路上行,却教山寺厌逢迎。味无味处求吾乐,材不材间过此生!(《鹧鸪天》)

难道此生将终于再得不到为国家、为民族、为生民而效命的机会了吗?在实在感到不能忍耐时,他便再借歌词来抒发这种郁闷情怀:

> 笑吾庐,门掩草,径生苔。未应两手无用,要把蟹螯杯!说剑论诗余事,醉舞狂歌欲倒,老子颇堪哀。白发宁有种,一一醒时栽。(《水调歌头》)

> 老去浑身无著处,天教只住山林!百年光景百年心。更欢须叹息,无病也呻吟!(《临江仙》)

第三,辛稼轩不但在仕宦期内能注意劳动人民的疾苦,采取一些为他们兴利除害的措施,在其歌词当中,也常常流露出对农民问题的关切。谷物的丰收或歉敛,农夫的愁眉或笑语,便常是他所注意的。例如,在他的一首《浣溪沙》词中就有这样的几句描述:

> 父老争言雨水匀。眉头不似去年颦。殷勤谢却甑中尘。

对于正在仕宦途中的友朋,辛稼轩也总是劝勉他们能够做体察民隐、去民疾苦的好官吏。例如,在饯送郑如崙去做衡州守的席上所赋《水调歌头》有句云:

>文字起骚雅,刀剑化耕蚕。看使君,于此事,定不凡。莫信君门万里,但使民歌《五袴》,归诏凤凰衔。

有的朋友如果真地这样做到了,他便加以歌颂。例如,他在信州守王桂发离职时所赋《水调歌头》有句云:

>我辈情钟休问,父老田头说尹,泪落独怜渠。秋水见毫发,千尺定无鱼。

在信州通判黄某离职时所赋《玉楼春》有句云:

>往年尧炊堂前路,路上人夸通判雨。去年挂杖过瓢泉,县吏垂头民笑语。

第四,这才应当谈到本节开端处所提及的那一特点:辛稼轩不但把词用来咏物、抒情,而且用以写景、叙事,用以寄感慨,发议论。唯其能够随歌咏和抒写对象之不同而随心所欲地运用各种曲调,故就稼轩词的体裁和形式而论,也都是脱落蹊径、不主故常的,其繁富多样也遂为南宋其他词人之所不能比拟。再则,他虽是在戎马仓皇之中成长起来的,但他阅读的书籍十分广博,记忆力也很强。特别是在闲居上饶、铅山期内,插架书籍甚多,可以经常地出则"搜罗万象",入则"驰骋百家"(刘宰《漫塘文集》卷一五《贺辛待制知镇江启》),胸中遂也贮有万卷之富。所以在他写作歌词时候,能把经史百家随心如意地驱策在他的笔下,因此,使用典故之多,也成为稼轩词的一个很突出的特点。凡此诸处,都可以体现出稼轩词在艺术、技巧方面的卓越成就。

综括上述诸事,即辛稼轩对于国家和民族的热爱,他的满怀忠愤,他的奋斗精神之始终昂扬,他对南宋的腐朽颓废的封建统治者们的讽刺和指责,他对劳动人民的生活与疾苦的关怀,他的敢于代表人民大众提出其要求和控诉,以及他的博学多闻,作品题材之广阔与体裁之多种多样,更通过他的圆熟精练的艺术手法表达出来,这种种条件合拢在一起,就使得稼轩词充满了生动深厚的现实内容,具有洪亮的声响和充沛的感染力量。从南宋以来,虽即有人以为稼轩词豪放雄浑,非词家正宗,但同时也就有人为之辩解,以为若不如此,而单在"风情婉娈"方面兜圈子,"则亦不足以启人意"(陈模《怀古录》卷中"论稼轩词"条)。我是完全同意后一种议论的。正是因为辛稼轩开拓了歌词的领域,才使他能够异军特起,"于剪红刻翠之外屹然别立一宗"的(《四库全书总目提要·词曲类》"稼轩词"条)。也正因为如此,当辛稼轩在世之时,他的词就已成为一般具有爱国思想的文人写作歌词时争相摹拟的榜样,他的朋辈更直接受到他的影响,因而也写出了不少慷慨激越的篇章。在辛稼轩去世之后,涵蕴在他的作品中的这种发聋振聩、唤醒战斗精神的雄伟力量,对后代读者也继续起着启迪和鼓舞作用。

以上所论,是只指稼轩词中最具特色、最富有代表性的一部分而言,是只指其中之足以致辛稼轩于不朽之域的那一部分而言,而不是说全部稼轩词都是合于上举诸条件的。在稼轩词中,还有很多首是写得"情致缠绵、词意婉约"的。这一部分,正因其符合于词家之所谓正宗的作风,它们的好处,也就和当时一般词人的作品没有本质上的差别了。历来谈及此事的,多举"咏春"的《祝英台近》一首为证,以为"此曲昵狎温柔,魂销意尽,才人伎俩真不可测"。实则属于这一类的单纯抒情作品,在稼轩词中是还可以举出许多首的,这在范开第一次编刊《稼轩词》时就已在序文中说,其中有许多是"清而丽、婉而妩媚"的了。这部分作品只是说明:所谓正宗词人的长技者,在以豪放雄浑著名的辛稼轩的笔下,不但并不短缺,较之别人且竟是更能优为之的。然而,不论怎样,稼轩词之所以可贵,却毕竟不在这一方面。另外,稼轩词中也有一些意兴颓唐、意境凡近的篇章,这些词历来不曾受到重视,不曾发生过多少影响,在我们,也姑且置之于存而不论之列吧。

最后,我要征引宋人的一段笔记,通过其中一件故事来看取辛稼轩的创作态度。岳珂《桯史》卷三中的"稼轩论词"条记一事说:

> 稼轩以词名。每燕,必命侍妓歌其所作。特好歌《贺新郎》一词。自诵其警句曰:"我见青山多妩媚,料青山见我应如是。"又曰:"不恨古人吾不见,恨古人不见吾狂耳。"每至此,辄拊髀自笑,顾问座客何如,皆叹誉如出一口。
>
> 既而又作一《永遇乐》,序北府事。首章曰:"千古江山,英雄无

觅孙仲谋处。"又曰:"寻常巷陌,人道寄奴曾住。"其寓感慨者则曰:"不堪回首,佛狸祠下,一片神鸦社鼓。凭谁问:廉颇老矣,尚能饭否?"特置酒,召数客,使妓迭歌,益自击节。遍问客,必使摘其疵,逊谢不可。客或措一二辞,不契其意,又弗答,然挥羽四视不止。余时年少,勇于言。偶坐于席侧,稼轩因诵启语,顾问再四,余率然对曰:"待制词句,脱去今古轸辙,……童子何知,而敢有议?然必欲如范文正以千金求《严陵祠记》一字之易,则晚进尚窃有疑也。"稼轩喜,促膝亟使毕其说。余曰:"前篇豪视一世,独首尾二腔警语差相似。新作微觉用事多耳。"于是大喜,酌酒而谓座中曰:"夫君实中予痼!"乃咏改其语,日数十易,累月犹未竟。其刻意如此。

由此可见,辛稼轩的学识尽管博洽,才气尽管磅礴,而他的作品,却大都是经过千锤百炼的工夫才得完成,并不是灵感一到即率尔操笔、一挥而就的。

1961年12月3日,改旧作于北京大学之朗润园
(原载《稼轩词编年笺注》)

后　记

每当我重阅《略论辛稼轩及其词》一文时,对文末引录的那条岳珂《桯史》的记载,总感觉颇有问题。原因是,岳珂在这条记事中,一则说稼轩"特好歌《贺新郎》一词,自诵其警句"云云;再则说"既而又作一《永遇乐》,序北府事"云云。

我在熟读之后,越来越感到费解的是:稼轩既然认为岳珂的意见"实中予痼"(打中了"掉书袋"的要言),从而重加玩味,进行改写,天天琢磨,然而经过累月修改的刻意经营,这几句词究竟改成什么样的文句了呢?根据现在(应当说是从南宋一直流传到现在的)所能看到的不只一种版本的《稼轩词》来说,我们得出的答案只有一个,那就是:其实是原封未动,连一个字也没有改。

这究竟是怎么一回事呢？难道岳珂此段记事完全是在扯谎吗？我在此不无遗憾地说，铁一般的事实，证明岳珂确实是为了炫示自身如何受到辛稼轩的重视，而特地写此一段扯谎文字的。

　　岳珂的著作，除《桯史》外还有好几种，其中最重要的则是他所编撰的《金佗稡编》和《金佗续编》。《稡编》中的《鄂王行实编年》和《吁天辨诬录》都是出自他的手笔，他却不顾史实真相，只为发挥其孝子慈孙的用心，而为岳飞编造了许多嘉言懿行，采取了决非历史学者所应采取的态度与手法。准此而推论之，则他在《桯史》中的这段记载之不够真实，更决非出于我的武断了。

　　至于稼轩词之具有千锤百炼的工夫，从各种版本的《稼轩词集》中同一首词之间而多有不同的字句，即可得知一些消息，正无须用岳珂的这段记事来作证，特别是在我既已察知其确为谎言之后。然而我之所以不把前文的最后一段断然删去者，则是因为，不论在我发表前篇文字的以前或以后，引用《桯史》这段记事而论述辛词者，都大有人在，可见误信岳珂此言者正复不少。因特不删去前文的尾巴，而就此论证其纯属岳珂捏造的谎言，借以去除受误于岳珂者之惑云。

邓广铭　写于 1991 年 3 月 16 日

辛稼轩归附南宋的初衷和奏进《美芹十论》的主旨

——纪念辛稼轩诞辰 850 周年

一、辛稼轩归附南宋政权的初衷

辛稼轩在宋高宗绍兴三十一年(1161),作为山东地区二十万起义军的领袖耿京的代表,往南宋王朝去联系共同抗击金政权的军事行动。宋高宗当时正因劳师而进驻在建康(今江苏南京),他召见了辛稼轩等一行代表之后,非常高兴,立即授予耿京和辛稼轩等代表以正式官职。不幸的是,在辛稼轩与诸代表返回山东向耿京复命的过程中,起义军内部出了叛徒,以张安国、邵进为首的一伙人,阴谋杀害了耿京而投降了金人。辛稼轩在返命途中闻悉之后,便绕道海州,从那里的起义军阵营中调拨了一支人马,直趋张安国所在的济州(今山东巨野),从几万人当中把张安国捉挟出来,缚于马上,并号召了大量人群起而反正,跟随辛稼轩一同驰马南下。路途中有时匆忙得饥不暇食,渴不暇饮,一直奔驰到长江岸边才得停歇。

这一场斗争,情况尽管极其险恶,但却十分突出地显示出辛稼轩是上马能够杀贼、下马能够草檄的文武全才。而这时候的辛稼轩才仅仅是过了二十一周岁的一个青年。

虽然起义军的领袖耿京已被杀害,虽然起义军的主体已经溃散,可是,当辛稼轩捉缚了张安国而南下之际,追随他而一同南下的,还大致将近万人。这就是他几十年后还在一首《鹧鸪天》词中,怀着十分的自豪感所描述的那种场景："壮岁旌旗拥万夫,锦檐突骑渡江初。"

在辛稼轩的想望当中,原以为,追随他而一同南下的这上万名兵丁,渡江之后,将会被南宋政府加以整编、补充和训练,再在抗击金人的战场上为他们派上用场。这种想望,尽管在满腔热血的辛稼轩认为是有充分理由的,但与刚刚受到金主亮大军南侵的威胁和震惊、刚刚因金国贵族的内讧而以金军的撤退为大幸的南宋王朝的决策者们的想法,却是完全对不上号的。在后者的意想中,是只希望战火从此停息,使他们能够得以苟安于东南半壁。而何况,由辛稼轩率领南下的这大批人马,在他们看来,只不过是一批败兵溃卒,根本算不得一支壮勇的实力,怎么还肯对之进行补充和改编呢？和辛稼轩的想法完全异样,南宋政府把他带领来的大批起义群众,一律当作归正归明军民（实际上就是把他们当作来自金国的一批投降者）,让他们分别聚居在淮南地区去吃救济粮,而这救济粮却又只以半年为期,半年之后呢？那就任其流浪散亡,各人自谋生路去了。所以,到隆兴元年(1163)十月,南宋的工部尚书张阐就上疏论列此事,说道：

> 臣比见两淮归正之民,动以万计,官给之食,以半岁为期,今逾期矣,官不能给,则老弱饥饿者转而他之,殊失斯民向化之心,兼亦有伤国体。（《文献通考》卷七《田赋考·屯田》）

张阐奏疏中所指陈的,其人则系由北方归正而来之民,其数额则是动以万计,其时间则是在隆兴元年中间已经超过了吃救济粮的半年期限,这当然就是指追随辛稼轩于绍兴三十二年(1162)渡江南下的那些起义军民而言的。

在遣散追随辛稼轩南渡的起义群众的同时,前此授予辛稼轩本人的"天平军节度掌书记"的名衔自然也不须宣告而作废。再给他安排一个什么职务呢,那就只能在低层次而又闲散的文职官员中去考虑,却决不肯再考虑在军事方面、在抗金的战场上让他继续发挥其作用了。但具体的安排,在绍兴三十二年内并没有作出来。

辛稼轩出生在金王朝统治下的齐州历城县。从他幼年所受的家庭教育,成年后亲身经受的女真统治者的残暴压榨,从书册中所接受到的一些民族思想，以及诸如此类的一些事物，促使他在成年之后，立即投笔从戎，成为农民起义军领导阶层中的一员，立志要推翻女真贵族的统治，把中原和华北地区的同胞从水深火热中拯救出来。他平时在《孙子兵法》和史书所载战例中学习战争，参加了农民起义军后，又在战争的实践中学习战争。到他"壮岁旌旗拥万夫，锦襜突骑渡江初"时，虽还不能说他的胸中已经蕴藏了几十万甲兵，但从他的思想准备来说，他却是想要继续投身于抗金的军事活动中去的。所以，在他渡江而等于被解甲之后，选定滨江的一个军事重镇京口（今江苏镇江）作为他的栖身之地（此据铅山《辛氏宗谱》所载稼轩《历仕始末》），而本身的前途还无定着之时，在绍兴三十二年末的立春之日，他赋写了《汉宫春》词一首，聊以抒发他当下的情怀。全词是：

> 春已归来，看美人头上，袅袅春幡。无端风雨，未肯收尽余寒。年时燕子，料今宵、梦到西园。浑未办、黄柑荐酒，更传青韭堆盘！
> 却笑东风从此，便熏梅染柳，更没些闲。闲时又来镜里，转变朱颜。清愁不断，问何人，会解连环？生怕见：花开花落，朝来塞雁先还。

词中的"年时"，为山东人习惯用语，指去年或前年而非指昔年；"西园"则只能是辛稼轩自指其济南故居；与下片的"转变朱颜"句合看，均可证此词必作于稼轩南渡伊始之时。其时稼轩风华正茂，而又正对"家事、国事、天下事、事事关心"，故又继以"清愁不断"三句。然而正因是南渡伊始，稼轩对南宋王朝最高层次当政者们的对金战略决策尚缺乏透彻的了解，故还不只怀抱着打回老家去的愿望，且还要与塞雁的北归争个谁后谁先。

这首词写得很有情致，也很有气魄，真可谓出手不凡。尽管如此，辛稼轩在奔赴南宋后所要奉献给国家和民族的，却毕竟不在于写出几首好听、好看、好唱的歌词，而要写出贡献他的智计和韬略的平定大敌的策划，以及由当代英豪（也包括他自己在内）把这些策划付诸行动的战斗实践。

可能就在写成那首词之后不久，南宋政府宣布，要辛稼轩去做江阴军的签判,这是一个没有多少事情可做的闲散的文职官员。这就辛稼轩本人来说,总会或多或少地要发生"铩羽"之类的感觉亦即失落感的。但辛稼轩是个豁达豪爽人,在他看来,个人的得志与否是次要的事,不能为这类事而消磨掉自己的英雄气概和壮志宏图。于是,他就从京口转往江阴军去任职了。

在绍兴三十二年(1162)六月刚刚受禅即位的新皇帝宋孝宗,也是一个长久以来就抱有恢复中原、报仇雪耻的大志的人,他即位刚满一年,就采纳了张浚的建议,委任张浚、李显忠、邵宏渊等人发动了一次对金军的战争。然而可惜的是,一则对这次战争的物质准备和精神准备都极不充分,事出仓猝,并没有作出周密的战略决策;二则所委任的最高督帅张浚乃是一个"将略非所长"的虚骄夸诞人物,李显忠则虽立过一些战功,却也吃过几次败仗,虽忠勇而并非将才,邵宏渊更庸懦无能,浪得名位,在这次战争发动之始,为了争名争利,就与李显忠矛盾得不可开交。于是乎,在初战获得小捷之后,战局立即发生了剧变,金将调集重兵反攻,宋军几乎未予还击,就全部狼狈溃退了。辛稼轩原怀抱着极大的希望注视着这场战争,而这场战争却只落得这样一个结局! 一直到四十年后,辛稼轩向其友人程珌谈及此事时仍说:符离之战,宋兵简直是"不战自溃"的,其在当时所给予辛稼轩的刺激之深痛,当可想见。在无法排遣这种忧伤惨痛情怀时,在隆兴二年(1164)的暮春,他又在江阴军的官舍中赋写了如下的《满江红》词:

> 家住江南,又过了清明寒食。花径里,一番风雨,一番狼籍。红粉暗随流水去,园林渐觉清阴密。算年年落尽刺桐花,寒无力!庭院静,空相忆。无说处,闲愁极。怕流莺乳燕,得知消息。尺素如今何处也? 彩云依旧无踪迹。谩教人羞去上层楼,平芜碧!

上片中的"一番风雨,一番狼籍",自是指符离之役而言。下片云云,则表明前途之暗淡渺茫,难于捉摸。这使他觉得,他再也不敢替最高层的决策者们去代筹国家的军政大计了。这表明辛稼轩确曾因符离溃败的消息而一度陷入极度沮丧迷惘的困境。

然而在熬过了这一短暂的悲观失望的时光之后,辛稼轩猛然意识到他所面临的严峻的局势,迫使他必须振作起来有所作为。因为,在吃了这次惨重的败仗之后,南宋的朝野上下,军民人等,绝大多数都陷入几近绝望的颓丧氛围之中了,倘让这种消极气势长此继续下去,那将会酿铸成更为糟糕和危险的结局。辛稼轩觉得他有责任把这种危机加以拯救,"回狂澜于既倒",把弥漫于朝野的消极气势振作起来,把人们的低沉颓丧情绪昂扬起来。于是从隆兴二年(1164)的夏秋之间开始,他就计划并动笔写一组有关南宋军政大计的论文,定名为《美芹十论》,要呈献给孝宗皇帝。

《美芹十论》的全文于第二年,即乾道元年(1165),陆续写完,写完后便由江阴军送往临安(今浙江杭州)去了。

《美芹十论》究为何年奏进,我在所编《稼轩年谱》及《辛稼轩诗文抄存》中均依辛启泰所编《稼轩集抄存》之说,定为乾道元年乙酉,几年前又有人提出异议,以为应从黄淮、杨士奇所编《历代名臣奏议》,定为乾道四五年稼轩任建康通判时。今按:乾道元年奏进之说,是确凿不可移易的。因为,一则张浚卒于隆兴二年,而在进呈《十论》之时,稼轩还未闻张浚的死讯;二则在绍兴三十一年(1161)的下半年内,南宋从金人手中光复了海、泗、唐、邓四州,到隆兴二年(1164)十一月,在宋金重订的和议中,规定"两国疆界一如绍兴之旧",于是上述四州又归属金国。而在《十论》的《察情第二》中却有"海、泗、唐、邓等州吾既得之,彼用兵三年而无成"等语,可证其撰写这段文字的时间,必尚在隆兴二年十一月之前,则乾道元年(1165)写完奏进,自是唯一合乎逻辑的结论。

二、《美芹十论》的主旨所在

辛稼轩撰写和进呈《美芹十论》,既然是以振作低沉情绪、昂扬士气民心为目的,他自然首先要克服自己的消极情绪和改变对符离丧师的沉痛评价。所以,在其开宗明义的进呈《十论》的《札子》当中,就明确地说道:

> 唯是张浚符离之师,粗有生气,虽胜不虑败,事非十全,然计其所丧,方诸〔绍兴〕既和之后,投闲踯躅,犹未若是之酷。而不识兵者,徒见胜不可保之为害,而不悟夫和而不可恃为膏肓之大病,亟遂咋舌以为深戒。臣窃谓恢复自有定谋,非符离小胜负之可惩;而朝廷公卿过虑、不言兵之可惜也。古人言"不以小挫而沮吾大计",正以此耳。

这番苦心孤诣的话,虽主要是在于长南宋皇帝和文武大臣的志气,但他所希求的,决不只是一种短期效应,因为《十论》的正文所论述的,就全是属于战略性的、有关长治久安的一些军政大计。

《美芹十论》共分为《审势》《察情》《观衅》《自治》《守淮》《屯田》《致勇》《防微》《久任》《详战》十个篇章。据辛稼轩在奏进《十论》的《札子》中说,前三篇是论述金方所存在的诸多弱点,后七篇是论述南宋朝廷之亟应施行的。总起来看,他是在把宋金斗争格局下的,双方的政治、经济、军事实力和民心的向背、聚散,作了全面的探索、估计和分析、比较,从而作出积极性的建议的。《美芹十论》虽是分为十个篇目撰写的,实际上却都是围绕着一个中心议题,即如何才能在战争中争取到主动地位,才能够战胜攻取,完成恢复失地的大业。

《十论》的最后一篇——《详战》,是辛稼轩集中表述其对付金军的战略策略的一篇。在这一篇里,他不再谈说在物质方面和精神方面应当具有的各种准备,因为在前几篇中已经说过了,他直截了当地谈说对金用兵应当如何把兵力作最适当的部署。他指出:对于已经定都于燕京的金王朝来说,山东地区的地势,以常山之蛇为喻,正属于金方军事布局上的首脑地位,而开封、洛阳和关陕地区,则居于金方军事上的蛇身、蛇尾地位。然而金方目前的军事部署,却把重点放在开封、洛阳、关陕三地区,在山东地区的备御力量却极为"简略"。针对着这一情况,辛稼轩作出了一个"诳乱敌人耳目"的亦即佯攻的对策。他建议:凡金人屯驻重兵的地方,宋方也遥遥相对地集结重兵。例如,集结重兵于川蜀,就佯称"关陇之地是秦汉故都,形势险要,我是非争不可的";集结重兵于襄阳,就佯称"洛阳是吾家祖宗陵寝之地,已多年不曾前往祭奠,现在是非争不可的";集结重兵于淮西,就佯称"汴京是吾家宗庙社稷所在之地,更是一定要争取回来的"。三地都作出进取的姿态,而实际上却都按兵不动,目的只在于吸引住敌人布置在汴京、洛阳和关陕三地的兵马,甚至还要使之调集更多的人马以防守与宋搭界的各州郡,使其陷入"无所不备则无所不寡"的局势之中,而我们却把真正要攻取的目标放在敌方并不屯驻重兵的山东:在山东的沿海州郡(包括登、莱、沂、密、淄、潍),用战舰驰突其境,把敌方布置在青、密、沂、海等州的几千名士兵吸引了去,使山东之地事实上成为"虚邑",则"虚邑"中的居民必起而为乱。乘此时机,选一将领,以最精锐的部队,组成一支奇兵,由沭阳急行军北进,与山东起而反金的民军协同作战,正如痛击蛇首,蛇身蛇尾自然无力相应一般,山东之地即指日可下。山东已下,河朔必望风而震,河朔已震,则金人只有塞南门而守燕京一法。这是所谓"避实击虚""避险击易"之法;较之"驱坚悉锐,由三路以进,寸攘尺取为恢复之计",那是有把握得多的。

(按:《详战》篇所建议的这个以三路驻屯之兵诳乱敌人耳目,而由沭阳出精锐奇兵直取山东的对策,是辛稼轩在南渡之后即已构想成熟的一个方案。据《朱子语类》卷一一〇《论兵》篇载:

> 辛弃疾颇谙晓兵事。云:"……某向见张魏公,说以分兵杀虏之势。……为吾之计,莫若分几军趋关陕,他必拥兵于关陕;又分几军向西京,他必拥兵于西京;又分几军望淮北,他必拥兵于淮北;其他去处必空弱。又使海道兵捣海上,他又著拥兵捍海上。吾密拣精兵几万在此,度其势力既分,于是乘其稍弱处,一直收山东。虏人首尾相应不及,再调发来添助。彼卒未聚,而吾已据山东。才据山东,中原及燕京亦自不消得大段用力。盖精锐萃于山东而虏势已截成两段去。又先下明诏,使中原豪杰自为响应。"

> 是时魏公答以:"某只受一方之命,此事恐不能主之。"

辛稼轩于何时何地与张浚相见而有了如上的一番谈话,现在虽已无明文可考,但据张浚所答"某只受一方之命"一语看来,则可断言其时间必定在隆兴元年宋孝宗决定委任张浚督师北伐之后,双方部队尚未接战之前,亦即仍当在隆兴元年之内。是则至少在其撰写《详战》篇两年之前,此一构想已如成竹之在胸矣。）

集结于川蜀、襄阳和淮西的三路大军,各以何人为统帅呢?这自然不是辛稼轩所应提出、所能提出的。但因其只是用来牵制敌军的,所以,他以为"将不必皆勇,士不必皆锐";山东沿海州郡的部队也与此相同。但由沭阳北进的奇兵,既然一定要收取战必胜、攻必克的战果,那就必须用智勇双全的将领和精锐果敢的士卒。在《详战》篇中虽然也没有谈到统帅这支奇兵的具体人选,而在稍后几年写给丞相虞允文的《九议》当中,他却说得十分具体:

> 然后以精兵锐卒,步骑三万,令李显忠将之,由楚州出沭阳,鼓行而前,先以轻骑数百,择西北忠义之士,令王任、开赵、贾瑞等辈领之,前大军信宿而行,以张山东之盗贼(按:此指山东地区对金朝造反的居民),如是不十日而至兖郓之郊。山东诸郡,以为王师自天而下,欲战则无兵,欲守则无援,开门迎降唯恐后耳。然后号召忠义,教以战守,传檄河北,谕以祸福,天下知王师恢复之意坚,虏人破灭之形著,城不攻而下,兵不战而服,有不待智者然后知者。此韩信之所以破赵而举燕也。

这里指名的王任、开赵、贾瑞等辈,都是和辛稼轩在山东同时乃至同伙起而反抗金的统治的,他们对于山东的民情和地理形势等都十分通晓,所以在攻取山东的那支奇兵当中,都应当使他们能充分发挥其作用。然而,在这里,辛稼轩独独没有提到他自己。但我觉得,有充分理由可以推断说,辛稼轩必是认为,只要他的条陈能为朝廷所采纳,他的建议能被认真地加以施行,他就必会被起用于这支奇兵之内的。比如说,用他为这支奇兵统帅人物的参佐之类的职任,以使他得以展其军事长才。

遗憾的是:辛稼轩把《详战》篇的意想在符离之战以前向张浚提出,张浚以此事不在他的权限之内回绝了他;而今他又把这一建议写为《美芹十论》的末篇,而《美芹十论》在进呈到朝廷之后,却也如石沉大海一般,没有得到宋孝宗和陈康伯、汤思退等执政大臣的理睬;就连他在几年之后写给新上台的宰相虞允文的《九议》(其中也写进了以奇兵直取山东的构想),我们也看不到虞允文曾作出什么回答。

三、 南宋王朝不使辛稼轩担任军职的原因

辛稼轩南归后的最初几年,只是浮沉于各地方的中下级官员职位上,到淳熙二年(1175),南宋政府因苦于茶商军的流徙久久不能平定下去,便起用他为江南西路的提点刑狱,令其带兵去进行镇压。在茶商军果然被他镇压下去之后,他便先后被派往荆湖南北及江西诸路担任监司或帅臣之职。从淳熙九年(1182)起,因受人弹劾,官职被罢免了,便在上饶城外新营建的宅第当中闲居达十年以上。其后又被起用到福建做监司及帅臣,仅及三年又罢官而归,移居铅山,又闲居将近十年。其后又被起用为浙东帅臣及镇江知府,均未久于其任,即又被罢免而退居铅山。宋宁宗开禧三年(1207)八月病逝于铅山宅第。在他病逝之前四天,南宋王朝因对金发动的战争一败涂地,又急忙起用辛稼轩为枢密都承旨,可能是真心要使辛稼轩施展其军事长才了,然而当这道敕令送达铅山时,大概已经在稼轩身亡十几天乃至几十天之后了。

这使我很自然地联想起,在嘉泰四年(1204)稼轩六十五岁时所写的一段《跋绍兴辛巳(按:即三十一年)亲征诏草》。那段跋语的全文为:

> 使此诏出于绍兴之初,可以无事仇之大耻;使此诏行于隆兴之后,可以奏不世之大功。今此诏与此房犹俱存也,悲夫!

我今模仿那段跋语,试写成以下诸句:

> 使稼轩得用于隆兴之初,可以大展其军事的长才;使稼轩得用于乾道年间,可以立不世之大功。今竟使稼轩专以词人被称于后世也,悲夫!

我于半个世纪以前编写《辛稼轩年谱》时,在《谱》前的概述中曾写有如下数语:

> 然而逸摈销沮,南归四十余年间,强半皆废弃不为时用,用亦不得尽其才。遂乃自诡放浪林泉,借歌词为陶写之具,而世亦竟以词人称焉!

可证我在研究稼轩生平和业绩的伊始,就已有了这样的感慨情绪。几年前,我在《灵豀词说》中读到叶嘉莹教授的《论辛弃疾词》的长篇论文前所题三绝句之一为:

> 少年突骑渡江来,
> 老作词人事可哀。
> 万里倚天长剑在,
> 欲飞还敛慨风雷。

可见她对于稼轩的行藏用舍诸大端深致慨叹,也是全得我心之所同然的。

已成过去的历史事件,自然不能再用新的假设作代替。那么,辛稼轩在南归时既然是以"锦襜突骑"的青年人带领着千军万马而渡江的,在南归后不久即又向南宋君相呈献了足以表现其军事韬略的两组论文:《美芹十论》和《九议》,而且以通晓军事知名于时(选派他去平定久未能平的茶商军一事,足可为证),何以南宋王朝竟不肯让他担任真能指挥部队作战的军职,或是能参预决策的高级军事行政职务呢?我试图从《美芹十论》和《九议》当中探索出较为符合情理的解答,探索的结果如下:

一、在《九议》的第九篇中有云:

> 朝廷规恢远略,求西北之士谋西北之事,西北之士固未用事也,东南之士必有悻然不乐者矣。缓急则南北之士必大相为斗。……西北之士又自相为斗:有才者相媢,有位者相轧,旧交怨其新贵,同党化为异论,……私战不解则公战废,亦其势然也。

这里所指陈的,是南宋王朝高级文武臣僚间的派系斗争。其中既有南派与北派的互相倾轧,又有北派人物间的自相倾轧。辛稼轩是北人,他所知北人中间的内幕情况自然较多。而他又是一个在宋王朝南渡三十多年之后才南渡的北人,在朝臣中既无旧交,自然更难成为新贵。宋王朝之南迁杭州,和晋王朝之南迁建康时几乎一样,凡与王室同时南迁的那些官僚士大夫们,对于几年后、十几年后乃至几十年后才渡江而来的人们,不仅心存歧视,甚至还会有非我族类之感的。辛稼轩之所以不能厕身于南宋王朝军政决策的集团之内,这应是主要原因之一。

二、在《美芹十论》的《防微》篇中,辛稼轩先举述了南人之因失意而投降金人的,说应于事先加以防范;继又论述说,亟应对"归正归明"的军民加以"优恤","以纾其逃死蓄愤、无所伸诉之心"。在最后,他又引用了《战国策·赵策》中记"秦攻赵于长平,大破之"一节内的几句话语而引申道:

> 臣闻之,鲁公甫文伯死,有妇人自杀于房者二人,其母闻之,不哭,曰:"孔子贤人也,逐于鲁而是人不随;今死,而妇人为自杀,是必于其长者薄,于其妇人厚。"议者曰:"从母之言,则是为贤母;从妻之言,则不免为妒妻。"今臣之论归正归明军民,诚恐不悦臣之说者以臣为妒妻也。

对于辛稼轩的这段文字,我们应当深切地加以领会。文字虽然简短,其中却包涵着无限辛酸的愤激。尽管辛稼轩是"抱忠仗义"而渡江的,是怀抱着"用之可以尊中国"的抱负而渡江的,但如上文所说,他的南渡毕竟后于宋政权的南渡三十五年了,凡在这时候或其稍前稍后南渡的人,一概被南宋王朝的统治阶层中人称作归正人或归明人(在北宋,归正人和归明人原是有区别的,到南宋,这两种人的界限已很模糊,所以稼轩也统称之为"归正归明军民")。而归正归明军民,如上文所说,在一般人的心目中,实际上又只是降兵、降将、降人的代称,是一种并不光彩的称谓。而在这种人群当中,又确实鱼龙混杂,良莠不齐:有些人在南归之后,又想方设法请金方指名把他要回,乘机向金人输送有关南宋军政方面的一些情况,借以谋取某种私利。所以,辛稼轩又在《防微》篇中举述了一些事例,请南宋政府预作防范。然而回顾自己,却也是被人认作归正归明人群中之一员的,并因此而不为南宋政府所倚重,故不能不于此发出这种伤痛的慨叹。我以为,辛稼轩在此后虽也"屡膺阃寄",却终还不能说他在宦途中已经得遂所愿。如果想探索此事的最深层的原因,那似乎只有从《防微》篇中这几句伤心话里才可求得的。

(原载《杭州大学学报》1991 年第 2 期)

略论辛稼轩作于立春日的《汉宫春》词的写作年份和地点

——读郑骞教授《辛稼轩与韩侂胄》书后

郑骞教授的《辛稼轩与韩侂胄》一文,曾发表于1948年的《再生月刊》上,当是他去台湾之前,任职于上海暨南大学时所作。可惜我于其时未得看到。1991年夏,台湾大学的一位友人从郑先生的《景午丛编》中抽印了这篇文章和《辛稼轩的一首〈菩萨蛮〉》惠赠与我,我才得以看到。不幸在此后不久,郑先生便去世了,致使我无法把读后的意见直接与他商讨,只能写出来就正于爱读辛词的朋友们。

《辛稼轩与韩侂胄》文中所论皆为辛、韩二人在政治问题、军事问题的主张和见解诸方面的关系,这本是已经从南宋末一直讨论到今天而迄今未能得到共识的一个问题,我在此刻也不愿就此更行饶舌,而只想就他在这篇文章中对辛稼轩作于一个"立春日"的一首《汉宫春》词的解释提出一些不同的意见。先把郑文中与此词有关的几个主要段落照抄如下:

> 向来热衷之士所以不甘闲废有两个缘故:闲不起与闲不住。前者是经济压迫,后者是精神苦闷,正如俗话所说"挑水的放〔不〕下扁担"。当韩侂胄转变作风收揽人望的时候,辛稼轩落职家居已竟很久了,恐怕已是既闲不住又闲不起。他听到韩侂胄提议举兵恢复的消息,很兴奋而又很怀疑,怀疑韩侂胄和他左右的那些庸材们是否能胜此重任。他有一首脍炙人口的《汉宫春》,正是这种心情的反映。这首词全文如下:

春已归来,看美人头上,袅袅春幡。无端风雨,未肯收尽余寒。年时燕子,料今宵、梦到西园。浑未办,黄柑荐酒,更传青韭堆盘。

却笑东风从此,便薰梅染柳,更没些闲。闲时又来镜里,转变朱颜。清愁不断,问何人,会解连环。生怕见,花开花落,朝来塞雁先还。

恢复的呼声,消沉了二十多年,一般志切国仇,思欲自效的人士,正像冬天蛰伏一样寂寞苦闷,一旦有在高位者重提此事,还不是像美人头上春幡袅袅,告诉我们春天已到了么。偏有一些人主张持重,这与早春的风雨余寒一样地使人不快。虽然如此,春天总是要来的,久蛰思动的志士们已像燕子般作起青春之梦了。可惜主持春之筵席的人有点不知道好歹,他并没有把色香味俱佳的黄柑拿来荐酒,只堆了一盘子韭菜当作珍馐美味,这比风雨余寒还要可厌可怕。无疑的,这是讥讽韩侂胄的用人不当。的确,韩的左右像陈自强、苏师旦那等样人,也不过等于一根韭菜而已。然而这种情形并非长久如此。韩的作风转变了,他已竟像东风的薰梅染柳而逐渐网罗英俊,而且恐怕不久就要网罗到自己头上,这岂不是求仁得仁?干脆出山好了。事情又不是这样简单。英俊才智之士虽被引用,贪庸谄佞之辈却没有去,黄柑青韭弄在一起,这叫甚么味道。南宋偏安积弱,数十年人不知兵,恢复之事本来就没有把握,再加上这样一群人,这样一个局面,如何能作乐观。然则自己就是出去,也未必能有甚么作为,何苦淌这浑水。想要坚卧不起吧,已竟六十多岁,难道还能再活六十岁?"烈士暮年,壮心不已",谁也不愿意覆掉这个难得而且可能是最后的机会。就是这样翻来覆去,左思右想,怎么也不合适:清愁不断,连环难解,此之谓也。总而言之,恢复中原,决非易事,恐怕只是一种空想而已。在这时候,抬起头来看看,碧空万里,白雁数行,他们倒先回北方去了。这种滋味,真够受的。周介存说:"辛词之怨,未有怨于此者。"当然是如此,稼轩一生家国身世之感,全寄托在这首词上了。

铜阳居士解释东坡《卜算子》词,说是刺时感遇之作,被王渔洋骂为"村夫子强作解事"。我这样解释稼轩《汉宫春》词,曾对一位

> 自称专治纯文学的朋友谈过,他好像也不以为然。我却要坚持我的见解,因为有史实作根据,不像鮦阳居士那样无中生有,全凭臆测。不过我们要知道这是感兴,是寄托,不是灯谜、隐语。在作者写作的时候,内心外境,融为一片,以象征之笔出之,所谓化境是也。讲时无可奈何,只好这样分析开来讲。若以为稼轩作此词时,像作灯谜一样,一句一段的影射出来,当然天下之大无此笨伯。

以上,我不惮其烦地把郑文中牵涉到辛稼轩作于某个立春日的《汉宫春》词的诠释文字全部抄引了来,原因是,为恐稍有删节便可能造成断章取义的失误之故。

在不会发生断章取义的条件下,我却要说,郑先生对辛词《汉宫春》的解释,尽管迂曲缭绕地写了那样多的文字,其结果却是全都不得要领,全无是处的。

郑文中说,他"曾对一位自称专治纯文学的朋友谈过,他好像不以为然",这句话的言外之意,大概是说,他的这些解释都"有史实作根据",并不是那位"自称专治纯文学的朋友"所能领会、通晓,所以他"也不以为然"。作为曾经编写过《辛稼轩年谱》和《稼轩词编年笺注》的我,并不是一个"专治纯文学"而是以治史为专业的人,我却也不同意郑先生对辛稼轩的这首《汉宫春》所作的那些解释。郑先生说,辛稼轩在这首词中所表述的,"是感兴,是寄托,不是灯谜、隐语",这是非常正确的;然而在他解释这首《汉宫春》时所采用的虽然貌似"以词证史"或"以史注词"的方法,实际上却全是当作灯谜和隐语来进行猜测的。他所引征的史实,全是生拉硬扯了来,与稼轩在此词中的用事是毫不相干的。我在此如果也套用王渔洋贬责鮦阳居士的话,以为郑先生也是"村夫子强作解事",我觉得是并不苛刻的,虽然郑先生在文中先已为自己排除了这一贬责。

郑文中以南宋人物来阐释这首《汉宫春》词句,最具体的莫过于"浑未办黄柑荐酒,更传青韭堆盘"两句,而其"强作解事"之甚也莫过于对这两句的诠释了。他说,"无疑的,这是讥讽韩侂胄的用人不当。的确,韩的左右像陈自强、苏师旦那等样人,也不过等于一根韭菜而已"。把陈自强、苏师旦等小人比作韭菜,当然也就是把包括辛稼轩本人在内的一些有志于恢复的人们比作"色香味俱佳的黄柑"了,试问,在历代的诗赋和骈文散文当中,可曾真有任何一处出现过这样一个取譬的吗?这样的牵强附会,一个"专治纯文学"的人固已不以为然,在我这个专治史学的人看来,是更加不以为然的。

我以为,辛词中的这两句,乃是从苏东坡的《立春日小集戏李端叔》诗中的"辛盘得青韭,腊酒是黄柑"两句中脱化而来,而宋人所编《集注分类东坡诗》于前一句下引赵次公注云:"故事:立春日作五辛盘也",于后一句下引赵次公注云:"黄柑以酿酒,乃洞庭春色也。"而用黄柑酿酒的最原始出典,也见于苏东坡《洞庭春色》诗的小引中。其文有云:

> 安定郡王以黄柑酿酒,谓之洞庭春色,色香味三绝,以饷其犹子德麟,德麟以饮予,为作此诗。

根据这段文字和赵次公在东坡的《立春日小集戏李端叔》诗中所作的注释,知道东坡诗中的"辛盘得春韭,腊酒是黄柑"二句,仅为紧紧扣合立春的节候而云然,此外别无更深的寄托、隐喻和影射。辛稼轩的"浑未办黄柑荐酒,更传青韭堆盘"二句,既也是写于立春之日的,又明系自东坡的《立春日小集》的诗句脱化而来的,则其纯系为扣紧立春节而别无寄托、隐喻和影射,也是必然而无可疑的,何得无中生有地从中寻绎出"像陈自强、苏师旦那等样人,也不过等于一根韭菜而已"的涵义呢?

郑先生把"浑未办黄柑荐酒,更传青韭堆盘"这两句,翻译为"他并没有把色香味俱佳的黄柑拿来荐酒,只堆了一盘子韭菜当作珍馐美味",这也说明,他对稼轩在此词中遣词造句的法式,从而对这两句话的涵义,并未真正领悟。因为,这里的"黄柑荐酒"只是说荐黄柑酒,而不是说用黄柑作为酒肴;"更传青韭堆盘"句则应译为"岂能再传送上堆有青韭的五辛盘!"把"更"字作为"岂能再"一语使用,在唐宋人的诗词中既不乏其例,在稼轩词中也不止此一处。例如:

1. 在"和范先之送祐之弟归浮梁"的《鹊桥仙》中有句云:"啼鸦衰柳自无聊,更管得离人断肠!"

2. 在起句为"病来自是于春懒"的《杏花天》中有句云:"蛛丝网遍玻璃盏,更问舞裙歌扇!"

这两例中的"更"字与这首《汉宫春》内"更传青韭堆盘"句中的"更"字,都是必须作"岂能再"解(参张相《诗词曲语辞汇释》卷一"更"字条),而不能译为别种字样的。因此,《汉宫春》中这两句的大意,应正确译为:连节日应备的黄柑酒都未备办上桌,岂能再传送五辛盘到桌上来呢!

郑先生认为辛稼轩的这首"脍炙人口的汉宫春"的写作,是"当韩侂胄转变作风收揽人望的时候",是在稼轩本人"落职家居已竟很久,已是既闲不住又闲不起"的时候,是当"他听到韩侂胄提议举兵恢复的消息"的时候,虽始终并未指明其确为何年所作,但稼轩于嘉泰三年(1203)既已起知绍兴府兼浙东安抚使,而韩侂胄之"转变作风、收揽人望"又均系嘉泰二年(1202)才开始的,是则等于已经说明,这首《汉宫春》乃是写于嘉泰三年的立春之日的,其年稼轩为六十四岁。然而稍加推考,此说是无法令人信从的。首先,此词的下片说道:"却笑东风从此,便薰梅染柳,更没些闲。闲时又来镜里,转变朱颜。"这里的"朱颜"二字,毫无疑问,是稼轩自指其本人,倘若真为六十四岁所作,当然是不可能以"朱颜"自况的。而且,以"朱颜"形容自己的状貌,在六百几十首稼轩词中只此一见,其"舟次扬州和杨济翁周显先韵"之《水调歌头》,乃稼轩四十岁时所作,其中已有"今老矣,搔白首,过扬州"等句,则此以"朱颜"状述自己之《汉宫春》词必更为其四十岁以前若干年所作,何得与韩侂胄当国时事有任何关系?其次,词中有"年时燕子,料今宵,梦到西园"句,句中的"年时""今宵"和"西园"虽都是些含糊语词,都不能用作最明确的时间和空间的定语,因而都被郑文略过不谈,但我认为,这些字样全都不失为探求此词作年的一些根据。因为,"年时"一词,犹言昨年或前年,直到现代还是山东济南周围各地的习惯用语,是仅指前一两年而不是指昔年,以"今宵"对"年时",更可作为明证。是则这首词中的"朱颜",也就是于绍兴三十二年(1162)拥有上万人马而渡江南下的那位"壮岁"人物,他料定今宵会入梦中的昨年见过的燕子,其所飞往的"西园",自然也必指历城郊外辛家宅院中的园子。如此则此词之作必当在绍兴三十二年(1162)渡江南下后的第一个立春之日。

在1984—1985年内,铅山县的一位友人为我借得《铅山辛氏宗谱》第一本(据云共五本),这是一部记录在明代从福建迁往铅山的一支辛姓人家的族谱,但因辛稼轩也是一位移居铅山的人,而且享有大名,所以也把一篇《宋兵部侍郎赐紫金鱼袋〔辛公〕稼轩历仕始末》收录于内,对于稼轩的子嗣后裔一未叙及,却说他们因犯罪逃避他乡,改姓辜("辛"上加"古")了,这当然全出捏造。但《历仕始末》所述稼轩生平事历却极完备,尽管因辗转传抄之故而多有讹脱,然其可靠性,其必出于南宋人手笔,则全无可疑。想即自清人辛启泰所见以稼轩为始迁祖之铅山辛氏宗谱摘抄来者,惜此谱今尚未能访得。

《稼轩历仕始末》说,稼轩于绍兴三十二年渡江南下之后,"初居京口,后卜居广信带湖",据此可知,稼轩在渡江之初是寓居京口的,而以金的新息县附宋并"尽室而南"的范邦彦一家,也已于一年以前(即绍兴三十一年)寓居京口。范邦彦有一女儿,恰与稼轩同龄(稼轩"寿内子"的《浣溪沙》词起句为"寿酒同斟喜有余",其下更有"两人百岁恰乘除"句可证),即同为二十三岁。既同是他乡流寓人,又属"忠义相知",在先后相继来寓京口之后,稼轩遂即成了范家的郎婿(据牟巘《书范雷卿家谱》)。根据这些考索,可以断言,辛范的成婚,必即是绍兴三十二年内事,而这首《汉宫春》的写作,其时间也必然就是在这一年腊月二十二(1163年1月28日)的立春之日,地点则必是京口。

虽是燕尔新婚,却也是临时营求到的寓所,因而在迎接过江后的第一个立春节日的时候,由于家中的一切设备还都很简陋,餐桌上便只能是草草杯盘,既拿不出黄柑酒,更摆不上五辛盘。然而即使这简陋的家况,也说明稼轩这时毕竟有了一个家了。稼轩有一首《满江红》词,起句为"家住江南,又过了清明寒食",知其为隆兴二年(1164)之作,也可证稼轩在抵达江南之后即也有家有室了。

因为是在"壮岁旌旗拥万夫,锦襜突骑渡江初",所以辛稼轩一方面满怀着打回老家去的壮志雄图,一方面总还是念念不忘家乡间的一些景致和风物,所以在上片既有"年时燕子,料今宵,梦到西园"之句;在下片则又有"清愁不断,问何人能解连环"之句,并用"生怕见,花开花落,朝来塞雁先还"作了结语。

我的朋友中,也有人虽大致同意我对这首《汉宫春》词意的解释,却又以为词中的"美人"并非泛指,而是专指其新妇;下片的"朱颜"也非稼轩对自己的状述,而也是指其新妇而言。我以为,即使接受这一意见,对于我所认定的此词的写作时间和地点,也还是不能改动的。

附记:上面讨论的这首《汉宫春》,在我编写的《稼轩词编年笺注》中,直到1978年重印的那一版,因为当时未作较大的改动,所以还是把它放在《作年莫考诸什》的那一卷中。是在八十年代中期,在我看到了那篇《宋兵部侍郎赐紫金鱼袋〔辛公〕稼轩历仕始末》之后,以其中的"初居京口"句与牟巘《书范雷卿家谱》中所述范邦彦与稼轩"先后来归,忠义相知,辛公遂婿于公"之事,以及刘宰所撰《范如山行述》中所述范邦彦"开蔡城以迎王师,因尽室而南"诸语并合思考,遂得断言稼轩之完婚必即在绍兴三十二年,而此词之作必在同年末立春之日。故在八十年代后期改编《稼轩词编年笺注》时,即将此词移冠全书之首。如在八十年代之前得读郑先生此文,亦不可能写出此篇书后,最多不过批评他对黄柑青韭两句的牵强附会的解释是"强作解事"而已。

1992年4月15日完稿于北京大学朗润园,时年八十五

(原载《中国典籍与文化》1992年第2期)

辛稼轩"书东流村壁"的《念奴娇》的写作时、地问题

——与陈志昂君商榷

一、小 引

　　辛稼轩是一位爱国词人,这已成为八百余年来中国学术界的共识,自不须再作论证。但是,说辛稼轩是爱国词人,乃是从辛词中的一些重要篇章而得出的一个论断,是就其词中的主旋律而得出的一个定语,如果把稼轩的每一首词都理解并解释为寓有恢复失地、报民族仇、雪国家耻的作品,那就必定要失之穿凿、失之牵强附会了。因为,辛稼轩毕竟也是具有七情六根的人,他总不免有时为一些身边琐事,或本身承担的工作的顺利与否,而致情感上发生喜怒忧苦等等的变化,或在与朋友觥筹交错之际而有所感触,遂即赋写歌词。在全部稼轩词中,属于这样一些类型的为数是不少的。即如此刻我所要特地对其涵义进行商榷的,稼轩"书东流村壁"的《念奴娇》词,我就认定它只是赋写闲情逸致的一篇作品,而决非涉及国家民族的新仇旧恨的。我以为,只有如此认定,才可能对它的写作时间和地点作出符合事实与情理的解答。

　　然而,在半个世纪之前,梁启超、启勋昆仲早就提出了与此正相反背的意见;而到近今,在《北京社会科学》1993年第一期上,又刊出了陈志昂君的《稼轩词〈念奴娇·书东流村壁〉考辨》一文,其所辨诘的主要对象,还是我在《稼轩词编年笺注》中对此词的诠释以及所拟定的它的写作时间和地点。现在先把此词全文抄录于下:

野棠花落,又匆匆过了,清明时节。划地东风欺客梦,一枕云屏寒怯。曲岸持觞,垂杨系马,此地曾轻别。楼空人去,旧游飞燕能说。
　　闻道绮陌东头,行人曾见,帘底纤纤月。旧恨春江流不断,新恨云山千叠。料得明朝,尊前重见,镜里花难折。也应惊问:"近来多少华发!"

我在《稼轩词编年笺注》中,定此词为宋孝宗淳熙五年(1178)稼轩三十九岁时所作,并于注中说道:"玩此词语意,盖亦稼轩江行途中所作,则东流村壁者,乃指东流县境内之某村,而非村以东流名也。梁启超于《韵文与情感》中解释此词,谓东流为'徽、钦二帝北行所经之地',而定此词为稼轩少年时两随计吏抵燕山谛观形势、经行其处时所作,盖误。"

二、 陈志昂君的新作

在这里,我只对梁启超之说作了"盖误"二字的判词,而未详细论述其所以为"误";并且,对其介弟梁启勋在《稼轩词疏证》中对梁启超说所作的引申、补充和阐发的一些话语也一字未加引用,这自然较难使人信服。因此,陈志昂君在其所作的《考辨》中,为了就梁氏昆仲之说与我所主张之说进行对比以决定取舍,便从《稼轩词疏证》中引录了如下的大段文字:

　　此词见甲集,作年无可考。唯相传写徽钦二宗北狩之事,词意甚似。……徽钦二宗北行之途径,据史文所载,则自汴梁,经浚州、真定府、中山、代州而至云州,东行至燕山府,住愍忠寺,乃再折而东北行,至会宁,终于韩城。以今地理释之,则由开封经彰德、正定、保定,入龙泉关,斜掠太原东境,北行而之大同,又东折而至北京,住宣武门外法源寺,再出关至吉林之阿城县,终于延吉之五国城。若此词之本事果如所传,则东流村或当在豫北、南直隶之间。考先生到此地之机会,一在儿时随乃祖宦游开封时……一在《美芹十论》札子所云,两随计吏抵燕山视形势之时,一在天平节度使耿京幕中时。凡此,皆二十二岁以前之事,若二十三岁南归后;则绝对无缘重履此地矣。果如是,则此词当是绍兴三十二年壬午以前作。……但东流村之所在地,一时无可考……池州有东流县,但县而非村,且非徽钦二宗北行所经之地。

在列举了梁氏昆仲之说和拙见的异同之后,陈君继即表态说:

> 那么,究竟此词作于何时何地,内容究竟如何?现在我们细味词中各语,觉得仍以梁氏昆仲之说为近似。简言之,此词当是稼轩南渡以前,客游徽钦二帝北狩行经之故地,闻故老追述当日情状,痛感国家兴亡,愤而有作,题写于东流村之壁间的。

此下,陈君就进而"依上述认识",对此词的每一句都作了解说,都解释为寓有国亡君辱的悲愤沉痛情绪之句。例如对"旧恨春江流不断,新恨云山千叠"两句的解释是:

> 显然,所谓"旧恨",是二帝北狩,东都沦陷之痛史;"新恨"则是康王南渡、偏安江左之残局。诚如梁任公所说,来到徽钦二宗北行所经之东流村,"把稼轩的新愁旧恨一齐招惹出来了"。

总之,陈君对这首《念奴娇》词全部语句的解释,全都是用以支持和落实梁氏昆仲的两个论点的,那就是:(1)此词为稼轩经行徽钦二帝被俘虏北去时所曾经过的一个处所有感而作的;(2)他一定是把新作的这首词书写在一个名叫东流村的墙壁上的。

三、一个完全正确的论断

然而,陈志昂君对梁氏昆仲的论点并不完全表示赞同,所以他只说,对于此词作于何时何地的问题,他"觉得仍以梁氏昆仲之说为近似",而并不予以全盘肯定。事实上,他对梁启勋在《稼轩词疏证》中所设定的这首《念奴娇》词的写作时间和地点,是全部都予以否定,都全由他自己另立新说的。

梁启超认为宋徽宗、钦宗父子被金人俘虏后同路北行,梁启勋更把他们父子二人北行的路径在《稼轩词疏证》中指实为:"自汴梁,经浚州、真定府、中山、代州而至云州,东行至燕山府,住愍忠寺……"这与史实全相背谬,陈志昂君根据《宋史》《金史》中的有关《纪》《传》《宋史纪事本末》《金史纪事本末》以及《续资治通鉴》等书,而得出一个结论说:

> 综合诸史记载,可以知道:徽钦二宗是被金人分别劫持,先后两批,分两路北迁的。金帅斡离不,劫持徽宗,于1127年三月丁巳,由汴京北行,经滑州北去。钦宗在粘没喝军中,于同年四月庚申朔,由汴京西行,至郑州始折行而北。盖金兵南侵时即分东西二路,粘没喝为左副元帅,自太原伐宋,斡离不为南京路都统,自燕山进兵;最后会师于汴京。北返之路线,即其进兵之路线,而分别虏去宋之皇帝与太上皇为战利品。

尽管陈君在这里所使用的只是一些间接史料而无一种最原始的史料,但他所得出的结论却是完全正确的。

四、一个基本正确的论断

至于斡离不和粘没喝两路人马离汴以后的北行路线,陈君也"参照诸史,大致划出"。今摘录其所划斡离不及宋徽宗的一路如下:

> 斡离不及徽宗一路(东路)系由滑州(今河南省滑县)而浚州(河南省今浚县),过邯郸、洺州(今河北省永年县东南)、邢台、至真定(今河北正定),入城休息两天,至中山(今河北定县)。前此皆急行军,至此稍稍缓行,于是年五月十八日入燕京,次日,馆于延寿寺。

这段叙述,基本无误。但陈君如能采用更较原始的史料《靖康稗史》中的《呻吟语》,则徽宗北行沿途情况就更为详晰了。《呻吟语》虽自始即不著撰人,这可能是有意地不愿透露其姓名,但其作者乃是一个随从在徽宗身边一同北行、最后又返回南宋的一人,其所记有关各人的言行皆亲见亲闻,千真万确,却是可以断定的。它的史料价值之高,是远远胜过曹勋的《北狩见闻录》的。今就《呻吟语》摘录有关诸事稍作补充:

靖康二年三月二十九日,黎明,太上启跸,共车八百六十余两,发自刘家寺(寨),夜宿封丘界……

四月朔,宿胙城界……

初二日,河北报警,停车两日。虏遣兵士先渡。

初四日,抵沙店。

初五日,渡河,宿滑州。

初七日,次汤阴。……

初八日,次相州。……连日雨,车皆渗漏,避雨虏兵帐中者,多躏毙。

十二日,次邯郸。所行非驿道,几不辨路。

十五日,次邢州。连日风雨,车折马倒,被掠者死亡日甚。

十六日,次都城店。……

十八日,次柏乡。渡河后,居民尽矣。荆榛瓦砾中尸骨纵横,御车牛马时有倒毙,离割争啖。被掠者日以泪洗面。……

二十一日,次栾城。

二十三日,至真定。太上与斡酋并辔入东门,馆静渊庄。……以换马修车,驻跸三日。……自刘家寨至真定八百里。

二十四日,斡酋设席宴太上、诸王毕,又设席宴郑后、妃嫔。

二十五日,斡酋以紫罗伞迎太上围猎。……

二十七日,太上与斡酋行,余屯真定城外。

二十八日,太上抵中山,呼守将曰:"我道君皇帝,今往朝金帝,汝可出降。"守将痛哭不奉诏,提辖沙贞杀之,以城降。

二十九日,太上、斡酋回真定。

三十日,斡酋令太上、郑后、贡女三起先行。五月十三日抵燕山。计程五百三十里。

五月初一日,真定万户宴斡酋,帝姬、王夫人等坐骑以从。番人聚观如潮涌。屯驻四日,候诸军尽发。初五日起程。十七日抵燕山。

十八日,斡酋请太上看球射。旋送太上、郑后以下九百余人馆延寿寺。

根据以上所引录的《呻吟语》诸条记载，可以证知陈文所说"入真定城休息两天"，"至中山以前皆急行军，至此稍稍缓行"，宋徽宗"五月十八日至燕京，次日馆于延寿寺"诸语，都是与史实小有出入的。但是，尽管如此，陈君所划的徽宗北行路线毕竟还可以说基本上是正确的。

有了如上所举的一个"完全正确"的论断和一个"基本正确"的论断，陈志昂君是大可以在此两个论断的基础之上，更进一步而驳斥梁氏昆仲以东流村在徽钦二宗被俘北行时经行之地一说的。因为，徽宗北行时所经行的有明确记载的城市镇店如彼其多，何以辛稼轩在经行时全无感触，而独独对一个本属子虚乌有的东流村感慨系之呢？这不是仅此一问就可使梁氏昆仲无言可答的吗？然而，值得人们慨然兴叹的是，陈君不肯如此这般地思考，却偏要离奇古怪地制造出如下两个荒诞无稽之谈。

五、 一个荒诞无稽之谈

陈君说：

> 稼轩两次赴燕京应试北上的途径，当系由济南北行至沧州，沿运河直抵燕京，而不可能枉道西行，由邯郸、邢台北行，经正定、定县到燕京，更不可能南下豫北了。换言之，稼轩赴试之路线，与徽宗北狩之路线，为东西两条大致平行之线，两线绝无相交的可能。纵令徽宗经行之豫北、冀南有东流一村，稼轩亦无从过而题壁。

这简直是一番梦呓语言！这在陈君虽有姑妄言之的自由，而在我却也觉得有请君住口的权利。赋予我以此种权利的，恰恰是辛稼轩本人，是他自身的经历和言谈。

在南宋程珌的《洺水集》（明嘉靖刻本）中，载有他的一篇《丙子轮对札子》，其中有一段说：

> 甲子（按：即宋宁宗嘉泰四年，1204年，其年稼轩六十五岁）之夏，辛弃疾尝为臣言……于是出方寸之锦以示臣，其上皆虏人兵骑之数，屯戍之地，与夫将帅之姓名。且指其锦而言曰："此已费四千

缗矣。"又言:"弃疾之遣谍也,必钩之以旁证,使不得而欺。如已至幽燕矣,又令至中山,至济南。中山之为州也,或背水,或负山,官寺帑廪位置之方,左右之所归,当悉数之。其往济南也亦然。"又曰:"北方之地,皆弃疾少年所经行者,彼皆不得而欺也。"

照文中所说,对于"中山之为州",辛稼轩既那般熟悉,而且明言是他"少年所经行者",这不正可证明,当辛稼轩"两随计吏赴燕山谛观形势"之时,恰恰是由真定而中山,最终达于燕山的吗?有何根据,说他是取道沧州的呢?

六、又一个荒诞无稽之谈

陈君又说:

> 总之,东流村必在燕京附近。最有力的证据为:冀豫之间,迄未发现东流之地名,而北京附近则确有以东流村名者,即昌平县之大东流、小东流是也。

为了证实这一论断,陈君分为几个层次说道:

> 考二帝在燕京,约住四五个月。至秋,徙居中京。……考中京(内蒙古大明城)在燕京之东北。二帝迁徙之路线可能是:出通天门或拱辰门,北行至小汤山,然后折行而东,至顺义、怀柔,趋古北口。果如此,则必经东流村。(按:陈君已考定,通天、拱辰为当时燕京之北门,但陈君只说,二帝离燕京时"可能"出此二门,我不禁要问:"可能"二字何以服读者?)

在全文的结论中,陈君更把他的论据明确交代出来,其意大概以为,这样就会使读者再也不能加以否认了。今也全部照抄于此:

> 总结全文,结论如下:
>
> 1127年秋,徽、钦二帝离开燕京继续北行,出通天门或拱辰门,至昌平县,止宿于东流村,故吏遗民有饯送于牧牛河畔者。三十年后,即1157年,稼轩十八岁,再赴燕京,入春闱。考试已毕,清明节

后,出城北抵燕山谛观形势,至东流村,父老为说二帝北行情景。夜寒难寐,追思父老之言,新愁旧恨,不可抑止,乃作此词,并书于壁间。此词盖稼轩集中今日所可考见作年最早之作,足以表明少年辛弃疾早熟之爱国思想及创作才能,值得我们特加重视。

笔者想到此文论点,时在1958年。是年早春,笔者在十三陵水库工地劳动,于车水马龙中忽见一面红旗迎风招展,其上大书"东流村"三字。一个闪电般的念头掠过笔者心头:"这不是稼轩题壁的东流村吗?"数十年来人事倥偬,未能对此问题详加考索,而此念头未尝一日去怀也。近日稍加钩稽,成此戋戋一文,谬误必多,深望海内方家有以教我。

根据陈君的这些话语,我们有足够的材料可以溯述他这篇文章的成因了,那就是,在十三陵水库劳动时,猛然看到写着"东流村"三字的一面红旗,使他联想到辛稼轩"书东流村壁"的那首《念奴娇》词,拼命要把辛稼轩"两赴燕山谛观形势"的燕山解释为直指横亘于今昌平县北境的燕山山脉,而不承认其所指为北宋一度改称燕山府的燕京城;徽钦二帝由燕京继续北行的路线,他也不顾史书的记载并武断地说成由燕京的北门北行,至牤牛河畔的东流村,止宿一夜方又折而东行;辛稼轩在燕京考试之后,为了"谛观形势",特地前去燕山脚下,又恰好到了东流村中,得以从父老口中闻知二帝经行情况,遂有感而赋此词。

在这里,我们要向陈志昂君发问:

一、你从哪种史志中找见,在十二世纪的前半就在昌平县有个东流村呢?

二、辛稼轩之"两抵燕山谛观形势",以其晚年守镇江之日派遣间谍深入金境时所提要求作参考,乃是指"谛观"从真定、中山沿途直至燕京内外的各种军事布置而言,这在当时的燕京城以北二百余华里之外的燕山,非宋金战争涉足之地,辛稼轩有何必要到那里去"谛观形势"呢?

三、你既明明看到南宋晚年江万里的《宣政杂录》中记有"太上北狩,经蓟县梁鱼务"的事迹,而且还明明知道"此说出自宋人,蓟县在燕京正东偏北,为出榆关赴中京可能经过之地",有什么理由反而"仍然认为,二帝离燕,出通天、拱辰门北行之可能性为大"呢？

又,即如宋徽钦二帝离燕京更走向东北,其最初一段行程,旧说皆以为经过蓟县,陈君创为出燕京北门而北行绕昌平北境之说,乃无凭无据之谈。若谓著《宣政杂录》的江万里去北宋之亡已百数十年,而且身居南宋,对于徽钦被俘入金之后的活动乃得之传闻,所载容有未可尽信之处,那么,且让我再举《呻吟语》中的一条记载来作证。《呻吟语》关于二帝离燕京更向东北迁徙的记载为：

> 虏以康王兵盛,又请二帝北徙。九月初三日,出燕山东门,民皆涕泣跪送。过石门（按：石门在蓟县西北之盘山中,因有二大石对峙,故名）,至景州（在今遵化县境内）,上卢龙岭,渡栾撒河（按：当即今滦河）、泽河,过大漠,十月十八日抵中京。

根据这段记载,宋之被俘皇帝由燕京更向中京进发,是出燕京的东门取道于蓟县,而绝不是出燕京北门而绕道昌平北境的。

七、 此词究竟作于何年何地

以上所辨析的,全部都是关于稼轩的这首《念奴娇》的写作地点的问题,而且,只是说它决不能写于某地,而没有说它必定写于某地。至于这首词之写作年份,则陈志昂君的意见与梁氏昆仲的意见是并无不同的,那就是,写于稼轩十八岁第二次抵燕京应试之年。陈君还就此问题于文中设为一段问答说：

> 或曰：稼轩南归时,仍是横槊少年,如此词作于南归以前,则其时稼轩尚未弱冠,何得有华发之叹？ 其实,这是一种夸张的手法,在文学中是常见的。忧能伤人,不是一句空话。

这番话也完全错误。辛稼轩诚然有过"少年不识愁滋味,爱上层楼。爱上层楼,为赋新词强说愁"的《丑奴儿》词句,说明他在少年时所赋写的词中多有夸张语句。然而,在"尚未弱冠"之年便已在词中自叹因忧愁而生了许多白发,这却不能成为艺术的夸张手法而只能成为笑谈了。

辛稼轩三十九岁那年,在"舟次扬州,和杨济翁、周显先韵"的《水调歌头》中已有"今老矣,搔白首,过扬州"诸语,把"老"与"白首"相并使用,虽然其间也不无夸张成分,但当时的稼轩必已有了一些白发却是可以相信的。《念奴娇》下片最后几句为:"料得明朝,尊前重见,镜里花难折。也应惊问:'近来多少华发!'"既然对方当面如此惊问,则同样可以证知其必已有了一些白发。这怎么能是一个"尚未弱冠"的人所可用的夸张手法呢!

所以,总结来说,我在《稼轩词编年笺注》当中对于这首《念奴娇》词的写作时、地的安排还是比较妥帖的,那就是:稼轩三十九岁那年(公元1178年,宋孝宗淳熙五年),在江行途中,写于池州东流县某村的墙壁上的。

(原载《北京社会科学》1994年第3期)

略论有关《涑水记闻》的几个问题

一、司马光《记闻》的撰写和整理

司马光在宋哲宗初年身居相位期内的一些政治设施虽基本上无足称道,但他在当政之前的十多年内所主编的《资治通鉴》,却真正称得起是一部空前绝后的编年史巨著。他虽然不曾像司马迁撰写《史记》时那样,标举出以"究天人之际,通古今之变,成一家之言"为其著述宗旨,但每一个读过这部二百九十四卷大书的人,总都可以体会到,他确实也是把司马迁所标举的宗旨贯穿在全书当中了的。

我国古代的著名历史学家,全都有极重视近现代史的传统,这在司马光的《资治通鉴》中的具体体现,则是对于隋唐五代史事的特别致详,而其对此期内史事的记述和考异也都较精确。然而司马光是生在北宋中叶的人,当他能够参加文化、学术、社会、政治等活动之日,上距北宋之建立已将及百年,所以,只有宋朝建立以后的历史才能算作他的现代史,而司马光也确实是有意于此,即还准备写一部《资治通鉴后纪》,也就是北宋建国以后的历史。《记闻》一书,则是司马光平时把所见所闻所传闻的一些与国家的军政大事,或列祖列宗,或文武大臣,或朝章政典,或契丹、西夏等有关事项,随手记录下来,以备将来撰写《通鉴后纪》之用的。马端临的《文献通考》卷一九七《经籍考》中的《史部·传记》类,于《温公日记》下引录了"巽岩李氏"(按:即李焘)叙述此事的一段话说:

文正公初与刘道原共议:取《实录》《正史》,旁采异闻,作《资治通鉴后纪》。属道原早死,文正起相,元祐后终,卒不果成。今世所传《记闻》及《日记》并《朔记》,皆《后纪》之具也。自嘉祐以前,甲子不详,则号《记闻》;嘉祐以后,乃名《日记》;若《朔记》,则书略成编矣。始,文正子孙藏其书祖庙,谨甚。党祸既解,乃稍出之。旋经离乱,多所亡逸。……事亦有与《正史》《实录》不同者,盖所见所闻所传闻之异,必兼存以求是,此文正"长编"法。

今按:李焘说《记闻》之所以取名为《记闻》,乃是因为其中所记皆嘉祐年间以及更在它以前的事,各事发生的年月日既不能详知,所以只好使用一个比较含混的名称。此说实大误。一则《记闻》中的记事,如卷六"冯拯河南人"条和卷八"李文定迪"条,均称仁宗为"今上",可见所说嘉祐年间事并非全属事后追记,因而不存在"甲子不详"的问题;二则其中所记决不止于嘉祐,有关神宗一代的事也很不少。而被李焘引录于《续通鉴长编》神宗朝中的条目就很多。一段短短说明,竟有这样多的错误,殊难索解。然说《记闻》为《后纪》之具,却证明了这部《记闻》,确实是司马光为编写《资治通鉴后纪》而储备的资料汇编之一种。

但是,司马光这部随手记录的杂记,不但司马光本人在世时不曾加以整理、编次和刻印,在他身后,直到北宋灭亡,也还是没有人加以整理、编次和刻印,虽然在社会上已经广泛地流行着它的一些传抄本。这些,从《建炎以来系年要录》卷一○四绍兴六年(1136)八月己亥的一段记事中可以考知:

> 初,光孙植既死,立其再从孙模为嗣,而模不肖,其书籍生产皆荡覆之。有得光《记闻》者,上命赵鼎谕(范)冲令编类进入。冲言:
> 光平生记录文字甚多,自兵兴以来所存无几。当时朝廷政事,公卿士大夫议论,宾客游从、道路传闻之语,莫不记录。有身见者,有得于人者,得于人者注其名字。皆细书连粘,缀集成卷。即未暇照据年月先后,是非虚实,姑记之而已,非成书也。故自光至其子康、其孙植皆不以示人,诚未可传也。臣既奉诏旨,即欲略加删修以进。又念此书已散落于世,今士大夫多有之,删之适足以增疑,臣虽不敢私,其能必人以为无意哉。不若不删之为愈也。辄据所录,疑

者传疑,可正者正之;阙者从阙,可补者补之;事虽叠书而文有不同者,两存之。要之,此书虽不可尽信,其有补治道亦多矣。

于是冲裒为十册上之……上因览冲奏,谓鼎曰:"光字画端劲,如其为人,朕恨生太晚,不及识其风采耳。"

这段记载透露了以下几种信息:一、范冲所整理的,是司马光的那份手稿,而不是经过传抄的本子;二、范冲对于司马光的这份手稿,只有在有根据、有把握的情况下才敢于正误、补阙;三、对其中的记事重复而文字稍有详略不同的,尽量两存其说而不予删除;四、在范冲整理之后,是把它分别装订成十册的;五、书名是《记闻》二字。

二、《记闻》的最初刊行及其真伪问题

宋高宗之命赵鼎谕范冲编类《记闻》,虽不知确在何时,但前引《系年要录》的记事,于绍兴六年八月既已说"于是冲裒为十册上之",可见在其时已经整理完毕。然而整理完毕之后却并未继之以刻印行世。原因是,赵鼎同司马光后裔的关系是很密切的。当金人灭掉北宋,把司马光的从孙司马朴俘虏北去,且要"悉取其孥"的时候,朴子倬就是因赵鼎把他匿于蜀中而得免的(见《宋史·司马朴传》)。范冲是参与修撰《资治通鉴》的范祖禹的儿子,南宋初年,他寓居衢州(见《宋会要·崇儒》五之三○),司马光的南下的家属就"存养"在他的衢州家中(见《宋会要·选举》三二之一八)。同时,他与赵鼎的关系也极为深厚。到绍兴七年,赵鼎被秦桧排斥出南宋政府,自然也要连累到范冲,连累到范冲所整理的司马光的《记闻》,使其不可能再付之手民,刻印行世。

在范冲把司马光的《记闻》进行了编次整理而呈缴宋高宗十来年后,即大约在绍兴十五年(1145),建州的书坊中却私自刻印了这部《记闻》。到司马光的曾孙司马伋(即把司马光的书籍生产皆荡覆了的那个司马槙的儿子,见《涑水司马氏源流集略》)闻知此事或亲见此书之后,便上疏声明,说此书乃是假冒司马光之名的一部伪书,于是南宋政府又诏建州守臣将此书版毁弃。《建炎以来系年要录》卷一五四记其事云:

> 〔绍兴十五年七月〕丙午,右承务郎新添差浙东安抚司干办公事司马伋言:"建安近刊行一书,曰《司马温公记闻》,其间颇关前朝故事。缘曾祖平日论著,即无上件文字,显是妄借名字,售其私说。伏望降旨禁绝,庶几不惑群听。"诏委建州守臣,将不合开板文字尽行毁弃。伋特迁一官。

根据这段记载,可知当时建州的刻本,是把书名刻作《司马温公记闻》的。这个刻本的卷数,这里没有谈到,但可断言,它必然不是经范冲整理过的那个本子(理由详后)。至于司马伋声明此书为伪作,说司马光平日并无这种论著,这更是彻头彻尾的谎言。因为,在南宋人的所有记载当中,是找不出任何一条可以与之互相印证的资料的。恰恰相反,在朱熹的《书张氏所刻潜虚图后》(《朱文公文集》卷八一)一文中有云:

> 绍兴己巳,洛人范仲彪炳文避章杰之祸,自信安来客崇安,予得从之游,……时又尝问炳文:"或谓《涑水记闻》非温公书者,信乎?"炳文曰:"是何言也!温公日录(按:此为按日记录之意),月别为卷,面记行事,皆述见闻,手笔细书,今可覆视,岂他人之所得为哉。特其间善恶杂书,无所隐避,使所书之家或讳之而不欲传耳。"

范仲彪是范冲的儿子,据其所述"温公日录,月别为卷",大概是范冲加以整理编次之前的情形,我们现在所见的《记闻》,虽分卷有所不同,其大致以时间先后为序,则是各本都相同的。范仲彪既看到了手写的原稿,则《记闻》乃司马光所作为无疑。在黎靖德编的《朱子语类》卷一三〇,又载有朱熹晚年对其门人的一段谈话,说道:

> 《涑水记闻》,吕家子弟力辨,以为非温公书(原注:盖其中有记吕文靖公数事,如杀郭后等)。某尝见范太史之孙某,说亲收得温公手写稿本。安得为非温公书!某编《八朝言行录》,吕伯恭兄弟亦来辨。为子孙者只得分雪,然必欲天下之人从己,则不能也。

这里所说的范太史即范祖禹,其孙即范仲彪。朱熹这段谈话虽只是简括复述了范仲彪当面告他的那些话语,但他却添加了当他编撰《八朝言行录》时吕祖谦兄弟亦来辨一事,而且继之以"为子孙者"云云诸语,可见他是坚决确认《记闻》为司马光所作,决非别人"妄借名字,售其私说"而伪为之的。

吴曾的《能改斋漫录》卷四,有一条的标目是《〈纪闻〉非温公所为》,文中说道:

> 温公著《纪闻》,多得于人言,则有毁者或失其真之说,是非特未定也。或者又以《纪闻》非公所为,然后人不能不致疑于其间。最后,予读东坡《悼徐德占诗》……乃知《纪闻》所传不足信。

文中的"或者",必即指司马伋而言,但在此句之下,紧接着就加了"然后人不能不致疑于其间"一句,则吴曾之意明明是并不同意"《纪闻》非公所为"这一说的。而且,《能改斋漫录》的这一条,开头就很肯定地说"司马公《纪闻》"云云,而上面所摘引的一段,也很肯定地说"温公著《纪闻》多得于人言",则其认定《纪闻》确为司马光所撰写之书,是毫无疑义的。如果仅因这一标目而即断言吴曾认为《纪闻》非司马光所撰写,那只能说是没有读懂吴曾此条的文义。

南宋晚年的陈振孙,在其《直斋书录解题》卷五,著录了《涑水记闻》十卷,其下所加的《解题》是:

> 司马光撰。此书行于世久矣。其间记吕文靖数事,吕氏子孙颇以为讳,盖尝辨之,以为非温公全书,而公之曾孙侍郎伋季思遂从而实之,上章乞毁板,识者以为讥。

从《解题》的第一句话就可看出,陈振孙也是把《涑水记闻》肯定为司马光的著作,而对司马伋之加以否认,则在末尾说"识者以为讥"了。

但是,陈振孙所写的这一段《解题》也不是没有问题的。首先,根据司马伋奏疏所说,建州所刻书名为《司马温公记闻》,而见于前引吴曾《能改斋漫录》中的也只作《纪闻》,南宋孝宗年间晁公武所著《郡斋读书志》卷二上《杂史类》,也作:"《温公记闻》五卷——右皇朝司马光撰,记宾客所谈祖宗及当时杂事。"虽然这里所著录的五卷本《温公记闻》是否即建州的那个刻本还难考知,但李焘的《续通鉴长编》成书于孝宗淳熙十一年(1184)以前,其中引用司马光此书之处极为繁夥,或作《司马光记闻》,或作《记闻》,通全书无一处冠"涑水"二字者,当可证知,在南宋前期,《记闻》的传抄本还并没有统一在"涑水记闻"这一名称之下,因而,绍兴十五年建安刻本之名称,是《司马温公记闻》而非《涑水记闻》,是断然没有问题的。而且,建安所刻虽未必即是晁公武所著录的那个五卷本《温公记闻》,却也无法确证其必然不是;而《直斋书录解题》直截了当地以为司马伋请求毁板的就是十卷本的《涑水记闻》,亦即经范冲分装成十册的那个本子,这就不能不令人发生疑窦了。其次,从宋高宗的绍兴八年到绍兴二十五年,正是大奸大恶的权相秦桧势焰高涨之日,而当时吕夷简的后裔,在社会上与政治上享有较高的名望与地位的,只有与赵鼎相交甚厚的吕本中一人。陈振孙所说"盖尝辨之以为非温公全书"者,当即为朱熹附注在《五朝名臣言行录》卷九之五《御史中丞孔道辅言行录》中的吕本中的那番话,今全录如下:

  公(按:指吕夷简)孙中书舍人本中尝言:温公《日录》《涑水记闻》多出洛中人家子弟增加之伪。如郭后之废,当时论者止以为文靖不合不力争,及罢诸谏官,为不美尔;然后来范蜀公、刘原父、吕缙叔皆不以文靖为非。盖知郭后之废不为无罪,文靖知不可力争而遂已也。若如此记所言,则是大奸大恶、罪不容诛;当时公议分明,岂容但已乎!

今查吕本中是死于绍兴十五年的,在他去世以前很久,就已经因为与赵鼎相好之故,而为秦桧排斥于官场之外了,他对于《涑水记闻》的这些批评,与秦桧的旨意断然是毫无关涉的,然则何以会使得司马伋如此畏惧,以致"遂从而实之",且至于请求毁弃书板呢!显见得此说是不可信据的。

三、司马伋奏请禁绝《记闻》的真正原因

上一节内曾说到,南宋初年范冲寓居衢州,存养了司马光的家属,司马伋当时尚在幼年,当即为受到范冲存养的人之一。范冲于绍兴六年(1136)之前受宋高宗之命编次《记闻》的事,他决无不知不闻之理。而到

绍兴十五年他竟出面声明《记闻》非其曾祖所撰作。对这种不惜变乱事实厚诬祖先的行径,当然不能用吕姓人家的不满为解,而必须向当时的政治气候方面去找出说明。

《宋史》卷四七三《秦桧传》中,在绍兴十四年(1144)内写道:

> 桧为上言:赵鼎欲立皇太子(按:此指绍兴七年赵鼎居相位时建议立孝宗为太子事),是待陛下终无子也。宜俟亲子乃立。遂嗾御史中丞詹大方言鼎邪谋密计,深不可测,与范冲等咸怀异意,以徼无妄之福。——冲尝为资善翊善,故大方诬之。
>
> 桧乞禁野史。

同传又在绍兴十五年内写道:

> 桧先禁私史,七月,又对帝言"私史害正道"。时司马伋遂言《涑水记闻》非其曾祖光论著之书。

而在前引《建炎以来系年要录》绍兴十五年七月丙午所载司马伋奏请"降旨禁绝"《记闻》的一段文字之下,又写道:

> 至是,秦桧数请禁野史,伋惧罪,遂讳其书,然其书卒行于世。

自从绍兴五六年以来,在是否把当时已经选定并收养在宫中,而且已经就读于资善堂的赵伯琮(按:即后来的孝宗)正式立为皇太子的问题上,南宋政府的大臣们是有不同意见的:赵鼎、岳飞以及充任资善堂翊善(按:即教师)的范冲等人是赞成的一派,而秦桧及其党羽则以高宗今后还可能有自己的亲生子,便主张把立太子事推迟若干年后再定。到绍兴十四年,前一派人物已在政治上一败涂地(绍兴十一年,范冲病死,岳飞被害,赵鼎则已斥居远方),而秦桧们却仍在继续就这一题目大作文章,摧残异己。因此,《系年要录》中所说司马伋的"惧罪,遂讳其书",既完全可以否定陈振孙所提出的因吕夷简后裔的不满"遂从而实之"之说,决非单纯因"秦桧数请禁野史"之故(《记闻》编写于五六十年前,是不会遭秦桧之忌的),而是还要借此一举,表示他与赵鼎、范冲诸人"划清了界限",免得再受到他们的连累。司马伋的这种心计果然换来了回报:在奏疏递达后的五天之内,南宋政府就明令"司马伋特迁一官!"

《建炎以来系年要录》卷一七〇,于绍兴二十五年(1155)十一月庚午还有一段记事:

> 三省枢密院言:"士大夫当修行义以敦风俗。顷者轻儇之子,辄发亲戚箱箧私书,讼于朝廷,遂兴大狱,因得美官。缘是以后,相习成风,虽朋旧骨肉亦相倾陷:收书牍于往来之间,录戏语于醉饱之后。况其间固有暧昧而傅致其罪者。薄恶之风,莫此为甚。臣等愿陛下特降睿旨,令刑部开具前后告讦姓名,议加黜罚,庶几士风丕变,人知循省。"诏刑部开具,申省取旨。

秦桧是死于绍兴二十五年(1155)十月丙申的,则十一月庚午三省枢密院所上的这道奏札,显然是针对着秦桧当政擅权期内所造成的极恶劣的政风士习而言的。而首开这种风气之先的,从现在所能查检到的南宋人的记载来看,却不能不推司马伋其人了。

元胡三省在其《通鉴释文辩误》的后记中有一段文字说道:

> 绍兴两国讲和,金使来问:"汝家复能用司马温公子孙否?"朝廷始访温公之后之在江南者,得伋,乃公之从曾孙也,使奉公祀,自是擢用。伋欲昌其家学,凡言书出于司马公者,必镂梓而行之,而不审其为时人傅会也。

文中所说司马伋为时人所误而编刻的书,乃是指《通鉴前例》而言。《通鉴前例》今佚,据胡氏所言,知其必为极少可取之作,而司马伋竟对之进行了编辑加工,并且刻印行世,这足以证知他的学术水平不过尔尔。但胡氏认为司马伋之所以为此,乃是因为他"欲昌其家学"之故,这却大谬不然了。《记闻》乃举世公认为司马光的著作,范冲所整理的那个本子且是司马光亲手所写,司马伋何以反而加以否认呢?胡三省对此事不容不知,何以竟不予指出而稍加讥刺呢?大概是爱屋及乌,对于大贤之后特地要心存宽厚的吧。

胡三省在他的这篇后记里,还引录了洪迈《容斋随笔》中的一条记事:

> 司马季思知泉州,刻《温公集》,有作中丞日《弹王安石章》,尤

可笑。温公治平四年解中丞还翰林,而此章乃熙宁三年者,季思为妄人所误,不能察耳。(今按:此条见《容斋五笔》卷九)

季思为伋之字。他把《弹王安石章》这一伪品刻入温公集中,究竟是为"妄人所误"呢,还是为了迎合当时的政治气候而主动羼入的呢?综合司马伋的诸多行径来看,我倒认为这是出于司马伋的故意妄为的。

四、《记闻》的广泛传布和它所起的作用

从北宋末年到南宋初年的学士大夫们,甚至皇帝当中的高宗和孝宗,一方面对于司马光编撰的《资治通鉴》极为尊重,另一方面对于三苏(特别是苏轼)的文章也极为仰慕,出现了所谓"人传元祐之学,家有眉山之书"的情况。所以,尽管因司马伋的曲意逢迎秦桧而致有绍兴十五年毁弃《温公记闻》书板的事,而终因《记闻》所记皆宋哲宗朝以前的一些人和事,并不深遭时忌,成书于绍兴十五年的江少虞的《宋朝事实类苑》当中,即抄有大量的《涑水记闻》的条目,可知当时还有别本流行。故《系年要录》于叙述了有诏毁板事后,接着便说了一句"然其书卒行于世"。而《直斋书录解题》中《涑水记闻》解题的第一句也说"此书行于世久矣"。可知那道毁弃《记闻》书板的诏令发布后也只成为一道具文,并没有妨碍到《记闻》的别种抄本之依旧流传。但是,不论哪一种抄本或刻本,必都是出之于范冲所说的"散落于世"的那些传抄本,而不会有任何一种是出之于经范冲编次整理过的、司马光亲手书写的那一稿本的。因为,如前所说,在范冲把整理过的本子进呈给宋高宗后,仅仅过了一年,赵鼎范冲等人便都被秦桧排斥出南宋政府,那个稿本自然也就长期搁置在宫廷之内而为外间所无法得见了。也因此之故,所以在南宋一代流行在世间的本子,有的分作五卷(如《郡斋读书志》所著录的),有的分作十卷(如《直斋书录解题》所著录的),有的分作三十二卷(如《宋史·艺文志》所著录的)。而目前尚可看到的明清两代人的抄本和刻本,既有分作两卷的,也有分作十六卷的,如果追溯这些本子的来源,也未必不是各各都有南宋传本为依据。关于它的名称,则既有作《司马温公记闻》的,也

有作《温公记闻》的,也有单作《记闻》或《纪闻》的,也有作《涑水记闻》的。就其彼此间的这些歧互看来,可知其来源决非一个。可能是到南宋晚年,各种抄本和刻本才大都采用《涑水记闻》这一名称的,然而卷数却依然未能一致起来。

经我们校点辑补后的《涑水记闻》,其条目的总数共为四百九十六,而其被引录于江少虞《宋朝事实类苑》中的为一百九十二条,被引录于李焘《续通鉴长编》中的为二百一十二条,被引录于朱熹的《五朝名臣言行录》《三朝名臣言行录》中的为一百二十八条。上举诸书,除《事实类苑》对当时以及后代历史学界的影响比较还不算十分重要以外,朱熹的《名臣言行录》和李焘的《续通鉴长编》,则都是南宋以来的谈论北宋史事和评价北宋人物者所要依以折衷的著作。

司马光未等到实现他撰写《资治通鉴后纪》的计划,就去世了。南宋李焘编写成的一部将近千卷的《续通鉴长编》,不但实现了司马光的一桩宿愿,而且,不论在编写的体例方面或贯穿全书的指导思想方面,李焘也是谨守司马光的榘矱而不敢违失的。所以,在《记闻》所记录的四百九十余条目当中,被李焘引入《长编》的正文或附注于正文之下的,竟占五分之二以上。《记闻》本是司马光随手札记的一些所见所闻所传闻的事目,准备将来撰写《通鉴后纪》时采择或只供"考异"之用的,即使司马光自身撰写《通鉴后纪》,自亦不可能把《记闻》所记全部采入,而李焘所采竟为数如此之多,也可以说,他已经使司马光为撰写《通鉴后纪》作准备的用意得到实现了。

江少虞、李焘、朱熹三人从《记闻》中引用的条目,彼此间有重复的,也有很多并不重复的。把这三家所引用的条目加在一起,即使不计入重复的,为数也已超过《记闻》全部条目的三分之二以上。这一统计数字,足可说明,《记闻》受到南宋学者们的何等重视,从而也就可以说明,它本身具有何等的史料价值了。

当然,属于司马光这一派系的人认为有史料价值的记载,不属于这一派系的人可能具有不同的意见;被宋代学者们认为有史料价值的记载,我们也应该而且必须重新予以估价。所以,尽管这部《记闻》只是为他所计划编写的《通鉴后纪》贮存的资料之一种,司马光本人,就还写有

《朔记》和《日记》，也都是为写《后纪》准备的资料，而且尽管与《实录》《正史》等等相较，《记闻》在《通鉴后纪》（如果进行编写的话）中所占比重又必然极为微末，我们似乎无法单凭这部《记闻》，而评价司马光对其当代历史的认识、理解和造诣之深浅，评价他对当代人物的褒贬之是否公允；然而，窥豹一斑，因小可以见大，单就这部《记闻》，我们总还是可以得出如下的一些体认的：

首先，如第一节中引用的李焘文中所说那样，司马光之作《记闻》，只是将其所见所闻所传闻的一些事件随时记录下来，以备日后撰写《后纪》时"递相稽审，质验异同"之用，这既是司马光撰写《资治通鉴》时所采行的"长编"法，同时也就是他写《通鉴》时所创立的"考异"法。而考异这一体裁的创立，不仅为后来的李焘、李心传诸史学家所沿用（尽管他们都没有使用"考异"这一名称），实际上对于撰写历史书籍，也从此别开了一个蹊径，在中国历史编纂学的发展史上，影响深远，是一桩具有划时代意义的事。

其次，《记闻》的每条记事的前后，必注明其事为某人所说，一如引用前人的论著必须详注其出处那样，这在宋人的笔记当中也是极为独特罕见的。从这类细小事件上，又正可看出，作为一个历史学家的司马光，即使在写一些简短的札记时，也还是从不松弛他的那副谨严、认真的态度的。

用《记闻》作为书名，而书中所记事目绝大部分也确实是得自所闻和所传闻的，这就使得，因传闻而致失实的毛病，在《记闻》中便在所难免了。吴曾在《能改斋漫录》中举述了有关徐禧的几件事，以为"《纪闻》所传不足信"。另外，则如第十六卷中的"郑侠"条说，"侠上言：'天旱，安石所致，若罢安石，天必雨。'既而介甫出知江宁府，是日雨"。郑侠的这道奏章，现仍保存在他的《西塘集》中，其中并无"天旱安石所致"云云一段话，可知这段记事并不可靠。然而这条记事下，原已注明是从范尧夫等三人听来的，正如在关于徐禧的记事下注明"得于王熙"一样。司马光在这些误记之处所应承受的责难，只是不经核实而采取了有闻必录的态度加以传布罢了。宋朝《国史》中和元修《宋史》中的《王安石传》都相沿采用了《记闻》的这段记载，这自然是司马光所不曾预料到的了。

至于说，在《记闻》的全书之中，司马光在政治方面的保守意见到处可见，有时且竟不惜把变法派的人物加以丑化，这就会使《记闻》的说服力要大受损害了。这意见当然有其正确的一面。但是，在一切有关政治问题的议论上，司马光从来都不掩饰其保守派的观点、立场，当他独居斋舍记录自己所见所闻所传闻的大大小小事件时，倘若采取了相反的观点、立场和态度，那岂不更难取信于读者了吗？清人蔡上翔，为论证司马光、王安石二大贤并无意见分歧，竟至在《王荆公年谱考略》的序文中，断言《涑水记闻》非光所作，乃是"阴挟翰墨以餍其忿好之私者"所伪为的。现在我却要反讥蔡氏说，像你那样肆臆武断的一些话语，才真是只有"阴挟翰墨以餍其忿好之私"的人说得出来的呢！

五、 驳王明清《玉照新志》中有关《涑水记闻》的一条记事

南宋人王明清在其《玉照新志》卷一，有一条记事说：

> 元祐初修《神宗实录》，秉笔者极天下之文人，如黄、秦、晁、张是也。故词采粲然，高出前代。绍圣初，邓圣求、蔡元长上章，指以为谤史，乞行重修。盖旧文多取司马文正公《涑水记闻》，如韩、富、欧阳诸公传，及叙刘永年家世，载徐德占母事，王文公之诋永年、常山，吕正献之评曾南丰，邵安简借书多不还，陈秀公母贱之类，取引甚多。至新史，于是《裕陵实录》皆以朱笔抹之，且究问前日史臣，悉行迁斥，尽取王荆公《日录》无遗，以删修焉，号朱墨本，陈莹中上书曾文肃，谓尊私史而压宗庙者也。

王明清的这段记载，主旨是要说明，在宋哲宗元祐年间初修的《神宗实录》中，从《涑水记闻》中"取引"了许多资料，这些资料后来受到蔡京、邓润甫的攻击，在改修《神宗实录》时便一概以王安石《熙宁奏对日录》的记载取而代之，而且还因此把参与初修的黄、秦、晁、张诸人"悉行迁斥"。清代的四库馆臣对此说深信不疑，于是在《涑水记闻》的《提要》中说道："是光此书实当日是非之所系，故绍述之党务欲排之。"我却认为，这段记载是颇可怀疑的。因为：第一，据本文第一节所引李焘的话看来，在司马

光逝世之后,他的子孙把他的《日记》《记闻》《朔记》藏之祖庙,因恐引惹是非,所以"谨甚"。是在"党祸既解"之后,才稍稍传布出来的。既是如此,在元祐初年初修《神宗实录》之日,黄、秦、晁、张诸人根本不可能看到《记闻》其书,如何能从其中取引任何资料呢?第二,对韩琦、富弼、欧阳修诸人,在《涑水记闻》与《熙宁奏对日录》当中固可能有截然不同的评价,但有关刘永年家世、邵安简借书多不还、陈秀公母贱诸事,在现今传本《记闻》中均不载,且都是与政局全不相干的小事,在两书当中是绝对不会恰恰有针锋相对的记载的,然则如何能用王安石的所记去更换司马光的所记呢?这又显然是不合情理的。有此二者,我就敢于断言,王明清的这段记事是必不可信的。

在王明清这段记事中,所反映出来的,关于《神宗实录》的初修本与重修本的问题,却确实是北宋晚年的一大公案。重修本把王安石的《熙宁奏对日录》尽量取引,陈瓘在其致曾布书信中,和他在奏进给宋徽宗的《四明尊尧集》的序中,都用了极为类似的话语,说道:

> 昔绍圣史官蔡卞,专用王安石《日录》以修神考《实录》,薄神考而厚安石,尊私史而压宗庙。臣居谏省,请改《裕陵实录》,及在都司,进《日录辩》。

在《朱子语类》卷一二八,谈论宋朝法制的部分,也有如下两段话语:

> 今之修史者,只是依本子写,不敢增减一字。盖自绍圣初章惇为相,蔡卞修国史,将欲以史事中伤诸公。前史官范纯夫、黄鲁直已去职,各令于开封府界内居住,就近报国史院取会文字。诸所不乐者逐一条问,黄、范又须疏其所以然。至无可问,方令去。后来史官因此惩创,故不敢有所增损也。

> 先生问〔黄〕曾:"有山谷《陈留对问》否?"曰:"无之"。曰:"闻当时秦少游最争得峻,惜乎亦不见之。陆农师却有当来《对问》,其间云:'尝与山谷争入王介甫"无使上知"之语。'又云:'当时史官因论温公改诗赋不是,某〔人〕云:"司马光那得一件是!"皆是自叙与诸公争辩之语。'"

从以上的引文可以证知,当时双方争论的焦点只在于王安石的《日录》,却绝未涉及《记闻》,所以,真正成为"当日是非之所系"的,乃是《熙宁奏对日录》而非《记闻》。蔡卞等人虽把司马光作为主要攻击对象,但主要是反对他的一些政治设施,与《涑水记闻》一书则全不相涉。

跟在《神宗实录》后面而开始纂修的《神宗正史》,也因新旧党人的意见不同而在哲宗一朝未能成书。据《宋史》卷三四八《徐勣传》载,当徐勣于徽宗即位后迁中书舍人时,他曾向徽宗论及此事,说道:

> "《神宗正史》,今更五闰矣(按即十二年),未能成书。盖由元祐、绍圣史臣好恶不同,范祖禹等专主司马光家藏记事,蔡京兄弟纯用王安石《日录》,各为之说,故议论纷然。当时辅相之家,家藏记录,何得无之?臣谓宜尽取用,参订是非,勒成大典。"帝然之,命勣草诏戒史官,俾尽心去取,毋使失实。

据"今更五闰"句,知《神宗正史》之着手修撰,至晚在元祐三四年便已开始。而徐勣只说范祖禹等人只采用司马光的"家藏记事",而不是说他们专用《记闻》,而且其下还有"当时辅相之家,家藏记录何得无之"一句,则其所说"司马光家藏记事"决非专指《记闻》而言。所以,徐勣的这番话只是《玉照新志》那条记事的反证,而并非它的旁证。

六、 王明清的那条记事留给我们的一个难题

王明清是南宋中叶的人,他所说初修《神宗实录》时就从《涑水记闻》中取引了甚多的条目,虽然必非事实,但他举述的那些条目,例如有关韩琦、富弼、欧阳修的行谊,有关刘永年的家世、徐德占的母事,以至邵安简借书多不还、陈秀公母贱之类,必都是他从当时流行的《涑水记闻》中亲自逐一看到过的,而且必为同时代的人所有目共睹。但是,在目前我们所能看到的各种抄本和刻本的《涑水记闻》当中,仅能检索到有关韩、富、欧阳及徐禧的几条,其余则一概无踪无影。《四库提要》对此曾加以解释说:"明清所举诸条,今乃不见于书中,殆避而删除欤。"我以为,这一解释并不能真正解决问题。因为,从南宋绍兴中此书流布以来,特别

是从孝宗、光宗、宁宗以来,也就是说,从王明清在世之时直到他的身后,《涑水记闻》这部书,一直再没有因遭受政治斗争或学术思潮的压力而致必须有所删除之事。陈振孙所说吕夷简的后人对《记闻》的某些条目不满虽确有其事,而与刘永年、邵亢、陈升之也完全无关,自然也不须把这些事加以删除。然而,王明清所举诸条,既为当时人都可向《涑水记闻》加以检照的,而当时又不曾有任何人指明这些条目之并不存在,则其决非出于王明清的虚构也极明显。然则这一问题究应如何解决,我只能把它在此提出,以求教于博雅君子,我本人则深愧无能为力了。

(原载《北京大学学报》1986年第2期)

《辨奸论》真伪问题的重提与再判

一、《辨奸论》真伪问题的缘起

(一)《辨奸论》的首次出现

从北宋末年到南宋初年,世间流行着一种传言,说死于宋英宗治平三年(1065)的苏洵,生前曾写了一篇《辨奸论》,是专为指明王安石的奸诈而发的。根据现尚传世的一些宋人笔记来说,最先记及此事的,是成书于宋徽宗末年(1125)的方勺的《泊宅编》(三卷本),其次则为刊行于宋高宗绍兴四年(1134)的邵伯温的《闻见录》,再次则为撰写于绍兴五年(1135)的叶梦得的《避暑录话》。今将三书所记摘抄于下:

《泊宅编》卷上第三条记事为:

> 欧公在翰苑时,尝饭客,客去,独老苏少留,谓公曰:"适坐有囚首丧面者,何人?"公曰:"王介甫也。文行之士,子不闻之乎?"(原注:介甫不修饰,故目之囚首丧面。)洵曰:"以某观之,此人异时,必乱天下,使其得志立朝,虽聪明之主,亦将为其诳惑。内翰何为与之游乎!"洵退,于是作《辨奸论》行于世。是时介甫方作馆职,而明允犹布衣也。

《邵氏闻见录》卷十二,所载《辨奸论》撰写的原委为:

> 眉山苏明允先生,嘉祐初游京师,时王荆公名始盛,党与倾一时,欧阳文忠公亦善之。先生,文忠客也,文忠劝先生见荆公,荆公

亦愿交于先生。先生曰："吾知其人矣,是不近人情者,鲜不为天下患。"作《辨奸论》一篇,为荆公发也。(按:此下为《辨奸论》全文,兹不具录。)斯文出,一时论者多以为不然,虽其二子亦有"嘻其甚矣"之叹。后十余年,荆公始得位为奸,无一不如先生言者。

　　吕献可中丞于熙宁初荆公拜参知政事日,力言其奸,每指荆公曰："乱天下者必此人也。"又曰："天下本无事,庸人自扰之耳!"司马温公初亦以为不然,至荆公虐民乱政,温公乃深言于上,不从,不拜枢密副使以去。又贻荆公三书,言甚苦,冀荆公之或从也,荆公不从,乃绝之。温公怅然曰："吕献可之先见,余不及也。"若明允先生,其知荆公又在献可之前十余年,岂温公不见《辨奸》耶?独张文定公表先生墓,具载之。

叶梦得《避暑录话》卷一所载《辨奸》之撰作缘由则为:

　　苏明允本好言兵,见元昊叛,西方用事久无功,天下事有当改作,因挟其所著书,嘉祐初来京师,一时推其文章。王荆公知制诰,方谈经术,独不喜之,屡诋于众,以故明允恶荆公甚于仇雠。会张安道亦为荆公所排,二人素相善,明允作《辨奸》一篇,密献安道,以荆公比王衍、卢杞,而不以示欧文忠。荆公后微闻之,因不乐子瞻兄弟,两家之隙遂不可解。《辨奸》久不出,元丰间,子由从安道辟南京,请为明允墓表,特全载之,苏氏亦不入石。比年稍(按:此字各本多误作少,此从涵芬楼校印《宋元人说部书》本——引者)传于世。荆公性固简率不缘饰,然而谓之食狗彘之食、囚首丧面者,亦不至是也。

以上所引出于北宋末、南宋初三种笔记关于《辨奸论》撰写及传布过程的记载,彼此间虽也有些歧互不尽符同之处,但他们全都认为《辨奸论》确为苏洵所作而不稍存疑,则是一致的。稍后于此,吕祖谦把《辨奸论》收录于《皇朝文鉴》当中,朱熹也把此文摘录于《五朝名臣言行录》的苏洵的《言行录》内,李焘的《续资治通鉴长编》卷二○八,也从后人搀入张方平《乐全集》中的那篇伪品《文安先生墓表》(此详下文)照抄了《辨奸论》全文,及"尝试评之,定天下之臧否,一人而已"诸评语。可证他们对此文为老苏之作,也都是深信不疑的。自此而贯通元明两代,读史者更无一人对此文之为老苏所作提出过异议。

(二)清初李绂对《辨奸论》作者的质疑

到清代初年,生于江西临川县的李绂,因与王安石生同乡里,对王安石的生平行实特加注意,当他看到坊间刻本《苏老泉集》中的《辨奸论》后,便写了一篇《书后》,说道:

> 老泉《嘉祐集》十五卷,原本不可见。今行世本有《辨奸》一篇,世人咸因此文称老泉能先见荆公之误国。其文始见于《邵氏闻见录》中,《闻见录》编于绍兴二年,至十七年,婺州学教授沈斐编老苏《文集》,附录二卷,载有张文定公方平所为《老泉墓表》,中及《辨奸》,又有东坡《谢张公作墓表书》一通,专叙《辨奸》事。窃意此三文皆赝作,以当日情事求之,固参差而不合也。按《墓表》言:"嘉祐初,王安石名始盛,党友倾一时,其命相《制》'曰:生民以来,数人而已。'造作语言,至以为几于圣人。欧阳修亦已善之,劝先生与之游,而安石亦愿交于先生。先生曰:'吾知其人矣,是不近人情者,鲜不为天下患。'"而《闻见录》叙《辨奸》缘起,与《墓表》正同。其引用之耶?当明言《墓表》云云,不当作自叙语气;其暗合耶?不应辞句皆同。然则斯言其然耶?抑无有也?考荆公嘉祐之初未为时所用,党友亦稀,嘉祐三年始除度支判官,上《万言书》,并未施行,明年命修起居注,辞章八九上,始受知制诰,纠察在京刑狱,旋以驳开封尹失入为御史举奏,又以争舍人院申请除改文字忤执政,遂以母忧去,终英宗之世召不赴。乃云"嘉祐初党友倾一时"。误亦甚矣。以荆公为圣人者神宗也,命相之《制辞》在熙宁二年,而老泉卒于英宗治平三年,皆非其所及闻也。
>
> 《墓表》又云:"安石母死,士大夫皆吊,先生独不往,作《辨奸论》一篇。"按曾文定公作荆公母夫人墓志云卒于嘉祐八年,叙七子官阶,称安石为工部郎中知制诰,是荆公母卒时官甚卑,安见士大夫皆往吊哉。张文定与荆公同时,其为此《表》,不应舛错如是。

又考文定镇益州已为大臣，老泉始以布衣见知，年又小于文定，其卒也官止丞簿，而《墓表》以先生称之，北宋风气近古，必不为此。曾文定为二苏同年友，其作《老泉哀词》，直称明允；乃伉直如张文定，反谦抑过情如是，疑《墓表》与《辨奸》皆邵氏于事后补作也。

老泉之卒也，欧阳公志其墓，曾子固为之《哀辞》。老泉以文字见知于欧阳公，又以"不近人情"之说相谢，果尝为此文，则欧阳公必见之，而《墓志》中不及《辨奸》，子固《哀辞》亦不及《辨奸》，即当时或不然之，而欧曾全集从不及《辨奸》，《表》谓"当时见者多谓不然"，是此文已流布矣，何欧曾独未之见乎？且子固谓"《志》以纳之圹中，《哀辞》则刻之墓上"，是既有《哀辞》，不应复有《墓表》矣。老泉以治平三年卒，四年葬，张文定又同时在京师，欲为《墓表》宜即在葬时，今《墓表》不著作《表》年月，固已非体；而《表》中及荆公命相，则神宗之世矣，何其迟耶？……《墓表》有"蜀无人"之语，而东坡谢书又云"秦无人"，辞既重复，文气又相类，则亦邵氏所赝作耳！不然，东坡谢书感激至于流涕，其后为张文定志墓，叙其与父相知，绝不及此《论》何耶？

老泉文峻洁无长语，尝言作文比喻不可太多，而《辨奸》一篇援引肤漫，既引王、卢，又引竖刁三人，又引"用兵者"，何其多耶？其立论既勉强而不可通，其措辞又粗鄙而不可解也。谓其人"口诵孔、老之言，身履夷、齐之行"矣，又谓其"阴贼险狠、与人异趋"，人之为人，言与行二者而已，言孔老，行夷齐，又何多求焉？……履夷齐之行可谓之"阴贼险狠"乎？……若夫"收召好名之士、不得志之人，相与造作言语，以为颜渊、孟轲复出"，则荆公本传与荆公全集具存，并无此事……荆公执政之后，或有依附之徒，而老泉已没，匪能逆知。若老泉所及见之荆公，则官卑迹远，非有能收召之力，吾不知所谓好名而不得志者果何人？盖《辨奸论》断非老泉作也。(《穆堂初稿》卷四五)

在写过此文之后的若干年，李绂又得见十五卷本的《嘉祐集》，见其中并无《辨奸》一文，遂又写了第二篇书后(见同书同卷)，说道：

> 余少时阅世俗刻本《老泉集》,尝书其《辨奸论》后,力辨其非老泉作,览者犹疑信相半。欲得宋本参考之,而求购多年,未之得也。盖马贵与《经籍考》列载苏明允《嘉祐集》十五卷,而世俗所刻不称"嘉祐",书名既异,又多至二十卷,……又增附录二卷,意必有他人赝作阑入其中。近得明嘉靖壬申年太原守张镗翻刻巡按御史澧南王公家藏本,其书名卷帙并与《经籍考》同,而诸论中独无所谓《辨奸论》者,乃益信为邵氏赝作确然而无疑,而又叹作伪者心劳日拙,盖伪固未有不破者也。

李绂的这两篇《〈辨奸论〉书后》,尽管其写作的动机主要是要为其乡贤辩诬,但围绕《辨奸》问世的可疑诸点,基本上他已提出,他在文中所举述的理由、所作出的论证,也都是极为坚强有力、具有说服力的。

(三)蔡上翔对《辨奸论》作者的再质疑

年辈较晚于李绂的另一个江西人,金溪县的蔡上翔,集一生精力写成了一部《王荆公年谱考略》,是专为表扬王安石的学行和申雪王安石所受诬枉而撰写的。此书完成于十九世纪之初。在它行世以后,直到本世纪的初年,凡评述王安石的历史者,如梁启超等人,几乎都把它作为取材渊薮。实际上,蔡上翔一生并未得见李焘的《续通鉴长编》一书,在采用史料方面是存在着极明显的缺陷的。而蔡上翔的著作态度又十分偏执,悍猛武断的气势贯串于全书之中,实在有失公允。例如,他在此书的《序》中,竟把司马光的《涑水记闻》《琐语》与魏泰的《东轩笔录》、邵伯温的《闻见录》平列在一起,只因各书中都有诋毁王安石的记事,便断言这几种书全都是"阴挟翰墨以餍其忿好之私者"所撰作的,意即署名为司马光撰写的两书都是伪品。又说"若苏子瞻作《温国行状》,至九千四百余言,而诋安石者居其半,无论古无此体,即子瞻安得有如是之文?"(《年谱考略·序》)然则《温国行状》是什么人假苏子瞻之名而伪造的呢?蔡上翔却不肯(当然是不可能)作进一步的考求了。

尽管如此,蔡上翔继李绂之后对《辨奸论》所作的辨伪文字,却基本上不是专凭意气而是比较平允可取的。在《年谱考略》卷十嘉祐八年记

事内,在依照《宋文鉴》而引录了《辨奸论》全文之后,蔡上翔附有一篇《考略》说:

> 世传王介甫之奸,苏明允能先见,故其作《辨奸》曰"惟天下之静者乃能见微知著",则固杰然以静者自负矣。又曰"贤者有不知",则由"好恶乱其中而利害夺其外"。予考嘉祐初介甫声名甚盛而事权未著,不知明允所指贤者为何人,而贤者又曷为而有"好恶乱其中而利害夺其外"之事也?是虽为《辨奸》缘起,则已支离不成文理矣。既以王衍、卢杞比介甫,而嘉叔子汾阳能知人,而又曰"二公之料二子亦容有未必然"何也?史称卢杞有口才,体陋甚,鬼貌蓝色,谓"容貌不足以动人"可矣,谓"言语不足以眩世"可乎?史称杞"贼害忠良,四海共弃",名列奸臣,为唐室大憝,则以卢杞一人比介甫足矣,而又曰"合王衍、卢杞为一人始足以祸天下"何也?易牙杀子,竖刁自宫,开方弃亲,此皆不近人情之尤,而其后乘人主荒淫,以祸人国者也;若介甫之奸未著,而明允特先为辨之",既曰:"合王衍、卢杞为一人",又曰"非特易牙、竖刁、开方三子之比",明允见微知著果若此乎?后来介甫之奸果至于是乎?
>
> 若夫面垢不洗,衣垢不浣,则必庸流乞丐,穷饿无聊之人而后可,庆历二年介甫年二十二成进士,已践仕途,四年,曾子固称其人为古今不常有,皇祐三年,文潞公荐其恬退,乞不次进用,至和二年,初见欧阳公,次年,以王安石吕公著并荐于朝,称安石德行文章为众所推。则年三十六也,而是年明允至京师,始识安石,安有胪列丑恶一至此极,而犹屡见称于南丰、庐陵、潞国若此哉!且自庆历二年由签判淮南,至嘉祐初已十五六年,无非在官之日,中间所交若曾子固、孙正之、王逢原、孙莘老、王深父、刘原父、韩持国、常夷甫、崔伯易、丁元珍、龚深父,皆号为一时贤者,而无一人为好名之士、不得志之人也。唯吕惠卿,后人以为安石党,考嘉祐三年欧阳公与介甫书,乃始称道其贤,是介甫识惠卿甚迟,而与之共行新法,又为明允所不及见者,彼造谤者,此外欲实指一好名之人为何人,造作语言为何语,私立名字为何名,其将能乎?周公谨曰:"苏明允《辨奸》,尝见陈

直斋先生言：'此虽为介甫发，亦似间及二程，所以后来朱晦庵极力回护，云老苏《辨奸》，初间只是私意，后来荆公做不著，遂中他说。'予谓二说皆非也。直斋似据"收召好名之士、颜渊孟轲复出"语，以为间似二程，不知洛学兴于熙丰，则当嘉祐之初，明允何尝知有二程？苏程洛蜀分党，实成于元祐，明允安得有间及二程之事？况伪造安道《墓表》、子瞻《谢书》者，已明言为介甫而作也！介甫自熙宁二年当国，七年辞位，八年再相，九年又辞，遂不复出。当时同朝所攻者新法耳；以为"为天下患"，果有如王衍清谈败俗乎？果有如卢杞贼害忠良乎？果有如竖刁、易牙、开方三子祸起官闱，倾人家国乎？则以为"遂中他说"，而其实无一中也。诸君子亦知《辨奸》支离无据，故为此揣摩料度之言，而不知实非明允作耳。

穆堂李氏谓前明嘉靖间所刻《嘉祐集》十五卷本，为王氏藏本，并无《辨奸》一篇。乾隆己酉，予亦于书肆见此书，则穆堂断为邵氏伪作无疑也。《辨奸》曰"误天下苍生者必此人也"，本山巨源语，而《宋文鉴》及《名臣言行录》皆曰羊叔子。考《晋书》，王衍尝诣祜，祜谓宾客曰："王夷甫方以盛名处大位，然败俗伤化，必此人也。"其语与巨源略同。彼作伪者既援引错误，而《文鉴》《言行录》俱不及察，遂从其原本录之，及传之既久，亦有知其非而改之者，则今世所传本是也。……

惟"卢杞奸邪，终成大患，阴贼害物，误天下苍生必斯人也"，见于吕诲《十事疏》，"竖刁、易牙、开方三子非人情，不可近"，则明允《管仲论》有之，……此皆作伪者心劳日拙，剿袭之所由来也。

明允衡量古人，料度时事，偏见独识固多有之，然能自畅其说，实为千古文豪。以《嘉祐全集》考之，亦恶有《辨奸》乱杂无章若此哉！

我不惮其烦地抄录了李绂和蔡上翔二人论证《辨奸论》决非苏洵所作的几段文字，其原因，是我认为他们的意见基本上是可取的。据我的孤陋寡闻的知见之所及，在他们的这些文章相继问世之后，除处在李绂之后和蔡上翔之前的《四库全书》的修纂者们持有异议外，似不曾有人写过反驳他们的文章,可以证明他们二人的意见是为一般学者所接受的。但到本世纪八十年代之初,复旦大学的章培恒先生却撰作了《〈辨奸论〉非邵伯温伪作》一文,首先作为《复旦学报》"社会科学版增刊"刊出,至九十年代初又稍加订补,收入他的《献疑集》中。此文对于李绂和蔡上翔二人围绕《辨奸论》所提出的疑难,所表述的意见(即我在上文所抄引的那些),持完全否定的态度,即坚决认定《辨奸论》为苏洵所作,认为收录了《辨奸论》全文于内的《文安先生墓表》确为张方平所作,苏轼文集中的《谢张太保撰先人墓表书》也决非后人所伪为,就连李、蔡二人所指出的《辨奸论》中一些不合逻辑乃至前言后语自相矛盾之处,章先生也都一一加以分辨和维护,如此等等。他旁征博引,面面俱到,的确称得上是一篇力作。但在我多次读过之后,却终还觉得他对李、蔡二人的驳难,并未能真正把他们的意见驳倒,而他所提出的各个论点,其所具有的说服力也颇显微弱,因特再写此文,提出我的一些意见,与章先生进行商榷。

二、 与章培恒教授商榷有关《辨奸论》的诸问题

(一)《辨奸》不是好文章

1

经李绂、蔡上翔二人指出的,《辨奸论》中不合逻辑、支离不成文理的特甚之处,凡有两端:

其一为"人事之推移,理势之相因,……而贤者有不知,其故何也?好恶乱其中而利害夺其外也"。这几句话的前后自相背谬本极明显,一个被"好恶乱其中而利害夺其外"的人,分明是一个丧失了理性和正义感的卑鄙小人,怎么能称之为"贤者"呢?蔡上翔于《考略》中追问文中所指"贤者"为何人,又曷为而有"好恶乱其中而利害夺其外之事",已属不必;而章培恒先生对此却力加分疏和曲为回护,并指实这里所称的贤者,即指不但不能察知王安石之奸而且对他"推许甚至"的欧阳修、文彦博、曾巩等人,认为"贤者并非完人,何以不能有'好恶乱其中,利害夺其外'之事?"且还举出了王安石曾说曾巩"时时出于(离开)中道,这按之封建

道德,即使不比'好恶乱其中,利害夺其外'更严重,至少也是同等的错误,但王安石却认为巩'岂不得为贤者哉',然则贤者而有'好恶乱其中,利害夺其外'之失,何足为奇?"我认为,把"出于中道"与"好恶乱其中,利害夺其外"等同起来,实在是过于牵强,而把欧阳修、文彦博、曾巩一并推入犯这类过失的人物当中,更是使人无法接受的议论。

其二为,"今有人,口诵孔、老之言,身履夷、齐之行,收召好名之士、不得志之人,相与造作语言,私立名字,以为颜渊、孟轲复出,而阴贼险狠,与人异趣,是王衍、卢杞合为一人也,其祸岂可胜言哉!"这段文字之前后自相矛盾也极明显:正如李绂所说,一个"口诵孔、老之言,身履夷、齐之行"的人,其言行均已达到很高尚的境界,何以竟又成了一个"阴贼险狠,与人异趣"的人呢?至于"收召好名之士,不得志之人"云云诸语,《辨奸论》的作者的关键用语在于"收召"二字,李绂对此已曾作了驳诘说:"老泉所及见之荆公,则官卑迹远,非有能收召之力,吾不知所谓好名而不得志者果何人?"这已足可使撰作《辨奸论》的人张口结舌,窘于作答;而蔡上翔却更列举出从王安石庆历二年(1042)进士及第之后迄于嘉祐初年所有交游的名单,自曾子固、韩持国、刘原父、龚深父等十一人,以为他们"皆号为一时贤者,而无一人为好名之士,不得志之人,……彼造谤者,此外欲实指一好名之人为何人,造作语言为何语,私立名字为何名,其将能乎?"令人颇感冗赘委琐。不料章培恒教授对李绂的话未予置理,对蔡上翔的这番话却斤斤争辩不休,不但说蔡氏所列名单中人都是好名之士,不得志之人,而且说仅举此十一人并未把王安石当时的交游列举完备,于是又增添了吕惠卿、梅尧臣、曾布等人于内,甚至说:"衡以当时关于'党'的概念,从张方平这段话中(按即《墓表》中'党友倾一时'云云一段)也可以引出这样的结论:那些与王安石交游并称赞他的人,包括富弼、文彦博、欧阳修等在内,都是'党友'。换言之,王安石当时的这些朋友都是'党友'。"(《献疑集》页55)这已经把问题牵引到远离主题的境地了,而章文更进一步嘲讽说,当撰写《王荆公年谱考略》之时,"《辨奸论》作者尸骨已朽,蔡上翔却要他来回答'造作语言为何语,私立名字为何名',这本身就是滑稽的事"(《献疑集》页45)等几段话,就会更令读者感到辞费和莫名其妙了:首先,《辨奸论》之所以举数王安石"收召"某一类人物,主要是要借以烘托出王安石的"奸"行,而与曾巩、韩维、刘敞,特别是富弼、文彦博、欧阳修等人交游,却是终仁宗之世万万不会有人以"奸"相讥的,是则这一大段纠缠文字实在是毫无意义的。其次,章文以为蔡上翔要求尸骨已朽的《辨奸论》的作者回答这样那样的问题,"这本身就是一件滑稽的事",然则死于十九世纪初年的蔡上翔,到本世纪的八十年代初却为文对之进行斥责,其本身岂不同样是一件滑稽的事吗?商榷史事,评论古人,何得有如此怪论!

2

《辨奸论》有描述王安石做事不近人情的一段文字,说道:"夫面垢不忘洗,衣垢不忘浣,此人之至情也,今也不然,衣臣虏之衣,食犬彘之食,囚首丧面而谈诗书,此岂其情也哉?凡事之不近人情者鲜不为大奸慝:竖刁、易牙、开方是也。"对这一段话,只须用李绂所说的"其立论既勉强而不可通,其措辞又粗鄙而不可解",作为笼统概括的评语原已足够,而可惜李绂却又说什么"闻犬彘食人食,不闻人食犬彘之食",以致连蔡上翔也讥之为"舍其大而摘其细"。然而蔡氏本人却又就"面垢不洗,衣垢不浣"的事斤斤争辩说,此"必庸流乞丐,穷饿无聊之人而后可,安有胪列丑恶一至此极,而犹屡见称于南丰、庐陵、持国若此哉!"这就又惹得章培恒教授大作文章了。他说:"嵇康'头面常一月十五日不洗','性复多虱'(《与山巨源绝交书》),难道嵇康就是'庸流乞丐穷饿无聊之人'么?盖'面垢不洗,衣垢不浣'本是魏晋名士风度之一,后世文人学士不修边幅者,亦不乏此等表现。只要不是庸俗势力之辈,并不会把这看作是'庸流乞丐穷饿无聊之人'的行为和'一至此极'的丑恶。故南丰、庐陵、潞国一再称道安石之贤,并不能证明王安石不可能有此种名士风度。"(《献疑集》页 42)这段文字是否作得跑了题了?《辨奸论》本是以此作为王安石的一些不近人情的行为而加以胪举,并硬要以此为契机而推导出"凡事之不近人情者鲜不为大奸慝:竖刁、易牙、开方是也"这一结论的,怎么可以与嵇康以及后世文人学士不修边幅者相提并论,并说成是王安石的一种"名士风度"呢?然而经过对这段文字的这番探讨,却又恰恰暴露出《辨奸论》的另一要害:撰造一些莫须有的生活细节而称之为不近人情,由不近人情而生硬地推导出"大奸慝"的结论,这是完全缺乏逻辑性的推理,反映出作者文笔的过分的拙劣!

基于上举诸事,我可以有理有据地断言:《辨奸论》决不是一篇好文章,章先生虽极力加以辩解也是枉然的。

(二)《辨奸论》决非苏洵所作

1

如本文第一节所引述,李绂是把十五卷本《嘉祐集》认作最先编定的,因而最可靠的本子,其中既并无《辨奸》一文,遂断言《辨奸》非苏洵所作。章文也从《嘉祐集》的版本着手,对此结论加以驳诘说:"第一,曾巩《苏明允哀词》谓洵有文章二十卷,'行于世';欧阳修为洵所撰《墓志铭》及张方平所撰《墓表》,亦皆谓其有集二十卷。是十五卷本并非苏洵文集原本,不能因十五卷本《嘉祐集》不收《辨奸论》就认为苏洵文集原无《辨奸》。第二,《文献通考》著录苏洵文集并不完整,不但曾经在宋代'行于世'的二十卷本未著录,尚有南宋绍兴年间所刊十六卷本《嘉祐新集》(并有附录二卷)亦未著录,……其中即收有《辨奸论》。由于十五卷本并非苏洵文集原本,那么,到底是不收《辨奸》的十五卷本《嘉祐集》更接近苏洵文集的原貌,还是收有《辨奸》的《嘉祐新集》更接近苏洵文集的原貌。是十五卷本在前还是十六卷本在前,还是一个问题。在这问题尚未解决的情况下,怎能因十五卷本不收《辨奸》,就断言十六卷本的《辨奸》为赝作?……第三,李绂所见嘉靖张镗刊本系从宋刊巾箱本出,清代亦曾翻刻,四库馆臣曾以清刊十五卷本《嘉祐集》……校徐乾学藏宋绍兴时刊《嘉祐新集》,谓十五卷本较绍兴刊十六卷本'阙《洪范图论》一卷,《史论》前少引一篇,又以《史论》中为《史论》下而阙《史论》下一篇,又阙《辨奸论》一篇,……中间阙漏如是,恐亦未必晁、陈著录之旧也'。……可知十六卷本确较现存十五卷本接近苏洵文集原貌,……然则不因比较接近苏洵文集原貌的十六卷本收有《辨奸论》而信其为真,反因较之苏洵原集已亡佚甚多的十五卷本失收《辨奸》而断言其为伪作,显系本末倒置之论。至于十六卷本《嘉祐新集》既较接近苏洵文集原貌,何以要于书名中增一'新'字?疑即因增收了二卷《附录》的缘故。(《附录》中收有张方平《墓表》,而《墓表》写于哲宗时,后于曾巩写《哀词》甚久,自为作《哀词》时已'行于世'的二十卷本所不可能收入,而为十六卷本所新增。)"(《献疑集》页37、38)

今按,章文此段的用意,主要在论证绍兴年间刻成的十六卷本《嘉祐新集》,较之"阙漏甚多"的十五卷本的《嘉祐集》,更接近于曾巩在《哀词》中所说"已行世"的二十卷本的苏洵文集,所以《嘉祐新集》中所收的《辨奸论》为苏洵所作,是不容怀疑的。但我对此说是颇不谓然的。第一,二十卷本的苏洵文集在曾巩所作《哀词》中既已谓其"行于世",则其编辑与传布必其二子所亲为,假如其中已收录了《辨奸》一文,何以邵伯温还特别指出"独张文定公表先生墓,具载之"呢?而且,何以在张方平于元祐年内又将其全文"具载"于《墓表》中时,竟又使苏轼那样地感激涕零,如其在谢张方平的信中所说呢?一个最合乎逻辑的答案自应为:在最初编成的二十卷本老苏文集中必无《辨奸》在内。二十卷本文集之不加收录,正反映出老苏根本就不曾写有此文。第二,十六卷本《嘉祐新集》后之《附录》二卷,纯系用作老苏曾作《辨奸》之证物者,实际上却反而暴露了"此地无银三百两"的欲盖弥彰伎俩,欧阳修所撰《墓志》与曾巩所撰《哀词》既全未附入于老苏文集之内,何以独独要把张方平所撰《墓表》与苏轼的谢张书缀辑于此呢?显然是作伪心虚,故弄此一障人神志的玄虚的。此容于下文更加详论。

2

李绂力主《文安先生墓表》决非张方平所作,乃系后来人所伪造者,其所持重要理由之一为:"老泉之卒也,欧阳公志其墓,曾子固为之《哀辞》,子固谓'《志》以纳之圹中,《哀辞》则刻之墓上',是既有《哀辞》,不应复有《墓表》矣。"章文对此竟又提出了大段反对意见,以为:"墓表与哀辞不能混同,挚虞《文章流别论》:'哀辞之作以哀痛为主,缘以叹息之词。'又云:'古有宗庙之碑。后世立碑于墓,显之衢路,其所载者铭辞也。'墓表即所谓'立碑于墓,显之衢路'者,非哀辞之比。故在《文心雕龙》中,碑碣述于《诔碑》篇,哀辞则论之《哀吊》篇,二者截然有别。轼、辙兄弟皆知名文人,于礼非懵无所知者,岂有不为其父树墓表,而仅以哀辞刻之墓上之理？又，《文章流别论》说：哀辞'率以施于童殇夭折，不以寿终者。'《文心雕龙·哀吊》也说：'以辞遣哀盖下流（"下流"指卑者而言，参见范文澜《文心雕龙注》引铃木虎雄《校勘记》）之悼，故不在黄发，必施夭昏。''原夫哀辞大体，情主于痛伤，而辞穷乎爱惜。幼未成德，故誉止于察惠；弱不胜务，故悼加乎肤色。'是哀辞本施于卑幼，而轼、辙兄弟竟以哀辞刻于其父墓上，于心何安？故衡以情理，轼、辙兄弟必当代其父乞墓表，绝无乞哀辞之理。然则曾巩何以作哀辞？赵翼《陔余丛考·碑表志铭之别》：'古人于碑志之文不轻作，东坡答李方叔云："但缘子孙欲追述其祖考而作者，某未尝措手。"其慎重如此。今世号为能文者，高文大篇，可以一醉博易，风斯下矣。'曾巩'少许可'，已见上述；当是轼、辙兄弟为其父乞作墓表时，巩以为苏洵无功德可纪，'碑志之文当纪功德'（《文心雕龙·诔碑》所谓'标序盛德，必见清风之华；昭纪鸿懿，必见俊伟之烈，此碑之制也'），故以哀辞代之，此实与苏轼所云'但缘子孙欲追述其祖考而作者，某未尝措手'同意。但在轼、辙兄弟，自不忍竟以哀辞刻于父墓而不为立墓表，故为苏洵别乞墓表，正是理所当然的事，何得云'既有《哀辞》，不应复有《墓表》矣'？"（《献疑集》页52、53）

今按：章文这一大段，自始至终全都是只凭揣测悬想和推论，强词夺理地撰构而成，因而是全然经不起推敲的，也就是说，其中的疏失太多。第一，《哀辞》说苏洵于治平三年"四月戊申以疾卒，享年五十有八，自天子辅臣至闾巷之士皆闻而哀之"。"二子：轼，为殿中丞直史馆；辙，为大名推官。其年，以明允之丧归葬于蜀地。既请欧阳公为其《铭》，又请予为辞以哀之，曰：'铭将纳之于圹中，而辞将刻之于冢上也。余辞不得已，乃为其文曰……"这里明明说出曾巩之所以作《哀辞》，乃是应苏轼兄弟之请，"辞不得已"而为之的，章文何所据而说"轼、辙兄弟必当代其父乞墓表，绝无乞哀辞之理"呢？第二，不论《文章流别论》中或《文心雕龙》中对哀辞与碑诔所下的定义，全不等于政府所颁发的文章程式，对后代作者全不会起规范作用。曾巩所作的《哀辞》，说老苏的文章，"其指事析理，引物托谕，侈能尽之约，远能见之近，大能使之微，小能使之著，烦能不乱，肆能不流，其雄壮俊伟若决江河而下也，其辉光明白若引星辰而上也"。实已极尽赞扬之能事；其下还说："既而欧阳公为礼部，又得其二子之文,擢之高等,于是三人之文章盛传于世,得而读之者皆为之惊,或叹不能及,或慕而效之,自京师至于海隅瘴徼,学士大夫莫不人知其名,家有其书。"古人以立言与立德立功并称为三不朽,曾巩于《哀辞》缕述了老苏文章之美妙处如此其多,章培恒教授何以全都视若无睹,而妄肆揣度道:"当是轼、辙兄弟为其父乞作墓表时,巩以为苏洵无功德可纪,……故以哀辞代之。……但在轼、辙兄弟,自不忍以哀辞刻于父墓而不为立墓表,故为苏洵别乞墓表,正是理所当然的事"呢?

章文中的这一段,既不能持之有故,又不能言之成理,所以全不具备说服力。而其所以要如此这般地写出,说穿了,都又只是为了论证张方平所作老苏《墓表》的真实性,从而论证《辨奸论》确出老苏之手之故。今且于下一段专就此问题进行讨论。

3

章文对于张方平确曾撰作《文安先生墓表》一事,真可谓曲尽维护之能事。例如《墓表》中叙述说:"嘉祐初,王安石名始盛,党友倾一时,其命相制曰:'生民以来,数人而已。'造作语言,以为几于圣人。"并以这段叙述作为《辨奸论》中所以写出"相与造作言语,私立名字,以为颜渊孟轲复出"诸语的根据。李绂对这几句话大加驳斥,认为"以当日情事求之,固参差而不合也"。"命相之制词在熙宁二年,而老泉卒于英宗治平三年,皆非其及闻也"。蔡上翔对此亦挞击甚力,说道:"所最可怪者,无如搀入命相制词。明允卒于治平三年,至熙宁三年,安石始同平章事,是时安道同朝,安得错谬至此?"这的确是击中《墓志》要害的一些话,说明《墓表》如出自张方平之手,是决不会把时次颠倒错乱到这等地步的。然而对于这样无法掩饰的硬伤,章文却也凭空悬拟出一种假设,以求把这漏洞曲为弥缝。因而说道:"故《墓表》'其命相制'语当有讹字,《墓表》出自《乐全集》,该集系张方平命两个略通文墨的小吏据其历年所作文章的草稿编次抄写而成,抄完后方平也未覆阅(见《谢苏子瞻寄乐全集序》)。方平既'性资疏旷,不堪拘束',其草稿中何能没有字迹潦草,涂改互乙之处,略通文墨的小吏,又怎能抄得毫无讹误?""综上所述,'其命相制'四字中显有鲁鱼之讹。颇疑'党友倾一时'句下原有一句'其×相×曰'(意思当是'其党相谀曰'之类,'其'下、'相'下原字难以悬拟,故以'×'代之),然后接出'党友'所称赞他的'生民以来'云云,但'其'下、'相'下的这两个字在原稿中或经过涂改,或字迹太潦草,小吏看不清楚,而王安石作过宰相他们当然是知道的,所以就想当然地抄成了'其命相制曰'。"(《献疑集》页58)

今按:在学术研究的实践过程中,依循大胆假设小心求证这一原则时,我认为这两者是不可分割开的,放弃了小心求证,则大胆假设便只能成为飘荡虚浮、不着边际的一种幻梦。而不幸章文对出现于《墓表》中的"其命相制"云云诸语所做的假设确实是够大胆的,却没有能够去小心求证。即如关于《乐全集》的编辑和誊清,在张方平的《谢苏子瞻寄乐全集序》中所说本为在他托付一个敏利而"稍知文章体式"的"吏人加以编次"使"各成伦类"之后,便令"书吏三数人抄录成卷帙。其间差错脱漏,悉不曾校对改证"。(《乐全集》卷34)章文把这几句话改造为《乐全集》"系张方平命两个略通文墨的小吏据其历年所作文章的草稿编次抄写而成,抄完后方平也未覆阅",于是就进而作出"其命相制"乃是抄书吏人看不清原稿中潦草字迹而想当然地抄成了几个错字云云的大胆假设。实际上,真正出于"想当然尔"而不凭任何道理和证据的,倒是章文的这一假设。因为,在为书四十卷的《乐全集》中,何以其他诗文均不见有这样关系重大的抄写错误而独独发生在老苏的《墓表》当中呢? 显见得这一假设是不能成立的,《墓表》叙事时次的颠舛,是不能归罪于书吏而只能由撰作者负责的。正如蔡上翔所说,张方平是曾与王安石同朝共过事的人,他万万不会发生这种错误,则《墓表》断非张方平所作,而应是一个北宋末年人所伪为,嫁名于张方平,并在宋高宗绍兴年间首先附录于《嘉祐新集》,其后又在孝宗乾道年间乘刻印《乐全集》的机会而把它搀入其中的。《墓表》把《辨奸论》全篇录入,正反映出《辨奸论》的社会信誉在南宋初年还正有待于宣扬、提高和巩固。总之,《文安先生墓表》本身即是伪品,更怎能用它来证明《辨奸论》为老苏所作呢?

欧阳修所作老苏的《墓志铭》(《文忠公集》卷三三)的最后有云:"君生于远方,而学又晚成,常叹曰:'知我者惟吾父与欧阳公也。'然则非余则谁宜铭?"曾巩于《苏明允哀辞》的最后也说明此文是经苏轼兄弟之请而写的(原文已引见上段)。如果真有章文所悬想的那一周折,是因苏轼兄弟不满于《哀辞》的体制而又特请张方平撰写《墓表》,则张方平必更于《墓表》叙述这一周折的原委,而在《墓表》中却无一字道及此事,且并根本不提苏轼兄弟于何时何地请他写此《墓表》之事,则其必为后人假名所伪为,乃事之极为晓然者。

另外也还可举一佐证:《宋史·张方平传》的末段载一事云:"〔方平〕守宋都日,富弼自亳移汝,过见之,曰:'人固难知也!'方平曰:'谓王安石乎?亦岂难知者!方平顷知皇祐贡举,或称其文学,辟以考校。既入院,凡院中之事皆欲纷更。方平恶其人,檄使出。自是未尝与语也。'弼有愧色。盖弼素亦善安石云。"今查富弼之由判亳州而落使相改判汝州,为熙宁四年六月内事,倘若老苏果曾于嘉祐年间写有《辨奸论》指述王安石之奸邪而甚为张方平所赞赏,并被他评定为"定天下之臧否一人而已",则在张富此次对话时,张氏断不应只谈自己而抹煞老苏的先见之明,张方平既仅仅提他于皇祐年间知贡举时"恶其人,檄使出,自是未尝与语",却绝无一言涉及《辨奸》,这岂不足可证明,直到老苏逝世五年之后,张方平还不曾知道世间有《辨奸》一文,如何能在稍后几年的元祐年间就写老苏的《墓表》而郑重其事地把《辨奸》全文收录于其中呢?

也还可再举一旁证:司马光的忠实信徒、元祐年中朔党的头面人物刘安世,其门生马永卿记录他在宋徽宗大观三年(1109)后的一些言论,编成《元城语录》一书,其中有一条为:

> 凡人有善有恶,故人有毁有誉,若不称其善,而并以为恶而毁之,则人不信有是恶矣。故攻金陵(按指王安石)者只宜言其学乖僻,用之必乱天下,则人主必信;若以为以财利结人主如桑弘羊,禁人言以固位如李林甫,奸邪如卢杞,大佞如王莽,则人不信矣。盖以其人素有德行,而天下之人素尊之,而人主夷考之无是事,则与夫毁之之言亦不信矣。

刘安世在这番话中举出了各式各样诋毁王安石的语言,却独独不见《辨奸论》中的丑诋,岂不正可反证,直到大观年间,所谓的那篇《文安先生墓表》还并没有编造出来吗!

4

　　南宋高宗绍兴十七年(1147)婺州州学教授所刻《嘉祐新集》十六卷后,除附录了张方平所作《文安先生墓表》外,还附录了苏轼的《谢张太保撰先人墓表书》,其所以增加这一《附录》,只是因为伪作《辨奸论》的人,做贼心虚,故又羼入此二文以示《辨奸论》之渊源有自。今既于上文辨析了《墓表》之绝非张方平所作,则苏轼的此一谢函亦必然随之而暴露其为伪品的面目,这本是一个极浅显的道理。可是章文却不肯进行这样的逻辑推理,而要专从《苏轼文集》的传刻情况论证这一谢函之不伪。其论据为:"宋陈振孙《直斋书录解题》卷一七:《东坡集》四十卷,后集二十卷……杭蜀本同。"《东坡别集》四十六卷,坡之曾孙给事峤季真刊家集于建安,大略与杭本同。盖杭本当坡公无恙时已行于世矣。"其后,更据此而加以延伸并作出推论说:"宋刊杭本苏轼集今不可得见,《东坡集》宋刊本虽尚有存者,而借阅不便,幸明成化刊本《东坡七集》尚可利用。该书卷首李绍《序》云:'海虞程侯……既以文忠苏公学于欧者,又其全集世所未有,复遍求之,得宋时曹训所刻旧本及仁庙未完新本,重加校阅,仍依旧本卷帙,旧本无而新本有者,则为续集,并刻之。'知《东坡七集》的前六集,卷帙悉依宋时曹训所刻旧本,一无增减,凡曹训旧本所无的作品,悉皆编入《续集》中。因此,从《东坡七集》的前六集中,完全可以看到宋曹训刻本的面貌。"(《献疑集》页33)究竟曹训的刻本是依据哪一种旧刻本而刊行的呢,章文举不出任何明确证据,于是就采用了所谓的排除法,以为它所依据的,第一,不是麻沙本《大全集》;第二,不是杭本和建安本;第三,也不是吉州本;第四,它与《直斋书录解题》所著录蜀本的集名、卷数都一样,所以,它当即据蜀本覆刻,而且断言其"一无增减"。

　　根据上段论述,知章文所依据的是明代成化年间刻本的《东坡七集》,因为其中的《东坡文集》卷二九中收录了苏轼的《谢张太保撰先人墓表书》,还因为它是覆刻宋曹训刻本而"一无增减",曹训刻本既已被推论为覆刻蜀本,而蜀本又与杭本相同,是则见于成化刻本《东坡文集》卷二九之《谢张太保撰先公墓表书》,必即为杭本之《东坡文集》卷二九所收录者,而杭本在东坡无恙时已行于世,则此谢书必系东坡的真品。今按:章文这一层一层的论断,全都是不能不令读者置疑的。因为,只凭了书名和卷数的相同而即作出"一无增损"的断语,这是极为粗率、绝难见信于人的。试想,仅仅羼入一封谢书,何至会改换书名和卷数呢?谢书之羼入,固绝非迟至明代成化年间刻苏集者之所为,但如上文所论,《乐全集》中之老苏墓表既系张方平身后某妄人托名之伪作,则东坡谢书必亦系某妄人托名之作,乃北宋末方出现者,何得见之于"坡公无恙时已行于世"之杭本、蜀本坡集之内呢?

5

东坡兄弟对王安石所推行的新法虽大都(不是一概)持反对意见,但对王安石的学问文章、操行品格却均未加以诋毁,更从无引用《辨奸论》中文句或其中论点之处。苏辙在晚年谈及青苗法时,也只认为他"不忍贫人而深嫉富人",因而称之为"小丈夫";苏轼则于王安石卒后追赠官爵的制词当中对之大加赞扬,这都说明他们对王安石的评价与《辨奸论》中的评价绝无丝毫相同之处。这只能证明在老苏生前必未抒发过像《辨奸论》那样的言论,而不能解释为东坡兄弟的思想见解全已背离了其父的轨道。

宋哲宗元祐元年(1086)四月王安石病逝于金陵。司马光在得知这一消息时,因为自身也正在病中,便写信给另一位宰相吕公著,虽然也理所当然地说到王安石在用人和推行新法等方面的严重过失,但信的第一句话却是"介甫文章节义过人处甚多"。出之于司马之口的这一句话,在当时确实是极有代表性的。在当时任中书舍人的苏轼替皇帝撰作的《王安石赠太傅制》更明显地表述了这一积极的肯定性评价。这与《辨奸论》之对王安石私德之大肆抨击,当然也是大不相同的。兹抄录其全文于下:

> 朕式观古初,灼见天命:将有非常之大事,必生希世之异人,使其名高一时,学贯千载;智足以达其道,辩足以行其言;瑰玮之文足以藻饰万物,卓绝之行足以风动四方;用能于期岁之间,靡然变天下之俗。
>
> 具官王安石,少学孔、孟,晚师瞿、聃;网罗六艺之遗文,断以己

意;糠秕百家之陈迹,作新斯人。属熙宁之有为,冠群贤而首用。信任之笃,古今所无。方需功业之成,遽起山林之兴。浮云何有,脱屣如遗。屡争席于渔樵,不乱群于麋鹿。进退之美,雍容可观。

朕方临御之初,哀疚罔极。乃眷三朝之老,邈在大江之南。究观规模,想见风采。岂谓告终之问,在予谅闇之中,胡不百年,为之一涕!

呜呼,死生用舍之际,孰能违天;赠赙哀荣之文,岂不在我。宠以师臣之位,蔚为儒者之光。庶几有知,服我休命。

据我看来,苏轼撰写的这篇制词,完全是以司马光写给吕公著的那封信为基调的。然而苏轼毕竟是文章老手,在"信任之专,古今所无"句下,本应继之以依据司马光致吕公著信的后段,贬抑王安石当政期内推行新法及其用人诸失,而他却巧妙地把司马光信中那段贬抑语意完全避开,突然跳跃到"遽起山林之兴"上面去了。因此,从"制脑"开始,全篇制词都是以赞诵王安石的节义文章和激流勇退的出处大节为事的,对王安石行己涉世的私德方面何尝有些许不满之词呢!

在南宋的高、孝两朝内,曾有两人认为苏轼的这篇"制词"是对王安石隐含菲薄之意的。其一为陈善,在他的笔记《扪虱新话》中,有一条记事的标题为《苏氏作〈辨奸论〉憾荆公》,而其第一句则为"《辨奸论》《王司空赠官制》皆苏氏宿憾之言也"。其下即专述《辨奸》出现原委,至末尾方又谓:"赠官制当元祐初,方尽废新法,苏子由作《神宗御集序》尚以曹操比之,何有于荆公?以此知王苏之憾固不独论新法也。"另一人为注释苏轼文集的郎晔,在这一篇《制词》的后面也附加了几句话说:"此虽褒词,然其言皆有微意,览者当自得之。"既然说"其言皆有微意",那就应当至少举一两句加以阐释作为范例,然而郎晔没有这样做,却一概让览者自己去探索,可是在此以后的九百年内,也并没有人做这样的探索,也许有人曾经探索而没有得出相应的答案。直到 1980 年章培恒先生撰写《〈辨奸论〉非邵伯温伪作》时,才因受到了陈善的那句"《辨奸论》《王司空赠官制》皆苏氏宿憾之言"的启发,对苏轼的这篇《制词》作了一番别有会心的解析:他说《制词》的第一段(按即宋人通称为"制脑"者)并非用来"赞美王安石",而只是"一般地泛论'希世之异人',第二段才说到王安石本人。第一段和第二段是两相对照,以贬斥王安石。例如第二段的'方需功业之成',即谓王安石用事多年,功业尚未建成,与第一段所说'希世之异人''用能于期岁之间,靡然变天下之俗',两两相形,显然有讽刺安石之意。所以,第一段并不是说王安石已经做到了'希世之异人'所做的那些事,而是说明'希世之异人'应该做到哪些事,以显出安石与'希世之异人'的根本区别"。(《献疑集》页74)

今按:章文的这段议论(或称为剖析)实在可称为"非常异义可怪之论"。因为,据我所知,宋代的中书舍人、翰林学士们所作的有关升除或黜罢重要官员的"制词",全都是依照一定模式的,即开头处先用一段笼罩全文的话语,称为"制脑"。"制脑"中的词句,虽都是贴切着或针对着某个受体或对象而发,却又全都是比较概括,比较原则性,而并不指点出所贴切、所针对的事件、人员的。只有在"具官某某"云云以下,才完全进入具体的陈述和品评。苏轼的这篇《制词》也是符合这一通行的模式的。试看,"制脑"中所举述的"名高一时,学贯千载,智足以达其道,辨足以行其言,瑰玮之文足以藻饰万物,卓绝之行足以风动四方"等事项,哪一项不是依据王安石身前所已经享有的声誉而概括出来的呢?"用能于期岁之间,靡然变天下之俗"两句更是如此。一个建立了这样业绩的人,当然就是"希世之异人"了。章文硬要说《制词》第一段,乃是苏轼悬想出一个"希世之异人",用来显示第二段以下所叙述的王安石的功业学行都远远不能与"希世之异人"相比,这只能表明:一方面是对宋代通行的这类制词的体式不甚知晓;另一方面则是,思路被偏见引入误区,对这篇《制词》的主旨便肆意进行歪曲了。其奈事理彰明较著,单凭靠这些翻云覆雨手法,是既不能证明《谢张太保书》确为大苏的真品,也无法使这篇《制词》之所云云,能与《辨奸论》那篇伪品中任何论点挂钩的。

(三)《辨奸论》的作者非邵伯温莫属

根据以上各节所考论,可以确切无误地断言《辨奸论》决非苏洵所作,《文安先生墓表》决非张方平所作,《谢张太保撰先人墓表书》也决不出于苏轼之手,基本上和清人李绂、蔡上翔的意见是相同的,并且是对章培恒教授反驳李绂、蔡上翔二人的意见一并予以推翻了的。但是,《辨奸》《墓表》《谢张太保书》各为何人所伪作,是否也都如李、蔡二人所断言的三者全是邵伯温一手所伪为的呢?章培恒教授的文章既然以《〈辨奸论〉非邵伯温伪作》作了标题,似乎也不会轻易地接受这样的论断,因此,我现在只能再从《辨奸论》初传于世时那些"诡秘莫测"的踪迹中探索一点头绪出来,先判定《辨奸》究竟何人所撰造,并连带地判定另两文的作者。

如本文开端所述,宋人笔记中谈及《辨奸论》的,似以《泊宅编》为最早,其次则为《邵氏闻见录》,现在就这一问题稍加申论。

方勺的《泊宅编》有三卷本与十卷本两种,三卷本刻印在前,十卷本刻印在后。章文举出了七条证据证明三卷本《泊宅编》的成书行世当在宣和七年(1125)(见《献疑集》页81),我认为这个论断是确切可信的。

章文另有一段说:"即使方勺所记不尽确实,但至少在其作《泊宅编》三卷本时,已经有了《辨奸论》这一作品。且方勺于此条既未引录《辨奸》原文,也未介绍文章具体内容,足证当时《辨奸论》已在流传,读者并不陌生。若是大家都不知道的冷门文章,方勺即使不引全文,也应对其具体内容作些介绍,以免读者莫名其妙。"(《献疑集》页31)我觉得这段话也说得合情合理,十分恰当。然而当我按照章文所据以判断方勺的那条记载乃出现于《辨奸》已经流传之日的诸条理由,去追寻一篇更为原始的出处,却认为邵伯温在《闻见录》中的记载是完全符合条件的。因为,它既抄录了《辨奸》的全文,而且对其出现所引起的反响,也都原始要终地作了叙述,"以免读者莫名其妙",不正可证明《辨奸》在其时还没有"流传",还"是大家都不知道的冷门文章"吗?这也就反映出来,这条记事的出现,是在方勺《泊宅编》那条记事之前的。其中虽抄录了《辨奸》全文,却没有著明出自何书,这就又不免启人疑窦,以为他所引此文,并非是他的创获,实际上乃是他所创作。其中虽谓"斯文出,一时论者多以为不然",却又没有从那样"多"的"以为不然"者中举出任何一人作为例证,这就分明是欺人之谈了。另如其中所说"虽其二子亦有'嘻其甚矣'之叹",和"岂温公不见《辨奸》耶?独张文定公表先生墓具载之",则又分明是用来为托名于张方平的《文安先生墓表》和托名于苏轼的《谢张太保撰先人墓表书》两件伪品打掩护的,则此两件伪品亦必全出于邵伯温一人之手,又等于由邵伯温本人自行招供了。

说《辨奸论》《文安先生墓表》和《谢张太保撰先人墓表书》全为邵伯温一人所伪作,这本是李绂和蔡上翔早已作出的判断,但章文力反此说,引用了邵伯温《闻见录》的《自序》所说:"伯温早以先君子之故,亲接前辈……得前言往行为多,……而老景侵寻,偶负后死者之责,类之为书,曰《闻见录》,尚庶几焉。绍兴二年十一月十五日甲子河南邵伯温书。"接着又引用了伯温子邵博为《闻见录》所写《序》中的几句:"先君子平居如斋,淡然无甚好,惟喜著书。此书独晚出,虽客寓疾病中,笔削不置,其心可悲矣。先君既不幸,上得其平生之言,有制褒扬甚备。博不肖,终无以显先君之令德,类次其遗书既成,于绝编断简之中得《闻见录》,为次第二十卷,并传于代。"章文遂即据此两段引文而进行论述说:"是伯温死前,此书犹在笔削过程中,尚未杀青;分卷编次之事,皆伯温死后邵博所为。伯温卒于绍兴四年,其死时《闻见录》既尚未定稿、分卷,则绍兴二年之序当非成书后所撰,而为着手著书时之作。……而在宣和七年(1125),即邵伯温动手写《闻见录》的七年之前,方勺已在《泊宅编》三卷本上卷中提到了《辨奸论》。……所以,《辨奸论》至迟在公元1125年已经流传,并由方勺写了有关此文的记事,那么,又怎能因为邵伯温于1132年开始撰写的《闻见录》中录载了《辨奸论》全文,就一口咬定《辨奸论》是邵伯温伪作呢?"(《献疑集》页30、31)

今按,章培恒教授在这里所一再用力强调的论点及其立论的基础,全都是不够坚强,因而也是说服力不足的。试问:邵伯温于绍兴二年(1132)冬所写的《自序》,明明说"类之为书曰《闻见录》";"类"者编次之意,"之"字则必指已经写成的若干条记事而言,倘非已经积累了许多条目,邵伯温将要把什么编类为书呢?而今硬要把"类之为书"解释为"着手著书"之时,岂非有意改变其语意吗!而且既然要"类之为书",可知其所写成的条目必已很多很多,显然不会是在很短的岁月内写成的。依次推测,则如有关《辨奸论》等条乃是绍兴二年的七八年前乃至十来年前,亦即早于三卷本《泊宅编》中那条记事两三年所写成,而且在写成之后,为求扩大其影响而广为散布、宣扬,致使方勺在闻悉之后立即笔之于

《泊宅编》中,这不是极为顺理成章的事吗?如邵博《序》中所说,《闻见录》的刊行乃是邵伯温逝世以后的事,但未印全书之前,并不排除有某些条目先已采用了传抄或刻印的办法而流行于世。章文就也引用了王安石的《与孙子高书》,其中有云:"独因友兄田仲通得进之仲宝,二君子不我愚而许之朋,往往有溢美之言,置疑于人,抑二君子之过,岂某愿哉。兄乃板其辞以为贶,是重二君子之过而深某之惭也。"可见在宋代,刊印篇页不多的文章或文献资料,乃是极容易、极常见的事。所以,不能把《闻见录》印行于绍兴四年(1134)以后,用来反证邵伯温关于《辨奸论》的那篇记事并非在宣和七年之前早已流传于世。张方平撰作老苏《墓表》和苏轼函谢张方平撰《墓表》的信息,既然也都是在邵伯温这同篇记事中第一次透露出来的,当然也就可以断言其为邵伯温所伪为了。至于《墓表》所记苏洵写作《辨奸》的年份与《闻见录》所记并不相同,那更是作伪者故意用来迷惑世人,使其不觉为出自一人之手的。

(四)一点补充

《邵氏闻见录》实可称之为一部谤书,其中的虚枉不实和诽谤某些人物的记载实在太多,特别是有关王安石的记事,更多颠窜事实,虚构诬陷者。例如该书卷一三,有记叙李承之(按:李名师中)言行的一条,其中说"承之在仁宗朝官州县",即曾因包拯之拜参政而正色告人说:"包公无能为。今知鄞县王安石者,眼多白,甚似王敦,他日乱天下者此人也。"元人所修《宋史》,于《李师中传》也照抄了《闻见录》这段话,并在所附的《论》中说道:"师中豫识安石于鄞令,以为目肖王敦,将乱天下,盖又先于吕诲矣。"今查刘挚所撰《李师中墓志铭》和《东都事略·李师中传》全不载此事,岂不又可证明其为邵伯温所杜撰吗!这只更反映出它真正是一部"阴挟翰墨以餍其忿好之私者"的著作。其中对世人影响最大,把当时和后代人对王安石的评价引入误区者,除《辨奸论》一事之外,还有王安石再次入相时处理宋辽双方划分地界的一事,今也附着于此,以示断言邵伯温伪造《辨奸论》之非诬。

经石敬瑭割让给契丹(辽)政权的燕云十六州,后周世宗曾出兵收复了在今河北省的瀛、莫二州,其余各州则直到宋神宗熙宁初年无任何变化。但到熙宁六年(1073)和八年(1075),契丹却两次派遣萧禧来与宋朝交涉,说宋方在濒临蔚、应、朔三州(均在今山西北部)的南偏所营垒铺屋,都侵占了契丹境土,因而需要重新划界。宋神宗对此极感紧张和恐惧,深怕万一应付不好,契丹便会以兵戎来临。王安石却主张与之据理力争,绝不能示弱于契丹,以为示弱太甚反而更会招致其以兵相临。当神宗一再表示契丹的军事力量强大,非宋的兵力所能抵当时,王安石也一再向他申明:"惟其未有以当契丹,故不宜如此。凡卑而骄之,能而示之不能者,将以致敌也;今未欲致敌,岂宜卑而骄之,示以不能?且契丹四分五裂之国,岂能大举以为我害?"还说:"陛下何为忧之太过?忧之太过,则沮怯之形见于外,是沮中国而生外敌之气也。"

尽管王安石在与宋神宗每次讨论到是否应与契丹重划地界时,都一贯坚持不能示弱示怯的意见,而宋神宗却一直还很担心,以为若不对契丹的要求稍事应付,恐怕契丹难免要兴兵来犯。到熙宁八年夏,北宋政府终于派出韩缜等人负责去与契丹划界,他们秉承着宋神宗的指示,便依照契丹所提要求而重定了双方的界址。然而就是在这样做了之后,当宋神宗于这年七月向王安石表白说:"度未能争,虽更非理,亦未免应付。"王安石却依然不肯改变自己的意见,回答神宗说:"诚以力未能争,尤难每事应付。'国不竞亦陵'故也。若长彼谋臣勇将之气,则中国将有不可忍之事矣。"

以上的这几段叙述,全是见于南宋李焘的《续资治通鉴长编》卷二五〇、二六二至二六六各卷所载的,而李书则是依据王安石《熙宁奏对日录》写成的,当然应算作第一手的、最可信的史料了。

然在事过五十年后,邵伯温在《闻见录》卷四写下了有关契丹与宋争地界的大篇记事,其首段所记为:宋神宗闻"契丹遣泛使萧禧来,言代北对境有侵地,请遣使同分划,神宗许之而难其人",后来要派遣刘忱为使,忱对便殿,以为:"考核文据,未见本朝有尺寸侵虏地,且雁门者古名限塞,虽跬步不可弃,奈何欲委五百里之疆以资敌乎?""忱出疆,帝手敕曰:'虏理屈则忿,卿姑如〔彼〕所欲与之。'忱不奉诏。"及熙宁八年,"虏又遣萧禧来,帝开天章阁召执政与〔刘〕忱、〔吕〕大忠同对资政殿,论难久之。帝曰:'凡虏争一事尚不肯已,今两遣使,岂有中辍之理。卿等为朝廷固惜疆境诚是也,然何以弭患?'……大忠曰:'今代北之地安可启其渐!'……执政皆知不可夺,罢忱为三司盐铁判官,大忠亦乞终丧制"。今按:以上所记各事,与《续资治通鉴长编》及《宋史》中有关纪传相比核,知其全与史实相符合,说明其各有所据;但到这篇纪事的最后,却又写道:

> 时王荆公再入相,曰:"将欲去之必固与之也。"以笔划其地图,命天章阁待制韩公缜奉使,举与之。盖东西弃地五百余里。韩公承荆公风旨,视刘公忱、吕大忠有愧也。议者为朝廷惜之。
>
> 呜呼!祖宗故地,孰敢以尺寸不入王会图哉!荆公轻以畀邻国,又建"以与为取"之论,使帝忽韩富二公之言不用,至后世奸臣,以伐燕为神宗遗意,卒致天下之乱,荆公之罪可胜数哉!具载之以为世戒。

对于这段记事,我也曾就现存的为北宋神、哲、徽、钦诸朝人士所撰写的各种文献稍加比核,结果却是毫无所得,与开篇之首段记事之均能寻得其渊源者大不相同。既然连蛛丝马迹般的依据也没有,其最恶毒的"韩公承荆公风旨"一语,更全属无稽妄说,而邵伯温却绘声绘影地如亲临其事、亲见其人般地做了这样的描述,其用意无非是要撰造事端,对王安石进行诋毁诬蔑,把他描绘成一个误国误民的罪恶人物,如他撰造《辨奸论》所使用的卑鄙伎俩是如出一辙的。而且《辨奸论》全篇的论述王安石势必将为天下祸害,一律出于推测和悬拟,而关于与契丹划地界的记事,则编造得十分具体。一虚一实,这两条记事正起了互相配合的作用。

在邵伯温这段"欲取姑与"的记事传世之后,后来的史家,除李焘没有完全加以信任外,其余的则无不全沿用其文,遂致这一史实整个被颠倒紊乱了。其贻误世人,更是远在《辨奸论》之上的。故因辨《辨奸论》之伪而附论及之,以为邵伯温伪为《辨奸论》之旁证。

(原载《国学研究》第三卷,北京大学出版社,1995 年 12 月)

对有关《太平治迹统类》诸问题的新考索

一、《太平治迹统类》的作者彭百川其人

南宋赵希弁的《郡斋读书附志》于丛书类中著录了《太平治迹统类》四十卷、《中兴治迹统类》三十五卷,只在其解题之末交代了"眉山彭百川编集"一语。南宋陈振孙的《直斋书录解题》于典故类也著录了《皇朝治迹统类》七十三卷,在其解题的开端也首先交代了"眉山彭百川叔融撰"一句。但有关彭百川的生平事历,则不但在这两部书中不曾涉及,在其他书册中也很难找见。只有魏了翁《鹤山文集》卷五九收录了一篇《跋丹稜彭君墓志铭》,其中稍有涉及而却又引致了后人的一些误解。今将此跋中有关诸语摘录如下:

> 丹稜彭百川,始欲以绍熙之元葬其亲于墓之左,其宗人洋川通守亘尝为之铭。寻牵于阴阳拘畏之说,乃改卜。逮嘉定之二年十二月壬午,蔡始食,月日既与铭牾,则俾予识其末。呜呼,自义理不竞,封窆大事乃尽操之巫史。……彭君之葬,自庚戌迄今,一为所怵,动至二十年,亦以不敢独异耳。彭君饬身嗜学,卒老布韦。百川之通赡,当有以卒其志者。

魏了翁这篇跋,是宋宁宗嘉定二年(1209)他在知眉州的任上应彭百川之请而写的。从其中我们又可知道,彭百川是眉州所属丹稜县人,他既是一个因为相信巫史而缓葬其亲二十年的人,也是一个学问通赡可以继述

其父亲的嗜学素志的人。(在此,应当指出后人对魏《跋》中所用语言的一些误解。《跋》中所说"饬身嗜学,卒老布韦"的彭君,乃是指已经逝世多年的人,即彭百川之父,而非指求他写此跋语的彭百川,这是极为明白的。然而在乾隆年间编撰的《丹棱县志》中,却收录了乾隆二年的进士彭遵泗的一首《怀布衣叔融诗》,其中有句云:"吾家有子云,嗜学老韦布。"而近出《中国历史大辞典》的《宋史卷》,也在彭百川名下称许为"好学不辍,终老布衣"。这都是把乃父的行谊错放在乃子身上了。)

根据魏《跋》,我们还可以推知彭百川的约略年岁。《跋》称彭百川本欲于绍熙元年庚戌(1190)葬其父,则其时彭百川至少当已及弱冠之年,若年岁更幼,则似无缘能自作主张。准是而推之,则当生于宋孝宗乾道九年(1173)前后,迨至嘉定二年祈求魏了翁写此跋语时,当为三十六七岁。其年魏了翁为三十二岁,则彭氏当长于魏氏四五岁也。

魏《跋》仅说及"百川之通赡",而无只字道及其述作,意者在嘉定二年《太平治迹统类》之编纂或尚未开始,或方在经始而不愿告人。就一些迹象考察,我们可以断定,《治迹统类》之完成,应在宁宗末年或理宗初年(说详下文),是则彭百川之逝世最早亦当稍晚于此时,其享年至少当为六十四五岁也。

二、《治迹统类》应归属史部的
哪一类迄未得到正确安排

赵希弁的《郡斋读书附志》著录了《太平治迹统类》四十卷、《中兴治迹统类》三十五卷,解题谓:"右仿《通鉴纪事本末》条例统而类之。事撮其纲,辞举其要。上自艺祖而下至于孝宗,凡二百门云。眉山彭百川编集。"陈振孙的《直斋书录解题》则把二书合而为一,著录为《皇朝治迹统类》七十三卷(据《读书附志》,知七十三当为七十五之误)。解题谓:"眉山彭百川叔融撰。略用袁枢《通鉴本末》条例,为前集四十卷,中兴后事为后集三十〔五〕(三)卷。"这两种书的《解题》中全都没有谈到《治迹统类》的完成年份及其进入南宋政府史馆的年份。《宋史·艺文志》著录《治迹统类》于《史部·故事类》中,而于《故事类》之末附有小注云:

"彭百川《治迹统类》以下，不著录七部。"对这句小注如何理解呢？这就只能再反观《宋史·艺文志》的序文，就中去求得解释。《艺文志》的序文称：

> 宋旧史自太祖至宁宗，为书凡四。志艺文者，前后部帙，有、亡、增、损，互有异同。今删其重复，合为一志，益以宁宗以后史之所未录者，仿前史分经、史、子、集四类而条列之。

这里所说的"为书凡四"的"宋旧史"，系指《三朝国史》（记太祖、太宗、真宗朝事）、《两朝国史》（记仁宗、英宗朝事）、《四朝国史》（记神宗、哲宗、徽宗、钦宗朝事）和《中兴四朝国史》（记高宗、孝宗、光宗、宁宗朝事）。所谓"彭百川《治迹统类》以下不著录七部"者，即指《中兴四朝国史》的《艺文志》所未著录。而其所以不予著录，则必是迄于宁宗之死，其书尚未进御于史馆之故。据此又可推知，《治迹统类》之进御最早当为理宗初年，而其完稿之期，最早亦须在宁宗末年也。（《洪业论学集》中有《半部论语治天下辨》一文，其中引及《太平治迹统类》，所注成书年代为"约1196"，想系纯出推测之言，是不可靠的。）

最早著录《治迹统类》的《郡斋读书附志》和《直斋书录解题》虽都异口同声地说，《治迹统类》是仿照袁枢的《通鉴纪事本末》而编撰成书的，然而，《附志》把它列入《类书类》，《书录解题》则把它列入《典故类》，《宋史·艺文志》则又把它列入《故事类》中。经元迄明，《治迹统类》不但已为世所罕见，且仅存者也已残阙大半。故见于明英宗正统中杨士奇等人所编《文渊阁书目》中者，仅为"《宋太平治迹》一部四册"，下注"阙"字，是知只《太平治迹统类》一种，其所存已不及一半了。及明宪宗成化中此书又由文渊阁散出，乃为叶盛的《菉竹堂书目》所著录，仍仅残存四册，而列入卷二之《经济类》中。清修《四库全书》时，所征得之《太平治迹统类》，篇卷较明文渊阁本不啻倍蓰，然而篇章次第，杂乱不堪，仅稍加编次而收录于《杂史类》中。

我们在今天看来，上述诸目录对于《太平治迹统类》的分类和编置，全都是不够恰当的。

三、《太平治迹统类》是李焘《续资治通鉴长编》的另一种《纪事本末》

《郡斋读书附志》和《直斋书录解题》全都说《治迹统类》是仿《通鉴纪事本末》的条例而撰写的。今按《通鉴纪事本末》乃是把《资治通鉴》的编年体裁改编为纪事本末的体裁,其全部纪事内容,则无任何一事不是从《资治通鉴》脱胎而来。既然《治迹统类》的前后集都是纪事本末体裁的书,则也必然都有其所从脱胎的源头书。其记述南宋高、孝两朝史事的后集,即别署《中兴治迹统类》者,自南宋以后即不复有人提及,可能在元代就已亡佚,故现在我们无法论证其脱胎所自究为何书。至其前集,即别署《太平治迹统类》者,则据我们审读的结果,发现它不仅正文中的百分之九十八九全从《长编》摘抄而来,甚至李焘所作的附注,也间有被彭百川照抄来的。例如,《长编》卷四七七,元祐七年(1092)九月丙戌,载三省奏修订诸路役法事甚详,李焘于其下附注说:

> 元祐于役法留意如此,不久复为绍圣所坏,甚可惜也。

彭百川于《统类》的《熙宁元祐议役法变更》目中除摘抄了《长编》元祐七年九月丙戌条"三省奏"云云大段文字外,于正文后也照抄了李焘的那几句话。所以,可以断言,彭氏书即是把编年体的《长编》改编为纪事本末体裁的一部书。

李焘也是眉州丹棱人,生于宋徽宗政和五年(1115),卒于宋孝宗淳熙十一年(1184)。当李焘卒时,估计彭百川约为十一二岁,似不可能与李焘有师承关系。

《长编》是李焘积四十年的功力写成的一部北宋编年史巨著。此书行世之后,在李焘故里四川地区一时成为热门研究课题。据潼川吴泳在《答邓子辨书》(《鹤林集》卷三二)中所说,同时并起的作者就有:

> 间者乡里范洁斋作《〈长编〉举要》,李悦斋作《十朝纲要》,又有眉山杨明叔者,纂成《〈长编〉纪事》,流传世间,本末粗为详备。

这里所说的杨明叔即杨仲良,他竟也是与李焘同为眉州人。杨仲良的生卒年及生平事历均已无考,但他所作的《长编纪事本末》却流传至今,虽然其中已颇多残阙。《四库未收书目》为此书所作《提要》中谓,《长编》之徽钦两朝既皆已阙失,借此得以考见崖略,故尤为可贵。彭百川亦与杨仲良同时致力于《长编》之一人,其为吴泳信中所未道及者,当系由于吴泳见闻不周之故。而彭百川的这部《皇朝治迹统类》除了后集(即《中兴治迹统类》)已完全佚失外,前集(即《太平治迹统类》)则因一向只是抄本流传之故,也是篇卷断烂,文字讹夺,较之杨仲良的书为尤甚。假如能得到细致的校补和整理,至少当也能与杨仲良的书起到同样的作用。

《太平治迹统类》既然是改编《续通鉴长编》而成书的,何以不像杨仲良那样,取名为《长编纪事本末》呢?根据我的推想,其原因必是:彭百川的原意是想把北宋九朝和南宋高孝两朝都编成一种纪事本末体裁的书,所以冠以《皇朝治迹统类》之总名而更区分为前后两集,前集更取名为《太平治迹统类》,后集更取名《中兴治迹统类》。前集基本上是由《长编》改编而成,后集改编何书而成,今固难于考知,然高宗一朝所依傍者,若非熊克之《中兴小历》,必即李心传之《建炎以来系年要录》,孝宗一朝虽无由考知,但此两朝之必非仅据一书改编而成则可断言。既然如此,彭百川当然不能把他所编集的书的前一部分称之为《长编纪事本末》,后一部分的记高宗朝事者称之为《中兴小历》或《系年要录》纪事本末,而把记孝宗一朝事者则更称之为某某书的纪事本末,因为那样就过于繁琐了。至于是否有避免与杨仲良书的名称重复的因素在内,则因二人从事于《长编》的改编究竟孰先孰后不可考定,故只能置而不谈了。

四、《太平治迹统类》在南宋以后的流传情况

(一)元明两代不绝如缕

《治迹统类》的前后两集,在成书之后,可能是只有抄本流传而并无刻本的。但以一蜀人之书,而南宋王朝及袁州的赵希弁、湖州的陈振孙均有收藏,知其流布必较广泛。元朝于英宗至治年间(1321—1323)拟修

宋辽金三史时，翰林直学士袁桷在所上《修辽金宋史搜访遗书条列事状》（《清容居士集》卷四一）中，曾将《太平治迹统类》列为应加搜访的遗书之一。而在苏天爵所作《袁桷墓志铭》（《滋溪文稿》卷九）中，称其所"条具凡例及当用典册，……皆本诸故家之所闻见，习于师友之所讨论，非牵合剽袭、漫焉以趋时好而已"。故《太平治迹统类》一书虽为元王朝所不具备，袁桷却必曾寓目。袁桷在《事状》中还说："凡所具遗书，散在东南，日就湮落，或得搜访，或得给笔札传录，庶能成书以备一代之史。"至于元廷曾否依照袁桷的建议而真正搜访、传录过这些书，那就不得而知了。

明英宗正统六年（1441），杨士奇等人编撰的《文渊阁书目》卷六著录"《宋太平治迹》一部四册"，下注"阙"字，说明只是一个残本。看来，这残存的四册，大概连全书的一半也不到，至于后集《中兴治迹统类》，则从此《目》开始即不再见于著录，知其在此以前即已亡佚了。明神宗万历三十三年（1605）孙能传、张萱等编录文渊阁见存书为《内阁藏书目录》，就连这个残本也不见踪影了。据朱彝尊《跋重编〈内阁书目〉》（《曝书亭集》卷四四）说：

> 《内阁重编书目》八卷，万历三十三年大理寺副孙能传、中书舍人张萱、秦焜、郭安民、吴大山奉内阁谕令"校理"，能传等稍疏诸书大略，合乎晁氏陈氏之旨。今以正统六年《目录》对勘，四部之书十亡其九。……是则内阁藏书至万历年已不可问。重编之目，殆取诸刑部行人司所储，录之以塞责尔。呜呼，设一典籍掌十万册之书，立法苟且已甚，以杨士奇之得君，且奉诏编《书目》，可以言而不言，其罪尚可逭哉！

一个收藏十万册书籍的内阁大库，只用一个人管理它，则其藏书之大量丢失自不足怪，所以只隔了一百五六十年，便已十亡其九。但残存的四册《太平治迹统类》之由内阁大库出亡，却应在最早的一批丢失书籍之内，甚至是在《文渊阁书目》编成二十年之内，因为叶盛于明宪宗成化七年（1471）所编《菉竹堂书目》卷二《经济类》中却出现了"《宋太平治迹》四册"，其为文渊阁原藏之残本当无可疑。然而，不及百年，叶盛的五世孙叶恭焕于明穆宗隆庆三年（1569）为这个书目作"跋"时，已称菉竹堂的藏书已大半散亡,这部残书此后也全无消息,此后大概是真正不可问了。

据我们所知,明人所藏的内容比较多的《太平治迹统类》,是明朝后期江宁焦竑(1540—1620)家的一个藏本。它是我们今天所能见到的所有传本的一个共同祖本。这个本子现今也已亡佚。在王士禛《带经堂集》卷七一,有他为这个本子所写的一篇《跋》,全文如下:

> 《太平治迹统类》七十三卷,宋眉山彭百川叔融撰,略用袁枢《通鉴纪事本末》例。前集四十卷,中兴后集三十三卷,见陈振孙《书录解题》、赵希弁《读书附志》。此前集,尚有讹阙,秣陵焦氏本也。

此跋虽短,却有小误。合观陈、赵两书,知彭氏书之总名为《皇朝治迹统类》,其前集别名《太平治迹统类》,凡四十卷,后集别名《中兴治迹统类》,凡三十五卷。《太平治迹统类》既为前集之专名,共四十卷,自不得谓其包有后集,共七十三卷。此后清代学者之为是书写题跋者,包括朱彝尊、钱大昕二人在内,对此亦大都未能辨析,因而多以为目今所存者为《太平治迹统类》之前集,其后集则已亡佚;或则省去"太平"二字仅称之为《治迹统类》而与后集并举。凡此皆为未曾辨明此书总名与前后集别名之区分而致误者。特在此指出其误,后不复及。

(二) 清初龚翔麟和朱彝尊的两个抄本

清初人之最先借焦竑藏本传抄者,为钱塘之龚翔麟(蘅圃),是为玉玲珑阁本。此本现藏台北"中央"图书馆,我们未得寓目。其乘龚翔麟假书方便而同时传抄者则为秀水之朱彝尊,是为曝书亭本(今藏南京图书馆)。朱抄本于康熙二十九年庚午(1690)抄成,抄成之后,朱氏即在书前亲自抄录了陈、赵二家的解题,更于其下写了一段题识说:

> 《太平治迹统类》前集本四十卷,钱塘龚主事蘅圃借抄于上元焦氏,其文讹阙至不可读,并其卷目失之,先后倒置。因以意次第编录,冀访得善本再订正焉。康熙庚午六月朏,竹垞朱彝尊书。

根据这段"题识",直接借书于上元焦氏者乃龚翔麟,朱彝尊则因与龚是同里契交,又属至戚,遂也乘此机会而同时另抄了一部。他们奇书共赏,疑义与析,朱彝尊所说的"以意次第编录"者,很可能在龚氏的抄本上也同样是如此处理的。总之,龚、朱两抄本之间并不存在源与流的关系。但在朱彝尊的《曝书亭集》卷四五,还收有他的如下的一篇《眉山彭氏〈太平治迹统类〉跋》:

> 《太平治迹统类》四十卷,眉山彭百川叔融撰,予抄自上元焦文端公家。卷帙次第为装订者所乱,傭书人不知勘正,别用格纸抄录,以致接处文理不属,欲校定甚难。然是书储藏者寡,存之笥,冀与博闻者审定之。

在印本《曝书亭集》流布之后,凡没有见到朱抄原本,没有读到朱氏写在书前的那段"题识"的人,便都以为朱氏传抄在前,而龚翔麟则系从朱氏本转抄者,这显然是错误的。但如根据朱氏的"题识"而断言龚抄在前,朱本从龚本转抄,则朱《跋》"予抄自上元焦文端家"一语转成欺人之谈,当然也是错误的。

在前引王士禛的跋中,已谓焦竑所藏本虽仅前集而"尚有讹阙",而在朱彝尊的题识和跋中,一则曰:"其文讹阙不可读,并其卷目失之,先后倒置。因以意次第编录。"再则曰:"卷帙次第为装订者所乱,傭书人不知勘正,别用格纸抄录,以致接处文理不属,欲校定甚难。"据此可知,焦竑所藏本虽篇叶较多,而已次第混淆,卷帙杂乱,字句讹阙,已大非彭百川原作篇目卷次的本来面目了。因其问题太大太多,一时难于订正,故朱彝尊也仅能"以意次第编录",而不能恢复四十卷之原貌,因而成为一个分篇不分卷的本子。假如在传抄焦氏藏本时,朱、龚二人是同时进行,并共同商酌作业,如我在前面所推想的,则龚翔麟的抄本的编次情况也当与朱抄本大致从同。

(三)龚抄本的流传情况

龚翔麟抄本于乾隆中归吴县袁廷梼(又恺),袁氏为吴中富绅,家有五砚楼,蓄书万卷。乾隆五十七年(1792)钱大昕主讲苏州紫阳书院,于袁家获观此书,并跋其后云:

> 《宋史·艺文志》:彭百川《治迹统类》四十卷,《中兴治迹统类》

三十卷，与陈赵二氏所言卷数小异。今《中兴》书久不传，无从决其然否。即此编，亦未有卷第，文义多不相属。秀水朱氏于此书病其难读，盖世所传本大略相似耳。

袁廷梼的后人家道中落，其书亦逐渐散出，龚翔麟原抄之《太平治迹统类》初为福州陈征芝所得，至同治四年（1865）而又售于居官福建的周星诒（浙江山阴人）。周氏购得此书之后，曾立意加以校订。据他所写长篇跋语说：

> 竹垞太史得此书于焦弱侯家。原本为装治者颠乱卷帙，传抄本别用格纸缮写，先后舛错，文义难寻。尝自为跋，苦其难读。《四库全书提要》亦云"校勘未能尽通"，是世无善本久矣。
>
> 此为龚蘅圃先生翔麟玉玲珑阁旧藏。先生与太史同里契交，书籍传抄，有无通假，屡见集中。此当即自曝书亭本所出，故其舛误亦如太史所云。不知何时流转入吴，为五砚楼所得。又恺先生手录陈赵两目识语，并编总目装入卷端。后经竹汀学士借观，手识数行，云世传本大略相似。卷中有朱笔校订，仅十数叶而止，当亦为又恺先生同时人笔。想以寻检贯串，致力甚难，方始发端，畏难中辍也。
>
> 夫以博通淹雅如太史、学士，藏弆美富如蘅圃、又恺，而此书卒未能一还旧观，则学者快读之望正无日也。乙丑之冬，购自陈氏带经堂，久置箧衍，今年曝书检出，欲合李氏《长编》、江氏《事实类苑》、《长编纪事本末》、《燕翼贻谋录》、杜氏《琬琰录》及所藏宋编年诸史、写本《太常政和礼书》、诸家地志、杂家小说、文集，统为勘校，默计诸书不下二百余部，卷帙繁重，检读不易，计非四五年不能一周。孱躯苦病，又汇簿书，仅阅此一过而止。夫以贻二十年心力搜聚诸书，两宋之有关史学者，仅少《靖康小录》、《丙丁录》残本、《北盟会编》《中兴两朝圣政》《学士院纪事本末》数书而已，而卒以冗病不能膏校，后此欲校此者又苦无书，盛业难成，徒为长慨耳！宝儿他日能就诸所聚发愤为之，使供暮年遣日，当胜于甘肥之养也。末卷脱落残损，当求他本补完之。庚午四月十三日，已翁在汀州记。

跋语虽长，犹未尽意，于是有了另一段跋语：

> 此书数经传写,鲁鱼亥豕,触目都是,不仅如太史所云错简而已。诸家著录绝无道及宋板者。又恺同时藏书巨家,如抱经、千里、荛饮、仲鱼、莞圃、梦华、疏雨、漪塘、安道、文游、冲之、枚盦诸先生,皆以秘籍善本互相转录,亦无道及此书善本者。今世碌碌,并不能举其书名,善本之求断已绝望。欲抒榛芜,惟有汇校,若但就本书寻检错简,徒费日夕必无益也。周季贶。(以上两跋,均见《适园丛书》本《太平治迹统类》卷末。)

周星诒念念不忘地要对《太平治迹统类》进行彻底的校勘,而竟因本身冗病而半途打了退堂鼓,便把这一"盛业"寄托在他儿子的身上。却不料,在写成这两篇跋语之后不久,他本人在邵武府同知任上被"罣误遣戍",知府蒋凤藻赀以三千金,遂以所藏精本悉归蒋氏,《太平治迹统类》从此乃又成为蒋氏铁花馆中物了。

此书在蒋氏铁花馆中存储亦未甚久,即又归于吴兴张钧衡,张即又稍加校订,刻为《适园丛书》之一种,并也写了一篇长跋附于书后,略谓:

> 今得元和蒋香生旧藏玉玲珑馆抄本,其误均如竹垞所言,分篇不分卷。竹垞跋亦作四十卷,疑就《通考》所言卷数。似联篇直抄者。以卷帙厚则剪分之,不问纸之完缺,事之首尾。朱龚至戚,疑即竹垞所见本。如传抄至再,必稍整理矣。后有钱辛楣先生手书跋语,亦云难校。……
> 龚氏原书,每半叶十行,行二十三字,或三四字,或十余字,则不相联属。其中有缺数字者,有缺十余字者,多则十余行,少则六七行,后则文从字顺,约三十二三行,又花阙如前。似此者共七卷。八卷以后有缺叶缺行,不似前此之花缺。再思其故,必是宋本大册细字,首册蛀蚀而成此式,当就所剩者录出耳。因就周季贶跋中所云宋代诸书次第检出,细细增补,亦有各书俱无,只可仍其旧式。八卷以下略省功力。当其难时,有翻阅累日仅校得一二叶者。其困苦如此。因竹垞、辛楣两先生病其难校,衡虽末学,努力为之,凡一年六个月粗毕,恐讹舛尚不少,须竢博学家订补,而开山之功亦有微劳,谅亦不忍抹杀。

又，初看是书时，疑其补录北宋九朝，何以徽钦事迹标题俱无，与今所存《长编》无异？疑其从《长编》抄出者。校勘一过，方知其从《元祐党事始末》之下直接《契丹、女真用兵始末》，具见史识。（章实斋《湖北通志·明季社事》后即继以《流寇》，用意俱同。）《长编》所缺熙宁元年至三年，绍圣元二三年事实，屡见后《祖宗圣学》《祖宗制科取人》《祖宗用度损益》《官制沿革》《兵制损益》七篇中，亦至徽钦止，方知崇宁、政和诸事，撰者以非治迹去之矣。其为原书无疑。而浙局撰《长编拾补》未搜及此，亦足见是书之难得。……因与《朝野杂记》均刻而传之，固《提要》所并称者。岁在阏逢摄提格（按：即甲寅，民国三年，1914），吴兴张钧衡跋。

《适园丛书》本的《太平治迹统类》现已流布世间。它是我们所知的最早的一个刻本，也是明清以来网罗群书（依照周星诒所开书目）认真校勘过的唯一的版本，虽然如张氏《跋》中所说，其中舛讹尚有不少。至于龚抄原书，则在张钧衡身后又转入南京中央图书馆，今则又随该馆一同迁徙到台湾去了。

（四）朱抄本的流传情况

朱抄本的最确凿的证物，是朱彝尊在抄毕后亲笔抄录于书前的赵希弁、陈振孙的解题和他自己亲写的一段题识，此外，在第一叶还钤有朱氏的三颗印章："竹垞藏本""秀水朱彝尊锡鬯氏""竹垞"。此书于何时离曝书亭而他适，他适何家，行踪似极难考索，但可以断言者，世上迄今尚有数种号称曝书亭抄本之《太平治迹统类》，或则由《曝书亭集》而过录了朱氏的跋语，或则虽已照抄了朱氏在书前的题识，而所钤盖的却并非朱氏的"秀水朱彝尊锡鬯氏"等三颗印章。故亦极易暴露其非真品。

即如清乾隆中编修《四库全书》时，侨居杭州之汪启淑（原徽州歙县人）进呈书籍为数甚多，《太平治迹统类》亦其中之一，据称此即朱彝尊之原抄本，而馆臣为《太平治迹统类》所撰提要，亦即据此本撰成。今查朱氏原抄之本现藏南京图书馆，其书首尾俱无汪氏收藏印记，且无汪氏曾经收藏之任何痕迹。又，凡经进呈于四库馆内之书，特别是凡经采用为底本之书,总应有办理《四库全书》机构著录之任何痕迹或所钤印章,而目今南京图书馆所藏朱抄本之书前书后,亦全无任何此类印记。据此,我们可以怀疑,经汪启淑所进呈于四库馆之《太平治迹统类》,未必即是朱彝尊所抄之原本(当时冒充朱彝尊原抄之本甚多)。

朱抄本的一个最确凿无疑的下落则是钱塘丁丙的八千卷楼。在由朱氏的曝书亭到丁氏的八千卷楼之间,还应有其他的居停主人与书斋,我们却是寻找不到任何踪迹,丁丙在得到此书之后,即在书后写了一段跋语,虽其中并无任何新意,但为了明了此书的周流辗转之迹是何等不易,也将其全文抄录如下:

《皇朝太平治迹统类》前集三十卷　　朱竹垞抄本

陈振孙《书录解题》:"皇朝治迹统类七十三卷,眉山彭百川叔融撰。略用袁枢《通鉴纪事本末》条例,为前集四十卷,中兴后事为后集三十三卷。"赵希弁《读书附志》云:"上自艺祖,下至孝宗,凡二百门。"康熙庚午六月朏朱彝尊识云:"《太平治迹统类》前集本四十卷,钱塘龚主事蘅圃借抄于二元焦氏。其文讹阙至不可读,并其卷目失之,前后倒置。因以意次第编录,冀访善本再订正焉。"四库馆即抄此以入著录,并云:"此书于朝廷大政及诸臣事迹,条分缕析,多可与史传相参考。虽传写久讹而规模终具。阙其断烂之处而取其可以考见端委者,固与《建炎以来朝野杂记》相同矣。"有"竹垞藏本""秀水朱彝尊锡鬯氏""竹垞"三印。

在这篇跋中,丁丙不惮其烦地,把已经过录或题写在书前陈赵二氏的解题和朱氏的题识重行过录,而对于他所应着重提及的关于此书的来历却一字不提,实在可怪。朱抄本原只分篇而不分卷,目前存储于南京图书馆的原书依然如此,而丁丙却于书名下首先注明为三十卷,盖受《四库提要》影响致然,而不知与所"跋"之本并不相符。丁《跋》又谓"四库馆即抄此以入著录",此亦仅据《四库提要》云然,实亦别无显证。

晚清光绪三十三年(1907),丁丙因经商失败,亏损巨万,遂将八千卷楼藏书悉数售于江南图书馆,即今之南京图书馆。迄今犹完好存储于该馆内。

（五）由龚、朱两抄本衍生出来的其他抄本

上海图书馆所藏谦牧堂旧藏本——此书系今人黄裳先生于1950年得自北京隆福寺书肆中者，因在书前也过录了朱彝尊的题识，黄氏遂在该书首叶写了如下一段题记：

> 此潜采堂抄本《太平治迹统类》五本，得之京城隆福寺坊中。卷首竹垞手题五行，宛然真迹。犹是谦牧堂原装，少有脱线及失去封面处，手为重订，不更有其旧式矣。此书传世绝罕，旧椠无闻。此竹垞老人据旧抄手为铨次之本，尚未分卷。赵宋一代史籍，此最罕觏，盖秘册也。此番重入春明，未得一书，只此五册，尚是名物。以压归装，欣喜之至。返沪后题记。庚寅春仲黄裳。

按：此本我们尚未得目睹，书前之题记及印章，皆沪上友人代查函告者。黄先生谓"卷首竹垞手题五行"，则似与南京图书馆所藏朱抄真本全相符，想系摹拟朱氏手迹而过录者，故黄氏断为"宛然真迹"，而不知其全为仿制品也。朱氏题记下钤有"朱彝尊锡鬯印"之白文方印一，当亦系伪为之者。朱印之上为一"谦牧堂藏书印"，亦白文方印，则不知是真是假。查"谦牧堂"乃满人揆叙之堂名，揆叙为清初大学士明珠次子，精鉴别，富藏书，卒于康熙五十六年（1717）。此书如确为谦牧堂所曾收藏，则其抄成上距朱氏本抄成之年盖不甚久。

上海图书馆藏彭元瑞旧藏本十册——此抄本每半叶十行，行二十二字至二十四字不等。卷首抄录《浙江采集遗书总录》介绍此书之一段文字云：

> 太平治迹统类前集四十卷
>
> 右宋眉山彭百川撰，详记北宋治迹。旧本流传甚少，失其卷目，文多讹阙，今本乃朱彝尊以意编录之者。百川又有中兴后集三十三卷，今未见。

其后即为彭元瑞之简短跋语：

> 此本购自马氏丛书楼，列目不分卷，讹字极多，犹是竹垞未编时本也。芸楣记。

彭《跋》所说的祁门马氏，实乃居于扬州之马曰琯与马曰璐兄弟。马氏所居园亭有小玲珑山馆，内有丛书楼，藏书之富，著名东南。至其所说此"犹是竹垞未编时本"，则因彭氏未见朱抄原本，误以朱氏题识中"予以意次第编录之"为区分卷第，而不知朱编正是"列目不分卷"本也。除短跋外，彭氏于此本最前数篇亦间有朱笔校语，但为数甚少。例如，有改"乾德六年"为"开宝六年"者，有改"大输激水"为"大轮激水"者，亦有因不便改写而用签条标出者，如"太祖太宗授受之懿"目内，"乙卯，大赦天下，……其赦文略曰：'先皇帝勤政启国，宵旰临朝……宜体朕心'"。（按：诏文共二百余字）彭氏于此条上粘签条云："赦文，《长编》无。"似此者凡三处。据此可知彭氏所据以校勘者为李焘之《长编》。

此本篇目之下，首为"知圣道斋藏书""南昌彭氏"及"遇读者善"三印，其下为"结一庐藏书印"。结一庐为清光绪间仁和朱澂之居第，据知此本在知圣道斋之后与归入上海图书馆之前，又曾一度为仁和朱氏所收藏。

北京图书馆所藏三种——一种为十册，一种为六册，另一种为五册。均不分卷，无序跋，无印记。当亦均从龚抄本或朱抄本转抄者。

武清曹效曾（贯之）校订本——十册，现藏中央民族学院图书馆。书前书末各有"秀水朱彝尊锡鬯氏"及"竹垞"两印，虽均显系坊间书贾所伪，然亦恰可证知此本之必亦从龚、朱二氏本辗转抄来也。此本原亦分篇不分卷，后又有另笔注出其卷次，疑其为依照库本或《适园丛书》本添入者。

清末陆心源皕宋楼旧藏本——此本十二册，《皕宋楼藏书志》有著录，亦系分篇而不分卷者。民国初年此书流入东瀛，为静嘉堂文库藏书矣。

（六）《四库》著录之三十卷本

《四库全书总目提要》于《杂史类》中著录了《太平治迹统类》前集三十卷，谓系"江苏巡抚采进本"。其所撰提要全文如下：

宋彭百川撰。百川字叔融,眉山人。是书凡八十八门,皆宋代典故。《文献通考》载前集四十卷,又后集三十三卷,载中兴以后事。此本乃朱彝尊从焦竑家藏本钞传,但有前集,不分卷数。又中间讹不胜乙。彝尊《跋》谓"焦氏本卷帙次第为装订者所乱,佣书人不知勘正,别用格纸抄录,以致接处文理不属"。初,绍兴中,江少虞作《皇朝事实类苑》,李攸又作《皇朝事实》,与百川此书皆分门隶事。少虞书采摭虽富,而俳谐琐事一一兼载,体例颇近小说;攸书于典制特详,记事颇略;惟此书于朝廷大政,及诸臣事迹,条分缕析,多可与史传相参考。虽传写久讹而规模终具。阙其断烂之处而取其可以考见端委者,固与李心传《建炎以来朝野杂记》均一代记载之林矣。

就这篇提要说,其中说得中肯和确得要领的话没有几句,却与书的标目发生了矛盾:在书名下明明注曰"三十卷",在提要中何以又说"此本乃朱彝尊从焦竑家藏本抄传,但有前集,不分卷数"呢?假如分作三十卷的事是由四库馆臣所为,何以又不于提要中稍作交代呢?看来,这一错误之所以造成,完全是由于编录此书的馆臣先后失于检照之故。据《四库采进书目》所载,当时此书共采进三部:一为浙江汪启淑家进呈曝书亭写本(估计并非原抄而是转抄本,说见前),不分卷,十册;一为两淮盐政进呈本,不分卷,二十册;一为江苏巡抚进呈本,三十卷,十册。据我推测,不论这三种本子中有无朱抄真本,其内容却必是篇次相同的,因为,自清初以来,亦即自有了龚、朱两家的抄本之后,一切传抄本无不渊源于两家,而两家的抄本,又全都是经过朱彝尊的"以意次第编录",内容之层次是完全相同的。其区分为三十卷之本,内容也不会独异。馆臣之采录为底本者为江苏巡抚采进之三十卷本,而据以撰写《提要》者则又为另一采进本,亦即不分卷本,又始终不曾两相检照,未能察觉其立目、立说之相互歧异,遂致此破绽亦始终未被弥缝。

究竟是谁把朱彝尊所"编录"的分篇不分卷的《太平治迹统类》区分为三十卷的呢?张钧衡为《适园丛书》本所作跋有云:"后又得艺海楼(按:此为仁和顾沅藏书楼名)传抄阁本……分三十卷,大约馆臣以意分之。"《中国历史大辞典·宋史卷》亦谓此书"因岁久散乱,颇多讹阙,《四库全书》著录,厘为三十卷"。今据《四库采进书目》所载江苏巡抚采进之本,知其早在采进之前已既区分为三十卷,则馆臣区分之说可不攻自破。然江苏巡抚采进之本出自何家,其中有无题记或区分卷次者之名氏,今俱无可考知,所可知者,仅为此书之分卷必就龚、朱两本之传抄本而为之者,其时间至晚当在乾隆朝编修《四库全书》之前。

自从《四库全书》著录了三十卷本,后出各本便全都统一在这种编制之下,甚至有的旧抄本(如曹效曾校订本)也在篇名旁追补了卷次。实际说来,这种已经通行的三十卷本的篇目划分,是极为粗率而不够精确的。例如:

《哲宗弃四寨》

《哲宗擒鬼章》

《哲宗朝议弃西夏地界》

这三篇本当合为一卷,而今本竟把前一篇与《哲宗委任台谏》合为卷二十,把后两篇与《熙宁元祐议役法变更》合为卷二十一;又如:

《祖宗制科取人》

《累朝任用逸民》

《祖宗科举取人》

这三篇也应当合为一卷,而今本竟把前两篇与《祖宗圣学》合为卷二十七,把后一篇单独列作卷二十八。错杂无伦,固知其决不出于高明之家之手也。

这位并不高明的区分卷第者,对于他为什么把旧来的四十卷合并为三十卷,也竟没有作任何说明和交代,使我们此刻对此问题只能稍作一些推测。我认为,龚、朱两家的抄本,既有如朱彝尊所说,"卷帙次第为装订者所乱","以致接处文理不属",而更为严重的,则是朱彝尊所说的,"其文讹、阙至不可读,并其卷目失之"。错讹的文字,就现存的部分还可以随时随地看到,其"阙""失"的部分究竟有多少,我们却无从知道了。而就朱氏所重新编次的一些篇目看来,如《太祖太宗授受之懿》《神宗开南江》《神宗置南平军》等篇,文字即极为短少,与《祖宗科举取人》等篇之分量大不相侔,可知龚、朱两家的《太平治迹统类》之抄本,其中有些篇目之断烂程度必极严重。巧妇难为无米之炊，分篇目者既勉强区分，区分卷第之时自难再凑足四十卷之原数，遂不得不改编为三十卷了。

五、《太平治迹统类》是否值得和可以整理

李焘的《续通鉴长编》是记述北宋一代史事最详赡、最富史料价值的一部书，可惜因其卷帙之繁富，传抄传刻均大非易事，在明代编修《永乐大典》时，其书是否还完整无缺，殊难考知，此后更无人得见全书。《永乐大典》修成后藏在内府，学者亦无缘得见。到清修《四库全书》时，《永乐大典》已经丢失了许多册，于是辑出的《长编》也不能不有所残缺：从太祖到英宗诸朝，虽也间有短少，而所短少的尚皆非整月乃至整年；神宗哲宗两朝，则熙宁年间缺三年，绍圣年间全缺；徽钦两朝更未辑得一字。所以在清代第一个为杨仲良的《长编纪事本末》写题记的朱彝尊就曾指出：

> 《长编》所佚，具见杨书。以杨书补《长编》而李书可全；杨书之所阙又以《长编》补之，而杨书亦可全。（此据谭钟麟《长编拾补》序文引，原始出处未见。）

实际上，此话并不十分确切。现存的《长编纪事本末》固然是一个残阙的本子，即使不然，由于杨仲良所立定的题目有局限性，有以意选择而略有偏颇之处，并不能像《长编》原书那样地包罗万象，所以，即使不残不阙，以其所有补苴《长编》之所无，也终不能使《长编》成为完书。然而如我们在前面所论述，《太平治迹统类》既然是《长编》的另一个《纪事本末》，彭百川所立定的题目虽然也有所偏重，但其倾斜面却在于典章制度和礼乐兵刑诸政的兴革沿变等方面，与杨仲良的书的取向互有差异，尚不只如《四库提要》所说"此书于朝廷大政及诸臣事迹，条分缕析，多可与史传相参考"而已。只有把杨、彭两家之书兼收并取，才庶几可以使《长编》得以补足其所阙脱的绝大部分，尽管仍不能使之成为"完书"。

如果把《太平治迹统类》的存在价值只限于修补《长编》的残阙部分之用，那就实在是浅之乎其评价该书了。我们以为，在袁枢把《资治通鉴》改编为《通鉴纪事本末》之后，尽管《资治通鉴》在以后并无任何残阙

不完之处,而袁枢的书却也一直有其独立存在的价值。彭书之于《长编》,比之袁书之于《通鉴》,在质量上是否有优劣之分,似乎自来还不曾有人加以比较,作出评价,但就我们看来,彭书的内容,既偏重于典制的因革演变和兵刑礼乐诸大政的胪陈记叙,则其具有独立存在的价值也是不容置疑的。问题只在于,首先必须使这部残阙断烂的书得到认真的精审的整理和订补才行。然而,这是可能做到的吗?

我在前面之所以不惮烦劳地,引录了清代的那许多著名藏书家与著名学者对彭书所写的那许多题识和跋语,无非是想借以说明,彭书的整理和订补乃是一桩极难奏功的事。例如,从朱彝尊开始,他就已经在题识中说:

> 其文讹阙至不可读,并其卷目失之,先后倒置,……冀访得善本再订正焉。

在短跋中又说:

> 卷帙次第为装订者所乱,傭书人不知勘正,别用格纸抄录,以致接处文理不属,欲校定甚难。然是书储藏者寡,存之笥,冀与博闻者审定之。

作为乾嘉学派的主帅之一的钱大昕,在苏州袁廷梼家见到此书之后,也重复朱氏的意见,说道:

> 即此编,亦未有卷第,文义多不相属。秀水朱氏于此书病其难读,盖世所传本大略相似耳。

也是在此书存储于袁廷梼家时,还经过不知什么人用朱笔校订过最前面的十数叶,据后来周星诒推测,大概也是"以寻检贯串致力甚难,方始发端,畏难中辍也"。

此后此书即辗转为周星诒所购得。周氏可称为校勘学家,他不但藏书多,而且有许多书都经他亲自校勘过。对于这部《太平治迹统类》也有意作一番彻底的校订和整理。他想集合家中所藏《长编》《名臣碑传琬琰集》《长编纪事本末》等书二百余部,用四五年的时间去从事这一工作,但实际上,一则因在官员职位上,公务芬繁,二则因为他的身体越来越不济,便又感到心虽有余而力实不足,不得不把希望寄托在儿子身上;不料为时未久,即因"罣误遣戍"而把所藏珍贵书籍一律出售于别人,致使此计划完全落空。

到清朝末叶湖州张钧衡买得此书并想把它刻入《适园丛书》中时,遂依照周星诒所开列的书目,全部聚拢在一起,次第检出,细细增补,费时凡一年又半,粗得毕事,即刻作《适园丛书》之一种。而据我们今天看来,张钧衡的开山微劳虽不可抹杀;而其中讹舛脱漏仍随处可见,大概比张氏自己所估计的还要严重得多。

经过如上所举述的那样一些著名学者、藏书家、校勘学者所手订、所雠校梳理过而终于不能恢复其原面目之仿佛的一部书,我们今天再侈谈校订和整理,并希图还原其本来的面目,是否是可能的和可行的呢?我认为,这要从两个方面作出回答。首先是,如我在前面所论定的,《太平治迹统类》乃是把编年体的《长编》改编为纪事本末体的一部书,则专从理论上讲,凡属彭书错乱残损而在《长编》尚属完整的部分,只据《长编》而细致地重新加以排比即可;《长编》所残阙的部分,则还有大致自《长编》摘抄而成的陈均的《九朝编年备要》和十八卷本的《续宋编年资治通鉴》(此当是南宋书坊假名李焘而从《长编》摘录之本,其文句大致均自《长编》照抄不改。《四库全书总目提要》入于《史部·编年类》之《存目》中)等,只须充分利用这少数旧籍作为基干依据,整理订补的工作基本上就可以做好的。周星诒和张钧衡之所以那样地广搜博采而终于并未取得成功,正所谓"大道以多歧亡羊",采用"獭祭"办法,反而不能"用志不纷"之故。

彭元瑞曾经对《太平治迹统类》进行过校勘,所校勘的虽仅寥寥数条,然而已经发现了书中所载的宋太宗的即位诏文,为《长编》之所不载。据此看来,说《太平治迹统类》只是《长编》的纪事本末,仅用《长编》及由《长编》摘抄而成的几种书就可对它作好整编和校勘的工作,岂不是大成问题的吗?

我认为,彭元瑞的校语,并不能证明彭百川的书不是改编《长编》而成。在此,我们可以举述杨仲良的《长编纪事本末》中的一段记事为证。杨书之完全由《长编》改编而成,这是大家所公认的,但在其书的第十三卷《李顺之变》一篇,开首即记述了:

> 淳化四年,蜀土富饶,……及王师取之,……不数年,孟氏所储之物悉归于内府矣。……而言事者竞起功利……司计之吏皆析秋毫,……由是小民贫困,兼并者籴贱贩贵以夺其利。青城县民王小波聚徒众起而为乱,谓众曰:"吾疾贫富不均,今为汝均之。"贫民多来附者。

计共三百六十余字,为辑本《长编》之所脱阙。此段下又有两段:

> 十二月,西川都巡检使崇仪使张玘与小波斗于江原县,玘射中小波额,既而玘为小波所杀,小波亦病创卒,众遂推小波之妻弟李顺为帅。

> 初,小波之党才百人,州县失于备御,所在盗贼争附之,……遂至数万人。陷永康军及双流、新津、温江、郫县,纵火大掠,留其党守之,进攻成都。

这两段共计也有二百余字,也为辑本《长编》所脱阙。今按:杨书之完全脱胎于《长编》既毫无可疑,而《长编》对于淳化年间王小波、李顺起义这样的大事之必然会原始要终地加以记述也同样是毫无可疑的;然则只见于《纪事本末》而不见于《长编》的这些大段记载,除了认定它们是原本《长编》所有而为辑本《长编》所脱漏掉的,更能作出何种足以服人的解释呢?

准此而论,现行的辑自《永乐大典》的《长编》,其自太祖至英宗诸朝的记事,虽表面看来似是完整无阙的,实际上的残阙讹脱之处却也是所在多有的。而宋太宗即位诏之所以只见于《太平治迹统类》而不见于《长编》,更可以作为典型例证来说明这一问题。今先照《适园丛书》本《太平治迹统类》卷二《太祖太宗授受之懿》一目中记述太宗即位诏的全条文字抄录如下:

> 乙卯,大赦天下,常赦所不原者咸除之。其赦文略曰:"先皇帝勤劳启国,宵旰临朝,万机靡卷于躬亲,四海方成于开泰。念农民之疾苦,知战士之辛勤。氛祲尽平,生灵永逸。而寒暄或(据《宋大诏令集》当作'遘',此盖以避高宗讳而改)厉,寝疾弥留。方臻偃革之

期,遽抱遗弓之叹。猥以大宝,付予冲人。宜覃在宥之恩,俾治维新之泽。可大赦天下,常赦所不原者咸赦除之。令缘边禁戢戍卒,毋得侵扰外境。群臣有所论列,并许实封表疏以闻。必须面奏者,阁门使即时引对。风化之本,孝弟为先,或不顺父兄,异居别籍者,御史台及所在纠察之。先皇帝创业垂二十年,事为之防,曲为之制,纪律已定,物有其常,谨当遵承,不敢逾越,咨尔臣庶,宜体朕心。"

《长编》卷一七,系此事于开宝九年(976)九月,其文为:

  乙卯,大赦天下,常赦所不原者咸除之。令缘边禁戢戍卒,毋得侵扰外境。(此下直至"宜体朕心"句,与《治迹统类》字句全同,不备录。)

把两书对宋太宗即位大赦诏的记载并列于上,我们自可一目了然:辑本《长编》此条,乃是因把修史者为此诏令所作的提纲"大赦天下"云云句,与诏令中的同一句相混,辑录者在抄毕提纲之句之后,便粗率地放过了诏令前半的一百余字,而直接从该句下文"令缘边禁戢戍卒"云云抄起,遂致彭元瑞误以为"令"字以下乃是记述另一事件,非诏旨中文,因而有了"赦文,《长编》无"的签条。如以为原本《长编》就是如此,那就未免厚诬李焘这位大史学家了。

正因为彭百川不把他所编写的书取名为《长编纪事本末》,在他编撰《太平治迹统类》时就可以有较多的回旋活动的余地,在必要时,他就可以对《长编》叙事的不足甚至失误之处进行一些补正了。于此且举一事为例。

宋神宗元丰八年(1083),汴京的开宝寺贡院失火,礼部改用别所举行了进士的考试,其后又以神宗病故,哲宗居丧,不能亲自主持殿试,遂即以省元焦蹈为状元,以刘逵为第二人。《长编》于这年五月丙辰载:"正奏名进士刘逵等五百七十五人,特奏名八百四十七人,并释褐。"并于其下附注云:

  《政目》于五月六日书"放进士焦蹈以下"。《登科记》焦蹈第一人,刘逵乃第二人。不知何故焦蹈独不释褐。

这在《太平治迹统类》卷二八《祖宗科举取人》目内,宋神宗元丰八年五月丙申条载:

> 赐刘逵等五百七十五人(原注:徐处仁、谢良佐、白时中、郑居中、薛昂、丘常、孙渐、刘洵仁、王寀、侯蒙、刘正夫、宋鼎)并释褐。……逵,随州人。(原注:是榜状元本焦蹈,蹈卒。)

这段文字中的第一条附注,是彭百川依照他自己所规定的编撰此书的体例而写出来的。《长编》的惯例是,每次进士考试放榜之后,它大概都只举出状元及第者一人的姓名,而以"以下若干人"概括之,而彭百川则必连同状元以下的五七人的姓名都加以举述。不只元丰八年一科为然也。第二条附注,则回答了李焘在《长编》纪事的附注中所提出的一个问题。这些修修补补文字,虽与纪事本末的体例不尽相符,然而补前修之未备以相辅相成,我以为倒是更胜于拘守原文的。(焦蹈举进士第一,于揭榜后六日身亡,此事唯见于龚明之《中吴纪闻》卷五"草腰带听声"条,龚书成于淳熙九年,而李焘卒于淳熙十一年,故不及见其书也。)至于在《熙宁元祐议役法变更》篇中附加了秦淮海论役法的大半篇文章(《淮海集》卷一四《论议上》),那更是充分利用其有回旋余地的条件了。可是,也有彭百川本为一些不正确的记载或传闻所误,而即以讹传讹,用来改变了《长编》原来的记载的。一个最明显的例证是:

《长编》卷二六,雍熙二年(985)三月己未载:

> 上御崇政殿覆试礼部贡举人,得进士须城梁颢等百七十九人。庚申,得诸科三百一十八人,并唱名赐及第。唱名自此始。

在《太平治迹统类》卷二八的《祖宗科举取人》篇内所记此事除混入雍熙二年正月己巳诏之下以外,在文字方面大致皆与《长编》所载相同。然而在"夏四月丙子,复置明法科"云云一条记载下却又加有"附注"说:

> 甲科梁颢,年八十二,作状元,张惟明、钱若水、陈允省元。

这一条"附注"必然是原在"得进士须城梁颢等百七十五人"一句之下,因断烂残阙而致传抄时错了位的。其中以张惟明等三人均称作省元已颇有问题,而更大的问题则是关于状元梁颢的年岁上。梁颢年八十二状元及第之说,首见于陈正敏的《遁斋闲览》,陈书今佚,但在洪迈的《容斋四笔》卷一四有"梁状元八十二岁"一条,对此说加以驳正云:

> 陈正敏《遁斋闲览》:"梁颢八十二岁,雍熙二年状元及第。其谢启云:'白首穷经,少伏生之八岁;青云得路,多太公之二年。'后终秘书监,卒年九十余。"此语既著,士大夫亦以为口实。予以国史考之,梁公字太素,雍熙二年,廷试甲科,景德元年,以翰林学士知开封府,暴疾卒,年四十二。子固亦进士甲科,至直史馆,卒年三十三。史臣谓:"梁方当委遇,中途夭谢。"又云:"梁之秀颖,中道而摧。"明白如此,遁斋之妄不待攻也。

今按:《容斋四笔》成书于庆元三年(1197),其刊行也必在彭百川撰写《太平治迹统类》之前许多年,彭氏对这条纠驳文字竟无所闻知,竟在这里沿用了陈正敏的误说,这就不能说是对《长编》的补充,而只能说是制造混乱了。

以上反复论证了《太平治迹统类》乃李焘《续通鉴长编》的另一种纪事本末,彭书虽间有补正李书之处,但就大体说来,这一判断是不会错误的。至于所说用李书校订彭书之事,从道理上固是讲得通的,但要付诸实践则是大有问题的。

六、《太平治迹统类》的校补订正是一桩异常艰巨的工作

整理校订之不易奏功,其故何在?这就是我要回答的另一个方面的问题。

《太平治迹统类》不曾被四库馆臣校订整理过,这在我们看来倒是一件好事,因为,它可以免受清人的肆意窜改。特别是对于辽、西夏和吐蕃诸部落人名、官名与地名的乱改,使读者实在感到混淆杂乱。《长编》因系四库馆臣由《永乐大典》中辑出的,对上述诸端自然全都受到酷刑般的践踏,有待于我们再去加以校订,令其还原。属于北宋前五朝的《长编》,虽然我们还可见到一个一○八卷的南宋刻本或其传抄本,但那只是一个

节本,较辑本约少了一半以上,经其摘录之处固可据以校订,其所不收录的部分,和神、哲、徽、钦四朝,《太平治迹统类》便成了不可或阙的参校书籍之一了。

《太平治迹统类》对于辑本《长编》之可以起到匡谬正误和补充阙漏的作用,尽管是显而易见的,但在晚清人编辑《长编拾补》时,以及在七十年代内上海的一些学者对辑本《长编》进行点校时,全都没有使这部书充分发挥其作用。今但从点校本中以千百计的失误中摘举一例如下:

《适园丛书》本《太平治迹统类》卷三,《太宗经制契丹》篇中,于记宋太宗雍熙三年(986)八月杨业败于契丹,被俘绝食而死后,继谓:

> 其败也,麾下尚有百余人,业谓曰:"汝等各有父母妻子,与我俱死,亡益也;倘鸟兽散,尚可亡还报天子者。"众皆感泣不肯去,遂俱死。

此在南宋刻一○八卷本之卷二七,文字与此全同。此中之"倘鸟兽散,尚可亡还报天子者"一句,在江少虞的《宋朝事实类苑》引录的《杨文公谈苑》中作:

> 倘鸟兽散,尚有还报天子者,无与我俱死。

这句话的意思原很清楚,是杨业要他麾下仅余的百余人各自四散逃命,其中如有人能逃回汴京,便可以把他们在前线上这一艰苦奋战的状况向皇帝陈报清楚。不料四库馆臣因随时要对民族偏见提高其警觉,竟把"鸟兽"二字误解为对契丹军队的诬称,因而把此句改作:

> 汝等各有父母妻子,与我俱死,亡益也。倘敌人散去,尚可还报天子者。

敌人正对杨业的部队取得了歼灭性胜利,杨业与其所部百余人且俱将不免,在这种情况下怎还能希望敌人有"作鸟兽散"的时刻呢?而四库馆臣的这种不近情理的荒诞改动,又竟吓住了我们的点校《长编》的人们,他们虽然也号称用宋刻一○八卷本《长编》和《太平治迹统类》与辑本《长编》作了校勘,而对此处四库馆臣的窜改却不敢恢复其原来的文句,既不惜厚诬李焘,也不惜贻误读者,这真令人大不可解。而更为大不可解的是，在已印出的二十册点校本《长编》当中，类似这样的错误却是还多得无法枚举！而其所以如此，主要的（虽不是唯一的）原因就是未能使《太平治迹统类》充分发挥其作用之故。

对于《太平治迹统类》之显而易见的可以利用之处，迄今既还不曾有人加以充分利用，对于此书之断烂讹夺，须要人们认真加以比勘订正的地方，其难度之大远远非前者之所能比，自然更迄今无人出而问津了。既然前代学者不曾在整理此书的工作上为我们提供可取的成果，而此书本身又断烂残损，几乎已体无完肤，我们今天却偏要置各种艰难困窘于不顾而校勘整理这部书，要使它成为一部可读的书，在宋史的研究领域中，增加一部比较重要的史籍，这究竟能否做到呢？经过一番短期的整理实践之后，我不得不十分遗憾地向关注此事的朋友们宣告说：这一愿望是很难实现的。

《太平治迹统类》这部书，有一个奇怪现象，即在每条记事之前，大都缺乏一个准确的年月日。根据我们推测，这大概是由于虫蠹断烂逐处皆然，或则年月日下记事全缺，或则记事之上年月日已经不存，"佣书人"虽亦间或把断烂部分的上下文接抄，不但使得"接处文理不属"，如朱彝尊之所云云，而某事发生的时次亦每致先后失序；而另外一种情况则是，凡遇年月日残缺以及大段文字残缺之处，"佣书人"即不加隔断而前后牵合为一。举凡似此等处，我们都很难对《长编》细加检索而就能为之补足。

书中亦有年月日标著分明，而本身即先后失序者，例如《适园丛书》本卷二十《哲宗委任台谏》篇中有几条的序列为：

例一：〔元丰八年（1085）十二月十八日〕戊寅侍御史刘挚又言："〔蔡〕确〔章〕惇欺罔先帝无所不至，今犹在庙堂亲近陛下……乞臣前后章疏付外施行。"

今按：辑本《长编》卷三六三，此日确有刘挚论奏蔡确之长篇奏章，但并非论奏蔡确章惇二人者。而上引奏疏之内容，则见于《长编》卷三六五元祐元年（1086）二月丁卯，乃监察御史王岩叟长篇奏章中之一段。

元丰八年十二月戊寅刘挚论奏蔡确的奏章，本也是长篇大论的，彭书乃错出于元祐元年二月甲申左谏议大夫孙觉……又奏："蔡确已迁出东位……以肃群臣异同之意"句下，且仅存"乞罢一蔡确，上以安朝廷，下以安生民而慰忠臣义士之望,臣不胜愤懑忧国爱君之至"几句结语。

例二:彭书于元祐元年二月甲申孙觉的"又奏"当中,不仅混入了刘挚奏章的几句结语,而自其开头的"宜早赐罢免"一句的"宜"字以下,从"确缜二人"以至"以肃正群臣异同之意"诸语,也全是混入的而非孙觉"又奏中"所有的语句。

彭书二月丁卯又载,王岩叟又奏:"确、缜佞人之杰,天下之人见其罢黜,以弹压四海奸雄之心,然后陛下高枕而卧,天下无事矣。惟裁酌早赐施行。"今查《长编》是日所载王疏,其中只有"伏见蔡确章惇佞人之杰也,天下之人见其"十数字,其余亦皆非王奏中所有的语句。

今按:上面举述的羼入孙觉的"又奏"和王岩叟的"又奏"中的这两段文字,全是苏辙奏章中的一些语句。《长编》卷三六七于元祐元年二月丙戌(二十七日)载有左司谏苏辙的长篇奏章,其濒临末尾的一段是:"所有确缜其余罪恶,臣未敢细陈,先论大体。伏愿陛下思祖宗付嘱之重,深察方今事势为至艰至难之时,早赐罢免确缜二人,别择大臣负天下重望,有过人之高才,而忠于社稷,有死无二者以代之,上以肃正群臣异同之论,下以弹压四海奸雄之心,然后陛下高枕而卧,天下无事矣……"

例三:彭书于元祐元年二月甲申记事的最后一条为:"又侍御史刘挚言职役免役利害等事。"

今按:据《长编》所载,刘挚这一奏章乃是元祐元年正月丙申(初七日)奏进者,系于二月甲申之后显然错误。又按,刘挚此奏在他的许多篇奏章当中是比较重要的,自不应单单标举了一个题目了事。于此更可看出,彭书的断烂残阙,绝不是如张钧衡在跋语中所说,仅仅前八卷为较甚,而必是贯通全书莫不皆然的。凡此等处,既须还原其确实的时日,也须补入其重要内容,但摘录之文能否与彭书原来摘录者相符合,那却又是大成问题的。

例四:彭书于前条之后,又载:"三月丙午,左正言朱光庭奏疏:'臣伏见自冬涉春,时雪未降……丰年之应固未为晚。"其下为"王岩叟言新法害民"(原注:见《宣仁门》),再下为"刘挚又四上章言蔡确十罪,当罢"。其下为"辛亥,朱光庭言:'方今圣政日新……愿陛下留神省察,以幸天下'"。王岩叟又言:"蔡确章惇奸邪……上答天意,下慰人心。"

今查《长编》，朱光庭的这一奏章，乃是元祐元年正月辛丑（十二日）所上，月非"三月"，日非"丙午"。

王岩叟言新法害民之疏，当即其论役法之疏，据《长编》，乃是元祐元年正月戊戌（初九日）所上。

侍御史刘挚之"四上章言蔡确"，《长编》于元祐元年正月庚戌（二十一日）连载三疏，于正月丙辰（二十七日）又载一疏，无一疏为三月丙午所上。

朱光庭言"方今圣政"与王岩叟又言"蔡确章惇奸邪"二事，据《长编》则全为元祐元年正月辛亥（二十二日）事，非三月辛亥。

上举数例，皆摘自彭书卷二十之《哲宗委任台谏》篇中，亦即在三十卷本《太平治迹统类》之后半部分，即张钧衡所说错乱讹夺较少的部分，而其错乱情况犹且如此，则被张钧衡指为错乱残阙最甚的前八卷，其情况更可想见。单是为了摘引前面所举的几条例证，以及在《长编》当中找到解决问题的答案，我们已经费去不少的时间与精力，如何还敢侈谈对彭书全部进行校补和整理？因此，到头来，我们仍然只能像从朱彝尊到周星诒到张钧衡诸人那样，徒然望书兴叹，而感到无从着手整理校订之苦。

这篇文章的写成，得力于刘浦江同志的帮助甚多，文中的部分意见和部分资料，也是由他提供的。特在此声明，并表示感谢之忱。

1990 年 10 月 15 日初稿

1992 年 5 月 24 日改订

校点本《宋诸臣奏议》弁言

一

元朝的史官们所纂修的宋史,虽以芜杂和疏漏见讥于后人,然而在他们的《进〈宋史〉表》中有总括评述两宋朝政世风是非得失的一段文字,其中有云:

> 至若论其有弊,亦惟断以至公,大概声容盛而武备衰,论建多而成效少。

我以为这几句概括是比较扼要的。这里所说到的"声容""武备""成效"诸端都已成为历史陈迹,我们居今日而要对这些"陈迹"进行研究,则当时当事人的一些"论建",却正是我们所应凭借的最富有价值的资料。因为,它们的内容所表述的,不论是否正确,是否切实可行,以及是否有私心偏见等等,却毕竟都是最为原始的第一手资料。因此,宋人的论建之多,对于我们研究宋代史事的人来说,正构成一个最为有利的条件。

生活在南宋中期的赵汝愚,是宋朝皇帝的宗室。他在宋孝宗的乾道二年(1166)以状元及第之后,曾先后任秘书正字及秘书少监等职,因得亲见北宋一代的"忠臣良士"的"便宜章奏",并亲加"收拾编缀",在"历时浸久"之后,其"箧中所藏殆千余卷"。收录了这许多资料之后,却又感到,"每究寻一事首尾,则患杂出于诸家,文字纷乱,疲于检阅",于是,到淳熙九年至十二年(1182—1185),当他出知福州兼福建安抚使之日,便又和他幕府中的几位僚友,"因事为目,以类分次,去其复重与不合者",

厘定为后来刻印的这个一百五十卷本《名臣奏议》(以上所述过程,均据赵汝愚《乞进皇朝名臣奏议札子》)。

二

赵汝愚自述在其厘定成书的过程中,曾"去其复重与不合者"。"去其复重"是为了删繁就简,极易理解,但何为"不合者"呢?这当然是指不合于编辑这部《名臣奏议》的宗旨的一些奏议而言。那么,此书的编辑宗旨又是什么呢?这在赵汝愚的《进皇朝名臣奏议序》中已有所说明:

> 恭惟我宋艺祖开基,累圣嗣业,……凡以开广聪明,容受谠直,海涵天覆,日新月益,得人之盛,高掩前古。逮至王安石为相,务行新法,违众自用,而患人之莫己从也,于是指老成为流俗,谓公论为浮言,屏弃忠良,一时殆尽。自是而后,谄谀之风盛而朋党之祸起矣。臣伏睹建隆以来诸臣章奏,考寻岁月,盖最盛于庆历、元祐之际,而渐弊于熙宁、绍圣之时。

在《皇朝名臣奏议》编类成书六十年后的宋理宗淳祐十年(1250),赵汝愚的孙子赵必愿和福建路提点刑狱史季温前后相继,把此书的刻版、印行工作全部完成,史季温在跋语中又把赵汝愚的编类宗旨加以阐发说:

> 夫以先朝名公巨卿章疏,联篇累牍,未易管窥,然要其大纲,则畏天命也,法祖宗也,恤人言也;而或者乃以三不足之说反之,遂使小人祖述其说以祸天下。始作俑者,未尝不痛恨于荆舒也。明鉴之垂,前车之戒,凡有志于国家者,其可舍是而他求哉!

根据以上几段引文,可以知道,赵汝愚所谓合与不合,作为其厘定全书时录用或丢弃标准的,基本上只是依其是否为熙宁新法的参与者来作决定。

三

《皇朝名臣奏议》的全部选目,更极其明确地体现了赵汝愚及其僚友所用来厘定全书的这一宗旨。例如,在其开宗明义的《君道门》,列作第一篇的就是司马光的《论人君之大德有三》一疏,而在全书的一百五十卷内,收入司马光的章疏竟达一百四十六篇;另外,司马光的同道、同志、友朋和门徒们的奏疏收入书中的更不计其数。对于推行和赞助新法的那一群人物,则除收录了王安石的六篇外,对吕惠卿、曾布、章惇等人的奏疏则全部连一篇也未收录。而其中所收录的王安石的六篇,则是:

1. 卷二二《君道门·诏令类》收录了他的《乞追还陈习误罚诏示信令》。
2. 卷五二《百官门·台谏类》收录了他的《论孙觉令吏人书写章疏》。
3. 卷五六《百官门·给舍类》收录了他的《论舍人不得申请除改文字》。
4. 卷八七《礼乐门·宗庙类》收录了他与别人合上的《议僖祖祧迁》。
5. 卷一〇九《财赋门·新法类》收录了他的《论本朝百年无事札子》。
6. 同卷还收录了他的《乞戒耳目之欲而自强以赴功》。

在这六篇奏章当中,除《论本朝百年无事札子》是王安石抒发其政治改革见解的简括性的短文而外,其余五篇全都是他针对某一临时发生的具体事件而发,不代表他的济世大略和政治见解,而他在嘉祐四年(1059)写给宋仁宗的《言事疏》,洋洋洒洒,规模宏阔,较之司马光等人的一些泛论治体的文字,气势宏伟,格调高尚,而竟置之"不合"之列而屏弃不收,更不用说涉及他创立各种新法或为维护各种新法而写的各道奏章了。但在卷一〇九《财赋门·新法类》所载陈襄的《乞罢均输》奏疏之下,用小字附录了制置三司条例司所订立的《均输法》(此文亦见《宋会要辑稿·职官》四二之《转运使门》,文前冠以"熙宁二年七月十七日制置三司条例司言"诸字,《王文公文集》及《临川文集》之《杂著类》亦均收此文,而标题则作《乞制置三司条例》(《王文公文集》作"条制")。综合各书所载《均输法》文章的情况看来,可以推知,这一法令必为王安石以制置三司条例司的名义而创立的,王安石两种文集中的标题全是不对的),尽管是小字附录,却毕竟可借以与反对派的议论互相对照,既能反映立法本身之有无失误,也可反映反对者意见是否真能击中要害。所可惜的是,对于其他各种新法,例如青苗、免役、保甲等等,这本《奏议》却都只是收录了反对派的一面之辞,不免令人觉得赵汝愚总还是陷于政治偏见之中,在编选过程中不能廓然而大公。

四

然而,如果专以陷于政治偏见之中归咎于赵汝愚,却也不免同样是有失公允的。因为,自北宋末年的蔡京与宋徽宗等人,长时期冒着继续推行新法的名义,号称崇宁,而实际上从事于丰亨豫大、荒诞奢淫的祸国殃民的罪恶勾当,置国家前途民族命运于不顾,终于招致了北宋政权的覆亡结局。洎南宋政权建立之后,举国上下,包括一些有识之士在内,便都不免用极其简便的逻辑推理,由崇宁而上溯到熙宁,由蔡京而上溯到创立和推行新法的王安石、吕惠卿、章惇等人,把他们作为集矢之的。试看早于这部《皇朝名臣奏议》而成书的,由吕祖谦所编定的《皇朝文鉴》,在其所收录的一百五十来篇北宋诸臣奏议当中,也只收录了王安石的《论本朝百年无事札子》和《论孙觉令吏人书写章奏札子》两篇,既无真正详明恺切地表达了王安石政见的其他奏章,更无变法派中其他任何一人的奏章。

由此可见,在南宋的那般政治气氛之下,只要有人打算编辑一部北宋臣僚的奏议总集,即使不是赵汝愚而是另外的任何一个或几个人,其编辑的方式方法虽或可以不同,而其收录和屏弃某些人物的奏章的标准,却必会是小异而大同的。洎明朝建立之后,北宋亡国之恨在一般士大夫的头脑中已不复像南宋士大夫那样深重,对变法派的人物和言论,也不再像南宋人那样地加以敌视,所以,反映在明朝永乐年间由黄淮、杨士奇所编辑的《历代名臣奏议》的各门类中,则不但收录王安石的奏疏达十数篇(包括《上仁宗皇帝言事书》在内),王安礼、曾布诸人的奏章也都有所收录。吕惠卿、章惇等人的奏章之所以未被收录,则必是由于他们并无文集传世之故。至此乃可证明,赵汝愚所定立的编书宗旨,乃是时代局限使然,而不须过分加以指责。

五

　　我以为还应当更进一步来说。在前面,我只说了赵汝愚所编《皇朝名臣奏议》,虽明显地表现出他的政治成见和偏见,但那是时代局限所致,是可以而且应予理解的,这毕竟还是属于消极方面的意见,而对于他编的这部书所具有的,和我们应予肯定的积极意义并未加以阐述,这仍然是不够全面的。故特在此补述。

　　在唐代,唯有陆贽的《陆宣公奏议》刊行传世,到北宋,则因社会经济的发展和印刷术的流行,个人的奏议辑印单行者,如《范文正公奏议》《包孝肃奏议》等,为数便已不少。到南宋孝宗时候,浙东学人吕祖谦于所编《皇朝文鉴》中选入了北宋臣僚奏疏一百五十余篇,被朱熹称赞说:"其所载奏议,亦系一时政治大节,祖宗二百年规模与后来中变之意,尽在其间。"(转引自《文献通考·经籍考》)于此可见,奏章一类文字与一代政局和历史的关系是何等密切。然而《文鉴》中所收录的奏章,一则为数甚少;二则是以人区分而不是以事区分的;三则是作为文章选入而不是作为史料选入的,故均不标著其进呈年月。这些情况对于后来的历史研究者来说,是都会有些不便之处的。

　　在吕祖谦编成《皇朝文鉴》之后不久,赵汝愚就把供职三馆时所收录的千余卷北宋臣僚的章奏进行删削厘定,"因事为目,以类分次",并且一一推寻其奏进的岁月,使能稍见事由的原委本末,其目的是要使它"上可以估时政之得失,言路之通塞,下可以备有司之故实,史氏之阙遗",是"广记备言,务存圣代之典",总而言之,是作为一种历史典籍,供后来的治史者参考使用而编纂的。

　　赵汝愚于宋孝宗淳熙十三年(1186)由福建安抚使调充四川安抚制置使。是在四川帅任上,赵汝愚把已经编选毕事的《皇朝名臣奏议》奏进于朝,从而深为孝宗所赞赏,得到了很高的评价。这在赵汝愚的《行状》中有较详的记载:

> 公尝以本朝名臣议论,自建隆以来迄于靖康,以类编次,后成三百卷,遂奏请择其中尤切于治道者为百五十卷上之。孝宗尝谕宰臣周必大等曰:"治道尽在此矣。"洎公进登枢管,故事诣重华宫,方叙谢,孝宗曰:"……卿在蜀时,所进《奏议》极好。朕尝谓此书可与《资治通鉴》并行。"故尝易名其书为《治道集》,盖用孝宗奖谕之语也。(今按:赵汝愚的行状不知何人所撰写,全文今不可得见。此段引文,皆自南宋徐自明《宋宰辅编年录》卷一九,绍熙四年赵汝愚同知枢密院事条转引。)

到宋理宗的淳祐十年(1250),此书在福建即将刻印完成之日,另一位宗室赵希瀞到福州去作知州并兼福建安抚使,他应邀为此书写了一篇序言,其开头的一段话就说道:

> 福国忠定赵公以宗臣帅长乐,政成多暇,辑我朝之群公先正忠言嘉谋,稡为一编。汇分胪别,冠《君道》,跗《边防》,而以《总论》脉络之。凡天人之感通,邪正之区别,内外之修攘,刑赏之惩劝,利害之罢行,官民兵财之机括,礼乐刑政之纲目,靡所不载。

这段话语,既肯定了赵汝愚编纂此书时所用的依事目区分门类的方法,更铺述了他所收章奏内容覆盖面之周浃。虽语意颇似称颂,而按之赵书的实际内容,却是全相符合的。

回溯赵汝愚编纂这部《奏议》之初,当朱熹闻知他要采用分门编辑办法时,便曾向他说道,"只是逐人编好。因论旧编精义,逐人编,自始终有意。今一齐节去,更拆散了,不见其全意矣"。(《朱子语类》卷一三二)但并未为赵汝愚所采纳。清代的四库馆臣为赵书所作提要中就此两种意见评论说:

> 今此集仍以门分,不以人分,不用朱子之说。盖以人而分,可以综括生平,尽其人之是非得失,为论世者计也;以事而分,可以参考古今,尽其事之沿革利弊,为经世者计也。平心而论,汝愚所见者大矣。

我以为,如果把此中的"为经世者计"增改为"为经世洎治史者计",那就把赵书所能起的作用概括的更为周全了。尽管如此,其所作"汝愚所见者大"的总结,却是极为允当的。

六

在赵汝愚为其所编《奏议》所作的序言及其进书札子中,都自称其书为《皇朝名臣奏议》,在史季温的序文中,则称之为《国朝名臣奏议》。而在史季温、赵必愿(汝愚之孙)和朱貔孙诸人先后关注之下刻印成功的《奏议》全书,前后却一致都作《国朝诸臣奏议》。皇朝与国朝,固可互换;名臣与诸臣,寓意却自有别。何以有此改动呢?四库本的《提要》推测说:"盖以中有丁谓、秦桧诸人而改其名欤。"我以为,除掉这种推测也很难再找出别的解释。若然,则书名的改换应出于赵汝愚、史季温等人的主张。现在我们把校点本改名为《宋诸臣奏议》,更属理所当然的事。

史季温的序文说,这部《奏议》编成之后,曾在四川刻印过,后因蒙古兵侵入四川,刻版被毁,世间并无传本。而淳祐年间朱貔、孙鸠工所刻之本,印本之传世者真可谓不绝如缕。然而淳祐以后却再不见有人重刻此书。其原因所在,据我推测,当由于明朝永乐年间由黄淮、杨士奇编成了一部《历代名臣奏议》之故。既然是历代的名臣奏议,当然也包括了北宋一代的臣僚奏议在内,因此,在一般读书人和刻书人想来,《宋诸臣奏议》自然没有再刻印的必要了。认真说来,这却是很有问题的。第一,赵汝愚收录在《宋诸臣奏议》中的文章,《历代名臣奏议》并没有全部收录在内。根据我们的统计,收入《宋诸臣奏议》中的奏疏,为《历代名臣奏议》所未收,并在今存任何其他书册中所不能找见者,共四十三篇。可知《历代名臣奏议》是不能取代《宋诸臣奏议》的。第二,《历代名臣奏议》中的宋人奏章确有自《宋诸臣奏议》转录者,但一经转刻,必有脱误。如《历代名臣奏议》卷二〇三收录苏轼《乞依旧制许臣僚上殿疏》,然而此疏中间竟将王存的《乞收百官转对封章留中采择》奏疏的一部分混入于内(两文同见赵书卷七七)。似此情况决非只此一处。第三,《宋诸臣奏议》分十二门,纲举目张,涵容广阔;而《历代名臣奏议》则分六十四门,名目繁多,义例混杂,原疏之针对性转被模糊。北宋名物制度,有与其前后诸朝代名同而实异者,因其名目之同而错杂地列置在一起,也不免会制造混乱的。基于上述种种,我们认为,尽管有了《历代名臣奏议》,为了攻治北宋

校点本《宋诸臣奏议》弁言

史事者的方便,赵汝愚所编《宋诸臣奏议》却仍有其独立存在、单印流行的价值。于是,从八十年代前半开始,我和北京大学中国中古史研究中心的几位同仁决定要把赵汝愚所编《国朝诸臣奏议》进行点校,要尽最大努力使这部书以最完整的面貌重新流布。

我们当今所能见到的《国朝诸臣奏议》只有南宋淳祐年间的刻本,却没有淳祐年间或南宋末年的印本。只有一部并不完整的宋刻元印本,早已流入美国的国会图书馆中;留存在国内海峡两岸和流入日本的静嘉堂文库的,也全不完整,却又全都是元明两代的递修乃至抄配本。我们从美国国会图书馆摄制来缩微胶片,复原后用为点校的底本,其残缺篇卷则补以北京图书馆所藏明印残本。除以各本对校外,更取北宋诸家文集、总集及《续通鉴长编》等书进行了他校。

先后参加校点的人为:北京大学中古史研究中心的吴同宝、张希清、孔繁敏、杨若薇、邓小南、马力、李孝聪、臧健等同志。成于众手,势必有参差不齐,体例不尽相同之处。在最初,我本打算,待他们把全书校点完毕之后,我再从头到尾做一番覆校的工作,整齐而划一之。奈以工作的进展迟缓,到初校初步完毕之日,我已进入耄耋之年,精力衰惫,自审实在无力承担这一繁重的覆校工作,便商请北大历史系副教授张衍田先生代作覆校,其后他因忙于教学工作,覆校仅及全书三分之一而又中止。至1991年又商请中国社会科学院历史研究所的研究员陈智超先生再把全书通体覆校一过。智超以一年多的时间专心致力于此,补苴罅漏,匡正失误,用力至勤。迄今方可谓《宋诸臣奏议》的校点工作已经大功告成。作为一个首先倡议这一工作的人,作为一个始终关注这一工作的人,当此大功告成之日(尽管还有待付印),总算了却我的一桩心愿。谨借校点本的印行机会,就我所知见,略述这部书的编纂和刊布流传历程如上,以供读者参考。

(原载《大陆杂志》第八十七卷第五期,1993年5月)

再论《大金国志》和《金人南迁录》的真伪问题

——与崔文印君商榷

近两年内,我先后读到了崔文印君论述《大金国志》的两篇文章:一篇题名为《〈大金国志〉初探》,发表在《史学史研究》1982年第4期上,另一篇题名为《〈大金国志〉新证》,发表在同一刊物的1984年第3期上。这两篇文章都表现了作者的治学之勤和勇于提出问题。但对文中的两个最关重要的结论,我却认为不免失之穿凿,因而不敢苟同。我所指的两个结论,一个是他在第一篇中断定《南迁录》不是伪书;另一个是,他在第二篇中认为《大金国志》的前半部分为宇文懋昭所写,其后半部分则是由另一个不知姓名的人狗尾续貂的。

一、《南迁录》果可视为信史吗?

《初探》一文共分四节,其第三节的标题是"史源辨证",全节文字都在论证《南迁录》的真实可信,并驳正了前此许多人把《南迁录》定为伪书的那些论点。我觉得作者的意见都是难以成立的。分论如下:

1. 金世宗在位二十九年,年号大定,一直未改。金章宗在位十九年,先后共用了明昌、承安、泰和三个年号,而《南迁录》却于开篇之处,就叙说金世宗卒于"兴庆四年",章宗继位后改元"天统","天统四年"诛杀郑王允蹈等事。历来的评述《南迁录》者无不以此为最坚强有力的证据之一而断定其为毫无根据的凭空捏造。《初探》的作者,对于世宗之卒于"兴庆四年"无法作出解释,只说"这个问题尚待进一步研究",言外之意,大概是说,在"进一步研究"之后,他总能使这一问题得到解决的;对"天统四年",则因《金史》于明昌四年(1193)载有诛杀郑王允蹈一事,便异想天开地推测说:"'天统'极可能是'明昌'的别称,或女真文'天统'与'明昌'字义相同,故在汉文中便出现了这样的异称。"然而在这段文字的最后,作者却又充分自信地说道:"《南迁录》决非伪书,这里不见于《金史》的年号,倒是极值得研究的。"根据迷离惝恍的设想,而即武断地作出这样那样的结论,对一个历史研究者来说,未免失之过分轻率了。

2. 据《金史·世宗诸子传》中记有宣宗贞祐年间太康县人刘全诡称爱王的事,作者便在《新探》中说:"《南迁录》所载爱王大辨事并非子虚乌有。"还说道:"《南迁录》详细记载了爱王连结鞑靼、反抗朝廷的经过,章宗屡欲招之,都没有成功。这使我们想到,章宗一生对世宗诸子深恶痛绝,诛杀、禁锢几乎殆尽。对照爱王大辨之事,其原因就更加清楚了。"这段文字实大有问题。《南迁录》中所记的爱王诸事与《金史》所载爱王事,时间地点全大相悬殊。《金史》中的爱王为乱乃宣宗时事,他只活动于今河南、江苏、安徽搭界诸处,不曾到过更北的地方,根本无所谓联结鞑靼等事,怎么可以合二为一,硬把风马牛不相及的一些事件捏合在一起,而说用以对照章宗要把世宗诸子尽加诛杀禁锢的事"就更加清楚了"呢?

3.《初探》文中还引用南宋人罗大经在《鹤林玉露》中所说的"厥后金人徙汴,其臣张师颜者作《南迁录》,载孙大鼎疏,备言遣桧间我以就和好。于是桧之奸贼不臣其迹始彰矣"等语,以为正是《南迁录》才"第一次揭露了秦桧为金人间隙(奸细?)的真面目"。接着又说:"罗大经非常留心宋的掌故和轶闻,他在《鹤林玉露》中所记红袄军领袖李全等言论和活动片段,便多能与正史相印证,并且可补正史之阙。"作者在此所用的逻辑推理是:既然罗大经所记红袄军事是可信的,则他所记的其他事件,包括他对《南迁录》的引用,便也一概可信。于此我们不禁要问,南宋的史学名家李心传在《朝野杂记》当中早已对《南迁录》作出了"事悉差误,盖南人伪为之"的判词,而且还写了《〈南迁录〉辨》这一专著以力证其伪;赵与时在《宾退录》中也提出了好几个问题论证《南迁录》之必伪无疑。李、赵的言论均早于罗大经许多年,二人在史学上的地位也都较罗大经高出甚多,何以《初探》的作者对他们的意见不予理睬呢?一个可能的解释,是因为作者对李、赵二人的意见无力予以反驳之故。我不曾设想作者竟不知有李、赵二家之说。

4.《初探》的作者还说:"孙大鼎其人不见于《金史》记载,但从《大金国志》看,他应是卫绍王一朝的一位重要人物。"据《大金国志》所记,在金廷讨论是否南迁汴京的过程中,孙大鼎的确是一个屡屡出现的人物。然而,《初探》的作者应该知道,《大金国志》中所有有关南迁事件的记载,无一字一语不是从《南迁录》抄袭来的。这说明,作者是想用《南迁录》的记载,作为《南迁录》绝非伪书的旁证。请问,这有什么意义呢?

5.《初探》的作者又说:"最值得注意的是,连四库馆臣都承认,'《金史》所载宣宗见浮碧池有狐相逐而行,遂决计南迁,其事实本此书。'可见元人并不认为《南迁录》不可信,至少认为并非全不可信。史臣在正史中留下了采撷它的明显痕迹,充分表明了他们的态度。"对此,我们又不禁要问,如果《金史》中确实采撷了《南迁录》的这条记载,作者何以不直接抄引《金史》的原文为证,而要转弯抹角地借用四库馆臣的话来作证呢?想来作者在《金史》中并未查得此事,所以只能乞灵于四库馆臣,殊不知这番话乃是四库馆臣的梦呓语,对作者的论点是起不了任何帮助作用的。

综观上举各条,可知作者虽千方百计地要证明《南迁录》之决非伪书,无奈所举述的理由全不充分,所列举的证据全经不起推敲,结果还只落得徒劳无功,《南迁录》之为伪书,仍是一个扳不倒、推不翻的精确论断!

二、《大金国志》的前半部与后半部都出自一人之手

《〈大金国志〉新证》一文,其主旨是要论证,《大金国志》这部书,其全书虽"都是采撷他书史文而成的",但这书的前半部,即从金太祖到海陵王完颜亮诸卷,编书人"在摘取史文的过程中,注入剪辑之功,分类排比之功,乃至必要的撰述之功等等",表现了编辑人具有较高的史学水

平;而世宗以后的诸帝纪,则表现了编辑人恰恰缺乏上述的那几种功力,虽同样是抄书,他却"破坏了所抄诸书的'神奇'之处,而提供给我们更加腐朽的东西"。因此,作者断言,前半部必出自宇文懋昭之手,而且确为宋理宗端平元年(1234)奏进南宋政府的;后半部则是一个不知名的、史学水平很低的人在元朝初年所续编的,是一部狗尾续貂之作。也因此,作者把前半部称为"原作",把后半部称为"续作"。

在《新证》第三节"原作述略"中,作者对《大金国志》的前半部分大加赞扬,对其后半部则大加贬抑,说道:

> 本书卷十五以前的诸帝纪和《开国功臣传》等原作,采撷诸书史文,和续作有着显然的不同,如果说续作不少地方,如《章宗纪》之于《南迁录》,是抓住一书一抄到底的话,(作者在另一段批评"续作"的文字中也强调说:"特别是本书《章宗纪》,基本是张师颜《南迁录》的照抄。")那末原作则是根据不同问题,对史书进行精加选择,并且总是采录一书的部分内容,绝无一抄到底的情况。

这段话,和作者在《初探》一文中的论述是恰恰自相矛盾的。作者在《初探》中说:

> 需要说明,《大金国志》采撷《南迁录》的态度是相当慎重的,它并没有全部照搬原书,而是对史实予以选择。

两段文字,同是谈的《大金国志》中的《章宗纪》抄录《南迁录》的问题,在写《初探》时作者认为它是出自宇文懋昭之手,于是就说他"采撷《南迁录》的态度是相当慎重的,它并没有照搬原书,而是对史实予以选择";到写《新证》之时,作者又认为它并非宇文懋昭所写,于是就又改口说,"《章宗纪》之于《南迁录》,是抓住一本书一抄到底","基本上是张师颜《南迁录》的照抄"了。这样地"随机应变"对于所探讨的客观实体不严肃对待,而只把它当成"一个百依百顺的女孩子",任意加以摆布,对一个历史研究者来说,这种态度是不足取的。

作者硬要把《大金国志》分割为"原作""续作"两部分,硬要说"原作"出于宇文懋昭之手,宇文的史学水平高,故他在抄引旧史时能条分缕析,能把灵活性与准确性相结合;而"续作"部分则非宇文所编写,而是一个史学水平很低的人所编写,是"粗制滥造",不能与"原作"相比拟的。这一论点,事实上是绝对难以成立的。因为,从《三朝北盟会编》所引用的书,从《直斋书录解题·伪史类》所著录的书,从元朝编修辽宋金三史时当时学者所建议搜访的书目看来,关于金代朝野史事的记载,大多是从金太祖到完颜亮时期的,世宗以后的则绝无而仅有。前一时期的资料多,故当撰写《大金国志》前半部的帝纪和后边的《开国功臣传》时,搜采时即可左右逢源,内容编写得比较充实;世宗以后的官私记载,除《实录》外既极少,文献无征,则巧妇难为无米之炊,便只能东拼西凑一些明知不可信据的东西如《南迁录》之类以充塞篇幅了。到金朝灭亡前后,则既有刘祁的《归潜志》、元好问的《壬辰杂编》,还有王鹗的《汝南遗事》、杨奂的《天兴近鉴》(今佚)等书可供猎取搜讨,以致就连《新证》的作者也只好说"《义宗》一卷写得尚较具体,错误也较少;……竟与《金史》所记完全相同"了。其所以出现这种"貂尾续狗"之故,为什么《新证》的作者不稍加解释呢?

在《新证》一文的最后,作者作了一段总结,说道:

> 综上所述,宇文懋昭的原书,并不是一部记述金朝始末的全史,它只是一部记述从太祖到海陵四朝的开国史。这部开国史,实际上也是南宋的一部中兴史,它以海陵的南伐失败而结束。显然,这样的史书,对南宋来说,不仅有参考价值,而且有鼓舞作用。因此,本书在端平元年上奏就不是偶然的了,因为这时正是宋蒙联合,决定包围汴京,攻打蔡州的关键时刻。但战局发展很快,作者大概并没有想到,他的书上奏之时,金朝已经灭亡五日了,只是由于当时的交通关系,捷报还未传来罢了。"端平元年正月十五日",应该是本书上奏的真实日子,故续作者为了于史有征,并没有改它。如果这是续作者随便写上的日期,估计他不会愚蠢到如此地步,竟写上这样一个显然不可能的日期。

应该说,这段总结是作者费尽心思而撰作出来的,然而也应该说,这段总结是一无是处的。在此,我只好把一张王牌打出来让作者慎重思考一番了。这张王牌其实并非我所独有,是任何一个读过《大金国志》的人所全都操有的,《新证》的作者更必然早就掌握它了,只是为了要独抒他的"创见",把这张王牌有意地视若无睹,避而不谈罢了。王牌非他,就是那篇《经进〈大金国志〉表》。这篇进书表,《新证》的作者不但承认其确为宇文懋昭所作,对其所署年月日,也认为决非后人改过的。今将全文抄录于下:

> 臣懋昭上言:窃惟纪外国之历年,简书具在;考累朝之文馆,事迹难磨。爰辑遗文,少裨渊览。

> 伏念臣偷生淮浦,窃禄金朝,少读父书,因获清流之选;日亲文苑,粗知载记之详。迹其所以兴亡,是以可为鉴戒。其《金国志》,起自武元天辅,至于义宗,九主百一十七年,裒集成编,卷分条别。本其初兴之地,势局一隅;肆此兼并之谋,志吞四海。饕淫日积,篡弑相仍。虽运数之使然,亦事机之适尔。独世宗宽厚,遂得小尧舜之称;然泰和昏荒,已阶周幽厉之衅。日斜西崦,数到尽头。皇天从而降灾,圣明为之启运。

> 臣诚惶诚惧,顿首顿首,恭惟皇帝陛下,道包文武,德运圣神。新天开地辟之规模,奋雷厉风飞之气势,奏蔡城之凯,人睹汉官威仪;清关洛之尘,民快唐家日月。皇灵远被,天意交归。由江汉而出师,愿见旧时天子;从淮西而入觐,永作皇家老臣。臣干冒天威,无任激切屏营之至。臣所辑《大金国志》谨随表上进以闻。

> 臣惶惧惶惧,顿首顿首,昧死谨言。宋端平元年正月十五日,淮西归正人改授承事郎、工部架阁臣宇文懋昭上表。

把这篇《经进〈大金国志〉表》与《〈大金国志〉新证》最后的那段结论对照来看,任何人都会发现,《新证》一文的那段总结,处处都是和《经进〈大金国志〉表》中的话显相背戾的。例如:

1. 进书表中明明说道:

> 迹其所以兴亡,是亦可为鉴戒。其《金国志》,起自武元天辅,至于义宗,九主百一十七年,裒集成编,卷分条别。

这不就是说,《大金国志》的内容,是包括了金太祖到金义宗这九朝的从建国到灭亡的全部事迹吗?在这里,不论从言内之意或言外之意加以理解,是绝对地寻绎不出宇文懋昭有任何暗示,表明他只是写到海陵王就停笔了的。

2. 进书表中还明明说道:

> 独世宗宽厚,遂得小尧舜之称;然泰和昏荒,已阶周幽厉之衅。日斜西崦,数到尽头。

这就更具体地谈到了金世宗、金章宗以及更后的处于危急存亡情况下的诸帝,全已被他记述到《国志》中去了。然而《新证》的作者,既在第一节中断言"宇文氏原书不可能有世宗以后的十卷帝纪",又在总结中说:"宇文懋昭的原书,并不是记述金朝始末的全史,它只是一部记述从太祖到海陵四朝的开国史。"这岂不是置面对着的铁的事实于不顾,而硬要随心所欲地编造一些荒唐语言吗!

3. 进书表更明明说道:

> 奏蔡城之捷,人睹汉官威仪;清关洛之尘,民快唐家日月。

这不就是说,在他进这部书时,不但已经把迁往蔡州的金政权消灭掉,而且连所谓"端平入洛之师"也已经发动了吗?既然时间的下限已经包括了这些事件,《新证》的作者却偏要在文章的总结中说:

> 因此,本书在端平元年上奏便不是偶然的了,因为这时正是宋蒙联合,决定包剿汴京,攻打蔡州的关键时刻。但战局发展很快,作者大概并没有想到,他的书上奏之时,金朝已灭亡五日了,只是由于当时的交通关系,捷报还没传来罢了。

这除了使人怀疑《新证》的作者故意制造混乱,对不曾读过《大金国志》的人进行欺骗而外,还能作出其他什么解释呢?

三、 简短的结论

我觉得在此有必要再把几个问题重新明确和阐明一下。

1. 张师颜的《南迁录》是一本彻头彻尾出于捏造的伪书,想用任何办法委曲加以维护也是枉费心机的。

2. 《大金国志》一书,全部皆出自一人之手。其前后各卷之间的编辑水平有高有低,参差不齐,完全是由于资料的充足或短阙所造成的。绝非前十多卷帝纪乃是一位高手所编写,而后面的若干卷则是由一低能人所编写的。

3. 《大金国志》当中,既出现了宋理宗的庙号,又到处称元朝为大朝,元兵为大兵,元使为天使,则其编辑成书必当在南宋已为元兵灭掉之后。其在《经进〈大金国志〉表》的最后所署时日乃是采用倒填年月日办法的,是不足信的。余嘉锡《四库提要辨证》的"契丹国志"条说:

> 其书陈氏《书录解题》及《宋史·艺文志》皆不著录。元袁桷《清容集》卷四十一有《修辽金宋史搜访遗书条列事状》一篇,所列遗书凡一百四十余种,尚无此书。可见元初未行于世。至苏天爵《滋溪文稿》卷二十五《三史质疑》始云:"叶隆礼宇文懋昭为辽金《国志》,皆不及见国史,其说多得之传闻。"知其书当出于〔元〕中叶以后矣。

我觉得这里对《契丹国志》编成及流传的时间的估计是可以信据的。《大金国志》的成书年代,只能稍晚而不会稍早于《契丹国志》,则其亦必在元代中叶以后、苏天爵提出其《三史质疑》之前,也是断然无疑的。依我推测,这两部《国志》必为当时坊肆书贾同时所编撰,前者称"奉敕"而撰是写来骗人的,后者说曾经奏进于南宋政府也同样是写来骗人的。

4. 奏进《大金国志》的人,所署姓名为宇文懋昭,《四库提要辨证》的"契丹国志"条中以为,此书虽系元人假叶隆礼之名所伪撰,而考之史乘,在南宋末年却确有叶隆礼其人;遂据此进行推测说:"懋昭始末虽不可考,亦必实有其人。"对他的这一推测我却认为是难以接受的。因为,把进书表中所说的"臣偷生淮浦,窃禄金朝"和"从淮西而入觐,永作皇家老臣",以及落款处所自署的"淮西归正人改授承事郎工部架阁"合并来看,其中实在是大有问题的。因为南宋既已改授他为承事郎工部架阁,就不应当在改授的头衔之上再冠以"归正人"字样,在南宋的官私书册当中,是绝对找不出这样的例子来的；又，如前所论，《大金国志》之成书应在元朝中叶以后，则其编撰者无论如何不得在南宋之端平元年(1234)即已以"老臣"自称。这种种的抵牾不合，实已足可否定"懋昭亦必实有其人"之说。则《新证》作者所再三强调的"端平元年正月十五日应该是本书上奏的真实日子"云云，也就不攻自破，毋须再在此浪费笔墨了。

（原载《纪念顾颉刚学术论文集》，巴蜀书社，1990年4月）

三十卷本《陈龙川文集》补阙订误发覆

一、陈集由四十卷减缩为三十卷及其后诸刻本编次校勘中的一些问题

《陈龙川文集》是在陈亮死后,由他的儿子陈沆编成的。叶适的《水心文集》卷一二有一篇《龙川文集序》,叙述《龙川文集》的编辑经过说:

> 同甫文字行于世者,《酌古论》《陈子课稿》《上皇帝四书》,最著者也。子沆聚它作为四十卷,以授余。……
>
> 予最鄙且钝,同甫微言十不能解一二,犹以为可教者。病眊十年,耗忘尽矣。今其遗文大抵班班具焉,览者详之而已。

陈亮死于绍熙五年(1194),叶适的序文写于嘉泰四年甲子(1204)的春季,则陈沆为其父所编的四十卷本《文集》,至晚在嘉泰三年便已完成。在《水心文集》中还有一篇《书龙川集后》,其中又谈到了《龙川文集》刻印的事:

> 余既为同甫序《龙川文》,而太守丘侯真长(按,即丘寿隽)刻于州学,教授侯君敞、推官赵君崇岩皆佐其役费。同甫虽以上一人赐第,不及至官而卒,于是二十年矣。遗稿未辑,愈久将坠。

根据这篇《书后》的开头两句,知丘真长刻于州学的《龙川集》,必即是陈沆所编的那个四十卷本。而据"同甫不及至官而卒,于是二十年矣"两句

推算,知《文集》之刻成又较其编定恰恰迟了十年,则当为嘉定七年(1214),或其稍前稍后的事。只是下面的"遗稿未辑,愈久将坠"二句,有些难以理解:既然四十卷本的《文集》已经编定、刻成,怎么还说"遗稿未辑,愈久将坠"呢? 若说不是指此四十卷本而言,然则又何所指呢?

南宋末年陈振孙的《直斋书录解题》卷一八所著录的,则在《龙川集》四十卷之外,还有《外集》四卷,其下所附解题的全文是:

> 永康陈亮同父撰。少入太学,尝三上孝庙书,召诣政事堂。宰相无宏度,迄报罢。后以免举为癸丑进士第一,未禄而卒。所上书论本朝治体本末源流,一时诸贤未之及也。
>
> 亮才甚高而学驳,其与朱晦翁往返书所谓金银铜铁混为一器者可见矣。平生不能诗,《外集》皆长短句,极不工,而自负以为经纶之意具在是,尤不可晓也。
>
> 叶适未遇时,亮独先识之。后为集序及跋,皆含讥诮,识者以为议。

这段解题后来被马端临一字不改地抄入《文献通考》的《经籍考》中。而元末所修《宋史·艺文志》中,也同样作《陈亮集》四十卷,《外集》词四卷。

据上引诸条记载,可以证知,从南宋末年到元朝末年,世上所流传的《陈亮文集》,一直还只是由陈沆编定、由叶适作《序》、由丘真长刊行的那一个四十卷附外集四卷本。

直到明朝初叶,也还不见有人重刻过这部四十卷和外集四卷的陈亮诗文词集。到明宪宗成化年间(1465—1487),宋代的那个刻本,在经历了二百六七十年的漫长时期之后,传本既皆残缺不全,木版自更无可踪迹。这时,陈亮的故乡永康县有一个名叫朱润的人,自称是陈亮的"九世甥孙",集资修建了一个龙川书院,并以余资刊行了由同邑汪海辑补的三十卷本《龙川文集》。在此以后,又有明世宗嘉靖年间福建晋江史朝富的一个刻本;明万历丙辰永康王世德的一个刻本(此本将卷二十二至二十五之祝文、祭文全都删除,故仅二十六卷),明末崇祯年间钱塘邹质士的一个刻本;到清代,又有道光二十九年(1849)义乌县陈坡的一个刻本,同治七年(1868)永康县胡丹凤的一个刻本和同治八年(1869)同县应宝时的一个刻本;到1974年则又有中华书局的一个标点本。

出现在明成化以后的所有刻本,我都翻阅过,知其都是直接或间接沿袭汪海辑补、朱润集资刊行的那个三十卷本而来的。所以,从陈亮文集之由几绝而又得复续这一角度来说,汪海与朱润二人所建立的功劳是应当予以承认的。

但是,这个汪辑朱刻的三十卷本,也给其后的所有刻本,从而也给其后的所有读者,有意无意地制造了许多混乱和足以贻误之处。例如,汪海当时搜辑到的《龙川文集》大概已经是一个残缺得很厉害的本子,所以叶适在《书龙川集后》中所提到的《春秋属辞》三卷便未被收录,而原为《外集》别行的长短句却又混入了这个本子之内。这自然是因为收拾于残篇断简之中,所得只限于此,便只好因陋就简,抱阙守残,既属莫可奈何,自也应予谅解。但是,这个刻本中的问题,却并非只此一端,而是还另有一些经汪海、朱润横加涂改和窜乱之处。这在清同治八年永康应宝时所刻《龙川文集》卷末所附常熟宗廷辅致应宝时的两封信中即已多所揭发。他的第一封信中论证了最早出现的三十卷本《龙川文集》,曾被书贾伪称为宋元刻本者,实乃明代成化年间的一个刻本:

> 承示龙川文集,窃尝反复读之,知书贾之所谓宋版,实则明成化间所刊之书院版也。
>
> 按《永康县志》载,"龙川书院在龙窟山小崆峒,明成化间里人朱彦宗建"。则成化以前并无书院可知。今集首卷末行题"龙川书院朱彦霖捐赀刊行",疑"宗"乃"霖"字之讹。(广铭按:"彦宗"非"彦霖"之误,宗氏此说非是。1991年冬承永康友人龚剑锋君示知,永康迄今尚存有《龙窟朱氏宗谱》,谱中载有《明处士匏庵君行状》,谓处士朱海字彦宗,匏庵乃其别号,以赀产甲于乡,捐余积重刊《龙川文集》,并新其书院。他卒于成化七年(1471)闰九月,其时《龙川文集》大概并未刊成,故后来刊成时只列入其胞弟朱润彦霖之名。)又每卷第二行称"九世甥[孙](据成化原刻本增)朱润刊行",以字义核之,疑"彦霖"即"润"之字,当取霖雨润物也。……惟第二行均经

铲去,而第七卷及第十六卷尚有"明邑后学汪海辑补"八字,仿佛可认。则辑者汪海,刻者朱润,字画较然。卷末附录《书院记》,必是两公所作,(广铭按:《龙川书院记》今亦尚附存于《龙窟朱氏宗谱》中,其作者为曾任金华提学使之刘釪,而非朱海、朱润或汪海。记中略谓"里人朱希成",尝欲就陈亮所建书院旧址重建而未果,"其孙彦宗、彦霖昆季乃创书院三楹,捐膏田数亩入院,择师儒,严教诲,合陈朱二氏子弟洎远方愿学者居焉"。记中未道及朱氏昆仲与汪海刊印《陈亮文集》事,可证重修书院事在前,刊刻文集事则在稍后。)详著创建之由;卷首亦当有序,申明复刊之故。第以版式差近宋元,不知何时流入坊肆,奸黠书贾恶其害己,遂并刊去之以售其伪,此事之瞭然者也。

其第二封信中则揭露了成化本中所存在的一些问题:

使者来,辱示齐校《龙川集》一部,复续领到旧刻成化汪氏本、嘉靖史氏本、同治胡氏本各一,而辅箧中适携有崇祯邹氏本,因参错读之,曲折之故,可略而言。盖龙川原集四十卷,邱侯真长刻于嘉定间者,流传至成化,已阅二百六七十年。更历两朝,洊经兵燹,非独版本久毁,即卷帙亦复丛残。汪朱两君以创建书院之馀赀,复辑此编行世,岂非陈氏功臣?然读书未深,复局于方隅之见,取《三国纪年》一编,改纂原文,回易次第,以求合于《紫阳纲目》,而东莱文字遂并罹其灾;乐府四卷,选存三十阕,绌吟风弄月之辞不登只字,而汲古跋尾至误冤其子。凡此,皆有意尊崇,转成僭妄。

一《进〈中兴论〉》札子也,而以为《序》;一授职《谢表》也,而以为《笏记》;文、目全不相应。

《问答》十二道,《谢安比王导》四论,《经书发题》七通(原注:与问答相类,但有问无答耳。玩"发题"二字可见),《国子》《传注》等十策,疑即水心《序》所谓《陈子课稿》,当时私拟程试之作,与水心之《永嘉八面锋》相似,今忽挽入箴铭赞有韵之文,前后绝不相蒙。

别律于歌而类歌于词;《与范东叔》一书也,析而为二;《与吴益恭》明是两篇,而一缺其尾,一缺其首,遂合为一。凡此亦题署失当,编次无法。

至脱文,如《书林勋〈本政书〉后》《与陈君举第二书》《祭徐子宜内子文》(原注:"今已补完")、《东阳郭德麟哀辞》之类;误字,如兢竞、误悟之类;皆未能补正,又无足论矣。

然摹印之久,虽刓弊已甚,实有可证他本之讹者。……则成化本之在今日,不可谓非硕果也。(广铭按:宗氏所见的这个成化本,今藏北京图书馆,经核对,书板铲削诸处,与宗氏所指述者全合。)

宗廷辅在写给应宝时的两封信之外,还对成化本《龙川文集》全部进行了一番校勘工作,并写成一篇很详细的《札记》(实即校勘记),也一并附刻在应宝时刻本的后面。宗廷辅在作《札记》时,参考了《古今合璧事类备要》《宋名臣言行录别集》以及成化以后《龙川文集》的各种刻本,尽其可能做了一些发覆正谬的工作,可取之处颇多。所以,宗氏实在也可以算是对《龙川文集》立了大功的人。今仅抄录《札记》中关系较重大的诸条于下:

(一)在原书卷一〇《上光宗鉴成箴》"误我丰年"句下,宗廷辅的《札记》是:

"误"原误"悟",今正。按《集》中字以声谐而误者,若悟误、常尝、宜疑、尉慰、与于、军君、帅率、番翻、犹由尤、固故顾、服伏覆之类;以形似而误者,若少小、且其、因固、还远、运连、辨办、担檐、强疆、生主王、讲构讳之类,几乎连篇皆是。今悉核正。偶举一二,以见其凡。

(二)在原书卷一二《三国纪年序》下,宗氏的《札记》是:

按先生撰《序》时,《朱子纲目》尚未出,仍首魏,次蜀,次吴。《序》当云:"魏氏之代汉也,得其几而不以其道,变之大者也。先主君臣惓惓汉事之心庸可没乎?孙氏倔强江左,自为一时之雄。于是乎魏不足以正天下矣。陈寿之《志》何取焉。魏实代汉,吾以法纪之。魏之条章法度,晋承之以有天下,于是乎有《书》;其诏若疏也有《志》;其臣若子也有《传》。不关事几世变之大者不载,一人之善恶不足载也。蜀实有纪,其体如传,条章不为书也,诏疏不为志也。《志》曰《蜀略》,悲其君臣之志也。吴与蜀同,彼是(原注:"疑'此'字")不嫌同体也。《志》曰《吴略》,著其自立也。吴蜀合而附之《魏书》,天下不可无正也。魏终不足以正天下,于是为《三国纪年》终焉。"而昭烈以下五赞,亦当系"司马懿"条后。明朱汪二君恐其与朱子帝蜀宗旨不合,径移易其文以就之,并涂抹东莱之文以证之,而"合汉魏吴而附之"之句终不可通。今东莱元书已见《附录》,而卷末改本仍不加刊削,以备参考。

(三)在原书卷二五《祭李从仲母夫人文》的"岂龟趺之足徵"句下,宗氏的《札记》是:

"徵"元作"正"。按宋人忌讳繁多,元本删削殆尽。然亦愁有存者。故景弇、耿弇,魏证、魏徵,往往错出。今悉仍其旧,示慎也。惟此篇之"足正"及《何少嘉墓志铭》之"是恶证也"之"证",易于误读,悉改从"徵"。

从明朝的成化年间到清朝的同治年间,亦即从十五世纪的六十年代到十九世纪的六十年代,其间恰恰已经相隔了四百年。宗廷辅在极少凭藉的情况之下,深思熟虑,为从明成化到清同治年间几次刻印的《龙川文集》作了一个大部分论证谛当的总结,这确实是件很不容易的事。

另外还应提到的一事则是,陈亮文中多称北方各少数民族以至女真人为"虏",这在明代诸刻本中当然全都照刻不误,而清后期诸刻本中,则因避满族统治者的忌讳,对"虏"字大都改换了。例如,在《上孝宗皇帝第一书》中,把"东晋百年之间未尝与虏通和"改为"东晋百年之间南北未尝通和",把"昔者虏人草居野处"改为"昔者金人草居野处"。这类窜改,在应刻本中也都依照宗廷辅的校订而一一恢复了成化本的原样,这也应是宗廷辅的一大劳绩。

然而毕竟还是因为他取资参证的书物太少,即不但成化年间辑印《龙川文集》时所用的宋刻残本,因已事隔四百年而无法看到,就连一些选录陈亮文章较多的几种书籍,例如南宋人编选的《龙川水心二先生文粹》、明永乐中黄淮杨士奇编辑的《历代名臣奏议》,他都未见到;甚至与陈亮交往很多的一些人物的著作或有关记载,他参考所及的也极为有限。在这样的局限之下,宗廷辅所作《札记》及其写与应宝时的信中所论述的,自然就难免要发生不尽完备、不中肯綮之处。今姑举以下事例为证:

(一)陈亮写与朋友的书信,《文集》的各种刻本,大都只在标题中标举其官称或别号,宗廷辅一律要补入收信人的本名,这当然是一件好事;然竟不知章德茂名叫章森,范东叔名叫仲艺,石天民名叫斗文。

(二)宗廷辅详细地揭发了成化本《龙川文集》的辑刻者对《三国纪年》的有意篡改其次第,以求合于朱熹的《通鉴纲目》,发覆之功,确堪称许(尽管他想复原的陈亮原文也还未能尽与原文相合);但在《文集》卷一〇的《酌古论》中,陈亮原作中的次第,是《曹公》《孙权》《刘备》,而从成化本起,却被颠倒为《先主》《曹公》《孙权》了,这却未为宗氏所察及。

(三)在道光年间刻本的最后,附录了王应麟《困学记闻》卷一七的一条:"'天下不可以无此人,亦不可以无此书,而后足以当君子之论。'又曰:'天下大势之所趋,天地鬼神不能易,而易之者人也。'此龙川科举之文,列于古之作者而无愧。"其下即又引录清初何焯的话说:"今《龙川集》无此文。惟《上孝宗第三书》有'天下大势之所趋,非人力之所能移也'二句,下云'臣之所以为大臣论者如此'。同甫方以有为望孝宗,不应作此语,此必为俗本所节删也。当以厚斋所引,补而正之。"宗廷辅在其致应宝时第二书中批评何焯这段议论说:"天下不可以无此人数语,王伯厚明言龙川科举之文,何义门疑即《上孝宗第三书》佚语,固未必然,然寥寥数言,不成片段。"这几句话实在说得过于轻率。因为,"天下不可以无此人"三句,乃是陈亮写在《扬雄度越诸子》一文中的话,而此文在成化以来《龙川文集》的各刻本中无不收录;因而何焯所说"今《龙川集》无此文"者,只是指"天下大势之所趋,天地鬼神不能易,而易之者人也"诸语而言。王应麟明说这是陈亮的科举之文,而何焯却以为是《上孝宗第三书》中被俗本删节之语,因此,倘若真个依照何焯意见而"以厚斋所引"来补正《上孝宗第三书》之文,那必将造成大错。宗氏以为何焯的论断"固未必然",已嫌语意含糊,而他竟不知道"天下不可以无此人"三句见于《扬雄度越诸子》一文中,却也认为这是何焯所称不见于今之《龙川集》

者,岂不过于粗率了吗?

陈亮《上孝宗第三书》中的"天下大势之所趋,非人力之所能移"二句虽并非俗本所删改,而《上孝宗第三书》中却确有从成化刻本以来即被肆意窜改了的文句,所改文字虽亦无几,文义所关却极为重要。何焯所说不见于"今《龙川集》中"的那段文字,也只是不见于从成化以来《龙川集》诸刻本中,如果仅此一段,那也确是"不成片段"的,更不能成为一篇,然其全篇迄今还完整存在,只是为成化以来传刻《龙川集》者,以及何焯、宗廷辅诸人的知见均所未及而已。

时至今日,上距陈亮去世的绍熙五年(1194)已经是七百九十年,距离四十卷本《龙川文集》的初次刊行,也有七百六十年了,距离成化年间朱润、汪海所辑刊的三十卷本的印行,也有五百年了,四十卷本的《龙川文集》虽然更加无缘得见,然而我却有幸经美国友人亚利桑纳大学的田浩教授提供给我一部南宋人编刻的《圈点龙川水心二先生文粹》的缩微本,尽管还不可能根据此本来完全恢复四十卷本《龙川文集》的原貌,却可以补入不少的篇章。而对于三十卷本中所收录的文章,既可以补正其许多处脱文和错字,更可借以纠正从成化以来被朱润、汪海所肆臆妄改的许多处所,例如《上孝宗第三书》中妄改的文句和《三国纪年》的次第等等。一些五百年来的未发之覆,借此书而得以抉发出来,不禁为之拍案称快。

二、《圈点龙川水心二先生文粹》

陈亮卒于宋光宗绍熙五年(1194),叶适卒于宋宁宗嘉定十六年(1223)。陈集之最初编刻印行在嘉定年间,叶集之最初编刻印行则当为理宗的宝庆(1225—1227)或绍定(1228—1233)年间。是则这部《二先生文粹》之刊行,最早也当在理宗端平元年(1234)以后,最晚也不得晚于度宗的咸淳之末(1274)。这也就是说,它必然还是南宋晚年的一个刻本。书前饶辉序谓刻于嘉定壬申,颇可疑。因序文中全属空洞的、不切实的语言,且有两处谓"先生之文"如何如何,故知其绝非为陈叶二人之《文粹》而作,当为书肆中人胡乱拼合、张冠李戴者。据此当可断言,其文末所著年月,必与陈叶二人《文粹》之刊行年月全不相干。

书中凡遇宋朝皇帝的名字,均一律避讳,例如"齐桓公"作"齐威公","一匡天下"作"一正天下"之类。另外,凡遇"国朝""祖宗"及"陛下"等字样,也一律或提行,或空格。这也都可作为南宋刻本的证明。

全书共四十一卷,分前后两集:前集二十卷,后集二十一卷。每半叶十二行,每行二十一字。但中缝全不刻书名,亦不著卷数,更都没有刻工姓名。

此书各卷均有"文登于氏小筋谟馆藏书"印,在解放前则是南京中央图书馆的藏书,在南京解放前被运往台湾。

书中不是把陈叶二人的文章截然分作前后两个部分,而是把两人的文章分卷交叉编辑的。兹将其前后两集中收录陈文诸卷之目录抄录于下:

《圈点龙川水心二先生文粹》前集目录

卷之一至卷之三为《书疏》。载陈亮上孝宗皇帝第一书　上孝宗皇帝第二书　上孝宗皇帝第三书　戊申再上孝宗皇帝书

卷之六为《史传序》。载陈亮高士传序　忠臣传序　义士传序　谋臣传序　辩士传序　英豪录序　中兴遗传序　二列女传

卷之七为《书》。载陈亮答朱元晦第一书　答朱元晦第二书　答朱元晦第三书　答朱元晦第四书　答朱元晦第五书

卷之八为《三国纪年》。载陈亮三国纪年序　魏武帝赞　魏文帝赞　魏明帝赞　齐王、高贵乡公、常道乡公、陈留王赞　荀彧赞　荀攸赞　贾诩、程昱、郭嘉、董昭赞　钟繇、华歆、王朗赞　陈登、田畴赞　崔琰、毛玠赞　袁涣赞　刘晔、蒋济、刘放、孙资赞　夏侯玄、李丰、张缉赞　王凌、令狐愚、毌丘俭、诸葛诞赞　嵇康、阮籍赞　司马懿、司马昭、司马师赞　汉昭烈皇帝赞　汉后主赞　诸葛亮赞　庞统、法正赞　关羽赞　吴武烈皇帝、长沙桓王赞　吴大皇帝赞　会稽王、景皇帝、归命侯赞　张昭、周瑜赞

建安七子赞(孔融　陈琳　王粲　徐幹　陈瑀　应场　刘桢)

曹植赞(附录)　诸葛亮(附录)　邓禹、耿弇(附录)　吕东莱书(附录)

卷之十七至二十为《酌古论》。载陈亮酌古论序　光武　曹公　孙权

刘备　孔明上　孔明下　吕蒙　邓艾　羊祜　苻坚　韩信　薛公　邓禹　马援

崔浩　李靖　封常清　马燧　李愬　桑维翰

《圈点龙川水心二先生文粹》后集目录

卷之一至卷之五为《策》。载陈亮廷对　问答上（凡十二道）问答下（凡十二道）　任子宫观牒试之弊　人法　子房、贾生、孔明、魏徵何以学异端　萧、曹、丙、魏、房、杜、姚、宋何以独名于汉唐　国子　铨选资格　变文格　传注　度量权衡　江河淮汴　四弊（官民农商）　制举

卷之六至卷之七为《论》。载陈亮中兴五论序　中兴论　论开诚之道　论执要之道　论励臣之道　论正体之道　谢安比王导　王珪确论如何扬雄度越诸子　勉强行道大有功

卷之九至卷之十为《汉论》。载陈亮七制　高帝　文帝　景帝　孝宣　光武　明帝　章帝

卷之十一至十三均为《汉论》。三卷所载《论》题皆西汉高帝朝至平帝朝事，凡四十一道，文长不录。

卷之十四至十六为《策》。载陈亮策问凡四十一道。

卷之十九为《语孟六经发题》。载陈亮《发题》：易（阙）　书　诗　周礼　礼记　春秋　论语　孟子

卷之二十至二十一为《序》。载陈亮书欧阳公文粹后　类次文中子引书类次文中子后　书文中子附录后　伊洛正源书序　三先生论事录序　春秋比事序　书林勋本政书后　跋朱晦庵送写照郭秀才序　送丘秀州序　三七叔祖主高安簿序　诸生赴补序　送吴恭父知县序　徐子才赴富阳序　陈童子序

三、五百年来的一些疑误得到了解决

这部《圈点龙川水心二先生文粹》（以下简称《文粹》），既然有一个完整的本子一直流传到今天，则在明清两代必也有些学者可以看到它。在明英宗正统十三年（1448）黎谅收辑叶适的文章，要重新编刻《水心文集》时，他所访求到的"遗本"，首先就是这部《文粹》，其事既极自然也极

合理。然而，不但成化年间辑印《龙川集》的汪海、朱润二人不曾见到，即此后历次传刻《龙川集》的，包括宗廷辅应宝时二人在内，也全都不曾见到过它，这就不免使我们既感到可怪，也感到惋惜了。不然的话，一则出现在《龙川集》中的属于脱漏讹舛一类的问题可以稍少一些，二则经汪海、朱润所肆意窜乱的一些问题也早可得到解决了。下边，我从这两类问题中分别举述一些关系比较重大的例证。

第一类，属于阙漏讹舛的，也就是说，是由客观原因所造成，而非出于汪海、朱润的有意制造的：

（一）陈亮的《上孝宗皇帝第二书》，见《文粹》前集卷二和三十卷本《龙川集》卷一。《文粹》本有一段文字是：

> 孔子伤宗周之无主，痛人道之将绝，而作《春秋》。其书天王之义严矣：书其出入之地者，示天王之不可置中国于度外也；书其有所求者，明天王之不可失其柄也。

其见于《龙川文集》者，则自成化以来的诸刻本，全都把"书其出入之地者，示天王之不可置中国于度外也"两句脱漏掉了。

（二）成化本卷二十所载陈亮于淳熙十一年甲辰秋间致朱熹书中，在"孟子终日言仁义，而与公孙丑论一段勇如此之详"两句之上，有"夫人之所以与天地"八字，语意不完，明有脱漏。在清代的道光本以及宗廷辅的《札记》中，均称据《朱子全集》而于八字之下补入"并立为三者，以其有是气也"十一字，今据《文粹》前集卷七所载此信，知在此八字之下所应补的乃是如下二十字：

> 并立而为三者，仁智勇之达德具于一身而无遗也。

（三）王应麟得见四十卷本《龙川文集》，他从中引录了"天下大势之所趋，天地鬼神不能易，而易之者人也"一段话，以为可以"列于古之作者而无愧"。汪海、朱润辑刻《龙川文集》时失收此文，遂致清初的何焯和清末的宗廷辅都作了一些推测，而又全都不得要领。在《文粹》后集卷四所收录的《策》共四篇，第一篇题为《任子宫观牒试之弊》，第二篇题为《人法》，都是三十卷本《龙川集》卷十一《策》的门类中所未收的，而王应麟所称赞为"列于古之作者而无愧"的那几句，正就是《人法》一文开始的话。《人法》一文,是论述人治和法治二者间的关系的,是陈亮文章中很有代表性的一篇,其值得称许之处实不只开头的几句。全文一千三百余字,今仅摘录其最前的一段和最后的三段(段落是由我区分的)于下:

天下大势之所趋,天地鬼神不能易,而易之者人也。自有天地而人立乎其中矣,人道立而天下不可以无法矣。人心之多私而以法为公,此天下之大势所以日趋于法而不可御也。

(中略)

夫取士任官之法,未有密于今日者也。然艺祖立法之初,糊名誊录未尽用,与其他所以防禁之严未尽举,而进士高第多为时名臣;磨勘年劳未尽立,与其〔他〕所以升转之格未尽定,而当官任职皆有以自见。盖取士贵得人,任官贵责效,立法以公而以人行法,未尝敢曰无其人而法亦可行也。其后防人之多私而法日密,无其人而欲法之自行。盖取士任官不胜其条目之多,而人愈苟且,岂非欲法自行之心有以取之乎!

治兵理财之法,亦未有密于今日者也。然艺祖立法之初,兵大较以严阶级、惯驰驱为本,而苛碎之禁尚多阔略,使人得以自奋;财大较以裕根本、谨废置为先,而隐漏之方尚多遗余,使人得以取办。盖治兵贵制敌,理财贵宽民,立法以公而以人行法,亦未尝敢曰无其人而法亦可行也。其后防人之多私而法日密,无其人而欲法之自行。盖治兵理财不胜其条目之细,而事权愈轻,岂非欲法自行之心有以取之乎!

今儒者之论则曰:"古者不恃法以为治。"而大臣之主画,议臣之申明,则曰:"某法未尽也,某令未举也,事为之防不可不底其极也,人各有心不可不致其防也。"其说便于今而不合于古,儒者合于古而不便于今,所以上贻有国者之忧,而勤明执事之下问。而愚之说则曰:"天下不可以无法也,法必待人而后行者也。多为之法以求详于天下,使万一无其人而吾法亦可行者,此其心之发既出于私,而天下之弊所以相寻于无穷也。"使立法者得是说而变通之,岂惟弊源之瘳有日,而三代立法之意,艺祖立法之初,当自今日而明矣。《诗》不云乎:"无念尔祖,聿修厥德。""惟其有之,是以似之。"愚不任惓惓。

宋朝的家法之一,是"不任官而任吏,不任人而任法"。其所以"不任官而任吏",就是因为,既然制定了繁密的条法,只须有一个熟悉这些条法的"吏"照章办事就可以了,袭故蹈常是最稳妥的,而贪功喜事则是会出风险的。所要求于"吏"的既然只是奉行文书,那也就用不着区别他们的智愚贤否和才不才了。所以,实际上,"不任官而任吏"既是"不任人而任法"的一个先行条件,倒过来也可说它是"不任人而任法"的一种具体体现。然而陈亮认为这是当时一切时弊的最大根源之所在,所以他在这篇文章的后半部分,推论到"取士任官"和"治兵理财"等问题,以为专任条法的结果,取士则不贵于得人,任官则不责以行政的实效,治兵则不以制敌为专务,理财则不考虑"宽民"的原则,以致"天下之弊""相寻于无穷"。这里所表达的是陈亮蓄之有素的意见,也是当时浙东学派中人大都具有的共同认识。

陈亮此文作于何时?这是有案可稽的。在吴子良的《荆溪林下偶谈》卷一,有"陈龙川省试"一条,其全文如下:

> 陈龙川自大理狱出,赴省试,试出,过陈止斋,举第一场书义"破",止斋笑云:"又休了!"举第二场《勉强行道大有功论》"破"云:"天下岂有道外之功哉!"止斋笑云:"出门便见'哉',然此一句却有理。"又举第三场《策》,起云:"天下大势之所趋,天地鬼神不能易,而易之者人也。"止斋云:"此番得了!"既而果中榜。

这可见,此文乃是陈亮于宋光宗绍熙四年(1193)参加礼部的进士考试时(这次礼部考试后的殿试时,陈亮中了状元),对第三场《策问》的答卷。所以王应麟在《困学记闻》中说:"此龙川科举之文也。"

(四)《文粹》后集卷一一至一三,全部皆是《汉论》。它是什么时候写成的,在陈亮的其他文章中竟找不到任何线索。但其中的一些意见乃至词句,与他和朱熹争辩王霸义利问题的书信中的意见和词句颇多相同之处，疑即写于淳熙十一年陈亮受诬系狱之前，亦即淳熙八、九、十诸年，陈亮局处家乡以教读为业的时期之内。在汪海、朱润于成化年间辑印《龙川集》时，四十卷本中的《汉论》部分可能已断烂得无法整补，所以就全部不予收录了。然而偌大的篇幅，即使残阙断烂，总不至连一点蛛丝马迹也不存在吧，如还有一星半点的残迹，何以竟不肯在序跋之中粗略地交代一下呢？

成化本《龙川集》中所存在的这类抱残守阙的问题，在当时，既是由于客观原因所造成，而非编刻者所特意制造（其实，上举第一例中所脱漏的二十个字，也可能是在刻书时手民漏刻一行，而校勘疏忽未能察觉所造成的），我们虽然应予以体谅，但对于下面所要揭发的，出于汪海、朱润之有意窜乱的那些篇章和语句，我们却只能步宗廷辅的后尘而大加谴责了。

第二类，属于汪海、朱润之故意窜改，以致贻误后代学者垂五百年，因《文粹》的出现才得以揭穿其骗局的：

（一）宗廷辅在《札记》中断言，陈亮《三国纪年》的原来次第，必是"首魏、次蜀、次吴"的，三十卷本中的《三国纪年》的次第，包括最前面的一篇《序》，则是经汪海、朱润依照朱熹《通鉴纲目》的宗旨而径加移易的。于是他又根据这一推理而把被颠倒了的那篇《序》文重新颠倒了一番，以求恢复陈文的原来面目。然而他终不敢自信其必能与陈亮原序全相合，故在应刻本中仍一依成化本之旧而未加改动。今取《文粹》相校，知宗氏所改确有未尽相合之处，而原序中还有被汪海、朱润删落之句，宗氏当更无法补入了。今将《文粹》本所载原《序》中的这段文字抄录于下，以相比勘：

> 魏氏之代汉也，得其几而不以其正，变之大者也。先主君臣惓惓汉事之心庸可没乎！孙氏倔强江左，自为一时之雄。于是乎魏不足以正天下矣。陈寿之《志》何取焉。

今按，以上一段，成化本"先主"句与"魏氏"句次序颠倒，且将"君臣"误为"诸臣"。宗廷辅所改均是。

> 魏实代汉，吾以法纪之。魏之条章法度，晋承之以有天下，于是乎有《书》。其诏若疏也有《志》，其臣若子也有《传》，不关事几世变之大者不载，一人之善恶不足载也。
>
> 蜀实有《纪》，其体如《传》。条章不为《书》也，诏疏不为《志》也，未成其为天下也。《志》曰《汉略》，悲其君臣之志也。

今按，这一段首句中的"蜀"字，自成化本以来改为"汉"字，且把全段移至"陈寿之《志》何取焉"句下，宗廷辅既把全段文字移至"一人之善恶不足载也"句下，并将"汉"字还原为"蜀"字，这些改动全是正确的；但其间的"未成其为天下也"一句，乃是承接上面"蜀实有纪"诸句而申述其所以这样做的理由的，成化本嫌其有失蜀汉之尊严，遂从删除，宗廷辅自然不可能加以补正了。

> 吴与蜀同，彼是不嫌同体也。《志》曰《吴略》，著其自立也。

今按，宗氏以为此段中之"彼是"当作"彼此"，意虽可取，惜与原作不合。

> 合而附之《魏书》，天下不可无正也。

今按，宗廷辅在"合"字下多加了"吴蜀"二字。

序文之后的各条目，陈亮原著本是以曹魏的君臣传赞居前，其次方为蜀汉君臣传赞，再次则为孙吴君臣传赞；其见于成化本中的，则为求其能与被窜乱移易的序文相应合，便把蜀汉君臣提在最前，与曹魏君臣交换位置了。

汪海、朱润对《三国纪年》的《序》及其《传》《赞》之所以敢于"改纂原文，回易次第，以求合于《紫阳纲目》"，自必是因他们料度世人不可能再见到宋刻四十卷本的《龙川文集》，而他们二人又根本不知道还有一部别行的《文粹》之故。但陈亮原即附在《三国纪年》之后的吕祖谦的一封信，则见收于《东莱文集》当中，而《东莱文集》则一直流传较广，且一直未受残损，而汪海、朱润也竟悍然改易其前后次第，致使如宗廷辅所说，"而东莱文字遂并罹其灾"。这就不能不算作掩耳盗铃的蠢事了。我猜想，宗廷辅之所以能觉察成化本中的《三国纪年》已被"改纂原文，回易次第，以求合于《紫阳纲目》"，必即是先从吕祖谦的这封信找到缺口和破绽的。只因这已与陈亮文不全相干,在此也不再深论。

(二)陈亮的《酌古论》,是其早年的作品,其撰作时间更远在朱熹编写《通鉴纲目》之前,以蜀汉为正统的观念自然更不会出现。所以,在《酌古论》中论及三国时期的一些人物时,其先后次第如《文粹》卷十七的目录所载,是先之以《曹公》,继之以《孙权》,最后才是《刘备》;然而在成化本中,也是为了"求合于《紫阳纲目》",竟把论刘备的一篇移易在《曹公》之前,而且改题为《先主》。这一项窜改,不但为成化以后的所有刻本所承袭,甚至也未为宗廷辅所觉察。

(三)在十二世纪后半的南宋国境之内,自命得先圣不传之绝学的程朱一派的理学家们,在政治上虽还不曾跻身于操权得势的地位,在学术界和思想界,却是占有相当优势的。然而,出生于当时浙东地区的一些学者,例如薛季宣、陈傅良等人,却并不依傍他们的门户。特别是永康县的陈亮,真可算其时的一个特立独行之士。他曾在写给宋孝宗的一道奏章中,痛斥当时那些"自以为得正心诚意之学"和"低头拱手以谈性命"的儒士"皆风痹不知痛痒之人",然而他也承认儒家乃是孔子弟子子游、子夏等所建立的一个学派,而且是先秦各学派中声势较大的一个学派。他认为一个"醇儒"并不等于一个完人(即"成人")。所以,说陈亮是一个尊儒的人固不妥当,说他是一个反儒的人也同样是不妥当的。这就是陈亮对儒家所持的真实态度。在这种思想指导之下,在他的《上孝宗皇帝第三书》中,便有如下的一段话:

> 故本朝以儒立国,而儒道之振独优于前代。今天下之士烂熟委靡,诚可厌恶,正在主上与二三大臣反其道以教之,作其气以养之,使临事不至乏才,随才皆足有用,则立国之规模不至戾艺祖皇帝之本旨,而东西驰骋以定祸乱,不必专在武臣也。前汉以军吏立国,而用儒辄败人事。要之,人各有家法,未易轻动,惟在变而通之耳。

(此据《文粹》前集卷二)

这段文字的意义原极分明:是以北宋的治术与前汉的治术作对比的。他认为,宋初重用儒家人物,故儒家所提倡的伦理道德大行于世,使得北宋前期的统治也大沾其光,但其产生的流弊却是,天下之士皆委靡不振,文弱不堪,一旦遭遇祸乱,皆不足为用。而前汉建立政权之初,则是依靠萧何、曹参那样一些刀笔吏,甚至文化水平比萧曹更差的人而成事的,其间虽也有像郦食其那样的儒生,并曾向刘邦建议封六国之后,然经张良借箸以筹,力言不可,刘邦又恍然大悟,骂郦食其说:"竖儒几败乃公事!"陈亮所说的"用儒辄败人事",即指此事而言。其下的"要之人各有家法"诸句,则是对上文的总结,意谓宋有宋的家法,汉有汉的家法。宋朝家法在奉行既久之后,虽也不能因为出了流弊而轻易改动,但稍加变通却是应当的。

在明代汪海、朱润的脑海中,大概只铸定了一个儒术定于一尊的模式,也许根本不知道刘邦斥责郦生的那段故实,看到"用儒辄败人事"一句,便不免觉得有些刺眼,且可能认为此言出自陈亮之口也不是光彩的事,于是又逞肆其卤莽灭裂之技,把这句话改为"而用儒以致太平"。所改虽仅四字,意义却有霄壤之别了:原文说宋朝以儒立国,所以曾出现过"儒道之振优于前代"的情况;前汉以军吏立国,对儒生的意见大多拒不采纳,也就是说,在前汉前期的七八十年内,是不曾依靠儒术以为治的。把"辄败人事"改为"以致太平",岂不是北宋与前汉的两种截然不同的"家法",竟尔殊途同归,获致了全然相同的效果了吗?此其一。前汉到武帝统治之时,虽曾有董生的"罢黜百家,独尊儒术"的献策,但汉宣帝告诫他儿子时却还说"汉家自有制度,本以霸王道杂之",何曾有"用儒以致太平"的事?四个字的篡改,竟把陈亮诬陷为毫无历史常识的人了。此其二。陈亮与朱熹进行王霸义利之辩时,在其致朱熹的信中曾说道:"汉唐之君,本领非不洪大开廓,故能以其国与天地并立,而人物赖以生存。"这就是说,汉唐的"家法"虽都不奉行儒道,然而也照样都能立国久长,这与"用儒辄败人事"的论点正是互相贯通的;既将此数字进行涂改,则相隔仅仅数年,而陈亮的议论竟前后判若两人了。此其三。据此三者,可知汪海、朱润的这一卤莽灭裂行径所造成的后果是如何荒谬,如何恶劣!世有"明人刻书而书亡"之说,虽或有过甚其词之处,从上举一些例证看来,却也不是无因而发的。

成化年间辑刻的三十卷本《龙川文集》,竟被此后所有刊刻《龙川文集》者奉为祖本,不但对它的一些脱漏错误之处少所订正,即对其有意窜乱窜改之处,也都沿讹袭谬,懵然不察。以致五百年来的学者,对《龙川文集》传诵称引,为汪海、朱润所愚所欺而无所觉知。故今不惮烦琐,胪举例证,写成此文,以补五百年来阙佚之文,以正五百年来未正之谬,以发五百年来未发之覆,我想,这也还是一桩具有深远意义的事。

(原载《历史研究》1984年第2期)

《辛稼轩年谱》及《稼轩词疏证》总辨正

《稼轩年谱》（下简称《年谱》），现在行世者已有三种：最早出的，是附在《稼轩集抄存》中的，辛启泰所编撰的一种，作于清嘉庆年间（十九世纪初年）。其次，是陈思先生所编撰的一种，发表在《东北丛镌》第七和第八两期中，时为民国十九年（1930）的七、八两月。其出版最晚，然而却未必是最晚作成的一种，是梁任公于民国十八年（1929）患病期内所编撰者，属稿未完，便病逝于医院中。在任公先生逝世后，这书未即付印，直到去年（1935），由林宰平先生出面编辑了《饮冰室合集》和《专集》，这部未完成的最后遗作，方得于今年在中华书局印了出来。

在辛氏和陈氏所编撰的两种《年谱》里边，对于事件的安排都有不少错误的地方，任公先生未及见陈氏的一种，则其重新编撰的用意是在于补辛氏旧谱之阙失。稼轩的文章，现在传世者已经绝少，也许自认对作诗一道非其所长，平素避之甚力，因而所作的诗亦无多，唯于词最为擅长，所作独多，雄伟豪放，给予后代的影响也最大。而要考见稼轩的性格及其为人等事，在今日的我们，便也只好向他的词集中去求得。但这里的首要工作，是必须先能将各词作成的年代的先后考求出来，然后其思想、其志趣，其处世接物的态度等方面的变迁，方能有清楚的脉络可寻。倘不如此，对于稼轩之所以为稼轩，便难得有真切的认识和理解。而在辛启泰所编的旧谱中，最大的缺点就正在他把这一问题疏忽了，对于稼轩词的系年的工作，全然没有做。任公先生的性情和怀抱，都和稼轩很相近，因而他对于稼轩的词，爱好最笃，体会最深，在还没有看到辛氏的旧谱以前，便已作过《稼轩词系年考略》一文，嗣后又见到《唐宋名贤百家词》中的《稼轩集》,发现其中最大特色在含有编年意味,于是即加以爬梳抉剔,一一为之推定或断定其作成的时日,欲借是而将稼轩的全面貌表现出来,烘托出来,而辛启泰旧谱中的错误和缺陷,也便可以因此而得所补正。

"所不朽者,垂万世名。孰谓公死,凛凛犹生。"这是宋宁宗庆元六年(1200)稼轩所作祭朱晦庵文中的几句,然而这几句竟成了任公先生的绝笔,事实上也就等于任公先生自己写就了挽词。这之后,稼轩还有六七年的寿命,在这年谱中便一概从阙了。

既然是在患病期间所撰写,而且自开始至停笔,为时仅仅一月(民国十七年九月十日至十月十二日),中间犹有因病而搁笔的八九天(九月二十七至十月五日),则实际上这年谱乃是于三周之内所写就的,一方面是病体的限制,一方面是时间的限制,对于参考书籍的翻检自不能周遍,因而这已经写起了的,也必然还是未定之稿,其中编次的错误,是还有不少的。单看各年的记事格中有多少"待考"的字样,便可知道任公先生为这年谱还替自己预定下了多少工作。在他逝世之后,继续这工作也便成了后死者的责任。

承担了这项责任而出现的,是任公先生的六弟仲策(启勋)先生作的《稼轩词疏证》(下简称《疏证》)一书。在各种版本的稼轩词集中,都缺乏注释和对于本事的考证,这《疏证》本算弥补了这项缺憾,而因其最为晚出,得以集稼轩词之大成,其中共收词六百二十三首,较之其他各本,这里的数量为最多。其编次方法,大体上也是依据任公先生所考订的结果,分别系属于各年之下。于每首之下,先录饮冰室校勘,次录饮冰室考证,又次则为仲策先生的按语。其间有因任公先生翻检未周,考证不甚正确者,则修正之;未备者,则补充之。以年为序,厘为六卷。自属稿至全书完成,为时共四十日左右。

《疏证》中首载林宰平先生序文,对于仲策先生的这番工作,备极推崇,如谓:

> 仲策此作,可谓能继饮冰未竟之业;而补苴订正之功,尤不可没。惜乎饮冰之不及见也。

> 仲策所疏,如《感皇恩》滁州送范绚词,据《南宋文范》周孚《滁州奠枕楼记》,证明稼轩莅滁任在乾道八年。……《满庭芳》和洪景伯及游豫章东湖三词,引景伯词集《盘洲乐章》,证明在淳熙八年辛丑。《水龙吟》中甲辰岁寿韩南涧尚书,引《南宋文录》洪景卢所作《稼轩记》,证明淳熙十一年甲辰稼轩在湖南。《沁园春》带湖新居将成词,据景卢《稼轩记》及辛敬甫编稼轩年谱,证明带湖新居落成于淳熙十二年乙巳,并知移帅隆兴府乃在十二年。同调,送赵景明知县东归,引《历代诗馀》赵和章及邱宗卿和章,知淳熙十一年甲辰初冬,稼轩犹在湖南。又稼轩落职家居之年,《宋史》本传失载;辛敬甫旧谱,罢官在戊申;饮冰推定为丙午、丁未间;仲策根据《西河》送钱仲耕自江西漕移守婺州一首,有"对梅花更消一醉"句,知必在冬日。而乙巳冬之《菩萨蛮》,有"霜落潇湘白"之句,知乙巳犹在湖南。又据洪景卢《稼轩记》,证明稼轩乙巳在湖南,则江西送钱仲耕之作,必在丙午冬(饮冰以为乙巳作),是冬稼轩尚在江西安抚任,则落职必为丁未无疑。……书中创获类此者,多不胜举,读者当能详之。

又云:

> 仲策此作,大之足以补史传方志所不备,次之则稼轩生平志业,遭际,出处踪迹,俱略可悉。……读兹编恍然如与前人几砚相接,謦咳相通,其愉佚酣适、狂歌痛饮、慷慨郁勃不平,举可于词中遇之。循文抚迹,历历在目,若稼轩未尝舍我辈而去也者。乌乎,文字之为用岂不伟哉!

我们把这部《疏证》细读下去,有许多地方是可以和林先生发生同感的,但也有许多地方仍使我们觉得仲策先生翻检尚欠周到,考证尚欠正确,对于任公先生所遗留在《年谱》中的罅漏和错忽,仍未能尽其补苴订正之能事;而有时,在已经任公先生考证明确了的地方,《疏证》中反更弄错。林先生在序文中所誉为创获的若干点,都是与稼轩的出处遭际有莫大关系的,要明悉稼轩的身世,这几点正都是关键枢纽之所在,可惜在辛氏、陈氏以及任公先生所作的《年谱》中大都没有正确的考证,加以订补自是最为急需的,然而见之于《疏证》中的结论,却依然是并不正确的。即如被林先生誉为"创获"的诸点,我们仅就中摘引了八事,而在这八事之中,第一事不在我们的考察范围之内,其余数事,则凡《疏证》中所下的论断,几乎无一不大有问题。今依事件的先后,问题的性质,归纳为以下诸点,分别加以考察,以期对各问题求得一最后的定论。

一、稼轩帅湖南的年代及其为时之久暂

稼轩由湖北转运副使改湖南,寻知潭州,兼湖南安抚。《宋史》中记载此事并未标明年月。但在稼轩的词集中,有《水调歌头》一首,题中有"淳熙己亥,自湖北漕移湖南,周总领、王漕、赵守置酒南楼,席上留别"诸语;又有《摸鱼儿》一首,题中亦有"淳熙己亥,自湖北漕移湖南,同官王正之置酒小山亭"诸语:则其事在淳熙六年毫无可疑。在三种《年谱》当中,也全将此事系于此年之下。而在陈氏谱中,且还根据《水调歌头》中之"序兰亭"和《摸鱼儿》中之"匆匆春又归去"两语,定其离武昌上潇湘之时间为三月,当亦无可置疑。

《宋史》中之所谓"改湖南",是说由湖北转运副使改而为湖南的,其知潭州和兼任湖南安抚乃是以后的事,辛启泰谱中以为至湘之初即知潭州并兼湖南安抚,不无小误。陈谱根据《续资治通鉴》中淳熙六年六月丙戌孝宗褒奖湖南帅王佐的话,以及八月壬辰孝宗所付稼轩"手诏"中"今已除卿帅湖南"的话,推定稼轩之兼帅即在淳熙六年(1179)七八月间。梁氏谱中,根据《朝野杂记》(下简称《杂记》)"淳熙七年春有人疏论湖南乡社,下安抚司议,帅臣辛某覆奏云云"的话,亦推定其帅湖南必在六年,并谓"殆因盗势猖獗,朝廷不得不用将才也"。考证都算精确。

稼轩在湖南帅任,共有多少岁月呢?对于此事,在《宋史》和稼轩的文章中都没有明白的记事可据,于是在这三种《年谱》中便各执一说了:

辛启泰谱于淳熙十二年下写道:"先生年四十六,帅湖南。尝度马殷故垒,起盖砦栅,至是告成,绘图缴进,上始尽释前疑,加右文殿修撰,差知隆兴,兼江西安抚使。"于十三年下书云:"先生年四十七,赴江西安抚任。"这是以为稼轩之在湖南帅任,是从淳熙六年春直到十二年的

年尾的。

陈谱中在淳熙九年下书:"帅湖南。——飞虎军成,加右文殿修撰,再任。"于十年下书云:"任湖南帅。……差知隆兴府,兼江西安抚。"下附考证云:"按先生于淳熙六年八月自湖南漕帅湖南。八年飞虎军成,加右文殿修撰,再任。本年八月再任期满,差知隆兴府兼江西安抚。造朝拜'御书阁额'之赐。……赴江西任当在本年冬间。"于十一年下即书"知隆兴府兼江西安抚",并书"辛启泰谱谓本年帅湖南,误"。这是说稼轩之帅湖南,只到淳熙十年为止,较旧谱中减少了两年。

梁谱中则以为稼轩之加右文殿修撰及差知隆兴府兼江西安抚,乃在淳熙十一年甲辰,其考证云:

> 本传未言移帅江西在何年,知必在本年者,《朝野杂记》于"殿前司摧锋军"条下称"淳熙七年辛幼安为潭帅,募八千人训练之。其冬赐名。十年夏,改隶御前江陵军,明年,赵卫公为帅,奏乞移其军屯江陵……"可知先生以十一年罢潭帅,其来代者则赵卫公也。惟交代在何月则无可考耳。计先生自淳熙六年春夏间由湖南漕使转任帅职,至是已满五年,生平所历官,以此次为最久任,而被谤亦最重,谢叠山所谓"中年被劾一十六章"者,什九当在此时期。先生有《别湖南部曲诗》云"愧我明珠成薏苡,负君赤手缚於菟",似仍属以逸罢职,殆孝宗鉴其孤忠,特量移他路以塞言者之口耳。

照这样说,则辛氏之离去湖南帅任是在淳熙十一年中间,较辛说提早一年,较陈说则又展迟一年。

《疏证》中不同意任公此说,于题为《带湖新居将成》之《沁园春》一词下,附有按语云:

> 伯兄谓此词为淳熙十年癸卯作,盖未得见洪迈记文之故,据此文知先生之带湖新居乃落成于淳熙十二年乙巳。……此文虽未署年月,但查辛敬甫所编先生《年谱》淳熙十二年乙巳之记事,谓先生是岁帅湖南,加右文殿修撰,差知隆兴,兼江西安抚使,与洪迈记文结语正相同,可知带湖新居乃落成于乙巳也。伯兄以为移帅隆兴在十一年甲辰,读景卢此文,知旧谱不误。

又于《送赵景明知县东归再用前韵》一词下,附有按语云:"题云送东归,及首句之'伫立潇湘',亦可证淳熙十一年甲辰,即带湖新居落成之前一年,先生犹在湖南也。"并因丘宗卿之和词,而断定"是年秋尽冬初先生犹在湖南"。

三说当中唯有辛谱所举佐证最少,而《疏证》中竟代为补了出来,则三说似都已"持之有故"了,而不幸各人所举的证据都还可以有另外的解释,因而三说之中竟无一说能够符实。陈谱中淳熙九年(1182)的"再任"和十年的"再任期满"等说,乃是臆揣之辞,并无出典,难作根据。梁氏所引《杂记》的文字,却恰恰可以推翻他自己所作的结论。

查《杂记》所说"明年赵卫公为帅"之赵卫公,乃指赵雄,但在《宋史·赵雄传》中,却只见他曾任湖北帅而没有帅湖南的事。又《杂记》中之所谓明年,系指淳熙十一年而言,而淳熙十一年赵雄即恰正在湖北帅任。证据凡二:

第一项证据即在《朝野杂记》当中,且与任公先生所引的一段在同一卷内。《杂记》甲集卷一八,"荆鄂义勇民兵"条下云:

> 淳熙初,张钦夫为帅,益修其政。……钦夫殁,教阅遂弛。后四年,赵温叔为帅,复举行之。……时十一年冬矣。

第二项证据,在《叶水心文集》卷九的《江陵府修城记》中:

> 丞相卫国赵公……莅荆六年……天子迁赵公金紫光禄大夫以宠襃之……去江陵而判其乡资州。

叶氏此记作于绍熙元年八月,上推六年亦正在淳熙十一年。此均可证知赵氏之帅湖北乃始于淳熙十一年。据叶文更可知道,赵氏之在湖北帅任,是一直继续到绍熙初元的。

到此,我们当可知道,梁谱所引《杂记》的文字,只有开头的"淳熙七年辛幼安为潭帅,募八千人训练之"两句是与稼轩有关的,其下的"改隶""移屯"诸事,与稼轩无干,且亦与湖南帅无干。如以此即推定赵氏为代稼轩之人,并推定赵氏赴任即稼轩去任之时,自属大错。

《疏证》中承认辛谱中淳熙十三年离湖南帅任之说,并代替辛谱补充

了许多证据,宜若可信了,实际上却是错得更远。在《疏证》的本身,我们也能够找出反驳的证据来:

《疏证》卷一中有《满庭芳》三首,一为《和洪丞相景伯韵》,一为《和洪丞相景伯韵,呈景卢内翰》,一为《游豫章东湖再用韵》。在梁谱中以为这三词"决为淳熙丁酉(四年)作",其所持的理由是:

> 盖其时景卢在豫章,已有《满江红》词可证……二洪告归后常相合并,而景伯卒于淳熙十一年甲辰二月,虽距本年尚有七年,然先生自本年冬离江西赴行在,即转任湖北、湖南,乙未冬乃得归,而景伯已前卒。故除本年以外更无与景伯酬唱之机会也。

《疏证》中照录这段考证之后,又另加按语云:

> 景伯有词集名《盘洲乐章》,其眉韵《满庭芳》题曰《辛丑春日作》:"华发苍颜,年年更变……"原唱在淳熙八年辛丑,则先生和韵必非淳熙四年丁酉可知。和韵二首自是同时作。

这是订正任公先生前面的那段话的,但这些唱和的词既是诗人互相过从时所作,若认定是作于淳熙八年,则势必先有一个前提,即当淳熙八年,洪氏兄弟退居豫章之时,稼轩也正在豫章。否则,既尚任湖南帅,必难再分身到千里外和洪氏兄弟去酬酢。然而这与"淳熙十三年离湖南帅任"之说岂不自相矛盾了吗?大概梁仲策自己也早已感觉到这矛盾了,所以在《疏证》中的其他处所,于考求稼轩的官历及行踪时候,均未一加征引。而其实,这考证是非常精确、应该加以充分利用的。我的意思也就是说,在淳熙八年,稼轩是的确已经回到江西了。而其离开湖南帅任的时间,则更早于此时,至晚当不出淳熙七年的冬季。

查杨万里的《诚斋集》卷一二五《宋故华文阁直学士赠特进程公墓志铭》中有云:

> 公姓程,讳叔达,字元诚……(淳熙)七年五月除湖南转运副使,帅刘焞久病废事,民方怨咨,公为辨讼决囚,涤滞除弊。

从此我们知道,在淳熙七年五月后的某一时期之内,刘焞是曾做过一任湖南帅的。

又查《朱文公文集》卷九四《敷文阁直学士李公墓志铭》有云：

> 公讳椿，字寿翁……年六十九即上章请老……越再岁……复起公以显谟阁待制知潭州、荆湖南路安抚使……飞虎军新立，或以为非便，公曰："长沙一都会……二十年间大盗三起，何可无一军？且已费县官缗钱四十二万，民财力不可计，何可废耶，亦在驭之而已。"异论乃息。……未满岁，复告归。……淳熙十年十一月旦日薨，享年七十有三。

由六十九而越再岁，当为七十一，淳熙十年为七十三，则其七十一岁，即起任湖南帅时，正为淳熙八年。从此又可知道，李氏之任帅必在刘焞之后，而刘焞之去任当即在淳熙八年。

又查北京大学文科研究所中所藏广西临桂龙隐岩题刻中，有刘焞于庚子（淳熙七年）六月初伏偕其同僚共饮弹丸新岩下之题名一份，又可知刘氏其时尚在静江府任，其改帅湖南又必在七年六月以后。

综上所云，则刘焞任湖南帅之时期，必在淳熙七、八两年中，其必为稼轩的继任人，毫无可疑，如是则稼轩之离湖南帅任又焉得而不在淳熙七年秋冬之际？

二、稼轩帅江西的年代及其为时之久暂

《宋史》稼轩本传，于叙述其在湖南帅任的治绩之后，即继叙"加右文殿修撰，差知隆兴府，兼江西安抚"。各谱中对此均无异词，可知稼轩于离湖南后即迳赴江西帅任（陈谱于此间夹叙造朝谢赐阁额一事，纯系诬词，因此诗乃黄公度献媚秦桧之作，已收入《知稼翁集》，辛启泰竟又误收于《稼轩集抄存》中，陈氏则又以讹传讹也）。既于上文考知其去湖南当在淳熙七年秋冬之间，其赴江西任即应在此时。但《续通鉴》于是年十一月犹载知隆兴府张子颜奏言云云，是其时稼轩必尚未抵任，但据上文提及的与洪景伯、景卢兄弟唱和以及游豫章东湖的《满庭芳》词三首，则无论如何，八年春间即已在江西帅任矣。

和在湖南帅任一样，稼轩之任江西帅也没有很久，即因被人弹劾而

落职罢任,各谱中既将帅湖南的时间各都延长了三五年,对其赴江西帅任和去江西帅任的时间自然也就全无正确的推算了。辛谱系其事于淳熙十五年戊申,所据为稼轩《沁园春》一词题中的《戊申奏邸忽腾报谓余以病挂冠》及《离豫章别司马汉章大监》的《鹧鸪天》中"二年历遍楚山川"诸语,其为误谬,梁谱中已加辩驳。陈谱系其事于淳熙十二年乙巳,并未举出证据,只因《鹧鸪天》中的"紫绿带,点青钱,东湖春水碧连天"诸语而定其季节为春天。梁谱亦系其事于十二年,却根据"和韩南涧"并"寿韩南涧"的《水龙吟》及《菩萨蛮》诸词,而定其季节当在秋冬之间。我们既已将稼轩赴江西帅任的年代较各谱均提前了三五年,则各谱中所推定的去职年代及所举各证,便全都失去了效力,今仅举一二例稍加驳正,并将正面的证据提出,以证明稼轩之离任确在何时。

稼轩有《送钱仲耕自江西漕移守婺州》的《西河》词一首,梁谱中认定该词是在江西任内所作,而不能确指其年份,即附列于淳熙十二年乙巳所作诸词之后。《疏证》中列此词于十三年丙午,并于词后附加按语云:

> 伯兄亦以此词为乙巳作,但据洪迈之《稼轩记》,知乙巳先生犹在湖南。又据先生乙巳冬之《菩萨蛮》,有"霜落潇湘白"之句,可证乙巳冬犹在湖南。此词作于江西,而有"对梅花更消一醉"及"岁晚渊明归来未"之句,其必为丙午冬无疑矣,因移于此。

既知"乙巳犹在湖南"诸说之如何远于事实,则此段话当无须深辨。按题中之钱仲耕,名佃,苏州常熟人,据《金华府志》,钱氏于淳熙八年知婺州,《苏州府志》更详记其知婺州前后的事迹云:

> 出为江西路转运副使,时盗赖文正起武陵,朝廷调兵讨之,佃馈饷不乏。继使福建,再使江西,奏蠲诸路之逋。淳熙八年,婺州饥,且缺守,上曰:"钱佃可守郡。"既至,祷雨,鬓发为白,劝分移粟,所活口七十余万,政甲一路。提举朱仲晦与陈亮书云:"婺人得钱守,比之他郡事体殊不同。"

按,此中所引朱熹写与陈亮的信,乃是写于淳熙九年者,是年夏秋间陈亮给朱子的信中也同样提及钱氏：

> 钱守虽有爱民之心,而把事稍迟。

此均可证明《金华府志》和《苏州府志》中所载钱氏于淳熙八年知婺州的话为不误。那么稼轩送钱氏知婺州的《西河》一词,亦必是作于淳熙八年可知。词末有"对梅花更消一醉"语,《疏证》据以推定为冬日所作自甚确。其下既复有"过吾庐,定有幽人相问：岁晚渊明归来未"之句,知直至是年岁晚稼轩仍居官豫章,犹未因言者而去职也。

查吕祖谦的《东莱吕太史文集》的附录中附有辛稼轩的《祭吕东莱文》,文前的小序中稼轩所标举之时日及所系之官职均极明确,今照录于下：

> 维淳熙八年岁次辛丑,十一月癸酉朔,初二日甲戌,奉议郎充右文殿修撰、知隆兴军府事、兼管内劝农营田事、主管江南西路安抚司公事、马步军都总管辛弃疾,谨以清酌庶羞之奠致祭于近故宫使直阁大著吕公之灵。

在祭文的最后部分的几句则是：

> 弃疾半世倾风,同朝托契……兹物论之共悼,宁有怀于私惠。缄沉辞于千里,寓哀情于一酹。

这里可以明确证明,直到这年的十一月,辛弃疾还是在江西安抚任上的。与上引"岁晚"云云的词句也正相符。

然而,就在不久之后,罢官归去的事情便真的发生了。

杨万里撰《特进程公叔达墓志铭》中,于叙述程氏在湖南的事迹之后,又云：

> 〔淳熙〕九年七月,再除浙西提点刑狱……八月,除秘阁修撰,知隆兴府。见上,极论郴桂盗贼之由,抚御之要……洎至洪……十二月,进集英殿修撰,因任……帅洪五年,前后蠲除民赋……论者以为多于王仲舒云。(《诚斋集》卷一二五)

据此,则自淳熙九年八月直至淳熙十四年,均为程叔达帅江西之任期,稼轩之被代与去职,至晚也当不出九年的中秋。在这里,又须把辛、陈、梁诸谱及《疏证》中所都曾引用过的《离豫章别司马汉章大监》的《鹧鸪天》词,再取来作一番讨论了:

> 聚散匆匆不偶然,二年历遍楚山川。但将痛饮酬风月,莫放离歌入管弦。 萦绿带,点青钱。东湖春水碧连天。明朝放我东归去,后夜相思月满船。

辛谱中以为稼轩于十五年罢江西帅,因此将此词编入十五年戊申;梁谱以辛谱为误,遂把它改编入淳熙四年丁酉;《疏证》中又举出反证二事,以为淳熙四年稼轩之离豫章乃西行而非东下,迁调而非放归,且其时带湖新居未成,去无所归,均与"明朝放我东归去"一句不相合,因而仍将该词移在十五年戊申。这些纷纭议论,其实是无一不错的。

今按,词中所谓"二年历遍楚山川"者,盖指淳熙三年由江西提刑调京西转运判官,翌年又由京西差知江陵府兼湖北安抚,不逾年即又改帅江西而言也。"萦绿带,点青钱。东湖春水碧连天"者,均状述目前之景物,知其离别豫章之时令必然是在春季,而不是其他季节,则显然与第二次帅江西罢任之季节不合,因而它只能是淳熙五年(1178)由江西帅召为大理少卿时所作,固不必在此多所纠缠也。

补记:当写作此文时,《宋会要辑稿》的影印本尚未出版,在此文发表后不久,我即从该书之《职官·黜降官门》查得一条云:"淳熙八年十二月二日,右文殿修撰、新任两浙西路提点刑狱公事辛弃疾落职罢新任。"据此可知其罢江西帅任盖即在八年十一月内,我引用杨万里撰《特进程公叔达墓志铭》而推定为在九年中秋节前亦不合。1986年9月读后记。

三、 带湖新居落成的时间

当稼轩还没有罢官之前,他先已在当时的江南东路上饶县建造了一所居第。在稼轩词集中,有许多首都是与此事有关的:有的作于新居未成之前,有的则作于既成之后。如不能将这一新居落成的年代考清,稼轩的许多事迹便将连带地考不清楚。而辛谱中对此事竟无只字道及，陈谱、梁谱及《疏证》当中，对此事又各异其说，而结果却又一无可取。

陈谱于淳熙八、九、十这三年中均记此事：于八年下录本传"尝谓人生在勤，当以力田为先……故以稼名轩"诸语，及洪迈《稼轩记》、陈亮与稼轩书"如闻作室甚宏丽，传到《上梁文》，可想而知也。见元晦说潜入去看，以为耳目所未曾睹，此老言必不妄"诸语，并据《续通鉴》淳熙八年八月改除朱熹提举浙东常平茶盐之记事，以为朱子潜入看稼轩新居必在自南康赴行在时。于九年下记稼轩有《沁园春》"带湖新居将成"词。于十年下记淳熙造朝拜御书阁额之赐，并谓"时带湖新居落成，所以御赐阁额"。

既说朱子已于淳熙八年潜入去看，且将洪氏所作《稼轩记》也列于八年之下，而于九年方列入稼轩之带湖新居将成词，于十年方谓"时带湖新居落成"，那么，这新居究竟是成于哪一年呢？且洪文末尾明有"……侯名弃疾，今以右文殿修撰再安抚江南西路云"诸语，谱中既将稼轩之帅江西列作十一年之事，则其事安得先预言于洪氏八年所作之文章内？二说显相抵牾。（其"造朝拜御书阁额之赐"云云，更属张冠李戴的诬枉之辞，上节已予辨正。）

梁谱亦将带湖新居将成词及《新居上梁文》编入淳熙十年，盖因任公先生未及见洪氏《稼轩记》之全文，便只将见于《上饶县志》所引的一节，一并录于十年之下，并于《考证》中证明此数者均是作于稼轩未离湖南以前者。

此说之为《疏证》所订正，已见前引，《疏证》作者因已见到洪景卢氏记文之全，因其结语与辛谱淳熙十二年乙巳之记事正相同，乃维护辛谱之说，并谓"据此文知先生之带湖新居乃落成于淳熙十二年乙巳，则所谓将成者，其必为十一年甲辰无疑矣"。

按，洪氏的记文，的确是考证带湖新居的规模及其建造时期的绝好材料，从这篇记文的本身，或以稼轩的词与这篇记文合看，便可以考知其作成的年代；实无须借重于辛谱，因辛谱本身已多有不可靠处，哪有被取作旁证的资格？

记文之末段有云：

若余者伥伥一世间,不能为人轩轾,乃当夫须被襫,醉眠牛背,与芫童牧竖肩相摩,幸未鬒老时,及见侯展大功名,锦衣来归,归来竟厦屋潭潭之乐,将荷笠棹舟,风乎玉溪之上,因园吏内谒曰:"是尝有力于稼轩者。"侯当辍食迎门,曲席而坐,握手一笑,拂壁间石细读之,庶不为生客。……侯名弃疾,今以右文殿修撰再安抚江南西路云。

这可见此文之作必在洪氏闲居乡里之时。查洪氏于淳熙七年(1180)秋自建宁任归,至十一年春方起知婺州,是后又供职临安等地,至绍熙二年(1191)方重归鄱阳,则此文之作必在淳熙七年秋季之后,十一年春季之前。但稼轩之任江西安抚既考知其为七年冬至九年中之事,则据文中最末一语可知其必作于八年为无疑。但作于八年的什么季节呢?如果将稼轩词与洪氏记文相参看,对这问题我们也可找到解答的。

稼轩的《和洪丞相景伯韵》《和洪丞相景伯韵呈景卢内翰》和《游豫章东湖再用韵》的《满庭芳》词三首,《疏证》中引用洪景伯《盘洲乐章》中的原唱,定为淳熙八年辛丑春日所作。在前边我们已说明这考证是非常精确的,可惜《疏证》中未能使此数词充分发挥其作用。就在《游豫章东湖再用韵》一首中,有稼轩自加的注语二处:前阕的末句"挥毫罢,天颜有喜,催赐尚方彝",其下注云:"公在词掖,尝拜尚方宝彝之赐。"后阕是:"只今江海上,钧天梦觉,清泪如丝。算除非痛把酒疗花治。明日五湖佳兴,扁舟去,一笑谁知。溪堂好,且拚一醉,倚杖读韩碑。"其下注云:"堂记,公所制。"从上一注语,我们知道其所称之"公"乃是指"洪景卢内翰"而言,从下阕的词意,我们知道这是在洪景卢的《稼轩记》已经作成之后,所以稼轩想象着一旦罢官归去之后要倚杖欣赏洪氏的大作,则所谓"堂记"者即必是指《稼轩记》无疑。从知记文之作成必在淳熙八年岁首,稼轩刚刚抵江西帅任的时候。

既是如此,则稼轩的《新居上梁文》和《带湖新居将成》诸词之作成,以及这带湖新居的落成之年,便都可推定其为此时之稍前或稍后的事。朱熹于是年八月由南康赴行在,路经上饶时候,已在新居主要部分落成之后,当能潜入去看了。

四、稼轩起任闽宪及闽帅的年代及其为时之久暂

《宋史》稼轩本传中,于稼轩罢江西帅任之后,复书:

> 久之,主管冲佑观。绍熙二年起福建提点刑狱。召见,迁大理少卿,加集英殿修撰,知福州,兼福建安抚使。弃疾为宪时尝摄帅……台臣王蔺劾其"用钱如泥沙,杀人如草芥,旦夕望端坐闽王殿",遂丐祠归。

对于稼轩之起任闽宪,这里是明指为绍熙二年的事,然而与稼轩的词对看,两者又有不符合处。词中有《浣溪沙》一首,题为"壬子春,赴闽宪,别瓢泉"。壬子为绍熙三年,非二年。因为有这样的出入,在辛谱和《疏证》中,便又都发生了问题。辛谱于绍熙二年辛亥下书云:"起为福建提点刑狱官,召见,迁大理少卿,加集英殿修撰,出知福州,兼福建安抚使。"于三年壬子下书:"是年春赴闽帅任,别瓢泉,赋《浣溪沙》词。又是年三山被召,陈端仁给事饮饯席上,赋《水调歌头》词。"于四年癸丑下书云:"在闽帅任,有是年正月四日三山被召,经从建安,席上和陈安行舍人韵《西江月》词。"于五年甲寅下书云:"在闽帅任,以台臣弹劾,丐祠归。"这是维持《宋史》中二年任闽宪之说,以为二年由闽宪被召见之后,于三年又出为闽帅,其"别瓢泉"之词即是时所作,于三年内且又有召见之事。

然而词题中明明说是"赴闽宪",不应强改宪字为帅字以相牵合。

陈谱中于二年书"起福建提点刑狱",于三年书"春,赴闽宪,别瓢泉",于四年书"召见,迁大理少卿,加集英殿修撰,知福州,兼福建安抚使"。梁谱与陈谱均同,惟各年下均附有考证。二年下之考证云:"起任闽宪盖在本年冬,其赴任则在次年,有《浣溪沙》词题可证,本年盖始终仍家居也。"三年下之考证云:"以闽宪摄闽帅,当是本年事。"四年下之考证云:"旧谱皆以任闽宪与任闽帅合在一年,考先生在宪任上虽尝摄帅,并未真除。传文于起福建提点刑狱后,次叙召见授京职,次乃叙知福州兼福建安抚使,明非一时事。奉召在壬子,入见在癸丑春,词题中时日可稽,故知帅闽决为本年事也。"五年下之考证云:"丐祠归在何年,史无明

文,惟闽中所作词颇多,且多有可推定为去年作者,则截至去年腊尽尚未去任可知。窃疑其丐祠得请当在夏间。试将左列《行香子》一词以意逆志,所推或当不谬。"

《疏证》中于此独持异词,其在《常山道中即事》之《浣溪沙》词下所附按语云:

> 《宋史》:绍熙二年二月甲申,以辛弃疾为福建安抚使,召见。常山乃浙江衢州府属,与江西接邻,是年先生居上饶,若召见赴行在,必道出常山,舍此而外,先生似无缘在常山道中也。姑以系于二年辛亥。
>
> 伯兄谓"起任闽宪在二年冬,赴任则在三年",盖本传只言二年起用而无月日,唯《宋史》及《续通鉴》则详书二年二月甲申(即初五日),伯兄殆但据本传推测而未查史鉴也。唯二年春以召起用,三年春乃赴任,亦大奇。然而瓢泉一阕《浣溪沙》,先生固明明自书《壬子春赴闽宪》也。常山道中词若果为赴行在之道中作,则当在夏秋之间,盖篇中所书皆夏秋间景物也。如此,则二年春以诏起用,夏秋间赴临安陛见,明春乃赴闽任,故此词当是辛亥作。

这按语中的要点是:1.稼轩之起用,是绍熙二年二月甲申。2.其官职自始即是福建安抚使,非先任提点刑狱。3.其赴召陛见,事在绍熙二年夏秋间,陛见后方于三年春赴任。4.根据在"壬子春赴闽宪别瓢泉"词下之按语,还可补一要点于此,即稼轩之帅闽乃是继赵汝愚之后任者。

又,《疏证》于"壬子,三山被召,陈端仁给事饮饯席上作"之《水调歌头》词下,加有按语云:

> 《宋史》载先生为福建安抚未期岁而治绩大著,乃台臣劾其"用钱如泥沙,杀人如草芥",遂乞祠归,是以此词颇多幽愤语。

又于"癸丑正月四日,三山被召,经从建安,席上和陈安行舍人韵"之《西江月》词下,加有按语云:

> 陈安行名居仁,庆化人。庆元元年以宝文阁待制知福州,即接先生后任者。

把这几段考证的话合拢来看,我们颇觉得不胜离奇:第一,所谓"二年二月甲申,以辛弃疾为福建安抚使,召见"之说,《宋史》中根本无此记载;《续通鉴》虽有此文,然亦无"召见"二字。第二,《续通鉴》于三年九月壬子,又记有"以知福州赵汝愚为吏部尚书"一事,《疏证》既认定稼轩为继汝愚后任者,则《续通鉴》二年二月中关于稼轩的记载显系有误,何得取以为证?第三,见于稼轩之词题中者明明是"壬子春赴闽宪",何能以为是赴闽帅任?第四,"三山被召"与因被人弹劾而乞休,显系两事,何得并为一谈?第五,若以为被召之后即继以退废,则迁大理少卿加集英殿修撰诸事置于何所?第六,既已将"三山被召"与被劾乞归合为一事,则绍熙三年既已离职,何得将庆元元年(1195)知福州之陈居仁认为"接稼轩之后任者"?凡此种种,不但与任何史志都有不合,即在按语本身,前后便已不胜其矛盾了。

《宋史·光宗纪》云:

> (二年二月)甲申,福建安抚使赵汝愚等,以盗发所部,与守臣监司各降秩一等,县令追停。……(三月)丙寅,诏福建提点刑狱陈公亮、知漳州朱熹同措置漳泉汀三州经界。

《续通鉴》所以将稼轩之帅福建定为绍熙二年者,必是因这段文字而弄错,把"降秩"误会为"罢任",遂以为稼轩即于此时受诏前往继任了。《疏证》的作者也误将《续通鉴》此文认作信史,遂乃大上其当。据《本纪》中三月丙寅的记事,知稼轩之起任闽宪,也绝非这年二月间事,且也未必即是直接代陈公亮之任者。因此,对于任公先生的考证,我们觉得大致是没有错误的,即使稼轩拜命于二年辛亥的任何月中,其赴任则确在壬子年的春天。及岁暮被召,奉命即行,途中度岁,于正月四日道经建安,均有《浣溪沙》及《西江月》等词题可证。在临安一度为朝官之后,方又于四年出任闽帅。其节次与《宋史》《福建通志》以及由词中可以考见之稼轩事迹全无不合。

稼轩之出任闽帅,以楼钥《攻媿集》中之制词与《福建通志》参看,知系接郑侨之后任者,时为四年八月。至翌年八月便又被詹体仁所代,任期整整一年。

除上文所考辨的各问题之外,其为各《年谱》及《疏证》中所错安排了的事件还非常之多,但以上诸点要均是纲领或关键所在,理清了这几点,其他的问题便有很多可以附带解决了,因不于此一一论列。

但即单就上所列举的诸端看来,各《年谱》以及《疏证》当中,竟然包括了这样多的严重错误,尤其是《疏证》一书,其作者虽借口要完成任公先生的遗志,然而具有多少复杂问题的稼轩词,《疏证》的工作竟于四十日内草草了事,其中有多少可以明白考知的本事,《疏证》中都错得一塌糊涂,如《木兰花慢·席上送张仲固帅兴元》一词,既不能查知张仲固名叫张坚;又不能查知张仲固于淳熙七、八年间任江西转运判官,与稼轩为同年居官豫章之人;更不能查知张仲固之帅兴元即是淳熙八、九年间事;而却任意强解,于此词下竟附了几百字的长篇按语,而结果却无一语道着肯綮。其他如将《渔家傲·为余伯熙察院寿》词中之余伯熙臆断为徐元杰,而不知徐元杰乃绍定间进士。对《满江红·送徐抚干之官三山》题中帅闽之马会叔,不能查知其名叫马大同,亦不能查知其帅闽乃淳熙十六年事,而列其词于十五年戊申。诸如此类,多不胜举。这些,对于后来有志研究稼轩生平或其诗词的人,所能给予的助力未免太少,而所能贻害之处怕又不免太多了。因此,对《疏证》这一著作,如果我们不能说"有不如无",那么,至少也还是等于没有作的。今后要研究辛稼轩及其词的人,一切还都得另作一过。

重新写一本可靠的《稼轩年谱》,重新编一部详明正确的《稼轩词疏证》,在现在,是需要的。

1936 年冬写于北京大学图书馆

(原载《国闻周报》第 14 卷第 7 期,1937 年 2 月)

书诸家跋四卷本《稼轩词》后

稼轩词自来传诵极广,而历代刻本实未多见。《刘后村集》有《辛稼轩集序》,于稼轩词备极称扬,可知此全集中必包括词集在内(《后村诗话后集》亦谓"辛诗为长短句所掩,集有词无诗"),此一本也。岳珂《桯史》卷三"稼轩论词"条有云:"待制词句脱去今古轸辙,每见集中有'解道此句,真宰上诉,天应嗔耳'之《序》,尝以为其言不诬。"所引《序文》不见于现行各本之中,当为另一本也。元王恽《玉堂嘉话》卷五载:"徒单侍讲与孟解元驾之亦善诵记。取新刻《稼轩乐府》吴子音《前序》,一阅即诵,亦一字不遗。"云是"新刻",而吴《序》复不见于他本,则又为一本也。刘辰翁《须溪集》有《稼轩词序》,谓是宜春张清则刻,其在宋末或元初虽莫可考,要之又尝有此一本也。以上四本既均无传,其编次,其篇卷,其各本相互间及其与现存诸本间之关系各何若,俱所不晓。兹仅就现存各本而论,虽优劣互殊,究其本源均不出四卷本及十二卷本二者。

十二卷本收有"丁卯八月病中作"之《洞仙歌》,丁卯即稼轩卒年,则其编刊必在稼轩卒后。此本之流传至今者,有元大德三年广信书院孙粹然张公俊之刻本(原为聊城杨氏海源阁藏书,今归北京图书馆)。依此本重刻者,明嘉靖中有历城王诏校刊于开封之本,有李濂序文及批点。毛晋收入《六十名家词》中者,则又由王诏本出,唯删去序文批点,且并十二卷为四卷,以牵合《文献通考》及《宋史·艺文志》所著录之卷数而已。有清一代之研读稼轩者,毛本几为唯一之凭借(四库所收亦毛本,当纂修时竟不能得一别本以相参校,可见)。辛启泰刻入《稼轩集抄存》者亦即此本。顾王诏刻本颇不免于明人刻书率意窜乱之恶习,甚至有因祖本偶有脱页,遂乃牵合前后绝不相干之二词而为一者,毛刻亦均未能是正。

光绪中临桂王氏四印斋取《六十家词》中之《稼轩词》而重刻之,复据广信书院本还原其卷第,而对自王诏以来各本误处亦稍稍有所勘正。此十二卷本流传之梗概也。

四卷本中,凡稼轩晚年帅浙东、守京口时作品,概未收录,则各集之刊成当均在宋宁宗嘉泰三年前。《直斋书录解题》《文献通考》及《宋史·艺文志》所著录者均是此本,南宋人所征引之稼轩词与此本亦率多相合,盖当时最为通行者也。明吴讷采入《唐宋名贤百家词》,汲古阁亦有影宋精抄之本。然在有清二百余年中独寂然无闻。十数年前,武进陶氏始影刻甲乙丙三集,行款阙笔等与汲古阁抄本俱同,其祖本疑即汲古阁之抄本。梁启超于得此影刊三卷之后,又于天津图书馆发现吴讷之《唐宋名贤百家词》本,对此四卷本曾一再为文表扬,世人乃加注意。惜此《百家词》为极拙劣之抄本,错讹极多,不堪卒读。陶本刻印虽精而校勘则不精审,鲁鱼亥豕亦所不免。涵芬楼于光绪末收得汲古阁精抄之甲乙丙三集原本,后即列名于《四部丛刊三编》预告中,而以缺丁集故,迄未印行。1939年春沪上书贾突持丁集一册赴北平张允亮氏处求售,索价甚昂,张氏以误记涵芬楼收有四集全帙,遂即退还其书。事为赵万里先生所知,料度其或即毛抄原本,而又深恐其从此再致亡佚,遂于是年夏间赴沪之便踪迹得之,见其字迹行款及其前后收藏印记,知果与涵芬楼所藏前三集为一书,乃亟告张元济先生购得之,不唯使汲古阁旧物得成完璧,且即为之影印流布,而宋刊四卷本之原面目亦依稀隐约可借以推见。此又四卷本由晦复彰之经过也。

汲古阁影抄四卷本之精,由涵芬楼新印本所附《校记》及夏敬观、张元济《跋文》中已可概见。其余胜处,梁启超亦已言之綦详。虽然,犹有可以补充之一事:十二卷本之题语及词中字句,多经后来改定之处,改动后之字句大都较胜于四卷本,则当是稼轩晚岁所手订者。然见于词题中之辛氏友朋,其名姓、字号、官爵等亦间有通各卷各阕而悉改从一律者:如与傅先之唱和诸作,大多以"提举"相称,而傅氏曾任知县,曾充通判,曾领漕事,各词实不尽作于其既充提举之后;又如与徐衡仲唱和之作,其以"抚干"相称者,亦未必均作于徐氏充福建安抚司干官之后。凡此等处,四卷本均一仍原作时所著之称谓而未改。吾人于千载下而欲对其各词作年稍加钩考,此实为极好之资据。且范开序甲集有云:"公之于词亦然,苟不得之于嬉笑,则得之于行乐;不得之于行乐,则得之于醉墨淋漓之际;……或闲中书石,兴来写地。"四卷本题语既未经后来改动,故其宾朋杂遝、觥筹交错之胜迹留存独多。如甲集《满江红》"折尽荼䕷"阕,题云:"稼轩居士花下与郑使君惜别,醉赋。侍者飞卿奉命书。"着语未多,风流尽得;十二卷本改为"饯郑衡州厚卿席上再赋",非特意趣较逊,亦且失却一段故实矣。

此外则梁、夏、张诸跋及胡文楷《校记》中,亦尚多未尽的当之处,兹略申所见如下:

梁启超《跋》首谓《稼轩词》在宋有三刻,除四卷本及十二卷本外,另一为长沙之一卷本。其言曰:"《文献通考》著录《稼轩词》四卷(《宋史·艺文志》同),而引《直斋书录解题》注其下云:'信州本十二卷,视长沙为多。'或误以为此四卷者即长沙本,实则直斋所著录乃长沙本,只一卷耳。"今按:《书录题解》所著录之《稼轩词》亦明言为四卷,其下注文,与《文献通考》所引正同,并无"一卷"字样。且直斋于《歌词类》起《南唐二主词》、《阳春录》等,中包《于湖词》《稼轩词》,迄于《鹤林词》《笑笑词》,共凡百家,于《笑笑词》下有总括之注文云:"自《南唐二主词》而下,皆长沙书坊所刻,号《百家词》。其前数十家皆名公之作,其末亦多有滥吹者,市人射利,欲富其部帙,不暇择也。"是已指明其所著录之四卷本《稼轩词》即其注中之所谓长沙本者,梁氏必谓另是一本,误矣。

梁《跋》谓四卷本之最大特色为含有编年意味,张《跋》亦谓他本以词调长短为次,四卷本则以撰作先后为次。按:所谓编年意味者,实仅能适用于甲集,而其适用之程度,亦只可谓凡见甲集中者必为某年以前之作,其中编次,虽非严格依词调长短为先后,然仍是同调之词汇录一处,其撰作之先后实不能依编次顺序以求之也。

梁《跋》谓:"甲集编成在戊申元旦,明见范《序》,其所收诸词皆四十八岁前官建康、滁州、湖北、湖南、江西时所作,既极分明。"今按:此说有范《序》之作年为证,似可无问题矣,而实亦不然。甲集凡同调之词均汇录一处,独《声声慢》《满江红》二调均于卷末重见,其《满江红》"折尽荼䕷"阕,与十二卷本改正之题语相参,知其为送郑厚卿赴衡州守任之作。

查《永乐大典·衡字韵》中载有南宋人所修《衡州图经志》之全文，其中于南宋一代之郡守所载甚详，而在孝光两朝之郑姓者，仅有郑如崏一人，为继刘清之后任者；到任于淳熙十五年四月，至绍熙元年正月被劾去。"崏"与"厚"义甚相近，知稼轩所饯送之郑厚卿必即淳熙十五年抵衡州之郑如崏。然则饯词之作亦必在十五年春荼䕷方开之时。据此推知甲集卷尾重出二调中之各词，必为书将刻成时又陆续收得者，其中亦必有若干首为淳熙十四年后之新作，非皆作于稼轩四十八岁之前也。

梁《跋》又云："乙集于宦闽时之词，一首未见收录，可推定其编辑年当在绍熙二年辛亥以前。"此亦不然。查乙集《清平乐》"诗书万卷"阕题云："寿赵民则提刑，时新除，且素不喜饮。"赵民则名像之，杨诚斋为作《行状》，有云："改西外知宗，……未几即拜福建路提点刑狱公事。建台之始，风采一新。未几，请为祠官，丞相京公镗遗公书……"据《福建通志·宋代职官·文臣提刑》门，稼轩之后为卢彦德（即屡见稼轩词中之卢国华），卢后即赵像之。楼钥《攻媿集》中有《赵像之除福建提刑制》，亦在《福建提刑卢彦德除本路运判制》之后。据此诸事，知赵民则之除提刑乃在稼轩帅闽之时（稼轩帅闽有送卢国华由闽宪移漕建安词），其时已为绍熙五年甲寅矣。梁氏后于所作《稼轩年谱》中，将《最高楼》"吾衰矣"阕编置宦闽诸作之末，其《考证》有云："此词题中虽无三山等字样，细推当为闽中作。……故以附闽词之末。"而此词原即为乙集所收录者。是则梁氏已不能坚守己说；殆于编撰《年谱》之顷，已察知《跋》语所云之有误乎。

梁《跋》又云："丙集自宦闽词起收，其最末一首为辛酉生日，盖壬子至辛酉十年间，五十三岁至六十二岁之作。"今按：丙集所收"建康中秋为吕叔潜赋"之《太常引》，至晚当作于稼轩二次官建康之淳熙元年；《鹧鸪天》"聚散匆匆不偶然"阕，题云"离豫章别司马汉章大监"，乃淳熙五年去江西帅任时作；《满庭芳》"倾国无媒"阕乃和洪景伯韵者，洪氏原作今存《盘洲集》中，词下自注为"辛丑春日作"，则淳熙八年稼轩再度帅江西时也。此均远在稼轩绣衣使闽之前十余年，不得谓为"自宦闽词起收"。

夏《跋》谓："《稼轩词》往往以乡音叶韵，全集中不胜枚举。……如《浣溪沙》之'台倚崩崖玉灭瘢'句，是用《汉书·王莽传》'美玉可以灭瘢',此词用元、寒韵之'瘢''言''轩',与真、谆韵'鏖''村'同叶,殆亦其乡音如此……,而三本'瘢'皆作'痕',匪特不典,且忘'言''轩'亦在元、寒韵。此类妄为窜改之迹实不可掩。"今按:夏氏此见甚卓。其所指之词见四卷本丙集,其在十二卷本中者,则自王诏校刊本至四印斋本确皆改"瘢"为"痕"。当吾未见大德广信书院原刻本时,曾疑此项改动乃稼轩所自为之者,因十二卷本中此首之后尚有用同韵之一首,起句为"妙手都无斧凿痕",不押"瘢"字,遂推想以为是必在后阕未作之时,前阕已既改定矣。及检对大德刻本,见两首起句全押"瘢"字,乃知改"瘢"为"痕",盖始于王诏校刊本,若非出自李濂,殆即出自王诏。夏氏因未得见大德刻本,故未能发此覆耳。

夏《跋》又云:"《感皇恩》题'读《庄子》有所思',三本皆作'读《庄子》闻朱晦庵即世'。详此词未有追挽朱子之意,且朱子不言老、庄,稼轩奈何于读《庄子》时追念朱子耶?此六字不知从何而来,亦必后人妄增。"今按,《感皇恩》全词云:"案上数编书,非《庄》即《老》。会说忘言始知道,万言千句,自不能忘堪笑。朝来梅雨霁,青天好。一壑一丘,轻衫短帽,白发多时故人少。子云何在,应有《玄经》遗草。江河流日夜,何时了?"前片云云,自是读《庄子》之所感,后片之白发句,则明是闻故人噩耗而发者,而子云以下诸语,更为最适合于朱晦庵身份之悼语。《玄经》句用以喻朱氏注释经传之各著述,江河二句则系隐括杜甫"尔曹身与名俱灭,不废江河万古流"诗句,以反讽当时攻道学禁伪学之徒者,实寓有若干隐痛在内。当丙集刊布之时,韩侂胄势焰正盛,盖不欲以此引惹纠纷,故于题中削去刺人耳目之朱晦庵云云而改著"有所思"三字以为代;洎夫十二卷本编刻之时,则韩氏已被诛戮,遂得无所避忌而复其原题之旧,此绝非不明曲折之人所能凭空增入者也。至其所以将《庄子》与朱氏牵连于一处者,则题中一"闻"字即足为最好之说明,必是适在稼轩披读《庄子》之顷,遽得朱氏之死讯也。夏氏将此一字轻轻放过,遂致不得其解矣。

张《跋》谓:"诸家所刊,在是编外者,有词一百七十九首,岂即出于范《序》所言近时流布海内之赝本欤?"今按:四卷本编刻于稼轩在世之时,故凡稼轩晚年帅浙东、守京口诸作皆不及收录,而在此期内所作各词,如

"会稽秋风亭观雨"之《汉宫春》,"京口北固亭怀古"之《永遇乐》等,不惟时人争相传诵,而一时词人如姜白石、张南湖等人亦均有和章;另据岳珂《桯史》之记事,则知凡此诸词不但确为稼轩所作,且均为稼轩极得意之作,此断断不容稍存疑念者。十二卷本编次体例颇精严,稍涉轻儇或拙滥之作,尚多摈而不录,更无论于赝鼎矣。是则其余之一百七十余首,凡载在十二卷本内者均不生真伪问题,张氏于此,盖不免疑所不当疑矣。且范开之所编定者甲集也,其中所收才逾百首而已,此明见范氏序文者也,后来所出乙丙丁三集是否亦出范氏手编,颇不可知,必如张氏所云,应须并此三集中之各词亦置诸可疑之列,又何止以一百七十九首为限哉。此尤为说之必不可通者矣。

夏、张两先生如是云云者,盖皆为证实四卷本所以较他本优胜之故。然四卷本佳处故自有在,且两先生与梁任公《跋语》中所举他例已极繁夥,尽足证明四卷本之优越而有余,实无须再假借于此数端以为重,更无待于过分贬抑他本而始显见。然则右之驳难,虽似为他本辩解,而于四卷本之价值固无丝毫之减损也。

涵芬楼影印四卷本,分装二册,而《校勘记》乃另成一巨册,其量不为不多,宜其详实可凭也,而竟又不然。兹姑举数例,略见一斑:

壹、四卷本与各本均异而为《校记》所漏列者:

一、丙集三十二至三十四叶,凡词十一首,均列置《浣溪沙》调名下,而其中实杂有《摊破浣溪沙》四首,此两调字句多寡不同,自来词家亦不混为一谈,不知此处何竟参差互出。在十二卷本中,将《摊破浣溪沙》另行编次,而汇录于《添字浣溪沙》(四印斋本俱改作《山花子》)调名之下。此其所关非小,不知校者何以存而不论。

二、乙集《鹧鸪天》"千丈阴崖百丈溪"阕,前片末句为"横理庚庚定自奇",此乃脱胎于山谷诗句者,故十二卷本于句下有注云:山谷《听摘阮歌》云:"玄璧庚庚有横理。"乙集无此注文,《校记》中亦未之及。

贰、四卷本仅与某某本不同而《校记》误以为与各本全异者:

一、甲集《满江红》"鹏翼垂空"阕,"料想宝香黄阁梦"句,毛本辛本"黄"误作"熏",王氏四印斋本不误,而《校记》乃云"三本'黄'作'熏'"。

二、乙集《一枝花》"千丈擎天手"阕,"双眉长恁皱"句,毛本辛本脱

"恁"字,王本不脱,而《校记》乃云"三本无'恁'字"。

叁、四卷本与三本全不同而《校记》误以为仅与某某本异者:

一、甲集《木兰花慢》"老来情味减"阕,"共西风只等送归船"句,王、毛、辛三本"等"俱作"管",而《校记》只云"毛本辛本'等'作'管'"。

二、乙集《水调歌头》"寒食不小住"阕,"小"字三本俱作"少",而《校记》只云"毛本辛本'小'作'少'"。

肆、四卷本与各本不同处被《校记》妄加改动者:

一、乙集《生查子》"青山非不佳"阕,四卷本题作"独游西岩",三本俱无题,而《校记》以为"王本'西'作'雨'"。

二、丙集《浣溪沙》"细听春山杜宇啼"阕,题为"泉湖道中,赴闽宪,别诸君"。三本均作"壬子春,赴闽宪,别瓢泉"。而《校记》乃云"三本作'季春赴闽宪,别瓢泉'"。

校书如秋风中扫落叶,自来从事于此者即多深感其难,然苟慎审为之,疏漏亦非绝不可免。且辛启泰本出于毛氏《六十家词》本,毛本出于王诏本,王本今犹具存,则校勘之时舍毛辛二本而独取王本及四印斋本相参覆可也,今乃舍本逐末,反致顾此失彼,以如此巨量之校语,乃使人绝不敢稍存信心,殊为遗憾耳。

1940年7月写于昆明靛花巷三号
1958年6月改写于北京大学
(原载《责善半月刊》第2卷14期,1941年10月1日)

论赵匡胤

一

赵匡胤于959年6月被后周世宗用为殿前都点检。其后不多天周世宗病死,他的年方七岁的儿子继承了帝位。这种"主少国疑"的局面引起了赵匡胤夺取政权的野心,他便极力对后周政府中某些职位较高的军政人员进行笼络。到960年正月初,在赵匡胤"自编自导"之下,演出了一幕富有戏剧性的"陈桥兵变,黄袍加身"的事件,终于把后周政权转移到自己手中,从此开始了北宋王朝在中原地区的统治。

爆发于第九世纪七十年代的大规模农民战争,是从中原地区开始的,到八十年代,起义的农民军从关中撤离,又是在中原地区被扑灭了的。紧接在农民战争之后,黄河下游的几个封建割据军事势力之间便又火拼起来,使得潼关以东和太行山以东广大地区的人民日夕处在战祸之中,生产事业全部遭受到破坏,或则根本无法进行。这样的局势一直延续到北宋政权建立之日,基本上并没有结束。

我说从960年开始了北宋王朝在中原地区的统治,这意思是说,北宋从后周政权所承袭下来的地盘,只是黄河中下游以南以北以及淮河流域各地,而在黄河流域的河东(今山西省)尚有一个北汉小王国,河北北部从易州、幽州向东向北则早被石敬瑭出卖给契丹国(辽国)。此外,从长江上游到长江下游,在成都,在常德,在江陵,在杭州,在金陵,都有一个独立小王国。在长江流域以南的广州和泉州,也各有一个割据势力存在着。

还有另外的一种因素,也因经过长期的积累而造成了一种严重的社会病症,那就是:从第八世纪晚年以来,唐政府明令改变了税收制度,放弃了租庸调法而改用两税法,不再依照纳税户的丁口而只依照其地产多少而抽取国税。尽管两税法并没有施行得很久,其定章即为唐政府自身所破坏,然而从此以后,即从晚唐以至五代十国,各朝代的政府对于农田的分配问题却全都不再过问,对于农业劳动人手的移徙流亡也都不再关心了。再加之以从第九世纪后期以来的长时期的战乱频仍,特别是在遭受战祸最久最惨的中原和华北地区,生产事业不能正常进行,大量人口不断地从土地上被排挤出来,社会上的病象自然也要益发复杂化和严重化了。

基于上述种种,在北宋政权建立之日,摆在北宋最高统治集团面前迫切需要解决的,是属于以下几个方面的问题:

第一,是属于社会经济方面的问题,其具体内容是:1.农村中破产失业人口之日益加多;2.一方面有大量没有土地的劳动人民,而诸路州县却又都有大量荒地不得开发;3.豪强人家之肆行侵夺兼并,以及包庇大量的附庸户;4.商业资本和高利贷资本对农村的侵蚀日益加剧,还正在替土地兼并开辟道路。

第二,是如何使赵姓政权能够巩固,使它能够益寿延年,而不再成为五代之后的第六个短命朝代的问题。

第三,是如何把已经继续了六七十年的割据纷争局面(如果从唐代中叶以后即已出现的藩镇割据局面算起,便应当说已经继续了近二百年了)加以结束的问题。

第四,是如何把燕云十六州收复回来,以便能够凭借长城作为国防线的问题。

二

我在上面所举述的,是说,在北宋政权建立之初,存在于当时的社会上和军政局势方面的一些客观情况和现实问题,都要求着新掌权的北宋最高统治集团予以适当的解决。在赵匡胤和北宋初年最高统治集团中人的主观认识上,对上述诸问题的缓急轻重的判断,和我在上面所安排的层次和地位却还是有着区别的。

北宋政权是紧接在五个短命朝代之后而出现的,而那五个朝代之所以短命,除了后梁是被长期与之对立斗争的另一军事实力派(在太原的李克用、李存勖父子)所推翻、后晋是被契丹侵略者所颠覆的以外,其余各朝则都是被统治集团内部的军人所篡夺的。因此,在赵匡胤既已把政权夺取到手之后,便把如何防止政权转移问题认作最首要的问题。因此,赵匡胤和他的亲信辅佐人物如赵普和赵光义等人,便把注意力集中在如何驾驭那些操持军事实权的人物,如何削弱州郡长吏的事权和实力,以及诸如此类的一些纯属于政治权术和浮现在统治阶级上层人物中的种种问题上去。

为解决统治集团内部军人跋扈骄纵的问题,为不使他们再有篡夺政权的可能,赵匡胤在夺取到政权的第二年,即把禁军(中央政府直接管辖的军队)中资历最高的几个首领,例如石守信、王审琦等人(他们都是赵匡胤在一年前图谋夺取后周政权期内所结拜的"义社十兄弟"之一。在赵匡胤夺取政权的活动当中,他们都曾出过力,都应算是开国元勋,所以在北宋政权建立之初,他们便都"偃蹇骄纵",多不奉法)的兵权先后解除掉,提拔了一批资望较浅、容易驾驭的人继承了他们的职位。在此以后,即对禁军中的统兵将领时常加以更调,要使其"兵无常将,将无常师",以防范部队与将领之间发生深厚的感情和关系;军队的驻屯地区也时常彼此移易,名义上是要借此使士兵们"习勤苦,均劳佚",实际上却是要借此防范任何部队与任何地方结成不解之缘。

从唐代晚期以来,封疆大吏和州郡长官都因辖区太广,事权太高,并拥有大量军队,而致形成了一个个的独立小王国。其完全脱离了中央政府的,中央政府对之固莫可奈何;其在表面上尚与中央政府维持着某些关系的,也常常使最高统治者感受到彼将"取而代之"的威胁。在事实上,朱温就是以一个藩镇而夺取了唐的政权的。赵匡胤和赵普等人,为求这一弊端不再继续发生,在政权建立之后,便从种种方面着手一些防范措施:缩小州郡的辖区,收夺地方政府的财权,削弱地方政府的军事实力,把地方长官一律改由文臣担任,且于长官之外添置通判,使其互相牵制,使地方长官处理政务时不能独断独行。这样一来,中央政府对于其所管辖下的任何州郡都可以操纵如意,地方上再不会形成尾大不掉之局,更不会再有"称兵犯阙"的事情发生了。

前代的宰相事无不统,因而前代的皇帝也曾有受制于权相,甚或统治权为权相所篡夺之事。为防范这一弊端,赵匡胤在建立政权之初,不但在宰相之下设参知政事,而且把晚唐五代期内所曾权宜设置过的三司使副和枢密使副都定为正规的常设官员,以三司使副分取宰相的财政大权,以枢密使副分取宰相的军政大权。三司使号称"计相",枢密院则与中书对称"二府",可见其事权是不相上下的。而枢密使副的设置还具有另一妙用,那就是:与禁军中的高级将领互相牵制。因为枢密使虽负责军政,但他仅有制令之权而本身并不统领任何军队;禁军中的高级将帅虽统领军队,然而他们却不操行兵之符,没有发号施令之权。这样就使得不论枢密使副或高级将领全无法利用军权来发动政变了。

总括来说,赵匡胤为使其政权不至很快地再转移到别姓手中,在开国之初,对于中央以及地方政府中各种机构的设置和各种官员的安排,是在充分利用互相牵制的作用,几乎完全是以防弊之政作为立国之法的。在这样原则之下的一些措施,到后来虽也生出了种种重大的流弊,但赵姓的统治却确实因此得以持续下去,北宋没有再蹈五代之覆辙而成为第六个短命的朝代。

从907年到959年这五十三年之内,共总更换了五个朝代,更换了八姓十三君。就这八姓十三君当中的任何一姓一人的主观意图来说,他们必然都在企图使其统治权能长时期不至失坠,然竟无一人能够遂其意愿。赵匡胤在夺取政权之后却独能通过上述种种政策的运用和种种具体的措施而把北宋朝代的年寿延长下去了,单从这一效果上着眼,也足可看出,赵匡胤是自有他的高明之所在的。

朝代像拉洋片般地快速更替,其关系和影响所及,并不是只限于封建统治者们,更不是只限于统治阶级的上层人物,而是不可避免地要关涉到广大的人民群众。即如后梁和后唐、后汉和后周诸政权的更替之交,无一次不是大动干戈于邦域之中,因而无一次不是使境内百姓遭受到兵火涂炭的。因而站在其时广大人民群众的立场上来说,也绝对不会愿意这样的篡夺之祸连续重演,而只是希望其及早结束了的。赵匡胤既然以种种谋虑和措施而把政权稳定下来,不论在他的主观意图当中是否曾考虑到广大人民群众的问题,而客观效果所及,却使当时中原地区的广大人民群众不至再陷溺在战祸之中,这却是无论如何不能不加以肯定的。

三

周世宗在位初年,就常致恨于中原政府辖境之日蹙,而考虑到向外用兵开疆拓土的事。他从956年开始,即连续不断地出兵攻击南唐。958年将南唐江北州郡全部攻占,到959年遂又转师北向,希图以兵力去恢复燕云十六州之地。进入契丹境后,契丹的莫州刺史和瀛州刺史即相继举城而降。因周世宗在军中得病南还,此后在军事上也便不曾再有进展。

照这形势看来,假如周世宗不死,则可以断言,他以后用兵的首要目标必还是去攻燕云诸州,而不会马上再转向南方诸割据势力中之任何一国的。

然而周世宗终竟是死了,赵匡胤把后周政权转移到自己手中了,对于战略计划中究竟应先向北进或先向南进的问题,赵匡胤的决策不同于周世宗了。

当周世宗南征北伐时候,赵匡胤每一战役都是参加了的。他根据自己的经验和所知所闻,对于环峙在四周围的一些敌对势力加以权衡,认为"当今劲敌,唯在契丹",单凭靠中原地区的人力和资财而想去和契丹打硬仗以夺取燕云诸州,是会要遭遇危险的。因而,他决定把收复燕云诸州的事放到将来去解决,只在北边国境线上的重要军事据点配置一些精兵和战将,对契丹只采取一种防御性的守势布置。

南方诸割据政权所占地区大都是物产很富饶的,经济作物的出产和商业的繁盛也为中原地区所不能及,而南汉的首都广州则自唐代以来便已成了对外贸易的主要口岸。这些割据政权的军事实力全都是比较薄弱的,把这些独立小王国的军事力量加在一起,能否抵得过契丹一国的力量,也还很难遽断,而在事实上,在各个政权的内部以及它们的相互之间,还经常发生一些军事斗争,这就不可避免地又消耗掉很大的一部分力量。赵匡胤在即位之后不久,就根据这些情况而做出一种决定:要把军事的主要矛头指向这些独立小王国,而先去把它们各个击破。长江上游的巴蜀地区是天府之土,得到那一地区,对于宋廷的财政既必会大有裨益,而从那里顺江而下,以及从湖湘南趋岭广,也最为方便。因此,赵匡胤便又把对这些独立小王国行师用兵的步骤作了如下的决定:"先取西川,次及荆广、江南。"其后实际用兵的次第,第一步是取得了两湖,第二步才去消灭了后蜀,再以后便以次而及于两广,吴越和福建则自动归附,到975年灭掉南唐,南方的割据势力基本上全告结束。这期间,只有在攻取两湖和西蜀的工作上与原来的决定稍有出入,其余则大致上全是依照预定的步骤而完成了的。

北汉的境土并没有包括现今山西省的全省之地,其军事力量也并不大。但在宋初最高统治集团制定用兵计划时,考虑到它是在契丹卵翼之下的,如对它用兵,势不免立即与契丹正面冲突,所以本是准备最后去解决的。但在969年,北汉统治集团内讧,赵匡胤认为有机可乘,亲自领兵去攻太原,在围攻期内,契丹发兵救援北汉,宋军乃仓皇撤退,军粮器甲一并遗弃。到976年,南方的军事工作已基本结束,宋廷便派潘美等人再去攻打太原,结果是,仍因契丹出兵相救,又致无功而还。

不灭掉北汉,赵匡胤当然是不肯甘休的。到一旦灭掉北汉之后,收复燕云的问题必立即提到日程之上,也是可以断言的。只可惜赵匡胤没有来得及亲自按照预定计划去完成最后的两项工作,他在976年的冬天就不明不白地死于烛影斧声之下了。

对于赵匡胤之不肯继承周世宗的尽先攻取燕云十六州的计划而竟采取了先南后北的战略,近来有很多同志都认为这是很失策的。他们以为,当后周和北宋的交替之际,契丹的穆宗皇帝是一个十分荒淫腐化的人,契丹贵族统治集团之间的斗争也因此而益形剧烈,所以在周世宗北伐时候,大军进入河北境内,契丹治下的汉将纷纷举城迎降,出兵仅四十二日,周师已迅速克复燕南之地。如果不是周世宗因患病而还师,则幽州也必将继燕南之地而迅速为周师所克复了,只可惜赵匡胤改采了"先南后北"的战略,遂致契丹势力得以恢复和发展,失掉了收复燕云十六州的最好时机,也失掉了解除契丹威胁的最好时机。他们甚至还说:北宋之所以先后处于契丹、女真威胁之下,以及北宋之所以成为中国历史上统一朝代中最衰弱的朝代,其重要原因之一就在于它建国之初采用了"先南后北"的战略。

我以为这些同志的意见是并不十分确切的。第一,对于当时契丹的国力不应作过低的估计。说契丹因穆宗皇帝之昏庸而致国势为之衰弱,这是没有根据的。北宋在968年和969年曾两度进攻北汉,前者是穆宗在位之末年,后者是刚在穆宗被近侍所杀之后,都应算是契丹内部最混乱的时候,而北宋的军队却在太原城外两次为契丹兵所打败,这不是正好说明其时契丹的军力还较北宋为强吗?第二,对于周世宗的北伐,不应做过高的估计。瀛莫诸地之取得,并不是因为打败了契丹,而是各地的汉官举城降附的。假如周世宗不因病还师,而直前去进攻幽州,幽州为契丹屯驻重兵之地,双方势须展开激烈的战斗,我认为是没有任何根据可以断定周师之必胜、幽州之必为周师所攻克的。后来的宋太宗赵光义在979年乘攻灭北汉的余威而转师进攻幽燕的时候,当进入河北之初,契丹易、涿、顺、蓟诸州的守臣也都举城降附于宋,而到宋兵围攻幽州时却被契丹打得大败。有什么根据可以证明,假如周世宗去攻打幽州,一定不会遭致像赵光义一样的失败的后果呢?第三,赵匡胤自即位以后就不断地向他的臣僚们谈论到究应如何去收复燕云失地的事,可以说他是念念不忘于此事的。既念念不忘,而竟又采取了"先南后北"的战略计划,可见他对于这一计划之决定,必是从当时现实情况出发,而不是随随便便决定了的。试想,后来在分裂割据局面已经基本结束之后,赵光义既没有后顾之忧,且还有全国的人力物力为后盾,而竟还丧师于幽州城下;在赵匡胤夺得政权之始,仅仅以中原地区的人力和物力又如何能对契丹操必胜之券呢?

一个国家,只有联合而为统一的集权国家,才有机会谈到真正的文化经济上的进步,也才有机会谈到本身独立地位的确保,也才可以保证国家能及时准备进行积极的防御。这是亘古亘今都可以适用的一种道理。周世宗没有能够通过自身的政治实践而体认出这个道理,赵匡胤体认出来了,因此,他才能断然地改变了周世宗的作法,决定了"先南后北"的战略计划,收获到基本上完成了统一事业的胜利果实,使得全国广大人民长期存在的迫切愿望,在第十世纪的七十年代内得以实现,倘使赵匡胤在即位之初即依照某些同志替他设计的用兵步骤,不先去结束南方的分裂割据局面,只凭靠中原地区的实力而就先与契丹去打硬仗,那就只会是一种军事冒险,其结果,北宋又将不免为第六个短命的朝代,不但燕云诸州之地不能收复,割据局面的结束也必然又要推迟若干年了。

四

我在上边说,赵匡胤在开国之初为了巩固其统治而作出的一些强化中央集权的措施,和他所采用的"先南后北"的战略计划,全都是必要的,正确的,因而都是应当予以肯定的。但这并不是说,所有必要而且可能做的一些工作,赵匡胤全都做了;正相反,有些比较上述诸措施更加必要也更加迫切的事,竟没有受到他的注意,那就是,我在第一节所列举的第一类问题,属于社会经济方面的一些问题。

在中国整个封建社会的漫长历史时期内,封建政权的最主要的社会支柱,是占农业人口中绝大多数的小土地所有者、富裕农民和地主阶级中之最下一层,因为只有他们才是向政府提供各种封建义务的人。北魏、隋朝以至唐朝前期的最高统治者们之所以企图推行均田制度,之所以要从种种方面向豪族大姓展开争夺土地和劳动人手的斗争,之所以各都作出一些对农民让步的政治措施,不过就是企图调整和提高这般自耕农民与中小地主在全部农业经济当中的地位和比重,保障小农经济的正常发展,借使他们真正能成为封建政权的强有力的社会支柱而已。在当时的历史条件下,这样的一些社会经济立法,不论对于封建政权或社会生产事业来说,都是会发生良好作用的。

赵匡胤和北宋初年最高统治集团中人,对于上述这一问题竟全缺乏正确的认识,他们只看到前此几十年内封建上层人物在政权的转移当中所起的作用,以致把这般人物错认作政权的重要社会支柱。对他们的既得权益,只想从政治上予以保障和纵容,绝不想加以限制或干涉。因而,在处理土地问题上,从北宋政权建立之始就决定"不立田制",也就是"不抑兼并",认为"富室田连阡陌",那只是"为国守财",遂至对于"田亩转移、丁口隐漏、兼并伪冒"诸事,一概任其发展,而不肯加以"考按"。在这事情的另一方面,就是有着大量的因为遭受到兼并之祸而破家荡产、走上移徙流亡之路的人群。对于这一社会现象,赵匡胤和他的臣僚们竟不肯予以正视,不知道采取一些积极方面的措施。甚至于在其京城开封附近,"周环三二十州,幅员数千里,地之垦者十才一二",弃为污莱者十之八九,十国旧境之内也是"污莱极目,膏腴坐废"(这都是由于长时期的战乱频仍,各地人民因战祸而陷于死徙逃亡的结果),而宋初的统治者也竟不肯把这些荒地分授给各地大量存在的无地可种的劳动人民。

北宋政府虽不把荒田分授给人民去垦种,却把原从这些土地上榨取的租赋徭役一律分摊在各该地区现有的纳税民户身上。又因拥有大量土地的官绅大地主大都享有免税免役的特权,或则以种种办法巧为逃避,遂致"征役不均于苦乐,收敛未适于轻重"的现象在北宋初年便已十分严重。

在五代十国期内,不论建立在中原的政权或是割据一方的小王国,全都在农业税收之外更有各种名义的苛捐杂税,最普遍的则是所谓"身丁钱绢米麦"以及"丁口盐钱"之类,较不普遍的,在中原则有"雀鼠耗"之类,有自后唐以来按亩征取的农器税,在江东则自南唐以来有随同正税交纳的"盐米"和"芦荡"等等。赵匡胤取得政权之后,在宋代的官史中虽一致夸说"首务去民疾苦,无名苛细之敛划革几尽,尺缣斗粟无所增益",事实上却是把各个政权所增加的苛捐杂税全都继承了下来。凡其原以身丁为对象而征取的,则统名之为"丁口之赋",凡其原以羽毛皮革等物为名而后来改征钱绢的,则统名之为"杂变之赋"。农器税和江东地区的"盐米""芦荡"均照旧征收,而税米"加耗"且成为全国通制。北宋初年对五代十国期内的"无名苛细之敛"究竟"革"了一些什么呢?我们实在是找不出来的。

每当大量的农民由于地主阶级的压榨和统治者们的苛暴而被从土地上排斥出来之后,他们便会纠集起来而从事于对统治阶级的反抗斗争,历史上有许多朝代就是被农民起义军所推翻了的。这样的一些事实,以赵匡胤为首的宋初最高统治集团是知道的,而且也在设法加以防范。他们所采取的防范办法,不是要制定一些对农民让步的政策和措施,不是想通过轻徭薄赋、"为民制产"等等的道路,而是全然异样的一种办法。那就是被赵匡胤取名为"养兵"的一种政策。

募兵制之所以从唐代后期以来就逐渐形成,以及后来之所以成为各割据政权通用的制度,其主要原因之一,就在于当时农村中破产失业人口之日益加多。这一社会现象,使得应募入伍者可以源源而来,而统治阶级也企图利用召募"亡命""流民"入伍的办法,把这般失业人口加以收容和豢养,免得他们去集结在山林之中,从事于对统治阶级的反抗斗争。赵匡胤等人认识到募兵制所具有的这一方面的作用,遂即打算充分利用这一作用。他们绝不设法恢复前代所曾施行过的寓兵于农的征兵办法,不设法使农业生产上获得尽可能多的劳动力,而却是:对军队员额不加限制,平时即在与日俱增,一遇凶年饥馑更大量召募饥民,把某些种类的罪犯也尽量编配在军伍之中。其总的目的,是要把全国各地的"失职犷悍之徒"全都集中起来,加以豢养,使其听从统治者的驾驭和指挥,成为支持和保卫封建政权的武装力量。他们认为这样做了之后,兵和民便会截然分离,则在遭逢凶年饥岁之时,纵或有"叛民"而不至有"叛兵";"不幸乐岁而变生",则又只会有"叛兵"而人民不会相从以"叛"。赵匡胤把这种无限制的召募办法称为"养兵"政策,而且自夸这是可以成为"百代之利"的好办法。

由于北宋政府在建立之初就开始了这样的一些政策、措施和做法,这就使得从晚唐五代十国以来所已经发生的一些严重的社会病症,在北宋建国以至基本上完成了统一之后,不但一概没有得到纠正,且还都在继续蔓延滋长。到后来,北宋政府便也不可避免地要从许多方面自食其果。在这里,我且只举述以下两方面的事情作为例证:

一、因为宋廷纵容兼并,兼并之家大都享有免税免役的特权,于是在北宋开国三五十年之后便出现了一种现象:土地归于官绅豪富形势之家,而赋税徭役的负担则集中在一般不能享有免税免役特权的中下等级的民户身上。进入十一世纪之后,根据宋代人所作的估计,在全国的耕地总面积当中,"赋租所不加者十居其七",政府仅能向另外的那十分之三的土地抽取税赋。中下等级的民户为逃避此项难堪的繁重赋役,又全都千方百计地隐瞒丁口,或去托庇于豪强兼并之家。"诡名挟佃""诡名寄产"以及"诡名子户"等情事,遂致普遍存在于各地。北宋政府虽也规定每逢闰年由各州县政府陈报户口升降实数,但每次每地所报口数均仅为户数的两倍上下(有时仅是一倍半上下),是一种极不合理的现象,而宋廷对之却始终不以为怪,也始终不加"考按"。人口当中的主户与客户(即不在政府直接控制之下的户口)的比例,前后大致皆为二与一之比,而在主户当中却还包括了大量不向政府提供任何封建义务的豪强形势之家。这就是说,北宋政府等于自行削弱了它的主要社会支柱,它所能直接控制和支配的人力物力实在是不够壮大和富足的。

二、宋初的最高统治集团对大量破产失业的劳动人民视若无睹,不肯把荒地分配给他们,不肯给以任何种生产条件,使其得以重回到生产岗位上去,而竟还把其中的一部分人召募入伍,使其与农业生产永远脱离关系,其结果,又使得在北宋政权既建之后,投在农业生产上的劳动人手不能随时有相应的增加,其农业生产因而也就不能随时有相应的发展。在另一方面,由于军队数额的不断增加,官僚体系的随时扩大,寄生阶级日益庞大。为了豢养这样多的冗兵、冗官、冗员,尽管北宋政府的税收来源在茶盐酒税和商税方面比之前代都已大有增加,却终于还不能不随时加重农村当中纳税民户的赋税徭役,这就又使得当时社会中的中间阶层的地位日益下降,被迫走上流徙"亡命"之途者日益加多。到第十世纪的晚年,爆发于四川地区,在王小波、李顺领导下的农民暴动,已首先提出了"均贫富"的口号,到十一世纪二三十年代之内,相继爆发在黄河中下游各地的农民起义,其次数已是一年多于一年,声势更是一伙强似一伙了。

这一切事件的根苗,都是赵匡胤在北宋初年所手自培育起来的。然而,倘使他和他的佐命大臣对于当时社会经济发展趋向问题能有一些正确认识的话,他们原是有条件制定出一些较好的政策、作出一些较好的措施和安排来的。

(原载《新建设》1957 年第 5 期)

陈桥兵变黄袍加身故事考释

自中唐以后，藩镇的势力日益强大，中央政府的权力不能再加以控制约束，于是便形成了各藩镇的割据之局：武人称霸于一方，享有其地的政治经济诸大权（军权自更不用说），宛然一个小朝廷的规模。其地位的继承问题，中央政府也同样没有权力去过问，一任各藩镇之自为授受。但因各藩镇的情形也多是兵悍将骄，上下全无体统可言，故其首脑人物的产生和铲除，乃竟至全然依系于将弁和士卒的倾心与否。得到他们的拥戴，便做得成一方的霸主；失掉他们的欢心，便难保生命于旦夕。这样的风气既经造成之后，一般野心的军人政客，则又均设法操纵这般既骄纵而又单纯的群众，以图攫取地位和权力。"陈桥兵变黄袍加身"的故事，不论在后来渲染得如何有声有色，实际上也是在这种风气之下所屡经演出的戏剧之一幕，虽则幕后还大有值得研讨的症结在。

宋太祖是一个具有较高明的政治手腕的人。唯其如此，所以当他取得了军权和财权之后，便将此三者极灵活地予以运用，将残唐五代的局面予以全盘的改革，赵家的统治权遂得稳定；将士以爱憎而废立首脑的事件，也遂以这次的陈桥事件而告了终结。

倘使赵宋的国祚也和唐代的各个藩镇或五代时候的各个朝代那样，倏然而兴，忽然而亡，则所谓陈桥事件的真相必早已大白于天下后世，不至被称作所谓"千秋疑案"；事实上宋太祖却能于黄袍加身之后，使赵氏一家的统治权不但稳固，而且延续了几百年之久，于是多少善于圆谎的史学家们对此事均多方面加以粉饰，希图蒙蔽后代读史的人，遂使这事件直到如今在人们的意想当中至少还存在有两种不同的印象：有些人以为这事件的主动者既然是宋太祖赵匡胤本人，是他居心要夺取后周的天下于孤儿寡妇之手,因而认为这次把戏全是宋太祖一人在幕后摆布妥当了的;另外有些人,则由于后来宋太祖之传位于其胞弟太宗一事,断定这事件的发动者和主谋人物,是太宗赵光义和赵普以及一般将士们,而与宋太祖本人原无干涉。陈桥事件之所以成为"千秋疑案"者,其原因即在于此。

不论一般史学家们如何逢迎了宋朝皇帝们的意旨而粉饰掩盖,对这事件却终于还留下了一些漏洞。从这些漏洞当中,我们得以窥察出一些微妙的关系,因而也就可以对此久悬未决的一桩疑案作成一个定谳。

记载陈桥事件的材料,我们现今所可得见的,以司马光的《涑水记闻》为最早;而其参合众说,委曲周悉,最称详尽的,则是李焘的《续资治通鉴长编》。

《涑水记闻》卷一记此事云:

> 建隆元年正月辛丑朔,镇定奏契丹与北汉合势入寇。太祖时为归德军节度使、殿前都点检,受周恭帝诏:"将宿卫诸军御之。"癸卯发师,宿陈桥。将士阴相与谋曰:"主上幼弱,未能亲政,今我辈出死力为国家破贼,谁则知之?不若先立点检为天子,然后北征未晚也。"
>
> 甲辰将旦,将士皆擐甲执兵仗,集于驿门,谨噪突入驿中。太祖尚未起,太宗时为内殿祗候供奉官都知,入白太祖,太祖惊起,出视之。诸将露刃罗立于庭,曰:"诸军无主,愿奉太尉为天子。"太祖未及答,或以黄袍加太祖之身,众皆拜于庭下,大呼称万岁,声闻数里。太祖固拒之,众不听,扶太祖上马,拥逼南行。太祖度不能免,乃揽辔驻马,谓将士曰:"汝辈自贪富贵,强立我为天子,能从我命则可,不然,我不能为若主也。"众皆下马听命。太祖曰:"主上及太后,我平日北面事之;公卿大臣,皆我比肩之人也;汝曹今毋得辄加不逞。近世帝王,初举兵入京城,皆纵兵大掠,谓之'夯市'。汝曹今毋得夯市及犯府库,事定之日,当厚赍汝;不然,当诛汝。如此可乎?"众皆曰:"诺。"乃整饬队伍而行,入自仁和门,市里皆安堵,无所惊扰。不终日而帝业成焉。

《记闻》这一段记事，只是笼统地表明陈桥事变乃出于从征将士的拥立，其涉及太宗的，只"入白太祖"一事，至于赵普其人，则连姓名也未曾一见。

《长编》卷一对于此事的记载，将《记闻》中的前段文字全行采入，另外更加进了《记闻》所未载的许多事：

> 建隆元年春正月辛丑朔，镇、定二州言契丹入侵，北汉兵自土门东下与契丹合。周帝命太祖领宿卫诸将御之。太祖自殿前都虞候再迁都点检，掌军政凡六年，士卒服其恩威。数从世宗征伐，浔立大功，人望固已归之。于是主少国疑，中外始有拥戴之议。
>
> 壬寅，殿前司副都点检、镇宁军节度使太原慕容延钊将前军先发。时都下諠言，将以出军之日策点检为天子。士民恐怖，争为逃匿之计，惟内庭晏然不知。
>
> 癸卯，大军出爱景门，纪律严甚，众心稍安。军校河中苗训者，号知天文，见日下复有一日，黑光久相磨荡，指谓太祖亲吏宋城楚昭辅曰："此天命也。"
>
> 是夕次陈桥驿。将士相与聚谋曰："主上幼弱，未能亲政，今我辈出死力为国家破贼，谁则知之？不如先立点检为天子，然后北征，未晚也。"都押衙上党李处耘具以其事白太祖弟匡义。匡义时为内殿祇候供奉官都知，即与处耘同过归德节度掌书记蓟人赵普，语未竟，诸将突入，称说纷纭。普及匡义各以事理顺逆晓譬之，曰："太尉忠赤，必不汝赦。"诸将相顾，亦有稍稍引去者。已而复集，露刃大言曰："军中偶语则族，今已定议，太尉若不从，则我辈亦安肯退而受祸！"普察其势不可遏，与匡义同声叱之曰："策立大事也，固宜审图，尔等何得便肆狂悖！"乃各就坐听命。普复谓曰："外寇压境，将莫谁何，盍先攘却，归始议此？"诸将不可，曰："方今政出多门，若俟寇退师还，则事变未可知也。但当亟入京城，策立太尉，徐引而北，破贼不难。太尉苟不受策，六军决亦难使向前矣。"普顾匡义曰："事既无可奈何，政须早为约束。"因语诸将曰："兴王易姓，虽云天命，实系人心。前军昨已过河，节度使各据方面，京城若乱，不惟外寇愈深，四

陈桥兵变黄袍加身故事考释　393

方必转生变。若能严敕军士,勿令剽劫,都城人心不摇,则四方自然宁谧,诸将亦可长保富贵矣。"皆许诺。乃共部分。夜遣衙队军使郭延赟驰告殿前都指挥使浚仪石守信,殿前都虞候洛阳王审琦。守信、审琦,皆素归心太祖者也。将士环立待旦。太祖醉卧,初不省。

甲辰黎明,四面叫呼而起,声震原野。普与匡义入白太祖,诸将已擐甲执兵,直扣寝门,曰:"诸将无主,愿策太尉为天子。"太祖惊起披衣,未及酬应,则相与扶出听事,或以黄袍加太祖身,且罗拜庭下称万岁。太祖固拒之,众不可,遂相与扶太祖上马,拥逼南行。匡义立于马前,请以剽劫为戒。太祖度不得免,乃揽辔誓诸将曰:"汝等自贪富贵,立我为天子,能从我命则可;不然,我不能为若主也。"众皆下马,曰:"惟命是听。"太祖曰:"少帝及太后,我皆北面事之;公卿大臣,皆我比肩之人也。汝等毋得辄加凌暴。近世帝王初入京城,皆纵兵大掠,擅劫府库,汝等毋得复然,事定,当厚赏汝。不然,当族诛汝。"众皆拜。乃整军自仁和门入,秋毫无所犯。

《记闻》中所泛说的将士,在《长编》的这段记事中已指实为赵普、石守信、王审琦以及赵匡义等人,是则在黄袍加身之前的一切过程,宋太祖概未置身于内,则其未曾预闻,好像是可信的。而且,由赵普与宋太祖在"杯酒释兵权"的场合所举述的事例来看,也更可证成此说。《长编》卷二于建隆二年秋七月载其事云:

石守信、王审琦等皆上故人,各典禁卫,〔赵〕普数言于上,请授以他职,上不许。普乘间即言之,上曰:"彼等必不吾叛,卿何忧?"普曰:"臣亦不忧其叛也。然熟观数人者,皆非统御才,恐不能制伏其下。苟不能制伏其下,则军伍间万一有作孽者,彼临时亦不得自由耳。"上悟。于是召守信等饮。酒酣,屏左右谓曰:"我非尔曹之力不得至此,念尔曹之德无有穷尽。然天子亦大艰难,殊不若为节度使之乐。吾终夕未尝敢安枕而卧也。"守信等皆曰:"何故?"上曰:"是不难知矣。居此位者,谁不欲为之?"守信等皆顿首曰:"陛下何为出此言?今天命已定,谁敢复有异心?"上曰:"不然,汝曹虽无异心,其如麾下之人欲富贵者何?一旦以黄袍加汝之身,汝虽欲不为,其可得乎?"皆顿首涕泣曰:"臣等愚不及此,惟陛下哀矜,指示可生之途。"上曰:"人生如白驹之过隙,所为好富贵者,不过欲多积金钱,厚自娱乐,使子孙无贫乏耳。尔曹何不释去兵权,出守大藩,择便好田宅市之,为子孙立永远不可动之业,多置歌儿舞女,日饮酒相欢,以终其天年。我且与尔曹约为婚姻,君臣之间,两无猜疑,上下相安,不亦善乎?"皆拜谢曰:"陛下念臣等至此,所谓生死而肉骨也。"明日皆称疾请罢。上喜,所以慰抚赐赉之甚厚。(《涑水记闻》卷一亦载此事,较此稍略。)

就这段记事看来,赵普和宋太祖所深怀忧虑的,既然是将士欲富贵者之起义拥戴和主帅之失掉其自由,则其暗中所引为前车之鉴的,当然就是陈桥事件,深怕将士们再用此故伎而将黄袍硬披在某一主帅的身上去。他们全没有担心于主帅的自行发动。这岂不也正好反映出如下的一件事实,即陈桥事件当中,身为主帅的赵匡胤,原也是个被人逼迫而失去自由的人,所以那次"黄袍加身"的勾当,定非出于他本人的策画吗?如是则《长编》卷一所记赵普、赵匡义等人的种种活动也便应当可信了。

然而问题并不这样简单。

赵普和赵匡义之为陈桥事件的出谋划策人物,本为《涑水记闻》所不载,到李焘的《续通鉴长编》中方添加进去,此据前面所引两书记事已可看到。然则《长编》中是根据什么而添加进去的呢?其所根据的材料究竟可靠与否呢?对此我们不能不加以考察。

《长编》记陈桥事,于"遂相与扶太祖上马,拥逼南行。匡义立于马前,请以剽劫为戒"诸句下,有附注云:

> 《旧录》,禁剽劫都城实太祖自行约束,初无纳说者。今从《新录》。

今按:所谓《旧录》,是指太祖死后太宗在位时候第一次所修的《太祖实录》而言;所谓《新录》,是指宋真宗即位后重修的《太祖实录》而言。何以太祖的《实录》修成之后,又须重修一次呢?《长编》卷三五于淳化五年(994)夏四月记有太宗的一段话,可对此问题予以解答:

> 癸未，以吏部侍郎兼秘书监李至、翰林学士中书舍人张洎、右谏议大夫史馆修撰张佖、范杲同修国史。
>
> 先是，上语宰相曰："太祖朝事，耳目相接，今《实录》中颇有漏略，可集史官重撰。"……因言"太祖受命之际，固非谋虑所及。昔曹操、司马仲达皆数十年窥伺神器，先邀九锡，至于易世方有传禅之事。太祖尽力周室，中外所知，及登大宝，非有意也。当时本末，史官所记殊阙然。宜令至等别加缀辑。"故有是命。

这些话已十足地表明了太宗的意思是想把陈桥事件引为己功，而对于《太祖实录》中之未曾特别着重此点则深为不满，故命官纂修国史之初，即明白示以此意，国史既然本此意思修成，则太祖的《实录》也不能不本此意思改造，以期二者之能以符合。于是到了真宗便再命史官重修，算是完成了太宗的一桩遗志。《宋会要辑稿·实录院》于孝宗淳熙五年（1178）所载李焘的章疏中也有云：

> 五年十二月二十三日，秘书少监、国史院编修官李焘言："窃见太平兴国三年初修《太祖实录》，命李昉、扈蒙、李穆、郭贽、宋白、董淳、赵邻几同修，而沈伦监修，五年成书。及咸平元年，真宗谓伦所修事多漏略，乃诏钱若水、王禹偁、李宗谔、梁颢、赵安仁重加刊修，吕端及李沆监修，二年书成。前录文武臣僚止九十一传，沈整其阙缪，合成一百四传。凡得姓、受禅、平僭伪、更法制，皆创行纪述，视前录稍详。"（《职官》一八之六九）

《旧录》中既然也载及太祖被拥上马后约束将士等事，则是对于受禅之事并非阙略，然而《新录》却又于此等处"创行纪述，视前录稍详"，则其凡所加详之处，必皆为揣摩着太宗的私意而制造的，当无可疑。太宗之所以极端关心此事，是因为：他之继太祖而为皇帝，本不是以正当手段得来（此事另详拙作《宋太祖太宗皇位授受问题辨析》文内），为欲掩盖此事实，乃造作了种种证据，以证明太祖早已决意传位于他，其最好的理由，自然莫如说因他在陈桥事件中之曾立有大功。横竖太祖已死，不能起而反驳，于是尽量示意于史臣，使其特别提高他在陈桥事件中的地位，把他描绘为主要策动人物。史臣们既找不到任何具体的事项可资补述，窘迫之余，乃设为太宗与赵普的种种谈论，以及其应答一般将士的话语，欲借这些空洞的词句以混淆天下后世的听闻。其结果乃至于把太祖自行约束士兵的话也改为太宗马前所献之策了。所以袁桷的《修辽金宋史搜访遗书条列事状》（见《清容居士集》卷四一）说道：

> 《宋太祖实录》旧有两本，一是李昉诸臣所为，太宗屡曾宣索，已有避忌。至真宗咸平再修，王禹偁直书其事，出为黄州。禹偁所著《建隆遗事》足见深意。前实录无太宗叩马一段，后录增入，显是迎合。

《长编》所记太宗在陈桥事变中的诸事，既是完全本之于国史及重修的《太祖实录》，又岂能让人相信得过呢。

《长编》中关于赵普各项活动的记载，除了依据国史及重修本《太祖实录》之外，另外还参用了赵普自作的《飞龙记》。《长编》于"诸将突入，称说纷纭，普及匡义各以事理顺逆晓譬之曰"诸语下，有附注云：

> 赵普《飞龙记》云，〔李〕处耘亦同普晓譬诸将。按《国史》，处耘见军中谋欲推戴，即遽白太宗与王彦昇谋，遂召马仁瑀、李汉超等定议。然则晓譬诸将，独普与太宗耳，处耘必不在也。今削去处耘名。

《飞龙记》一书，现在不可得见，但既出自赵普之手，则其记陈桥事件，也必将自己在其中的地位特别提高，侈张其攀龙附凤的大功。然因其与国史和重修本的《太祖实录》同样，全缺乏真实的事项作根据，仅凭执笔者之逞臆妄说，遂使各书间不免有所抵牾而不能一致。因知《飞龙记》之不可信处，绝不限于李焘所指陈的一点了。

既然国史、《太祖新录》《飞龙记》诸书关于赵匡义、赵普二人的记载是不可靠的，则二人为陈桥事件中主要出谋划策人物之说也便是不可靠的了。

然而，主谋的人物虽不是赵匡义和赵普，而有"杯酒释兵权"时候赵普和宋太祖所举述的例证，则其主动人物应该是"麾下之人欲富贵者"，而依然不得说一切皆出于宋太祖本人吧？

事实上也并不然。

《长编》卷四于乾德元年(963)二月记另一件解除兵柄的事云：

> 丙戌，天雄节度使符彦卿来朝，对于广政殿，赐袭衣、玉带。上欲使彦卿典兵，枢密使赵普以为彦卿名位已盛，不可复委以兵柄。屡谏不听。《宣》已出，普复怀之请见，上迎谓曰："岂非符彦卿事耶？"对曰："非也。"因别以事奏。既罢，乃出彦卿《宣》进之。上曰："果然。《宣》何得在卿所？"普曰："臣托以处分之语有未备者，复留之。惟陛下深思利害，勿复悔。"上曰："卿苦疑彦卿何也？朕待彦卿至厚，彦卿岂能负朕耶？"普曰："陛下何以能负周世宗？"上默然，事遂中止。（按：此事亦最先见于《涑水记闻》，以《长编》系有年月，故用之。）

这是赵普和宋太祖两人间私下的谈话，没有任何顾忌和避讳，所以赵普即引陈桥驿的往事以为鉴戒，并且和盘托出宋太祖当时辜负后周世宗的事，而太祖也绝不再打官腔，说什么"为六军所逼，一旦至此"（此宋太祖初自陈桥返都时对范质、王溥、魏仁浦等所说的话）等类的话头以自解，则知当时负人之谋，确是先由太祖所发动，而不是"麾下欲富贵者"所为的。而其于"杯酒释兵权"时向石守信、王审琦等人如彼云云者，乃是因为君臣之分已经确定，既不好明白揭穿往事的真相，更难于当面直指石、王各怀有篡夺的野心，所以才缘饰为"麾下"所为，以资樽俎之折冲罢了。

且即单就《长编》所记陈桥事件的文字推求，其字里行间已经大有耐人寻味之处：

《长编》于开卷记契丹入寇，宋太祖受命出兵一事，便先已有了"太祖掌军政六年，人望固已归之。于是主少国疑，中外始有拥戴之议"等等的话。所谓"拥戴之议"者，乃是史家惯用的一种饰词，实则即等于说宋太祖看到后周当时孤儿寡妇的局面而已生了"是可取而代之"的野心了。

于记述大军出城之后，《长编》又插入两句云："纪律严甚，众心稍安。"明明是为了抵御契丹的入侵而出兵，何以在大军出城之前，人心不能稍安呢？这又可见当时赵匡胤的用心必已等于曹魏末年司马昭的用心，已经是路人皆所周知的事，而因为当时"帝王初入京城皆纵兵大掠，擅劫府库"，对于这支赵家兵自然也深恐其不出城便先谋篡窃，果尔则未必能免于劫掠之厄,所以莫不心怀惴惴。

《长编》又谓:"军校苗训知天文,见日下复有一日,谓太祖亲吏楚昭辅曰:'此天命也。'""此天命也"一句,凭空而出,而说的人和听的人均不以为突兀,也可证在他们的心目中早已知道要有什么事情发生,所以苗训的迎合话语,也不待费词便都可理解了。

除以上各条之外,在《长编》《涑水记闻》《龙川别志》和《东都事略》等书中,也还可以找出更为直接、更较积极的证据来:

《长编》卷一于太祖建隆元年八月有记事云:

> 忠武节度使兼侍中阳曲张永德徙武胜节度使。初,显德末,有方士私为永德言上受命之符者,永德在军中潜意推奉。将聘孝明皇后,永德出缗钱金帛数千以助纳采,上甚德之。于是自许来朝,命改镇邓。恩宠优渥,旧臣无与比者。

同书卷四于乾德元年十二月又记云:

> 右拾遗浦城杨徽之亦尝言于世宗,以为上有人望,不宜典禁兵。上即位,将因事诛之,皇弟光义曰:"此周室忠臣也。不宜深罪。"于是亦出为天兴令。

查孝明皇后乃是宋太祖于周世宗显德五年为殿前都点检时所娶的继室,在那时候便已有人"潜意推奉",而且已被杨徽之看出了"有人望,不宜典禁兵"(这等于说有不臣之迹),是知宋太祖之窥窃周室的大位,当周世宗在世时便已开始了。

苏辙的《龙川别志》卷上有一条记事云:

> 周显德中,以太祖任殿前点检,功业日隆而谦下愈甚,老将大校多归心者,虽宰相王溥亦阴效诚款。今淮南都园则溥所献也。惟范质忠于周室,初无所附。及世宗晏驾,北边奏契丹入寇,太祖以兵出拒之,行至陈桥,军变。既入城,韩通以亲卫战于阙下,败死,太祖登正阳门望城中,诸军未有归者,乃脱甲诣政事堂。时早朝未退而闻乱,质下殿执溥手曰:"仓卒遣将,吾侪之罪也。"爪入溥手,几血出。溥无语。既入,见太祖,质曰:"先帝养太尉如子,今身未冷,奈何如

此?"太祖性仁厚,流涕被面。

《涑水记闻》卷一有一条记事中云:

> 周恭帝之世,有右拾遗、直史馆郑起上宰相范质书,言太祖得众心,不宜使典禁兵。质不听。

《东都事略》卷一三《宣祖昭宪皇后杜氏世家》亦有云:

> 及太祖为群情拥戴,自陈桥还京师,人走报后曰:"点检已作天子。"后曰:"吾儿素有大志,今果然矣。"

这三条,和前引《长编》所载张永德和杨徽之事,正可相互证发,均可说明宋太祖要篡窃后周帝统的意思蓄之已久,至少在世宗显德中年以后已经有此意了。

《涑水记闻》卷一还有一条云:

> 周恭帝幼冲,军政多决于韩通。通愚憨,太祖英武,有度量,多智略,屡立战功,由是将士皆爱服归心焉。及将北征,京师间喧言:"出军之日,当立点检为天子。"富室或挈家逃匿于外州,独宫中不之知。太祖闻之惧,密以告家人曰:"外间汹汹若此,将如之何?"太祖姊(或云即魏国长公主)面如铁色,方在厨,引面杖逐太祖击之,曰:"大丈夫临大事,可否当自决胸怀,乃来家间恐怖妇女何为耶!"太祖默然而出。

这一条,一方面说明宋太祖早已有了篡周的种种布置,另一方面也说明了在北征出师之前,他更是如何地在加紧策动,以使此事能尽早实现。然竟至归而谋诸妇人女子,不也几于自败"乃公家事"耶!

所谓"千秋疑案"者,到这里,实在已经毫无可疑的地方了。现再简单概括其全部过程,应为:从后周世宗的显德中叶起始,宋太祖因为已经攫得兵权,且已典领禁军,对于后周的天下便已存了觊觎之心,遂即开始取法于王莽篡汉前谦恭下士的办法以收络人心,不唯与武人王审琦、石守信等结为义社十兄弟(见王巩《闻见近录》及李攸《宋朝事实》),甚至连丞相王溥也"阴效诚款",可见已经布置得非常周到,只以周世宗毕竟是个英明之人,所以暂时隐忍不发以待机会。可巧又正逢天不祚周,世宗于显德六年(959)以三十九岁的年龄逝世,继位的恭帝年仅七岁。这寡妇孤儿的局面,自然被宋太祖认为绝不可失的良机,遂即于世宗逝世的次年正月藉了出兵的机缘而采取行动了。陈桥驿上呼号拥戴的士兵和将领们,只不过是供其驱使的一群傀儡,赵匡义、赵普、石守信,以及张永德、王溥等人,也只是平素预闻其事的参佐人物而已,其操纵指使之者,却还是宋太祖本人。

(原载《真理杂志》第 1 卷第 1 期,1944 年 1 月)

宋太祖太宗皇位授受问题辨析

宋太祖夺后周的天下于孤儿寡妇之手，却不料他的天下也被别人在孤儿寡妇的手中劫夺了去。当宋太祖开国之后，曾用尽心计，立定了许多防微杜渐的政策，却也不料"季孙之忧，不在颛臾，而在萧墙之内"。劫夺的人非他，即太祖的介弟赵光义，庙号称为太宗者是。

我说太宗的继统是用劫夺的手段取得的，这不唯与历来谈这问题的人的意见相反，即现今也尚有许多人对这问题仔细研究推考，所得出的结论，也和我在上边所说的大不相同。

我知道，在现今也还能够找到很多很多的史料，可以证明上边我那个说法是不对的。把这许多史料归纳起来，我们可以分作两类：第一类是可以证明宋太祖太宗之兄终弟及，乃是出于他们的母亲杜太后的意思的；第二类，则可证明这传弟而不传子的主张，一切皆出于太祖本人。

所可惜的，是这两类材料多少总有些歧互难合之处，因而它们并不能并行不悖。自然，人们还可以说，只须二者之中有一类是可以信靠的史料，岂不也就很够推翻上边的那项结论了吗？无奈，这两类史料又不是正相反背着的，因而，证明了此一类之为伪，仍不足表明另一类之必真。

我说的这两类史料，其中所举述的事由虽不相同，而其说明宋太宗之承统乃是受有遗命的，则并无二致。我以为，假如这两项遗命中之任何一项，不论是杜太后的或宋太祖的，在当时确实是太宗承统的依据，则在他继承帝位之初，必即应昭告天下，俾众周知。若然，则在所公布的一项材料之外，便绝无另行制造一种理由或借口的需要，且亦根本无此可能。然而，当太宗即位之初，想来必正是群情危疑，众口悠悠之际，他却实在并没有宣告任何一项遗命以杜众口而塞疑窦。是则太后或太祖之果曾有遗命与否,大可怀疑,因而在这两项史料当中,是否果有可以凭信的一种,也自然难以遽定了。

就这两类史料出现的时间而论,大都是在太祖去世之后不久,便陆陆续续地相继问世了。这,从某个角度来说,我们是嫌其不免出现得太早了些,牵涉在问题中的一大批人物既尚多存在,恩怨避忌之类便在所难免,则记事的人势不能不有所回护或文饰;从另外的角度来说,我们又嫌其出现得太迟了些,倘若所谓太后的顾命或太祖生前有意传国于太宗的种种表示,有一种能在太祖去世之前公之于世,这问题的解决岂不容易得多多了吗?

今且将两类史料分别汇录于后而推考之。

一、 辨杜太后榻前遗命之说

李焘《续资治通鉴长编》卷二太祖建隆二年(961)记事有云:

> 六月甲午,皇太后崩。后聪明有智度,尝与上参决大政。……及寝疾,上侍药饵,不离左右。疾革,召〔赵〕普入受遗命。后问上曰:"汝自知所以得天下乎?"上呜咽不能对。后曰:"吾自老死,哭无益也。吾方语汝以大事,而但哭耶!"问之如初,上曰:"此皆祖考及太后余庆也。"后曰:"不然。政由柴氏使幼儿主天下,群心不附故耳。若周有长君,汝安得至此?汝与光义皆我所生,汝复当传位汝弟。四海至广,能立长君,社稷之福也。"上顿首泣曰:"敢不如太后教。"因谓普曰:"汝同记吾言,不可违也。"普即就榻前为誓书,于纸尾署曰"臣普记"。上藏其书金匮,命谨密宫人掌之。

同书卷二二太宗太平兴国六年(981)九月记事有云:

> 太子太保赵普奉朝请累年,卢多逊益毁之,郁郁不得志。……会如京使柴禹锡等告秦王廷美骄恣,将有阴谋窃发。上召问普,普对曰:"臣愿备枢轴以察奸变。"退复密奏:"臣开国旧臣,为权幸所沮。"因言昭宪顾命及先朝自诉之事。上于宫中访得普前所上章,并

发金匮,遂大感悟,即留承宗(赵普子)京师,召普谓曰:"人谁无过,朕不待五十,已尽知四十九年非矣。"辛亥,以普为司徒兼侍中。

　　始,太祖传位于上,昭宪顾命也。或曰,昭宪及太祖本意,盖欲上复传之廷美,而廷美将复传之德昭。故上即位,亟命廷美尹开封,德恭授贵州防御使,实称皇子,皆缘昭宪及太祖意也。德昭既不得其死,德芳相继夭绝,廷美始不自安,浸有邪谋。他日,上尝以传国意访之赵普,普曰:"太祖已误,陛下岂容再误耶!"于是普复入相,廷美遂得罪。凡廷美所以得罪,则普之为也。

以上两段史料的来源,据李焘自己在夹注中所说,是本之于重修的《太祖实录》(李焘原称为《新录》)、《太宗实录》和司马光的《涑水记闻》,且云在初修的《太祖实录》(李焘原称为《旧录》)中,本没有这项顾命之说。此项记事的后半段(至"或曰"为止),《太宗实录》和《涑水记闻》所记全同;前半段,《新录》便颇有与《记闻》歧互处:《记闻》所记太后临终的遗命是:

　　汝万岁后,当以次传之二弟,则并汝之子亦获安矣。

这"二弟"二字,实即是"两个弟弟",乃是指太宗和廷美二人而言。而《新录》中却只说:

　　汝后当传位汝弟。

去掉一个"二"字,是仅指太宗说,并不包括廷美在内了。

　　又《记闻》所载太后顾命时的在场人物只有太祖和赵普二人,而《新录》当中则说太宗也是当时在场的一人。

　　前一事,留待后面去讨论,现在先论后者。

　　照《新录》所说,当杜太后临终顾命之顷,太宗也是在场的一人,则大位授受是何等大事件,其事之必为太宗所牢记,断无可疑,是则当太祖在位之时虽藏之金匮,而在太宗继嗣之初,却应当首先启金匮而示臣民,何以必待赵普陈诉而才想起,如《太祖实录》中所说的呢?这在《太祖实录》(《新录》)和《太宗实录》二者之间,便显然是一个无法解释的矛盾。李焘看出了这个矛盾,却又极力想牵合润饰,于太后顾命之事,从《记闻》

不从《新录》,定为太宗不尝与闻,且于记事之下附加一段考语云:

> 按:太宗初疑赵普有异论,及普上章自诉,且发金匮得普所书,乃释然。若同于床下受顾命,则亲见普书矣,又何俟普上章自诉,且发金匮乎?盖《正史》《新录》容有润色。按《太宗实录》载普自诉章,其辞略与《记闻》同,当顾命时太宗实不在旁也。《正史》《新录》别加删修,遂失事实耳。故必以《太宗实录》及《记闻》为正。

经过李焘这一番修润调和的工作,在《续通鉴长编》的本身虽已前后相应合,然在《太祖实录》和《太宗实录》二者之间,其冲突之点固犹自存在也。

今查《太宗实录》为至道三年(997)真宗即位之后钱若水等人所修,次年,即咸平元年,八月,书成,上之。同年九月,又命若水等人重修《太祖实录》,咸平二年六月书成,上之。这期间,充任史官的王禹偁因犯了"以私意轻重其间"的罪过,被察觉了出来,落职出知黄州。除此之外,从事于重修《太祖实录》的人,几乎就是纂修《太宗实录》的那一班人,人员既大体相同,时间又先后相接,何以对于同一事项的记载竟先后有所差异呢?单就这项差异加以推考,我们便可以有如下的一种揣测:

当纂修《太宗实录》的时候,史官们极想体会着太宗的遗意,为他的承统事件找出一种根据,然而又实在并无这等事项,遂乃从原出虚构的纷杂传说中选用了太后顾命之说。及至《太宗实录》既经进呈之后,又奉命重修《太祖实录》,这时因要圆《太宗实录》中的谎,自亦必须插入此事。然前后的执笔者未必皆属某一个人,于前此所载节次之详已不能悉记,既未能时时检照,亦遂不能处处吻合,结果遂有漏洞发生了。

王禹偁《建隆遗事》云(按《遗事》已佚,今从《长编》卷二二转引):

> 太祖孝于太后,友爱兄弟,旷古未有。万机之暇,召晋王、秦王(原注:秦王,上弟,宣祖第三子,名廷美,亦杜后所生,今本传言王是太宗乳母王氏所生,非也,其有旨哉)、及皇子南阳王德昭、东平王德芳(原注:皆上子也)及皇侄公主等,共宴太后阁中。酒酣,上白太后曰:"臣百年后传位于晋王,令晋王百年后传位于秦王。"后大喜曰:"吾久有此意而不欲言之,吾欲万世之下,闻一妇人生三天子。不谓

天生孝子,成吾之志。"令晋王、秦王起谢之。既而后谓二王曰:"陛下自布衣事周室,常以力战图功,万死而遇一生,方致身为节度使,及受天命,将逾一纪,无日不征,无月不战,历尽艰危,方成帝业。汝辈无劳,安坐而承丕绪,岂不知幸乎!久后,各不得负陛下。吾不知秦王百年后将付何人?"秦王曰:"愿立南阳王德昭。"后又喜曰:"是矣,是矣,然则陛下有此意,吾料之,亦天意也。他日各不得渝。渝者罪同大逆,天必殛之。"上又令皇子德昭谢太后。

　　太后又谓上曰:"可与吾呼赵普来,令以今日之约作誓书,与汝兄弟传而收之。仍令择日告天地宗庙,陛下可以行之否?"上即时如太后旨,召赵普入宫,令制文。普辞以素不能为文,遂召陶谷为文。别日,令普告天地宗庙,而以誓书宣付晋王收之。上崩,兴国初,今上以书付秦王收之。后秦王谋不轨,王幽死,书后入禁中,不知所之。上子南阳王,寻亦坐事逼令自杀。传袭之约绝矣。

这段记载较《涑水记闻》又多出了几个枝节:

《记闻》谓赵普书遗命而藏之金匮,此则谓陶谷为文而宣付晋王。历代均认顾命为无上重大事件,凡是受顾命的臣僚,其传状中莫不大笔特书,诸史的《陶谷传》中则均无一字与此事相涉,知此言必妄。此其一。

赵普若果真是"素不能为文",则太后、太祖、太宗等人断无不知之理,亦即当太后要立誓书之时,断无舍众人而独召普令制誓文之理;若赵普并非"素不能为文",则既已受召入宫之后,又断无轻轻易易即可将制文之责辞卸了的道理。此其二。

若誓书果由太宗收藏,则至太宗即位之顷,断不会继续秘而不宣。此其三。

至"秦王谋不轨,幽死。上子南阳王寻亦坐事逼令自杀"云云,李焘已于《长编》的附注中加以驳诘云:此尤误。不知德昭自杀乃太平兴国四年(979)八月,德芳死乃六年三月,而廷美七年三月始罢开封尹也。节次颠舛,其误至明。此其四。

除以上各节外,所余文字大都与《记闻》略相同,如谓太宗、廷美同受顾命,以及太后意欲太祖传太宗、太宗传廷美等。以两书文义之多合,世间遂多相信其说。《长编》太平兴国六年廷美得罪之记事下李焘附加考语云：

> 按禹偁《遗事》既与《国史》不同，要不可信。然廷美尹开封，德恭授贵州防御使，颇与太宗传位之迹略相似，恐昭宪及太祖意或如此，故司马光《纪闻》亦云"太后欲传位二弟"。盖当时多有是说也。

事实上，李氏之所承认"或如此"者，也仍有其解说不通之处。《遗事》力言廷美为杜太后所生，《记闻》中综称太宗及廷美为"二弟"，当亦即认廷美为杜太后所出，然《长编》及《宋史·廷美传》于廷美卒后均载有一节云：

> 其后太宗从容谓宰相曰："廷美母陈国夫人耿氏，朕乳母也。后出嫁赵氏，生军器库副使廷俊。朕以廷美故，令廷俊属鞬左右。"

据此，则廷美乃是太祖、太宗的父亲私于太宗乳母耿氏而生的，后来耿氏另嫁一赵姓人家，杜太后遂即收养廷美为己子。然若果真如此，即使杜太后能有"不独子其子"的道义，又何至遽尔即愿其"以次得国"呢？且世所认为杜太后遗命之最具深意的地方，是在其意欲国有长君，免蹈后周柴氏的覆辙一点上，然而据李焘在《长编》卷二建隆二年杜太后遗命之记事下所加考语：

> 廷美当是时才十四岁，而太祖之子魏王德昭亦十岁，其齿盖不甚相远也。舍嫡孙而立庶子，人情殆不然。

这显然是表示不信任了。（上引数语，与《长编》太平兴国六年记廷美得罪之文字及李氏按语又颇相抵牾，不知出于李氏之失察抑或有意为此疑案以启示后人。然即此亦更可见，要想对这一公案加以顺理成章的解说，是一件如何困难的事情了。）

以上的问题既各都有其不能成立之处，所余的便只有廷美曾为开封尹一事了。这自然是千真万确的事。有许多人均以为太宗是以开封尹入继大位的，继位之后即以开封尹之位畀廷美，这不明明表示是在遵依杜太后的遗命，要于身后传位给廷美吗？我看来是并不然的。我对于这件事情的解释是：太宗之得国，全仗赖他的种种阴谋。当其窥伺之际，势必广结奥援(别详后段)。为与德昭相抗,自须与廷美结为一体,因而不但厚遇廷美,且厚结廷美之党类赵廷俊,以示无间,并企图得其报效。如是则在未曾得位之前,必曾用"兄终弟及"的空言对廷美作诱饵;及既已得位之后,舆论未洽,政权未固,且尚有太祖之子德昭、德芳在,是又不能不将前此的空言作出真要兑现的态势,以免廷美之发生异论而附于德昭,此廷美所以有开封尹之命也。其后德昭、德芳相继不得令终,其间未必没有廷美的助力在内。及德昭、德芳全已铲除,太宗的地位也已十分巩固,这时已经没有再需要廷美的地方,而廷美便一变而成为太宗的眼中钉了。想到在太祖的时候自身于暗中所经营的一切,便不免对廷美怀着一份戒惧之心,于是面孔一变而采取了先发制人的政策,不唯旧事不再提起,且复造为种种罪状而加诸廷美之身,先之以剥夺其事权,继之以远窜于涪陵,终之以残害其生命而后已。这其间,不唯太宗不曾顾念到杜太后的遗言,乃至廷美本人最须持此以作自身之护符者,也不闻其曾有任何一次提及此言而借以为重,则杜太后之果有遗命与否,岂不断然可晓了吗。

二、 辨宋太祖素欲传弟之说

《长编》卷二七开宝九年(976)六月有记事云：

> 上以晋王光义所居地势高仰,水不能及,庚子,步〔行〕自左掖门,至其第,遣工为大轮,激金水河注第中,且数临视,促成其役。王性仁孝,上雅钟爱。尹京十五年,庶务修举,上数幸其府,恩礼甚厚。尝疾病,殆不知人,上亟往问,亲为灼艾,王觉痛,上亦取艾自灸。自辰及酉,王汗洽苏息,上乃还。疾良愈,复往视之,赐以龙凤毡褥。又尝宴宫中,王醉,不能乘马,上起送至殿阶,亲掖之。王帐下士蒙城高琼左手执镫以出,上顾见,因赐琼等控鹤官衣带及器帛,勉令尽心。间谓近臣曰："晋王龙行虎步,且生时有异,必为太平天子,福德非吾所及也。"

晋邸高仰不能及水,晋王不自行设法,太祖亦不使晋王自行经营,而乃不惮烦劳,再三亲临监工,为大轮激水注入第中。这件事几乎使人怀疑到太祖之为此,未必不是一种"厌胜"的举措,而于此事之下乃忽然综述晋王受太祖恩礼诸事,且终之以"太祖间谓近臣"云云,情事极觉可怪:一者,史中记录太宗之事,在此时此事之前已有无数起,何以不先不后而独将此事补记于太祖垂死(事在同年十月)之前呢?二者,太祖平素与群臣从容谈论诸语,莫不随时随地由史臣记入《宝训》、《日历》(按:宋之《日历》虽始于开宝七年,但其前即有《内廷日历》,记对见辞谢等事,见《宋史·扈蒙传》)之中,并皆详记其月日及参预臣僚姓名。"晋王龙行虎步"云云,关系于宋之国统者何等重大,何以不在当时记下,而仅于此作一追记,且复笼笼统统,曰"间谓",曰"近臣",而于时、地、人物竟无一能够指实呢?三者,或以为记此言者已知太后早有顾命在前,太祖此语只不过重申太后之意,故未特别重视。殊不知各书所载顾命之事,均谓经赵普记录之后即藏之金匮,太宗尚且待即位六七年后方因赵普自诉而启匮得知,余人当更不得与闻。因而,当太祖突然明言太宗"异日必为太平天子"之时,朝臣乍悉其事,应如何喧腾诧异,乃竟不闻有一人论及其事,似皆已认为当然,此亦事理之绝不可通者。四者,凡"生时有异"一类的话,均史臣于帝王身后文饰之词,若在生前即据此而论断一生之福德,则太祖生时"赤光绕室,异香经宿不散,体有金色,三日不变",较太宗生时之"赤光上腾如火,闾巷闻有异香"者,远为过之,太祖又何得妄自菲薄而谓"福德非吾所及"呢?何况本是史臣追美所惯用的一类话头,而竟谓出自太祖之口,亦极不类。因而我们可以断言,《长编》中这段记事,不论其本之何书,必为太祖身后史官之所伪为,是不能认作信史的。

《长编》于前条记事下又引蔡惇《夔州直笔》云:

> 太祖以晋王尹京,对罢,宣谕曰:"久不见汝所乘何马,牵来一观。"遂传呼至殿陛下御马台,敕令晋王对御上马。太宗惶惧辞逊,乃密谕曰:"他日汝自合常在此上下马,何辞焉?"太宗骇汗趋出,命近侍挽留,送上马,遂再拜乘马驰走,回旋于殿庭而出。太祖示继及之意也。

今按:《直笔》中这段记事与杜太后顾命之说实在不能两立。如果承认这条记载是可信的,则太后顾命之说便等于完全被推翻。所以李焘为要维持顾命之说,只列此文于附注而聊存一说,且于其后加以考语云:"按:太祖继及之意盖先定于昭宪榻前矣。今不取。"我们现在既已断言太后顾命说之出于假造,则《直笔》云云将因而不得不是确凿可信的吧?恰恰相反。唯其断定了前者之出于伪为,才证明了后者之也难凭信。因为太后顾命一说之所以造成,完全是由于太宗袭位缺乏任何理论上或事实上的依据之故。太宗为开封尹,其事始于建隆二年的七月,不论这"对罢宣谕"一事是否即在太宗尹京之初,使果有其事其语,则天子无戏言,出口已成法,支持太宗承统的理由焉得更有强大于此者?太宗及其臣僚又何所为而不取此一事大笔特书于《国史》《实录》之中,而必另行制造太后遗命等等谰言以欺人欺世呢?只此一点已可证知其为事理之所必无了。另外,前段用以诘难"龙行虎步"云云所举述各理由,一部分也大可移用于此处,兹不再赘。

又,魏泰《东轩笔录》卷一载一事云:

> 太祖幸西都,肆赦。张文定公齐贤时以布衣献策,太祖召至便坐,令面陈其事。文定以手画地,条陈十策。……内四说称旨,文定坚执其六说皆善,太祖怒,令武士拽出。及车驾还京,语太宗曰:"我幸西都,唯得一张齐贤耳。我不欲爵之以官,异时汝可收之,使辅汝为相也。"至太宗初即位,放进士榜,决欲置于高等,而有司偶失抡选,置第三甲之末。太宗不悦。及注官,有旨:一榜尽与京官通判。文定释褐将作监丞,通判衡州。不十年,果为相。

自从有了这条记载之后,李焘于《长编》中采之,元人修《宋史》,于《张齐贤传》中也采之。于是又有人举此以为太祖有意传位于太宗之确证。殊不知魏泰之为人最好假造故事,其《笔录》中所记各事,出于凿空驾说者即非常之多。单就其所记张齐贤一事而论,倘太祖真认齐贤为有宰辅之器,则自身何以"不欲爵之以官"而必留待异日太宗之收用?倘太宗果曾听取了太祖的这番话而立意拔擢齐贤,则可用之术亦多矣,何必定待齐贤举进士之时?且太宗既"决欲置于高等"矣,以天子之力何患其不行,而何以有司又竟至"失于抡选"呢?凡此也都是绝对解说不通者。《实

录》中的《齐贤附传》(今存《名臣碑传琬琰集》中)谓齐贤为太平兴国二年进士,今查《宋史·选举志(一)》云:

> 太宗即位,思振淹滞,谓侍臣曰:"朕欲博求俊彦于科场中,非敢望拔十得五,止得一、二,亦可为致治之具矣。"太平兴国二年,御殿覆试,内出赋题,赋韵平侧相间,依次而用。命李昉、扈蒙第其优劣为三等,得吕蒙正以下一百九人。越二日,覆试诸科,得二百人,并赐及第;又阅贡籍,得十举以上至十五举进士、诸科一百八十余人,并赐出身;九经七人不中格,亦怜其老,特赐同三传出身;凡五百余人。皆赐袍笏,锡宴开宝寺。帝自为诗二章赐之。甲乙第进士及九经,皆授将作监丞、大理评事,通判诸州,其余亦优等授官。

据此所说,是年之举进士及第与夫试诸科及九经合格者,无一不优等授官,而其授京官通判者则以甲乙第进士及九经为限,非如魏泰所说,"一榜尽与京官通判"也。其优予官阶之原因,则由于太宗初即位欲多得人才耳,倘仅为一张齐贤,则又何必检阅贡籍而搜罗十举至十五举之进士诸科,更何所为而亦优待至于试九经不中格诸人哉?且《实录·张齐贤传》中亦不云曾有此事,则《笔录》之必误已可知。又查齐贤于太平兴国八年十一月同签书枢密院事,雍熙三年(986)七月即出知代州(见《宋史·宰辅表》),及端拱二年(989)七月,赵普又上章力荐齐贤才堪大用,亦仅谓其"素蕴机谋,兼全德义,从来差遣,未尽器能。虑淹经国之才,堪副济时之用。如当重委,必立殊功"。以及"齐贤德义,素为乡里所推,而又深知福业,谨择交游,中外卿士举无出其右者"。齐贤因此荐疏才得重入政府为枢密副使,其后方由参知政事而加吏部侍郎同平章事。使无赵普之推荐,则齐贤于太宗在位之日能否重召入朝实所难知。然则《东轩笔录》所记太祖云云,其必出于魏泰之捏造更可知矣。

三、辨赵普录遗命藏金匮之说

再考赵普上书太宗自陈其曾受太后顾命之事,也颇觉难通。普之为人,得失之心极重,倘真曾受太后顾命,则在太祖已崩之后,太宗即位之初,即使太宗于此事初无所闻,普又岂肯错过此机会,而不赶速宣扬以明示自身为受有付托之重臣,以博取太宗的欢心,并以恢复自身于太祖晚年所失之相位?乃竟郁郁河阳,坐视怨家仇人卢多逊之跋扈飞扬,似若无一策之可措;至太宗即位已及六年,与藩邸旧臣共谋铲除廷美之时,始乘机陈述一切,并自告奋勇,愿亲任究察奸变之责,方得再登元辅,其间似极尽隐忍之能事,此其故果何为者?

且如顾命之言果曾由赵普书而藏之金匮,其后又果系因赵普之亲自陈说而方得启封,则顾命元老,疏慢已久,太宗于洞悉一切之后自应对赵普因感德而加优礼,而乃于穷治秦王廷美及卢多逊诸人罪后,不旋踵即罢相出镇邓州(见《宋史·宰辅表》),至身故之后,太宗尚念念不忘其旧恶,又是何故呢?《长编》卷三三淳化三年(992)七月有记事云:

> 乙巳,太师、赠尚书令、真定忠献王赵普卒。先是,普遣亲吏甄潜,诣上清太平宫致祷,神为降语曰:"赵普开国忠臣,久被病,亦冤累尔。"冤累盖指涪陵悼庶人也。潜还,普力疾冠带出中庭受神语,涕泗感咽,且言"涪陵自作不靖,故抵罪,岂当咎余!但愿速死,血面论于幽冥以直之"。是夕卒。己酉,上闻讣悲悼,谓近臣曰:"普事先帝与朕,最为故旧,能断大事。向与朕尝有不足,众人所知。朕君临以来,每待以殊礼,普亦倾竭自效,尽忠国家,社稷臣也。"

据前半云云,知赵普于究治秦王廷美事至死尚内疚于心,则可见其当时用心之惨毒。以此报效太宗,终于并没得到太宗的信任。狱事甫毕,太宗对普之恩礼即衰(见《长编》太平兴国八年六月),身死之后也只换得太宗的"倾竭自效"的评语,于顾托大事并未道及一字,且复谓其"向与朕尝有不足",此又可证明赵普之与太宗,在太宗尚未即位之前,是必只有大怨而绝无大德可言的。

太宗说赵普对他"尝有不足",且是"众人所知"的事情。《长编》中于此处没有载明这所谓"不足"者究指何事,而在卷十四太祖开宝六年(973)八月,赵普罢相出为河阳三城节度使时却曾说道:

> 普独相凡十年,沈毅果断,以天下事为己任,上倚信之,故普得成其功。……普既出镇,上书自诉云:"外人谓臣轻议皇弟开封尹,

皇弟忠孝全德,岂有间然。矧昭宪皇太后大渐之际,臣实预闻顾命。知臣者君,愿赐昭鉴。"上手封其书,藏之金匮。

《长编》太平兴国六年九月记事中之所谓"上于宫中访得普前所上章"者,即指此书而言;而太宗所谓"众人皆知"的赵普对他"尝有不足"者,也必即指赵普书中所极力否认的曾"轻议皇弟开封尹"一事而言,此亦即李焘考语中之所谓"太宗初疑赵普有异论"者也。但是,我很疑心赵普这封信未必果是太祖之时所曾奏上者,即使果是,则自"昭宪太后"以下云云,也必非当时所实有的话语。从《长编》中一些无意的记载当中,我们可以看得出,在太祖时候,赵普和太宗的对立局势非常明显,几有不能两立之势。如于太平兴国三年十一月记宋琪授太子洗马事有云:

> 乾德中,左补阙蓟人宋琪为开封府推官,上(太宗)时尹京,初甚加礼遇。琪与宰相赵普、枢密使李崇矩善,多游其门,上恶之,白太祖出琪知陇州,移阆州。上即位,由护国节度判官召赴阙,……丁巳,上召见诘责,琪拜谢,请悔过自新。乃授太子洗马。

宋琪因交通赵普而为太宗所摈斥,直到太平兴国的中叶还不稍存宽原之念,而须逼令拜请悔过方可,则在太祖时太宗与赵普的恶感之深可知。

《长编》卷七乾德四年八月亦载一事云:

> 先是,上与赵普言枢密直学士、右谏议大夫冯瓒材力,当世罕有。……普心忌瓒,……复遣人至潼关阅瓒等囊装,得金带及他珍玩之物,皆封题以赂刘嶅。嶅时在皇弟开封尹光义幕府,瓒等乃皆伏辜。狱具,普白上,言瓒等法当死,上欲贷之,普执不可,上不获已,庚戌,诏并削名籍,瓒流沙门岛,……嶅免所居官。

同书卷一二开宝四年十一月庚戌也记有一事云:

> 河决澶州,东汇于郓、濮,坏民田。上怒官吏不时上言,遣使按鞠。是日,通判、司封郎中姚恕坐弃市,知州、左骁卫大将军杜审肇免归私第。恕,博兴人,事皇弟光义于开封,为判官,颇尽裨赞。尝谒宰相赵普,会普宴客,阍者不通,恕怒而去。普闻之,亟使人谢焉,恕遂去不顾,普由是憾恕。及上为审肇择佐贰,普即请用恕,光义留

之弗得。居澶州几二年,竟坐法诛,投其尸于河。恕家人初不知也,偶于中流得其尸,朝服故在。后数日,乃知恕所以死。人谓恕罪不至此,普实报私怨耳。

冯瓒因交通藩邸幕僚而被赵普认为当死;姚恕亦是太宗藩邸属官,亦遂非罪而死,《长编》中谓"普实报私怨",而其所述之私怨实乃睚眦细故,绝不至因此致死,是则姚恕的死因必全由于他对太宗"颇尽裨赞"之故。由是可知,赵普对于居藩邸时候的太宗,必无异于他后日对于秦王廷美的一切。

两人关系既如彼其恶劣,则赵普在太祖面前必时常有些不利于太宗的话,当可断言。且如太宗所说,在当时实已"众人皆知",到出镇河阳之时,又岂能遽尔上书太祖,将前此的话一概加以否认呢?此"上书自陈"一事之所以不可信也。

退一步说,对于"上书自陈"一事,姑不加以全盘否定,但太后顾命金匮藏书之说既已在此书中提及,则太宗即位之初实是最需要旧事重提之时,应把"金匮藏书"作为他继承皇位的最重要的依据,然而在太宗的《即位大赦诏》(《宋大诏令集》卷一)中,以及在后来改写的那首《即位大赦诏》(《长编》卷一七)中却全未提及杜太后有何遗命;即在此后的六七年内,不唯赵普未再道及,其他朝内朝外群臣也无一人道及,岂非至可怪异之事?由于后来之未提,足可证赵普于开宝末即容有上书自陈之事,书中亦断不会包括有顾命云云一节。此可证这道奏疏的内容,至少亦有一部分必不可信也。

附记:还有一说,谓"太宗受遗诏,于柩前即位",这更是作史者惯用之饰词,而与宋太宗即位的史实更不相合。但《宋会要》及《宋大诏令集》中均载此一诏命,今依《宋大诏令集》卷七《遗制》目下所载抄录其全文于下:

开宝遗制(开宝九年十〔一〕月甲寅)

修短有定期,死生有冥数。圣人达理,古无所逃。朕生长军戎,勤劳邦国,艰难险阻,实备尝之。定天下妖尘,成域中大业。而焦劳成疾,弥留不瘳。言念亲贤,可付后事。皇弟晋王某:天钟睿哲,神授英奇,自列王蕃,愈彰厚德。授以神器,时惟长君,可于柩前即皇帝位,丧制以日易月。皇帝三日听政,十三日小祥,二十七日大祥,诸道节度、观察、防御、团练、刺史、知州等,并不得辄离任赴阙。闻哀之日,所在军府三日出临释服,其余并委嗣君处分。更赖将相协力,中外同心,共辅乃君,永光丕祚。

今按:这篇《遗制》,全篇都是空洞无实之词。开头的"修短有定期"云云数语,就都极空泛。从"朕生长军戎"一直到"焦劳成疾,弥留不瘳"诸句也没有反映任何具体情况。至于说"授以神器,时惟长君"两句,更是专为与所谓杜太后"病榻遗命"相应合的。遗命说之诬妄不实,本文第一节已加以驳正,《遗命》中传位"长君"之说既出捏造,此处自不须再赘驳语。此下的"丧制以日易月"一直到"共辅乃君,永光丕祚"云云诸语,更无一不是一般泛用的词句,与宋太祖、太宗二人的继承关系全不沾边。而且从太宗即位以后直到他去世为止,为了这一皇位继承问题纷纷扰扰,疑窦丛生,却无一人(包括李焘)借用这一遗诏,作为证据,则其纯属后人捏造,用以填补一个不应有的空白,事极显然。只因近年有人偶尔见此《遗制》,因其未能鉴别真伪,遂至自称为一大发现,故特作此附记,略作考证于此。

1995 年 12 月广铭记

四、 太宗居藩邸时恣纵不法诸事考略

赵普于太平兴国六年(981),自告奋勇,甘愿做帮凶以铲除廷美及卢多逊等人。其所加于廷美的罪状,除诬陷其欲于太宗泛舟金明池时乘机窃发一事之外,其他各节,与太宗居藩邸时之所行所为是并无十分不同之处的。若即以此而判定廷美是"恣为不法,心存非分",则太宗当年之蓄意何在,实又等于不打自供了。

释文莹于《玉壶清话》卷七载,开宝初,曾有一殿前都虞候奏太祖云:"晋王天日姿表,恐物情附之。为京尹,多肆意,不戢吏仆,纵法以结豪

俊,陛下当图之。"太祖不唯没有听信这番话,反而认其人为离间,"亟令诛之"。后来太祖的不得传子,即正在失此一着。如果他死后有知,知道太宗夺取了大位,心头大概也会浮起"悔不听从殿前都虞候之言,以至今日"的一种念头吧?可惜文莹不曾将"肆意""纵法""结豪俊"等等事实列举出来,我现在向《宋史》及《长编》中稍稍加以钩稽,也得到太宗不少的恶迹,今稍举数事如下:

(一) 多养力士

《宋史》卷二七五《郭密传》云:

> 郭密,贝州经城人,躯干雄伟,膂力绝人。……以知瀛州马仁瑀荐,隶晋王帐下,给事左右。

同书卷二七六《王昭远传》云:

> 昭远形质魁伟,色黑……有膂力,善骑射。少时,入山捕鹰鹘,值涧水暴涨十余丈,昭远升大树,经宿得免。尝涉河,冰陷,二公傍共援出之,昭远神色自若。喜与里中恶少游处。……南游京师,事太宗于晋邸,特被亲遇,常呼其小字。

同书卷二七九《戴兴传》云:

> 戴兴,开封雍丘人。年十余岁,以勇力闻里中。及长,身长七尺余,美髭髯,眉目如画。太宗在藩邸,兴诣府求见,奇之,留帐下。

同书同卷《张凝传》云:

> 张凝,沧州无棣人。少有武勇,倜傥自任。乡人赵氏子以材称,凝耻居其下,因挟弓与角胜负。约筑土百步射之,凝一发洞过,矢激十许步,抵大树而止,观者叹服。节帅张美壮之,召置帐下。太宗在藩邸,闻其名,以隶亲卫。

同书同卷《李重贵传》云:

> 李重贵,孟州河阳人,姿状雄伟,善骑射。少事寿帅王审琦,颇见亲信,以甥妻之。补合流镇将,镇有群盗,以其尚少,谋夜入劫抄。

重贵知之,即筑栅课民习射,盗闻之溃去。太宗在藩邸,知其勇干,召隶帐下。

同书同卷《刘用传》云:

刘用,相州人。……用晓音律,善骑射,事太宗于晋邸。(余传所载尚多,兹俱从略。)

(二)招纳亡命

《宋史》卷二七五《元达传》云:

元达,初名守旻,洺州鸡泽人。身长八尺馀,负膂力,善射。家业农,不任作苦,委耒耜,慨叹而去之。事任侠,纵酒。尝醉,见道旁槐树,拔剑斩之,树立断。达私喜曰:"吾闻李将军射石虎饮羽,今树为我断,岂神助欤?"尝从少年数十百人欲起为盗,里中父老交戒之,乃止。时郡以户籍调役,达当送徒阙下。行数舍,乃悉纵之,曰:"吾观汝曹亦丈夫也,岂乐为是哉?可善自为计,吾亦从此逝矣!"已而郡遣追捕,至则达援弓引满待之,追者不敢近。由是亡命山林间,为乡里患。太宗居晋邸时,达求见,得隶帐下。尝侍太宗习射园亭,命之射,达射四发不中的,已而连中,上喜,为更其名曰达。

同书卷二七九《王汉忠传》云:

王汉忠,字希杰,徐州彭城人。少豪荡有膂力,形质魁岸,善骑射。节帅高继冲欲召至帐下,汉忠不往。因殴杀里中少年,遂亡。……其父遣人追及于萧县,汉忠不肯还,西至京师。太宗在藩邸,召见,奇其材力,置左右。

(三)受收赂遗

《长编》卷七乾德四年(966)八月所记冯瓒因以金带珍玩赂开封府属官刘熬,几被赵普置之死地一事,已具见前引。该项记事之后有李焘的考语云:

《新录》又称"刘鋹等已别从处分",恐瓒金带等不独赂鋹一人也。大抵新旧录载此事,亦若有所避忌,故不甚详。当细考之。

李氏这段话,实等于明说受冯瓒之赂遗者,亦必有太宗在内,故《实录》中记其事均闪烁其词。或更甚而是,凡冯瓒所封题赂遗刘鋹之物,全是想假手于鋹而致送太宗的。

(四) 私结禁近军校

《宋史》卷二六〇《田重进传》云:

> 田重进,幽州人。形质奇伟,有武力。周显德中应募为卒,隶太祖麾下。从征契丹,至陈桥还,迁御马军使。积功至濮州刺史。……重进不事学。太宗居藩邸时,爱其忠勇,尝遗以酒炙,不受,使者曰:"此晋王赐也,何为不受?"重进曰:"为我谢晋王,我知有天子尔。"卒不受。上(太宗)知其忠朴,故终始委遇焉。

今按:田重进因拒受太宗的赠物而被太宗认为"忠朴",则太宗遣人私相馈送的初心,必欲使重进作一些不忠于太祖的事体,亦即太宗在当时确有某种阴谋可知。

在史官们的极端隐讳之下,在现存的史料中,尚可以找得出以上种种不法事迹,太宗居藩邸的行径岂不可以想见?秦王廷美的罪状,据各书所记也不过"交通卢多逊,顾望咒咀","私遗多逊弓箭","尝使王继勋求访声妓","又遣赵怀禄私召同母弟军器库副使赵廷俊与语","遣阎怀忠诣淮海王钱俶求犀玉带、金酒器","又尝遣怀忠赍银碗、锦采、羊酒,诣其妻父御前忠佐马军都军头潘潾营燕军校"等事。以两人事状相较,则晋邸中的太宗比秦邸中的廷美,其恣纵不法,却实在是有过之而无不及的。太宗以此得国,而廷美却以此而丧身了!

五、 烛影斧声与太宗之逆取

关于太祖之崩与太宗即位的经过,据李焘所说,《国史》及《实录》中均未道及,唯《国史·符瑞志》记太祖违豫,命内侍王继恩设醮及道士张

守真降神之说。私家对此虽有记载,而各书所载亦多不同。如记太祖之崩,释文莹《续湘山野录》云:

> 祖宗潜跃日,尝与一道士游于关河,无定姓名,自曰混沌,或又曰真无。每有乏则探囊金,愈探愈出。三人者每剧饮烂醉。生善歌步虚为戏,能引其喉于杳冥间作清徵之声,时或一、二句,随天风飘下,惟祖宗闻之,曰:"金猴虎头四,真龙得真位。"至醒,诘之,则曰:"醉梦间语,岂足凭耶?"至膺图受禅之日,乃庚申正月初四也。自御极,不再见。下诏草泽遍访之。人或见于辕辕道中,或嵩、洛间。后十六载,乃开宝乙亥岁也。上已祓禊,驾幸西沼,生醉坐于岸木阴下,笑揖太祖曰:"别来喜安。"上大喜,亟遣中人密引至后掖,恐其遁,急回跸与见之,一如平时,抵掌浩饮。上谓生曰:"我久欲见汝,决克一事。无它,我寿还得几多在?"生曰:"但今年十月二十日夜晴,则可延一纪;不尔,则当速措置。"上酷留之,俾宿后苑。苑吏或见宿于木末鸟巢中,止数日不见。上常切切记其语。至所期之夕,上御太清阁以望气。是夕果晴,星斗明灿,上心方喜,俄而阴霾四起,天气陡变,雪雹骤降。移仗下阁,急传宫钥开端门,召开封尹(即太宗也),延入大寝,酌酒对饮,宦官宫妾悉屏之。但遥见烛影下,太宗时或避席,有不可胜之状。饮讫,禁漏三鼓,殿下雪已数寸,帝引柱斧戳雪,顾太宗曰:"好做,好做!"遂解带就寝,鼻息如雷霆。是夕,太宗留宿禁内。将五鼓,周庐者寂无所闻,帝已崩矣。太宗受遗诏,于柩前即位。逮晓,登明堂,宣遗诏罢,声恸。引近臣环玉衣以瞻圣体,玉色温莹,如出汤沐。

蔡惇《夔州直笔》云(按:《直笔》已佚,今从《长编》转引):

> 太祖召陈抟入朝,宣问寿数,对以"丙子岁十月二十日夜或见雪,当办行计;若晴霁,须展一纪"。至期,前夕,上不寝,初夜,遣官人出视,回奏"星象明灿"。交更,再令出视,乃奏"天阴",继言"雪下"。遂出禁钥,遣中使召太宗入对,命置酒,付宸翰,属以继位,夜分乃退。上就寝,侍寝者闻鼻息声异,急视之,已崩。太宗于是入继。

王禹偁《建隆遗事》云:

> 上将宴驾,前一日,遣中使急召宰相赵普、卢多逊入宫,见于寝阁。上曰:"朕知此疾必不起,要见卿等者,无他,为有数事未暇行之,卿等将笔砚来,依吾言写之,身后切须行之,吾瞑目无恨也。"遂授普等笔砚,上自陈述,普等依上言而写数事,皆济世安民之道。普等因呜咽流涕而言:"此则谨依谟训而行之。然有一大事,未见陛下处置。"上曰:"何事也?"普等曰:"储嗣未定,陛下倘有不讳,诸王中当立何人?"上曰:"可立晋王。"普等复曰:"陛下艰难创业,卒致升平,自有圣子当受命,未可议及昆弟也。臣等恐大事一去,卒不可还,陛下宜熟计之。"上曰:"吾上不忍违太后慈训,下为海内方小康,思得长君以抚之,吾意已决矣,愿公等善为我辅晋王。"遂出御府珠玉金器赐普等,令归第。翌日,上崩于长庆殿。由是晋王闻普等有此奏议,大衔之。嗣位后,坐多逊事连秦府,贬死于岭表。赵普以妇人取媚于禁中,遂获免。

上引三文,《长编》均采录于太祖逝世记事的注文之内,李焘的意见,以为《野录》与《直笔》所载,虽亦均有错误之处,但大体相同而也大体可信;《遗事》云云则最乖谬。其于《续湘山野录》文后所加考语有云:

> 文莹所言道士不得姓名,岂即张守真耶?或复一道士也?恐文莹得之传闻,故不审。如云于西沼木阴下,笑揖太祖,止宿后苑鸟巢中,言十月二十日夜晴,则圣寿可延一纪,疑皆好事者饰说,未必然也。

于《蘷州直笔》文后所加考语有云:

> 按:惇所载与文莹略同,但即以道士者为陈抟耳。抟本传及《谈苑》,并称抟终太祖朝未尝入见,恐惇亦误矣。当是张守真也。

于《建隆遗事》文后所加考语有云:

> 谨按:世所传《建隆遗事》十三章,此其第十一章也,事尤悖谬不可信。盖开宝六年八月,赵普已罢相出镇河阳,后三年太祖宴驾,此时赵普实在河阳,安得与卢多逊并居相位耶?又《遗事》第七章,称

杜太后及太祖召晋王、秦王、南阳王等,相约传位,陶谷为誓书,赵普告天地宗庙,此固不然也;设如所言,则太祖传位晋王,约已定于建隆初矣。开宝末命,宰相又何请耶?就使复请,则决非赵普也。且《遗事》乃一人所著,其首尾固当参同,今第七章既云尔,其第十一章又云尔,岂不自相矛盾耶?

李焘对于各家的驳难,所见大都极是。经过这样一番甄辨别择,在《长编》卷一七开宝九年(976)十月的正文之中,对于太祖之死与太宗之袭位二事,乃综合而为如下的一段记载:

初,有神降于盩厔县民张守真家,自言:"我天之尊神,号黑杀将军,玉帝之辅也。"守真每斋戒祈请,神必降室中,风肃然,声若婴儿,独守真能晓之。所言祸福多验。守真遂为道士。上不豫,驿召守真至阙下。[十月]壬子,命内侍王继恩就建隆观设黄箓醮,令守真降神。神言"天上宫阙已成,玉锁开,晋王有仁心"。言讫,不复降。(李焘自注云:此据《国史·符瑞志》,稍增以杨亿《谈苑》。《谈苑》又云:"太祖闻守真言,以为妖,将加诛,会宴驾。"恐不然也。今不取。)上闻其言,即夜召晋王属以后事,左右皆不得闻,但遥见烛影下晋王时或离席,若有所逊避之状。既而上引柱斧戳地,大声谓晋王曰:"好为之!"

其记太宗嗣位之情形者,有司马光的《涑水记闻》和《宋史》中的《程德玄传》及《马韶传》,而两传所言便自不合。今与《长编》所引《国史》中两人传文比对,知《宋史》中程、马两传全自《国史》移录而来。其《程德玄传》云:

程德玄,字禹锡,郑州荥泽人。善医术。太宗尹京邑,召置左右,署押衙。颇亲信用事。太祖大渐之夕,德玄宿信陵坊,夜有扣关疾呼趣赴官邸者,德玄遽起,不暇盥栉,诣府,府门尚关。方三鼓,德玄不自悟,盘桓久之。俄顷,见内侍王继恩驰至,称遗诏迎太宗即位,德玄因从以入。拜翰林使。

《马韶传》云：

> 马韶，赵州平棘人，习天文三式。开宝中，太宗以晋王尹京，申严私习天文之禁。韶素与太宗亲吏程德玄善，德玄每戒韶不令及门。九年冬十月十九日，既夕，韶忽造德玄，德玄恐甚，诘其所以来，韶曰："明日乃晋王利见之辰，韶故以相告。"德玄惶骇，止韶一室，遽入白太宗。太宗命德玄以人防守之，将闻于太祖。及诘旦，太宗入谒，果受遗诏践祚。韶以赦获免。逾月，起家为司天监主簿。

《涑水记闻》所载与《程德玄传》大体相同而更为详悉，因而李焘于《长编》中便不取韶传之说，只取其文列入附注，于正文中则参取《记闻》与《德玄传》文而记其事云：

> 癸丑，上崩于万岁殿。时夜已四鼓，宋皇后使王继恩出召贵州防御使德芳，继恩以太祖传国晋王之志素定，乃不诣德芳，径趋开封府召晋王，见左押衙程德玄先坐于府门。德玄者，荥泽人，善为医。继恩诘之，德玄对曰："我宿于信陵坊，乙夜有当关疾呼者曰：'晋王召。'出视则无人，如是者三，吾恐晋王有疾，故来。"继恩异之，乃告以故，扣门与俱入，见王，且召之。王大惊，犹豫不行，曰："吾当与家人议之。"入久不出，继恩促之，曰："事久将为他人有矣！"时大雪，遂与王于雪中步至宫。继恩使王止于直庐，曰："王且待于此，继恩当先入言之。"德玄曰："便应直前，何待之有！"乃与王俱进至寝殿。后闻继恩至，问曰："德芳来耶？"继恩曰："晋王至矣。"后见王，愕然，遽呼"官家"，曰："吾母子之命，皆托于官家。"王泣曰："共保富贵，勿忧也。"（李焘自注云：此据司马光《记闻》。《记闻》误以王继恩为继隆，程德玄为贾德玄，今依《国史》改定。）

对于这两个问题，李氏博采精核，作成了如上的两段记事。自是之后，详情大白，定论已出，似乎再不至有何疑而难解之处了，事实上却又不然。《长编》一出，反而把此事造成了千古一大疑案，经元、明、清三朝而未能折衷于一是：其间如元陈桱的《通鉴续编》，胡一桂的《史纂通要》，明刘定之的《宋论》，以及杨维桢、梁寅诸人的文章，皆依《长编》之说。

陈桱且于"烛影斧声"一段记事之下，不取《记闻》及《程德玄传》所记各节，而即接以"俄而帝崩"一语；刘定之则采取世传金粘罕乃太祖复生以斩绝太宗子孙之说，是均已直截了当地谓太祖之死是太宗所谋害的了。元黄溍、明宋濂、丘浚、程敏政则均为文力辩其诬妄；清高宗于《通鉴辑览》中更斥李氏为污蔑太宗；明商辂等修《续纲目》，李东阳等修《通鉴纂要》，则均依违两可，正文不书其事，而别著数语于圈外以示传疑。

后人之所责难于李焘者，盖以其引录《续湘山野录》之文，暗寓太宗有篡弑之行耳。实则李氏于《野录》文字均依原文移录，只不过改太宗"有不可胜之状"为"有所逊避之状"，改太祖"引柱斧戳雪"为"引柱斧戳地"，改"好做好做"为"好为之"，且于其上又加"大声"二字而已。在增改之后，实并未曾将《野录》中的文义更行加重。且既删去其"是夕太宗留宿禁内"诸语，是不啻已将《野录》中足以启人疑窦之处全行删除。则后人之责难，不加之于文莹而加之于李氏，未免不公。然而寻索文莹云云之用意所在，既云"就寝鼻息如雷霆"，是暗示太祖是晚大有异状也；云"是夕太宗留宿禁内，将五鼓，太祖已崩"，是暗示太祖之崩与太宗必有极密切之关系也。如此则虽有下面"圣体玉色温莹，如出汤沐"等语，其主要用意是在说明太宗有篡弑之行，却并不因此而掩饰得住。因而，如以文莹所记为确，则太祖必即死于太宗之手，《记闻》及《国史·马韶传》《程德玄传》所载各节便全不足取；若认太祖并不死于太宗之手，太宗之即位也确如《记闻》及《国史》所载，则《野录》中的记事又必全然诬妄。李焘于不能两立之说乃稍加删润，兼采而并用之，则也确有难以辞其责之处。

二说既不能兼取，对于李焘所失于抉择的问题我们究应如何抉择呢？

对于"烛影斧声"一说，清高宗诸人之持反对论者，其心怀中多半先横亘着一个维持风教的观念，不全取决于证据之确凿与否。程敏政于《宋太祖太宗授受辨》（见《篁墩集》卷一一）中甚至说：

> 矧《类要》（今按：指宋朝《类要》所记陈抟见太祖之说，即前引蔡惇《夔州直笔》文字也）、《野录》皆托于佛老之徒之口，纵使有之，亦儒者所不道，而况于无乎。予之所笃信者，温公《记闻》之外，一无取焉尔。

以这样的态度,当然无法确断一种史料之真假而使我们心服。从我们前所列举的宋太宗的各种行径看来,他蓄意窃取皇位,盖已非一朝夕。太祖年岁较他所长无几,几时才可能等到太祖之死而使他有乘机窃取之便呢?为求急于满足此迫切的欲望,也许太宗真能干一出极其狠残的行为,如《野录》所说的吧?然而就别种事实以及太宗即位之后的情形看来,则太宗的即位虽亦确由劫夺得来,而太祖之死却非"烛影斧声"所致。因而对于文莹的记载我们也终觉得不是全部都可凭信的。理由是:

第一,是程敏政曾经说过的:"凡古之篡弑者,多出深仇急变大不得已之谋,又必假手他人然后如志,未有亲自操刃为万一侥幸之图于大内者。"然而买通太祖的左右,伺机而采取紧急行动,却是可能的。

第二,也是程敏政曾经说过的:"德昭因他人行赏,一言之愤,不惜一死;忍其父为人所戕而嚜不出一语哉。"但我们还须考虑到另一方面:在当时的势态之下,不论德昭有何反抗言动,也不会允许有人笔之于书的。

第三,程德玄于太祖宴驾之前夕不离晋邸,马韶亦于是时冒禁网而趋赴晋邸,此在二人传文中虽均故作暧昧之辞,实际上二人必均是因太祖病危,受太宗之命而给事左右,以谋乘机实现其劫夺皇位之素愿者。王继恩之不召德芳而特召太宗,亦太宗平素之所勾结而约定如此者。以事后对三人之酬赏为证,知在当时三人奔走之功自属确有,是亦即证明《国史》及《记闻》所载各节,为《长编》所采取而与《野录》相冲突者,反而是合于事实的。此既可信,则《野录》云云便在所必黜矣。

既然认《国史》和《记闻》的记载是可信的,则宋后遣王继恩召德芳之说也是可信的。由前节所举太宗私结太祖的近臣田重进一事,知田重进虽拒其恩礼未受,受之者却一定大有人在,而王继恩便必定是其中之一。受恩十载,报命一旦,所以在受到宋后之命以后,不召德芳而召太宗。其所谓"继恩以太祖传国晋王之意素定"者,亦事后史臣所造之饰词,证以《国史》《实录》之不载此事以及本文第一、二节中所论各点,此当毫无可疑。因为从没有人认为太祖有传立太宗之意,所以宋后才遣王继恩去召德芳,及继恩不遵宋后之意而擅自召来了太宗,则其时宋后、太宗及王继恩等人之间必大有一番争论冲突,而宋后与太宗便从此结下了深仇,于是到宋后死后太宗乃特别贬损其丧礼,使百官不得成服。王禹偶因私论此事,且至贬知滁州(见《长编》至道元年五月)。前后节次历历可考,均可证《野录》之说为不符实。是则太宗之得国虽是全然出于逆取,而其所用手段则尚未至惨毒到灯下弄斧的程度。

　　为争夺皇位,历代均不免发生一些残酷的祸变,而在赵宋初年便有了这样的一出。德昭、德芳二人均非宋后所出,宋后之舍德昭而召德芳,或由于对德芳之偏爱,或因欲利用德芳冲龄而自身可以操权之故。但舍长立幼,终未必能餍服人心,所以,即使大位不被太宗所劫夺,怕也不免酿成德昭、德芳兄弟二人的争夺之祸。德昭之所以肯拱手而臣服于太宗,后来且被迫害致死,也未必不是因为宋后此举所激成。太宗乘袭了此种弱点而劫夺了皇位,所以也就能够始终安然无事了。

　　　　　　　　　　(原载《真理杂志》第1卷第2期,1944年3月)

试破宋太宗即位大赦诏书之谜

一、从"斧声烛影"一案说起

宋太祖、太宗兄弟间帝位的传授和继承,即所谓的"斧声烛影"事件,从太宗在位之日迄于而今,已经有无数人做了各种各样的推测,有的已用文字写出,有的则只是口耳相传。但不论采用什么形式的,也大都不直接写出或说出,而是把主要用意留在潜台词当中,作为言外之意和画外之音。例如,在《宋史》卷三三的《孝宗本纪》(当然是从宋的《国史》沿袭而来的)的开端处就出现过这样一个哑谜:

> 及元懿太子(按:即高宗仅有的一子)薨,高宗未有后,而昭慈圣献皇后(按:即哲宗废黜的孟后)亦自江西还行在(按:此事在建炎四年,公元1130年)。后尝感异梦,密为高宗言之,高宗大寤。会右仆射范宗尹亦造膝以请,高宗曰:"太祖以神武定天下,子孙不得享之,遭时多艰,零落可悯。朕若不法仁宗为天下计,何以慰在天之灵!"于是诏选太祖之后。……而上虞丞娄寅亮亦上书言:"昌陵(按:此宋太祖陵名)之后,寂寥无闻,仅同民庶。艺祖在上,莫肯顾歆。此金人所以未悔祸也。望陛下于'伯'字行内选太祖诸孙有贤德者。"高宗读之,大感叹。

> 绍兴二年(按:即公元1132年)五月,选帝,育于禁中。

上引这段记载,自"右仆射范宗尹造膝以请"以下,语意都较明显(虽然也都把要说的主题留作画外音和潜台词),是说,应当把皇位还之于太祖的后裔。言外之意即都认为太宗之继承皇位本是以极不正当的手段取得的。从而在范宗尹以至娄寅亮诸人的奏事之前,却首先记述了孟太后秘密告知宋高宗的她的一场"异梦",并立即使得"高宗大悟"。何以对这场"异梦"的内容竟秘而不宣呢?根据已经宣示的范宗尹、娄寅亮诸人的建议,可以推知,"异梦"的内容正所谓欲盖弥彰:无非是宋太祖突然出现在她的梦中,告诉她,他一定要让被宋太宗用篡弑手段夺去的皇位由他的直系后裔夺取回来!

关于"斧声烛影"的案情,在两宋期内即有极为庞杂的记述;自明代程敏政的《宋纪受终考》以来,特别是进入二十世纪以来,考证此事的文章也层出不穷。到目前为止,这一案件之纯属篡夺性质,已是不容怀疑的定论;至于案情的某些细节,例如宋太宗究竟是采用何种手法把宋太祖置之死地的,这却因为年代过久,证人证物早已经灰飞烟灭,根本不可能再作出确切的判断。所以,关于案情的这一部分,我们仍须称之为千古之谜。

二、《续资治通鉴长编》和《太平治迹统类》所载宋太宗的《即位大赦诏》

上述"斧声烛影"那一幕篡弑惨剧,是发生在宋太祖的开宝九年(976)十月二十日夜间的,到第二天,即十月二十一日甲寅,宋太宗就登上了皇位,二十二日乙卯,就发布了他即位的诏书。李焘的《续资治通鉴长编》卷一七,关于发布即位大赦诏的全条记事为:

> 乙卯,大赦天下,常赦所不原者咸除之。令缘边禁戢戍卒,毋得侵挠外境。群臣有所论列,并许实封表疏以闻,必须面奏者,阁门使即时引对。
>
> 风化之本,孝弟为先,或不顺父兄、异居别籍者,御史台及所在纠察之。
>
> 先皇帝创业垂二十年,事为之防,曲为之制,纪律已定,物有其常。谨当遵承,不敢逾越。咨尔臣庶,宜体朕心。

我每读《长编》至此,总感觉这一道即位诏书似乎过于简单草率,而其上下文义也似乎不相连属。我便又去翻检杨仲良的《续通鉴长编纪事本末》,其中《太宗受位》一篇大半残阙,故对此诏无一字涉及。我又去翻检彭百川的《太平治迹统类》(实际上这也等于是另一种《续通鉴长编纪事本末》,尽管它未取用这一名称),在其卷二第三篇《太祖太宗授受之懿》中,果然找到了这道诏书,而其诏文也确实比较《长编》详明一些。今仍将其全文抄录于下:

> 乙卯,大赦天下,常赦所不原者咸除之。其赦文略曰:
>
> 先皇帝勤劳启国,宵旰临朝,万机靡倦于躬亲,四海方成于开泰。念农民之疾苦,知战士之辛勤。氛祲尽平,生灵永逸。而寒暄或厉,寝疾弥留。方臻偃革之期,遽抱遗弓之叹。猥以大宝,付与冲人。宜覃在宥之恩,俾洽维新之泽。可大赦天下:常赦所不原者咸赦除之。令缘边禁戢戍卒,毋得侵挠外境。群臣有所论列,并许实封表疏以闻;必须面奏者,阁门使即时引对。
>
> 风化之本,孝弟为先,或不顺父兄、异居别籍者,御史台及所在纠察之。
>
> 先皇帝创业垂二十年,事为之防,曲为之制,纪律已定,物有其常。谨当遵承,不敢逾越。咨尔臣庶,宜体朕心。

这里所载的诏文,已明白指出是被节略了的,而非其全文,但比《长编》卷一七所载,却多出了自"其赦文略曰"至"常赦所不原者咸赦除之"共一百零六字。原因何在呢?清代的一个藏书家彭元瑞在其所收藏的一部《太平治迹统类》的抄本上,在这段赦文上签贴了一句校语说:"赦文,《长编》无。"此话其实是很有问题的。彭百川的《太平治迹统类》,虽从南宋晁公武的《郡斋读书志》和陈振孙的《直斋书录解题》中即都曾加以著录,而都不曾指明其为李焘《续通鉴长编》的另一种纪事本末,到清朝以来的传抄收藏和整理此书的朱彝尊、周星诒、张钧衡等人,也全都未能察觉到这一问题。其原因,全都是因为这些人不曾把彭书与《长编》细加对勘过之故。我于去年写成了《有关〈太平治迹统类〉诸问题的新探索》一文,论证其书实为与杨仲良《长编纪事本末》同一类型的书,我的这一判断,铁案如山,无法摇撼。既然如此,便可断定《太平治迹统类》所载宋太宗即位时的《大赦诏》,也必是从李焘的《长编》抄来,而其所以为现今行世的辑本《长编》所不载,则是在传抄或辑录的过程当中所漏掉的。其脱漏之迹原也十分明显:"乙卯,大赦天下,常赦所不原者咸除之"诸语,是《长编》和《太平治迹统类》两书所都有的,但这只是全段记事的一个提纲。自"其赦文略曰"以下才进入这段记事的正文。然从"其赦文略曰"开始,在节录赦文"先皇帝勤劳启国"云云八十六字之后,才出现了赦文正文中的"可大赦天下,常赦所不原者咸赦除之"诸句。这里的"大赦"二字前有一"可"字,"咸除之"作"咸赦除之",分明与提纲中的语句有别,而一个"可"字也正符合于诏书的语气。无奈传抄或辑录人员刚把"提纲"诸语写完,视线立即跨越到"可大赦天下"云云诸语,把一个极关重要的"可"也没有看到眼中,竟又径从"令缘边禁戢戍卒"云云诸句抄起了。彭元瑞当是最先为辑本《长编》(可能是最先抄成的文渊阁本)所误的人,故于其所藏《太平治迹统类》此诏之上,作一校语谓"赦文,《长编》无"。此后爱日精庐和浙江书局所刻《长编》以及中华书局新印行的点校本,全都未能根据《太平治迹统类》把大赦诏中这段脱文补入。

大家都知道辑本《长编》从英宗治平之末到神宗熙宁三年四月的各卷全阙,哲宗元符以后和徽、钦两朝各卷也全阙,浙江书局刊行时还曾根据别的史书对此所阙诸卷作了《拾补》;却不知英宗以前的二百多卷也并不都是完整无阙的。最明显的例子,就是杨仲良的书名叫《长编纪事本末》,其书全部都是把李焘《长编》的按年月日记事的文字,改编为按一种事件或制度的原委始末而使之独立成篇,对于《长编》之所不载者,一事也不予增补。然而在杨书的卷一三《李顺之变》一目下,所载王小波、李顺起义事件的过程,为辑本《长编》卷三四、三五、三六所脱漏者,凡有二十九条。今列举部分阙文如下:

1. 此篇开端所载"淳化四年,蜀土富饶,丝帛所产"云云条,近四百字。

2. "十二月西川都巡检使崇仪使张玘与小波斗于江原县"条,计五十四字。

3. "初,小波之党才百人,州县失于备御"条,计一百四十余字。

4. 五年四月,"己酉,王继恩言,王师破贼五千众于柳池驿"条,计四十五字。

5. 五月"戊辰,王继恩奏成都平,群臣称贺"条,计十三字。

6. "初,郭载奔东川,上表自陈"条,计五十六字。

7. "甲戌,诏利州兴元府洋州西县民"条,计二十八字。

8. "丙子,李顺支党……十二人并磔于凤翔"条,计三十六字。

以下还有字数多少不等的二十一条,俱为辑本《长编》所脱漏,此不备举。在三卷书中,就有关同一事件的记载,所可校勘而得的竟如此其多,其原因殊难索解。但用此证明辑本《长编》在宋英宗治平四年(1067)四月以前的二百零九卷,其每一卷也并非都是辑录李焘原著完整无阙,则是极为有力的。在得出了这一结论之后,则见于《长编》中的宋太宗即位大赦诏之残阙不完,只能归咎于传抄或辑录《长编》的人员之草率马虎,致使辑本《长编》出此纰漏;而不能像彭元瑞那样,断言"赦文,《长编》无"了。

尽管辑本《长编》中所载宋太宗的即位大赦诏因传抄或辑录者之潦草马虎而致只剩了简单的几句;尽管《太平治迹统类》所载这道诏文也只是一个节略本;但在两书当中却都著录了诏文的末段,即"先皇帝创业垂二十年,事为之防,曲为之制,纪律已定,物有其常。谨当遵承,不敢逾越"诸语。而这几句话,由我看来,实乃这道诏文中最为紧要的几句话,这几句话,是宋太宗对为他所杀害的宋太祖在开国致治十七年之内,建立规章制度时所执持的部分原则,做了一番综括和提炼,精心结撰出来的。而且,还不只是对太祖一代统治立法原则的总结,还不只是"谨当遵承,不敢逾越",而是还要加以发展,加以扩充,作为他本人篡夺到皇位之后的治国安邦的途术。例如,在宋太祖统治期内,不断地南征北伐,但他对于从事南征北伐的将帅,却从不做一些束缚其手脚的规定;到太宗即位之后,却也把"事为之防、曲为之制"的原则运用在军事行动方面,于是实行"将从中御"的办法,甚至还实施"锦囊妙计"的办法,把出征将帅临机应变的主动权尽可能予以剥夺。这种限制出征将帅的机动权的办法,即所谓"将从中御",后来且被视为不可更改的"家法"。通贯北宋南宋两代,这一"家法"一直在贯彻执行。宋代武功之不振,尽管还可以举出种种原因,但开始于宋太宗统治时期的对武将的这一防范政策之作祟,却是绝对不能低估的一个原因。既然对文武百官的曲意防范是宋太宗自己选定设定的用作继往开来的主要准则,所以这几句话实乃宋太宗的《即位大赦诏》中最为紧要的话语。

三、《宋大诏令集》所载宋太宗《即位大赦诏》

可是,关于宋太宗《即位大赦诏》的问题还不能只像上节文字所论述的那样,很容易地完全得到解决。因为,即使在彭百川的《太平治迹统类》当中,在所载此诏的正文之前,分明还冠以"其赦文略曰"五字,这说明这里所收录的,毕竟还不是《即位大赦诏》的全文。带着这一问题,我便又去翻检不知编辑于何人之手的《宋大诏令集》(中华书局校印本)。此书的卷一即为"帝统"门,此门的开头即为"即位"类,此类的第二篇即为此诏。今将此诏的题目与诏文完全照录于下:

太宗即位赦天下制　开宝九年

门下:王者继统承祧,所以嗣神器;节哀顺变,所以宁万邦。顾历代之通规,谅旧章而可法。先皇帝勤劳启国,宵旰临朝,万机靡倦于躬亲,四海方成于开泰。念农民之疾苦,知战士之辛勤。多垒尽平,生灵永逸。而寒暄遘厉,寝疾弥留。方臻偃革之期,遽起遗弓之叹。猥以神器,付予冲人。遵理命而莫获固辞,涉大川而罔知攸济。负荷斯重,攀号莫任。宜覃在宥之恩,俾洽惟新之泽。可大赦天下。云云。

恭惟先皇帝推诚损己,焦思劳神。念将士之忠勤,知战伐之辛苦。衣粮禄赐,无非经手经心;土地官封,不惜酬功酬效。生灵是念,稼穑为忧。罢非理之差徭,去无名之侵耗。不贪□□,尽去奢华。减后官冗食之人,停诸司不急之务。方岳止甘鲜之贡,殿廷碎珠玉之珍。狱讼无冤,刑狱不滥。凡开物务,尽立规绳。予小子缵绍丕基,恭禀遗训。仰承法度,不敢逾违。更赖将相公卿,左右前后,恭遵先旨,同守成规,庶俾冲人,不坠鸿业。宣布遐迩,咸使闻知。

这里所载的这篇制词,首尾完备,语气连贯,其完整性当无可疑。只有第一大段的"可大赦天下"句下的"云云"二字,是表示稍有删节,而所删节的乃是一般大赦诏中的几句惯用语言。亦即《太平治迹统类》中所已经摘录的,自"常赦所不原者"至"阁门使即时引对"诸句;虽被删落,而读者都可知道被删落的是些什么文句。

其后我在李攸的《宋朝事实》(清人辑本)卷二《登极赦》门也看到了这一《登极诏》的全文,与《宋大诏令集》所载字句仅有下列诸处的不同:

1. "多垒尽平"——《宋朝事实》作"氛祲尽平"。
2. "猥以神器"——《宋朝事实》作"猥以大宝"。
3. "不惜酬功酬效"——《宋朝事实》作"不惜酬勋酬效"。
4. "不贪□□"——《宋朝事实》作"不贪游宴"。
5. "凡开物务"——《宋朝事实》作"凡关物务"。
6. "不敢逾违"——《宋朝事实》作"岂敢逾越"。
7. "恭遵先旨"——《宋朝事实》作"共遵先志"。
8. "宣布遐迩,咸使闻知"——《宋朝事实》无此八字。

据《宋朝事实》不但可以填补《宋大诏令集》所阙的"游宴"二字,其他歧异之处,似乎也较胜于《宋大诏令集》,只因它是一个辑本,故此文仍以《宋大诏令集》为主。

文章写到这里,一个哑谜便浮现出来了:怎么由同一个宋太宗在同一天发布的《即位大赦诏》,其文句和内容竟然如此不同呢?特别是,我在上一节中着重进行了分析和阐发的自"先皇帝创业垂二十年"至"谨当遵承,不敢逾越"那一段,何以在《宋大诏令集》所载此诏的全文中竟不见踪影了呢?

我以为,如果想用文字的脱漏或错简之类的校勘学用语来解释是无法说得通的。若真想把这一哑谜猜破,大概只有与本文第一节所谈的"斧声烛影"一事互相联系起来进行推测(当然也仅仅是一种推测)才行。因为,若不能"由此及彼",便不可能"由表及里",把此事的底蕴揭穿。

"斧声烛影"那一幕"篡夺"事件,当然不会是一桩"突发"事件,而是宋太宗蓄意已久的一个阴谋的乘"机"发作。这个"机",究竟何时能够出现,宋太宗的阴谋究竟何时才能得逞,这却是连宋太宗本人也难以预计、预知的。不知是一些什么主客观条件的汇合,在开宝九年(976)十月癸丑(二十日)这一天的夜晚,使宋太宗得到了实现其阴谋的机会,他就恶狠狠地对其老兄下了毒手。从其蓄谋已久来说,此事虽不能算作突发;从其发动时间之并非出于预定来说,则还不能不算作事出仓猝。既然是变起仓猝,则有关宋太宗即位的典礼仪式,包括其《即位大赦诏》在内,也全都只能取办于仓猝。从《宋史》和《长编》等书,都看不出宋太宗在即位时举行过什么仪式,像另外一些新皇帝在正常情况下继承皇位时那样。他的《即位大赦诏》虽不知出于何人手笔,但其同为取办仓猝的一道诏书,则是定然无疑的。因此,其最初发布的一篇,必即是《宋大诏令集》和《宋朝事实》所收录的那一篇。在那一篇中,专从遣词造句等方面来看,是可以看到许多有欠斟酌或不符合于宋太宗当时的身份之处的。例如,"小子"和"冲人"自来都是用于以年幼的皇太子继承皇位时的诏书内的语词,宋太宗的年龄仅小于太祖十二岁,而且所借口的是兄终弟及的继承法,而在《宋大诏令集》所载诏文中,却有:

1. "猥以神器,付予冲人"句;
2. "负荷斯重,攀号莫任"句;
3. "予小子缵绍丕基,恭禀遗训"句;
4. "庶俾冲人,不坠鸿业"句。

这些文句(实际上还不只是这些文句)存在,当然因诏文是在匆忙急遽之中所草成,且作者还必定是由宋太宗临时找来与他素有较密关系却未必擅长撰作这类文字、像为宋太祖草拟"即位诏"的陶谷那样的人。这篇"制词"不论出自何人之手,必定是经过宋太宗的审阅然后才发布出来的。但那时宋太宗所最关心的,是把刚刚篡夺到手的皇位如何保全得住的问题,此外一切全是属于次要的,可以暂时不必过分认真计较。及至他的三弟秦王廷美和太祖的儿子德昭、德芳先后都被用阴谋诡计加以诛除之后,宋太宗自审政权已经牢固,局势已经稳定,他便又把注意力转移到一些书面的记载和传后的史册上去。他于在位的二十二年之内,单为了要遮盖"斧声烛影"事件而把《太祖实录》一再重修,与赵普协力捏造一些不能自圆其说的谎言填塞其中。对于那道已经颁布全国的《即位大赦诏》，他便也越来越感到语气颇不对劲儿，读来颇有些刺耳，看来颇有些刺目。于是，不知是在什么年月，他又授意于不知谁何人士，令其将此诏全文大作一番改动，把那些有失体统的话概予删除（仅有一处还留有"冲人"二字），改完后颁之史馆，取代最初发布的那一篇。从此以后，凡《实录》《国史》等属于官史系统的史书自然全都采用改写的这篇制词；而前此颁行全国的那一篇却不可能再下令收回或禁止传抄和保存。这就是《宋大诏令集》《宋朝事实》与《长编》《太平治迹统类》所载同一诏书而内容竟大相歧异的根由所在。

在此我还想再说一遍：既然后来改写的那道诏令，是经过宋太宗的深思熟虑、耳提面命地授意于某一文臣写成的，再以此诏与宋太宗在位期内的一切作为，与太宗以后两宋帝王都把这一诏旨作为家法而奉行不替诸端来看，则对于后来改写这一诏旨的重要性不论作怎样的衡量和估计，我以为总也不至过分的。

上面所论述的一切，虽全是由推理而不是由充分的实证得来，但是，在实证全已被泯灭，捏造的谎言已经充塞于各种官私记载之后，除了推理论证之外，实在是别无方法可想的。爰写成这篇猜谜的文字，我自以为谜底已被猜中，究竟是否如此，极愿高明的读者有以教之。

（原载《历史研究》1992 年第 1 期）

关于王安石的居里茔墓及其他诸问题

王安石是抚州临川县人,这在《宋神宗实录》的附传(现存《名臣碑传琬琰集》中)、《东都事略》和《宋史》的《王安石传》当中,所载全是一致的。

但王安石并不是诞生在临川县,而是诞生在临江军(今江西清江县)的官舍中的,因为他的父亲王益那时正在临江军做判官。(以上皆据《清江县古迹志》,是从蔡上翔《王荆公年谱考略》卷一转引的。)记载王安石诞生的年月日时最详确的则是南宋吴曾的《能改斋漫录》。《漫录》卷一〇"王公进退自安"条谓"王介甫辛酉十一月十三日辰时生"。今查辛酉为宋真宗之天禧五年,其年之十一月十三日,即公元1021年12月18日。到1991年的12月,正是王安石诞辰的九百七十周年。

王安石在少年期内曾随同他的父母寓居于江宁府(今江苏南京)。从此以后,江宁府就成了他的第二故乡。到宋神宗的熙宁九年(1076),他第二次辞掉宰相职位之后,首先是在江宁府城东门和钟山(亦名蒋山)的正中间,修盖了几间房屋,取名为半山园,全家居住在那里。但到元丰七年(1084)王安石害过一场重病之后,他觉得半山园和近几年内购置的一些田地,全都是些赘物,便把它们一并捐献于钟山的僧寺,而在江宁城内的秦淮河畔租了一所小独院,移居其中。到宋哲宗元祐元年的四月初六日(1086年5月21日),六十六岁的王安石就因病死在这所小院中。(《宋史·王安石传》谓卒年六十八,八乃六之误。)

王安石的父母全都是死在江宁、埋葬在江宁的。王安石死后也埋葬在江宁,但并不与他的父母葬在同一茔地。《景定建康志》卷四三,虽仅有"王舒王墓在半山寺后"一句极简单的记载,但我们据此可知,在王安石死后,乃是由他的诸弟在他原所居住的半山园(后改称半山寺)后选取了一块墓地埋葬的。在张舜民的《画墁集》中,有《哀王荆公》七绝两首,其中有云:"恸哭一声唯有弟,故时宾客合如何!"据知王安石的丧葬之事必只是靠他的诸弟办理的。

南宋周煇的《清波杂志》卷一二,有一条记载说:

> 王荆公墓在建康蒋山东三里,与其子雱分昭穆而葬。绍圣初,复用元丰旧人,起吕吉甫知金陵……当时士大夫道金陵,未有不上荆公坟者。……曾子开亦有《上荆公墓》诗,见《曲阜集》。

以周煇此说与《景定建康志》所载相较,《建康志》所载应为可信,周煇可能是将王墓的位置记错了。检曾肇的《上荆公墓》诗(《曲阜集》卷四),其中也有"华屋今非昔,佳城闭不开"两句,佳城者坟墓也,既以华屋与佳城并提,亦可证王安石墓必与其生前曾居住过的半山园相比邻。即使退一步说,承认周煇的记载亦可备一说,而王安石死后之葬于江宁,并非归葬抚州,毕竟还是确定无疑的。

明沈德符《万历野获编》卷二"发冢"条载:

> 冢墓被发,即帝王不免,然必多藏,始为盗朵颐。如王荆公清苦,料无厚葬。其墓在金陵。正德四年,南京太监石岩者,营治寿穴,苦乏大砖,或献言云"近处古冢砖奇大",遂拆以充用,视其碣,乃介甫也。则薄葬亦受祸矣。

明武宗的正德四年为公元1509年。《野获编》的这条记载(我认为它是可以相信的)等于告诉我们说:直到十六世纪之初,王安石的坟墓仍在江宁原地,未被迁移到其他地方。

写到这里,我很想再插入我自己的一段感慨,是久已积存在我胸怀中的一段感慨。我以为,像苏轼在《王安石赠太傅制词》中所说,王安石的"瑰玮之文足以藻饰万物,卓绝之行足以风动四方",而他任宰相期内的变法改制诸措施,也"能于期岁之间,靡然变天下之俗"。这等于说,他在立德、立功、立言方面都已具备了不朽的条件。而身任宰相的司马光,虽是王安石长期以来的政敌,当他在病中听到王安石逝世的消息之后,立即写信给另一位宰相吕公著,要他向皇太后和皇帝建议,对王安石的身后事应"优加厚礼,以振起浮薄之风"。于是北宋朝廷果然追赠他为太傅。然而除此以外,由于司马光正在"以母改子"的借口之下,大力贬斥熙宁元丰期内参与推行新法的各级从政官员,这种严峻局势使得王安石的故旧全都畏罪之不暇,谁敢再出面冒此风险?遂致前来祭吊和赠送祭品赙礼者也绝少,出现了张舜民《哀荆公》诗中所描述的"门前无雀罢张罗,元(玄)酒生刍亦不多"的凄凉场面。不但如此,《景定建康志》所载宋人茔墓,大都在标题之下附有或多或少的文字,说明何人撰墓碑,何人撰墓志,并摘录其中一段关键语句,而独于王安石墓,则仅为"王舒王墓在半山寺后"九字,这反映出,在王安石墓前绝无神道碑这物事,而王安石生前位至宰相,死后追赠太傅,于礼于理,都是应当于墓前建立神道碑的。更为可怪的是,不但在《景定建康志》的"王舒王墓在半山寺后"的九字标题之下不曾道及何人为作墓志铭,不曾摘录墓志铭中的片言只字,在现存的宋人文集、笔记及各种文献当中,竟也找不出有关王安石的行状、墓志铭的任何蛛丝马迹,而从《野获编》中的"发冢"一条,我们才得知埋藏在王安石坟墓中的,只是一块"墓碣",亦即只载有仅能证明其为王介甫墓的一段简单文字的刻石,这就更令人感到他身后所受礼遇实在过分地凄凉了。

以下且再回到本题。

到明世宗嘉靖二十五年(1546),在临川县作知县的应云鹭刻印了王安石的文集(《四部丛刊》初编中之《临川先生文集》即据应刻影印),他在文集的序文中说:

> 公墓不知所在,谋所以专祠公而不获。公之二十二世〔侄〕孙王生瑞从予乞祀田,予既刻公文,复稍助之,以延公祀云。

这里的"公墓不知所在"一句,既表明了这位应知县的历史知识有欠广博,也反映出王安石的第二十二世〔侄〕孙对于他的祖先的墓地同样茫然"不知所在"。这也进一步说明,直到十六世纪中叶,王安石的坟墓并无由江宁迁移到抚州之说。所以蔡上翔在《王荆公年谱考略》的《序言总论》中便批评应《序》说:"公薨,葬于江宁,'公墓不知所在'一语,当时何不知删之!"《年谱考略》是十九世纪初年才写成的,而蔡上翔曾亲到临川县进行过调查访问,他的这一评语又证明了,直到十九世纪初年,王安石墓仍无从江宁迁回抚州之说。

王安石既非诞生于临川,死后也未归葬于临川,在他的幼年少年期内,和后来宦游各地期内,虽都曾回临川去过,但全都不曾久住。总计他的一生,居住在临川原籍的日子是并不很多的。然而,不论如何,他的籍贯是抚州临川县,在那里有他祖传的宅第和田产,却也是确定无疑的。所以,从北宋末年到元代,到抚州去做知州的,还相继有人在州城之内为王安石立祠宇,加以纪念。现在尚可看到的记述王安石祠宇的文字,最早的一篇是陆九渊在南宋孝宗淳熙十五年(1188)所写的《荆国王文公祠堂记》(《象山文集》卷十九),其中述及建立祠堂的一段文字为:

> 公世居临川,罢政徙于金陵。宣和(1119—1125)间故庐丘墟,乡贵人属县立祠其上。绍兴初尝加葺焉。逮今余四十年,隳圮已甚……郡侯钱公(按:即钱象祖)……慨然撤而新之,视旧加壮,为之管钥,掌于学官,以时祭焉。

其次是元人虞集约写于元顺帝初年(1333年或1334年)的《王文公祠堂记》(《道园学古录》卷三五),其中述及建立祠堂的几段文字为:

> 至顺二年冬,中顺大夫抚州路总管府达鲁花赤塔不台始至郡……明年,故翰林学士吴公澄就养郡中,过故宋丞相荆国王文公之旧祠,见其颓圮而叹焉。侯闻之曰:"是吾责也。"乃出俸钱,命郡吏……经营焉。……以某年某月某日告成。

> 按《郡志》,宋崇宁四年(1105),郡守田登为堂于守居之侧,肖公像而祠之。淳熙十五年,郡守钱某更筑祠,而象山陆公九渊为之记。

> 公故宅在城东偏盐步岭,有祠在焉,作而新之,则侯用吴公之言也。……使人拜公之祠,瞻公之象,诵公之文,考公之行,以求公之志而有所感发焉,……其于人心风俗岂小补哉。

虞集还在这篇记文之后系以"迎享送神辞",其词有云:

> 澹澹荒陂,晨曦载晖。言采其芹,迟公来归。山川出云,无往不

复。草有零露,在彼灵谷。寻穷于原,亦企于石。父母之邦,庶几来食。

根据上引陆九渊作的《祠堂记》,得知在抚州城内王安石故居的墓址上建立祠堂,乃是十二世纪二十年代初年的事,三十年代初又曾修葺过,到八十年代后期又经郡守钱象祖"撤而新之"。而据虞集作的《祠堂记》,则又谓据旧来的《郡志》所载,在十二世纪初年,作抚州知州的田登就已在知州居第之旁特辟一房,并绘制了王安石的肖像设置其中,即作为王安石的祠堂。看来,这个临时布置的祠堂,因其不是特意建造的,到田登去职之后便不再继续存在了,所以在十多年后,临川县的"乡贵人"又"属县立祠"于已成丘墟的王安石的故庐的基址之上。虞集在《祠堂记》中所述经塔不台又一次把颓圮的旧祠"作而新之"的,也是在抚州城东偏盐步岭王家故居基址上的这一所。

虞集虽引用《郡志》的旧文,说在崇宁四年郡守田登曾"为堂于守居之侧,肖公像而祠之",而在钱象祖于王安石故居的废墟上修建了祠堂之后,以及元代的监郡塔不台重修了这一祠堂之后,在陆、虞二人的《祠堂记》中却全未再说到这幅画像是否还存在的问题。在蔡上翔的《王荆公年谱考略》卷首之二,有从《抚州府志》引录的《书王文公祠记》一文(我检雍正年修《抚州府志》,未获见此文),文的作者为明朝后期人,可惜未载明其姓名。文章的后半,在谈到塔不台"重加缮治"的王文公祠堂再经废圮之后说道:

> 祠宇为居民侵削,仅有存者。临川七十九都有上池王氏者,谱牒相沿,为公弟安上后。国初有名孟演者,为本府教授,遂主公祠。天顺、成化间(按:即十五世纪六十年代中期),其孙宗琏两以遗祠转典与千户所王表者,并以公及夫人二像附之。公像且数百年,鲜完如故,若有呵护者。每一拜观,敛容起敬。有城北王某者,忽认安礼之后,嘉靖二十五年,请托千户熊邦杰,以力夺之,知县应云鹭遂祭于其家。二十六年,府同知陈一贯复以米二石易荆国、夫人像,并付之守祠者,犹记岁月直书其事于祠壁云。

根据此文所说,田登于崇宁中所绘制的王安石像,在明代,除中间曾一度辗转于私人之家以外，最终还是保存于祠堂中的。但不知在什么时候，此像却又转到东乡县的王安上（安石之弟）后裔家中。此事见于蔡上翔所撰世居东乡县黎墟的王交三的《墓志铭》（《王荆公年谱考略》附存卷一）中：

> 东乡上池王氏，荆公之弟安上之后也，世藏有荆公画像，君（按：指王交三）又亲往求之。至则设几席焚香，戒余具衣冠肃拜，然后得从瞻仰焉。

据蔡氏的《题王荆公画像》（《年谱考略》卷首之二）一文所说，他之"得拜公像于东乡友人王交三家"，乃是清乾隆四十六年（1781）的事。王安上后裔和王交三所居住的东乡县，则是明代析临川、金溪、安仁、进贤四县之地而建置的一个县，其位置在今临川县东北。

据我所闻，在大革文化之命的十年浩劫之前，这幅画像仍存藏在东乡县的王姓人家，而且我的友人还赠送了这幅画像的一张照片给我，这就是我插入拙著《王安石》书前的那一幅。在十年动乱期内，这幅画像却又不知去向了。

虞集在《祠堂记》中说郡守田登于崇宁四年"肖公像而祠之"，这表明，这幅画像必是由田登请人绘制的，但蔡上翔在其书陆游的《入蜀记》后的一段文字（《年谱考略》卷首之二）中却说：

> 荆国文公画像，予尝一见之。及阅陆务观《入蜀记》，谓李伯时尝图公像于定林〔寺〕昭文斋，所谓"著帽束带，神采如生"，与予所见图悉合。则知此轴亦出于伯时之手无疑也。

今查李伯时卒于崇宁五年，是田登建祠之日尚在世，但仅据"著帽束带，神采如生"一事而即断言"此轴亦出伯时之手无疑"，则似涉孟浪。因其时李伯时已为极负盛名的画家，果为他所重作，则在画幅之上必应署其名号，或则由田登或当地的文人学士们把此事加以记述，今既全无此类蛛丝马迹可寻，则与其像蔡上翔那样硬下判断，似还不如仅仅作出一种推测说：这幅画像，很可能是由田登请了一位丹青手，到金陵钟山定林寺的昭文斋摹写下来的，也许更合乎事实一些。

上述种种,特别是关于王安石的故居墓址及其身后的墓葬之所在,既都有确切的文献记载可考,本都已不再存在任何问题。但在十年浩劫的后期,"四人帮"大搞"儒法斗争"的恶作剧,把王安石摆布为中国历史上重要法家人物之一,大加称颂,致使他红极一时,于是而王安石的故居何在,也随之而成为临川与东乡这两县的地方人士争论不休的问题。东乡县人所持的理由是:王安石的后裔所世代居住的上池乡,正就是从王安石的父祖以来的田宅所在之地,是在明代被从临川县析出而入于东乡县的。王安石的画像为上池王家所长期保藏就是明证。近年似又有人说,王安石的坟墓也在东乡县境内的某山。事实上,他们所持的理由和所举的证据全都是不够充分的,不能成立的。因为,东乡的上池,只是王安上后裔的居地,并非自王安石的父、祖以来的田宅所在之地;王安石的坟墓,也从来没有由江宁迁回临川或东乡的记载。关于王安石画像的流传经过,则如上文所说,更不能证明其与王安石旧居的关系。王安石的临川旧居究竟在哪里呢?答曰:在临川县城之内,而不是在临川县城之外的任何地方。最强有力的证据就在王安石自己所写的一篇《大中祥符观新修九曜阁记》当中。《记》中有云:

> 临川之城中,东有大丘,……吾庐当丘上。自北折而东,百步,为祥符观。……安石少时固尝从长者游而乐之。以为溪山之佳,虽异州,乐也;况吾父母之州,而又去吾庐为近者邪!

这段文字,简单明了地告诉我们:王安石的旧宅,是在临川县的县城之中。而临川县城,亦即两宋抚州州治之所在,从宋迄今,不曾有所移徙,因而王安石的旧宅也万无并入东乡县境之内的可能。

1984 年冬草成初稿
1992 年 8 月 22 日改订
(原载《北京大学学报》1993 年第 2 期)

不需要为沈括锦上添花

——万春圩并非沈括兴建小考

一、兴建万春圩的主要负责人是沈披

万春圩是十一世纪后半期内大江南岸一区规模最大的圩田。它是十一世纪六十年代初期修建成功的,是在一区已经废弃了八十年的旧圩废址上修复起来的。它的修复,不仅使圩内的十万多亩土地保证能有较好的收成,而且还能对附近地区的群小圩起一些屏蔽作用,当它能经受较大水灾的冲击而不致毁坏时,附近的群小圩也能"恃以无毁"。

规模这样大、关系这样重要的这个万春圩,当其进行修复时,包括从规划到组织人力、施工、落成,究竟谁是最主要的负责人呢?对于这一问题,在湖南常德县新出土的北宋人张颙(1008—1086)的《墓志铭》(张问撰)中可以找到一个粗略的答案:

……寻除江东转运使……
李氏据江南时,太平州芜湖有圩,广八十里,围田四万顷,岁得米百万斛。其后圩废,地为豪姓所占。公见其利,募民之愿田者,筑堤于外,以捍江流;四旁开闸,以泄积水。自是,岁得米八十万,租入官者四万。民仰其利,名之曰万春圩。

在这段文字当中,既没有叙说雇募民工、进行修复的过程,也没有叙说在施工之前,有人主张修复、有人大力反对的经过,仿佛只因张颙见其有利,经他一声号召,"愿田"之民一拥齐上,万春圩就建造成功了。倘使万

春圩的修复如此简而易行,那就只能由张颙居其首功了。这段叙述显然是过分简单化了。

比较详实确凿的答案,在沈括撰写的《万春圩图记》中可以找得出来。《万春圩图记》中关于修复万春圩的缘由,有如下一些记载:

……芜湖县圩之大者,……土豪秦氏世擅其饶,谓之秦家圩。李氏据有江南,置官领之。……调其租以给赐后宫。本朝以属芜湖县,租还大农。太平兴国中,江南大水,……圩以废。废且八十年。其间数欲治之,辄为游说所格。有司藏其议,一车不能载。

嘉祐六年,转运使武陵张颙、判官南阳谢景温复会其议,使宣州宁国县令沈披图视其状。披还,以谓前之以为不可兴者,说皆可讲也。……(按,"可讲"即应进行商讨。此下沈披就举述了五种反对修复的意见,并逐条加以反驳。此不录。)

谢君雅知其可为,及是,请之,奏其词上(按,"其词"即指沈披对五种反对意见的反驳之词),即报可。……乃遂兴之。

方是时,岁饥,百姓流冗,县官方议发粟,因重其庸以募穷民,旬日得丁万四千人。……披总五县之丁,授其方略。转运司移其治于芜湖,比日一自临观。……凡四十日而毕。……

凡发县官粟三万斛,钱四万。岁出租二十而三,总为粟三万六千斛。菰、蒲、桑、枲之利,为钱五十余万。

圩既成,天子赐其名曰万春。……(据《四部丛刊》三编影印本《长兴集》。)

从上面的几段引文看来,可知倡议修复万春圩的,是江南东路转运使张颙、转运判官谢景温和宣州宁国县令沈披三人,而坚持可行,并举述了种种强有力的论据以驳斥反对派的意见的,则是沈披。到施工阶段,从雇募穷民,至"授其方略",也全都是由沈披负责的。这就明确说明,兴复万春圩的主要负责人,是沈披而不是其他任何人。

二、沈披是什么人?

在王安石的文集中,有一篇《沈周墓志铭》,其中说,沈周有两个儿子,长名沈披,次名沈括。据知沈披、沈括为胞兄弟。

在《东都事略》和《宋史》中都有沈括的传,却没有沈披的。因此,关于沈披的生平行实,我们知道的不够多。甚至他做宣州的宁国县令,其上任卸任各在哪一年,我们也不能确知。今据沈括的《梦溪笔谈·技艺》卷十八,知道沈披是一个善射的人,而且"自能为弓",在他离开宁国县令任所之后,又曾任常州团练推官和北宋王朝的卫尉寺丞;据曾巩所撰沈周妻《寿昌县太君许氏墓志铭》,知道他在宋神宗熙宁初年曾任国子博士,是一个很有吏材的人;据李焘的《续资治通鉴长编》(下称《长编》)卷二六五,知道在熙宁八年(1075)沈括奉命出使契丹,去办理代北三州的地界交涉时,沈披正在雄州任安抚副使;在熙宁十年夏,他又曾任福建路驻泊都监,不久即因自陈"未谙军政,恐误任使"而被撤换了(《长编》卷二八三)。在此以后的一些年代中,他又曾做了一些什么事,以及他死在何年,我们都无从知道了。

三、 说沈括修复万春圩完全是无中生有

(1) 兴建水利工程确是沈括的长技之一

沈括是一个具有多方面知识的学者和科学家,是十一世纪后半期一位最富有科技知识和才能的人,这是从北宋末年以来历代学人所一致公认的。

我现在在这里只谈谈他与水利工程有关的一些事。

沈括从最初进入仕途,在做海州沭阳县主簿时,就疏浚境内的沭沂二水,筑成百渠九堰,使二水受到制约,使沿流的七千顷农田受到灌溉之利。到熙宁五年(1072),北宋王朝募集应天府、宿、亳、泗等州饥民浚治河道时,沈括受命提举其事,并令其"相视开封府界以东,沿汴官私田,可以置斗门、引汴水淤溉处,以闻"(《长编》卷二三八,九月壬子)。沈括在《梦溪笔谈》卷二五有自述其履行此次任务的一条记载:

> 国朝汴渠,发京畿辅郡三十余县夫,岁一浚。祥符中,阁门祗候使臣谢德权领治京畿沟洫,权借浚汴夫。自尔后三岁一浚。始令京

畿邑官皆兼沟洫河道,以为常职。久之,治沟洫之工渐弛,邑官徒带空名,而汴渠至有二十年不浚,岁岁埋淀。

异时,京师沟渠之水皆入汴,旧尚书省《都堂壁记》云"疏治八渠,南入汴水"是也。自汴流埋淀,京城东水门下至雍丘、襄邑,河底皆高出堤外平地一丈二尺余。自汴堤下瞰民居,如在深谷。

熙宁中,议改疏洛水入汴。予尝因出使,按行汴渠,自京师上善门量至泗州淮岸,凡八百四十里一百三十步。地势,京师之地比泗州凡高十九丈四尺八寸六分。就京城东数里白渠心穿井至三丈,方见旧底。验量地势,用水平、望尺、干尺量之,亦不能无小差。汴渠堤外皆是出土故沟,予因决沟水令相通,时为一堰节其水,候水平,其上渐浅涸,则又为一堰,相齿如阶陛。乃量堰之上下水面相高下之数,会之,乃得地势高下之实。(现行各种版本的《梦溪笔谈》,此条文字均多脱误,胡道静校注本亦然;今据《长编》卷二四八,熙宁六年十一月壬寅条附注引文补正。)

这也充分反映出来,测量地形(而且是用水准测量方法),浚治水渠,修筑堤堰、斗门等类的事,都可算是沈括的长技之一,他都是优为之的。可是,却绝对不应当以此作为根据,就断言芜湖的万春圩也是经由沈括修复的。因为,沈括和万春圩的关系,仅仅是由他撰写了一篇《万春圩图记》,而《万春圩图记》中又分明叙说道,当时任宣州宁国县令的是沈披,力排众议而主张修复万春圩的是沈披,总管五县丁夫,授以方略,亲自主持了修复万春圩的施工的也是沈披。在这些过程当中,沈括是一概没有参加在内的。

从《万春圩图记》的最后一段文字,也可以说明作《万春圩图记》者虽是沈括,而作圩者却是沈披。文云:

予独悲夫作者之意:尝谓予言,"天下之财不足以相养,岂独野人之忧,在上者所当任也。江南之斥土如万春者数百,襄、汉、青、徐之间人益希,其过江南者不訾。异时有言其可耕者,天下莫之应也。予且使天下信之。"故其治万春甚力,其挑众独任,犯患难而不顾者,意岂独万春而已也。……

不需要为沈括锦上添花

> 予以谓天下之事,其势常若临危之物,众人引之不能进,一人排之则哗然往矣。盖处顺势者易为力,矫众违者难为功。成功者常处于顺势,至其不偶乃出于异端,固君子谓之有命也欤。
>
> 予观《万春圩图》,乐其成功,……乃辑其说而序其下。

这里所说的"作者",是指作圩的沈披,这里前后凡四见的"予"字("予且使"句中的"予"字乃沈披自称,应除外),则是作《万春圩图记》的沈括自称,文义层次极为分明。若把二者混而为一,对这段文字就无法解说得通了。

(2)问题发生在吴允嘉重编本《长兴集》的肆意篡改处

那么,怎么竟然产生了沈括做宁国县令、修复万春圩这一误说,而且目前大家还在以讹传讹,几乎使这一误说有"定于一尊"的趋势呢?寻根究源,致误之因盖在于清光绪二十二年(1896)浙江书局刻印的《沈氏三先生文集》。

所谓《沈氏三先生文集》,是把沈遘的《西溪集》、沈括的《长兴集》、沈辽的《云巢集》合刻在一起的。其最初,是在南宋初年,由一个名叫高布的人校勘刊布在括苍(今浙江丽水县),取名为《吴兴三沈集》。当时,沈括的《长兴集》是四十一卷,到明人照宋本重刻时,却已短缺了卷一至十二、卷三十一、卷三十三至四十一各卷,共仅剩了十九卷。重刻者遂把这三个文集的卷数并作八卷,并改名为《沈氏三先生文集》。这就是抗日战争前夕商务印书馆所编《四部丛刊》三编中据以影印的那个本子。

浙江书局刻印的《沈氏三先生文集》,是早已由清初人吴允嘉重新辑补编定了的,书名虽沿用明刻本之旧,其编次和内容却都与明刻本不同。今姑且单就《长兴集》一种来说:明刻本《长兴集》并作两卷,吴允嘉的重编本则又分作三十卷。其最前三卷,全是从其他书册中搜罗到的沈括的一些骚、赋、诗、歌及序、说、议、论等类作品,还在第三十卷增收了沈括的《自志》一节。这毕竟算是一种比较完备的《长兴集》刻本。

然而由吴允嘉制造出来的错误也很不少。比如说,钱塘的沈同和沈周是胞兄弟,沈同生一子,名叫沈扶,沈周生二子,名叫沈披和沈括。这在王安石所撰《沈周墓志铭》《沈遘墓志铭》和曾巩所撰《寿昌县太君许氏墓志铭》中均有明确记载,这几篇墓志且都被吴允嘉收录在这个刻本的第六十二卷中了,而吴允嘉竟还不知道沈披沈扶各为一人,他竟在《寿昌县太君许氏墓志铭》的"子曰披,国子博士"句下附加注语说:"按,王荆公曾行国子博士沈扶制,此作披,未知孰是。"这岂不是把沈扶、沈披合二而一了吗?

就因为吴允嘉不知道沈扶、沈披各有其人,在他校勘过的《长兴集·万春圩图记》当中,竟至把"宣州宁国县令沈披""披还"等句中的"披"字一律改作"括"字。只有"披总五县之丁"一句中的"披"字未被篡改,那大概是由于他误解了这一字义,不曾把它理解为人名,所以才幸而得免。就因为这一"披"字被保存下来,更可证明,前面的两个"披"字,全是被吴允嘉硬改为"括"字的。另外,"转运使武陵张颙"句中的"颙"字也误刻为"颗",这却不知是否应由吴允嘉负责了。

吴允嘉制造出来的这几个错误,导致了我国在本世纪内所有研究沈括生平事迹的人们全都上当受骗,以讹传讹地说什么沈括曾经做过宁国县令,曾经在转运使张颙的支持之下修复过万春圩。在《四部丛刊》三编影印本《沈氏三先生文集》印行之后,仍未能将此讹传之风刹住;甚至于出现在目前各种期刊中的有关沈括生平的论述,依然在踵讹袭谬。

(3) 五十年来有关沈括的论著举例

在最近的五十年内,发表在学术刊物上的论著,应以已故张荫麟教授的《沈括编年事辑》为首篇。此文是在1936年《清华学报》的第十一卷第二期上刊出的。

在近代研究沈括的论著中,张文既是一篇"荜路褴褛,以启山林"之作,其中偶有疏舛之处,自属难免。而且,其所偶有的错误,也大都被后来的研究者指出并纠正了,我在这里不再涉及。我在此需要指出的,只是关于兴复万春圩的一事。张荫麟在《沈括编年事辑》的"嘉祐六年——三十岁"下,首先就断言沈括这年"官宣州宁国令",继即从浙江书局本的《长兴集》中摘录了《万春圩图记》的大段文字。文中凡被吴允嘉改沈披为沈括之处,全都一仍其旧。当然,若不如此,则引文前的"官宣州宁国令"一句便失去了根据了。然而,这也就把此后对沈括的研究工作引入了一个岔路。

但是,对于《沈括编年事辑》中的这一错误,我们终还是应当加以原谅的。因为,当张荫麟编写这篇文章时,《四部丛刊》三编还没有印行,明覆宋本的《沈氏三先生文集》很不容易看到,比较容易看到的,只有浙江书局的那个刻本,无可校正,自然易为吴允嘉的无知妄改所迷误。

继《沈括编年事辑》之后而出现的,把对沈括的生平与著述的研究又大大向前推进了的,则是胡道静先生的《梦溪笔谈校证》。这部书在校勘和注释方面,用力甚勤,搜讨甚广,不但对《梦溪笔谈》一书作出了贡献,对沈括一生的事迹也辑录了不少资料。所可惜的是,此书体虽大而思不精,以致书中也存在一些不应有的疏忽大意和错误之处。例如,就校勘方面来说,我在上面所引之"国朝汴渠"云云一条,在现行诸刊本的《梦溪笔谈》中都颇有讹脱,可根据李焘《长编》附注中的引文补正好几个极关重要的字,而胡氏却没有这样做。(《长编》中还有几段引文,都有可以补正现行诸本《梦溪笔谈》的脱误之处,胡氏也都没有据以校正。)就对沈括事迹的考证来说,也同样为吴允嘉重编本《长兴集》中那篇《万春圩图记》所误。在《梦溪笔谈》卷三"予嘉祐中客宣州宁国县"云云一条下,既照浙江书局刻本《长兴集》一字不改地抄录了《万春圩图记》的全文,又于其下附加按语说:

> 《笔谈》云"予嘉祐中客宣州宁国县",按之《长兴集·万春圩图记》,正为县令于宁国也。

宋朝的规定是,凡资历较高的人去做县长,叫做知县;较低的则叫做县令。但是,知县也罢,县令也罢,在那时全都被目为一县的"父母官"或"主宰",因此,凡居官某县的人,当其自称时,只能说某年任某地某官,而决不会称为"客居某地"。所以,根据沈括的"予嘉祐中客宣州宁国县"一语,正可证知当时在宁国县做县令的是沈披,而沈括则只是随其兄在那里闲居而已。

《梦溪笔谈校证》之编写与成书,均在新中国建立之后,其时《四部丛刊》三编中影印的明覆宋本《长兴集》早已出书,而胡氏竟不用以校正吴允嘉所制造的种种错误,这实在是不应该的。

我要说到的第三个人和第三种著作,是已故张家驹教授的《沈括》。这本书是上海人民出版社在1962年印行的。

《沈括》的第一章的标题是"时代、家世和早期活动",其最末一节的标题则是"有关圩田的理论和实践"。在这一节中,张家驹把沈括的《万春圩图记》依照浙江书局本译为白话文,共占了五页以上的篇幅。其所谓有关圩田的理论,就是《万春圩图记》当中所胪举的反对修复圩田者所持的五种理由,以及沈披对此五种理由的逐条驳斥。其所谓有关圩田的实践,就是《万春圩图记》中所叙述的募集穷民,授以方略等项事体。其中,沈披之名既仍写作沈括,转运使的名字也仍然误作"张颗",而未照《四部丛刊》三编本改作"张颙"。

张荫麟之所以把万春圩的修复归功于沈括者,以其撰写《沈括编年事辑》时《四部丛刊》三编尚未出书也;胡道静之所以把万春圩的修复归功于沈括者,以其校注《梦溪笔谈》时未暇取《四部丛刊》三编中之《长兴集》与浙江书局本作校对也。张家驹在编写《沈括》一书时,这两种版本的《长兴集》他不但都已看到,而且也进行了对证,经过对证之后,他在书后附录的《沈括事迹年表》中的嘉祐六年记事后,作了一条考证说:

> 《四部丛刊》影印明覆宋本《沈氏三先生文集》所载《万春圩图记》,说修圩的是宁国县令沈披,不是沈括,显有错误。沈括本年在宁国,《笔谈》和本集中都有记载:前者说,"予嘉祐中客宣州宁国县"。后者在《筠州兴国寺禅悦堂记》一文中说:"嘉祐中予客宣之宁国,……比三年,……后十四年,予自禁庭谪守宣州。"括谪宣州是在熙宁十年(1077),上溯十七年恰为本年(按指嘉祐六年)。"披""括"字形相似,当是传写之误。清吴允嘉《重编沈集》俱作沈括者是。

这段论证是完全站不住脚的。因为:第一,对沈括"嘉祐中客宣州宁国县"的话,决不能理解为"官于宁国",我在上文已经谈及此事。第二,吴允嘉重编的《长兴集》,除辑补了明刻本中所缺佚的一些诗文外,其余则一律沿用明刻本,既是如此,则重编本与明刻本间所有文字的歧异,若不是出于吴允嘉的有意改动,则必是因传刻而致误;而所谓"传刻致误",当然也只能指重编本而言。可是,张家驹却说什么明刻本系因传刻吴允嘉的重编本而致误的,这就不但把这两种刻本的源流关系颠倒,也等于把明清两代的先后顺序颠倒了。"转运使武陵张颙",浙江书局刻本误作"张颗",张家驹也以讹传讹,作"张颗"而不作"张颙",大概他也把《四部丛刊》三编本中的"颙"字断定为"当是传写之误"了!

  然而,不论怎样,既有了张荫麟的《沈括编年事辑》,又有了胡道静的《梦溪笔谈校证》,又有了张家驹的《沈括》,他们雷同一说,都把修复万春圩的功劳写在沈括的账上。于是,"三人成市虎",此后所有论述沈括生平事迹的人,再无一人敢于不沿袭此说了。特别是在"四人帮"大搞所谓"儒法斗争史"以来,他们为要制造一个从古到今的法家体系,硬给沈括戴上一顶法家的桂冠,而对之大加吹捧。他们对于学术领域的实事求是的作风肆意加以践踏,致使学风文风迄今犹未能彻底清除其污染。因而,近年以来各种期刊所发表的有关沈括生平的论述,更众口一词,无不大力表扬沈括修复万春圩的功绩,而不知这纯属张冠李戴。这样做,即使并无哗众取宠之心,却也大不符合实事求是之意。所以,我特地写了这篇文章,并采用了这样一个标题,聊以对上引诸文中的失误稍加针砭云尔!

(原载《学术月刊》1979 年第 1 期)

关于宋江的投降与征方腊问题

一、对于近几年讨论这一问题的回顾

1978年夏,我和李培浩同志合写了一篇题为《历史上的宋江不是投降派》的文章,在《社会科学战线》1978年第2期上刊出之后,引起了一场较为热烈的讨论。从发表在各种报刊杂志上的文章看来,其中反对我们的意见的为数较多,也有完全同意我们的意见而又作了补充论证的,还有对我们的意见部分赞同、部分反对的。

在讨论开始以后,我虽然又曾写了文章,继续阐明并坚持我自己的一些论点,但同时我却也感觉到,在讨论文章当中,有的不免夹杂着一些意气用事的成分,有些偏离学术讨论正轨的势头,似乎只企图以标奇立异来取胜,却不肯平实谨严地在摆事实(即持之有故)讲道理(即言之成理)方面尽最大努力。例如:

有的人因为葛胜仲所撰《王登墓志铭》中没有指明王登父子所败剧贼为宋江,对他的论点不利,便悍然武断说,这篇《墓志铭》虽然撰写出来,但未被采用;真正刊之石上、埋入土中的,却是由别人改写的一篇,在改写的这一篇中才明确提出王登父子所破剧贼名叫宋江的。这篇改写的《墓志铭》出自何人手笔,他从哪儿看到的,却一概未作交代,足证此说纯系他所捏造。

有的人不知道为宋江取绰号为"呼保义"乃是南宋中叶以后的事(因为在龚圣与的《赞》中还是把"呼"字与上句的"称"字相对为文,还是只作动词用的),对于范圭所撰《折可存墓志铭》中所载"班师过国门,奉御笔'捕草寇宋江',不逾月继获"诸语也视若无睹,却硬说折可存所捕获的只是一个绰号"赛保义"的人,是范圭把他误认作"呼保义"宋江了。

有的人未能把《折可存墓志铭》所说"方腊之叛,用第四将从军"诸语和《宋会要》所载奉命镇压方腊的"京畿第四将"关合为一,不知道这个不具姓名的京畿第四将实即折可存其人,却反而推论说:折可存分明曾从征方腊,而《宋会要》却不载其人其事,所以也不能因《宋会要》不载宋江之名而即否定他也曾从征方腊。

有的人对于南宋史籍中所记宋江事之纷杂歧互情况无法作出解释,便只好去拾取日本学者的一点牙慧,说道,当时既有一个投降宋廷并去征讨方腊的宋江,还有一个在京东地区从事反宋斗争的宋江;并且从我们的文章中摘引了一段,加以颠倒改易,却指责我们的文章竟写得如此不通!

这些情况的出现,不能不引起我们的深刻反省:可能是我们第一篇文章的命意措词有偏颇之处,因而激致如此吧;可能是在我们续写的答辩文章当中,绝对化的肯定或否定语气稍多,以致又起了推波助澜作用的吧。总之,我感觉到,长时期如此这般地讨论下去,是不会把讨论引向深入,使问题得到恰当正确的解决的。因此,我就偃旗息鼓,默不作声了。

当然,我们所抛出的引玉的砖,也确实引出了一些好文章,其中之最应举出的一篇,则是复旦大学陆树仑同志的《关于历史上宋江的两三事》一文(见《辽宁大学学报》1979年第2、3期),那的的确确是在严肃认真地进行学术讨论的文章。此文共分三个部分,主要是针对我们那篇《历史上的宋江不是投降派》一文而发。现特摘述于下,也略参以己意。

1. 关于宋江是否受招安的问题。陆树仑同志在这一节里,对南宋史籍所载宋江投降的资料,和我们的文章中否认宋江曾经投降所持的论据,逐条加以辨析,最后极为审慎地作出论断说:"否定宋江投降的记载,目前尚缺乏足够材料。在未被否定之前,若持怀疑态度是可以的,但不宜断言这是捏造。"现经马泰来先生揭出李若水的《捕盗偶成》诗证实,宋江等人之曾经投降,是确有其事的,我们断言其为南宋人所捏造,是完全错误的(说详下文)。

2. 关于宋江是否打方腊的问题。陆树仑同志在这一节里,同样是对南宋史籍所载宋江从征方腊的资料(亦即近年来持宋江从征方腊说者所持论据)逐条加以辨析,虽然所得的结论与我们的文章相同,即宋江不曾从征方腊,但他所作辨析之精辟确当,却远非我们那篇文章之所能及。

3. 关于宋江"就擒"的问题。陆树仑同志在这一节里,考定台州起义军首领吕师囊之被擒是在宣和三年(1121)十月,还考定在扑灭这支起义军的战役中,张思正、折可存、杨震诸人都是参加了的,从而指明张政烺、严敦易两同志和我们的文章所作的论断都不正确。这一论断也颇有说服力。在这一节内,作者还说,《折可存墓志铭》中的叙事颇有溢美失实、不可信据之处,这自然也是对的;但对《墓志铭》所载"奉御笔'捕草寇宋江'"一事,也断言"那是不可能有的事",这却不免有些武断了。因为,不论范圭如何夸大折可存的事功,他是决不敢伪造皇帝的一道御笔的。如说这道御笔不只是颁降给折可存一人的,当有可能,但折可存必为颁降这一御笔的对象人员之一,也是不容置疑的。在这同一段文字的末尾,和在这一段以下的几段文字里边,陆树仑同志又指出,我们那篇文章用《折可存墓志铭》中关于捕获宋江的记载,来否定宋江的一度接受招安,根本排除宋江有降而复叛的事实,也"是无说服力的"。并又附带说明:"尽管'降而复叛'还带有推断性质,证据也还不足,但与事理还是密合的。"此时此刻,我不但要接受这个推断,而且还可以把李若水的《捕盗偶成》诗作为一个确凿证据,证明宋江之"降而复叛",乃是"铁案如山摇不动"的一桩事实。

二、 对李若水《捕盗偶成》诗试释

《中华文史论丛》1981年第一辑刊出了马泰来先生的《从李若水的〈捕盗偶成〉诗论历史上的宋江》一文,我读过之后,深感自己的拿陋太甚,惭愧无似。过去我只曾翻阅过一卷本的李若水《忠愍集》,竟没有注意到它是一个不全的本子。北京大学图书馆分明有一个从四库本抄来的三卷本《忠愍集》,因为未加注意,也竟不曾去翻阅。一卷本的《忠愍集》是只有文、没有诗的,所以,我只是在读过马先生的文章之后,才知道李若水有《捕盗偶成》一诗,才知道此诗中谈到了宋江等三十六人一同接受招安的事。马先生已曾把这首诗的全文抄录出来,并已作了一些说明。我今为了便于发表一些浅见,特再把全诗抄录于下:

> 去年宋江起山东,白昼横戈犯城郭。
> 杀人纷纷剪草如,九重闻之惨不乐。
> 大书黄纸飞敕来,三十六人同拜爵。
> 狞卒肥骖意气骄,士女骈观犹骇愕。
> 今年杨江起河北,战阵规绳视前作。
> 嗷嗷赤子阴有言,又愿官家早招却。
> 我闻官职要与贤,辄啖此曹无乃错!
> 招降况亦非上策,政诱潜凶嗣为虐。
> 不如下诏省科徭,彼自归来守条约。
> 小臣无路扪高天,安得狂词裨庙略。

马泰来先生发现了这首诗,并立即把它提供出来,这就把与历史上的宋江有关联的诸问题的讨论推向一个崭新阶段。

这首诗的前八句,全都是叙述宋江等三十六人从起义到受招安的事。诗中把这一系列复杂过程都作为发生在"去年"一年之内的事,这是诗的字句限制使然,当然是不够确切的,我们对此自不应以词害意,一味地拘泥在字面上边。我以为,"去年"二字是被用来与第九句中的"今年杨江"云云表示时间区别的,是只指宋江等三十六人接受北宋王朝的招安,骑肥马、率众卒一同进入开封的年份说的。因此,不应理解为宋江等人于起义的当年就接受了北宋王朝的招安。然而不论如何,这八句诗总已雄辩地说明,在包括折可存部在内的北宋部分官军,于镇压了方腊之后而"班师过国门,奉御笔'捕草寇宋江',不逾月继获"这一事件之前的某年某月内,宋江等三十六人是的确曾经一度投降过北宋王朝的。同时这也就证明,我们在《历史上的宋江不是投降派》一文中坚决反对宋江曾经投降之说,是完全错误的了。

所有主张宋江投降北宋王朝的人,最常引用为论据的一条史料,是《宋史·张叔夜传》中的如下一段:

以徽猷阁待制再知海州。宋江起河朔,转略十郡,官军莫敢婴其锋。声言将至,叔夜使间者觇所向。贼径趋海滨,劫巨舟十余,载掳获。于是募死士,得千人,设伏近城,而出轻兵距海诱之战。先匿壮卒海旁,伺兵合,举火焚其舟。贼闻之,皆无斗志。伏兵乘之,擒其副贼,江乃降。(《东都事略·张叔夜传》唯无"擒其副贼"句,余与《宋史》文字大致相同。)

我对于这一段记载,本是不甚相信的。主要是因为其中包含了许多不切合情理之处。现在读了李若水的这首诗,更证明我的存疑是真正疑到点子上了。因为,诗中既然说"大书黄纸飞敕来,三十六人同拜爵。狞卒肥骖意气骄,士女骈观犹骇愕",这怎么能是作战失败、副将被擒、迫不得已而投降的情况呢?这几句诗所反映的,只能是:宋江等人的起义部队"横行"于山东河朔等地,屡次打败北宋官军,宋廷在感到难于用军事进行征服之后,便下诏招安;不知经过了一些什么周折,宋江等三十六人便率领所部("狞卒肥骖")一齐接受招安了。如果一定要说宋江等人的这次投降必然与张叔夜有关,则也只能是由张叔夜担任了说客,由他与宋江进行联系,最后取得这样一个结果而已。

如果对《捕盗偶成》的前八句作这样的解释是不错的话,那就还可以连带地说明,宋廷之所以招安宋江等三十六人,并非如《宋史·侯蒙传》所说,是因为采纳了他的"不若赦江使讨方腊以自赎"的建议而这样做的。再从这首诗的后半部分,即自"今年杨江起河北"以下诸句看来,也正可以得出宋江必不曾从征方腊的结论。在此且让我们再把"今年杨江起河北"以下八句略作解释如下:

我们只知道这里的"今年"是与上文的"去年"相对而言,而其究竟具体指哪一年,则无法确说。杨江是什么人,我也遍查未得。既然说它"战阵规绳视前作",当知这支起义军的人员和作战能力,都是和宋江等三十六人所领导的一支相仿佛的。其使北宋王朝之深感难以单凭武力制服,自也与"前作"大致一样。所以河北居民便又纷纷议论,不愿意宋廷再发兵去从事"征讨"(因为官兵一到,便必将造成一次灾难),而只希望宋廷对之进行"招安"。李若水当时是刚刚进身到统治阶层当中的一个人,对北宋王朝正怀抱着无限忠诚,对于河北居民的这些议论自然是要反对的。而"去年"对宋江等三十六人的招安,并没有使宋廷收取到任何效益,这更证明"招安"之决非上策。尽管当李若水写作《捕盗偶成》这首诗时,宋江等人投降北宋王朝为时已一年左右,他们虽尚未"复叛",却早被李若水视为值得担忧的一个潜在危险因素了。这不正好反映出来,宋江等人不曾在宋廷镇压方腊的事件中效过劳、出过力吗!

在南宋人编写的一些史册,例如《林泉野记》和《十朝纲要》等书中,都说宋江于受招安后,随即随从北宋官军南下去镇压方腊。余嘉锡先生在《宋江三十六人考实》中不但信从此说,且更详加描绘说:

> 帮源洞(按:此为方腊起义军最后的据点)形势,以洞后为最险,而[宋]江与刘镇诸军实次洞后。于时分兵两路,前后夹攻。其率先入洞纵火者,后路军也。而江实隶后军,且"擒其伪将相,送阙下",又有上苑洞之捷。则江降后实曾隶属童贯,参与攻方腊之役。特以偏裨隶人麾下,史纪之不详耳。其盛为后来人所传称,不尽无因也。

这一大段叙述,有一部分是有旧史为据的,但也有一部分则是凭空增益之词,这在陆树仑同志的文章中已作了有力的反驳,我在此不再赘论。但从《捕盗偶成》中的"去年""今年"这两个时间定语既已得知,李若水是在宋江投降已一年左右才写这首诗的,假如宋江投降之后实曾隶属童贯,参与攻方腊之役,而且确曾"擒其伪将相,送阙下",那正说明北宋之招安宋江,已经收到了极好的效益,也正说明招降政策之确为上策。既然如此,则在李若水的这首诗中,便必然要多少有所反映,至少也不应出现"招降况亦非上策,政(正)诱潜凶嗣为虐"这样的语句。因为,"政诱潜凶嗣为虐"的句意,等于在作不祥的预测,在指责北宋王朝养痈贻患,自行设置一个潜在的动乱因素,为自己埋伏一种隐患,而这就理所当然地要为李若水所反对了。倘若说,宋江虽确已在镇压方腊的战役中"立了功勋",只因李若水当时还是一个"无路扪高天"的"小臣",这件事不在他的所见所闻所传闻之列,那也是说不通的。因为,宋江等三十六人接受了北宋王朝的招安、得意洋洋地进入开封城时,李若水也并不在开封,而他却能状述其事如亲眼看到一般,何至在相隔一年之后,在他的居地并无变动的情况下（说详下文），而竟对宋江等人的消息就杳无闻知了呢？

总之，从李若水这首《捕盗偶成》诗的全部措词命意来看，我认为，其所反映的，是宋江等三十六人确曾一度接受过北宋王朝的招安，然而却又确实不曾参加过北宋王朝镇压方腊的战役。在接受招安至少过了一年以上的时光之后，宋江再度反叛，所以宋廷才在折可存等人镇压了方腊的起义军而班师经开封时，颁降了"捕草寇宋江"的命令给他们，而在不出一月的时间内就又把他擒获了。

三、 宋江的投降、复叛和最后被擒的确实年月仍难考定

李若水的《捕盗偶成》诗究竟写于何时何地，这与判断宋江等人之于何时投降，何时复叛，都有一定的关系。但李若水既未在诗题下明著其写作时地，我在此也只能略作推考。

李埴的《十朝纲要》卷一八载："宣和元年十二月，诏招抚山东盗宋江"；"宣和三年二月庚辰，宋江犯淮阳军，又犯京东、河北路，入楚州界，知州张叔夜招抚之，江出降"。（按：《宋史·徽宗纪》"河北路"作"江北"，"楚州"作"楚、海州"。）

《东都事略·徽宗纪》载："宣和三年五月丙申，宋江就擒。"

《续宋编年资治通鉴》卷一八载：宣和二年十二月，"宋江入海州界，知州张叔夜设方略讨捕招降之"。

上举这些史籍，或云"出降"，或云"就擒"；或谓其事在宣和三年二月，或谓在是年五月，或又谓在宣和二年十二月。参差歧互，莫衷一是。尽管如此，就其时间来说，均不出宣和二、三年（即1120年、1121年）内。那么，李若水在与此相应的年份之内，究竟是在何地、居何职呢？

《三朝北盟会编》卷八一，靖康二年（1127）二月二十一日，于李若水因痛骂女真军事首脑而被杀害之后，载有《靖康忠愍曲周李公事迹》一篇，文中有云：

> 公姓李氏,讳若水,……洺州曲周县人。……政和八年嘉王榜敕赐同上舍出身。初任迪功郎,大名府元城县尉。时河朔盗贼起,以捕获功改承事郎。复以功赏转宣教郎,授平阳府司录。宣和六年春,试学官,有司爱其文典雅近古,擢为第一,除济南府府学教授。

根据这段记载,我们得知李若水在政和八年(1118)(按,这年十一月改元重和,故旧史多改称这年为重和元年)以后直到宣和六年(1124)以前的这七年内,先是任元城县尉,后又改任平阳府司录。他"以嘉王榜敕赐同上舍出身"一事虽在政和八年三月,但他授官必稍迟,而其莅任的确实时日更难考求。这是因为,在宋代,凡是初授官的人,一般都是要"待阙"的,虽则时间的长短并不相同。据此推考,李若水之莅任元城县尉,最早不得早于政和八年的秋冬,最迟还可能在宣和元年(1119)以后。今姑假定他是宣和元年到任的,则到宣和三年冬方满一任,其改平阳府司录应为宣和四年(1122)内事。似此,则在宣和元、二、三年内,李若水均应在元城县尉任上,而《捕盗偶成》一诗亦必在此期内所写。因在改官平阳府司录之后,一则其地远离河北,二则司录的职掌也与捕盗不相干了。

元城县是大名府亦即北宋所建陪都北京的赤县。《捕盗偶成》的末联虽有"无路扪高天"的慨叹,但那是因为李若水当时还只做了一个芝麻大的小官(县尉),而并非因为元城县是一个偏远闭塞的县份。李若水在元城县写作的《捕盗偶成》,对于宋江等人受招安后进入开封府城时的情况既能描述得那样详悉,假如宋江当真参加了镇压方腊的战役,仍在元城的李若水何以竟又杳然无所闻知呢?

李若水任元城县尉的时间,与我们所假定的可能有些出入。即假如他在政和八年秋冬间即已莅职,则在宣和三年的秋冬前便应离去;假如其莅职是在宣和元年的秋冬间,则须待宣和四年的秋冬前方能离去。但不论怎样,见于他的诗中的"去年""今年"字样,与南宋史籍所载宋江出降年月还是合得拢的,如果《续宋编年资治通鉴》的宣和二年十二月出降之说是正确的,则此诗必为宣和三年所作;如果《十朝纲要》或《东都事略·徽宗纪》中宣和三年二月或五月出降之说是正确的,则此诗必为宣和四年上半年内所作。诗中既断言招安之非上策,知宋江不曾从征方腊;诗中既还只把受招安的人视为潜在的祸根,知宋江直到此时还不曾"复叛"。至其何时复叛,何时又被擒获,这最好等待以后更能找到确实的资料时再为论定。但在宋江确曾一度投降北宋王朝,又确实不曾从征方腊,并确实是既降复叛,这几个主要问题既已得到证实之后,则其何时复叛以及何时又被北宋官军擒获的问题,似乎也都不必急于寻求答案了。

(原载《中华文史论丛》1982年第4期)

读《漫谈辛稼轩的经济生活》书后
——与罗忼烈教授商榷

一、小　引

可能是在1983年初,我收到了香港《明报月刊》1982年8月号刊出的罗忼烈教授的《漫谈辛稼轩的经济生活》一文的复制本,大概是罗先生自己寄我的,当时看过之后,觉得他所有离开经济生活这一主题而发的一些议论和评价,都较公允,而凡他围绕辛稼轩的经济生活所举述的例证、所抒发的议论,我则大都不敢苟同。也曾想把我的一些意见及时写出与罗先生商榷,但当时正有积压已久的许多事情有待料理,不暇兼顾及此,一经搁置,稍久便又因年老健忘,完全把它忘记了。1990年秋,去江西上饶参加纪念辛稼轩诞生850周年的学术会议,罗教授未去与会,会上却又把他的这篇文章的油印本散发给每个人,据说也是罗先生临时由香港寄至上饶的。看了之后,加拿大籍华裔叶嘉莹教授和我都在会上即席发表了几点不同意见。到这时,才又想起,这原是在几年前我曾经看到过的一篇文章,也想到,罗先生必还一直坚持他那篇文章中的全部论点而无稍改变,因又写此一短文与之商榷。

如我在前面所说,在罗先生的这篇文章中,所有离开辛稼轩的经济生活的一些议论和评价,我到现在也还认为都是公允谛当的,所以现在所要与他商榷的,只是有关稼轩的经济生活的几个问题。

罗文的最后一段说:

我非常喜欢稼轩词,他为人那种亢爽、豪迈、洒脱的气质我是由衷欣赏的,他的爱国精神更值得肃然起敬。然而他到底是人,在某种程度上一定有缺点的。我所指出的不知道是否确实,如果属实,"不以一眚掩大德"对于稼轩的整个形象仍然是无损的。

　　这段文字说明,他对自己在文中所举述的诸多论据(亦即稼轩的罪证)之是否确实,是没有把握的;然而就他于此文刊布之后十年来,仍不惮烦劳地重行印制寄与纪念辛稼轩诞生850周年的学术研讨会上,这固然可以理解为罗先生切盼他的论断能得到与同道们相商榷的机会,然毕竟也还反映出罗先生对于自己的此文是具有很强的自信心。然而事实上,文中所论稼轩的经济生活,却确实是大有商榷的余地的。

二、 辛稼轩决非庄园主

　　我首先要与罗先生商榷的,是他在文中说,稼轩在上饶和铅山"拥有两处大庄园"一事。罗文说:

　　　　但从淳熙八年开始,他毕竟求田问舍了,而且不是马马虎虎的田舍。这一年冬天他又被劾罢官,在罢官前,他早已把江西上饶县城外带湖一大片土地买下,大兴土木,建筑亭台楼阁,总名叫做稼轩。这个大田庄规模如何?

此下他就摘引了洪迈所撰《稼轩记》中的大段文字来回答这一问题:

　　　　郡治之北可里所,故有旷土存,三面附城,前枕澄湖如宝带……济南辛侯幼安……一旦独得之,既筑室百楹,财占地十四。乃荒左偏以立圃,稻田泱泱,居然衍十弓。意他日释位得归,必躬耕于是,故凭高作轩下临之,是为稼轩。田边立亭曰植杖,若将真秉耒耨之为者。东冈西阜,北墅南麓,以青径款竹扉,锦路行海棠,集山有楼,婆娑有堂,信步有亭,涤砚有渚。皆约略位置,规岁月绪成之。

在这段引文之后,罗教授又写道:

　　　　里面有山有水有稻田,除了一百栋(按"栋"《稼轩记》原作

"楹",任意改字,似亦欠妥)房子之外,还有稼轩、集山楼、婆娑堂、植杖亭、信步亭、涤砚渚、满栽竹林的青径、种满海棠的锦路。此外,还有南溪、篆冈、蔗庵和接待宾客的雪楼,见于他的词,洪迈没有提到。这个大庄园还没有完工的时候,碰巧朱熹回朝路经上饶,暗地里走去看看,结果大开眼界,……叹为"耳目所未曾睹",其不同凡响可知矣。……这样庞大的园林豪华府第,需要多少建筑费?岂是薪俸可以应付的?还有以及维持这种排场的消费呢?他罢官后就定居于此,享受优哉游哉的生活,赋词言志说:"进退存亡,行藏用舍,小人请学樊须稼。衡门之下可栖迟,日之夕矣牛羊下。"衡门漂亮到这个田地,当然大可以栖迟了。既然不是"耕田而食"的老农,偶而在亭边"植杖而耘耔",也不失为风雅之事。

这一个被罗先生称作"大庄园""大田庄"和"庞大的园林豪华府第"的辛稼轩的带湖居第,其规模究竟庞大到何等程度?罗文并未说得具体,而只引用洪迈《稼轩记》的"既筑室百楹(而且把'楹'改为'栋'),财占地十四"和"荒左偏以立圃,稻田泱泱,居然衍十弓"等语句,让读者驰骋想象去进行测度:既然百栋房舍才占去十分之四的地段,则另外的十分之六的地段,其广袤岂不更为可观了吗?一区稻田居然达十弓之广,则建立在左偏的整个"圃"的总面积,岂不也同样更为可观了吗?(在稼轩自作的《新居上梁文》中还写了"白水田头,新荷十顷"之句,虽属无限夸张之词,却正符合罗教授为文的用意,不知罗氏何以竟未取作带湖大庄园的证物。)事实上,这都是罗先生避实就虚,故意把稼轩的带湖居第渲染得堂哉皇哉的。我们只需把他从《稼轩记》中删掉的几个具体数字替他填补出来,带湖的辛宅的规模便可非常具体明确地显现出来了。

罗氏抄引的洪迈的《稼轩记》,于"前枕澄湖如宝带"句下删掉了的字句为:

> 其纵千有二百三十尺,其衡八百有三十尺,截然砥平,可庐以居,而前乎相攸者皆莫识其处,天作地藏,择然后予。

这些数字最具体地说明了辛稼轩在上饶城北所购买的旷土的面积:长一千二百三十尺,五尺为步,约为二百四十六步;宽八百三十尺,约为一百六十六步。长宽相乘,共为四万零八百三十六方步。以二百四十方步为一亩除之,得一百七十亩有奇。而其"居然衍十弓"(一弓即一步)的稻田,即使为正方形,占地也不足半亩。即使在所建百楹(在此我必须重申,把'百楹'任意扩大为'百栋',这是大不应该的)新房舍之内,有几间修建得讲究一些,致使朱熹叹为"耳目所未曾睹"(此为陈亮致稼轩函中所转述。陈函中尚有"始闻作室甚宏丽,传到上梁文,可想而知也"等语,说得更为抽象),但毕竟还只是朱熹一人这样赞叹,而从辛稼轩失掉官位、退居上饶居第之后,在与他过往较多的友人的文字中,却再不见有人作同样的赞叹,可见也只是稍不一般的几间房屋,称不起"豪华的府第"和"庞大的园林"。

在从"命田边立亭曰植杖"直到"皆约略位置,规岁月绪成之"诸句之下,《稼轩记》原还有"而主人初未之识也。绘图畀予,曰:'吾甚爱吾轩,为我记。'"诸语,也被罗教授删掉不录,这也是不应该的。因为这些话所反映的是,直到洪迈写这篇《稼轩记》之日(淳熙八年,1181年)为止,辛稼轩与洪迈都同样只是从某一位"建筑师"(姑用此名称)所绘制的一幅平面图上知道这一所辛家宅院的设计规模,而那些只"皆约略位置、规岁月绪成之"的植杖亭以及至集山楼、婆娑室等等,还都只是一些待陆续修建的空中楼阁。这些计划中的建筑物,是否都在后来一一依次修成了呢?我看,并不曾。因为,在稼轩居住上饶期内所赋写的大量诗、词、文章中,全无一处再提到过这些亭楼甚至那片"居然衍十弓"的稻田的名字。我怀疑:记中所说"前枕澄湖如宝带"的澄湖,大概就被改名为带湖了,稼轩自己在《水调歌头》中说,"带湖吾甚爱,千丈翠奁开"(稼轩所购荒土,长仅千二百余尺,宽仅八百余尺,故这里的"千丈"只能是艺术的夸张,罗教授幸勿再取此作为辛家"大庄园"的证据),而这在洪迈的《稼轩记》中原是不曾提到的;而后来被火烧掉的雪楼,也可能即平面图中原拟取名为"集山"之楼,否则"集山楼"何以一直不见提及呢?这可见,原平面图上的设计,施工时又大有改变,并不是在此后都一一"规岁月绪成之"的。

辛稼轩有一首"赋稼轩,集经句"的《踏莎行》词,其上片为:

> 进退存亡,行藏用舍,小人请学樊须稼。衡门之下可栖迟,日之夕矣牛羊下。

罗教授在描述带湖"大庄园"的一节里,也把这几句全都抄引了来,紧接着就又说道:"衡门漂亮到这个田地,当然大可以栖迟了。"这令人读来不免感到不易索解。因为,词牌下既然已经说明是"集经句"来咏稼轩的,自然不可能句句都切合这所宅院的实际情况,但不论其联系实际与否,对"衡门"一词的解释却是从来并无不同的,那就是只用一条横木搭成的一个极其简陋的门。是则辛稼轩之所以把《诗经·陈风》中的这两句诗移用来状述自己的庭院,无非是要表明,自己的门户虽然简陋,却经常在门口憩息徘徊;从哪里找得出"衡门漂亮到这个田地,当然大可以栖迟"的涵义呢?

罗教授还在带湖居第中添入了《稼轩记》所未提及的"南溪",这确是稼轩于定居上饶新居之后,就其居第之后山所开凿者,大概也确是居第中的景观之一;至于他所添入的蔗庵,那恐怕要发生侵犯别人产权的问题了。单就稼轩"和信守郑舜举韵"的《水调歌头》一词虽不易考知"蔗庵"产权之应属谁何,而在韩元吉的《南涧甲乙稿》中却有一首《题郑舜举蔗庵诗》,其中且有"岂知刺史宅,跬步睟清景"等句,则蔗庵乃郑舜举之宅第无疑。郑舜举名汝谐,于淳熙十二年(1185)曾为信州守,所以也在上饶有自己的住宅。它肯定不在带湖辛宅之内。

在宋代,凡被称做"田庄"和"庄园"的,主要都是以大片的农田(起码要几百亩)为主,而再配合一些附属的建筑物如碓房、粮仓、牛棚、打谷场和庄丁的居舍等等,而辛家的带湖居第,则只是附有小园林的一个宅院。罗教授称之为"大田庄"和"大庄园",是根本不对头的。

罗文又说:

> 在带湖的后几年,他又看中了邻县铅山期思周氏的地产瓢泉,到手后开始经营……宋宁宗庆元二年(1196),因为带湖的雪楼被火烧掉,他就索性搬到瓢泉新居去。新居如何,不见有像洪迈那样的记载,不得而详,但从稼轩词里,建筑物至少有停云堂和秋水堂(又叫秋水观)。新居本来只打算作别业,规模一定比不上带湖;料想也

不会相差太远,所以不妨安土重迁。

除了这段文字的最后一句"不妨安土重迁"令人不知如何索解外,此句之上之所云云,都只是以"建筑物至少有停云堂和秋水堂(又叫秋水观)"为根据而作出推测说:"新居本来只打算作别业,规模一定比不上带湖,料想也不会相差太远。"而在此段的开头处,却早已说稼轩在铅山期思所"看中了"的,是"周氏的地产瓢泉,到手后就开始经营",其用意显然是要把瓢泉周围描绘(其实纯属虚构)为辛稼轩后半生所经营的与带湖"庄园"的规模"不会相差太远"的第二个"庄园"或"田庄"。事实上,这些话全都是经不起验证的。例如罗氏所提及的稼轩"看中了邻县铅山期思周氏的地产瓢泉",根本就是一件莫须有的事。在起句为"飞流万壑"的《洞仙歌》题语中,稼轩明明说"访泉于奇师村,得周氏泉,为赋",这哪里有看中了周氏土地的意思呢?再看他已把周氏泉改称瓢泉,并已在那里修建了可以下榻的房舍时所赋"题瓢泉"的《水龙吟》,起句为:"稼轩何必长贫?放泉檐外琼珠泻。"这是嘲弄自己,幻想把半山喷泻到房檐前的水珠变为琼珠以解救自己长期以来的贫困。下文又说:"人不堪忧,一瓢自乐,贤哉回也!"这里又道出了他把周氏泉改名瓢泉的用意所在。他"再到期思卜筑"的《沁园春》词中也有句云:"老鹤高飞,一枝投宿,长笑蜗牛戴屋行。平章了,待十分佳处,着个茅亭。"其在已经移居瓢泉之后所赋《祝英台近》有小序云:"与客饮瓢泉,客以泉声喧、静为问,余醉,未及答,或者以'蝉噪林愈静'代对,意甚美矣,翌日为赋此词以褒之。"词的下片有云:"一瓢饮,人问,'翁爱飞泉,来寻个中静;绕屋声喧,怎做静中境'?"我引用了稼轩词中的这许多话语,其目的只是要说明,稼轩之初去期思,是为了"访泉",及访泉得泉之后,便为之改名瓢泉,以表示要在这里享受箪食瓢饮的生活情趣。为求栖身,也只想"着个茅亭"。即在全家移居期思之后,也无非又多盖了一些"茅庐"。罗氏何所依据而为他再虚构一个"田庄"和"庄园"呢?〔更应特别注意的是:辛稼轩的"再到期思卜筑"以下诸词,均系作于他"席卷福州,为之一空"(何澹弹劾稼轩奏疏中语)以后者,而他所设想构筑的,却竟还只是一些朴素的而非豪华的居室。〕

三、还须澄清的几个问题

（一）罗忼烈教授在1982年寄与我的《漫谈辛稼轩的经济生活》的抽印本的书眉空白处，补写了庄绰《鸡肋编》中所载"建炎之后，以国用窘匮，群臣锡予多从废省"一条，及"绍兴中，以财用窘匮，武臣以军功入仕者甚众，俸给米麦，虽宗室亦减半支给"一条，而于其后批注一语云："可见南宋官吏俸给之薄。"

今按，《鸡肋编》所记两条，前一条不但写明了特定的时间，而且写明了所"废省"的只是对群臣的"锡予"而非俸禄；后一条也不但写明了"绍兴中"，而且写明了"减半支给""俸给米麦"的只是那些"以军功入仕"的"武臣"而非全部官吏。因此，根据这两条记事而得出"可见南宋官吏俸给之薄"是错误的。

（二）罗文说，"在宋代著名的词人中，像稼轩这样有能力享受生活的人殊不多见"。然后他就以稼轩与"一生赋闲"的姜白石、"宦海浮沉四十年"的周清真、"在被贬到黄州以前也做过几次州府长官"的苏东坡三人相比，说周苏二人都"始终不免宦囊羞涩"，或晚年生活"依然相当潦倒"；而"辛稼轩为刘过壮行色时，一送就是一千缗"。

辛稼轩于南归（1162）后的最初十年内一直是浮沉下僚，但在乾道八年（1172）春即出知滁州，在任两周年。其后即"顷列郎星，继联卿月"，到他罢江西帅任而退居带湖的时候，他已经"三分帅阃，三驾使轺"。而从绍熙三年（1192）春到绍熙五年（1194）秋，又曾任福建提刑，摄福建帅事，迁太府卿，任福州守兼福建帅。其后赋闲家居铅山近十年，于嘉泰三年（1203）夏起知绍兴府兼浙东帅，四年春改知镇江府，翌年六月改知隆兴府兼江西帅，未到任即被罢免，此后即又返铅山家居，直至开禧三年（1207）秋稼轩病逝，其间虽又有知绍兴府（兼帅浙东）、知江陵府（兼帅湖北）及试兵部侍郎之命，但均未就任。根据上述经历看来，只应拿一些曾经几度担任过封疆大吏的人来与稼轩相比才较合适，而罗氏却专以几位词人的生活情况与稼轩相比，这似乎不免拟于不伦了。

宋代的外官，特别是知大州郡兼帅任的，除了按月有较优厚的薪俸之外,还按月有固定的公使钱,还特置公使库,储存此钱,可见其数额之大,并且允许用之回易。另外还有多少不等的职田。这些都可算合法收入,都可由他支用,以至归为己有。有许多做地方官的用这些收入刻书。辛稼轩任湖南帅时,就曾为他的朋友周孚刻过《蠹斋集》。他在帅浙东时,不但"为刘过壮行色时,一送就是一千缗",还为杜仲高开了山田,还要为陆放翁修盖新房舍,后以放翁坚辞遂止。这种种,当然都是要从这笔收入中开支的。

这里并不存在什么"耐人寻味的问题"。一千缗也不过只占公使钱和职田收入当中的一小部分,另外的部分当可供赋闲时家庭的费用了。(罗氏根据我写的《稼轩年谱》说辛稼轩侍妾至少六人,儿子九人,女儿可知者二人,"家庭成员这么多,婢仆自然数不在少,加上起居饮食的种种设备,日常生活所需,要长期维持真不容易"。这其中所说的"侍妾至少六人",我应承认,这是因我用词不当而造成的错误。因为稼轩词中所见的,只是他先后有六名侍女而不是妾,即不是他的家庭成员。而且六名侍女在稼轩词中各只出现一次,知其必是在先后不同的年份中生活在稼轩身旁。我把她们称为"侍妾"是错误的。当然九个儿子两个女儿也实在可算得一个大家庭了。但以稼轩多次担任大州府的长官,他的俸给等收入也很可观,供养这样的家庭是完全可能的。)

(三)罗文还引用了朱熹写给黄商伯的信,说他曾扣留了挂着"江西安抚"旗牌的贩牛皮的船只,后得辛书,说是"军中收买"。朱熹虽然发还了他,但仍觉得"亦殊不便也"。罗氏接着便做出判断说:

> 看来这一船牛皮本是见不得光的,被查出充公后,才以公物之名要求发还。朱熹够认真,稼轩也够肚量……稼轩有的地方确实有些那个。

既说这船牛皮"是见不得光的",又说"稼轩有的地方确实有些那个",这当然就是判定辛稼轩干的是见不得人的走私活动,而走私的物品又是属于政府禁止私人运销的军用物资牛皮,对于稼轩所说的"军中收买"则不予置信。我却觉得,对辛稼轩的"军中收买"一语,是应当相信的。因为,稼轩每任州郡长吏,每每有所创建。如他任滁州知州时,就创建了奠枕楼和繁雄馆。他任湖南帅时,于淳熙七年(1180)创置了飞虎军,据《宋史》辛传载:"经度费巨万计,弃疾善斡旋,事皆立办。议者以聚敛闻,降御前金字牌,俾日下住罢,弃疾受而藏之,出责监办者,期一月飞虎营栅成,违坐军制。如期落成。开陈本末,绘图缴进,上遂释然。"任福建安抚使时则"置备安库,积钱至五十万缗,用以籴米粟,供宗室及军人之请给"(《宋史》本传)。在知镇江府时,则以禁旅不可用,乃欲招募沿江土丁万人,并先在镇江制造了一万件红衲备用(见程珌《丙子轮对札子》)。依此类推,稼轩帅江西时,必也将创建军旅以为维护地方治安之用。此事在南宋史籍中虽无直接记载,但在李心传的《建炎以来朝野杂记》甲集卷十八"湖南飞虎军"条却载有一事云:

  淳熙四年春,枢密院言:"江西、湖南多盗,诸郡厢禁军单弱,乞令两路帅司各选配隶人置一军,并以敢勇为名,以一千人为额。"其后〔湖南〕帅臣王佐、〔江西帅臣〕吕企中以为亡命之徒恐聚集作过,遂不行。

我们据此可以推想,稼轩于淳熙八年再帅江西时,必也是忆及枢密院前此的建议,还因鉴于建湖南飞虎军时所受的挫折,故只能先暗自进行。以先须购置一些军需物资,故遣客舟置备牛皮也。朱熹之所谓不便,亦只是谓其种种手续不合耳。

(四)罗文说,稼轩"几次被弹劾都和财政有关,这就难免令人怀疑了"。其下文并具体地列举出:"淳熙八年(1181年)稼轩由江西帅改除浙江提刑,还未赴新任,就因御史王蔺的弹劾免职,罪名是:'辛弃疾奸贪凶暴,帅湖南日,虐害田里。'绍熙五年(1194年)稼轩帅福建时被谏官黄艾弹劾,罪名是:'严酷贪婪,奸赃狼籍';次年冬天,御史中丞何澹又奏他一本,说:'弃疾酷虐裒敛,掩帑藏为私家之物,席卷福州,为之一空。'开禧元年(1205年)稼轩除知隆兴府,臣僚又有人弹劾他,说:'弃疾好色贪财,淫刑聚敛。'因而罢职提举宫观,他的政治生命就此终结。"尽管罗氏在下文又作出解释说:"稼轩屡次被弹劾罢官,主要原因不在于贪财和严刑,是由于政治斗争";但既已把"几次被弹劾都和财政有关,这就难免令人怀疑"的大前提摆在前面,这几句解释的话就实在显得软弱无力了。

究竟辛稼轩的贪污、哀敛的罪状能否成立呢？我以为的确是不能成立的，全都是由政治上的敌人诬构而成的。我的论据是，在这些弹劾章疏之外，当人们谈到辛稼轩其人时，即使指明他有这样那样的缺点，却决无一人提及他曾经犯过贪污罪行。例如，当宰相王淮要起用稼轩为某官时，却有些人说他难以驾御（杨万里撰《王淮神道碑》）；当王淮要用稼轩帅某路时，枢密使周必大却表示，辛氏杀人太多，我们难代替他承当这一恶名（张端义《贵耳集》）；朱熹知南康军时，虽曾截留过辛氏派出贩运牛皮的客船，但当后来与人谈及辛氏时，却只是不胜其赞叹地说："辛丈（按：指稼轩）相会，想极款曲，今日如此人物，岂易可得！向使早向里来有用心处，则其事业俊伟光明，岂但如今所就而已耶……渠既不以老拙之言为嫌，亦必不以贤者之言为忤也。"（《答杜叔高书》）当稼轩起为闽宪，向朱熹问政时，朱熹也只答以"临民以宽，待士以礼，驭吏以严"（《朱子语类》卷一三二），这当然都是有针对性的话语，但其中没有示意要他力戒贪财一事。这些事例，岂不都可以反证那些弹章中的话纯属一些诬蔑之词吗！

最后，我还想举一事为证：稼轩是死在开禧三年（1207）九月的，距离他最后一次做镇江知府相隔仅仅二年，距离他被弹劾为"好色贪财，淫刑聚敛"仅仅一年。按照情理推测，如果他真的在历任外官时都贪污黩货，则他死后必有大量遗产，而事实如何呢？照宋人所撰《辛公稼轩历仕始末》所说，稼轩于庆元中移居铅山期思市瓜山之下以后，"所居有瓢泉、秋水"，"卒之日，家无余财，仅遗生平词诗、奏议、杂著、书集而已"。然则他贪污所得，究竟用在哪里去了呢？

（原载宋史研究会 1992 年年会编刊《宋史研究论文集》，
河南大学出版社，1993 年）

《稼轩词甲集》序文作者范开家世小考

一、小 引

为了要参考论述辛稼轩词的几篇文章,也为了要拜读悼念夏承焘先生的几篇诗文,特请友人代购来《词学》第六辑一册。翻读之际,看到了蛰庵先生的《范开》一短文。读后深受启发,但也觉得略有应加商榷之处。今先摘录此文的前段于下:

> 稼轩词集有淳熙戊申正月门人范开序。此人仕履,诸家均未考得。或疑即集中之范廓之,亦即信州本词集中之范先之。余近在嘉庆《松江府志》中得范开所撰《龙潭寺记》,署"嘉定己卯夏五月既望竹洞翁记"。文谓"相国成公季子吴越钱沆为华亭舶官,因天台僧磊云言龙潭感通之异,故奉先世所藏佛牙、五色舍利凡二百余颗,俾作庵供。忽青蛇出现,众所共睹。洛人范开,久客钱门,远陪东阁,目击胜事,因公以记文见属,遂尔有作"。由此可知范开盖洛人,晚年号竹洞翁,别稼轩后尝依钱象祖,课其子沆也。嘉定己卯去淳熙戊申已二十一年,其时稼轩已下世,范殆已逾古稀矣。

在半个世纪之前,我曾写过一本《辛稼轩年谱》,于淳熙九年(1182)条下曾从《至元嘉禾志》卷二〇摘引了竹洞翁的《白龙潭记》(实即《龙潭寺记》),并据其中的"洛人范开"句,断言"则其祖籍应为洛阳"(因宋室南渡后,洛阳即陷入金朝统治下,知范开本人必非仍居洛阳)。但我在《辛谱》内,除断定其祖籍为洛阳外,以下的一些考证文字则又全无一字说得谛当,故也仍然是"考"而未"得",故蛰庵所说的"均未考得"的"诸家",应亦包括我在内。只是在读了蛰庵此文之后,才又引发起我要再作一次考证的念头,所以觉得十分可感。考证留待下面再作,现且先提出一点商榷意见,即范开是否"晚年自号竹洞翁"的问题。

二、 范开与竹洞翁并非一人

读过蛰庵文后,我才去查阅嘉庆《松江府志》,该《志》卷七五《名迹志(二)》载:

> 西禅寺,在府西白龙潭上,宋嘉定间僧法因建,洛阳范开有记。端平间赐额西禅兴福寺,又名龙潭寺。

而在《记》文的上端,嘉庆《松江府志》也标有"宋范开记"四字。这一条题语和文前的"宋范开记"四字,是《至元嘉禾志》的《白龙潭记》文前所不载的。其所云此寺为宋嘉定间僧法因建,证以文中之"嘉定丁丑,乡之乐善学佛者,为其(按指乡人黄道)落发、披伽黎、受具足戒。法因其名也"诸语,自无可疑;但谓"洛人范开有记",则于《记》中似难找出"内证"。因为,《至元嘉禾志》和嘉庆《松江府志》中所载的这同一篇《记》文,尽管详略有所不同,字句亦间有歧异,即如在《记》文最后的几句话,在《至元嘉禾志》中为:

> 洛人范开,久客钱门(按:此指钱象祖之家),远陪东阁(按:此指象祖之子沉,上文曾称钱象祖为相国成公,故此处称其子钱沉为东阁,亦犹称皇太子为东宫也),目击胜事,因公以记文见嘱,又恶得而辞焉。姑述见闻之有可书而书焉。若夫地之兴废、与夫龙之隐现神奇,凡耳目所不接而不可诘者,皆略而不书,君其问诸水滨。嘉定己卯夏五既望,竹洞翁记。

嘉庆《松江府志》所载,却把"姑述见闻"至"问诸水滨"诸语全都不载,而以"嘉定己卯"云云直承"恶得而辞焉"句,但省略掉的也都只是些无关紧要的闲话,对我们所要解决的问题并不生任何影响。

根据我对上举两《志》所都载入的那些话语的理解,我认为:"以记文见嘱"者是范开,而受嘱撰写这篇《白龙潭记》(即《龙潭寺记》)者则是一个未透露真实姓名的竹洞翁。嘉庆《松江府志》认定那篇《记》为范开所作,则是把范开与竹洞翁合为一人了,是不对的。蛰庵发表在《词学》第六辑的《范开》一文,可能是从嘉庆《松江府志》看到了两处题语都标著了范开之名,不免先入为主,不稍存疑,当他摘录《龙潭寺记》末尾的那几句话时,便缩改为"洛人范开,久客钱门,远陪东阁,目击胜事,因公以记文见属,遂尔有作"了。并且继即说道:"由此可知,范开盖洛人,晚年号竹洞翁,别稼轩后尝依钱象祖课其子沆也。"今按,"洛人范开,久客钱门"之句,显然不是范开的夫子自道,而是出之于他人之手之口的,因而,把原文的"又恶得而辞焉"改为"遂尔有作",使读者只能认定此《记》乃范开所作,又必会联带地把范开与竹洞翁认作同一个人,这多少总有些转换原文的概念之嫌的。试想,在这里刚刚通报了自己的姓名和籍贯,在隔了不满百字之后的落款处,何以竟又隐姓埋名地以"竹洞翁"自称了呢? 这总是不易讲得通顺的一个问题。

我曾把上述意见函告蛰庵,却没有获得他的同意。但我又蒙他告知,《龙潭寺记》的原刻石,迄今尚存于世。刻石既存,自当有拓片流传。我不知蛰庵是否目睹或藏有此拓片,而在我闻悉之后,却百般求索而迄今犹未得见。万般无奈,只好向仅能找到的编刻较早的正德《松江府志》去对证,在此志卷一八的《寺观(上)》果然找到了《白龙潭记》,《记文》作双行小字,而在《记文》之前,却有大书的两行题语云:

> 西禅寺,在府西白龙潭上,宋嘉定间僧法因建,端平间赐额西禅兴福寺,又名龙潭寺。

这两行题语,除缺少"洛阳范开有记"六字外,与嘉庆《松江府志》卷七五的题语全同,而在《白龙潭记》的标题之上,也根本没有"宋范开记"四字;《记文》中涉及范开的几句,则作:"洛人范开,久客钱门,目击胜事,以记文见嘱,姑述闻见之可书者。"这里删掉"因公"二字,使"以记文见嘱"直承"洛人范开",可证正德时的修志人,也是把范开认作"以记文见嘱"者而不是他"遂尔有作"的。到此,就更可使我们斩钉截铁地作出判断:

不论"洛阳范开有记"或"宋范开记",都是由嘉庆《松江府志》的纂修者们误解了自"洛人范开"至"因公以记文见嘱"的句义,而又自作聪明、望文生义地添加出来的,在此《志》编刊之前,是不曾有人把范开认为《白龙潭记》的作者,因而也不曾有人把范开与竹洞翁认为是同一个人的。

范开其人的生平事历,除知其曾在稼轩门下达八年之久外,又从《白龙潭记》中知其后又曾"久客"钱象祖之门,大概是教读钱象祖的诸子,此外则难尽考知;但关于他的家世,则略可考见其梗概,如下节之所云云。至于竹洞翁的姓名籍贯及其生平,则真正是一概"无可奉告"了。

三、 论证范开是范祖禹的后裔

在辛稼轩的词集中有一首送范廓之的《醉翁操》,在调名下有较长的一段小序,今录其全文于下:

> 顷予从廓之求观家谱,见其冠冕蝉联,世载勋德。廓之甚文而好修,意其昌未艾也。今天子即位,覃庆中外,命国朝勋臣子孙之无见任者官之;先是,朝廷屡诏甄录元祐党籍家。合是二者,廓之应仕矣。将告诸朝,行有日,请予作诗以赠。属予避谤,持此戒甚力,不得如廓之请。又念廓之与予游八年,日从事诗酒间,意相得欢甚,于其别也,何独能恝然。顾廓之长于楚词而妙于琴,辄拟《醉翁操》,为之词以叙别。异时廓之绾组东归,仆当买羊沽酒,廓之为鼓一再行,以为山中盛事云。

在1938年我编写《辛稼轩年谱》和《稼轩词编年笺注》时,我接受了梁启超认定范廓之即范开的字(后以避宁宗嫌名,改先之)之说。后又从《至元嘉禾志》的《白龙潭记》中看到"洛人范开"字样,遂即定范开之祖籍为洛阳,而到元祐党籍碑去查找范姓人物,所查到的,除吴郡的范纯仁兄弟三人,四川华阳郡的范百禄、范祖禹二人外,仅有江西南城之范柔中一人。华阳、吴郡范氏皆望族,其后裔即使在南宋移居他地,自亦不会改其祖籍为洛阳,因而推测范开可能为范柔中之后,但柔中祖籍是否与洛阳有关,则置而未论。自五十年代以来,虽对《辛谱》及《稼轩词笺注》屡加修改,而对这一问题亦竟未再忆及。今读蛰庵文后,方恍然联想到,此一"洛人范开",与江西南城之范柔中全无关联,实即华阳范祖禹之裔孙也。

范祖禹曾参加司马光纂修《资治通鉴》的工作,《宋史》本传说他因此而"在洛十五年,不事进取"。其后虽因司马光的荐举而到开封去做官,以及晚年曾出知陕州,贬谪永、贺、宾、化诸州,估计他的家属并未随同前往,亦即仍留居洛阳。他有两个儿子,长曰范冲,次曰范温。范温是秦观的女婿。蔡絛的《铁围山丛谈》卷四载有他的一段故事:

> 范内翰祖禹作《唐鉴》,名重天下,坐党锢事,久之,其幼子温,字元实,与吾善。政和初,得为其尽力,而朝廷因还其恩数,遂官温焉。温,实奇士也。一日游大相国寺,而诸贵珰盖不辨有祖禹,独知有《唐鉴》而已。见温辄指目,方自相谓曰:"此《唐鉴》儿也。"又,温常预贵人家会,贵人有侍儿,善歌秦少游长短句。坐间略不顾温,〔温〕亦谨不敢吐一语。及酒酣欢洽,侍儿者始问:"此郎何人耶?"温遽起,叉手而对曰:"某乃'山抹微云'女婿也。"闻者多绝倒。(按:"山抹微云"为秦少游《满庭芳》词中名句,必即是此侍儿在家会上歌唱者。)

在这条记载中,蔡絛虽说他曾帮助范温得到了官职,但究系何官何职,并未指实,而在此以外,范温的仕宦履历又全都无考。范温有两个儿子,一名仲艺,字东叔;一名仲芑,字西叔;皆进士出身,也都曾仕宦于南宋朝廷和某些州府,且都与当时的著名文人学者如陆游、陈亮等相交往。与其父相较,范仲艺弟兄二人的知名度都是稍高些的。然而不论范温或其二子,全都是自称或被称为华阳人士,而从未自称或被称为洛阳人的。

范冲的情况却不然。我虽迄今并未见到他自称为洛人的记载,但在他于宋高宗绍兴五、六年内(1135年、1136年)整理的司马光《涑水记闻》的手稿中,保留了涉及吕夷简谗害宋仁宗郭后的事,夷简裔孙吕本中深为不满,便向人说道:"温公《日录》《涑水记闻》多出洛中人家子弟增加之伪"(《五朝名臣言行录》卷九之五)。这里所说的"洛中人家子弟",当然是指范冲其人,尽管范冲在宋室南渡之后也已与司马光的后人以及赵鼎一家全都迁移到衢州去居住了(见《宋会要辑稿·选举》三二之一八)。

范冲也有两个儿子,长名仲熊,次名仲彪。此二人也都是自称或被称为洛阳人的。范仲熊的生卒年俱无可考。当金人出兵进攻北宋时,适任河内县丞。靖康元年(1126)末,他受怀州(怀州与河内均为今河南沁阳)知州霍安国之命,与金方军事首脑进行谈判,曾一度为金人所扣留,遂于其时写《北记》一书。此书已佚,但徐梦莘于《三朝北盟会编》中曾有数处摘引其中的大段文字。如卷六一靖康元年十一月六日记事引《北记》云:

> 仲熊遂在北城上见〔霍〕安国,坐间见金人差泽州书吏一人来下文字,……安国云如何回答,即遣仲熊行。须臾一燕人来相揖,少顷有三十余骑来相揖,……内有燕人云:"是做《唐鉴》者孙子也。"

同书卷六三,同年十一月十八日记事又引《北记》云:

> 前知泽州(今山西晋城)高世由,金人差为西京留守。仲熊遂因高世由令其子往粘罕寨献酒回讫,说与世由:"闻说龙图(按:当指高世由)得国相(按:指粘罕)指挥,招集西京人还业。仲熊亦是西京(按:即洛阳)人,合还乡里。"……世由即达一书于番官韩仆射云:"世由初至洛阳,人情未安,有土豪范仲熊,见在郑州收管,乞令还乡同共干当。"韩仆射以书呈,粘罕不乐,曰:"范仲熊是结连背叛不顺大金之人,偶已贷命,不欲根治。今来高世由知其土豪,当此之际,却令还乡,有何意思!"令元帅府依此批下。高世由得之大恐,遂止。

从上引两段《北记》的文字可见,范仲熊不但自称为洛阳人,而且还被人称为"洛阳土豪"。也许范仲熊当时在洛阳已购置了许多田产,所以才被称为"土豪"的吧。此事大概已难考知了。但范仲熊虽不久即从金人的羁留中解脱出来,而其在此以前和以后的政治活动,却都有不少问题。例如他的初次得以"仕宦为吏",据王庭秀《阅世录》所说,是"在宣和末进用,实出梁师成门下"(见《建炎以来系年要录》卷廿二,建炎三年四月甲寅记事),可见是很不光彩的。到他由金返宋之后,不久即又在"明受之变"中参与了苗傅、刘正彦的集团,被升擢为吏部员外郎,以致在事败后受到了"除名,柳州编管"的处分(同上条记事)。五年之后虽又因赦而叙复官职,而到绍兴十六年(1146)秋季,他到了杭州,却又因被人弹劾,"诏令临安府差人押出界。日后不得至行在。"(《要录》卷一五五,是年七月丙子记事)。这样一个范仲熊,官职和居址既都徙移无常,想来他只好始终自称为洛阳人了。

范仲彪字炳文,其生卒年亦俱无考。他平生以何为业,是否曾有过一官半职,也同样无法考知。其姓名见于宋人史籍文集中的只有两处:

其一为《系年要录》卷一六一,绍兴二十年(1150)六月末有一条记事云:

> 是夏,故相赵鼎之子右承事郎汾,奉鼎丧归葬于衢州常山县。时李光之狱始竟,而守臣左中奉大夫章杰与鼎有宿憾。杰知中外士大夫平时与鼎有简牍往来,……可为奇货,乃遣兵官同邑尉翁蒙之以搜私酿为名,驰往掩取。……蒙之书片纸遣仆自后垣出,密以告汾,趣令尽焚箧中书及弓刀之属。比兵官至,一无所得。杰怒,方深治蒙之,而追汾与故侍读范冲之子仲彪,拘于兵官之所。蒙之母诉于朝,太师秦桧咎杰已甚,诏移蒙之兰溪尉,下其事于浙东安抚司,事遂息。

在这条记事中,除了说范仲彪为范冲之子,并因受到赵鼎、赵汾父子的连累而曾被拘絷外,再未多提供有关范仲彪生平事迹的任何一条信息。

其二为朱熹的一篇文章。《朱文公文集》卷八一,《书张氏所刻〈潜虚图〉后》中涉及范仲彪者凡有数事:

> 绍兴己巳(1149),洛人范仲彪炳文,避章杰之祸,自信安(今浙江衢州)来客崇安(今属福建),予得从之游。炳文,唐鉴公诸孙,尝娶温国司马氏,及谏议大夫(按:司马康卒后赠右谏议大夫)无恙时为子婿,逮闻文正公事为多,时为宾客道语不厌。且多藏文正公遗墨。尝示予以《潜虚》别本,则其所阙之文尚多,问之,云:"温公晚著此书,未竟而薨,故所传止此。"……
>
> 是时又得温公《易说》于炳文,尽《随卦》六二之半,而其后亦阙

焉。炳文自言,其家使人就誊温公手摹(稿?)适至,而兴亡之故,所存止此。……

时又尝问炳文:"或谓《涑水记闻》非温公书者,信乎?"炳文曰:"是何言也!温公日录,月别为卷,面记行事,皆述见闻,手笔细书,今可复视,岂他人之所得为哉。特其间善恶杂书,无所隐避,使所书之家或讳之而不欲传耳。"

炳文又云:"金虏入洛时,从温公家避地至某州,遇群盗,执以见其渠帅,帅问何人,应曰'司马太师家也'。群盗相顾失色,且讯虚实。因出画像及敕诰之属示之。则皆以手加额。既而俯仰叹息,谓炳文曰:'向使朝廷能用汝家太师之言,不使吾属披猖至此矣。凡吾所欲杀掠者,蔡京、王黼辈亲旧党与耳,汝无忧惧为也。'亟传令军中,无得惊司马太师家。又揭榜以晓其后曹。以故骨肉皆幸无他,而图书亦多得全。"

朱熹这篇《书后》是宋孝宗淳熙三年(1176)写的,当时范仲彪明明早已移居信安,而朱熹却仍称之为"洛人",此又足印证,范冲及其后人,已是举世公认的洛阳人。文中所记述朱熹与范仲彪的会面长谈,是在宋高宗绍兴十九年(1149),据上文所引《系年要录》,其事却应在绍兴二十年。文中说范仲彪成为司马康的子婿时,司马康尚无恙,此则大有问题。据范祖禹所撰《司马康墓志铭》(《范太史集》卷四一),司马康之卒在哲宗元祐五年(1090)九月,并谓康有三女,"长适假承务郎杨克觐,先君卒;其二皆幼"。是知范仲彪与司马康女之成婚,决非司马康生前之事。再查范冲之卒在绍兴十一年(1141),年七十五,由此上推其生年当为治平四年(1067)。假如范仲熊、仲彪兄弟二人之出生均在范冲二十岁之后至三十岁之前,大致相当于哲宗元祐之初至绍圣之末(1086—1097),是则在司马康病卒之前,即便仲彪已既出生,亦不过为一两岁之婴儿,至金兵入侵,仲彪伴同司马光家属逃难之时,当已是三十六七岁之人;迨与朱熹会晤之际,应已在六十岁左右了。范祖禹在《墓志》中还说,司马康与他"同修《资治通鉴》,同为正字、著作,同修《实录》,同侍经筵,相与犹一体",是则仲彪自童幼之时即可由其父祖口中习闻司马光家情事,固不必专待与司马氏成婚之后也。仲彪之婚娶司马康之女,为朱熹这篇《书后》所提供的理应受到重视的一个信息,而竟是这样一个附着了极大谬误的信息,不免令人遗憾。可是,不管怎么说,范仲彪之为司马康的子婿(虽不知其成婚究在何年),却是确凿无疑的。

既然范冲及其后裔一直自称或被称为洛人,则见于竹洞翁《白龙潭记》中之"洛人范开"与稼轩《醉翁操》词小序中所称"元祐党籍家"后人的范廓之,亦即于淳熙十五年(1188)为《稼轩词》(甲集)作序而自称门人的范开,其为同一人亦自可以断言。小序还说:"异时廓之绾组东归,仆当买羊沽酒,廓之为鼓一再行,以为山中盛事云。"这反映出,范开必仍居住在衢州。衢与信相距较近,又同在一交通要道上,故一旦范开仕宦而还家乡,即可随时去信州而与稼轩相会也。但是,他究竟是仲熊之后呢,是仲彪之后呢?是仲熊或仲彪的子嗣呢,还是哪个人的文孙呢?对于这一问题,就缺乏任何资据可以推考了。然而我却偏想凭空测度一下。

我在前面以范冲的生年(1067)为根据,推断范仲彪之生年当在元祐五年前后,这样就较朱熹所述仲彪生年推后了将近二十年。如果这一推测不中不远,范仲彪的年龄应长于辛稼轩五十岁左右。则其子嗣之年龄均应长于稼轩。范仲熊之子嗣更是如此。据此推算,则于孝宗淳熙九年(1182)赴信州从学于稼轩之范开,应为仲熊或仲彪之文孙而非其子嗣。范开如于淳熙九年为二十岁左右之人,则其辞别稼轩赴杭求仕之绍熙初元,尚未满三十岁;到宁宗嘉定十二年己卯(1219)竹洞翁作《白龙潭记》时,为近六十岁之人。至其父为何人,其祖为仲熊抑为仲彪,则全都是更难考知,而也似乎无需考知的一些问题了。

《白龙潭记》中说范开"久客钱门",此事始于何年虽亦难于考知,但这句话却也反映出来,他的赴杭求仕的意愿大概未能得遂,在虚此一行之后(或者更晚许多年)就到钱象祖家去作客了。

1990年1月26日(农历除夕)草成初稿

1992年9月10日写成改订稿

(原载《国故新知:中国传统文化的再诠释》,

北京大学出版社,1993年8月)

《宋史》岳飞、张宪、牛皋、杨再兴传考源

一、官史中的岳飞和家传中的岳飞

赵瓯北《廿二史札记》卷二三"宋史多国史原本"条有云:

> 宋代国史,国亡时皆入于元。元人修史时,大概只就宋旧本稍为排次,今其迹有可推见者。……然有另为编订而反失当者:如《张宪传》开首即云:"飞爱将也。"盖旧史宪传本附于《岳飞传》之后,故从飞叙入,今宪另为一卷,不附飞后,则此语殊无来历。又,《牛皋传》后总叙岳飞之功,谓"飞命皋及王贵、董先、杨再兴等经略东西京、汝、颍、陈、蔡诸郡,又遣梁兴渡河纠合忠义社,取河东、北州县。未几,李宝捷于曹州,董先捷于颍昌,刘政捷于中牟,张宪复淮宁府,王贵部将杨遇复南城军,梁兴会太行忠义,破金人于垣曲及沁水,金张太保李太保等以其众降,又取怀、卫二州,金人大扰。未几,岳飞还朝,下狱死,世以为恨云"。按,此乃总叙飞功,非叙皋功也,而在《皋传》末,可见旧史亦以《皋传》附《飞传》之后,故《皋传》末又累叙飞功,而结之以"下狱死",今《皋传》亦另为一卷,不附于飞,而《皋传》末总叙飞功之处却未移在《飞传》后,遂觉《皋传》反多此赘词。此徒以意为割裂而未及订正之失也。

今按,赵氏此段所见极是,但以为诸传皆本于宋代的国史旧文,又以为张宪、牛皋两人的《传》本皆附载于《岳飞传》后,则皆出于臆测,而且全没

有测中。

南宋人士关于岳飞事迹的记载,可以分为两个系统:一个是官史的系统,如《日历》《实录》之类,全是出之于秦桧及其私党之手的;另一个是家传的系统,最早问世的为《岳鄂王行实编年》,是出于飞之孙、霖之子岳珂之手的。当时几部重要的史学著述,如熊克的《中兴小历》、徐梦莘的《三朝北盟会编》和李心传的《建炎以来系年要录》等,大都是以官史为本的。而对于后代影响最大的却是岳珂所作的家传。

官史既出之于秦桧的子弟党与之手,对于岳飞的功绩遂多有意加以湮没,且还虚构了许多罪状以溢其恶。到后来,李心传等人再据以纂修史书,虽然也明知道有许多事件是为秦桧的奸党所捏造或删除了的,例如绍兴十年(1140)六月金人背盟南犯,南宋于出师抵御之前,先升迁诸大将的官秩,在当时的《日历》中对韩世忠、张俊二人的新职均详为记载,却单单不载岳飞的,李心传便在《系年要录》卷一三六绍兴十年六月朔日之记事下附按语云:

> 《日历》独不载岳飞除命,盖秦熺削之也。今以《会要》及《玉堂制草》增入。

这证明李心传等人对于当时的国史,特别是国史中关于岳飞事功的记载,已经不肯完全信任了。但是,因为秦熺等人日夜劳其心计于作伪灭真,牵合弥缝等等的工作上面,使后来读史的人容易为所蒙蔽,防不胜防,辨不胜辨,遂又不免入其彀中而不能觉察。所以,《系年要录》《北盟会编》等书中所记岳飞言行,因受奸党的欺弄而致失实的,较之其所能加以考辨纠正的处所,到底还占了多数。

《行实编年》出于岳珂之手,到处可以察见他的孝子慈孙的用心,为了表彰其祖德,有时乃竟不免虚构一些冠冕堂皇的言行以溢其美,和一般家传所惯有的毛病相同。

就因为有上述诸项原因,见于官史系各书中的岳飞,和见于家传系诸书中的岳飞,虽同是一人,而却具有几乎全不相同的两种面貌。

到元朝设置史局纂修《宋史》的时候,史官们却漫不加察,竟将这两个系统中迥不相同的材料收录于一书之中。《宋史》中的《高宗本纪》全篇抄自官史系的《高宗实录》,而《宋史》中的《岳飞传》则直接抄自章颖所撰《南渡四将传》中的《岳飞传》,间接出自岳珂的《鄂王行实编年》。

取《宋史·高宗本纪》与《系年要录》《北盟会编》《中兴两朝圣政》等书所引《高宗实录》之文相校,二者的源流关系极为明显。依宋代实录的体例说,其一代重要文武官员,各有一篇传记附在其中,叫做《附传》。岳飞在高宗绍兴十一年被祸而死,《高宗实录》中自然一定有岳飞的一篇《附传》。这篇《附传》的内容如何,现虽无法得知,但其绝不会和《实录》正文大有歧互,如《宋史·岳飞传》之与《高宗本纪》那样,却可断言。高宗一代的《实录》,共五百卷,据陈振孙的《直斋书录解题》卷四所载,知是分为前后两次修成的:第一次由傅伯寿主撰,修至绍兴十六年而止,为书二百八十卷,于宁宗庆元三年缴进。第二次由袁说友主撰,续成绍兴十七年至三十二年间事,为书二百二十卷,于嘉泰二年缴进。岳珂之撰成《鄂王行实编年》却是在嘉泰三年。是则当史官纂修《高宗实录》之际,关于岳飞的事迹还只能就《日历》而取材,所以其所作的《岳飞附传》,一方面既不会和《实录》的《本纪》部分有何违异,另一方面更万不会和岳珂的编年中所记各事全然暗合。

北宋一代,在《日历》、《实录》之外还有纪传体的官史一种,称为国史或正史,如《两朝国史》,《三朝国史》及《神宗正史》之类。其中所载臣僚传记称为正传。南宋末年,也曾打算合高、孝、光、宁四代而纂修《中兴四朝正史》,李心传即曾奉命专修四朝帝纪,但迄于宋祚覆亡,并未成书。则《宋史·岳飞传》也无渊源于那里的正传的可能。

归根结柢说来,《宋史·岳飞传》的直接来源只是《四将传》中的《岳飞传》,外此绝无第二种。现且进而一论《四将传》的成书原委。

二、《宋南渡四将传》和《宋南渡十将传》

《宋南渡四将传》今未见其书,我所见公私藏书家的目录中也全都不见著录。现时传世的,只有《宋南渡十将传》,也题作章颖撰,四库只存其目而不收其书,其《提要》云:

> 十将者,刘锜、岳飞、李显忠、魏胜、韩世忠、张俊、虞允文、张子盖、张宗颜、吴玠也。刘、岳、李、魏四传,开禧二年表上,后六传未上。核以《宋史》本传,此所采摭未为详核,且抑世忠于胜、显忠后,似亦未安。子盖、宗颜战功寥寥,允文亦侥幸不败,乃与诸人并数,皆未免不伦也。

这里所指责的编次之失当,话虽不错,却正表明四库馆臣原不知此乃由《四将传》扩展为《十将传》所致,至于说"核以《宋史》本传,此所采摭未为详核",却并不然。十传之中,只有《吴玠传》极疏略,似是属笔未成之稿,其余九传无不详核完赡,取与《宋史》各本传相核,知其全从此出,且其抄袭之迹亦尚多显然可见者。

在什么时代,经由何人之手,才把《四将传》增益为《十将传》,现时均难考知。甚至后六传是否出于章颖之手也极可疑。因为章颖于撰成《四将传》之后,又写了一篇《序文》,后于奏进之时,又作了一篇《进书表》,两文全是述说他所以弃置别人而特别为此四人作传之故。这《序文》和《进书表》并不见收于现行的《十将传》内,四库馆臣大约全未得见,所以不能考知该书的源流始末。现据道光《新喻县志》卷十《章颖传》所载,抄录于下,一以存此久佚之文,一以见其述作之意。其《序文》云:

> 南北既分,辽、金之患不息,武备不可一日废也。天下大物,凝而为难。器既裂矣,往事不足深咎,独于机会之来而再失之为可鉴耳。以遐外之所为,岂能并天下哉,特乘中国之弱而以力取之,民心固未易服也。吾民固尝恶边外之患而思中国之德矣。是时北方州郡吾所建置也,官吏吾所选用也,人民父子吾所抚字也,特劫于一时之威而为之屈,鼓而行之则丑类却,抚而定之则民心从,梁、齐、宋、鲁之地不难服也。蕞尔女直,非有席卷天下、囊括六合之谋,譬诸为盗,不敢有其物,而寄诸其邻,故寄之刘豫者七八年。是时关陕河东之地,南失之而未能取,北取之而未能定,西夏欲收女直之敝而取之矣。交兵十余年,中国之兵日精,中国之威日振,向之阻兵诸酋,至有涕泣辞行不敢南侵者。臣伏读高宗圣训有曰:"今虽以橄呼虏人

渡江,必不敢来矣。"又其种类怙势争权,内自相疑,非诛则殒,惟兀朮在耳,而兀朮屡困于我师:固尝见顺昌之旌旗而走,闻岳飞之军来而遁,知李世辅之归而避。北方之民延颈企踵以望王师之至者,盖非朝夕也。兀朮虽握兵在汴京,亦归辎重不复为久留计。自相桧为谋自私,沮败成事,有诏班师,而人皆痛哭。天实为之,谓之何哉。自亶不君而亮继之,行以无道,剪灭其宗支而虐用其民,褰乘其机而取之,人心固未服也。山东河北之人,倡议者响应,魏胜首事于东,大河南北盖蜂起矣。迁延岁月而机不留,安得不长太息哉。中兴以来,诸大将宣皇威、敌王忾,垂功名于竹帛,纪勋伐于金石,眷遇始终,无遗憾者。独此四臣,或困于谗奸,或抑于媢嫉,虽忠根于心,义形于色,誓不与贼俱生;而志不获伸,目不瞑于地下。迹其规恢次序,实系当时之强弱,关后世之理乱,使不详记而备载之,则孰知机失于前而患贻于后世哉。此臣之所以为作传之本意也。诗曰"无竞惟人",中国之所以大竞者,非以其人乎。兹故撼其鏖锋力战、将士用命之时,奇谋硕画、行师攻取之宜,而载之书。吁,何世不生才,天佑我宋,安知无四臣出而为国家用,故揭而出之,使边外知中国有人也。

其《进书表》也收录于《续宋会要》中,见徐松辑本《宋会要稿·礼》五九之二〇。其文字与《新喻县志》所载间有异同,今据《会要》抄录全文于此:

> 章颖上所撰《刘岳李魏四人传表》言:天扶昌运,必生御侮之臣;帝念隽功,当有特书之史。事关劝激,迹贵昭明,敢裒竹帛之藏,仰彻冕旒之听。臣粤若稽古,谁能去兵?执干戈以卫社稷者固所难能;闻鼓鼙而思将帅则求之已晚。欲厉有为之志,当于无事之时。仰维国家之兴,尤得人材之盛:开基创业,虓将云蒸;复古中兴,虎臣角立。率厉熊罴之士,扫空蛇豕之群。名书旂常,功耀天地。或绘像于原庙,或侑食于大烝。爪牙宣勤,项背相望。当时称颂,姓名可止于儿啼;后世传闻,韬略尚惊于敌胆。顷纷纭于议论,稍变易于是非,事实浸以湮微,士气为之沮抑。虽已加于褒典,犹未快于舆情。

非假汗青,何由暴白? 故太尉威武军节度使赠开府仪同三司刘锜,甚隽顺昌之战,大摧兀术之锋,谁其妒功而害能? 遂尔投闲而置散! 故少保武胜定国军节度使赠太师岳飞,兵方精而可用,功竟沮于垂成。既挠良谋,更成奇祸。事皆有证,其书虽见于《辩诬》;言出私家,后世或疑于取信。故太尉威武军节度使赠开府仪同三司李显忠,家世诸李,父子一忠。缚撒里曷若鸡豚,视伪齐豫如犬彘。气吞逆虏,志在本朝。当其杖策之归,适近囊弓之际。故右武大夫果州团练使赠宁国军节度使魏胜,为山东忠义之冠,当清口寇攘之冲,虽血战于淮阴,竟身膏于草野。况又皆志未尽展,时不再来,失机一瞬之间,抱恨九泉之下。虽生未及尽俘于丑类,其没或能为厉于敌人。宜有屡书,以旌多伐。况方大规恢之略,所宜彰果毅之能。恭惟皇帝陛下,天运庙谟,日开公道,用宣昭于赏罚,以驾驭于豪英。代不乏人,用则为虎。西有梁洋之义士,东多荆楚之奇材,怒发冲冠,雄心抚剑。傥在上有激昂之术,则凡人怀奋发之心。臣尝忝史官,获观旧载,悉纪当时之实,以尘乙夜之观。伏乞断自宸衷,付诸东观,然后可传于百世,庶几耸动于四方,张大国家之威,发舒华夏之气。事虽已往,可为鉴于将来;谋或有遗,几成功于今日。臣所撰到《刘岳李魏传》,缮写成计七册,谨随《表》上进。

其所以在南宋初年的大批将领之中,特地选取了这四人而为之作传者,在这一《序》、一《表》中均已力加说明,乃是因为此四人遭际屯蹇,或为秦桧谗害,或者天不假年,均致材未得展、志不获伸之故。韩世忠、张俊、虞允文等六人,既不具备这样的条件,我便又可以断言,这六个人的《传》必非作于章颖。在现行《十将传》中,前四传均于标题之下载有"史官章颖撰进"字样,后六传则不著撰述人名氏,这也等于说明,后六者不出自章颖之手,而是后人取来附丽于《四将传》之后的。既是如此,则《四库提要》所指责的"抑世忠于胜、显忠后,似亦未妥"一事,也便不应致责于章氏了。

《新喻县志》于《章颖传》所载《四将传》的《序》《表》之后还载有明代习嘉言的《跋章文肃〈四将传〉后》一文,其中有云:

> 右《四将传序》并所进传《表》,各三篇,宋礼部尚书谥文肃公章

颖所撰也。……文皆俊伟谅直,而激厉之意见诸言外。……惜所谓《四将传》者不见于世,所存者仅此耳。

习嘉言为章颖乡人,曾与修明《宣宗实录》等书,并非乡曲孤陋寡闻之士,而所言如是,知《宋南渡四将传》一书在明代中叶已为世人所罕见。其原因,据我测想,或即是由于《十将传》已经流行,无须再单独刊行之故。若然,则《四将传》之被增益为《十将传》,其事当在南宋末年。

  附记:此文全篇皆1944年暑假期内在迁至四川南溪之历史语言研究所所草成,所用史料亦全都取资于该所之图书馆所藏图书。当时只看到《宋南渡十将传》一书,对《宋南渡四将传》则仅从《宋会要辑稿》及《新喻县志·章颖传》后附载各文略得窥其梗概,至其书之是否尚有仅存于世者,则实难测度。近年内方知北京图书馆藏有清人黄丕烈校补过的影宋抄本《经进皇宋中兴四将传》,亟往借阅,乃知其书《传》文虽尚完备,而书前只有章颖的《进书表》,却无其《序》文。其《进书表》之字句,与《宋会要辑稿》及《新喻县志》所载亦极少歧异之处。故我现在亦一仍旧作,未加更易。——1992年8月6日广铭记。

三、《鄂王行实编年》和《四将传》中《岳飞传》的源流关系

  据章颖进《四将传》的《表》中所说"臣尝忝史官,获观旧载,悉记当时之实,以尘乙夜之观"诸语看来,似乎这四篇传全是根据当时史馆所储的各种官史修撰而成的。取刘锜、魏胜、李显忠三传以与现存官史系各书对勘,两方所记全部都可以吻合无间,知章氏此言并不虚妄。独其中岳飞一传,却是与官史系的记载合者常少而不合者常多;再与岳珂所撰《鄂王行实编年》对勘,则见二者的叙事顺序及其行文用字,什九从同,知章氏撰述《岳传》之时必仅取《行实编年》稍事删润,对官史系诸书实未尝加以参稽。

  岳珂所编纂的《金佗粹编》,卷一至卷三为《高宗皇帝宸翰》,未署编次年月。卷四至卷九为《经进鄂王行实编年》,序末署"嘉泰三年冬十有

一月乙丑朔,承务郎新监镇江府户部大军仓臣岳珂谨上"。卷一〇至一九为《经进鄂王家集》,所署编次年月同上。卷二〇至二五为《吁天辨诬录》,无撰述年月,但亦系嘉泰三年奏进者。卷二六至二八为《天定录》,序末署"开禧元年十二月癸丑朔承奉郎监镇江府户部大军仓岳珂序"。这可见全书之修成及其奏进,均为开禧二年以前事。而章颖之奏进《四将传》则在开禧二年,上距岳珂之撰进《行实编年》已有四年光景,故得以取作蓝本。且当岳珂缴进《行实编年》之后,必即付之史馆存储,或者章颖所用的即是这一份奏呈之本。若然,则就《四将传》中的《岳飞传》而论,章颖在《进书表》中所说"尝忝史官、获观旧载"的话,也并不含有虚妄的成分在内了。

《行实编年》既已存诸史馆,且也被章颖认为全部均可凭信,则似乎不必另行删削改作,徒为重复,然而章颖终又这样复述一遍者,其原因,当如其在《进书表》中所说:"事皆有证,其书虽见于《辨诬》;言出私家,后世或疑于取信。"所以他又以史官的资格写此传,将私人的述作予以官方的证实,以使其易于"取信于后世"。只可惜章氏的史学修养并不太高,不能将岳珂的缘饰溢美诸处加以甄汰。遂致以讹传讹,对于岳飞的庐山真面目反而有所掩蔽了。

前见中央大学《文史哲季刊》载金毓黻先生《宋国史所载岳飞战功辨证》一文,于岳飞进军朱仙镇一事,引录《系年要录》附注所载吕中《大事记》中"岳飞捷于郾城,乘胜逐北,兵至朱仙镇,距京四十五里矣"及"飞忠孝出于天性,……,其战尤尤也,于颍昌则以背嵬八百,于朱仙镇则以背嵬五百,皆破其众十余万"等语,以为李心传于《系年要录》正文不载朱仙镇之役,却把吕中《大事记》记朱仙镇事特地引在附注中以存其事。金氏且从而作出一段结语云:

> 是则飞进军至朱仙镇,岳珂记之、吕中记之,李心传又从而两记之。其云"朱仙镇距东京四十五里",尤与《粹编》《宋史》所记吻合。南宋时朝野传说,盖甚藉藉。……
>
> 是知《要录》所记,亦未尝不与《粹编》诸书相符。特以载入自注,与正文违异,故不为世人所重视耳。

推绎金氏所说，必是以为当李心传修撰《系年要录》之际，岳珂的《行实编年》尚未问世，李氏不得取而参详，幸好其时已有吕中的《大事记》出，遂急取而摘录于注文之中，以补正文之所未备。假如此说能够成立，则不但朱仙镇事件可以证明为实有，即我们前面所说记载岳飞事迹的书籍全不外乎家传和官史两个系统，也将因此而发生问题。吕中的《大事记》所载岳飞事件，既不同于官史，又不本之于岳珂之书，岂不是在上述两家之外尚别有私家的记载吗？若然，则章颖的《岳飞传》是否又有取材于《大事记》的地方呢？

这些推想，正是所谓"差之毫厘，谬以千里"的。

吕中的《大事记》现已不传，各公私藏书目录也均不载其书，盖其书以议论为主，是专为一般场屋之士而作，故不被世人所重，因而其果成书于何时，也便无从考知。但据载在《系年要录》《中兴两朝圣政》诸书中的各段《大事记》看来，知其成书必在《金佗稡编》刊布之后，其中所载岳飞事迹，全都是本诸《金佗稡编》的。当李心传纂修《系年要录》之际，《金佗稡编》既尚不及见，自更无缘采录此书。因而被金氏认为李心传的自注者，实际上并非自注，乃是后人附入的。此事在《四库提要》中早已提及，大概是被金氏偶尔忘记了。

《系年要录》是到南宋理宗宝祐初（1253）才刻版于扬州的，宋亡以后，流传绝少，明初修《永乐大典》时得一传本录入，而世间仍难得传本。《四库》所收即是自《永乐大典》辑出之本，正文下附载后人搀入之文字甚多，绝非李氏原稿中所应载、所能载者，想为宝祐初刻书人或明修《永乐大典》时所窜入，故四库馆臣于《要录》的《提要》中云：

> 原本所载秦熺张汇诸论，是非颠倒，是不待再计而删者，而并存以备参稽，究为瑕累。至于本注之外载有留正《中兴圣政草》、吕中《大事记讲义》、何俌《龟鉴》诸书，似为修《永乐大典》者所附入。然今无别本可校，理贵阙疑，姑仍其旧，其中与《宋史》互异者，则各为辨证，附注下方。

是则在今本《系年要录》之中，实具有几种性质不同的注文：第一种是李心传的自注，其性质略如司马光的《资治通鉴考异》，多半是说明其材料的来源，或则是别著异说异闻，而附及其所以去取折衷之意；第二种是李氏原稿所不载，到后来刊行时候被刻书人采取诸家议论附刻其中的，南宋末年的书铺中这种风气极为盛行；第三种则是如《四库提要》所说，当修《永乐大典》时或者又有连类而附入的；第四种则为四库馆臣所加的《驳正》或《辨证》文字。若笼统看过，以为所有附注皆是李心传所亲加，便大误特误了。

即以朱仙镇事件为例，此事既为《系年要录》正文所不载，如《大事记》中的一段文字果是李氏亲自引来的，则必于这段引文之后另加按语，说明其何以不把此事写入正文之故；若此事之有无在李氏认为"疑不能明"，则亦必在引文下方附载"当考"一类的字样，而所有见于《系年要录》注中的《大事记》引文之后，全不见有李氏的只字片语，则此种注文应归属于第二或第三种内，而非李氏的自注，固极明显。

既是如此，我们便又可进而得出以下的几个结论：

一、吕中的《大事记》一书，为李心传修《系年要录》时所不及见。《系年要录》之成书约在开禧、嘉定之间，《大事记》的成书最早也不得早于此时。

二、根据《系年要录》诸处所引《大事记》之文而论，其中所记岳飞事全是本诸岳珂的《行实编年》的，所以不但"朱仙镇距东京四十五里"，此外也无一处不"与《粹编》《宋史》所记吻合"的。

三、吕中的《大事记》既是沿袭家传系统的一种记载，则本文第一节把宋人所作岳飞传记区分为两个系统，并无错误。

四、然则章颖所撰《岳飞传》，到底还是依据《行实编年》而绝未参考另外的任何公私记载的。

四、《四将传》中的《岳飞传》和《宋史》岳飞、张宪、牛皋、杨再兴四传的源流关系

《宋史·岳飞传》的文字虽是通篇采撷《四将传》中的《岳飞传》而成，取二者而加以比勘，却又发现其间颇有一些异同之处。几年前我曾将此两传作过一次详细的校雠，《校勘记》细碎繁琐，不能在此全部写出，

现且只举两事:(《四将传》中的《岳飞传》,后来又被岳珂收入《金佗续编》的《百氏昭忠录》中,改题为《经进岳鄂王传》,现为避免混淆,以下即简称此传为《鄂王传》,《宋史·岳飞传》则但称《史传》。)

一、《鄂王传》谓当杜充继宗泽为开封留守时,"贼王善、曹成、张用、董彦政、孔彦舟率众五十万薄南薰门外",后经岳飞击破,贼众遁逃,"王善围陈州,纵兵出掠"。这里的王善,《史传》均作黄善。

二、《鄂王传》谓当岳飞由建康退师屯宜兴县时,"郭吉在宜兴,掠吏民令佐,……飞及境,吉已载百余舟逃入湖矣。飞遣部将王贵、傅庆将二千人追而破之,驱其人船辎重以还。群盗马皋林聚精锐数千人,飞遣辩士说之"。这一段,在《宋史·岳飞传》中则改作:"盗郭吉闻飞来,遁入湖。飞遣王贵、傅庆追破之,又遣辩士马皋、林聚尽降其众。"前者是说马皋林为一匪首,他集聚了数千精锐之士,岳飞派遣辩士去说降了他;后者则以马皋、林聚为两个人,且不是匪首而是辩士,岳飞是得此二人的口舌之力,才把郭吉的部众完全降服了的。

就第一例说,岳珂所作的《鄂王行实编年》中也作王善而不作黄善,《宋史》作黄,显然是错误了的。这错误也可能是由手民造成,但现时所见《宋史》莫不皆然,则必是在元代初次镂版时便已刻错了。

就第二例说,《鄂王行实编年》记岳飞遣辩士说降匪首马皋林事,也与《鄂王传》文字从同,则《宋史》以马皋林聚作为两人,且以为即是岳飞用以说降郭吉的辩士,又显然是弄错了的。《宋史·岳飞传》的来源,即令不是《岳鄂王传》,最多也还只有一个可能,那便是《鄂王行实编年》。而今和这两者都抵牾不合,知其必是当抄录之际,卤莽粗疏,未暇稍加思索、核对,遂致大违原意而亦不自省察了。

在《鄂王传》和《宋史·岳飞传》中,像这样的异同出入之处也还有的,然而凡《宋史》之异于《鄂王传》者,无一不异于《行实编年》,因而对这所有的异同出入之所以发生,也全都是可以引用上项道理加以说明的。

除了这样的异同之外,《鄂王传》与《宋史·岳飞传》在文字的繁简上也还有所不同。然而由于下举几事,即:一、《宋史·岳飞传》的行文,通体均较《鄂王传》更为简括,绝无增益之语句。二、凡《宋史·岳飞传》所举述之事实,《鄂王传》中无不有之;但《鄂王传》中所举述之事实,《宋史·岳飞传》却并不全有。三、《鄂王传》为剪裁《行实编年》而成,而《宋史·岳飞传》之叙事层次与取舍之间,全与《鄂王传》同,若史传亦系直接裁剪《行实编年》者,则二者之间断难一一巧合如此。因而我们断定:《宋史·岳飞传》乃是出于章颖的《经进岳鄂王传》,而非出于《鄂王行实编年》;也决非如赵瓯北所说,出于另外的什么国史之类的。

不但《宋史·岳飞传》完全出自《岳鄂王传》,《宋史》中的《张宪传》也是从那里撷取了来的。在《张宪传》全篇中,其为修撰《宋史》的人所增益的,似乎只有赵瓯北指为"殊无来历"的"飞爱将也"一句,在此句下便接以"飞破曹成,与徐庆、王贵招降其党二万"等事,疏漏之极,而于其受诬而死,却特别致评,文字又全与《鄂王传》相同,知其与《岳飞传》必同出一源。

《宋史·牛皋传》则是拼截了两种极不相同的记载而成的,其拼凑之迹至今还很显然,修《宋史》的人,并没有稍施联缀融铸之功而使其天衣无缝。今且先录其传文于此。

> 牛皋字伯远,汝州鲁山人。初为射士,金人入侵,皋聚众与战,屡胜。西道总管翟兴表补保义郎。杜充留守东京,皋讨剧贼杨进于鲁山,三战三捷,贼党奔溃,累迁荣州刺史、中军统领。金人再攻京西,皋十余战皆捷,加果州团练使。京城留守上官悟辟为同统制兼京西南路提点刑狱。金人攻江西者自荆门北归,皋潜军于宝丰之宋村,击败之,转和州防御使,充五军都统制。又与孛堇战鲁山邓家桥,败之,转西道招抚使。伪齐乞师于金入寇,皋设伏要地,自屯丹霞以待,敌兵悉众来,伏发,俘其酋豪郑务儿,迁安州观察使,寻除蔡唐州信阳军镇抚使,知蔡州,遇敌战辄胜,加亲卫大夫。会岳飞制置江西湖北,将由襄汉窥中原,命皋隶飞军,飞喜甚,即辟为唐邓襄郢州安抚使。寻改神武后军中部统领。伪齐使李成合金人入寇,破襄阳六郡,敌将王嵩在随州,飞遣皋行,赍三日粮,粮未尽,城已拔,执嵩斩之,得卒五千,遂复随州。……金人渝盟,飞命皋出师,战汴、许间,以功最,除捧日天武四厢都指挥使,成德军承宣使。枢密行府以皋兼提举一行事务。宣抚司罢,改鄂州驻札御前左军统制,升真定

府路马步军副统总管,转宁国军承宣使,荆湖南路马步军副总管。绍兴十七年上巳日,都统制田师中大会诸将,皋遇毒,亟归,语所亲曰:"皋年六十一,官至侍从,幸不窭足,所恨南北通和,不以马革裹尸,顾死牖下耳。"明日卒。或言秦桧使师中毒皋云。

  初,秦桧主和,未几,金人渝盟入侵,帝手札赐飞从便措置,飞乃命皋及王贵、董先、杨再兴、孟邦杰、李宝等经略东西京、汝、郑、颖、陈、曹、光、蔡诸郡。(按:以下全见第一节赵瓯北札记,此不重出。)

上引传文的第二段自"初秦桧主和",至"世以为恨",赵瓯北以为是"总叙飞功"而"非叙皋功",遂推想以为旧史中必是以《皋传》附《岳传》之后,故尔如此。实则这一段本即是章撰《岳鄂王传》的末段,本不独立,故总述岳飞所遣各部将之战功。修《宋史》者乃割裂而入于《牛皋传》内,极为无当。

  传文的前一段,自"牛皋字伯远"至"或言秦桧使师中毒皋云",其中如叙飞遣皋攻随州事,谓三日之粮未尽而敌将王嵩成擒,与《岳鄂王传》(《宋史·张宪传》同)所载"飞遣宪复随州,敌将王嵩不战而遁"云云,大相径庭,知其必是另有所本。今检《系年要录》卷三一,建炎四年正月载:

> 是月,京城留守上官悟以京西南路招捉司中军统领牛皋为本司同统制、兼京西南路提点刑狱公事。皋,鲁山人,初为射士,聚众与金人战,以功补官。金人蹂践京西,皋数战皆捷,知汝州王俊假皋武节大夫果州团练使。至是,为留司所辟。

同书卷五五,绍兴二年六月丙申又载:

> 直徽猷阁权主管浙西安抚大使司公事范正舆言:"京西路提举军马彭圮、牛皋……皆愿听刘光世节制。"诏并进官,仍赐敕书奖谕。其实皋等未尝来归,盖谍者吴珣诈为之以要赏也。

同书卷六三,绍兴三年二月庚戌又载:

> 襄阳镇抚使李横为神武左副军统制、京西招抚使。初,横既进兵伪齐,右武大夫和州防御使添差郑州兵马铃辖牛皋……以所部兵与横会,横以便宜命皋为蔡唐州镇抚使,……言于朝,……遂以皋为

左武大夫安州观察使。

《宋会要辑稿·兵》一五之二《归正人》上亦载：

〔绍兴〕三年二月十八日,襄阳府邓郢州镇抚使李横奏:"近有知汝州彭圮、并京西北路提刑牛皋,各率所部背伪归正,并保明一行将佐,委是忠节得用之人,望赐优恤。"诏:"彭圮、牛皋下有功将佐,候李横具到功状给降恩命外,可令学士院先降敕书奖谕。其牛皋等令李横抚谕存恤,候立功日优与推恩。"

二十四日,李横奏:"归正将帅各系伪齐左降官品、北移职任,遂致离间,复归陛下。为今日计,宜因其所供官色,更不穷治,便以授任,使之北行。今有淮庆军承宣使提点京西北路刑狱公事牛皋,乞差蔡唐州信阳军镇抚使,知蔡州。臣已牒牛皋先次系衔,庶得新边有人弹治。……逐官系初来归附,若待奏报,恐失机会。臣已牒令管干上件职事讫,乞赐给降告敕。昨来探报递到伪齐招诱诸处文榜,内牛皋系右武大夫和州防御使添差充郑州兵马钤辖。"从之。

从以上几段引文,知道牛皋于建炎之末绍兴之初曾一度投降伪齐刘豫,《宋史·牛皋传》不载其事,当是由于史官曲意加以回护之故。除此一点之外,《系年要录》及《会要》所载各节,与《宋史·牛皋传》的第一段全相符合,则《宋史》此一段必出于宋代国史,毫无可疑。

《宋史·杨再兴传》叙事简略,而与《鄂王行实编年》及章撰《岳鄂王传》所涉及再兴各事则大有出入,今取《系年要录》及《会要》所载再兴事逐条比照,知其全篇皆本诸宋代国史。大概是修《宋史》者看到,如果单独刺取章撰《岳鄂王传》中所载杨再兴事迹,无法敷衍成篇,所以舍此而采用《国史》旧文了。

(原载《复旦学报》复刊第 3 期,1947 年 5 月)

附记:此文在《复旦学报》刊出时,原题为《宋史·岳飞、张宪、牛皋、杨再兴传考辨》,其上篇为《考源》,下篇为《辨误》。下篇所论述的问题,在其后大都改写为专题论文,故今全部删除,只将上篇重载于此。

"黄龙痛饮"考释

一

岳飞的"嘉言懿行",从南宋以来一直被历代人广泛传诵的,为数很多,那句"直抵黄龙府,与诸君痛饮",更是最能激励人心,因而也最为后人所赞赏,在进行民族斗争时最为人们乐于引用的名句。

这句话的出典所在,一般人所最常见也最容易见到的,是《宋史》卷三六五之《岳飞传》。《宋史·岳飞传》全部是从南宋章颖撰写的《中兴四将传》中的《岳飞传》照抄来的。而章颖所写《岳飞传》,则又是把岳珂所写《鄂王行实编年》加以删削而成的。

岳珂是岳飞的孙子,是岳霖的儿子。他所编写的《鄂王行实编年》,记载岳飞一生的事迹极为详细。但是,由于岳珂是在岳飞被杀害已经六十多年之后才开始编写这部传记的,尽管他在调查访求方面作了一些努力,也终于无法把岳飞生平事迹搜集齐全。因此,《行实编年》当中的记载,即不免有疏缺、失实,甚或因要发扬其孝子慈孙的用心而有意虚构之处。现且单就其中关于"黄龙痛饮"一事的记载来进行考察。

《行实编年》卷五,宋高宗绍兴十年(1140)"兀朮奔京师"(京师指开封)条载:

> 及是,朱仙镇之捷,先臣欲乘胜深入,……房所置守令熟视莫敢谁何。自燕以南,号令不复行。兀朮以败故,复签军以抗先臣,河北诸郡无一人从者。乃自叹曰:"自我起北方以来,未有如今日之

挫衄。"

　　先臣亦喜,语其下曰:"这回杀番贼,直到黄龙府,当与诸君痛饮!"

　　时方画受降之策,指日渡河。秦桧私于金人,力主和议,欲画淮以北弃之。闻先臣将成功,大惧,遂力请于上,下诏班师。

这几段引文中所说的"朱仙镇之捷",就完全是出自岳珂所编造而非实有的一桩事件。此容另文论证。至于这句话以外的那许多话语,岳珂却都是有所依据的。依据所在,是南宋孝宗淳熙四年(1177)准备谥岳飞为忠愍公的那篇《忠愍谥议》(见《金佗续编》卷一四)。《谥议》有云:

　　……既而被命招讨河北,蔡人来迎亦如之。唯恐公至之晚。遂进屯颍昌。……捷书至幕府,曰:"河北忠义四十余万,皆以岳字号旗帜,愿公早渡河。虏酋虽签军,无一从者,乃自叹曰:'我起北方以来,未有如今日屡见挫衄'。"

　　公至是喜甚。语其下曰:"今次杀金人,直到黄龙府,当与诸君痛饮!"

　　由是虏始倡和议,以成吾兼爱之仁。盖以公威灵气焰,日辟故疆,莫之能御也。……

　　请谥以"忠愍"。谨议。

　　有旨:令别拟定。

上面引文中的第一段,其根据何在,我尚未能查知,其第二段,即关于"黄龙痛饮"的那几句,则是与黄元振编写的《岳武穆公遗事》中的一条记事有关系的。《岳武穆公遗事》被岳珂收录在《金佗续编》卷二七当中,那条记事因多次传刻刷印而致断烂残阙不全。今照录其全文如下:

　　尝军行遇雨,公下马徒步,属官(原本"官"下阙五字)里,至一庙宇少憩。公劳勉属官(原本"官"下阙五字)矣,然士欲立功名,亦须习劳其(原本"其"下阙五字)安逸。故雨中徒行,以习劳也。

　　庙(原本"庙"下阙五字),公指山问属官曰:"诸公识黄龙(原本'龙'下阙五字)其下,城如此山之高。某旧能饮,(原本阙五字)尝有酒失,老母戒某不饮,□主上(原本"上"下阙四字),自后不复饮。俟至黄龙城,大张乐(原本'乐'下阙四字),以观打城,城破,每人以两橐驮金(原本'金'下阙四字)今日之劳。"

有一属官曰:"某不要公(原本'公'下阙四字)要观公之志,直欲恢复燕地,荡其(原本'其'下阙四字)中原而已也。"

《金佗稡编》及《续编》现存的主要版本中,最早者为元朝至正年间刻板的明印本,但其中已有不少阙字。现在我们并找不到更早的刻印本来加以补正。今姑按照其所残阙的字数试为填补如下:

尝军行遇雨,公下马徒步,属官〔亦相随,行数〕里,至一庙宇少憩。公劳勉属官〔曰:"诸公劳甚〕矣!然士欲立功名,亦须习劳其〔身,不可但图〕安逸。故雨中徒行,以习劳也。"

庙〔旁有一小山〕,公指山问属官曰:"诸公识黄龙〔府乎?飞尝至〕其下,城如此山之高。飞旧能饮,〔因不知节制〕,尝有酒失,老母戒飞不饮,〔后〕主上〔亦痛戒飞〕,自后不复饮。俟至黄龙城,大张乐,〔开戒痛饮〕,以观打城,城破,每人以两橐驮金〔帛,以酬赏〕今日之劳。"

有一属官曰:"某不要公〔金帛,某但〕要观公之志,直欲恢复燕地,荡其〔巢穴,岂唯〕中原而已也。"

我所补入的这些字句,可能与黄元振的原文有不尽相符之处,但从大意和主旨来说,却不至有很大的出入。

相信了黄元振的这条记载,我们便不能不更进一步追问:岳飞所曾亲自到过其城下的那个黄龙府,究竟是现在的什么地方?他究竟是在什么时候去过黄龙府的?关于这两个问题的答案,不论在《鄂王行实编年》或《忠愍谥议》以及《武穆谥议》当中,都找不出来。因为,自从第十世纪中叶直到十二世纪初年,那时一般人所说的黄龙府,是指辽政权在辽太祖阿保机逝世之地所命名的一个城镇,稍后,这个城一度废而复建,城址也略向东北移徙,新址即现今吉林省的农安县。在完颜阿骨打起兵抗辽过程中,黄龙府曾一度成为战略要地,从此它的名声就更大起来。但是,它距离北宋的北部边界线远达数千里,是宋的军队和军官绝对不可能到达的地方。更何况,岳飞的足迹,依照《鄂王行实编年》和《忠愍谥议》所载,是连北宋的北部边界线也不曾到过的,还怎能到过黄龙府城下呢?

二

《鄂王行实编年》对于岳飞参军初期的一些事迹是这样说的:

> 宣和四年,壬寅岁,年二十。真定府路宣抚刘韐募敢战士备胡,先臣首应募,韐一见大奇之,使为小队长。相州剧贼陶俊、贾进攻剽县镇,……先臣请以百骑灭之。韐与步骑二百,……遂俘获其众,余党尽散。……得先臣和讣,跣奔还汤阴。……会朝廷罢敢战士。……
>
> 宣和六年,甲辰岁,年二十二。……是岁投平定军为效用士,稍擢为偏校。
>
> 靖康元年,丙午岁,年二十四。夏六月,路分季团练知其勇,以百余骑檄往庆阳、榆次县觇贼,谓之硬探。……尽得其要领以归。……间行归相州。冬,高宗皇帝以天下兵马大元帅开府河朔,至相州。先臣因刘浩得见,命招群贼吉倩等。……倩等罗拜请免,相率解甲受降。……未几,以檄从刘浩解东京围,与虏相持于滑州南,……以功迁秉义郎。大元帅次北京,以先臣军隶留守宗泽。

以上所引录的岳珂的这几段记载,据我看来,其真实性都是大有问题的。只因这类问题,与我们所要论述的这一主题不全相干,所以我在此不再进行论证。我现在只请大家注意一个问题,那就是:照岳珂所说,岳飞参军以后最初几年的活动,除一度曾"投平定军"而到今山西的庆阳、榆次作硬探以外,其馀的绝大部分时间都是在平定相州地区的"剧贼"和"群贼",其足迹并没有越过真定府而向北更进一步。没有越出过宋的北部边界线,自然更不可能接触作为敌方军事重镇的黄龙府了。

在《忠愍谥议》当中,叙述岳飞的初次参军则是从他进入赵构的"天下兵马大元帅"府之日说起的。也照抄如下:

> 盖尝迹公际遇之始,自我太上皇凤翔于河朔,公已先负敢死名,受知大元帅府,此殆天授也。

在投入大元帅府以后不久,岳飞即随同赵构和重建的宋政权而逐步南移,以至最后渡江南下,其间也绝对没有到达大名府以北的任何城镇的事。

三

在上述两种记载中无法求得的答案,在黄元振的那条记载当中却是可以探求得一条线索出来的。且让我们对黄元振的那条记载再进行一番分析。

那条记载的最后两段是说:岳飞向其随行的属官说,等到攻打到黄龙府城下时,他要开戒与将士们张乐痛饮,而到把该城攻下之后,他要赏赐给作战将官每人两橐驼金帛。而当岳飞刚说完这番话语之后,随行的属官之一便向他说道:"我并不希望您赏赐金帛,我最高兴的是得知您的雄心壮志,是要一直去收复燕山之地,是要扫荡敌人的巢穴,并不是只满足于收复中原之地。"

值得特别注意的是,岳飞口中所说的,明明是"黄龙府"和"黄龙城",而到他的属官的口中,却又变为"燕地"亦即燕山府城了。当时的燕山府,实即今天的北京城。这就足以证明,岳飞所说的"黄龙府"与其随行属官所说的"燕地"(即燕山府),实际上是指同一个城镇而言。同时还可证明,岳飞所说的"黄龙府",决不是指辽朝在今吉林省农安县所建置的那个黄龙府,而是指辽朝所建置的南京析津府,在其一度归属北宋时曾被改名为燕山府,其地即我们今日的首都北京城。

我们今日的首都北京城,在历史上虽然先后也曾有过种种名称,例如析津府、燕山府、大兴府、燕京、中都、大都等等,却从来没有把它称之为黄龙府的。而岳飞独独把它称作黄龙府,这显然是错误的。他所以发生这一错误的原因,我们却无法考知。

岳飞自称他曾经到过黄龙府(即燕京)城下,并称那座城的巍峨雄伟,同他行军遇雨,在一庙宇休息,与随行属官讲这番话时所目睹的那座小山相似。然则他究竟是在什么时候曾经到过燕京城下的呢?

前面所已引用的岳珂在《鄂王行实编年》中的记载,是说岳飞在宣和四年初次参军时,是在真定府安抚使刘韐部下充当了一个小队的敢战士的头目,其所接受和执行的任务,则是去平定相州地区内的"盗匪"。我认为这段记载的某些部分是不可信的。原因是,这些部分在其他任何书册中全都找不到可以互相印证的记载。能够找出互相印证的资料的,只有刘韐当时的确是充任真定府的安抚使和关于"敢战士"二事。前一事可以取证于《宋史·刘韐传》,传中说明,刘韐在宣和四、五年内确是在真定府路担任安抚使的;后一事则不但有《忠愍谥议》中那句"公已先负敢死名"可以为证,而在《金佗续编》卷一四还收录了一篇《武穆谥议》,是宋孝宗淳熙五年拟定奏上的,其中有云:

> 盖公自结发从戎,有大志,雄勇绝人,每以关张自许。太上皇开大元帅府,公以敢死名被知遇,自是授任,摧坚陷敌,至绩用显白,声名彰灼。

这两篇《谥议》都很明确地透露了出来:岳飞在投入赵构的大元帅府之前,就已经以"敢死"知名,则在其初次参军时就是参加了敢死队(亦即岳珂所说的"敢战士"),这应是确实可信的。从岳飞之不曾黥面看来,又可推知他在参军之初就已不是一个普通士兵,而必是已经充当了一个小小的头目。但既然叫作"敢死队",而岳珂在《行实编年》中也分明说,刘韐是为了"备胡"(即抗拒辽人)而募集"敢战士"的,则只能是当与辽军作战,在需要攻坚城、破硬阵时组织起来,而决不会是在镇压任何地区的小股"盗匪"之时组成的。因此,我以为有充分的理由可以断言,岳飞之亲到燕京城下,亲眼看到那座巍峨高大的城垣,必是在宣和四年(1122)冬十月北宋军队攻打辽的南京城的那次战役中。

在1122年内,北宋凡两次出兵征辽,目的都是要收复燕京。第一次是在这年五月,以童贯、蔡攸充任正副统帅,由种师道率东路兵趋白沟,辛兴宗率西路兵趋范村。及辽军前来迎击,宋的两路军都被打得大败而归。第二次是在这年十月,由童贯派遣大将刘延庆和辽的降将郭药师领兵十万出雄州,渡白沟河,至良乡县。然后,郭药师与杨可世等又率骑兵六千夜渡卢沟河,黎明时分即夺迎春门而攻入燕京城内。及辽将率精兵三千在城内展开巷战,宋军又被打败,死伤过半,郭药师、杨可世皆弃马缒城而出。刘延庆虽还在卢沟河南岸，却深恐辽兵追来，乃先自烧营而遁。

身任敢战士小队长的岳飞，这时就率领其所属若干人，可能还有由中队长或大队长率领着数量更大的一支敢战士队伍，当宋辽两军已在燕京城内巷战之时而方赶到燕京城外，未及攻入城内，郭药师、杨可世等已缒城而出，这支敢战士队伍便也只能随之仓皇南逃了。所以，岳飞在这次北征之役中的收获，仅仅是有缘目睹了一次燕京城垣的如何巍峨高大而已。

四

《忠愍谥议》和《鄂王行实编年》都把岳飞与部将们谈"直到黄龙府，当与诸君痛饮"这番话的时间，定为绍兴十年（1140）岳家军在颍昌打败了金军之后，我以为这是未必可靠的。因为，黄元振所编写的《岳武穆公遗事》，全部都是追记其父黄纵在岳家军中任"主管机密"时所亲见亲闻的。黄纵是在岳飞赴湖南镇压杨么起义军之前到岳家军中供职的；到绍兴七年（1137），岳飞因收编刘光世的军队未成而负气请求宫祠之日，黄纵向岳飞说道："今事既乖，则纵亦将归养以为后图，他日从公未晚也。"岳飞便听从了黄纵的申请，让他离开岳家军回家去。据此可知，岳飞说那番话应在绍兴七年之前，更确切些说，应在绍兴六年秋间岳飞由襄阳进军去攻取镇汝军和蔡州等地之时。

五

还有一个必须解决的问题：黄元振的《岳武穆公遗事》究竟是在哪一年编写成功的，虽已难以确考，但其中既以"武穆公"相称，则其写成必在岳飞定谥为"武穆"之后；而《忠愍谥议》的写作时间则更在《武穆谥议》的一年之前，如是则见于《忠愍谥议》中的"今次杀金人，直到黄龙府，当与诸君痛饮"那一段话，便不可能是根据黄元振的《岳武穆公遗事》写成的。既是如此，又怎能用黄元振的那一段记载来解释、论证《忠愍谥议》

中的那几句话呢?

我对这个问题的解答是:"黄龙痛饮"云云那段话,是岳飞在某次行军遇雨,在一庙宇休息时向随行的属官说出的,这是必须承认的一桩史实。另据《金佗续编》卷一三所收录的《给还御札手诏省札》所述,在宋孝宗淳熙初年,南宋政府的国史院日历所屡向岳飞家属索取岳飞的行状,和岳飞生前所接受的"御笔手诏真本",以及所有与他的生平行实有关的文字记载,以备参照采择。由此更可推知,当南宋王朝要为岳飞举行"易名之典"时,必曾对他的言行和事迹进行过一次广泛的征集和搜罗,而不会只限于向岳飞的家属索要。当其时,黄纵去世已近二十年(据汪应辰为黄纵作的《墓志》,他是绍兴二十九年去世的),而岳飞讲话时在场的随行属官必还有在世的,其中可能有人把岳飞与属官这次的对话追记下来,进送上去。文中所记情节,自然也不会与黄元振所记有太大的出入。如果不是这样,那也可能是,当黄元振闻悉南宋王朝要给岳飞定谥之时,就特地先把岳飞与部属的这次对话追记下来,进送朝廷之上以备参照的。我以为,从作为《忠愍谥议》中所载"黄龙痛饮"诸语的根源来说,上举两种可能,或彼或此,二者必居其一。而且不论属此属彼,对于前面所进行的分析,所得出的论断,全都不会有所动摇、有所影响的。

六

最后还必须说到的一件事,就是岳珂在《鄂王行实编年》当中,为什么没有述及岳飞曾到过燕京城下的事。

今按,岳珂所编写的《鄂王行实编年》,是在宋宁宗嘉泰三年(1203)才写完刻印的。这时候,上距岳飞被害之绍兴十一年,已经六十多年,上距岳飞诞生之年则是整整一百年。根据岳珂的自述,在他编撰《行实编年》的进程当中,曾经:

> 大访遗轶之文,博观建炎绍兴以来纪述之事,下及野老所传,故吏所录,一语涉其事则笔之于册。积日累月,博取而精核之。因其已成,益其未备。……盖五年而仅成一书。

话虽如此,但当时的官私著述当中,所有涉及岳飞的"嘉言懿行"的记载,在秦桧凶焰高涨之日,已大都遭受到"秦火"之厄,所以,虽经岳珂的穷搜冥索,所能搜集到的材料为数实并不很多。岳飞的青少年时期,是在河北地区的农村中度过的,那时他只是一个农家子弟,一个庄客,其事迹当然受不到任何人的重视;即在他投身军伍中的初期,职位还很低微,活动范围也仍不出河北地区,其事迹也同样不会受人重视,更不会有人把它记载下来。到岳珂编写《行实编年》时候,时间已相距八十余年,河朔地区陷入金人手中也同样是八十余年了,调查访问的工作实已无法进行。于是,当他撰写岳飞青少年时期的事迹时,就只凭靠其孝子慈孙的用心,捕风捉影地虚构一些事迹以填塞这一大段空白。例如,他虽知岳飞是在宣和四年投身于真定府路安抚使刘韐所召募的军队之中,并且参加了敢死队,却不知道他究竟是在哪一个具体将官所率领的部队之中,究竟是干了一些什么事;便凭空撰造了被派去收拾相州地区某支盗匪的事件,对于岳飞亲口所说曾经到过黄龙城下的话,反而无法插叙进去,便只好弃置不顾,以致造成了一桩千百年来难于落实、更难于核实的疑案。这实在是不能不令人深致遗憾的。

(原载《文史》第七辑,1979年12月)

有关"拐子马"的诸问题的考释

南宋高宗赵构的绍兴十年(1140),岳飞由鄂州率军北上,抗击由金朝女真军事贵族兀朮统帅的南侵兵马,在郾城战役中,大破金方的精锐部队——拐子马。这一历史事件,直到今天还在普遍流传。但是,究竟拐子马是一种什么样的部队,具有何等样的装备,这却从南宋以来的史书上,就有不同的记载和不同的理解。到岳珂在他所编写的《鄂王行实编年》中,对拐子马又详细地加以解释说:"兀朮有劲军,皆重铠,贯以韦索(按即皮绳)。凡三人为联,号拐子马,又号铁浮图,堵墙而进,官军不能当,所至屡胜。"此说既出,章颖在《南渡四将传》的《岳鄂王传》中加以沿用,元朝官修的《宋史·岳飞传》中也加以沿用。从此,对于拐子马的解释算是定于一尊了,然而诸多的附会错讹,却也从此铸定,踵讹袭谬,牢不可破。计其时间,已将近八百年了。我认为,再不应让这一误解继续流传下去了。因特写成此文,目的是要把拐子马的正确解释探索出来,而把历来(特别是从岳珂以来)对拐子马的种种附会和误解,一律加以澄清。

一、 在有关宋、金战争史料中出现较早的"铁浮图""拐子马""挖叉千户""河北签军""左护军"诸词

(一)

"拐子马"这个名词,在北宋人所撰述的有关武备和军事的史料中就已经出现,并不是在宋、金战争发生后才出现的。在记载宋、金战争的史

料中,"拐子马"这一名词的出现,是在绍兴十年(1140)五月的顺昌战役中,也不是在记载这年七月郾城战役时才出现的。

当金朝的军事统帅兀朮于1140年率军南侵,于六月间抵达顺昌(今安徽阜阳)境内时,原先奉命去驻守开封的南宋将官刘锜,这时恰正带兵行进到顺昌,便在顺昌城内进行防御部署。有一个名叫杨汝翼的文人,这时也跟随刘锜在顺昌。他亲眼看到这次战役的全部过程,事后便写了一篇《顺昌战胜破贼录》(按,此书全文俱收入《三朝北盟会编》卷二〇一;《建炎以来系年要录》卷一三六附注中亦引录此文,但谓系郭乔年撰,不知何以歧互如此),详记这次战役经过,其中有一段文字说:

〔六月〕初九日平明,四太子遂合龙虎大王及三路都统,韩将军、翟将军人马,环合城下。甲兵铁骑十有余万,阵列行布,屹若山壁。旗帜错杂,大小有差。……

四太子披白袍,甲马,往来指呼,以渠自将牙(按同衙)兵三千策应,皆重铠全装。虏号铁浮图,又号扢叉千户。其精锐特甚。自用兵以来,所向无前,至是,亦为官军杀伤。先以枪揭去其兜牟,即用刀斧斫臂,至有以手掽扯者。极力斗敌。自辰至戌,贼兵大败。遽以拒马木障之。少休,……去拒马木,深入斫贼,又大破之。……

方其接战时,郦琼、孔彦舟、赵提刀等皆单骑列于阵外。有河北签军告官军曰:"我辈元是左护军,本无斗志。所可杀者,止是两拐子马。"故官军力攻破之。皆四太子平日所倚仗者,十损七八。

这是南宋一代的历史记载当中,最先提及拐子马的。而拐子马究竟是怎样的物事,在杨汝翼的文章中却找不到解释。我们也把这一问题留到下文去解决,在此先把见于这段引文中的另外两个名词,即"扢叉千户"和"河北签军"解释一下。

什么叫做"扢叉千户"?这在《金史·兵志》的"禁军"条中可以得到回答。《兵志》说:

禁军之制,本于"合扎谋克"。"合扎"者,言亲军也。以近亲所领,故以名焉。

贞元迁都,更以太祖、辽王宗干、秦王宗翰之军为"合扎猛安",

谓之"侍卫亲军",故立"侍卫亲军司"以统之。

这里的"猛安",是按女真语音转写为汉字的,意译就是"千户"。"扢叉"与"合扎"自是同一女真语音的汉字异写。因此,"扢叉千户"与"合扎猛安"这两个词儿,不论就其语音或语义来说,是全然等同的,即同是汉语中的"侍卫亲军"之意。所以,在《顺昌战胜破贼录》中,也说金的四太子兀朮以"自将牙兵三千策应,皆重铠全装,虏号'铁浮图',又号'扢叉千户',其精锐特甚"。兀朮自将的牙兵,当然也就是他的侍卫亲军了。

《金史·兵志》说"合扎猛安"的编制,是在贞元迁都之后才组成的。按所谓贞元迁都者,是指1153年金主完颜亮由金的上京会宁府迁都于燕京一事而言,然在1140年的顺昌战役中既已出现了"扢叉千户"的名称,则其组成必然在1140年之前,而绝对不会在1153年之后。可见《金史·兵志》的这一条记事,必有年代上的错误。今查《金史》卷一九《世纪补》的开头,记叙金太祖的第二子完颜宗峻的事迹,说在太祖天辅五年(1121),完颜杲都统诸军攻取辽的中京时,完颜宗峻"别领合扎猛安,受金牌;既克中京,遂与杲俱袭辽主于鸳鸯泺"。据此可知,在金太祖开国之初,就已经建置了"合扎猛安"亦即"扢叉千户"了。是则其事应早于顺昌之战二十几年,早于完颜亮的迁都燕京三十几年。但尽管如此,《金史·兵志》对于"合扎"(亦即"扢叉")这一语词的解释却是完全正确的。

《顺昌战胜破贼录》说兀朮的"自将牙兵""皆重铠全装,虏号'铁浮图',又号'扢叉千户'"。这里也颇有语病。因为,所谓"又号'扢叉千户'"一句,只应是承接上文的"自将牙兵"而言;而所谓"虏号'铁浮图'",则又应是仅仅承接"皆重铠全装"一句,只是说,因为这支部队的装备都是"重铠全装",望之若铁塔一般,所以又得了"铁浮图"的称号(按实说来,铁浮图也只能是汉人给予的称呼,决非女真语)。"自将牙兵"与"扢叉千户"或"侍卫亲军",都是指部队中的一种特定编制;而"铁浮图"则决不寓有任何编制的涵义在内,而是对所有装备精良的部队,对所有望之如铁塔般的部队,都可以给予这样的称呼。所以,在汪若海记述顺昌战役的《札子》(见《三朝北盟会编》卷二〇二)当中,把兀朮"所将攻城士卒",一律称为"铁浮屠,又曰铁塔兵"。并述写其装备说:"被两重铁兜牟,周匝皆缀长檐,其下乃有毡枕。"据知《顺昌战胜破贼录》中既把"铁浮图"作为女真语,又把"铁浮图"与"挖叉千户"和"自将牙兵"等同起来,显而易见,都是错误的。

我再重说一遍:兀术的侍卫军固可因其"重铠全装"而被称为铁浮图;兀术的侍卫军以外的所有"重铠全装"的金军,也是同样可以被称为铁浮图的。

(二)

据《顺昌战胜破贼录》所说,拐子马的名称是出之于"河北签军"之口的,是金国部队中的"河北签军"向南宋军队讲话时使用的一个名词。因此,"河北签军"在这里的关系极关重要。我们应当尽先弄清楚什么叫做"河北签军"。

《宋会要辑稿》的《兵》门《归正》类,在绍兴三年(1133)载有一道诏令说:

> 九月二十五日诏:金人自来多系驱掳河北等路军民,号为签军,所当先冲冒矢石,枉遭杀戮。念皆吾民,深可怜悯。兼自来招收投降汉儿签军等,并皆优补官资,支破请受。可令岳飞:如遇外敌侵犯,措置说谕,有率众来归,为首之人,仍优与推恩。(《兵》十五之三)。

汪藻《浮溪集》卷二《论侨寓州郡札子》中,也有论及签军的一段,说道:

> 比金人入寇,多驱两河人民,列之行阵,号为签军。彼以数百年祖宗涵养之恩,一旦与我为敌者,岂其本心哉,特妻子父兄为其劫质,以死胁之,出于不得已而然耳,固未尝一日忘宋也。今年建康、镇江为韩世忠、岳飞所招,遁〔而来〕归者无虑万人,其情可见。(《建炎以来系年要录》系此《札子》于建炎四年(1130)五月)。

金人刘祁的《归潜志》卷七,也有一条谈及此事,后来且为《金史·兵志》所引用。其文云:

> 金朝兵制最弊。每有征伐或边衅,动下令签军,州县骚动。其民家有数丁男,好身手,或即尽拣取无遗。号泣怨嗟,阖家以为苦。驱此辈战,欲其克胜,难哉!

从上面的几段引文,可以十分清楚地看出,所谓"河北签军"者,就是指河北地区民户中被金国统治者强迫征调参军的那些人。这些被驱掳从军的人,在每次战争中,还都被迫最先上火线去"冲冒矢石"。

从上面的引文还可看出,全部的河北签军,其人既全是汉族的人,他们所讲说的自然也全都是汉族的语言。既然如此,则从他们口中说出的"拐子马",也只能是汉族语言,而断然不会是女真语言。

(三)

河北签军告诉南宋军队的话,第一句就是"我辈原是左护军,本无斗志"。这里的"左护军"究作如何解释呢?

据李心传《建炎以来系年要录》卷九六绍兴元年(1131)十二月庚子条所载,南宋王朝在这一天把它所统辖的军队,由原来的神武军改名为行营护军,张俊所部人马称行营中护军,韩世忠的称前护军,岳飞的称后护军,而刘光世所部人马则称左护军。到绍兴七年(1137)八月,刘光世的一员部将郦琼率领刘家军一部叛降了伪齐。一年以后,伪齐被金人所废,这支军队的下场,可能有一些人被改编,另有一些人便可能被遣散了。金人在每次征签兵丁时,总是尽先征签那些曾经做过正规军人的人,在绍兴十年(1140)金军大举南侵之前,为郦琼所劫持而投降伪齐的刘光世的旧部,不论是被改编或被遣散的,必又都被征发到前线上去。这些在阵地上主动向南宋军队搭话的"河北签军",因其本来就是刘光世的旧部,所以首先就表明身份,说"我辈原是左护军,本无斗志"了。(但是,李心传在《建炎以来朝野杂记》甲集卷一八的"御前诸军"条内,所述行营护军的前后左右各军及其将领,均与《建炎以来系年要录》不同。例如,说张俊部队改称前护军,韩世忠部队改称后护军,岳飞部队改称左护军,刘光世部队改称右护军。不知两书何以歧互如此。今与南宋其他史籍相参证,知《朝野杂记》此条所记多误,故不取。)

二、 对"铁浮图"和"拐子马"最早的错误解释

在1140年,南宋王朝派在顺昌府作地方长官的是陈规,作通判的是汪若海。金国的南侵兵马已经进入顺昌境内之后,陈规与刘锜共同负责措置守御事项,汪若海则因须往杭州去乞援于南宋王朝,于五月中旬即挈带眷属离开了顺昌。

从宋钦宗赵桓即位以后,在关于是否割三镇的问题上,在委任赵构为天下兵马大元帅,以及赵构由相州到归德去践皇帝之位的问题上,汪若海都曾参加过谋议,因而在当时是被称为"深沉有度"的人。可是这次之挈眷南行,在《顺昌战胜破贼录》中是被描述为临阵脱逃的。事实上,汪若海这次到杭州也并没有请到救兵,而他的重回顺昌去做通判,却也是在顺昌战役已经结束、顺昌的安全已经可以确保之后。

汪若海为要表明自己也是这场顺昌战役的直接参与者,便于回任之后,"躬往战地,或访亲身临阵之人,或质被掳得脱之士","聊述顺昌之战胜",写成一篇《札子》送呈南宋王朝,"以备朝廷之采择"。其中有专谈"铁浮屠"和"拐子马"的一段:

> 兀术所将,号常胜军。……其所将攻城士卒号铁浮屠,又曰铁塔兵,被两重铁兜牟,周匝皆缀长檐,其下乃有毡枕。三人为伍,以皮索相连。后用拒马子,人进一步,移拒马子一步,示不反顾。
>
> 以铁骑为左右翼,号拐子马,皆是女真充之。自用兵以来,所不能攻之城,即勾集此军。
>
> 〔六月九日〕刘某出军五千人接战,……始与虏骑往来驰逐,后直冲入虏军中,手相扯捽,刀斧相斫,至有提去虏兜牟而刺之者。军士有中刀洞心而犹刺虏不已者,有偶失地利与虏相抱于城濠而死者。
>
> 血战自辰时至申,虏乃败走,横尸遍野,不知其数。刘亦敛兵入城。兀术大怒,亲拥三千余骑,直扣东门,射城上人,着城上砲架皆满。又被城上军以劲弩射走。

> 兀朮既大败,乃移寨于城西门,开掘濠堑,……欲为不战之计而坐困顺昌。(《三朝北盟会编》卷二〇二)

汪若海的这几段记述,有一部分是从《顺昌战胜破贼录》中抄袭来的,但也有一部分为该《录》所不载,则应是从一些"亲自临阵之人"或"被掳得脱之士"询访而得的。其中对于"铁浮屠(图)"和"拐子马"做了更具体的解释,那就是:所谓"铁浮屠"者,除为《顺昌战胜破贼录》所说的"重铠全装"作了更详细的说明,如"被两重铁兜牟,周匝皆缀长檐,其下乃有毡枕"诸事之外,还要"三人为伍,以皮索相连";所谓"拐子马"者,则是列置在左右两翼的女真铁骑的一种简称。

汪若海对拐子马所作的解释是正确的,对铁浮屠所增加的"三人为伍"等解释则全然错误。然而到岳珂编写《鄂王行实编年》时,却又合二而一,把汪若海对"铁浮屠"所作的错误解释移用于"拐子马"身上去了。从此便以讹传讹,贻误千载,故不可不加辨正。

三、 岳珂《鄂王行实编年》所载郾城战役中的"拐子马"

岳飞是一个喜欢招揽文士的人。在他的军营中经常有大批的"效用使臣"。当他的军队在绍兴十年(1140)夏、秋间在颖昌府、郾城县等地与金军对战时,随同部队在战地的这类文士必也不少。他们亲眼看到了这几次战役的实况,必也有人将其全过程记载下来,像杨汝翼记载顺昌战役那样。不幸是,到绍兴十一年底(1142年初),秦桧便对岳飞下了毒手,使他父子惨遭杀身横祸。从此以后,凡与岳飞往还较多的人,便被目为"交通叛将",曾做过他的幕僚的人,更都不免被深文周纳地加以这样那样的罪名,他们的身家性命全受到严重灾祸。因此,凡属记述岳飞生平事迹、特别是战功的文字,以及和岳飞相往还的书札之类,在这时便大都由原作者自行销毁,希图借此灭迹免祸。郾城战役的经过,虽然也必有身临其境的文士、使臣之流曾加记述,在岳飞身遭横祸之后,这些记载也必然都随之而灰飞烟灭,自也可以断言。基于这些因由,我们现时所能看到的关于郾城战役的最早记录,是在岳飞身死六十多年之后,由他的孙子岳珂写入《鄂王行实编年》中的如下一段文字：

> 先臣自以轻骑驻于郾城县,方日进未已。……日出一军挑虏,且骂之。兀朮怒其败,〔绍兴十年七月〕初八日,果合龙虎大王、盖天大王及伪昭武大将军韩常之兵逼郾城。先臣遣臣云领背嵬、游奕马军直贯虏阵,……鏖战数十合,贼尸布野,得马数百匹。……
>
> 初,兀朮有劲军,皆重铠,贯以韦索,凡三人为联,号"拐子马",又号"铁浮图",堵墙而进,官军不能当,所至屡胜。是战也,以万五千骑来,诸将惧,先臣笑曰:"易耳!"乃命步人以麻札刀入阵,勿仰视,第斫马足。"拐子马"既相联合,一马偾,二马皆不能行,坐而待毙。官军奋击,僵尸如丘。兀朮大恸,曰:"自海上起兵,皆以此胜;今已矣!"拐子马由是遂废。

岳珂之编写《鄂王行实编年》,是在宋宁宗嘉泰三年(1203),其时上距岳飞之死已经六十二年,岳飞生前所带领的兵将,假如在岳飞受害时有年仅二十五六岁的,到这年也已将近九十岁了,必不可能还有几个活在人间的。因而岳珂对于郾城战役的那段叙述,必不会是从亲身参与那次战役的兵将口中听来的。但岳珂编写此书时所依据的文字资料,绝大部分我们现时都还可以看到,有一部分较为冷僻的,后来也被岳珂收录在《金佗稡编》和《金佗续编》当中了,而在上述这些资料当中,却全无详述郾城战役的文字。岳珂为求能把这一空白补充起来,而且要把它补充得有声有色,他便东拼西凑,把杨汝翼、汪若海记载顺昌战役的两文取来参考,摘录了两文中的某些段落,稍加窜改,即移用了来,充作郾城战役的具体内容。例如,"贯以韦索"和"三人为联",即是把汪若海《札子》中的"三人为伍,以皮索相连"稍加改动而成的。而把"铁浮图"和"拐子马"合二而为一,而是岳珂把见于杨、汪二文中的两个各不相干的名词有意加以混淆的。"一马偾,二马皆不能行",更是岳珂专凭臆想而创为之说的。

在《鄂王行实编年》成书三年之后,即1206年,南宋王朝的史官章颖以为,刘锜、岳飞、李显忠和魏胜这四员大将的遭遇都很不幸,遂为他们各写一传以事表扬,合编为《南渡四将传》一书,并且表上于朝(事实上即献诸史馆),以备修撰国史时的采择。其中的《岳飞传》,完完全全是以

《鄂王行实编年》为蓝本,稍加删润而成的。在记述郾城战役中大破金军"拐子马"一段,则只是把《行实编年》中的"堵墙"改为"如墙","是战也"改为"是役也","步人"改为"步卒","既相联合"改为"相连","一马偾"改为"一马仆",此外再没有不同之处。后来元朝晚年编修的《宋史》,其中的《岳飞传》果然是照抄了章颖的《南渡四将传》中的那一篇,连字句间的改动也很少。明、清两代有好几种记述岳飞事迹的小说《说岳精忠全传》之类行世,其内容虽不尽相同,却全都在叙述郾城战役时插入了大破拐子马一节,而且也都是以《宋史·岳飞传》或《鄂王行实编年》为其依据的。这样一来,就使得一般人对于所谓拐子马者统一在同一种理解之下,"三人为联,贯以韦索",而且是,只要"一马仆",其余二马自然也都"不能行"了。

四、"铁浮图"和"拐子马"全都不是"三人为联,贯以韦索"的

岳珂在《鄂王行实编年》当中把"铁浮图"和"拐子马"混同起来,做史官的章颖又完全依照《行实编年》改写了一篇《岳飞传》而上之史馆,可以想见,南宋《国史》中的《岳飞传》必即是毫不改动地照抄了章颖的那一篇,而元朝官修《宋史》中的《岳飞传》,若非直接从章颖著作中抄来,便必是从南宋《国史》中抄来的,两篇文字之间的差异处,真可说绝无而仅有。于是,"三人为联,贯以韦索,号拐子马,又号铁浮图"之说,从此便成了大家公认的"定说"了。在明、清两代人所编辑的《宋史纪事本末》《续通鉴》等书中,更无不沿用其说。到十八世纪后期,清朝的乾隆皇帝令其臣僚以他的名义编纂《御批通鉴辑览》时,才察觉到此说之不通,因而写了一条"御批",对之进行驳斥,说道:

> 北人使马,惟以控纵便捷为主。若三马联络,马力既有参差,势必此前彼却;而三人相连,或勇怯不齐,勇者且为怯者所累,此理之易明者。

> 拐子马之说,《金史·本纪》《兵志》及兀尤等传皆不载,唯见于

《宋史·岳飞传》《刘锜传》,本不足为确据。况兀朮战阵素娴,必知得进则进,得退则退之道,岂肯羁绊己马以受制于人?此或彼时列队齐进,所向披靡,宋人见其势不可当,遂因而妄加之名目耳。

这段话虽是直接针对着《宋史·岳飞传》《刘锜传》中的拐子马一词而发的,但在《宋史·岳飞传》中,却正是辗转因袭了《鄂王行实编年》之误,把"拐子马"和"铁浮图"合二而为一的,而《行实编年》中对拐子马的解释,则是把汪若海对铁浮图的解释照搬来的,因此,这段"御批"还等于间接地对汪若海在其《札子》中对"铁浮图"的解释进行了批驳。

如在上文中所已说过的,铁浮图和铁塔兵,都只能是出自汉人口中的一种称呼,而其所以得此称呼,则又只能按照杨汝翼在《顺昌战胜破贼录》中所说,是指金军中之"重铠全装"的那部分士兵而言的,如在此外再附加任何涵义,便必然发生错误。汪若海没有亲身参与顺昌战役,对于金方军人和战马的装备全不曾目睹,却偏要在杨汝翼的记载和解释之外,凭空增加了"三人为伍,以皮索相连"等无稽之谈,既不近情,也不合理,当然不会是从"临阵之人"或"被掳之士"询访得来的。

《通鉴辑览》中的这条"御批",不论用以驳斥"铁浮图"或"拐子马",全都是切中要害,很有说服力的。但是,在杨汝翼的《顺昌战胜破贼录》中对铁浮图已经给予了正确的解释,在驳斥了汪若海的谬说之后,当会很自然地回到杨汝翼的正确解释上去;而杨汝翼、汪若海二人对于"拐子马"一词却全未给予任何解释。在《通鉴辑览》的这条御批当中,虽然论证了"三马联络"与"三人相连"之不合情理,然而说,拐子马乃是南宋人见金兵"列队齐进,所向披靡,势不可当,遂从而妄加之名目",却也仍然是一个不能使人信服的解释。因此,人们仍不免要问:拐子马既与铁浮图同样不是"三人相连"或"三马联络"的,那么,它究竟是指金军的什么部队而说的呢?

五、"拐子马"就是左右翼骑兵

李焘的《续资治通鉴长编》卷五六,于宋真宗景德元年(1004)七月乙

未有一条记载说:

> 诏北面都部署:自今与敌斗,阵已成列,除"东西拐子马"及"无地分马"外,更募使臣、军校拳勇者,量地形远近,押轻骑以备应援。
>
> 先是,以大阵步骑相半,敌谍知王师不敢擅离本处,多尽力偏攻一面,既众寡不敌,罕能成功。故有是诏。

宋仁宗康定元年(1040),曾公亮等人编纂的《武经总要》前集卷七,也有一段记载说:

> "东西拐子马阵",为大阵之左右翼也。本朝西北面行营,"拐子阵"并选精骑。夷狄用兵,每弓骑暴集,偏攻大阵一面,捍御不及则有奔突之患,因置"拐子马阵"以为救援。其兵,量大阵之数,临时抽拣。

从上边的两段引文中,可知"拐子马"一词在北宋的前期便已出现。而见于这两段引文中的"拐子马",又全不是指敌人(当时北方敌人为辽)方面的某种骑兵,而是宋人自指其前线上某一种骑兵说的。《长编》所载诏令以"东西拐子马"与"无地分马"对举,所谓"无地分马"者,乃是指没有固定列阵的方位和地点,只准备随时听令相机策应或赴某部之用的骑兵;而"东西拐子马"者,则是有固定列阵方位的,亦即《武经总要》中所说"为大阵之左右翼"的骑兵。

以上引两条记载与杨汝翼、汪若海记顺昌战役的文字相参证,我们就可对"拐子马"一词得出确切理解了:

1.《续通鉴长编》和《武经总要》中的"东西拐子马""大阵之左右翼",和见于杨汝翼、汪若海二人文章中的"两拐子马""以铁骑为左右翼,号拐子马",是完全相对应的;所谓"两拐子"实即等于说"两翼";所谓"东西拐子马"实即等于说"左右翼骑兵"。

2.《续通鉴长编》和《武经总要》中的"拐子马"是北宋人自指其"大阵左右翼"的骑兵而言,而见于杨汝翼记载中的"两拐子马",却又恰恰是出诸"河北签军"之口,而非出于女真族士兵口中的。所谓"河北签军"者,照我们在上文所考释,其人本皆汉人,其话也全是汉话,则从他们口中说出的"拐子马",自然也只是沿用北宋以来已在习用的一个名词,不会另有新加的涵义在内,也是可以断言的。

在北宋时期内的词汇中,不但有"拐子马",还常见有"拐子城"的称呼。在《三朝北盟会编》卷六六,于靖康元年(1126)闰十一月记金兵围攻开封城时,即屡次谈及守御拐子城的事。例如:

一日壬辰条有云:"车驾幸京城南壁,……已而幸宣化门,徒步登拐子城,亲视虏营。"

四日乙未条有云:"贼初到即力攻东壁通津门拐子城,时刘延庆颇练边事,措置独有法。"

六日丁酉条有云:"金人犯阙几旬日,……攻城日急,而善利、通津、宣化三门尤为紧地。……姚友仲于三门两拐子城别置两圆门。……"

九日庚子条有云:"宣化门告急,姚友仲领兵守南北拐子城。所以不捍御水门者,以水门不可遽犯,故急攻二拐子。矢石如雨,楼橹皆坏。"

孟元老的《东京梦华录》卷一的"东都外城"条亦载:"东城一边,其门有四。东南曰东水门,乃汴河下流水门也,其门跨河,有铁裹窗门,遇夜,如闸垂下水面,两岸各有门通人行,路出拐子城,夹岸百余丈。"

据上引各条资料可以证明,修筑在汴京城的各个近水的城门外,用以拱卫城门的两道各成直角的对立垣壁,北宋人称之为拐子城;设置在正面大阵两翼的骑兵部队,北宋人称之为拐子马阵。是拐子一词乃北宋人的习用语词,当无疑义。不幸的是,在北宋灭亡之后,这一语词竟跟随着中原和华北地区而一同沦陷,它虽还保存在中原和两河地区居民的口语当中,却不曾被南渡的军民人等带往南方。他们听到这一名词虽也完全懂得,却不再用以称呼自己的两翼骑兵。故在南宋初年的杨汝翼和汪若海,对拐子马这一名称还能通晓其涵义,还不曾在其记述顺昌战役的文字中对它作任何曲解和附会;到南宋中叶的朱熹,已不知此事之原委、曲折,便不免对之茫然不知其为何物了。例如:

黎靖德编《朱子语类》卷一三三《夷狄》门载,朱熹曾向他的学生说,当宋徽宗派人去与金人联系夹攻辽朝时,高丽国王向北宋派往高丽的两位医师说:"女真不是好人,胜契丹后必及宋,而吾国亦不能自存。"又说:"女真作一阵法甚好,我今思得一法胜之。"对于被高丽国王称为"甚好"

的女真阵法,朱熹继即加以解释说,"盖如拐子马之类"。按照《武经总要》所说,"拐子马阵"乃是北宋对敌作战时所常摆布的一种阵式,怎么被说成是女真的一种甚好的阵法呢?可见朱熹已不知拐子马的确凿涵义了。

岳珂和章颖,较朱熹更为晚出,对于拐子马一词自然更莫名其妙,于是就只能望文生义,硬把"铁浮图"和"拐子马"二者牵合为一,并借用汪若海对"铁浮图"的错误解释来解释"拐子马",另外还附益了"三人相连,一马仆,二马不能行"等话语,以致与"拐子马"的确切涵义就不能不愈去愈远了。

六、 纠驳岳珂的"自海上起兵皆以此胜"和"拐子马由此遂废"诸谬说

(一)

金朝的军队,是以骑兵为主的。凡是由女真本族的丁壮所组成的部队,或从其所统辖的各少数民族征调来的部族兵,大致上都是骑兵。只有从汉族地区征签的兵丁,才编制为步兵队伍,而且在作战时,总要他们首先去"冲冒矢石"。如《归潜志》所说,每当金朝下令签军之时,居民则"号泣怨嗟",州县均为之"骚动","驱此辈战,欲其克胜",当然是不可能的。因此,金军的主力,及其恃以取胜的,当然只有骑兵,包括被汉族士兵称作铁浮图和拐子马的那些部队。打了胜仗,固应归功于他们;打了败仗,也同样得归咎于他们。而从宋、金间发生战争以来,金的主力部队被宋军打败的事却也是不少的。《鄂王行实编年》以为,自金人起兵以来,只要铁浮图、拐子马一上阵,便战无不胜,只在郾城战役中,才被岳飞识破其弱点,"乃命步人以麻扎刀入阵,勿仰视,第斫马足",才第一次把铁浮图、拐子马打败,而且,"拐子马由是遂废"。这显然是不合情理,也不符合史实的。

首先,宋军以大刀、长斧入金阵而砍其马足,并因此而战胜金军的事,在郾城战前就已有了不只一次了。例如:

1.《建炎以来系年要录》卷八一载:绍兴四年(1134)十月韩世忠在扬州大仪镇打败金军,其过程是:"韩世忠引兵次大仪镇,勒兵为五阵,设伏二十余处。"金将挞也"拥铁骑过五阵之东",世忠"传小麾,鸣鼓,伏者四起"。"背嵬军(按,即韩世忠的侍卫军)各持长斧,上揕人胸,下削马足"。金的骑兵"全装陷泥淖中,人马俱毙,遂擒挞也"。

2.《朱子语类》卷一三二,记有朱熹关于绍兴十年顺昌战役的一段谈话:

> 张栋(字彦辅)谓刘信叔(按,即刘锜)亲与他言:顺昌之战,时金人上十万人围了城,城中兵甚不多。刘使人下书约战。虏人笑。是日早,虏骑迫城下而阵,连山铁阵甚密,不动。刘先以……肉饭犒师,……以所犒一队持斧出,令只掀起虏骑〔马甲〕,斫断马脚。人马都全装,一骑倒,又粘倒数骑。虏人全无下手处。……杀甚多。虏觉得势败,遂遁走。(《语类》卷一三六载有另一人所记此次谈话,末段作:"但闻多遣轻锐之卒,以大刀斫马足。每折马一足,则和人皆仆,又有相蹂践者。大率一马仆,则从旁而毙不下十数人。")

上引这些资料中所说的,全都是宋军用斧或长斧或大刀斫断马足而战胜金军的事,而所战胜的金军,又都是"人马都全装"的"铁骑",其中自也必然包括有铁浮图和拐子马。因为,既然以上十万的大军作战,而其中竟无劲旅,当然是不可想象的。更何况在杨汝翼、汪若海两人记述顺昌战役的文字中,分明提到金军中的铁浮图和拐子马都已参战,而且都被打败了。既然如此,则说在郾城战役以前,铁浮图、拐子马不曾被宋军打败过,这显然是不符合史实真相的。

(二)

在任何一次规模较大、用兵较多的战役当中,断无只在正面摆布大阵,而不配置左右两翼的道理。拐子马的正确解释既然是左右翼骑兵,则说在郾城战役之后,金人在作战时就不再配置左右翼骑兵,这显然不成道理,正面的大阵如一旦打了败仗,难道也要从此不再设置正面大阵吗!事实上,金国自从发动侵宋之师以来,一直就在使用着所谓"三生阵",而这"三生阵"就正是包括正面和左右两翼在内的一个统名。石茂良的《避戎夜话》(自《三朝北盟会编》卷九八转引)中有专记此事的一段文字：

> 顷在殿前，见御宝批降到金人三生阵同命队法，令姚友仲以下各陈己见以闻。

> 凡敌人遇我师，必布围圆阵当锋，次张两阵，左右夹攻，故谓之三生阵。每队一十五人，以一人为旗头，二人为角，三人为从，四人为副，五人为徽。旗头死，从〔者〕不生还，还者并斩。得胜受赏，亦然。故谓之同命队。

圆阵当锋，两翼夹攻，既为金军经常采用的战术，是不可能因某个局部的一次胜败而从根本上进行改变的。

从南宋的许多史书的记载上，在郾城战役之后，也仍可看到，金军在与宋军作战时，还照样在两翼配置精骑，亦即照样使用"拐子马阵"。例如：

《三朝北盟会编》卷二〇五，于绍兴十一年（1141）二月十八日记宋军于柘皋镇大破金军事，说道：

> 兀术率铁骑十余万，分两隅，夹道而阵。……〔王德〕麾军济渡，奋勇先登，薄其右隅，贼阵动。……金人以拐子马两翼而进，德率众鏖战，大破之。

另据《建炎以来系年要录》卷一三九所记这次战役的文字，还可得到一些补充材料：

> 金人以拐子马两翼而进，德率众鏖战，〔杨〕沂中曰："敌便习在弓矢，当有以屈其技。"乃令万兵各持长斧，堵而前，奋锐击之，金人大败。

可见宋军这次之大破金方的拐子马阵，所使用的办法，和大仪镇、顺昌城诸战役完全相同，是以长斧入阵，"上揕人胸，下斫马足"的。这既可说明，用麻扎刀砍断马足，从而使金的骑兵大受挫败，这并不是由岳飞创造发明的一种办法，而是在其前其后全都使用过的；还可说明，岳珂所说，在郾城战役之后,"拐子马由此遂废",完全是不顾事实的无稽之谈。

而且,不只是在晚于郾城战役一年的柘皋战役中有拐子马的出现,在郾城战役二十多年之后,在宋方的记载当中,仍然说金方使用拐子马参加战斗。如《宋史》卷三六七《李显忠传》所载:

> 孝宗即位,……隆兴元年(1163),……显忠阴结金统军萧琦为内应,请出师,自宿、亳趋汴,由汴京以通关陕。……时张浚开都督府,四月,命显忠渡江督战,乃自濠梁渡淮,至陡沟。琦背约,用拐子马来拒,与战,败之。

尽管在此以后,拐子马一词确实是极少出现了,但是,它之所以极少出现,也仍然不是因为"拐子马由此遂废",而是因为,这时宋、金军队中的将官与士兵(包括金军中的签军在内),全已换了一代人,在他们的口语和词汇当中,全已不再存在"拐子马"这个词儿,都不再以此称呼金军的两翼骑兵,从而在南宋人的文字记载当中,这一名词也随之而逐渐消失了。

(原系《岳飞传〔增订本〕》附录,人民出版社,1983年)

《鄂王行实编年》中所记朱仙镇之捷及有关岳飞奉诏班师诸事考辨

一

《金佗稡编》卷八《鄂王行实编年》卷五,在记述了宋高宗绍兴十年(1140)七月岳家军向北挺进,与金朝兀朮的南侵军作战,取得了郾城之捷以后,又载:

> 先臣独以其军进至朱仙镇,距京师才四十五里。兀朮复聚兵,且悉京师兵十万来敌,对垒而阵。先臣按兵不动,遣骁将以背嵬骑五百奋击,大破之。兀朮奔还京师。先臣遂令李兴檄陵台令朱正甫行视诸陵,辑永安、永昌、永熙等陵神台,枳橘、柏株之废伐者,补而全之。……
>
> 先臣欲乘胜深入,两河忠义百万,闻先臣不日渡河,奔命如恐不及,各赍兵仗粮食,团结以俟先臣。……时方画受降之策,指日渡河。秦桧私于金人,力主和议,欲画淮以北弃之。闻先臣将成功,大惧,遂力请于上,下诏班师。……乃先诏韩世忠、张俊、杨沂中、刘锜各以本军归,而后言于上,以先臣孤军不可留,乞姑令班师。一日而奉金书字牌者十有二。
>
> 先臣嗟惋至泣下,东向再拜曰:"臣十年之力,废于一旦!非臣不称职,权臣秦桧实误陛下也!"
>
> 诸军既先退,先臣孤军深在敌境,惧兀朮知之,断其归路,乃声

言:将翌日举兵渡河。兀朮疑京城之民为先臣〔内应〕,夜弃而出,北遁百里。先臣始班师。……

及至蔡,有进士数百辈,及僧道父老百姓坌集于庭,进士一(?)人相帅叩头曰:"某等沦陷腥膻,将逾一纪,……今先声所至,故疆渐复,……忽闻宣相班师,诚所未谕。宣相纵不以中原赤子为心,其亦忍弃垂成之功耶!"先臣谢之曰:"今日之事,岂予所欲哉!"命出诏书置几上,进士等相帅历阶视之,皆大哭,相顾曰:"然则将奈何?"先臣不得已,乃曰:"吾今为汝图矣。"乃以汉上六郡之闲田处之,且留军五日待其徙。从而迁者,道路不绝。今襄汉多是焉。

方兀朮夜弃京师,将遂渡河,有太学生叩马谏曰:"太子毋走,京城可守也。岳少保兵且退矣。"兀朮曰:"岳少保以五百骑破吾精兵十万,京师中外日夜望其来,何谓可守?"生曰:"不然。自古未有权臣在内而大将能立功于外者。以愚观之,岳少保祸且不免,况欲成功乎!"生盖阴知桧与兀朮事,故以为言,兀朮亦悟其说,乃卒留居。翌日,果闻班师。……

先臣抑郁不自得,自知为桧所忌,终不得行其所志。……乃上章力请解兵柄、致仕。上赐诏,谓其"方资长算,助予远图,未有息戈之期,而有告老之请",不许。奉诏自庐入觐,上问之,先臣第再拜谢。

虏人大扰河南,分兵趋川陕,上命先臣应之,以王贵行。

八月,以赵秉渊知淮宁府。虏犯淮宁,为秉渊所败。又悉其众围秉渊。先臣复命李山、史贵解其围。

虏再攻颖昌,上命津发人民于新复州军据险保聚。

我摘引在上面的这些段落(包括被我从中删节的一些话),是岳珂在《鄂王行实编年》全书中最用力刻画的章节。就这些段落,也的确可以看出岳珂的文章是如何的流利畅达,因而就为后来章颖写的以及《宋史》中的《岳飞传》所全部照抄。但是,我以为,若只把这几段文章作为文学作品来读,固应算作上乘之作,若把它们作为历史文章来看,那就大有可疑之处了。

把可疑之处加以归纳,我在此先要提出以下四个问题:

第一个是,岳飞以及岳家军是否真曾到过朱仙镇,而且曾否在那里打败过金军兀朮的部队的问题。

第二个是,岳飞究竟是从什么地方班师南返的?在班师之前,是否有十二道金牌急加敦促的问题。

第三个是,兀朮是否有夜弃开封,以及是否有太学生叩马而谏的问题。

第四个是,岳飞究竟在何时出兵援救淮宁(即陈州)的问题。

二

(一)

在岳珂编写的《鄂王行实编年》刊布之前,在南宋人的所有著作当中,即不但在涉及南宋历史的各种体裁的史籍当中,而且在各种笔记或任何体裁的文章当中,全都没有说到岳飞和岳家军曾经北进到朱仙镇,而且在那里曾以五百骑兵大败金朝兀朮十万之众的事。

尽管在岳飞被杀害之后,秦桧的凶焰正在日益高涨,官修史书的执笔者非秦桧的亲属即其党羽,他们对岳飞和岳家军在抗金战场上所建立的功勋要尽量掩没或篡改;而私人著述中涉及此事的,也大都为了避免祸害而自行销毁灭迹;然而,在此期间的一些官私文字记载,终于还为我们留下来一些蛛丝马迹,成为我们对岳飞与朱仙镇曾否发生过关系的问题加以探索和考证的资料。单就我所看到的来说,就有以下几种记载:

(1)南宋郑刚中的《北山文集》卷一,附入了郑良嗣(按即刚中子)所追述的郑刚中在绍兴十二年(1142)正月《与北官分画疆界事》的全文,其中有一段对话为:

> 北官於陵赞谟尚书、孟浩郎中及境。……
>
> 赞谟笑曰:"都承(按即郑刚中)亦不可说道'上国无所还'。且如国王(按即金之越国王兀朮)年里大兵已至淮南,淮南多少州县,讲和后一时退还江南了。"

> 先君曰:"尚书(按即於陵赞谟)却是论行兵,不是论疆界也。兵锋到处岂有便是自家州县〔之理〕?且如往时岳飞兵至郾城,韩世忠兵入山东,不成许多州县皆是朝廷退还上国也?"

郑刚中和於陵赞谟这次对话的日子,上距岳飞之死并无多日,其中所说"往时岳飞兵至郾城",当即指绍兴十年夏秋间岳飞与兀朮作战事,然而只说岳家军到了郾城,并没有说更向北进至朱仙镇。

(2)《靖康稗史》七种之一的《呻吟语》中,摘引了《燕人麈》中的许多条记载,其中有一条说:

> 时左帅兀朮(原注:名宗弼)、右帅讹里朵(原注:名宗辅),新用事。兀朮尤骄横,所向无敌。自韩世忠败之黄天荡,吴玠败之和尚原,岳少保败之颖昌,锐气渐消。

《燕人麈》不知是何人所作,但既自称为"燕人",则必是沦陷在女真贵族统治下的一个人,他所举述的岳飞对兀朮的战功,也只说到颖昌之战,而没有说到朱仙镇。

(3)《金佗续编》卷一四《忠愍谥议》有云:

> 既而被命招讨河北,蔡人来迎亦如之(按上文有"闻公军至,相率焚香迎拜"句,故此云"亦如之"),唯恐公至之晚,遂进屯颖昌。又进取曹、濮。

这篇《谥议》是淳熙四年(1177)写的。这里所摘引的最后一句,是指岳家军的别动部队而言,而岳家军的基本队伍则是"进屯颖昌"。

(4)《金佗续编》卷一四还收录了一篇《武穆复议》,其中有云:

> 其后北虏渝盟,空国来寇。公径绝大江,鼓行西向,以挫其锋;独与兀朮对垒于郾城,卒毙其将阿李朵孛堇等而走其师。

《武穆复议》是淳熙五年(1178)写的,其中说岳飞"独与兀朮对垒于郾城",并即以此事作为岳飞本人最卓越的一次战绩,可见在绍兴十年(1140)北向进军时,岳飞本人是没有从郾城更向北进的。

(5)《金佗续编》卷三〇收录了王自中写的《郢州忠烈行祠记》,其中铺叙岳飞抗金战功的一段文字是:

> 其后一出而平虢略,下商於,再出遂取许昌(按即颍昌),以瞰陈留(按即开封)。夷人畏远北遁,中原百姓牛酒日至,谓旦夕天下可定。不幸谋未及展,事忽中变。

王自中的这篇文章是写于宋孝宗淳熙十五年(1188)的,其时岳飞所遭受的冤祸已经得到平反和昭雪,且已受谥武穆,所以文中对岳飞的功业备极推崇,然而却也只说到颍昌之战为止,没有说他再向北进。倘使岳飞果曾率军抵达了距离开封只有四十五里的朱仙镇,那就已经是兵临开封城下,不应还说什么"以瞰陈留"了。

(6) 熊克《中兴小记》卷二八,于绍兴十年六月末载:

> 时湖北宣抚兼招讨使岳飞遣统制官张宪与金人战于颍昌府,败之,遂复颍昌。宪又与战于陈州境,败之;飞别遣统领官杨成与金战于郑州境,败之;复陈、郑二州。而飞自与兀朮战于郾城县,杀其将阿李朵孛堇。(按,清人辑本《中兴小记》中,兀朮原改作乌珠,阿李朵孛堇原改作鄂尔多贝勒,郾城原误偃城,今俱加校改。)

这段记载是比较笼统的,每个战役的日期也全未明确说出。把这些战役一律放在这年的六月内,更是错误的。但其中所说张宪克复了颍昌府,岳飞亲自与兀朮战于郾城,却是和其他记载全相符合的。

(7) 《岳侯传》(按此传不知系谁所作,全文收入《三朝北盟会编》卷二○七)载:

> 绍兴十年,金贼兀朮侵犯河南,……侯又遣张宪、傅选与韩常战于颍昌,常军大败,……张宪屯兵陈州,侯〔领〕兵自屯郾城县。又遣王贵、董先、姚政、冯赛、岳云等兵三万占据颍昌,为久驻之计。……
>
> 侯在郾城,遣杨再兴、李璋将骑军三百,为二队,至近临颍,遇兀朮大军,战,杨再兴、王兰战殁。侯整饬军马,连夜起发,于次日早拂明至小商桥,离临颍二十里下寨。有探骑报曰:"夜来三更,兀朮并韩常将军等人马起寨退走,前去汴京。"

这里所载诸战役虽都无明确时日,但说岳飞本人是驻屯在郾城县,其间仅曾一度到过小商桥,却是极为明确的。

（8）徐梦莘《三朝北盟会编》卷二〇四,于绍兴十年的闰六月和七月内分别载有以下数事：

〔闰六月〕二十日壬辰,张宪克颍昌府。

〔七月〕八日己酉,岳飞及金人兀朮战于郾城县,败之。——杨再兴单骑入虏阵,欲直擒兀朮,不获,杀数十百人而还,身被数十创。

十日辛亥,岳飞败金人于郾城县。——是役杀金人将阿李朵孛堇。

十四日乙卯,岳飞统制王贵、姚政败兀朮于颍昌府,杨再兴、王兰、高林殁于阵。

此后没有多久,就记载了岳飞奉诏班师的事。可见岳飞这次出兵抗击金人,其本人的最突出的功绩,是在郾城县亲自与兀朮对阵的战役;而岳家军基本部队的最突出的功绩,则是攻克和确保颍昌府的两次战役。

（9）李心传的《建炎以来系年要录》卷一三六,于绍兴十年闰六月载:"丙申,张宪复淮宁府。"卷一三七又于同年七月载：

己酉,湖北京西宣抚使岳飞自与越国王宗弼战于郾城县,败之,杀其裨将。是役也,统制官杨再兴单骑入虏阵,欲擒宗弼,不获,身被数十创,犹杀数百人而退。

乙卯,湖北京西宣抚司都统制王贵、统制官姚政及金人战于颍昌府,败之。……是役也,飞将官杨再兴、王兰、高林皆战死,获再兴之尸焚之,得箭镞二升。

这里所载岳飞与岳家军同金军作战的时间与地点,都和《三朝北盟会编》所载大致相同。仅仅在文字上稍有不同罢了。

以上引录的这些记载,写作的时间虽有先后之不同,但即使其中最晚的一种,也是写于岳珂的《鄂王行实编年》问世之前的。从这些记载当中,可以概括出一个大致相同的结论,那就是:在绍兴十年的一次对金作战中,岳家军的基本队伍的战绩的顶峰是克复而且进驻了颍昌府,岳飞本人则只是屯驻在郾城县,并且亲自在那里打败了兀朮;不论岳飞本人或其基本部队,是全都不曾到过朱仙镇的。

（二）

《鄂王行实编年》记述朱仙镇之役的这段文字，其本身就存在着很大的漏洞。

根据《金佗续编》卷一三所收录的淳熙五年（1178）闰六月二十二日的一道《给还御札手诏省札》所载，我们知道，在岳飞被杀害以后，他生前所收到的"御笔手诏"一律都被没收，存放在杭州的左藏南库内，后经岳霖的陈请，又全部得以发还。后来被岳珂编入《金佗粹编》中的《高宗皇帝宸翰》，编入《金佗续编》中的《丝纶传信录》，看来就都是那次发还给岳家的那批文件。这批文件后来便成为岳珂编写《鄂王行实编年》时的一种重要资据。

《金佗粹编》的卷一〇至卷一九，收录了岳飞生前的奏状、公牍、诗、文等等，定名为《家集》。据岳珂在《家集序》中所说，这部分文字，都是由其父岳霖"搜访旧闻，参稽同异，或得于故吏之所录，或传于遗稿之所存，或备于堂札之文移，或记于稗官之直笔"而征辑起来的。尽管还有一些"散佚不可考"的，以致《家集》所收并不完备，但单就其所已经收录的这一部分来说，也同样是岳珂编写《鄂王行实编年》时的一种重要资据。

涉及岳飞和岳家军于绍兴十年北上抗击金朝南侵军的历次战役的，在《家集》的《奏议》类中收录了以下十二件《捷奏》：《复颍昌捷奏》《陈州颍昌捷奏》《郑州捷奏》《漫独化捷奏》《复西京奏》《龙虎等军捷奏》《复南城军捷奏》《郾城北并垣曲等捷奏》《小商桥捷奏》《河北颍昌诸捷奏》（据此奏内容，"颍昌"应为"孟州济垣县"之误）、《王贵颍昌捷奏》《临颍捷奏》。在《高宗皇帝宸翰》当中也有与上举某几件《捷奏》相对应的诏旨。而岳珂在述写《行实编年》绍兴十年诸战役时，基本上也是依照这些《捷奏》的内容而加以铺述的。每当岳珂的叙述脱离开这些《捷奏》稍远时，便不免出现错误或漏洞。例如关于郾城的战役，在《捷奏》当中只提到岳家军的"将士各持麻扎刀、大斧入阵，上砍敌人，下砍马足"的事，却并不曾说到金军中有什么"拐子马"，而岳珂在《行实编年》中记述这一战役时，却偏偏参照杨汝翼、汪若海记述顺昌战役的两篇文章，加进了一大段关于大破拐子马的描绘，因而铸成大错。对此，我已写了《有关"拐子马"的诸问题的考释》一文加以辨正。

在上举岳飞的十二件《捷奏》当中,和宋高宗在此同一时期内降付给岳飞的各件诏令当中,全都没有涉及朱仙镇这一地方的。而《行实编年》于叙述了郾城、颍昌诸战役之后,却凭空添出了描述岳飞进军朱仙镇,以及以五百骑兵大败十万金兵于朱仙镇,迫令兀朮奔还开封的一大段文字,即我在本文开头处所引录的那些。然而,这段描述文字虽则很长,其中却又只是笼笼统统地说什么"对垒而阵","遣骁将奋击",既不明确指出兀朮如何以其十万之众与宋方的五百人骑"对垒";也不明确指出岳飞所遣"骁将"系何人;更没有说明双方交战究竟在何日何时;这和岳珂叙述前此各战役时的行文体例迥不相同。这就足可证明,所谓朱仙镇之捷,只不过是岳珂所虚构的一次战功而已。

也曾有这样一种意见:经岳霖、岳珂父子两人所征辑到的岳飞生前的奏议、公牍、诗文等等,并不是已经完备无所缺佚,宋高宗和南宋政府给予岳飞的诏令、指挥等类文件也同样必有所散佚,既是如此,则关于朱仙镇战役的捷奏或奖励诏旨等文件,可能就正是在散佚之列的。我认为,此说是不能成立的。因为,此事既不见于《鄂王行实编年》刊行前的任何官私史书,则岳珂自应有一孤本秘件为其根据,而凡属岳珂独得的文字记载,则已全部被他收录在《金佗稡编》或《续编》当中了,其中并无此事的任何踪影。既无通行之记载,又无独得之秘籍,然则何所据而云然呢?因此,我断定它出自岳珂的虚构,这绝对不会冤枉他的。

三

(一)

如上节所考论,岳飞和岳家军中的任何一支部队既全不曾到过朱仙镇,则当岳飞奉诏班师时必不是从朱仙镇撤退的,这本是一言可决的问题。但岳飞与其基本部队究竟是从哪里撤退的呢?这在南宋的许多史籍中都有很明确的记载。例如:

(1)《岳侯传》于叙述岳飞由郾城进抵小商桥之后,继即说岳飞申奏

朝廷,欲乘势追赶金兵,却被秦桧、张俊等人阴谋沮坏。其下即云:

> 时侯屯军于颍昌府,陈、蔡、汝州,西京永安,前不能进,后不能退。忽一日诏书一十二道令班师赴阙奏事,令诸路军马并回师。侯承宣诏,又不敢便行收兵,恐兀朮闻知,断我军路,故虚张其声,科买布帛,造战牌,言进兵北讨。兀朮使人听探,闻知侯有北讨之意,引兵夜遁一百余里。我兵亦退四十五里,至裴城(按:今郾城仍有裴城乡。岳飞自其大本营班师,退四十五里而至郾城所属之裴城,此实不由朱仙镇班兵之铁证),先令牛皋备战。时有人报兀朮曰:"南家兵奔走,已弃颍昌。"兀朮提兵复迫侯军。侯屯于蔡州。

(2)《三朝北盟会编》卷二〇四,于绍兴十年七月载:

> 二十一日壬戌,岳飞自郾城回军。——岳飞在郾城,众请回军,飞亦以为不可留,乃传令回军,而军士应时皆南向,旗靡辙乱不整。

(3)《建炎以来系年要录》卷一三七,亦于同年七月壬戌载:

> 是日,湖北京西宣抚使岳飞自郾城班师。飞既得京西诸郡,会诏书不许深入,其下请还,飞亦以为不可留,然恐金人邀其后,乃宣言进兵深入。逮敌已远,始传令回军,军士应时皆南向,旗靡辙乱。……金人闻飞弃颍昌,遣骑追之。……飞还至蔡州。

(4)同书卷一四三,绍兴十一年十二月"癸巳,岳飞赐死于大理寺"条,于附注中引赵甡之《遗史》云(《三朝北盟会编》卷一〇七亦引录此文):

> 先是,飞自郾城回军也,在一寺中与王贵、张宪、董先、王俊夜坐,……

(5)《中兴小记》卷二八,在绍兴十年六月末记述了"岳飞自与兀朮战于郾城县,杀其将阿李朵孛堇"之后,接着就叙述一些别的事件。到闰六月戊戌,方又写道:

> 赐诸帅诏曰:"狂敌不道,荐肆凶残。王师所临,无往弗克。捷奏继至,俘获踵延。尚虑狃吾屡胜之威,忽彼不虞之戒。天下本吾

一家,岂贪尺寸之利。金人亡在朝夕,必灭为期。咨尔六军,咸体朕意。"

湖北宣抚兼招讨使岳飞时屡获捷,至是,诏书不许深入,飞遂班师。而所取州县,旋复失之(原注:《野记》)。

根据上面引用的这五种记载,可知岳飞这次奉诏班师,其部队是从西京洛阳以至郑、陈、汝州、颍昌府这一广大地区南撤的,而其本人,则是如《遗史》《北盟会编》及《系年要录》所说,是从郾城县撤退的,否则也只能如《岳侯传》所说,是从颍昌府撤退的。总之,无一书曾提及从朱仙镇撤退的事,可证岳珂所描绘的岳飞由朱仙镇退师时的那一场面,尽管有声有色,却全是凭空捏造出来的。

(二)

《行实编年》说,秦桧"言于上,以先臣孤军不可留,乞姑令班师。一日而奉金书字牌者十有二"。这段话的根据必即是收录在《三朝北盟会编》当中的那篇《岳侯传》,而对其中所叙事由和情节又稍以己意做了一些修改的。即如"乞姑令班师,一日而奉金书字牌者十有二"两句,就是把《岳侯传》中"忽一日诏书十二道,令班师赴阙奏事"两句改造而成的。其所以必须加以改造,则是因为,岳珂在南宋王朝发还给他们家中的那一大批诏令当中,实在找不到有连续发出的促迫岳飞班师回朝的这样一批诏令出来。根据岳珂在《淮西辨》(见《金佗稡编》卷二二)中所说,在绍兴十年岳飞率军北进,迎击金的南侵兵马的战役中,"首尾两月余,奉御札者又二十有三焉"。而这二十三道"御札",又全都是在各不相同的日子里发出来的。这一事实,证明《岳侯传》中的那条记载并不符实,迫使他不能再照抄《岳侯传》中的原文,遂即把"诏书"改作"金书字牌",以避免因"查无实据"而致露出马脚。事实上,这样的改动,其结果也还是徒劳,也仍然不能不暴露出其事之纯出虚构。

在此,我们先来弄明白什么是"金书字牌"的问题。

北宋人沈括在其所著《梦溪笔谈》卷一一《官政》门中,有一条记载说:

> 驿传旧有三等：曰步递，马递，急脚递。急脚递最遽，日行四百里，唯军兴则用之。熙宁中，又有"金字牌急脚递"，如古之羽檄也。以木牌、朱漆、黄金字，光明眩目，过如飞电，望之者无不避路。日行五百余里。有军前机速处分，则自御前发下，三省枢密院莫得与也。

《宋会要辑稿》的《急递铺》门也载：

> 〔金字〕牌长尺余，朱漆，刻以金书"御前文字，不得入铺"。犹（尤？）速于急递。（《方域》一〇之二五）

据此可知，"金书字牌"乃是递送最紧急的公文时所使用的一种凭证，持有这种凭证的传递公文人员，到任何驿铺都可换乘新马，借以保证能日行五百余里。但"金书字牌"和紧急文书终究不是一码事，持有"金书字牌"的递送公文人员，同时还非得另有一份例如"军前机速处分"之类的紧急公文不可。在岳飞的《画守襄阳等郡札子》（见《金佗稡编》卷一〇）中就曾说道，"臣六月二十三日酉时准御前金字牌，伏蒙圣慈特降亲札处分，令臣条具襄阳、随、郢利害"，可为确证。因此，尽管岳珂把《岳侯传》中的"诏书"改为"金书字牌"，希图借以避免人们认真地去追查这些"诏书"；而其结果，人们依然要"顺藤摸瓜"，要根据这十二道"金书字牌"，而追问其每一次所递送的诏书或亲札究竟何在。既然连一道也找不出来，岂不足可证知，所谓用十二道"金字牌急脚递"递送的十二道诏书，一概都是属于子虚乌有的吗！

从情理方面来说，一日而发下十二道金书字牌、递送十二道诏书，也是绝对不可能的。因为，岳飞当时率军屯驻在郾城，与南宋王朝所在的杭州相距约两千里，即使是"金字牌急脚递"，最快也得四五日的时间才可到达，往返日程合计，则需要八九天的时间。既然诏书的内容是要岳飞班师回朝的，则在派遣"金字牌急脚递"把这诏旨递送出去之后，总应等到岳飞有不肯遵命班师的表示之后，才可能发出第二道；倘若南宋王朝料定岳飞不肯遵命班师，因而要再三加以敦促，则日发一道也还可以理解；而今竟是在同一日内，每隔三五十分钟即派遣一次"金字牌急脚递"，连续派遣竟达十二次之多，这就实在令人无法理解了。

《岳侯传》虽不知究系何人所作，但其中叙事至绍兴三十年（1160）为止,且称宋高宗为"上",既不称做太上皇,更不称其庙号;称岳飞为"侯",既不称为武穆,更不称为鄂王;则知必是写于宋高宗绍兴之末尚未禅位于孝宗之时。其中所述岳飞生平事迹,基本上是符实的,所以徐梦莘把它全文收录在《三朝北盟会编》当中。但其中终也不免有传闻失实之处,如把参与秦桧杀害岳飞阴谋的罗汝楫误为罗振,即其一例。而错得更为明显的,则是"忽一日诏书十二道,令班师赴阙奏事"一事,所以李心传在《建炎以来系年要录》记述岳飞自郾城班师事时,虽然采用了《岳侯传》中的一些文句,却没有采用"忽一日诏书十二道"事,而只把这段文字收录在正文之下,作为附录。(单就对于这一事实的取舍来看,似乎李心传的史识超出乎徐梦莘之上,实则不然,徐梦莘对其所录用的史料,一律是照录原文,不作删改的。)

四

(一)

《岳侯传》中说,当岳飞在郾城把兀术的军队打败,又连夜起发,赶到了小商桥,离临颍二十里下寨时,探骑报告说,"夜来三更,兀术并韩将军等人马起寨退走,前去汴京"。到下文说到岳飞奉诏班师时,又说岳飞奉诏之后,恐兀术闻知,断截宋军归路,便虚张声势,佯称进兵北讨,兀术使人探听,闻知岳飞有北讨之意,"引兵夜遁一百余里"。尽管上文有兀术、韩常等人马"起寨退走,前去汴京"之说,但下文的"引兵夜遁"却决没有指明是从汴京向北逃遁的。所以,李心传在《系年要录》中记述这次班师事件时,就把《岳侯传》中那一大段文字简括为:"恐金人邀其后,乃宣言进兵深入。逮敌已远,始传令回军。"表明他并不认为兀术曾离汴京北遁。由此可见,岳珂在《行实编年》中所说的"乃声言将翌日举兵渡河,兀术疑京城之民为先臣〔内应〕,夜弃而出,北遁百里",全都是把《岳侯传》中的记载加以提高、夸大而撰造出来的,与当时的事实全不符合。

(二)

岳珂在《行实编年》中叙述兀术夜弃开封,将遂渡河,有太学生叩马而谏云云一段,绘声绘影,颇富有戏剧性。但细加考察,便不难发现,这整段文字只能算做岳珂的一段文艺创作,却决不是具有哪怕只是少量真实性的历史记录。我之所以这样断言,是因为:

第一,在南宋方面的官私文书记载当中,全都没有关于此事的任何蛛丝马迹。岳珂收录在《金佗稡编》和《续编》当中的各类文字,也全都如此。至于刘光祖的《襄阳石刻》和章颖的《经进岳鄂王传》,则都是从岳珂的《行实编年》转抄来的,自然不能作为佐证。

第二,在金朝统治区域内的官私文书记载以及元末所修的《金史》当中,也全都找不出关于此事的任何蛛丝马迹。

第三,能不能说,在岳珂撰写《行实编年》之际,他确曾看到过这样的记载(不论其出自南宋人之手,或系金国人的记载而流传到南宋的),后来却又亡佚了呢?我以为,倘若确有此事,则断不会只成为岳珂所独得的一种秘籍,亦即在《三朝北盟会编》或《系年要录》当中,断不会弃而不取,致使连丝毫踪影也不得留存下来。

基于上述三点,我断定:太学生叩马而谏兀朮之事,纯属无稽之谈,纯为岳珂所虚构。

五

《岳侯传》在记述了岳飞奉诏班师,已弃颍昌诸地之后,接着又写道:

> 侯屯于蔡州。时梁兴在河北绛州,尚未得知。侯谓诸将曰:"梁兴现在河北,与金人决战,退走翼城县;赵秉渊战守淮宁,亦不知南归。"侯遣李山、史贵将兵救梁兴、赵秉渊等回蔡州。兀朮不敢进兵。诸将军人马依次调发归江夏,自将二千骑取顺昌入淮赴诏。

在这段文字里,把转战于河北、河东地区的梁兴与"战守淮宁"的赵秉渊并提,而且说岳飞派遣李山、史贵去援救梁、赵二人回蔡州,这都是很不确切的。而且,只说"赵秉渊战守淮宁",却没有说赵秉渊当时是陈州(即淮宁)的知州,更没有说赵秉渊从何时起做了陈州的知州。这些,也同样不够确切。然而,它却毕竟反映出:在岳飞班兵回到蔡州之前,赵秉渊就已经在为保卫陈州而与金军作战了,而且是在对赵秉渊发出救兵之后,岳飞才令在蔡州的诸部将带领人马回江夏(即武昌),其本人才取道顺昌"入淮赴诏"的。

《三朝北盟会编》卷二〇四,对于赵秉渊之知陈州,李山、史贵之救援陈州诸事,都有明确日期:

〔绍兴十年闰六月〕二十四日丙申,张宪及金人战于陈州,克陈州。——张宪克陈州,岳飞令统制赵秉渊知军州事。

〔七月〕二十一日壬戌,岳飞自郾城回军。

〔八月〕六日丁丑,李山、史贵、韩直败金人于陈州。——初,张宪得陈州也,岳飞令统制赵秉渊守之。金人围陈州,飞统制李山、史贵与刘锜军统制韩直及金人战于城下,败之。

《建炎以来系年要录》卷一三七,在七月壬戌记述岳飞还至蔡州后遣李山、史贵以兵援赵秉渊事,其文字基本上是从《岳侯传》摘录来的,所不同的,是它已明确说到,赵秉渊在其时已经是"知淮宁府"了。而它于七月乙丑(二十四日)又载:

是日,金人遣翟将军围赵秉渊于淮宁府,李山、史贵及刘锜军统制官韩直共击退之。秉渊闻岳飞已去,遂弃城南归。(原注:《日历》八月六日丁丑申刻,赵甡之《遗史》亦以为丁丑日事,恐误。)

这段记载,不但指明金方围攻淮宁府的是翟将军的部队;而且还进一步叙述了,金军虽被李山、史贵等人打败,但赵秉渊终于还是放弃了淮宁府而南归了。

《建炎以来系年要录》和《三朝北盟会编》不同,它是把淮宁之役系在七月二十四日,亦即在岳飞自郾城回军三日之后。它虽没有明著所本,但它必有最确凿的依据则可断言,否则,李心传便不会在这段记事之后又自作附注,对《日历》和《遗史》中所系月日(也就是《三朝北盟会编》所系月日)加以纠正了。

综合上面引录的各种记载,可以知道:1.赵秉渊之做陈州知州,是在岳飞派驻陈州的刘永寿、史贵擅自弃守之后,奉岳飞之命,于绍兴十年七月二十三日进入州城的。2.李山、史贵于七月二十四日在陈州城下打败了金人翟将军的部队。3.在《宋高宗日历》和赵甡之的《遗史》以及徐梦莘的《三朝北盟会编》当中,则都是把解陈州之围的那次战役误系于八月初六日的。

到此,我们且再回头看一下岳珂在《行实编年》中对这几件事的记载吧。他分明写道:

> 先臣……奉诏自庐入觐。……
>
> 八月,以赵秉渊知淮宁府。虏犯淮宁,为秉渊所败。又悉其众围秉渊。先臣复命李山、史贵解其围。
>
> 虏再攻颍昌,上命津发人民于新复州军据险保聚。

照此所说,是在岳家军已经大部分回到武昌,岳飞本人已经经过庐州而到杭州去朝见了宋高宗之后,才又委任赵秉渊去"知淮宁府"的。究竟是谁委任的,是在八月的哪一天到任的,这里没有说明。金人于何时"犯淮宁,为秉渊所败",又于何时"又悉其众围秉渊",岳飞又在何时何地"复命李山、史贵解其围",更全都没有明确交代。但是,只就"八月以赵秉渊知淮宁府"这句,也足可看出岳珂之任意颠倒历史事件的先后顺序,已达到如何鲁莽灭裂的地步了。因为,照《系年要录》所说,李山、史贵在七月二十四日已解淮宁之围,到八月上旬,赵秉渊说不定已经放弃淮宁南归了;即使采用《高宗日历》和赵甡之《遗史》之说,把李山、史贵解淮宁之围推迟到八月初六,也照样可以证明赵秉渊知淮宁府必是远在八月以前的事。而金人之再度占领颍昌,也是岳家军自颍昌撤退后不久的事,也同样不会在八月以后。

令人大惑不解的是,岳珂把这几桩历史事实搞得如此颠倒错乱,究竟用意何在呢?除了暴露岳珂对其祖父的业绩不肯严肃认真地对待以外,除了暴露岳珂对于宋金战争的史实不肯严肃认真地对待以外,不是再也不能说明任何问题了吗!

(原载《文史》第八辑,1980年3月)

再论岳飞的《满江红》词不是伪作

今年春间,我曾写了一篇短文,论证岳飞的《满江红》词并不是一首伪作,后来发表在中华书局编印的《文史知识》第三期上。该文发表之后,不久我即陆续接到一些读者来信,仍然就这一问题与我进行讨论。其中,有些人是不同意我的意见的,原因是,他们认为我对于前此那些持否定论者所提出的论据和论点,并未能一一加以辨正和纠驳;但多数人对我的意见表示赞同,而且还有人向我提供了更有力量的论据。这两方面的意见都对我大有助益,也都促使我对这一问题进行更全面更深入细致的考虑。现在写成的这篇《再论》,就是我在发表了前一篇短文之后,根据读者来信所提意见和所补充的资料,在最近几个月内反复考虑的一个结果。

一、 这首词肯定是岳飞的作品

怒发冲冠!凭栏处、潇潇雨歇。抬望眼、仰天长啸,壮怀激烈。三十功名尘与土,八千里路云和月。莫等闲、白了少年头,空悲切!靖康耻,犹未雪。臣子恨,何时灭?驾长车,踏破贺兰山缺!壮志饥餐胡虏肉,笑谈渴饮匈奴血。待从头、收拾旧山河,朝天阙!(《满江红》)

在古今词人的作品当中,传诵之广、之久,影响之大、之深,大概再没有能和上面抄录的这首《满江红》词相比并的了。历来相传,都以为这首词是南宋名将岳飞所作。岳飞是河北的一个农家子,少年时曾在北宋大官僚安阳韩琦的后裔家中作过佃客,年二十以后投身军伍,过了将近二十年的戎马生涯,在抗金战场上立下了不朽勋业。在他三十九岁那年,即被赵构秦桧诬陷、惨杀。

似这般出身的一员武将,他有能力填写这样一首词吗?换言之,这首《满江红》词果真是岳飞的作品吗?

我的回答是全称肯定的:岳飞有谱写歌词的能力,这首《满江红》词确实是岳飞所作。

尽管岳飞之孙岳珂在《鄂王行实编年》(《宋史》中的《岳飞传》完全脱胎于此书)中所说的,岳飞在少年时即于"书传无所不读,尤好《左氏春秋》及孙、吴《兵法》"等话语是不尽可信的;然而,当赵构在应天府即帝位之初,岳飞就已能"上书论事",且因此而致得罪、免职。这就足可证明,他当时的文化水平已经相当不错了。岳珂以《家集》名义收录的岳飞的作品共有十卷,自奏议、公牍、书檄,以至律诗、乐府歌词与题记,无所不有。其中的奏议和公牍等虽必有出自幕僚之手者,而诗、词、题记则必皆岳飞亲自写作的。这说明,岳飞是具有写作《满江红》这首词的才能的。

从确为岳飞写作的一些题记和诗篇的思想内容来看,也可以证明《满江红》词必是岳飞所作。今摘引几段于下:

1. 建炎四年(1130),岳飞驻军宜兴县,因事到附近的广德军去公干,在其地金沙寺的墙壁上写了一段《题记》说:

> 余驻大兵宜兴,(沿)〔缘〕干王事过此,陪僧僚谒金仙,徘徊暂憩,遂拥铁骑千余,长驱而往。然俟立奇功,殄丑虏,复三关,迎二圣,使宋朝再振,中国安强,他时过此,得勒金石,不胜快哉!建炎四年四月十二日,河朔岳飞题。(岳珂编《家集》卷一〇)

2. 岳飞从广德军又"拥铁骑千余"回驻宜兴之后,同年六月又在宜兴县张渚镇张大年家的厅事屏风上写了一段《题记》说:

> 近中原版荡,金贼长驱,如入无人之境,将帅无能,不及长城之壮,余发愤河朔,起自相台,总发从军,小大历二百余战,虽未及远涉夷荒,讨荡巢穴,亦且快国仇之万一。
>
> 今又提一垒孤军,振起宜兴,建康之城,一举而复,贼拥入江,仓

皇宵遁,所恨不能匹马不回耳!

今且休兵养卒,蓄锐待敌。如或朝廷见念,赐予器甲,使之完备,……即当深入虏庭,缚贼主,蹀血马前,尽屠夷种,迎二圣复还京师,取故地再上版籍。他时过此,勒功金石,岂不快哉!此心一发,天地知之,知我者知之。建炎四年六月望日,河朔岳飞书。(此据赵彦卫《云麓漫抄》卷一摘引。岳珂所编《家集》亦收此文,文句较简略,标题为《五岳祠盟记》。)

3. 绍兴二年(1132)七月,岳飞因追剿军贼曹成的匪众而进军湖南,当他班师经过永州祁阳县的大营驿时,他也写了一段《题记》,其文为:

权湖南帅岳飞被旨讨贼曹成,自桂岭平荡巢穴,二广、湖湘悉皆安妥。痛念二圣远狩沙漠,天下靡宁,誓竭忠孝。赖社稷威灵,君相贤圣,他日扫清胡虏,复归故国,迎两宫还朝,宽天子宵旰之忧,此所志也。顾蜂蚁之群,岂足为功!过此,因留于壁。绍兴二年七月初七日。(岳珂编《家集》卷一〇)

4. 南宋人赵与时的《宾退录》卷一,有一条记事:

绍兴癸丑(按即绍兴三年,亦即1133),岳武穆提兵平虔、吉群盗,道出新淦,题诗青泥市萧寺壁间云:
雄气堂堂贯斗牛,誓将直节报君仇。
斩除顽恶还车驾,不问登坛万户侯。
淳熙间,林令梓欲摹刻于石,会罢去,不果。今寺废、壁亡矣。其孙类《家集》,惜未有告之者。

5. 在岳珂所编《家集》卷一〇,还收录了两首律诗,都没有载明写作年月和地点。其中一首的题目是《题翠岩寺》,全文为:

秋风江上驻王师,暂向云山蹑翠微。
忠义必期清塞水,功名直欲镇边圻。
山林啸聚何劳取,沙漠群凶定破机。
行复三关迎二圣,金酋席卷尽擒归。

这里既有"秋风江上驻王师"句,又有"山林啸聚何劳取"句,则其写作时间可能是在镇压了虔州和吉州两地的起义群众之后,也可能是在追歼曹成所率领的那股游寇之后,也可能是在镇压杨幺所率领的湖湘地区起义群众的前后。虽难断言其确在何时,但总应写在绍兴二年至五年这一时间内,却是可以判定的。

另一首律诗的题目是《寄浮图慧海》,其全文为:

> 湓浦庐山几度秋,长江万折向东流。
> 男儿立志扶王室,圣主专师灭虏酋。
> 功业要刊燕石上,归休终伴赤松游。
> 丁宁寄语东林老,莲社从今着力修。

岳飞只有在绍兴六、七两年内,为了守母丧,以及为了接管刘光世的军队事而与张浚发生嫌怨,曾先后两次在庐山住了较长的时日,估计他与浮图慧海的相识相熟,也应在此时期内。因此,这首七言律诗的写作时间,最早应在绍兴七年他又回到鄂州军营之后,最晚应在绍兴十年进军中原去抗击女真铁骑的稍前或稍后。

以上引录的几首诗和几篇题记,其内容所表达的,全都是岳飞的忠君爱国(此"国"字只指宋政权,非指"中国")思想,全都可以证明,他随时随地都是念念不忘报君父之仇、雪国家之耻的:他讨平了流窜湖南的军贼曹成,而却说他的志愿唯在于"扫清胡虏",仅仅平定了"蜂蚁之群,岂足为功";他提兵镇压了虔吉二州的农民起义军,而却说他只是志在"斩除顽恶(按指女真入侵者)还车驾";他既一再说要"立奇功,殄丑虏,复三关,迎二圣","深入虏庭,缚贼主,蹀血马前,尽屠夷种";又一再表示"必期清塞水","直欲镇边圻","功业要刊燕石上","金酋席卷尽擒归"。上边引录的这几首诗和几篇题记当中的这些语句,按其意境和感情来说,和《满江红》词可以说是完全属于"无差别境界"的。把这样一些语句加以洗练,并使用虚实并举的手法,重新排列组合一番,用长短句的体裁写出来,岂不正就是那首《满江红》吗?

岳飞写在广德军金沙寺的题记中,有"俟立奇功,殄丑虏,……他时过此,得勒金石,不胜快哉"诸语;写在宜兴张渚镇张大年家的厅事屏风上的题记中,亦有"即当深入虏庭,……取故地再上版籍,他时过此,勒功金石,岂不快哉"诸语;《题翠岩寺》诗中有"功名直欲镇边圻"句;《寄浮图慧海》诗中有"功业要刊燕石上"句;〔这些语句所表达的志趣,粗看来似与《满江红》中"三十功名尘与土"句意不相符合,实则也并不然。前几句所表达的是他的愿望,及至已经得到了节度使等类的很高的官衔之后,再与夙志稍加对照,便感到这功名并非因"镇边圻"而得,而这"功业"也更远远不能刊刻在燕然山上,当然他就要视同"尘与土"了。〕

（更正：上边括入方括号内的这段文字,是我在1981年所写原文中的语句。在写的过程中,我就察觉到,把《满江红》中"三十功名尘与土"句解释为他对功名的鄙视,把它视同尘土一般,是与岳飞从建炎四年（1130）以来各次所写的题记和诗歌中立志要"勒功金石"的语意情调全不相合的,尽管如此,我却并没有再向深层探索,再对《满江红》的整体结构作进一步的思考,而只迂回宛转地加以疏通,作出了如上的一段说明。及全文在《文史哲》刊出之后,我的老友诗人臧克家兄连写两信给我,提出了对"三十功名尘与土"句最通达、最准确的解释,接读之后,我立即省悟到,只有改从他的解说,才真能把此词解说得怡然理顺。遂于1992年7月31日,把上段文字改正如下：

这些话语所表达的志趣,和"三十功名尘与土"正是一脉相通的：前面的那些话语所表达的,是他要以自己的战绩去赢得功名的愿望,"三十功名"之句则是在奔驰各地、以脚踏实地的战绩而获得一些功名之后,用来表述自己的心情。故此句之"尘与土"与下句之"云和月"皆实写而非虚写。上句写获得荣名之过程,下句则写战斗实践之经历,各均寓有得之维艰之感也。

基于上述种种,我认为,有充分的理由和根据,可以作出判断说,谱写这首《满江红》歌词的,和写作上引那些《题记》与那些诗篇的,正是同一个人,即南宋名将岳飞。)

二、否认岳飞为此词作者的几个论点和论据

自从这首《满江红》词为世人传诵以来,直到本世纪的三十年代为止,从来没有人对此词是否岳飞所作提出过疑问。到三十年代末,余嘉

锡先生的《四库提要辨证》印行出来，其中有辨证四库馆臣对明人徐阶编《岳武穆遗文》提要的一篇，首次断言徐阶收入《岳武穆遗文》（即《岳集》）的这首《满江红》词并非岳飞所作，其言曰：

> 至《满江红》词，则〔弘治时浙江镇守太监〕麦秀实始付刻，其字为〔赵〕宽所书，非〔岳〕飞之亲笔，然宽不言所据为何本，见之于何书，来历不明，深为可疑。……
>
> 《满江红》词不题年月，亦不言作于何地，故无破绽可指，然不见于宋元人之书，疑亦明人所伪托。〔桑〕悦《记》（按，此指桑悦所作《刻〈送紫岩北伐诗〉碑记》，见徐编《岳集》卷五）中已有"踏破贺兰山缺"之语，则其伪当在悦以前，第不知出何人之手。……
>
> 自徐阶收此等诗词入《岳集》，李桢从之，嘉靖间钱如京刻《桯史》，又取而附之卷末。后之重编武穆文者，若单恂、黄邦宁、梁玉绳等复从《桯史》转录入集，而李桢、单恂更增以伪作，于是传播遍天下，而《满江红》词尤脍炙人口，虽妇人孺子无不能歌之者，不知其为赝本也。
>
> 然以伪为真，实自徐阶始。阶不足道也，四库馆诸臣何其一无鉴别也哉！
>
> 或者曰："《送张紫岩诗》其伪固无可疑，若《满江红》词真伪皆无实据。其中如'莫等闲、白了少年头，空悲切'，及'壮志饥餐胡虏肉，笑谈渴饮匈奴血'等句，足以励迈往之风而作忠义之气，于世道人心，深为有裨，子何必以疑似之词，强坐以伪也哉？"
>
> 应之曰："考证之学之于古书也，但欲考其文之真伪，不必问其理之是非。……号称武穆之《满江红》词，虽为人所信，以视'经典'则有间矣。其词莫知所从来……吾何为不可疑之哉？疑之而其词不因我而废，听其流行可矣。至其为岳珂所未见，《鄂王家集》所无有，突出于明之中叶，则学者不可不知也。"

余先生的这些意见，应当说，是具有一定的分量的。因此，此论一出，为学术界的很多人所接受，夏承焘先生即其中的一人。夏先生在1961年写了一篇《岳飞〈满江红〉词考辨》（已收入中华书局出版的《月轮山词论集》中），除接受余先生的论断外，还进一步作出新的论断，不只以为"这首《满江红》词不是岳飞之作"，而是"出于明代人之手"，而且以为其真实作者"可能会是王越一辈有文学修养的将帅"，"或者是边防幕府里的文士"。

余嘉锡先生所不曾提出而为夏承焘先生所反复加以论辩的，是这首词中的"踏破贺兰山缺"一句。他所举出的疑点是：

1. 以地理常识说，岳飞伐金要直捣金国上京的黄龙府，黄龙府在今吉林境，而贺兰山在今西北甘肃、河套之西，南宋时属西夏，并非金国地区。这首词若真出岳飞之手，不应方向乖背如此！

2. 南宋人实指宋金边塞的，多用兴元（汉中）之北的大散关，（陆游诗："铁骑秋风大散关""大散关头又一秋"等等），从来没有人用贺兰山的；因为贺兰山在那时是属西夏国境的兴庆府，它和南宋国境中间还隔着金国泾、渭流域的庆原路、凤翔路一大块地区；假使金人攻西夏，可以说"踏破贺兰山缺"，南宋人是决不会这样说的。……《满江红》词里这样说，正是作这首词的明代人说当时的地理形势和时代意识。

3. 明朝的北方少数民族是鞑靼族。鞑靼入居河套，骚扰东北西北，从中叶一直纠缠到明亡。……《明史》卷一七一《王越传》也说：孝宗弘治十一年，"越以'寇''巢穴'贺兰山后，数扰边，乃分二路进'剿'。"这是明代汉族在贺兰山抵抗鞑靼族的第一回胜仗。……我们可以设想，"踏破贺兰山缺"，在明代中叶实在是一句抗战口号，在南宋是决不会有此的。

4. 元人杂剧有《宋大将岳飞精忠》一本，四折都是岳飞一人唱，而没有一句引用这首《满江红》。第一折"寄生草"云："堪恨这腥膻丑陋契丹人，我学取那管夷吾直杀过阴山道。"云"阴山"而不云"贺兰山"。……那时若已见到这首《满江红》，岂会放过不用？可见在元代还不曾流传这首《满江红》。

既然贺兰山是明代的汉族与鞑靼族互相争夺的主要地点，而王越又是在贺兰山战胜鞑靼的主将，所以，夏先生便又进而推论说，《满江红》这首

词,若非王越所作,便是他幕府中的某个文士所作的。其言曰:

> 5. 王越是明代边防名将,贺兰之捷,已七十多岁;就在这年的冬天,因谏官弹奏太监李广,连累及他,忧恨死于甘州。他是中过进士的文人,积战功至大将;工诗。钱谦益《列朝诗集》丙集之三,录他的作品十五首,称他"酒酣命笔,一扫千言,使人有横槊磨盾、悲歌出塞之思"。他弘治十一年这次战功和他不幸的政治遭遇,在当时士大夫中间可能会有相当大的影响;这首词里点出"贺兰山"一辞,也许与此有关。如果如我的猜想,这首词的作者是参与这场斗争或对这场斗争有强烈感受的人,可能会是王越一辈有文学修养的将帅(他们的身分正和岳飞相同),或者是边防幕府里的文士。

余嘉锡、夏承焘两先生先后提出上述的一些疑难问题之后,据我的见闻所及,似乎很久很久再没有人对这一问题进行讨论。直到去年,我才从报刊上看到国内外的许多学者又对这一问题纷纷发表了意见。但是,意见尽管很有分歧,而彼此所使用的资料和论据,却大都不出余、夏两先生所已经使用过的那些。因此,我现在仍只对余、夏两先生的意见进行一些商榷。

三、 我对上述疑难诸问题的解答

第一个应当解答的问题是,如果《满江红》词确系岳飞所作,何以不曾被岳霖、岳珂收集到,不曾编入《家集》之中?

据岳珂在《家集序》中所说,其父岳霖对于搜集岳飞的各类作品,确实是作过一番极大努力的,而岳珂本人在这方面却没有作过什么工作,只是加以编次刊印而已。试看他的原话:

> 先父臣霖盖尝搜访旧闻,参稽同异,或得于故吏之所录,或传于遗稿之所存,或备于堂札之文移,或纪于稗官之直笔。掇拾未备,尝以命臣,俾终其志。臣谨汇次,凡三万六千一百七十四言,厘为十卷,阙其卷尾,以俟附益。……异时苟未溘先犬马,誓将搜访,以补其阙而备其遗。……

这篇序文是嘉泰三年（1203）写的，而到端平元年（1234）岳珂又把《金佗稡编》（《家集》即其中的一个组成部分）和《金佗续编》重行汇合刻印，距《家集》之初次刊行已达三十年之久，他在序言中所说"阙其卷尾以俟附益"者，却仍是一句空话。即如收录前引岳飞《题新淦萧寺壁》那首七绝的《宾退录》，在嘉定末（1224）或宝庆初（1225）即已印行，岳珂如真的立志"搜访""补阙"的话，不正可以采辑了来，"附益"于《家集》的"卷尾"吗？而事实上他竟若罔闻知，未加采辑。（上文所引《云麓漫抄》所载岳飞写在宜兴县张大年家的那段《题记》，较之岳珂收在《家集》中的那篇《五岳祠盟记》，文字多些，也更翔实些。《云麓漫抄》刊行于开禧二年（1206），早于岳珂之重刻《家集》凡二十七八年，而岳珂也没有取相参订，或径改用其文，而却标了一个极为费解的《五岳祠盟记》作题目，这也足见岳珂对于搜访岳飞遗文，是不够辛勤认真的。)

我们不能因为岳飞那首《题新淦萧寺壁》的七绝不曾被岳珂收入《家集》之中而断定它不是岳飞的作品。同样，我们也不能因为那首《满江红》词不曾被岳珂收入《家集》之中而断定它不是岳飞的作品。

第二个应当解答的问题是，何以这首《满江红》词也不见收录于宋元人的笔记、杂录一类的书中呢？

我认为，不能因为我们不曾见到，就断言宋元人书中全未出现过这一作品。试想，在明初所修《永乐大典》当中所收录的宋元人的著述，稍后不是就有许多种散佚失传了吗？从清人修《四库全书》时辑自《永乐大典》的宋元人著述之多，可以推知其未加辑录者为数必还不少。怎么能够断定此词不正是收录于南宋人的某一书中，其书尚为明朝中叶的桑悦、赵宽等人所及见，并即据以刻石岳庙，至其后却又散佚失传了呢？赵与时的《宾退录》幸而不曾失传，但徐阶收入《岳集》中之《题新淦萧寺壁》一诗下亦并未明著所出，假如《宾退录》也不幸而在明代中叶以后佚失，就从而断定此诗亦出明人伪托，亦为"赝本"，那就实在是疑于不当疑了。

第三个应当解答的问题是，这首《满江红》词，果真是在明朝弘治年间赵宽写出刻石时才首次出现的吗？果真是从徐阶开始，才把它"以伪为真"的吗？

在河南汤阴县的岳庙中,迄今还矗立着一块刻着这首《满江红》词的石碑,是汤阴县一个名叫王熙的秀才,在明英宗天顺二年(1458)所写。全词共写了五行,只有末句作"朝金阙",与通行本之作"朝天阙"稍异,余俱同。在此五行之后,明确地写有"右《满江红》词,乃宋少保岳鄂武穆王作"共十五字。杭州岳庙中的那块《满江红》词刻石,乃是明孝宗弘治十一、二年(1498、1499)内所写刻,汤阴县岳庙王熙的这块刻石,最少要比它早了四十年;比徐阶于明世宗嘉靖十五年(1536)所编辑的《岳集》之刊行则早了七十八年。有这一件实物作证,则此词首次出现于弘治年间之说,以伪为真始自徐阶之说,便都不攻自破了。

然而还可以更进一步加以推考。

汤阴之有岳庙,是在明代宗景泰元、二年(1450、1451)内,经由徐有贞倡议、汤阴县学谕袁纯负责创建的。庙宇落成之后,袁纯接着就又"辑庙祀事始末",选录岳飞的部分诗文,以及后代人纪念和歌颂岳飞的诗文,编为《精忠录》一书(此据商辂《精忠录·序》),而此书的第三卷即把岳飞的这首《满江红》词收录于内(据1769年朝鲜铜活字本)。据书中的几篇序跋文看来,知《精忠录》之付刻虽在景泰六年(1455),而其编辑成书却在景泰二、三年(1451、1452)内。这与王熙写刻的《满江红》词石碑相较,又早了七八年。是则此词的出现,至晚应在十五世纪五十年代的初期。

徐阶所编《岳集》卷三,摘录了赵宽的重刻《精忠录》的序文,据知袁纯所编之书又在杭州重行刻印。然则杭州岳庙中那块由赵宽书写的《满江红》词刻石,如果没有其他书作为依据,则必即是从袁纯书中照抄来的。这样,似乎就不应当说"来历不明,深为可疑"了。

袁纯把《满江红》词收编在《精忠录》中,我们说这是这首词的首次出现,这只是就我们今天所见所闻的范围来说的;南宋以来的一些著述,因各种各样的原因而致失传,不知已有多少,其中有许多,我们是连书名和作者也全不知道的。因此,我们今天虽然查不出《精忠录》所收录的这首词的"来历",但其必有"来历",必非出于袁纯或王熙或与他们同时代人的伪造,却是肯定无疑的。究竟它是来源于南宋人的著述,抑或是来源于元代人的著述呢?我们在目前虽还不能确说,然而我们却可以断言:二者必居其一。

让我再在这里重说一番:既然在十五世纪的五十年代之内,先有了袁纯把《满江红》收录在内的《精忠录》刻本的行世,继之又有了汤阴秀才王熙所写《满江红》的刻石矗立在汤阴岳庙当中,怎么能如余嘉锡先生所说,到十五世纪末叶的明孝宗弘治年间麦秀实始刻石,并坐十六世纪中叶编刻《岳集》的徐阶首先以伪为真之罪呢?更怎么能如夏承焘先生所说,到十五世纪的九十年代之末,一个生在与汤阴相毗邻的浚县的王越,在贺兰山对鞑靼打了一次胜仗之后,竟又亲自或由其幕僚来冒名作伪呢?此真所谓"铁证如山摇不动,万牛回首丘山重"者,余、夏两位先生先后所提出的意见,在这些铁证之前,全都是无法站立得住的。

第四个应当解答的问题是,能不能因为《满江红》中"踏破贺兰山缺"一句,就可以断定它是明代的具有文武全才的王越一类人所作的呢?

有了上面所作的解答,这一个问题原已相应地得到了解决;但是,夏承焘先生所举出的那些论据,在上文中却还大都没有加以论辩,也许有人会因此而还感到不能"涣然冰释",没奈何,且再分为以下诸层次,专对夏先生所举论据进行商榷:

1. 我以为,《满江红》词后半首点出的贺兰山与匈奴,全是泛说、泛指,不应当过分拘泥于贺兰山的位置所在。因为,既然把斗争对象称作匈奴,则不但在河套地区的贺兰山可以入词,就连阴山以及更西边的祁连山也同样可用。似不应因此而责备作者"方向乖背"。稍晚于岳飞的辛稼轩,也是一个毕生以抗金为职志的人,然而在《稼轩词》中,既有"要挽银河仙浪,西北洗胡沙"之句(《水调歌头》),又有"袖里珍奇光五色,他年要补天西北"之句(《满江红》),我们将责备稼轩"方向乖背"呢?还是将不承认这两首词为稼轩的作品呢?显然这都是不应该的。

2. 在夏先生的《考辨》文中,曾据北宋释文莹的《湘山续录》而引录了姚嗣宗在庆历年间(1041—1048)的驿壁题诗云:"踏碎贺兰石,扫清西海尘,布衣能效死,可惜作穷鳞。"然而,如所周知,南宋人诗词之脱意或摹拟北宋人诗词语句者,实不乏其例。姚嗣宗诗在北宋后期既已广泛流传,则南宋初年的岳飞,把此诗首句变换为"踏破贺兰山缺"而写入其《满江红》词中,这岂不也是一件极为平常的事体吗?既然是把前人成语作为典故来使用,那当然就不存在"泛指"或"实指"的问题了。

3. 南宋人诗中以大散关作为宋、金边界的,虽确实有之,但那些诗全都是宋、金订立了"和约",把东起淮水中流、西至大散关划作两国分界线以后所赋写的,而宋金"和约"却是在绍兴十一年(1141)十月才订立的。在此以前,南宋人万万不会把大散关实指为宋金分界,自然更不能要求岳飞在填写《满江红》词时就率先这样做。夏先生所举陆游诸诗,更皆为宋金"讲和"二三十年以后所作,不能用来作证。

4. 专就"踏破贺兰山缺"一句孤立地进行推敲,是大有问题的。因为,此句之上是"靖康耻,犹未雪;臣子恨,何时灭"诸句,如只就"贺兰山"句而断言其为明人所作,则势非把"靖康耻"云云断定为"泛说"或"泛指"不可;但是,亡国惨祸是何等严重事件,而容得词人信手拈来,对明朝时事进行暗射、比拟耶!土木之变虽是明王朝一次灾难性事件,但不久明英宗即被放回,何得与"犹未雪"的"靖康耻"相比拟呢?更何况,在此句之下,还有"待从头收拾旧山河,朝天阙"一句,这与明朝的实际情况也完全不相符合。在明朝统治期内,中原与河朔地区的所有山河全未为鞑靼族所攻占,怎么会激发出写此词者要去"从头收拾旧山河"的念头呢?所以,若不把这句话与上下文联系起来进行理解,那是不会得出"达诂"的。

5.《满江红》词前半阕中的"三十功名尘与土,八千里路云和月"两句,与岳飞的生平事功十分吻合。若把此词作者定为王越,而且定为贺兰山捷后所作,那就必须把"三十功名"改为"七十功名"才行。因为,当取得贺兰山后之捷时,王越已经七十余岁了。而且"八千里路"之句也与王越行踪不符。若谓此词乃其幕府文士之作,则两句更全无着落了。

6. 元人杂剧《宋大将岳飞精忠》中之不曾引用《满江红》词中语句,这似乎只能怪这本杂剧作者之所见不广,而不应再作过多的推论。其实,何只是不曾引用《满江红》词中语句,就连岳飞写在题记当中和《题新淦萧寺壁》等诗当中的那些富有爱国热情和报仇雪耻决心的语句,也全不曾被引用过一句。我们又怎能据此断言这些题记和这几首诗全非岳飞所作呢?如果这本杂剧的作者所依据的只是一篇《岳飞传》(在《宋史》行世之前,章颖的《宋南渡四将传》已流行甚久),则其对岳飞作品之概不引用，便完全可以理解了。（这本杂剧竟至把女真人写作契丹人，也可见其知识面是很有局限的。）

7. 王越在弘治十一年取得的贺兰山后之捷，诚然"是明代汉族在贺兰山抵抗鞑靼族的第一回胜仗"。但是，王越在取得了这第一回胜仗之后，由他自己或其幕府文士把这次战功纪录下来，则直接敷陈其事，亦犹勒功燕然，事极平常，本不存在什么犯嫌疑、触忌讳的事，无所用其顾避，为什么竟要牵扯到北宋的亡国，并要嫁名于岳飞呢？这显然是很难解说的。

8. 如果说，此词虽为王越或其幕府文人所作，但当其写作之初，本即要托名于岳飞，因而，此词中的"三十功名""八千里路"诸语固都切合于岳飞身世，即其后半阕中语句，除"壮志""笑谈"二句外，也全都是实写而非用来影附明朝的时事、政局的。我以为这也同样很难解说。因为，不论王越或其幕府文士，总都了然于岳家军抗金的主攻方向及其所悬拟的进军路线，是要经由河朔而"直捣黄龙"，怎么会硬把不在这条行军线上的贺兰山填写进来呢？若出自不明悉贺兰山方位之人犹有可说，王越及其幕府文士则必定能避开"当时的地理形势和时代意识"而不应故意露出这一破绽，留与后人作为辨伪的证物和根据的。

以上的论证，我以为是可以把余、夏两位先生所提疑点——祛除，使其不再存在的。既然如此，则其最合乎逻辑的结论只能是：我们进行讨论的这首《满江红》词，既不像余嘉锡先生所说，是出自明人伪托的一个赝本；更不像夏承焘先生所说，是明代首次战胜鞑靼族的主将王越或其幕府文士所作；其唯一不容置疑的真正作者，只能是南宋名将岳飞。

一九八一年九月二十日写于北京大学朗润园

（原载《文史哲》1982年第1期）

附录：

臧克家与作者关于岳飞《满江红》词的通信

恭三：

　　今天下午，极疲累，因上午二客人来，谈甚久，午饭后，脉搏间歇频繁，不得转侧而卧。下午，收到《文史哲》，鼓其余"勇"，一气读完你的大作，大快我心，立即走笔。我痛心于《满江红》著作权之被剥夺，此感情作用也。而你的堂堂大文，则给以科学上的论证。甚得我心，甚得我心！

　　对于"三十功名尘与土"一句，我与你及一般讲解不同。我在你文引此句高头题了两个句子（这是我读书的习惯）："尘与土——风尘奔波之谓，非视功名如尘土也。"如我所解，始能与全词高昂气概吻合。不知老友以为然否？

克家　二月五日灯下疾书

恭三：

　　昨晚灯下，兴致冲冲，急草一函，以表对你的大作欣慰之情。

　　今再就"三十功名尘与土"发挥几句：

　　"八千里路云和月"，亲经实感也，将"三十功名尘与土"解为"视功名如尘土"，则成为抽象的、象征的了。与词意不合，此其一。

　　整个词的调子，慷慨激昂，忽插此"消沉"意味一句，不合二也。

　　我的解说，乍看似上下二句同一意思，实则，"三十功名"是纵写，"八千里路"是横写也。

　　你这专家，请看如何？

克家　二月六日下午

克家：

　　连接两封来信，读后心情，畅快无似。

　　让我先在此表示：你对"三十功名尘与土"一句的解释，确实是至当不易之论。是你从自己的创作实践中体会得来，不但发前人之所未发，也将是后来人所无法摇撼的。

　　只有照你的解说，才能把"三十功名"和"八千里路"二句解释得通畅无阻。因为，这两句既是相对为文，而又不是以前句的虚写对后句的实写的，则其与后句中"云和月"相对的"尘与土"，当然只能是指他长期战斗生涯中所亲自践履过的尘与土，而不会是视同尘土的抽象虚拟之辞。至于用前一句的纵写对后一句的横写，这更显而易见，可惜在这次的讨论文章中，还无一文把它道破。

也只有依照你的解说，才不但能使"三十功名尘与土"一句的意境"与全词高昂气概相吻合"，且还能使这一句与岳飞其他诗文中所表现的意境全相吻合。我在《再论》中所引录的建炎四年岳飞的两篇题记当中，一则说："俟立奇功……他时过此，得勒金石，不胜快哉！"再则说："如或……深入虏廷，缚贼主，蹀血马前，……取故地再上版籍，他时过此，勒功金石，岂不快哉！"《寄浮图慧海》诗中则又说"功业要刊燕石上"。这些话语的意境，何尝是把功名视同尘土呢？

我对"尘与土"三字既然还承袭着错误的理解，因而便不免感觉到这一句与其他诗文意境不相和谐。为求弥合其间的歧异，在《再论》第一节的最后，我曾费了许多笔墨。在得到你的这一解说之后，那一段文字便应全部作废了。古人惯用"一字之师"，而今我也套用此语，拜你为"三字之师"吧！可是说也奇怪，我们已是近六十年的老友，平时见面虽不是太多，然而每次促膝相谈，总都是上下古今，合"纵"连"横"，无所不谈，何独于这首《满江红》词，在许多人已经展开争论之日，甚至在我也已经决定参加讨论之时，而竟并无一次谈及呢？

《再论》中的论点得到你的赞同，"尘与土"三字又得到你的精辟的解析，这都使我极感欢欣鼓舞。但是，你说《再论》对《满江红》的真伪问题已"给以科学上的论证"，这却大有"内台喝彩"之嫌。我在文中所作出的论断，尽管在我是具有自信的，而且也已经得到你的赞同，但是，一个正在讨论中的问题，我的论断究竟能够得到广大读者的认可与否，毕竟还得看看有怎样的反应，不能遽尔视为定论。老友且先拭目以待吧！此复，祝好！

广铭　2月8日

陈龙川狱事考

《宋史》卷四三六,《陈亮传》中说:

  陈亮,字同父,婺州永康人。生而目光有芒,为人才气超迈,喜谈兵,论议风生,下笔数千言立就。……

  当淳熙五年,……诣阙上书,……书奏,孝宗赫然震动,……将擢用之。左右大臣莫知所为。惟曾觌知之,将见亮,亮耻之,逾垣而逃。觌以其不诣己,不悦。大臣尤恶其直言无讳,交沮之,乃有都堂审察之命。宰相临以上旨,问所欲言,皆落落不少贬,又不合。待命十日,再诣阙上书,……书既上,帝欲官之,亮笑曰"吾欲为社稷开数百年之基,宁用以博一官乎!"亟渡江而归。日落魄醉酒,与邑之狂士饮,醉中戏为大言;言涉犯上,一士欲中亮,以其事首刑部。侍郎何澹尝为考试官,黜亮,亮不平,语数侵澹,澹闻而衔之,即缴状以闻。事下大理,笞掠亮无完肤,诬服为不轨。事闻,孝宗知为亮,尝阴遣左右廉知其事,及奏入取旨,帝曰:"秀才醉后妄言,何罪之有!"划其牍于地,亮遂得免。

  居无何,亮家僮杀人于境,适被杀者尝辱亮父次尹,其家疑事由亮,闻于官,笞榜僮,死而复苏者数,不服。又囚亮父于州狱,而属台官论亮情重,下大理。时丞相〔王〕淮知帝欲生亮,而辛弃疾、罗点素高亮才,援之尤力,复得不死。

  亮自以豪侠,屡遭大狱,归家益励志读书,所学益博。……感孝宗之知,至金陵视形势,复上疏……欲激孝宗恢复。而是时孝宗将内禅,不报。由是在廷交怒,以为狂怪。

先是，乡人会宴，末胡椒，特置亮羹醢中，盖村俚敬待，异礼也。同坐者归而暴死，疑食异味有毒。已入大理，会吕兴、何念四殴吕天济且死，恨曰："陈上舍使杀我。"县令王恬实其事，台官谕监司选酷吏讯问，无所得，取入大理。众意必死。少卿郑汝谐阅其单词，大异曰："此天下奇材也，国家若无罪而杀士，上干天和，下伤国脉矣！"力言于光宗，遂得免。

寻绎这段文字，陈氏的系狱，前后共是四次：第一次是为了醉中戏为大言而涉犯上，第二次是为了家僮杀人于境，第三次是为了宴会中有毒害人的嫌疑，第四次是为了促使吕兴、何念四殴杀吕天济的嫌疑。首二次应是在淳熙五年（1178）以后连续发生的，后二次则是发生于淳熙和绍熙之间的。自《宋史》一出，以后各史书对于陈氏狱事的记载，便完全以此作了根据。近来间有人对此记事发生疑心，却未能予以充分的论证，以确断其误或不误。

《宋史》中的这些记载，是都有其来源的。而且那来源，还都好好地保存到现在。其一是叶适所作的《陈同甫、王道甫墓志铭》，另一是叶绍翁《四朝闻见录（甲集）》中"天子狱"一条。叶适文字中的一段是：

前此，乡人为宴会，末胡椒，特置同甫羹醢中，盖村俚敬待，异礼也。同坐者归而暴死，疑食异味有毒，已入大理狱矣；民吕兴、何廿四殴吕天济且死，恨曰"陈上舍使杀我！"县令王恬实其事，台官谕监司选酷吏讯问，数岁无所得，复取入大理，众意必死，少卿郑汝谐直其冤，得免。（《水心集》卷二四）

此与《宋史·陈亮传》所叙后二次狱事之文字几完全相同，知《宋史》所本为此。《四朝闻见录》甲集"天子狱"条下的记事为：

永康之俗，固号珥笔，而亦数十年必有大狱。龙川陈亮，既以书御孝宗，为大臣所沮，报罢居里，落魄醉酒，与邑之狂士甲命妓饮于萧寺，目妓为妃。旁有客曰乙，欲陷陈罪，则谓甲曰："既册妃矣，孰为相？"甲谓乙曰："陈亮为左。"乙又谓甲曰："何以处我？"曰："尔为右。吾用二相，大事其济矣。"乙遂请甲位于僧之高座。二相奏事讫,降阶拜甲,甲穆然端委而受,妃遂捧觞歌《降黄龙》为寿,妃与二相俱以次呼"万岁",盖戏也。先是,亮试南宫,何澹校其文而黜之,亮不能平,遍语朝之故旧曰:"亮老矣,反为小子所辱!"澹闻而衔亮,未有间。时澹已为刑部侍郎,乙探知其事,遂不复告之县若州,亟走刑部上《首状》,澹即缴《状》以奏,事下廷尉。廷尉,刑部属也,笞亮无全肤,诬服为不轨。案具,闻于孝宗,上固知为亮,又尝阴遣左右往永康廉知其事。大臣奏入取旨,上曰:"秀才醉了,胡说乱道,何罪之有!"以御笔画其牍于地,亮与甲俱掉臂出狱。

居无几,亮又以家僮杀人于境外,适被杀者尝辱亮父;其家以为亮实以威力用僮,有司笞榜僮,气绝复苏者屡矣,不服。仇家置亮父于州囹,又嘱中执法论亮情重下廷尉。时王丞相淮知上欲活亮,以亮款所供"尝讼僮于县而杖之矣",仇家以此尤亮之素计,持之愈急,王亦不能决。稼轩辛公与相婿素善,亮将就逮,亟走书告辛,辛公北客也,故不以在亡为解,援之甚至,亮遂得不死。时考亭先生、水心先生、止斋陈氏,俱与亮交,莫有救亮迹。亮与辛书,有"君举吾兄,正则吾弟,竟成空言"云。

此较《宋史》所记前两次事件的文字为详,而由二者的文字对看,知此段实即《宋史》之所本。然这段记事中毫无年月可寻,所记与叶适在《墓志铭》中所说的又完全两样,故《宋史》中叙为另外的两次。而将二叶所记相加,适成四次。

但在《龙川文集》中,我们却只能找出他两次入狱的痕迹,且又全不发生在淳熙十年之前。吕祖谦是陈亮平生最知心的人,在淳熙五、六、七各年中,二人交往书信最频繁。其中毫不见有陈氏入狱的迹影。他在写给韩无咎的信中诉说其所受的困厄也只说:

会亮涉历家难,穷愁困顿,零丁孤苦,皆世人耳目之所未尝及者,不幸十余年之间,大父母、父母相继下世,是以百念灰冷,不复与士齿。今但与妻孥并力耕桑,以图温饱,虽书册亦已一切弃去。(《陈亮集》增订本卷二七《与韩无咎尚书》)

这封信是写于淳熙六年的,其中并未道及入狱的事。而且叶适与陈氏的交谊，虽次于吕氏，但亦甚笃，既为陈氏作《墓志》而叙及其两次系狱的事，何以更有所漏略而留待叶绍翁氏加以补述呢？凡此，我们都不能不有所怀疑。

现在依照《宋史·陈亮传》叙事的序列，将叶绍翁所记的两次狱事试一一考订其发生的时间：

他所记第一次的系狱，仅仅牵涉到何澹一个人，说他那时候正作刑部侍郎，又正对陈氏怀有夙恨，所以便趁机报复了一下。但在《宋史·何澹传》中，仅说他曾作过兵部侍郎，无作刑部侍郎之说。再查其作兵部侍郎的年代，是在孝宗淳熙晚年，《宋史·何澹传》说：

> 澹本周必大所厚，始为学官，二年不迁，留正奏迁之，澹憾必大。

由《两朝纲目备要》及《宋史全文》中，知道何澹所作的学官是司业，经留正奏迁后又作了祭酒。其时已经是孝宗淳熙十三、四年。以后又为权兵部侍郎，到光宗受禅后除右谏议大夫，绍熙元年春同知贡举，二年秋即因母丧去职。留正于淳熙九年至十二年间知成都府，十三年方签书枢密院事，何澹在留正入相后方得由司业而迁为祭酒，倘使确曾作过刑部侍郎也必更在此后。又按陈亮与何澹间如确有仇恨，又确因何澹为考试官时黜抑陈氏所致，而何澹之同知贡举却在光宗绍熙元年春，则在淳熙时候，尤其是在淳熙十年之前，绝不会有借了自己的权势而酷待陈氏的事。

但这还只能摆脱了何澹对陈氏的关系，并不能说明陈氏在淳熙五、六年间之不曾入狱。那么，试再就叶绍翁所举陈氏首次入狱的原因而考明其发生的年月：

据绍翁所说，这原因既是为了落魄醉酒，和同乡狂士某甲醉后戏为大言而致犯上，因被某乙告发。这事件，在陈氏的一位同乡吕皓的《云溪稿》中，我们可以发现那位大言犯上的主犯，实是吕皓的长兄吕约。吕皓的《上孝宗皇帝书》中说：

> 仇人怨家，所竞不满百钱，至诬臣之兄以叛逆，诬臣之父以杀人，叛逆天下之大怼也，杀人天下之元恶也，非至棘寺终不能以自明。……狱告具而无纤芥之实，卒从吏议，以累岁酒后戏言而重臣兄之罪；搜挟微文，以家人共犯而坐臣父之罪。夫酒后果有一、二戏

言,而岂有异意?此所谓言动之过,而非故为之者也。深山穷谷之中,筚门圭窦之下,一时之戏言固不宜尽律以文法……且仇怨告讦之情,累岁不可知之事,所不应治也。

其《上王梁二相书》中也有同样的话,并说:

> ……夫深山穷谷之中,间阎败屋之下,酒后耳热,不识禁忌,此唐明皇所谓三更以后与五更以前者,若一一推寻而穷究之,则辗转相讦,疑似相乘,人无置足之地矣。今以累岁不可知之事,恍惚诞谩之言,一时告讦而使坐之,其将何所逃罪?……最其甚者,一行平人,本有何罪,因皓之兄得罪于仇人而皆有所坐!

这辩诉中所说的情形已和叶绍翁所记的很相似了,而在吕皓的《上丘宪宗卿书》中,更明白说出了"同里陈公"牵连在杀人一案之内,而这位陈公且是一位"名世之奇士",可知这里所指定是龙川,也可知龙川的被累只是宴会中置药谋毒一案,而与犯上案无涉。其共同的原告为同里中的卢氏父子,其发生的时间是孝宗淳熙十一年甲辰春。从《陈亮集》中,也能很清楚地将此次事件的经过情形查得出来。

这是陈氏系狱的第一次,而在叶适所作的《墓志铭》中却不曾叙及。这并不是叶适的漏略。由吕皓所上的书中,可知叶适所记因宴会中置药谋毒害人的嫌疑而入狱的事,实即这次入狱的确实原因。而关于置药杀人嫌疑之所由起,在吕皓《上丘宪宗卿书》中说道:

> 乡之奸民卢氏父子屡假是非以疑上司州县之听而不已,既诬某之兄有狂悖等语,事方得直,又复诬某之父与同里陈公药杀其父,虽有如阁下高明洞达,烛见物理,巨细不遗,亦未免致疑焉。……试以卢氏诬告之事,平其心而察之,使有人当十目所视而且饮他人之酒,后有一人几半月而死,病寝之际,医卜交至其门而皆能证其状,死且十日,其子忽声于众,谓"某与某药杀我父"而闻之官,官既穷究其事,决不复疑之而使之再冤也,真金顾岂嫌于数煅,但某父当兹垂白之年,复使婴木索,被棰楚,必无更生之望矣。有子三人,长既系于官,季则尚幼,某苟不知奔走哀号于前,庶几万一有以释阁下之疑,

而脱老父无罪而践九死之地,则不可为人子矣。……今以名世之奇士,与乡间之平民,皆职某之由,无故而屡遭械逮。尚复有面目俯仰乎天地间耶!

这案情至此便已完全明白:最初的起因,本是由于吕约和卢氏父子因有不满百钱的争论而结了仇隙,于是卢氏父子便撮拾了吕约在几年前所演的一幕滑稽剧而告发了他的叛逆之罪,其中牵连了不少的闾里平民,但其中有无陈氏在内,则殊难必。因为,据《陈亮集》(增订本卷三五)《孙贯墓志铭》看,吕约乃是陈氏的学生,其受学且早在乾道七、八年间,则师生间绝不会共同扮演那样的滑稽剧。若说陈氏之被累乃因其为吕约之师,倒是较为可能,但亦仅属可能,却未必即因此而入狱。嗣至吕约的叛逆罪名将要宣告不能成立,罪犯们全都可望开释的时候,卢家的做父亲的忽而病死,其子为要继续致吕氏父子于死地,于是乃将父亲的死因归咎在若干日前一次宴会的事情上,而以置药谋害罪告发了吕约的父亲吕师愈,另外也还涉及陈亮。根据吕皓的这封信,陈亮的入狱必是在这次的告发之后。

因为后一罪状乃是确实牵涉到陈氏的,所以叶适写入《墓志铭》中。因为前一件事最易被人引为笑谈,而且既被吕氏牵连入狱,在人们的谈笑中,自也难免将陈氏牵混于内,所以叶绍翁便又根据了传闻而记入《四朝闻见录》中,而不知那只是风影之谈。陈亮于《陈春坊墓志铭》中自述其系狱原因,只说是"药人之诬",于甲辰答朱熹书中也只说"初欲以杀人残其命",更可证叶适所记为符实。

除了二叶所记一虚一实的两种原因之外,这次的狱事还有另外的一些复杂背景。吕皓《上丘宪宗卿书》中又说:

> 自为富不仁之说不明,居民上者每以疑心待天下,谓凡汉吏号为良为能者,不过击搏一二豪姓巨族以扶植善弱而已,往往果于破坏富民而不之恤。殊不知……自我国朝纳天下于法度准绳之内,以至于今,富室无巨万之积,方且敛手就约束,求容于里巷,以庶几卒岁之安,岂有稔恶之久而不败者乎?而上之人又从而疑之,常怀忿疾之心,以幸疑似之事,此今之富民鲜有三世之久者,率由小人巧计

投上之所疑而因以坏也。某生长闾阎,盖多见之,未尝不为之痛心疾首,而岂谓今日遽见于吾家乎!

且某家世业儒而不废耕耨,代守勤俭以谨持门户,由是衣食之具仅免求人,而人亦未有以为疑也。时饥则随所有以济人之急,……而乡之奸民卢氏父子屡假是非以疑上司州县之听而不已。

据此,则知卢氏的告讦,官吏的重治,虽则都是以临时发生的事情作为借口,而背后的重大原因却是为了共同妒视吕家的资产之富。再看叶适所作吕师愈的《墓志铭》,说他"用一扇十年,尚补缉之;道遇坠炭数寸,亦袖携以归",则说不定是吕氏家人因富有之故而平素既骄且吝,有以致之的。

陈亮的情形,也不是很单纯的,在他的甲辰答朱熹书中说:

如亮今岁之事,虽有以致之,然亦谓之不幸可也。当路之意,主于治道学耳。亮滥膺无须之祸,初欲以杀人残其命,后欲以受赂残其躯,推狱百端搜寻,竟不得一毫之罪,而撮其《投到状》一言之误,坐以异同之罪,可谓吹毛求疵之极矣。最好笑者,狱司深疑其挟监司之势,鼓合州县以求赂,亮虽不肖,然口说得,手去得,本非闭眉合眼、矇瞳精神、以自附于道学者也。若其真好贿者,自应用其口手之力,鼓合世间一等官人,相与为私,孰能御者?何至假秘书诸人之势,干与州县以求贿哉!狱司吹毛求疵,若有纤毫近似,亦不能免其躯矣。……

亮之居乡,不但外事不干与,虽世俗以为甚美,诸儒之所通行,如社仓、义役及赈济等类,亮力所易及者,皆未尝有分毫干涉,只是口唠噪,见人说得不切事情,便喊一响,一似曾干与耳。凡亮今日之坐谤者,皆其虚影也。惟经狱司锻炼,方知是虚。然亮自念,有虚形而后有虚影,不恤世间毁誉怨谤,虽可以自立,亦可以招祸。(《陈亮集》增订本卷二八)

在乙巳春间给朱熹的另一封信中说:

丘宗卿亦受群儿谤伤之言,半间半界,州府卒归狱于赵穿。亮

以此身既存而不复问矣。世途日狭,亮又一身不着行户,宜其宛转陷于榛莽而无已时也。(同上)

他还在《谢王丞相启》中说:

伏念某性固小异,命亦多奇,纵居不择乡,岂为恶人之道地;使行或由径,宁通小吏之金钱!(《陈亮集》增订本卷二六)

这些话语,至少又可证知两事:一为陈氏的罪名,除了置毒杀人之外,还有干预州县、贪求贿赂一项;二为其时的当政者立意惩治"道学",而也认陈氏为其中人士之一,所以特别加重治罪。

抄引了以上许多文字,我的意思只在说:陈氏的首次系狱,是由平素所积累的许多复杂原因所造成的一件事实,叶绍翁所记的狂言犯上案中,也把陈氏牵连在内,实出于传闻之误;而叶适所记,则只是许多原因中的一种。只因为叙事和年代的不够明确,便被《宋史》编撰者误认作发生于不同时间的两次狱事了。

在吕皓的《上丘宪宗卿书》中曾说到丘氏对吕父及陈亮的置药杀人的事也不免致疑,在陈氏写与朱熹的信中也有"丘宗卿亦受群儿谤伤之言,半间半界"的话,更可证知不但吕、陈为同一案件中的犯人,且可知这一案情,其中各犯人的罪名,前后是有过几次的改变的。

这次的案子,是结束在淳熙十一年五月末,据陈氏与朱熹书,知其被释是在五月二十五日。另据吕皓的《畏天惧法碑》,知吕师愈的被释是在同月的二十九日。又据陈亮的《陈春坊墓碑铭》说:

甲辰之春,余以药人之诬,就逮棘寺,更七八十日而不得脱。
(《陈亮集》增订本卷三六)

由五月二十五日上推八十日,为三月初五,则陈氏入狱的日期,也可约略求得了。

既然确定了陈氏第一次系狱是在淳熙十一年,而且二叶所记的两种罪名只是这次系狱的许多种原因中之两种(而且是一虚一实),则他们所记后一次的系狱事迹,现在可以很容易地加以解决了。

叶绍翁所记是说,在陈氏第一次脱狱之后,又发生了"家僮杀人于境外"的事,叶适则说是有"民吕兴、何廿四殴吕天济且死";叶绍翁记为"仇家置亮父于州囹,又嘱中执法论亮情重下廷尉",叶适则记为"台官谕监司选酷吏讯问无所得,复取入大理";援救陈氏最力的人,叶绍翁以为是辛弃疾,叶适则以为是少卿郑汝谐。既有这许多不同的节目,于是《宋史》又将绍翁所记列为陈氏第二次的系狱,而将叶适所记列为第四次的。

依了叶绍翁所记这次的入狱原因,我们到《陈亮集》中去找,在其《谢郑侍郎启》中,可找见下列的话:

> 俄而积世之冤,端若从天而下:涂人相杀,罪及异乡;当路见憎,勘从旁郡。恟恟之势可畏,炎炎之焰若何!一死一生,足累久长之福;十目十手,具知来历之非。莫弭人言,爱兴诏狱。是非错出,真伪相淆,不以大公而并观,孰从众证而细考?附法以杀,虽百喙以何言;出意而行,恐单词而无据!(《陈亮集》增订本卷二六)

这里所记,和叶绍翁所谓"家僮杀人于境外",以及"中执法论亮情重,下廷尉"等事,完全相合,其所指自是同一事件。另外,陈亮还有许多谢启,其中的措辞与所述诬枉的情形也全相同,如《谢胡参政启》有云:

> 老之将至,乃挂网罗。苟有一迹之可疑,岂逃十目之所指?自嗟命薄,适值途穷。一口传虚,縶路人而为罪;三年置对,任狱吏之便文。不思讼者之谓谁,但使仇人之逞志。鞫之又鞫,疑于无疑。(同上)

《谢陈同知启》有云:

> 怨之所在,明者不知,苟有邪心,虽路人亦甘于就縶;至遭毒手,盖坐客尽知其为冤。第以当路之见憎,况复旁观之共谤。怨家白撰于其外,狱吏文致于其中。俨然凶人,无一可免。置之诏狱,凡百谓何!(同上)

《谢罗尚书启》有云:

> 向也路人,俄而重辟。睠木索之皆具,宁发肤之可全!苟以疑

似残其躯,岂敢为当涂而自爱;至于罗织剿其命,亦恐成圣世之失刑。竟不察于人言,爰特兴于诏狱。半毫以上,皆凿空无据之词;十目之间,有左验甚明之实。(同上)

这些谢启中既都说到路人相杀,则毫无问题,都是第一次出狱之后同时发出的。此外更有谢留丞相、葛知院、何正言诸启,也是的。今查胡参政为胡晋臣,于光宗绍熙元年十二月至四年三月参知政事;陈同知为陈骙,于绍熙三年六月至四年三月同知枢密院事;罗尚书为罗点,于绍熙三年至五年为兵部尚书;留丞相为留正,于淳熙十六年至绍熙五年为丞相;葛知院为葛邲,于绍熙元年十二月至四年三月知枢密院事;何正言为何异,于绍熙四年为右正言。从这里可以断定,这次狱事的发生,是在绍熙初年,其了结的时期,至早和至晚,都不得出绍熙三年,即陈氏举进士之前一年。叶适于所记后一次的狱事之下,即紧接着一句"未几,光宗策进士,擢第一"的话,则与叶绍翁所记的后一次仍不得不是一件事。谢启中之尤关重要的,是写给郑侍郎的一件,其中所叙的事既同于叶绍翁的记载,而谢启的受者郑侍郎,又正是叶适所记的少卿郑汝谐。有如一座桥,这谢启使二叶的记事有了联系。按,郑汝谐在《宋史》中无传,据《青田县志》,他是绍兴二十七年的进士,孝宗时因丞相洪适的推荐授两浙转运判官,转江西转运使,入为大理少卿,持公论释陈亮,历官吏部侍郎。此必是当陈氏系大理狱中的时候,郑汝谐适为大理少卿,而当陈氏被释之后,向诸人致书道谢的时候,已经又改为吏部侍郎,故陈氏即以侍郎相称。而《青田县志·艺文志》中,也采入陈氏这一谢启,并于其下注云:"郑侍郎名汝谐。"二叶所记之为一事,至此当更无可疑。则叶适所记的吕兴、何念四二人,其中必有一人曾作过陈亮的家僮,而吕天济必即是叶绍翁所说"曾辱亮父"的人。

这次的狱事,所以又使得二叶有了不同的记载,固然是由于传闻异词,而另一方面也是因为和上次的狱事一样,这次亦复有些别的背景。从《陈亮集》中可以考见的,其主要的原因是在于人人都知道他的贫困,但又多见其有"任侠豪强"的行为,于是不免起了疑忌而谋加摧残。其《谢葛知院启》说:

既置身于无用,宜取祸以难明。下流而致缙绅之见推,从何自取? 穷居而使衣食之粗足,似若无因。谓其豪强,处以任侠;加虚谤于实事,入信语于疑心。……酝在平时,合成奇祸。重以当涂之立意,加之众怨之凿空。(同上)

《谢郑侍郎启》说:

身名俱沉,置而不论,衣食才足,示以无求。人真谓其有余,心固疑其克取。而况奴仆射日生之利,子弟为岁晏之谋,怨有所归,谓可从于勿恤;内常无慊,岂自意其难明!(同上)

《谢何正言启》说:

同故旧之戚休,乃名任侠;通里闾之缓急,见谓豪强。欲为饱暖之谋,自速摧残之祸。谤出事情之外,百喙莫明;变生意料之余,三肱并折!(同上)

可见这次的狱事,依旧是陈氏平素的行为不为世俗所谅解而引惹来的;其因家僮杀人于境外而受牵累,又只是仇家临时攫得的借口而已。

陈氏为其妻弟何少嘉所作的《墓志铭》说:

绍熙改元,冬十有二月,狱事再急。月之六日,少嘉无疾而死,予为之惊呼曰:我其不免于诏狱乎,少嘉死,是恶证也!(《陈亮集》增订本卷三六)

其所作《凌夫人何氏墓碣铭》又说:

未几而坚母亦死,实绍熙改元十月之一日,得年五十有一,而求余铭其墓,……余心许之,而困于囚系,小定,则坚来曰:"坚以其年十二月丁酉葬坚母于县西三里,……墓内之志已矣,何以相其墓上乎?"

按十二月丁酉为十七日,据上引两段文字,可知陈氏此次入狱,必在绍熙元年(1190)十二月。又据陈亮《与章德茂书》,知此次系狱的地点,是在大理狱三衢分狱中。

在陈氏谢启中所屡次提及的"当路见憎",以及叶适所说"谕监司选酷吏讯问"的那位台官,大概都是指何澹说的。因为,何澹于光宗受禅后即改除谏议大夫,绍熙元年春礼部试时又曾知贡举,其威权正日渐增加。如果将叶绍翁所记"何澹校亮文而黜之"的事,定为发生于此年,两人自此有了仇隙,则于是冬陈氏系狱,也正是何澹有机会而且有权力进行报复的时候。

叶绍翁的记事中,错误并不止一端。其所记后一次的狱事,说"仇家置亮父于州圄",又说"时王丞相淮知上欲活亮",在我们既已考知陈氏第二次系狱的确实年月之后,即可知这两点也是完全弄错了的。陈氏的父亲次尹,也作过狱囚是事实,但那事实却是发生在乾道二年至四年的,他的死去是在乾道九年十二月(见《陈亮集》增订本卷三五《蔡元德墓碣铭》),到淳熙时候尸骨已枯,自不能再入州圄。王淮罢相,事在淳熙十五年夏,到光宗受禅后去职已久,自也无预于陈亮系狱的事。然而这错误的两点,却又全被《宋史·陈亮传》沿袭了。

陈氏于绍熙三年春出狱,次年春即状元及第,又次年即逝世。在淳熙十一年(1184)之前,不曾有过系狱的事;在淳熙十一年和绍熙元年至三年的两大狱事中间,也不曾有过系狱的事;在绍熙三年被释之后,更不会再有过系狱的事。因而,陈氏一生共仅系狱两次,是一件确确凿凿的事。二叶所记的不同的原因,只是由"亲见之与传闻之"的不同所造成的罢了。《宋史》误记为四次,那是撰修人应负失察之责的。

最后,还有一项最重要的证据,那便是陈氏自己于状元及第之后和去世之前不久所写的《告高曾祖文》中的几句话:

> 高安既殁,十年之间,亮两以罪系棘寺,实为我祖先之羞。(《陈亮集》增订本卷三〇)

高安,是指陈氏的叔祖陈持而言,因为他曾作过高安县主簿。据吕祖谦所作陈持的《墓志铭》,他是卒于淳熙二年八月十一日的。自淳熙二年至绍熙三年,前后共将二十年,而陈氏却说"十年之间两以罪系棘寺",可见他的系狱,自淳熙二年以来共只两次。而这两次又都是在由绍熙三年逆溯而计的十年之内发生的,则以上所论述的各点,到此已完全成为定案了。

(原载天津《益世报·读书周刊》,1936年3月12日)

朱唐交忤中的陈同甫

朱熹弹劾唐仲友悦斋的事，其起因如何，由于唐氏文集的失传，我们只能在朱氏的文集中看到一面之词，即他弹劾唐仲友的六道奏章（《朱文公文集》卷一八、一九），但奏章中颇有深文周纳之处，而个中真相则无从考知。在周密的《齐东野语》卷一七《朱唐交奏本末》一则中云：

> 朱晦庵按唐仲友事，或云"吕伯恭尝与仲友同书，会有隙，朱主吕，故抑唐"。是不然也。盖唐平时恃才，轻晦庵，而陈同父颇为朱所进，与唐每不相下。同父游台，尝狎籍妓，嘱唐为脱籍，许之。偶郡集，唐语妓云："汝果欲从陈官人耶？"妓谢。唐云："汝须能忍饥受冻乃可。"妓闻大恚。自是，陈至妓家，无复前之奉承矣。陈知为唐所卖，亟往见朱，朱问："近日小唐云何？"答曰："唐谓公尚不识字，如何作监司！"朱衔之，遂以部内有冤狱，乞再巡按。既至台，适唐出迎少稽，朱益以陈言为信，立索郡印，付以次官，乃摭唐罪具奏，而唐亦作奏驰上。时唐乡相王淮当轴，既进呈，上问王，王奏："此秀才争闲气耳。"遂两平其事。详见周平园、王季海日记。而朱门诸贤所著《年谱》《道统录》乃以季海右唐而并斥之，非公论也。其说闻之陈伯玉式卿，盖亲得之婺之诸吕云。

其中既说是"详见周平园、王季海日记"，当然最好能找到二人的日记一看，但王季海虽然做过不少年岁的宰相，而身后却没有著作流传下来，周平园的集子卷帙浩繁，其中也有他从政时的日记，而朱唐交奏的事却并不见有只字道及。单据周密的记载看来，这一桩公案之所以造成，其关键全在陈同父的身上，如果没有陈氏构陷唐氏的一番话，朱熹便不会再到台州去巡按,自然也就不会有跟踪而来的种种是非了。

在周密的这段记载之前,尚有吴子良在《荆溪林下偶谈》卷三关于此事的一段记载云:

> 金华唐仲友字与正,博学工文,熟于度数,居与陈同甫为邻,同甫虽工文,而以强辩侠气自负,度数非其所长。唐意轻之,而忌其名盛。一日,唐为太学试官,故出《礼记》度数题以困之,同甫技穷见黜。既揭榜,唐取同甫卷示诸考官,咸笑其空疏,同甫深恨。

> 唐知台州,……政颇有声,而私于官妓,其子又颇通贿赂。同甫访唐于台州,知其事,具以告晦翁。时高炳如为台州倅,才不如唐,唐亦颇轻之。晦翁为浙东提举,按行至台,炳如于前途迓而诉之,晦翁至,即先索州印,逮吏旁午,或至夜半未已,州人颇骇。唐与时相王季海为乡人,先密申朝省避嫌,及晦翁按章后,季海为改唐江西宪,而晦翁力请去职。

据此段所说,则唐之忤朱,虽也由于陈氏之谗言,而主要的却还是由于高文虎的潜诉。

《四库全书总目提要》中,完全相信周密的记载,在好几个地方均加引用,如《帝王经世图谱》的提要中有云:

> 朱右《白云稿》有题宋濂所作《仲友补传》云:"在台州发粟赈饥,抑奸拊弱,创浮梁以济艰涉,民利赖焉。"则仲友立身自有本末,其与朱子相轧,盖以陈亮之诬构。观周密《齐东野语》所载"唐朱交奏始末"一条,"台妓严蕊"一条,其事迹甚明,未可以是病仲友也。

又,《龙川文集》的提要中有云:

> 亮与朱子友善,故构陷唐仲友于朱子,朱子不疑。

又,《龙川词》的提要中有云:

> 考亮虽与朱子讲学,而不废北里之游,其与唐仲友相忤,造构于朱子,朱子为其所卖,误兴大狱,即由亮狎台州官妓,嘱仲友为脱籍,仲友沮之之故。事载《齐东野语》第十七卷中。

但《宋元学案》全谢山所修撰的《说斋学案》中，则又偏信《荆溪林下偶谈》中的说法，认为《齐东野语》归其罪于陈氏为失实，并以为"文虎小人之尤，殆曾出于其手"。

今按：朱熹之纠弹唐氏，态度至为峻激忿厉，而其弹章中所列举的罪状，却只是反覆于狎昵官妓严蕊等人，以及所谓促限催税、蓄养亡命等事，甚至以官钱刊行荀、扬诸子之书也被列为罪状之一，则可见其有意周纳，盖是先已决意要加之以罪而临时捃摭数事以为辞者。借此可以断言，朱氏之所以出此，必系对唐另有私憾，而此私憾之生又必系有人居间拨弄而成者。

士人或官吏之狎妓，在宋代本是一件很平常的事，如单以此事向朱氏陈诉，当不会使他如彼其忿忿，则用作拨弄的口实者，自必于狎妓之外另有对朱氏个人简傲不恭之处。《荆溪林下偶谈》仅记高文虎的迎诉而不记其所诉为何，殊失简略，而《齐东野语》所记"唐谓公尚不识字，如何作监司！"的话，倒很像当时必不可少的诬词，无怪乎《四库提要》信之不疑了。但若因为相信《齐东野语》中所载的诬词近真而即断言造作诬词的就是其所指的陈同甫，便不免又发生问题了！

以《龙川文集》和《朱文公文集》以及《朱子年谱》诸书合看，知道朱氏和陈同甫有一次的晤面是在朱氏做了浙东提举之后，淳熙九年（1182）的正二月之交。到这一年的秋七月，朱氏方由绍兴府的属县而巡历到台州界内，弹劾唐氏的事情也即在这一月内发生。留台不去，前后凡六上弹章，至八月十八日才又离开台州到处州的缙云县去。在春初朱陈晤面之顷，虽也曾约定了下一次晤面的时间和地点，但直至弹劾唐氏的事情发生之时，甚至直到更后，这约会始终没有实践。则周密所说"陈知为唐所卖，亟往见朱，……朱衔之，遂以部内有冤狱，乞再按台"云云，其节次并不相合。

又查朱、陈二人相见之后，朱氏首先致信陈氏，邀他偕同陈君举一同到绍兴官舍去见面，陈氏则先是因为等待陈君举，后来又因为天气的旱热，终于并未前去，只在这一年的夏秋二季中往返了两次书信，这些书信在两人的文集中现在还都可以查到，其中亦全无一语涉及唐氏。

唐氏在被弹劾之前，本已有了提点江西刑狱的除命，因了朱氏的逼胁,这新的任命终于被罢,而在罢唐之后,却又改除朱氏提点江南西路刑狱,使他填了唐氏的阙,这似乎是当朝的人故意向朱氏开此玩笑,使他蒙受"蹊田夺牛"之讥,朱氏当然非力辞不可,于是在九月中旬便回到了福建的武夷山中,此后半年有余,朱、陈之间连信息也没有再通。到淳熙十年的秋季,陈氏方才写信给朱,其中的一大部分均是论朱、唐事件者:

> 台州之事,是非毁誉往往相半,然其为震动则一也。世俗日浅,小小举措已足以震动一世,使秘书得展其所为于今日,断可以风行草偃。……《震》之九四有所谓"震遂泥"者,处群阴之中,虽有所震动,如俗谚所谓"黄泥塘中洗弹子"耳,岂有拖泥带水便能使其道光明乎!去年之举,《震》九四之象也。以秘书壁立万仞,虽群阴之中亦不应有所拖带;至于人之加诸我者,常出于虑之所不及,虽圣人犹不能不致察。奸狡小人,虽资其手足之力,犹惧其有所附托,况更亲而用之乎!物论皆以为凡其平时乡曲之冤,一皆报尽,秘书岂为此辈所使哉,为其阴相附托而不知耳。既为此辈所附托,一旦出于群疑之上而有所举措,岂不为其拖带乎!况更好人恶人,皆因其平时所不快而致其拖带之意,秘书虽屹然为壁立万仞之举,固不能使其道光明矣。二家各持一论,惟亮此论为甚平,未知秘书以为如何?……刘越石一世豪杰,乃为令狐盛所附托。方知孔子所谓"远佞人"者,是真不可不远也。……
>
> 亮平生不曾会说人是非,唐与正乃见疑相谮,是真足当田光之死矣。然穷困之中又自惜此泼命,一笑。(《陈亮集》增订本卷二八《癸卯秋书》)

从末段的几句话看,知道在唐氏本人亦以"相谮"致疑于陈氏,故陈氏亟以自白,则吴子良和周密二人的记载也全算是事出有因的。但是倘使陈氏果有谮唐的话语,应是在淳熙九年春初与朱氏晤见时候说出的,而朱氏的仓遽按台乃远在半年之后,已可证此种假定之不能成立。又,倘使如吴子良所记,先有陈氏诉唐私于官妓的事,后有高炳如迎诉于途的事,而认为二者都为朱氏忿忿于唐氏的原因之一,也觉于事理不合。因为,官吏私于官妓既为宋代惯见的事,则偶尔向人道及并不能算作"相

朱唐交忤中的陈同甫

潜";如果以为如此便是"相潜",则既已潜于朱氏面前,而又于致朱的书信中自行否认其事,出尔反尔,反更足以招致朱氏的轻蔑,此在陈氏固必不肯为,在任何人也必不会出此的。更何况此书前面的许多话语全是对朱氏所进的诤言,其中首先即谓朱氏在台州的措置虽可震动一时,而终犯了《震》之九四所谓"震遂泥"之弊,后面又说这是受了奸狡小人的蒙蔽而阴相附托,且又说"物论皆以为,凡其平时乡曲之冤一皆报尽",则暗中所指必系不待言说即为朱氏可喻之人,而朱氏回信中对此亦不加辩白,又必系朱氏一方面既承认其自身确是为人蒙蔽,另一方面也承认陈氏暗中所指为奸狡小人者确为不诬。可惜他们都未肯明指其姓氏,传闻失实,陈氏竟代替了他们指为奸狡小人者而受谤,我们虽欲为陈氏申雪,也遂苦于难确指此小人之为谁何。在没有办法之中,我们还只好取信吴子良所说的下半段,并采取全谢山的判词:"文虎小人之尤,殆曾出于其手。"

(原载天津《益世报·读书周刊》,1937年5月27日)

辨陈龙川之不得令终

陈龙川于宋光宗绍熙四年(1193)举进士第一,次年即在家逝世,享年五十二岁。各书所载,率皆如此。唯在李幼武《名臣言行录外集》卷一六《陈亮传》中有云:

> 绍熙四年举进士,上亲擢之第一。授建康军节度判官,次年卒,享年五十有五。

今按:陈氏生于高宗绍兴十三年(1143),至绍熙五年(1194),依中国计算年龄的旧法,恰为五十二岁。《言行录》中既也承认陈氏卒于绍熙五年,则其"享年五十有五"一句,显系错误。这错误若不是刻书的手民所造成,则必出于撰作者推算之偶尔未审,是可以断言的。

关于陈氏的死因,最先加以记载的,是叶水心(适)的《陈同甫王道甫墓志铭》,其中说:

> 光宗策进士,擢第一。既知为同甫,则大喜曰:"朕亲览,果不谬。"授建康军签判。

> 同甫虽据高第,忧患困折,精泽内耗,形体外离,未至官,病,一夕卒。(《水心集》卷二四)

这分明说陈氏乃是因病致死的。而他的病又是由于平素的忧患所积成,并非单纯的临时病症。据"形体外离"句,或可推想为因中风而致体形稍变或嘴歪眼邪之类,病重则易致猝死也。

吴师道的《敬乡录》,也沿用叶氏此说,以为陈氏是患病死的。

只有方回在其《桐江集》中,对于陈氏的死因有另一种说法。

《桐江集》卷三有《读〈陈同甫文集〉跋》三篇，第一篇是记叙陈氏和朱子以及陈止斋(傅良)诸人辩论王霸义利一案的本末的。第二篇是评论陈氏的文章和气度的，其结尾云：

> 同甫幸脱囹圄，卒不令终，殆器识亏欠为之。惜其遇朱、吕二公而不能有所化也。

第三篇首段节录叶水心记叙陈氏两次系狱的文字，次段即依据自己的传闻而驳正叶氏的记载，末段则详记陈氏不得令终的原委。其全文如下：

> 陈同甫两下大理：其一，乡人宴会，末胡椒置同甫羹中，同坐者归而暴死，疑有毒，连坐及同甫。其一，民吕兴、何廿四殴吕天济且死，恨曰："陈上舍使杀我。"县令王恬实其事，台官谕监司选酷吏讯问，复入大理。——此叶水心所书墓铭也。
>
> 然予闻婺之富人子携妓游某寺，登讲堂，妓歌《降黄龙》劝酒。富人子，骏子也，容令如即尊位状，后妓而相同甫。以此遂兴大狱。孝宗抹狱卷，置不问。水心不书。
>
> 又同甫魁天下而归，虐使桶匠，欲取其女，俾为方桶。桶可圆不可方，同甫百端怒詈，匠恨甚，以桶刀杀之。水心亦讳不书。曰："病，一夕卒。"非也。
>
> 侂胄得志，庆元党五十九人，有起废为尽力者，叶水心且不免，使同甫无恙，其出处向背，盖未可知云。

此中所述陈氏系狱始末，所谓"予闻"也者，与叶绍翁《四朝闻见录》所记大致相同而又较略，当即本于叶书，其为诬妄不足信，我在《陈龙川狱事考》一文中已详加考辨，兹不再赘。至其所述陈氏死于非命的事，于情于理也全不相合。因为：

第一，木桶并非"可圆不可方"，因而"俾为方桶"并不能构成一件刁难的事实。

第二，陈氏既经大魁天下，倘使确欲得一桶匠之女，要威吓或要利诱，似乎都不缺乏更有效的方法，因而按之正常事理，可断言其绝不会拿造方桶的题目与桶匠为难。

第三，陈氏于及第荣归之后，所作有《刘和卿墓志铭》及《吕夫人夏氏墓志铭》等文，前一篇作于绍熙四年九、十月间，其中有云：

> 今年夏秋之交，余得第东归，趋本郡谢，则闻君死矣。……余自念投老，蒙上误恩，擢先众俊，精神筋力，往往尽矣，愧无以报称也，将遗落世事，痛自啬养，以庶几万一焉，而敢费心思于文字间以重其羞？

后一篇作于绍熙五年春季，其中有云：

> 余方叨被误恩，褒嘉之语，非所宜蒙；训诫之辞，不遑宁处。思所以休息暮年而报称天地之造者，惧未之逮，而敢言文乎。

从中可知陈氏在打算以一身而任天下之重，惟恐自身的筋力和精神衰弱不济事，而在加意地保养调护。在此情况下，其不会有荒唐无耻之行，不会有要强取桶匠女儿的事，更是可以断言的。

第四，陈氏一生与道学家们对立，其同时以及稍后的道学家或附和道学家的人们，对于陈氏的一言一行莫不伺隙加以掊击，单是朱熹批评陈氏的话，在其《语类》中即已够特辟专篇，倘使陈氏的死因确如方回所说，朱氏师生绝不会等闲放过不提的，然而各家的记载中却都不见此说。方回生于宋理宗宝庆三年（1227），上距陈氏之死已将近四十年，其作此篇《跋文》之时，更已入于元代，距陈氏之死已及百年，突然出此怪说，而又不明载其本之何书或闻诸何人，实际上也就无异于自行标明其为一桩无稽之谈了。

第五，方氏之为人，倾诈翻覆，备极恶毒，具见于周密的《癸辛杂识》别集卷上"方回"条，兹摘录于下：

> 方回字万里，号虚谷，徽人也。其父南游，殂于广中。回，广婢所生，故其命名及字如此。……
>
> 其处乡，专以骗胁为事，乡曲无不被其害者，怨之切齿，遂一向寓杭之三桥旅楼而不敢归。老而益贪淫，凡遇妓则跪之，略无羞耻之心。……
>
> 时年登古希之岁，适牟献之与之同庚，其子成文与乃翁为庆，且

征友朋之诗。仇仁近有句云:"姓名不入六臣传,容貌堪传九老碑。"且作方句云:"老尚留樊素,贫休比范丹。"(方尝有句云:"今生穷似范丹。")于是方大怒,褰牢而贬已,遂摭"六臣"之语,以此比今上为朱温,必欲告官杀之。诸友皆为谢过,不从。仇遂谋之北客侯正卿,正卿访之,徐扣曰:"闻仇仁近得罪于虚谷,何邪?"方曰:"此子无礼,遂比今上为朱温。即当告官杀之。"侯曰:"仇亦只言六臣,未尝云比上于朱温也。今比上为朱温者执事也,告之官则执事反得大罪矣。"方色变,侯遂索其诗之原本,手碎之,乃已。

先是,回为庶官时,尝赋梅花百咏以谀贾相,遂得朝除。及贾之贬,方时为安吉倅,虑祸及己,遂反锋上十可斩之疏以掩其迹,时贾已死矣,识者薄其为人。有士人尝和其韵,有云:"百诗已被梅花笑,十斩空余谏草存。"所谓十可斩者,盖指贾之倖、诈、贪、淫、褊、骄、吝、专、谬、忍十事也。以此遂得知严州。

未几,北军至,回倡言死封疆之说甚壮,及北军至,忽不知其所在,人皆以为必践初言死矣,遍寻访之不获,乃迎降于三十里外。鞑帽毡裘,跨马而还,有自得之色。郡人无不唾之。遂得总管之命。遍括富室金银数十万两,皆入私橐。

有老吏见其无耻不才,极恶之。及来杭,复见其跪起于北妓之前,口称"小人",食猥妓残杯余炙。遂疏为方回十一可斩之说,极可笑。大略云:

"在严日,虐敛投拜之银数十万两,专资无益之用,及其后则鬻于人,各有定价。市井小人求诗序者,酬以五钱,必欲得钱入怀,然后漫为数语。市井之人见其语草草,不乐,遂以序还,索钱,几至挥拳。此贪也。

寓杭之三桥旅舍,与婢宣淫,撼落壁土,为邻人讼于官,淫也。

一人誉之则自视天下为无人,大言无当,以前辈自居,骄也。

一人毁之则呼号愤怒,略无涵养,褊也。

在严日,事皆独断以招赂,不谋之同寅。专也。

有乡人以死亡告急者,数日略不之顾。吝也。

凡与人言,率多妄诞。诈也。

> 回有乞斩似道之疏以沽名，及北兵之来，则外为迎拒之说而远出投拜，是侥幸也。
>
> 昔受前朝高官美职，今乃动辄非骂，以亡宋称之，是可忍也孰不可忍也？
>
> 年已七旬，不归田野，乃弃其妻子，留连杭邸，买少艾之妾，歌酒自娱，至于拜张朱二宣慰以求保解，日出市中买果肴以悦其婢。每见猥妓，必跪以进酒，略不知人间羞耻事，此非老谬者乎！
>
> 使似道有知，将大笑于地下矣。"
>
> 其说甚详，姑书大略如此。

其为人既如此恶滥无行，而又企图用文字将此等恶迹加以掩饰，借以欺蒙千百年后的读书人，且将中年以前的作品如特为献媚于贾似道而作的《梅花百咏》等篇，概不收录于文集之内，故《桐江集》内所收大都入元以后之作。其中弹劾贾似道诸疏虽作于宋末，但文前均附有《上书本末》，知其亦为后来所追记。凡此晚年诸作，几于言必称程朱，对于非程朱派的人物则肆口丑诋，处处皆装腔作态，企图厕身于道学之林。其所记陈氏不得其死的事，必即是以这样的居心而特地捏造者。

全谢山在《陈同甫论》中，对于方回这篇《跋文》也曾加以痛斥：

> 至若反面事二姓之方回，亦深文以诋同甫，谓其登第后以渔色死非命，是则不可信者。同甫虽可贬，然未许出方回之口，况撅流俗人之传闻以周内之哉！（《鲒埼亭集》卷二九）

全氏此论，虽似乎是以人废言，而以方回的为人，他的话却的确是在所必废的。

以上云云，虽则对于方回的话已经加以驳斥，而对于龙川之因"病"致死，却还没有举出确凿的证据，今且列举于下：

陈龙川活得艰辛，死得寂寞。死了之后，他平生的友朋之中，竟很少人肯为文哀悼他。朱熹没有作，陈止斋也托词于"不胜悲"而没有作。作了的，似乎只有辛稼轩和叶水心二人，而在这两篇祭文中便都可找出陈氏因病致死的佐证。

辛氏的祭文有云：

> 闽浙相望,音问未绝,子胡一病,遽与我诀!呜呼同父,而止是耶!(《宋名臣言行录·外集》卷一六)

这几句简单的吊语,很明确地说明陈氏之死只是因为病,字里行间,绝无可以启人疑窦的暗示。

叶氏的祭文有云:

> 子不余谬,悬俾余铭。且曰"必信,视我如生"。畴昔之言,余不敢苟。哀哉此酒,能复饮否?(《水心集》卷二八)

吴子良《荆溪林下偶谈》中的"水心合铭陈同甫、王道甫"条,可作为叶氏这几句话的详细注脚看:

> 水心少与陈龙川游,龙川才高而学未粹,气豪而心未平,水心每不以为然也。作《抱膝轩》诗,镌诮规责,切中其病。是时水心初起,而龙川已有盛名。龙川虽不乐亦不怒。垂死,犹托铭于水心,曰:"铭或不信,吾当虚空中与子辨。"故水心祭龙川文云:"子不余谬,悬俾余铭,且曰'必信,视我如生。'"……
>
> 水心既尝为铭,而病耗失之,后乃为集序,精峭卓特,叹其才不为世所知,世所知者科目耳。又谓同甫之学唯东莱知之,晦庵不予又不能夺,而予犹不晓。皆所谓"必信"者。……
>
> 水心于龙川,自少至老,自生至死,只守一说,而后辈不知本末,或以为疑,此要当为知者道也。

今按,吴子良生于宁宗庆元三年(1197),上距陈氏之死为时仅三年余。到十六岁他从学于叶水心的弟子陈耆卿,二十四岁以书通叶水心,再后便成了叶氏的及门弟子。对于龙川的生平行实,以及他和叶氏的关系,吴氏的见闻自当较为的实,因而他这段记事也必不至有何不可靠处。从这条记事当中,我们当能推绎出一个结论来,即既然在垂死的时候还能托铭于人,则陈氏绝非暴死的。

但叶氏的祭文中一则曰"悬俾余铭",再则曰"畴昔之言",似乎陈氏之向叶氏托铭未必即在垂死之时,是则吴子良的"垂死犹托铭"一语是否有时间错误还不无可疑,我们似还不能据此即断定陈氏之并非突然而死。但叶氏的祭文并未注明作于何时,假如作于陈氏去世多日之后,则所谓"悬",所谓"畴昔"者,仍只是指陈氏垂死之际而言。即再退一步说,"垂死"二字即使不可确信,而吴子良的记载却并不因此而全部可疑。其"铭或不信"云云,与叶氏祭文全相合,更是不容有误的。那么,陈氏于托铭时既嘱叶氏以"必信",而叶氏于祭文中又以"余不敢苟"相告,则叶氏在《墓志铭》中所说的"同甫虽据高第,忧患困折,精泽内耗,形体外离,未至官,病,一夕卒"等语,绝不会有"不信"的成分在内,也是可以断言的。

　　一方是本证旁证俱全,另一方是人证物证均缺,然则方回的一段记载,即使不以其人而废,岂不也终被全然推翻了吗?

　　　　　　　(原载天津《益世报·读书周刊》,1937年3月25日)

邓广铭与20世纪的宋代史学

刘浦江

在20世纪的中国史学史上,邓广铭教授占有重要的一席。作为宋代史学的开创者和奠基人,他的学术贡献影响着几代宋史研究者。从学术史的角度来看,这是一位值得研究的现代历史学家。

一、 邓广铭的学术道路

邓广铭(1907—1998),字恭三。1907年出生于山东省临邑县。临邑是一个相当偏僻、闭塞而且文化很不发达的地方,在满清一代的二百多年中,临邑没有出过一个进士;邓家在当地虽算得上一户殷实人家,但也不是什么书香门第。

1923年夏,16岁的邓广铭考入山东省立第一师范学校。一师的校长王祝晨是一位热心于新文化运动的教育家,在此求学的四年间,邓广铭才"受到了一次真正的启蒙教育"。[①] 在他当时读到的史学著作中,顾颉刚主编的《古史辨》及其整理的《崔东壁遗书》给他留下了非常深刻的印象。他在一师的同窗如李广田、臧克家等人,后来都相继走上了文学道路,而他却最终选择了史学,这与风靡那个时代的疑古思潮对他的吸引是分不开的。

1927年,邓广铭因参加学潮而被校方开除。三年后,他来到北平,准

---

① 邓广铭:《自传》,载《邓广铭学术论著自选集》,首都师范大学出版社,1994年版。

备报考大学。1931年,他第一次报考北大未被录取,便考入私立的教会学校辅仁大学,入英语系就读。次年再次投考北大,终于考入北大史学系,从此步入史学之门。这一年他25岁。

1927年至1937年是二十世纪中国学术史上的十年黄金时代,从三十年代初到"七七事变"前,则是北大史学系最辉煌的时期。这一时期史学系的专任教授以及兼任教授,有孟森、陈垣、顾颉刚、钱穆、胡适、傅斯年、姚从吾、蒋廷黻、雷海宗、陈受颐、张星烺、周作人、陶希圣、李济、梁思永、汤用彤、劳榦、唐兰、董作宾、毛子水、郑天挺、向达、赵万里、蒙文通等人,阵容非常强大,可谓极一时之盛。学生当中也人才济济,桃李芬芳。仅1935年和1936年两届毕业生中,就涌现了王树民、全汉昇、何兹全、杨向奎、李树桐、高去寻、邓广铭、王崇武、王毓铨、张政烺、傅乐焕等一批杰出的历史学家。

在北大求学期间,邓广铭遇到了对他此生学术道路影响最大的两位导师,一位是胡适,另一位是傅斯年。

胡适自1932年起担任北大文学院院长,至"七七事变"后才去职。在此期间,他为史学系讲授过中国哲学史、中国中古思想史、中国文学史概要等课程。邓广铭上四年级时,选修了胡适开设的一门"传记专题实习"课。这门课要求每位学生做一篇历史人物的传记,胡适开列了十几个历史人物供学生选择,其中宋代人物有范仲淹、王安石、苏轼、陈亮。邓广铭在此之前曾写过一篇有关浙东学派的文章,①于是便决定写一篇《陈龙川传》,作为他的毕业论文。1936年春,邓广铭完成了这篇12万字的毕业论文,得到胡适的很高评价,胡适给了他95分,并写下这样的评语:"这是一本可读的新传记。……写朱陈争辨王霸义利一章,曲尽双方思致,条理脉络都极清晰。"胡适还到处对人称赞这篇论文,"逢人满口说邓生",这对初出茅庐的邓广铭是一个极大的鼓励。② 这件事情对他以后的学术道路发生了非常重要的影响,他之所以选择宋史研究作为其毕生

---

① 《浙东学派探源——兼评何炳松〈浙东学派溯源〉》,天津《益世报·读书周刊》第13期,1935年8月29日。

② 邓广铭:《漫谈我和胡适之先生的关系》,载李又宁主编《回忆胡适之先生文集》第2集,纽约天外出版社,1997年版。

的学术事业,他之所以把一生的主要精力用来撰写历史人物谱传,先后写出《陈龙川传》《岳飞传》《辛弃疾》《王安石》这四部奠定其学术地位的宋人传记,与胡适都有很大关系。可以说,一部《陈龙川传》,基本上决定了邓广铭一生的学术方向。①

邓广铭在《怀念我的恩师傅斯年先生》一文中曾经说到,在他的学术生涯中,对他影响最大的三位前辈学者是胡适、傅斯年和陈寅恪,"而在他们三位之中,对于我的栽培、陶冶,付出了更多的心力的,则是傅斯年先生"。② 邓广铭与傅斯年的师生渊源始于大学时代。傅斯年的本职是中央研究院历史语言研究所所长。1930年,北大史学系主任朱希祖因采用一中学教师编写的中国近代史教材作为自己的讲义,受到学生攻击,因而去职,遂由傅斯年代理系主任。在邓广铭入学后不久,系主任一职便由研究西洋史的陈受颐接任,但傅斯年仍长期担任史学系兼职教授。

傅斯年在北大史学系先后开设了史学方法导论、中国古代文籍文辞史、中国古代文学史、中国上古史择题研究、汉魏史择题研究等五六门课。③ 其中"史学方法导论"这门课给邓广铭留下了深刻的印象。傅斯年在课堂上再三提出"史学即是史料学"的命题,并且常常把"上穷碧落下黄泉,动手动脚找东西"这句话挂在嘴边。前几年,邓广铭在一次访谈中谈到傅斯年的史学观念对他的影响时说:"傅斯年先生最初在中山大学创办语言历史研究所时提出这一治史方针,后来又在《中央研究院历史语言研究所集刊》上声明这是办所的宗旨。胡适在北京大学《国学季刊》发刊词中也表达了同样的意见。他们两人一南一北,推动史学朝这个方向发展,史学界由此也形成一种重视史料的风气和氛围,我置身这样一种学术环境中,受到这种风气的浸染,逐渐在实践中养成自己的治

---

① 据邓广铭教授晚年回忆说,傅斯年当时对这篇《陈龙川传》并不十分欣赏,他曾在胡适家中翻阅过这部稿子,后来对他的远房侄子、邓广铭的同班同学傅乐焕说:"他的文字虽写得不错,可简直是海派作风!"(见前揭《漫谈我和胡适之先生的关系》一文)傅斯年之所以会有这种印象,可能是因为这部《陈龙川传》征引史料不注出处的缘故。
② 原载《台大历史学报》第20期"傅故校长孟真先生百龄纪念论文集",1996年11月;收入《邓广铭学术文化随笔》,中国青年出版社,1998年版。
③ 牛大勇:《北京大学史学系沿革纪略》(一),《北大史学》第1辑,北京大学出版社,1993年。

史风格,形成自己的治史观念。"①如果说邓广铭在学术方向的选择上主要是受胡适的引导,那么他的学术风格和治学方法则留下了傅斯年史学观念的烙印。不过要说傅斯年对他的"栽培"和"陶冶",那主要还是在毕业以后的十年。

若是就狭义的专业领域的师承关系来说,不论是胡适还是傅斯年,对宋辽金史都谈不上有什么专门研究。大学时代,邓广铭也上过两门属于这个领域的专业课,一门是蒙文通讲授的宋史,另一门是姚从吾讲授的辽金元史。但这两位先生都没有给他后来的学术研究带来什么重要影响,他对这两位学者的评价也比较低调。②

1936年,邓广铭从北大史学系毕业后,胡适将他留在北大文科研究所任助理员,并兼史学系助教,而文科研究所的所长就是由胡适兼任的。傅斯年当时从这一届的文、史两系毕业生中物色了几位有培养前途的人,要他们去史语所工作,其中也有邓广铭,但由于此时史语所已经迁往南京,邓广铭表示自己还是愿意留在北大,傅斯年也就不再勉强他。

留校以后,邓广铭在文科研究所主要从事两项工作,一是与罗尔纲一起整理北大图书馆所藏历代石刻拓片,二是协助钱穆校点整理他为编写《国史大纲》而搜集的一些资料。就在毕业后的一年间,邓广铭确定了他毕生的学术方向。在胡适给他的毕业论文《陈龙川传》所写的评语中,曾提出这样一个问题:"陈同甫与辛稼轩交情甚笃,过从亦多,文中很少说及,应予补述。"③这就是邓广铭研究辛弃疾的最初契机。另外,他选择这样一个学术领域与当时的时代环境也有很大关系。在《邓广铭学术论著自选集》一书的《自序》中,他如是说:"这样一个学术研究领域之所以形成,……从客观方面说,则是为我所居处的人文环境、时代思潮和我国家我民族的现实境遇和我从之受业的几位硕学大师所规定了的。"几年

---

① 欧阳哲生:《一位历史学家的不倦追求——邓广铭教授谈治学和历史研究》,《群言》1994年第9期。
② 据牛大勇《北京大学史学系沿革纪略》(一),三十年代前半期在史学系担任兼职教师的赵万里和方壮猷也分别讲授过宋史和辽金元史;但邓广铭没有提到他是否选修过这两门课程。
③ 见前揭邓广铭《漫谈我和胡适之先生的关系》。

前,他在一次访谈中说到当初选择陈亮做传记,其中隐含的一个动机,就是"当时日寇步步进逼,国难日亟,而陈亮正是一位爱国之士;后来我写辛弃疾,也有这方面的原因"。① 这是那一代学者身上所承载的国家和民族责任感。

为了准备新编一部《辛稼轩年谱》和《稼轩词笺注》,大约在 1936 年底,邓广铭写出了那篇题为《〈辛稼轩年谱〉及〈稼轩词疏证〉总辨正》的成名作,指出梁启超《辛稼轩年谱》和梁启勋《稼轩词疏证》的种种不足之处。次年春,他打算向中华教育文化基金董事会申请辛弃疾研究的课题经费,为此征求胡适的意见,胡适勉励他说:"三十多岁的人做学问,那是本分;二十多岁的人做学问,应该得到鼓励。"但要求他必须先写一篇批评梁氏兄弟的有份量的书评,于是他就将已经写成的那篇文章寄给他在辅仁大学时的同学、当时主编《国闻周报》文艺栏的萧乾,很快就在《国闻周报》14 卷第 7 期上刊出。这篇文章博得胡适、傅斯年、陈寅恪、夏承焘等人的一致称许。当时陈寅恪还不认识邓广铭,读了这篇文章后到处向人打听作者的情况,②后来他在为邓广铭《宋史职官志考正》所作的序中也说到此事:"寅恪前居旧京时,获读先生考辨辛稼轩事迹之文,深服其精博,愿得一见为幸。"③夏承焘当时正在写《唐宋词人十家年谱》,其中也有辛弃疾,在看到这篇文章后,他给邓广铭写信说:"看了你的文章,辛稼轩年谱我不能写了,只能由你来写。我收集到一些材料,估计你都已看到。如你需要,我可寄给你。"④

这篇成名作发表之时,邓广铭正好 30 岁。半个多世纪后,他忆起这段往事时说:"就这一篇文章,影响了我的一生,是我一生的转折点。从此我就不回头了。"⑤就在去年,他还对女儿邓小南说过这样一句话:"我的'三十功名'是从'尘与土'中爬出来的。"⑥所谓"三十功名",就是指的

---

① 陈智超:《邓广铭先生访问记》,《中国史研究动态》1992 年第 5 期。
② 邓广铭:《在纪念陈寅恪教授国际学术讨论会闭幕式上的发言》,载《纪念陈寅恪教授国际学术讨论会文集》,中山大学出版社,1989 年版。
③ 《金明馆丛稿二编》,上海古籍出版社,1980 年版。
④ 见前揭陈智超《邓广铭先生访问记》。
⑤ 王汝丰:《邓老谈往》,载《仰止集——纪念邓广铭先生》,将由河北教育出版社出版。
⑥ 邓小南:《父亲最后的日子》,载《仰止集——纪念邓广铭先生》。

这篇文章。

由于这篇文章的影响,研究课题的申请得到顺利批准。此后不久即发生了卢沟桥事变,北大决定南迁时,因目的地尚未确定,故只有正副教授才能随校行动。此后两年间,邓广铭一头扎进北平图书馆,完成了《辛稼轩年谱》《稼轩词编年笺注》《辛稼轩诗文钞存》三部书稿。在这期间,给他指导和帮助最多的是赵万里和傅斯年。该项研究课题"研究指导人"一栏原来填的是胡适和姚从吾(想系当时胡适为文科研究所所长、姚从吾为史学系主任之故),但"七七事变"后胡适赴美,姚从吾南迁昆明,故次年春申请延长一年研究期限之时,遂将"研究指导人"改为赵万里。①邓广铭在北大史学系念书时就听过赵万里讲授的"中国史料目录学",及至到北平图书馆做这项研究时,更得到赵万里的直接指点。后来他在《辛稼轩诗文钞存》的《弁言》中提到这一点:"凡此校辑工作,所得赵斐云万里先生之指教及协助极多。"傅斯年虽然自史语所南迁后即已离开北平,但在邓广铭从事这项研究工作期间,两人之间屡有书信往来,有关《辛谱》和《辛词笺注》的体例、辛词的版本选择以及如何系年等等问题,傅斯年都提供过很具体周详的意见。②待这三部书稿完成以后,傅斯年又写信向香港商务印书馆推荐,不幸在排完版且已付型之后,恰值太平洋战争爆发,香港沦陷,以致未能印行。抗战胜利后,又经胡适的催促,才由上海商务印书馆将《辛谱》和《诗文钞存》刊行出来。

北大南迁昆明后,改由傅斯年兼任文科研究所所长。1939年8月,邓广铭奉傅斯年之召,辗转上海、香港、河内前往昆明。此时陈寅恪已被聘为北大文研所专任导师,在这以后的近一年时间里,邓广铭与陈同住一楼,朝夕相从,"实际上等于做他的助教"。③邓广铭晚年在谈到他的学术师承时说,自从踏入史学之门,"在对我的治学道路和涉世行己等方面,给予我的指导和教益最为深切的,先后有傅斯年、胡适、陈寅

---

① 见邓广铭致傅斯年函,1938年6月6日。原件藏台北"中研院"历史语言研究所傅斯年图书馆,复印件承柳立言先生提供。本文所引邓广铭致傅斯年函件均为此同一来源。
② 见邓广铭致傅斯年函,1937年4月22日。
③ 见前揭邓广铭《自传》。

恪三位先生"。① 不过从他一生的学术轨迹来看,陈寅恪对他的影响似乎并不明显。

在昆明的北大文研所期间,傅斯年总是千方百计地想要把邓广铭研治宋史的专业思想巩固下来。当时正值《宋会要辑稿》刊行,因价格不菲,邓广铭原本不想买的,傅斯年却非逼着他买下一部,并先由文研所垫付书款。邓广铭晚年回味这段往事,不无感慨地说,他最后选择宋史研究作为终身的学术事业,可以说是傅斯年给逼出来的。

1940年秋,为躲避日机轰炸,傅斯年决定将史语所迁往四川南溪县李庄,并要邓广铭也一同前往,以便利用史语所丰富的图书资料。到李庄以后,邓广铭的编制仍属北大文研所。从1940年底至1942年春,他受中英庚款董事会的资助,从事对《宋史》的考订工作,后来发表的《宋史职官志考正》《宋史刑法志考正》以及王钦若、刘恕诸传的考证文字,都是在此期间完成的。从他1941年7月8日写给傅斯年的一封信来看,他当时似乎有一个对《宋史》全书进行通盘考订的庞大计划,信中称他"已认整理《宋史》为毕生所应从事之大业","单论《宋史》各志一百六十二卷,即绝非三二年内之所可理董毕事者,并本纪、列传、世家等计之,势须视为毕生之业矣"。其实他那时已作过考订的亦不止后来发表的那些篇章,在同一封信中还说:"现札记之已经写出者,为《职官志考校》约十万字,《食货志考校》方成四万余字,全部写完后亦可得十万字左右,预期八月末或可成。其列传部分亦曾写就四五万字。"另外在《宋史职官志考正》的"凡例"中,还提到对《河渠志》和《兵志》也做了考订,但大概都没有最后定稿。

1942年春,邓广铭征得傅斯年的同意,准备到重庆找一工作,以便把仍滞留于北平的妻女接出。经友人何兹全介绍,他去C.C派刘百闵主持的中国文化服务社,主编一种名为《读书通讯》的刊物。次年7月,经傅斯年鼎力举荐,他被内迁重庆北碚的复旦大学聘为史地系副教授。由于他在复旦讲授的全校公共必修课"中国通史"颇受学生欢迎,两年后就晋升为教授。在此期间,《陈龙川传》《韩世忠年谱》《岳飞》三部著作也相

---

① 见前揭邓广铭《怀念我的恩师傅斯年先生》。

继由重庆的独立出版社和胜利出版社刊行。

抗战胜利后,南京政府教育部任命胡适为北大校长,在其回国之前由傅斯年任代理校长,傅斯年遂请邓广铭回北大史学系执教。当时有一种不成文的惯例,若是在别的大学做了教授,到北大往往要降格做副教授,当傅斯年提出名义问题时,邓广铭并无异议。

1946年5月,邓广铭回到北平。正忙于北大复员和重建的傅斯年马上把他借调到校长办公室,做了一个未经正式任命的"校长室秘书"。在胡适到任以后,邓广铭仍然在从事教学、研究工作之余做了很长一段时间的校长室秘书。

从此以后,邓广铭就再也没有离开过他的母校北京大学。1948年冬,傅斯年被南京政府教育部委派为台湾大学校长,他很想拉一批北大的教授去台大任教,以充实该校的师资力量。就在这年12月中旬胡适飞往南京之后,傅斯年屡次以北大校长胡适和教育部长朱家骅的名义致电北大秘书长郑天挺,指明要邀请部分教授南下,其中就有邓广铭。当郑天挺询问邓广铭的意向时,他这样回答说:"如果单纯就我与胡、傅两先生的关系来说,我自然应当应命前去,但目前的事并不那样单纯。胡、傅两先生事实上是要为蒋介石殉葬去的。他们对蒋介石及其政府的关系都很深厚,都有义务那样做。我对蒋介石和国民政府并无任何关系,因而不能跟随他们采取同样行动。"①尽管邓广铭与当时大多数知识分子一样,对未来的新政权怀着一种惴惴不安的心情,但他根本就没有作去台大的打算。

1950年,邓广铭晋升为北大历史系教授。从1954年至1966年,他一直担任中国古代史教研室主任。50年代是邓广铭学术创造力极为旺盛的一个阶段。请看看这份著述目录:1953年,《王安石》作为中国历史小丛书的一种由三联书店出版;1955年,经过大幅度修改增订的《岳飞传》由三联书店出版;1956年,《辛弃疾(稼轩)传》由上海人民出版社出版;同年,《辛稼轩诗文钞存》经过重新校订后由上海古典文学出版社出版;1957年,《辛稼轩年谱》修订本由上海古典文学出版社出版;同年,

---

① 见前揭邓广铭《漫谈我和胡适之先生的关系》。

《稼轩词编年笺注》首次由上海古典文学出版社出版。在当时北大历史系的所有教师中，邓广铭的学术成果是最多的，以致历史系的某位教授说："邓广铭现在成为'作家'了！"

1957年，中国知识分子的劫难开始了。次年，邓广铭在双反运动中受到批判，他提出的"四把钥匙"说被当作资产阶级的史学方法遭到清算。历史系的学生以铺天盖地的大字报要拔掉他这面资产阶级白旗，结果是剥夺了他上讲台的权力，一直到1963年才重新获得为学生授课的资格。但此后迄至"文革"结束，学术研究工作基本处于停顿状态。从1964年至1977年的14年中，他竟然没有发表过一篇论文。这是他57岁到70岁之间，正是一个学者学术生命最成熟的时期。

这期间他写出的唯一一部著作是那本引起争议的《王安石——中国十一世纪时的改革家》。1972年9月，日本首相田中角荣访华，据说毛泽东在会见田中时，曾对他说过这样一番话：二战后的日本历任首相全都反华，而你却要来恢复中日邦交，这很类似于王安石"祖宗不足法"的精神；美帝、苏修对你此次来访极力反对，而你却置之不顾，这又颇有王安石"流俗之言不足恤"的气概。于是人民出版社就来找邓广铭商量，请他按照毛泽东的谈话精神，对50年代写的那本《王安石》加以补充和修改。次年，人民出版社依照当时的惯例，将邓广铭此次重写的《王安石》印出百来本讨论稿，送到各大学和研究机关进行讨论，而反馈回来的意见，都说对"儒法斗争"反映得很不够，于是出版社要求他再作修改。最后这部书稿终于比照"儒法斗争"的需要改定出版了。①

直至"四人帮"被粉碎，邓广铭在年过70以后，迎来了他学术生命上的第二个青春。他一生中的这最后20年是他学术贡献最大的时期。就学术成果而言，这20年出版的著作有8种之多：《岳飞传》增订本(1983)、增订校点本《陈亮集》(1987)、校点本《涑水记闻》(1989)、《稼轩词编年笺注》增订本(1993)、《邓广铭学术论著自选集》(1994)、《辛稼轩诗文笺注》(1996)、《邓广铭治史丛稿》(1997)、《王安石》修订本(1983、1997)。与此同时，他还发表了40多篇论文。甚至在年过90以后，仍每日孜孜

---

① 参见邓广铭《北宋政治改革家王安石》序言，人民出版社，1997年版。

不倦地阅读和写作,直到住进医院时为止。

更为重要的是,他晚年的贡献已不仅仅局限于个人的研究领域。为了推动中国史学的发展,为了培养史学后备人才,他发挥了非常重要的作用。1978年,出任"文革"后北大历史系首届系主任。自1980年起,担任中国史学会主席团成员,创建中国宋史研究会并连任三届会长。1982年,创建北京大学中国中古史研究中心,担任中心主任达十年之久。这种贡献的价值也许比他个人的研究和著述更有意义。

二、 邓广铭的学术贡献

中国的断代史学是从本世纪新史学兴起之后才逐渐形成的。就宋代历史的研究状况而言,与先宋时代的历史有一个很大的不同,宋以前的历史,古人已有研究,而宋以后的历史则不然。元明清三代只有史书的编纂和史料的考订,没有史学可言,所以在本世纪之前根本就谈不上什么宋史研究。

张荫麟(1905—1942)是本世纪宋史研究的先驱。从二十年代中叶起,他先后发表论文20余篇,宋史研究的不少课题都是由他发轫的。但由于英年早逝,未能取得更大成就。邓广铭晚年谈及张荫麟时,说"张是清华大学的才子,陈寅恪很赏识他,但张教书、治史都不成功"。[①]对他评价很低。公允地说,张荫麟对于宋代史学的首创之功不应埋没,但他的成就和影响尚不足以使宋代史学形成为一门规模初具的断代史学。

宋代史学体系之建立,始于邓广铭。至四十年代,邓广铭在宋史学界的权威地位已经得到史学大师们的承认。1943年,陈寅恪在为《宋史职官志考正》所作的序中评价说:"邓恭三先生广铭,夙治宋史,欲著《宋史校正》一书,先以《宋史职官志考正》一篇,刊布于世。其用力之勤,持论之慎,并世治宋史者,未能或之先也。……他日新宋学之建立,先生当为最有功之一人,可以无疑也。"[②]1947年,顾颉刚在《当代中国史学》一

[①] 见前揭欧阳哲生《一位历史学家的不倦追求——邓广铭教授谈治学和历史研究》。
[②] 《金明馆丛稿二编》,上海古籍出版社,1980年版。按陈寅恪所称"新宋学"实际上是指宋代史学,这一名称极易产生歧义,故本文不取这种说法。

书中对本世纪上半叶的中国史学做了一番全面的回顾,其中在谈到宋史研究的状况时说:"邓广铭先生年来取两宋各家类书、史乘、文集、笔记等,将《宋史》各志详校一遍,所费的力量不小,所成就亦极大。其《宋史职官志考正》已刊于《历史语言研究所集刊》中,更有《岳飞》《韩世忠年谱》《陈龙川传》,及论文《陈桥兵变黄袍加身故事考释》《宋太祖太宗授受辨》《宋史许及之王自中传辨证》。宋史的研究,邓先生实有筚路蓝缕之功。张荫麟先生亦专攻宋史,惟英年早逝,不克竟其全功。但就所发表的论文看来,其成就已很大,仅次于邓广铭先生而已。"①至四十年代末,由于邓广铭的努力,宋代史学在中国史学中可以说已经独树一帜。

今天,邓广铭教授早已被公认为本世纪宋史学界的学术泰斗。最近,周一良教授在一篇纪念文章中说,在邓广铭 90 诞辰的时候,他曾想写一篇文字,"主题就是'邓广铭是二十世纪海内外宋史第一人'"。其理由是:邓广铭的宋史研究,范围非常广泛,不像一般学者那样只偏重北宋,而是南北宋并重;不但研究政治史、经济史,也研究典章制度、学术文化,甚至还笺注过辛词,这在宋史学界是无人能比的。② 邓广铭培养的第一位研究生漆侠教授,对他老师的学问的评价是"致广大而尽精微",他认为"真正能够盱衡天水一朝史事的",唯有邓广铭先生;"宋辽夏金断代史方面的通才",也只有邓广铭先生一人。③

在二十世纪的中国史学史上,邓广铭教授究竟占有怎样一个位置?自新史学诞生以来,中国出现了五位一流的史学大师,这就是王国维、陈寅恪、陈垣、钱穆、顾颉刚,他们可以称得上是通儒。其次是在某个断代史或专门史领域获得最高成就、享有举世公认的权威地位者,也为数不多。如唐长孺之于魏晋南北朝史,韩儒林之于蒙元史,谭其骧之于历史地理,以及邓广铭之于宋史。

除了宋史之外,邓广铭教授的研究领域还涉及辽金史,尤其是有关宋辽、宋金关系的问题。他对辽金文献史料有相当深入的研究,如关于《辽史·兵卫志》的史源,关于《大金国志》和《金人南迁录》的真伪等等。

---

① 顾颉刚:《当代中国史学》,南京胜利出版公司,1947 年版。
② 周一良:《纪念邓先生》,载《仰止集——纪念邓广铭先生》。
③ 漆侠:《悼念恩师邓广铭恭三先生》,载《仰止集——纪念邓广铭先生》。

虽然他对辽金史的问题不轻易发表意见,但实际上他有很多精辟和独到的见解。譬如乣军问题,是辽金元史上一个长期无法解决的难题。他早就认为辽朝并无所谓"乣军",某部族乣实际上也就是某部族军,这一论点后来为他的学生杨若薇博士的研究成果所证实。

在邓广铭教授一生的著述中,最主要的是四传二谱,即《陈龙川传》《辛弃疾(稼轩)传》《岳飞传》《王安石》和《韩世忠年谱》《辛稼轩年谱》。在《北京大学历史学系手册》中,邓广铭教授在自己的"学术专长"一栏填的是"隋唐五代宋辽金史、历史人物谱传"。① 这可以看作是他一生治学方向和学术成就的一个自我总结。他在追溯自己的谱传史学情结时,说他自青年时代读了罗曼·罗兰的传记作品后,就"动了要写一组中国的英雄人物传记的念头";及至1932年考入北大史学系后,"我就发愿要把文史融合在一起,像司马迁写《史记》那样,用文学体裁写历史"。② 后来胡适的"传记文学习作"课则将他最终引上了谱传史学的路子。

周一良教授在评价邓广铭的学术成就时写到:"与一般史学家不同的一点是,他不但研究历史,而且写历史。他的几本传记,像《王安石》《岳飞传》《辛弃疾传》等等,都是一流的史书,表现出他的史才也是非凡的。……当代研究断代史的人,很少有人既能研究这一段历史,又能写这一段历史。"③我请周一良教授就这段话做一个详细的说明,他解释说,满清一代学风朴实,尤其是乾嘉时代的学者,在史料考订上下了很大功夫,但就是没有一个人写历史;现代史学家中不乏高水平的学者,许多人都能做出扎实的研究成果,但却极少有人能够写出历史。这就是邓广铭先生的不同凡响之处。

在邓广铭教授的四部历史人物传记中,以《岳飞传》和《王安石》花费的心血最多,也最为他本人所看重。《岳飞传》一书初名《岳飞》,是1944年应重庆胜利出版社之约而撰写的,次年8月15日此书出版之时,正是日本宣布无条件投降之日,这使邓广铭教授终身难忘。1954年,他把这部书作了大幅度修改,订正了许多旧史记载的错误,并改名为《岳飞

---

① 牛大勇编纂:《北京大学历史学系手册》,1997年刊行。
② 见前揭欧阳哲生《邓广铭教授谈治学和历史研究》。
③ 见前揭周一良《纪念邓先生》。

传》出版。粉碎"四人帮"后,他又花了五年的时间,再次改写《岳飞传》,此次修改的幅度比上次更大,改写的部分占全书的90%以上。《王安石》一书初版于1953年。由于文革中写成的那部《王安石——中国十一世纪时的改革家》带有明显的时代烙印,遂于80年代初修订后再版。但此次修订本并没有作太大的改动,"儒法斗争"的烙印依然比较明显。因此在年过80以后,邓广铭教授又四写《王安石》,对此书做了彻底的修改,在史料考订和辨伪上下了很大功夫,篇幅也增加二分之一以上。

除了上述几部谱传著作之外,《稼轩词编年笺注》也是一部高品质的传世之作。在《北京大学历史学系手册》中,邓广铭教授填写的三部代表论著是《稼轩词编年笺注》《岳飞传》和《王安石》,可见这部著作在他心目中的价值和份量。此书的初稿完成于1937年至1939年间,原拟由香港商务印书馆出版,因太平洋战争爆发而未果,一直到1957年才由上海古典文学出版社刊行。该书甫一问世便引起学界普遍关注,且有一些素不相识的专家学者写信给邓广铭教授,提出修订的建议或增补的资料。1962年此书增订本出版,并于1963年和1978年两次重印。八十年代后,邓广铭教授又花费很大精力再度对它进行修改和增订,于1993年推出一个更加完善的本子。《稼轩词编年笺注》是一部脍炙人口的佳作,自该书问世40年来,拥有相当广泛的读者,仅1978年一版就印行了25万册,邓广铭教授戏称它是一本"畅销书"。曾经有人对他谈到读完此书所留下的印象:"它是出自一个历史学者之手,而决非出于一个文学家或文学史家之手。"邓广铭教授对此的反应是:"这个评语的涵义,不论其为知我罪我,我总认为它是非常恰当和公允的。"[①]我们不妨说,这句话道出了此书的学术价值所在。

说到"写历史",还应该提到的是,六十年代初,邓广铭教授参加了由翦伯赞主编的《中国史纲要》的编写工作,撰写其中的宋辽金史部分,这部教材后来赢得了很高的声誉,但他所撰写的部分毕竟只有13万字的篇幅。邓广铭教授晚年的一个最大遗憾,就是没有写出一部堪称总结性成果的《宋辽金史》。几年前,他在为《邓广铭学术论著自选集》撰写的

---

① 《稼轩词编年笺注》增订三版题记,上海古籍出版社,1993年版。

《自序》中说:"在编选这本《自选集》的过程中,经常引起我的惭愧的一事是,我虽把辽宋金对峙斗争的时期作为主要攻治的一个特定历史段落,然而我竟没有像其他断代史的研究者那样,写一部详赡丰实的辽宋金史出来。"漆侠教授在看到这段文字之后,非常后悔没有及早促成邓广铭先生主编一部《辽宋夏金史》,藉以偿其夙愿。①

对于历史文献的整理和研究,也是邓广铭教授的重要学术贡献之一。四十年代初,他曾计划对《宋史》全书进行系统的考订,最终撰成一部《宋史校正》,后来这一计划虽未完成,但仅就他对《职官志》和《刑法志》的考订来看,可以说是自《宋史》问世六百年来对此书进行的第一次认真清理。"文革"期间,他还一度参加过由中华书局主持的《宋史》点校工作。八十年代以后,邓广铭教授长期担任国家古籍整理出版规划小组成员和全国高等院校古籍整理研究工作委员会副主任,并点校出版了《陈亮集》和《涑水记闻》(与张希清合作)。在他的主持下,北京大学中国中古史研究中心还完成了两项宋代文献的整理工作,一是点校赵汝愚的《国朝诸臣奏议》,二是编成一部《宋人文集篇目索引》。②

长期以来,邓广铭教授在研究南宋前期的宋金和战等问题时,曾花费过很大精力对徐梦莘的《三朝北盟会编》进行校勘,他早就有一个想法,准备在点校此书的基础上,仿照陈垣的《元典章校补释例》(又名《校勘学释例》)写出一部《三朝北盟会编校勘释例》,为古籍整理工作提供一个范例。现在,《三朝北盟会编》一书已经由我协助他完成了点校工作,而他却来不及写这部《校勘释例》了。

邓广铭教授一生中曾多次参与报刊的编辑工作,这是他对学术事业的另一种形式的贡献。早在 1933 年,他刚考入北大不久,就与北大英文系学生李广田和师大中文系学生王余侗共同创办了一份校园刊物《牧野》旬刊。大学三年级时,他又与同班同学傅乐焕、张公量为天津《益世报》主编《读书周刊》(名义上的主编是北大图书馆馆长毛子水),傅、张二人毕业离校后,改由他和金克木二人主编。1942 年,他在重庆的中国

---

① 见前揭漆侠《悼念恩师邓广铭恭三先生》。
② 关于邓广铭教授对古籍整理研究工作的贡献,请参看刘浦江《邓广铭先生与古籍整理研究工作》一文,载《古籍整理出版情况简报》1994 年第 11 期。

文化服务社专职主编《读书通讯》,直到次年暑期应复旦大学之聘时为止。1946年回到北平后,上海《大公报》请胡适主编《文史周刊》,遂由邓广铭担任执行编辑。从1951年起,清华历史系、北大史学系和近代史研究所共同为天津《大公报》主编《史学周刊》,北大史学系的代表就是邓广铭。1953年,《大公报》停刊,《史学周刊》改组为《光明日报》的《史学》双周刊,由北大、北师大和近代史所三家合办,邓广铭教授担任北大历史系的执行编辑。自1958年以后,《史学》双周刊改由北大历史系一家负责,范文澜、翦伯赞任主编,邓广铭和田余庆、陈庆华、张寄谦四人担任执行编辑,直到1966年《史学》停刊为止。① 在当时那种特殊的政治环境下,《光明日报·史学》担负着引导史学界学术方向的重任,由《史学》发起的关于曹操评价、让步政策、清官等问题的讨论,在当代中国史学史上曾发生过重要影响。

衡量一位学者的成就和贡献,还有一个很重要的方面,那就是他对学科的推动作用。邓广铭教授从教六十年,为中国史学界培养出许多优秀人才,今天宋辽金史学界的中坚力量大都与他有直接或间接的师承关系,在这个领域建立了一个成功的学统。在他八十年代担任宋史学会会长以后,为推动宋代史学的繁荣和进步做出了巨大的贡献。人们公认,最近二十年来,中国大陆宋史研究水平的提高在各个断代史中是尤为突出的。

邓广铭教授的女儿邓小南在和我谈到她父亲时曾说:"我觉得他是很想做傅斯年那样的学界领袖的。"老实说,傅斯年在任何一个领域都算不上一流的专家,但对于二十世纪中国史学发展的贡献,却很少有人能比得上他。"文革"以后,邓广铭教授的学术地位和崇高声望使他有可能像傅斯年那样为史学事业做出更大贡献,他充分把握了这种机遇。1978年他出任北大历史系主任后,义不容辞地肩负起北大历史系的"中兴"大业。他四处网罗人才,让长期被当作翻译使用的张广达回来做专业研究,从山西调来王永兴,从社科院调来吴荣曾,从中文系调来吴小如。又

---

① 参见邓广铭《我与〈光明日报·史学〉》,《光明日报》1993年4月26日;穆欣《理解与合作——忆邓广铭教授为〈光明日报〉主编〈史学〉专刊》,载《仰止集——纪念邓广铭先生》。

与王仲荦教授商定,要将他也调来北大,几经周折,山东大学执意不肯放人,只是说:"放王仲荦也可以,拿你们邓广铭来换!"当时还曾商调漆侠和胡如雷,也因河北方面不同意而作罢。在邓广铭教授担任系主任期间,为了提高教学质量,先后聘请了许多专家到历史系兼课,仅中国古代史方向就有宁可(中国通史)、吴荣曾(战国史专题)、漆侠(宋代经济史)、蔡美彪(辽金元史)、胡如雷(中国封建社会形态)、刘乃和(中国史知识讲座)、杨伯峻(《左传》研究)、王利器(古文献选读)等。今日北大历史系能够重振雄风,邓广铭教授的"中兴"之功实不可没。

有一件事情颇能说明邓广铭教授致力于学术振兴的用心和努力。1979年,邹衡教授因《商周考古》一书的出版而得到一笔稿费,在"文革"结束不久的当时,人们实在无法接受知识分子在工资之外还领取稿费的事实,很多人都认为这笔钱应该上交系里,邓广铭教授独持异议:"在这么多年的政治运动之后,还有人肯兢兢业业地做学问,应该予以特别奖励。不但不能收缴他的稿费,反而应该给他发奖金才对!"

创建北京大学中国中古史研究中心,是邓广铭教授晚年的又一贡献。按照他当时的设想,是想仿照傅斯年办史语所的方法,要求大家每天都到中心来读书和研究,互相探讨问题。他为中心提出的十六字方针是"多出人材,多出成果;快出人材,快出成果"。现在回过头来看,中心的建立确实为北大历史系储存了一批优秀的人才,今天他们已经成为中国史学界的一支生力军。前几年,邓广铭教授在他的《自传》中这样写道:"经我的倡议,……于1982年成立了北大中国中古史研究中心,由我任主任,迄于1991年卸任。在此十年之内,在此中心培育出许多名杰出学人,在学术上作出了突出贡献,这是我晚年极感欣慰的一桩事。"学术研究是一项薪火相传的事业,邓广铭教授成功地把他手中的火炬传给了后来人。

三、 邓广铭的学术品格

单从成就和贡献着眼,大概是很难真正理解一位学者的。学者的个性隐藏在他的学术品格之中。

首先从学术态度说起。学术态度的严肃性是学者的基本修养。从建国前过来的那一代历史学家,大都经受过实证史学的严格训练,学风的严谨在他们来说已经成为一种职业习惯。建国后,由于政治对学术的介入,实证史学受到了不公正的对待,史料被人蔑视,考据遭人嘲笑,历史学家声称要"以论带史"。即使在这种学术氛围中,邓广铭教授仍始终坚持实证史学的优良传统。1956年,他在北大的课堂上公开提出,要以职官、地理、目录、年代为研究中国历史的四把钥匙。两年后,"四把钥匙"说就在双反运动中遭到批判,有人质问说:"为什么单单丢掉了最根本的一把钥匙——马列主义?"并说"四把钥匙的实质就是取代、排斥马列主义这把金钥匙"。① 他为此受到很大压力,若干年后,才由郭沫若和胡乔木为"四把钥匙"说平了反。

忠诚于学术是邓广铭教授的一贯原则,尽管有时候坚持自己的信念并不是一件很容易的事情。五十年代末,中宣部副部长张盘石让李新主持中小学历史地理地图教材的编写工作,李新为此召集有关部门负责人及部分历史学家讨论编写条例,其指导方针是由吴晗起草并经周恩来批准的"八条","八条"的基本原则是要根据新中国的疆域去解释历史,将历史上不同民族之间的国与国的矛盾看作是国内的民族矛盾。邓广铭教授在会上坚决反对这一原则,认为应该尊重历史,不能根据现实去曲解历史。因为"八条"是总理批准了的,所以他的意见显得很孤立,但他始终坚持己见,结果会议不了了之。后来有人向上面反映说:邓广铭把会议搅黄了。②

对邓广铭教授稍有一点了解的人都知道,他一生中的许多著作都经过反复再三的修改、增订乃至彻底改写,这种情况在中国史学界似乎还找不到第二例。其中《辛稼轩年谱》改写过一次,《岳飞传》改写过两次,《王安石》先后修订和改写了三次,《稼轩词编年笺注》也修改、增订过两次,——而且就在1993年最后一个增订本出版之后,他又在着手进行新的修改,我手边就放着经他手订的修改本,改动的地方已达百余处。从

---

① 参见人民出版社编辑部编辑《历史科学中两条道路的斗争》"四把钥匙",北京人民出版社,1958年版。
② 李新:《无限的哀思——悼念邓广铭先生》,载《仰止集——纪念邓广铭先生》。

1937年开始撰著的这部《稼轩词编年笺注》,到1997年仍在不断地修改订补之中,这部著作的创作历程前后达60年之久!

按照邓广铭教授的计划,他原准备在有生之年把四部宋人传记全部再改写一遍,去年新版的《王安石》只是这个计划的第一步。他曾在病床上对女儿谈起过他的设想:"《岳飞传》前一部分整个重写,后面有些部分可以从书中撤出来,单独成文;《陈亮传》也不难写,有个得力的助手,半年时间可以搞出来;《辛弃疾传》基础太差,还要多做一些准备。"①去年,河北教育出版社准备为他出版全集,他坚持要等他把几部传记重新改写完毕以后才能收入全集,在1997年10月7日致河北教育出版社编审张惠芝的信中说:"《岳飞传》《陈亮传》《辛稼轩传》,我要新改的幅度都比较大。贵社计划把几传原样重印,我认为不可行。我一生治学,没有当今时贤的高深造诣,使20年代的著作可以在90年代一字不变的重印。我每有新的见解,就写成新书,推翻旧书。"②这就是他始终不渝的学术理想:追求至真、至善、至美的境界。

从邓广铭教授的著作中可以看到,他一生中凡正式发表的文字都是字斟句酌,决不苟且。就连他80岁以后写的文章还常有句子结构很复杂、逻辑很严密的表述,这显然是反复推敲的结果。他的论著既是如此认真地写出来的,所以就不能容忍别人改动他的文稿,他常对出版社或报刊的编辑提出这样的要求:"可以提出修改意见,也可以全稿废弃不用;但希望不要在字里行间,作一字的增删。"更不能让他容忍的,是由于某种"违碍"而删改文字。1996年,邓广铭教授为《台大历史学报》写了一篇《怀念我的恩师傅斯年先生》,其中谈到傅斯年去台湾后曾托人给他捎来口信,要把留在北平的藏书全部赠送给他,文中有一段注说:"此乃因傅先生昧于大陆情况之故,当时他已成一个被声讨的人物,其遗存物只应被公家没收,他本人已无权提出处理意见了。"去年,中国青年出版社在将这篇文章收入《邓广铭学术文化随笔》一书时,提出要把这段文字删去,邓广铭教授当即表示:"如果删去这段话,我这本书就不出了!"

---

① 见前揭邓小南《父亲最后的日子》。
② 此信由邓广铭口述,沈乃文笔录。兹据邓小南提供的信稿复印件。

邓广铭教授执着的学术精神是一个令人肃然起敬的话题。一位年过九旬的老人,仍坚守在他的学术阵地上,每天坚持读书和写作,直至病倒为止。在他生命的最后几个月里,为了修改讨论《辨奸论》真伪问题的论文,三番五次地托人从医院带回纸条,提出他的修改意见。躺在医院的病床上,面部插着氧气管和引流管,手臂上又在输液,即使在这样的情况下,他仍执意要看《王安石》一书的校样,于是女儿只好拿着放大镜,举着校样让他看。支撑着他那风烛残年的躯体的,该是多么顽强的精神。

章学诚最为推崇的是这样两种学术造诣:"高明者多独断之学,沉潜者尚考索之功。"①邓广铭教授在为去年北京大学出版社出版的《邓广铭治史丛稿》一书所作的《自序》中,用这两句话来概括他毕生的学术追求,他认为一位历史学家"一是必须具备独到的见解,二是必须具备考索的功力"。我以为,"独断之学,考索之功"八个字,再准确不过地点出了邓广铭教授的治学风格。

一个学者有点学问并不难,学问渊博也不甚难,难得的是有见识。"独断之学"要求学者不但要有见识,而且要见识卓越,见识特出。邓广铭教授素以史识见长,体现在他的论著中的个性化特征极为明显,原因就在于他从不人云亦云,总是能够独树一帜,自成一说。比如关于金军拐子马的解释,关于岳飞《满江红》的真伪问题,关于宋江是否受招安征方腊的问题等等,他都提出了与众不同的独到见解。在邓广铭教授的论著中,从来就没有模棱两可的意见,他的观点一向旗帜鲜明。

史识当然不是没有凭借的,它源自深厚的学养。史学之道,但凡"独断之学",必定有赖于"考索之功",否则"独断"就难免沦为"武断"。对于邓广铭教授那一代人来说,考证的功力似乎是先天的长处,而他在考证方面的擅长,即便与同时代人相比也是突出的。"考索之功"的前提是对史料的充分掌握,从对史料的重视程度来看,可以看出邓广铭教授的史学观念受到傅斯年的很大影响,傅斯年提出的"史学即是史料学"的观点,自五十年代以来一直遭到批判,邓广铭教授近年公开表明了他对这个问题的态度:"'史学即是史料学'的提法,我觉得基本上是没有问题

---

① 《文史通义》卷五《答客问中》。

的。因为,这一命题的本身,并不含有接受或排斥某种理论、某种观点立场的用意,而只是要求每个从事研究历史的人,首先必须能够很好地完成搜集史料,解析史料,鉴定其真伪,考明其作者及其写成的时间,比对其与其他记载的异同和精粗,以及诸如此类的一些基础工作。"[1]邓广铭教授历来主张研究历史要穷尽史料,这与傅斯年说的"上穷碧落下黄泉"也是一个意思。对于宋史研究者来说,"穷尽史料"是一个很高的要求,但邓广铭教授在他的研究中做到了这一点。

在邓广铭教授非常个性化的学术特色中,有一点给人们留下了深刻的印象,那就是他的论战风格。他一辈子都在进行学术论战,用陈智超先生的话来说,就是"写作六十年,论战一甲子"。[2] 实际上,邓广铭教授的学术论战还不止 60 年的历史。他写于 1935 年的第一篇学术性文章《评〈中国文学珍本丛书〉第一辑》[3]就是论战文字,而 1997 年写成的最后一篇论文《再论〈辨奸论〉非苏洵所作——兼答王水照教授》,[4]也仍然是一篇论战文字。在他病重住院期间,曾对女儿谈到他的论战风格:"我批评别人也是为了自己进步。我九十岁了,还在写文章跟人家辩论,不管文章写得好坏,都具有战斗性。"[5]

需要说明的是,这种"战斗"精神并不是在他成名以后才形成的,上面提到的那篇批评《中国文学珍本丛书》的文章发表时,他还在念大学四年级。这种论战风格的形成,主要是缘于他那"耿介执拗而不肯随和的性格",以及他那"从不左瞻右顾而径行直前的处世方式"。[6] 他在阐述自己的学术主张时说:"至于'奄然媚世为乡愿'(章学诚语)的那种作风,更是我所深恶痛绝,一直力求避免的。"[7]文如其人,这句话用在他身上实在是再合适不过了。对于邓广铭教授的文风,杨讷先生还有另外一种解释:"邓先生在指摘别人时的确用词尖锐,甚至使人难堪……部分由

---

[1] 《邓广铭学术论著自选集·自序》,首都师范大学出版社,1994 年版。
[2] 陈智超:《崇高的责任感》,载《仰止集——纪念邓广铭先生》。
[3] 《国闻周报》12 卷 43 期,1935 年 11 月 4 日。
[4] 《学术集林》第 13 卷,1998 年 5 月。
[5] 见前揭邓小南《父亲最后的日子》。
[6] 同上。
[7] 《邓广铭治史丛稿·自序》,北京大学出版社,1997 年版。

于他的个性,部分是受前一代文风的影响。看看三十年代的文坛健将,喜欢用尖锐言词写作或辩论的,人数真不少。他们对别人尖锐,也能承受别人对自己尖锐。邓先生从事著述起于三十年代,自然会受那时文风的影响,这是可以理解的。"① 这段话隐含着当代学者的一种价值倾向:对老一辈学者锐利的文风可以理解,但并不赞赏。

顾炎武曾提出一个理想的学者标准:"愚所谓圣人之道者如之何?曰博学于文,曰行己有耻。"② 邓广铭教授将"博学于文,行己有耻"八个字作为他的座右铭,以此来规范他的道德文章。关于他的学问方面,我们已经谈得太多,这里只想就一件小事来谈谈他的人格风范。去年春,河北教育出版社补贴资金出版了《庆祝邓广铭教授九十华诞论文集》,并以此为条件,商定出版他的全集,但因他与人民出版社早有出版《王安石》修订本的约定,遂影响到全集的出版问题。他当时首先想到的是,如果全集不能由河北教育出版社出版,他将欠下出版社的一份情,"这使我感到沉重的压力,如何清偿此事,成为我心头一块大病"。在去年 10 月写给河北教育出版社编审张惠芝的信中,他提出全集仍希望交给该社出版,但必须等他把四部传记全部改完;如果出版社方面不同意这个方案,"我在有生之年必须对贵社印行我的《九十祝寿论文集》作出报答,那么就请贵社把印制这本论文集的费用清单告诉我,我将在半年之内分两期全数偿还贵社。我今年 91 岁,我的人生观点就是绝不在去世之时,对任何方面留有遗憾,不论是欠书、欠文还是欠债,这样我可以撒手而去,不留遗憾在人间"。③ 看到这封信,我对邓广铭教授的道德文章有了更深的理解。我以为,这是对"博学于文,行己有耻"一语的最好诠释。

——原载《历史研究》1999 年第 5 期

---

① 杨讷:《走近邓先生》,载《仰止集——纪念邓广铭先生》。
② 《亭林文集》卷三《与友人论学书》。
③ 此信由邓广铭口述,沈乃文笔录。兹据邓小南提供的信稿复印件。

邓广铭学术年表

邓广铭,字恭三。
1907 年,一岁。
3 月 16 日生于山东省临邑县城南齐家庄。
1913 年,六周岁。
入读私塾,历时七年半。
1920 年,十三岁。
秋,考入临邑县立第一高等小学,在学三年。在校期间首次接触到新文化思潮。初读《胡适文存》,"胡适、陈独秀、钱玄同、周作人这许多参加新文化运动的主将的名字,也都在我的脑子里占有了地位"。(《自传》)
1923 年,十六岁。
夏,考入设于济南之山东省立第一师范学校,与后来成为著名诗人、文学家的臧克家、李广田等结为同窗好友。在热心于新文化运动的校长王祝晨倡导下,阅读大量介绍新思潮的报刊杂志,如《创造月刊》《京报》《语丝》《现代评论》等;校方还特地延请了北京大学的教授如沈尹默、梁漱溟、王星拱等人来校作短期讲学,使学生们的眼界大为开阔。
1924 年,十七岁。
秋,加入由高年级同学创办之"书报介绍社",得以恣意浏览南北各地所出之新书,受到了"真正的启蒙教育"。对历史上一些建立了大功业、具有高亮奇伟志节的英雄人物起了无限憧憬之情,并且了解到治史考史工作之大有可为,对于其后的治学道路,起到了一些导向作用。
1927 年,二十岁。
秋,升读后期师范(相当于高中)二年级。因反对军阀任命之守旧派新校长,参与发起全校学生罢课,被开除学籍。是冬至北京,旁听北京大学英语课程。

1928 年,二十一岁。

夏,因学费无着,返回山东。四处谋求职业。

1930 年,二十三岁。

秋,前往北平,一方面在北京大学旁听一些课程,一方面入读北平私立文治中学毕业班,以期取得高中毕业文凭,报考大学。

1931 年,二十四岁。

夏,报考北京大学,未被录取,考入辅仁大学英语系。

1932 年,二十五岁。

在辅仁大学读书期间,为周作人学术演讲《中国新文学的源流》做详细记录,9 月由北平人文书局出版。夏,考取北京大学文学院史学系。教授中名家累累,有胡适、傅斯年、孟森、钱穆、顾颉刚等人,极一时之盛。

1933 年,二十六岁。

北京大学二年级。与北大英文系学生李广田、师大中文系学生王余侗等共同编辑文学刊物《牧野》,于该刊发表《创刊号题词》及杂文、文学作品多篇。

1934 年,二十七岁。

5 月 30 日,与同班同学傅乐焕共同致信于北大文学院长胡适,建议"为了中国的学术界","以北大再来一次活跃的史学运动"。

1934 年秋至 1935 年夏,北京大学三年级。与傅乐焕、张公量共同为天津《益世报》主编《读书周刊》(名义上由北京大学图书馆馆长毛子水主编),开始于天津《大公报·图书副刊》《国闻周报》及《益世报·读书周刊》等报刊发表书评等类学术文章。

1935 年秋至 1936 年夏,北大四年级。选修胡适"传记专题实习"课,以《陈龙川传》作为毕业论文,获指导教授胡适赞赏。大学毕业。留校任文科研究所助教,与罗尔纲合作整理所藏缪荃孙艺风堂之金石拓本,并协助钱穆先生整理校点为讲授"中国通史"而搜辑之资料(亦即后来钱穆所撰《国史大纲》之"长编")。

1937 年,三十岁。

《〈辛稼轩年谱〉及〈稼轩词疏证〉总辨正》刊出,获得胡适、陈寅恪、夏承焘等大家之好评,获"中华教育文化基金董事会"研究资助。7月卢沟桥事变后,北平为日寇占领,北京大学决定南迁。转往北平图书馆继续研究工作,受到赵万里先生多方帮助。

1938 年,三十一岁。

春,完成《辛稼轩年谱》初稿。夏,于北平西北城寓庐撰成《辛稼轩年谱》编例。秋,应北京大学师友召邀,准备次春南下赴昆明西南联合大学。

1939 年,三十二岁。

编写完成《稼轩词编年笺注》初稿;编成《辛稼轩诗文抄存》。

夏,自天津遵海而下,经上海、香港、越南绕道前往云南昆明,任北大文科研究所高级助教。初秋途经上海,往谒任教于之江大学的夏承焘先生。

1940 年,三十三岁。

是年一月,夏承焘为《稼轩词编年笺注》作序,称"予友邓君恭三治文史,了然于递嬗之故,出其绪馀,为《稼轩年谱》,并笺其词,曩余获见一二,惊为罕觏。顷恭三自北平游滇,道出上海,乃得读其全稿。钩稽之广,用思之密,洪兴祖、顾嗣立之于昌黎,殆无以过"。春,完成《稼轩词编年笺注》例言于昆明青云街靛花巷北大文科研究所。

旁听陈寅恪先生佛典翻译文学等课程,实际上成为助教,日夕亲其謦欬。"这对我来说,收获之大确实是胜读十年书的。从陈先生的处事接物方面,我也看到了一位真正的学者的风范。"(《自传》)在昆明期间,与毛子水先生切磋往来颇勤。

11 月,随同中央研究院历史语言研究所迁往四川南溪县李庄镇。此后两年间从事于《宋史》部分志、传之校正工作。

1942 年,三十五岁。

春,前往重庆,任中国文化服务社编审,主编《读书通讯》。发表《〈宋史·职官志〉抉原匡谬》《评周谷城著〈中国通史〉》。

1943 年,三十六岁。

秋,由傅斯年先生推荐,受聘于内迁重庆北碚之复旦大学史地系,任副教授,讲授《中国通史》等课程。

《〈宋史·职官志〉考正自序》发表。陈寅恪为之作序,称誉云:"其用力之勤,持论之慎,并世治宋史者,未能或之先也。……其神思之缜密,志愿之果毅,逾越等伦。他日新宋学之建立,先生当为最有功之一人,可以无疑也。"

同年,《陈龙川传》由重庆独立出版社出版。

《〈宋史·职官志〉考正》获第三届教育部社会科学类学术三等奖。

1944 年,三十七岁。

是秋,带领复旦大学史地系高年级学生参观在重庆举行之文物展览,曾昭燏亲自解说,李济作总结报告,学生获益良多;又徇学生之请,请傅斯年、郭沫若至史地系作学术演讲。

《韩世忠年谱》由重庆独立出版社出版,《陈龙川传》再版。发表《陈桥兵变黄袍加身故事考释》《宋太祖太宗皇位授受问题辨析》《辛稼轩交游考》《〈宋史·许及之王自中传〉辨正》等篇文章。

应重庆胜利出版社之约,撰写《岳飞》一书。再回李庄,搜集有关岳飞资料;是冬,《岳飞》写成。

1945 年,三十八岁。

任复旦大学史地系副教授、教授。

"八·一五"抗战胜利之日,《岳飞》印出发行。"这两件事情的巧合,使我永远难忘。"(《自传》)

国民政府任命胡适为北京大学校长,在其未回国就任前由傅斯年任代理校长。应傅斯年先生邀约,决定回北京大学史学系任教。

1946 年,三十九岁。

5月7日,由重庆飞返北平,自次日起,应代理校长傅斯年要求,协助工作,成为北京大学校长办公室无聘书、无薪给之兼任秘书;8月,校长胡适就职后,仍兼任校长室秘书。

10月,任天津《大公报》副刊《文史周刊》执行编辑(胡适主编)。

同月北大正式开课,任史学系副教授,讲授"中国通史"及"隋唐五代宋辽金史"课程。

1947年,四十岁。

发表《〈宋史〉岳飞、张宪、牛皋、杨再兴传考辨》。

同年出版《辛稼轩年谱》(上海商务印书馆版,1957年上海古典文学出版社、1978年上海古籍出版社重印)、《稼轩诗文抄存》(上海商务印书馆版,1956年上海古典文学出版社、1979年上海古籍出版社、1986年香港中华书局重印)。

1948年,四十一岁。

发表《〈宋史·职官志〉考正》于《中央研究院历史语言研究所集刊》。完成《〈宋史·刑法志〉考正》。

协助胡适、黎锦熙订补《齐白石自述编年》,自《白石诗草》及其朋辈的著作中搜辑出有关白石生平的资料,与二先生共同写成《齐白石年谱》。

发表《汉武帝的"王霸并用"的治术》《西周初年的封建》《北宋旧党人士的"两截底议论"》《辛稼轩晚年的降官和叙复》及《揭发"国定错误"废除"国定课本"》等文章。

1949年,四十二岁。

1月31日,北平和平解放。10月1日,中华人民共和国成立。

1月初,将《齐白石年谱》定本寄交已经离开北平的胡适。3月,与胡适、黎锦熙合编之《齐白石年谱》由上海商务印书馆出版。12月,《〈宋史·刑法志〉考正》发表于《中央研究院历史语言研究所集刊》。

1950年,四十三岁。

任北京大学历史学系教授。

1951年,四十四岁。

参加知识分子思想改造学习运动。由是年起,北大史学系、清华历史系、中国科学院近代史研究所为天津《大公报》编辑《史学周刊》,代表北大史学系参与其事。

秋,全国高等院校进行院系调整,清华大学、燕京大学之文理学院各系与北京大学合并,北京大学迁至燕京大学原址,史学系改称历史系(由翦伯赞担任系主任)。

此后多年间讲授"隋唐五代史""宋辽金史""宋史专题"及"史学方

法论""唐宋农民战争史"等课程。

发表《论岳飞》《论钟相、杨么的起义和岳飞的绞杀起义军》等文章。

1952年,四十五岁。

发表《论王莽的代汉和改制》《试谈唐末的农民起义》等文章。

1953年,四十六岁。

是年《大公报》停刊,《光明日报》创办《史学》专刊,在范文澜、翦伯赞领导下,由北京大学历史系、北京师范大学历史系、中国科学院近代史研究所负责编辑。仍代表北大历史系参与其事。

《王安石》一书由北京三联书店出版。发表《"铜活字"和"瓢活字"问题》《翟让究竟是在哪一年起义的》等文章。

1954年,四十七岁。

任北京大学历史系中国古代史教研室主任。因批判胡适之唯心主义,批判胡风之"反革命文艺思想",学校停课甚久,于其间将旧著《岳飞》大加修改,易名为《岳飞传》。

发表《唐代租庸调法研究》《爱国词人辛稼轩》等文。

1955年,四十八岁。

出版《岳飞传》(北京三联书店版)。

1956年,四十九岁。

加入中国民主同盟。

在《稼轩年谱》《稼轩词编年笺注》初稿基础上进行修改补充,撰成二书之《题记》。

《辛弃疾(稼轩)传》由上海人民出版社出版。发表《〈辽史·兵卫志〉中"御帐亲军""大首领部族军"两事目考源辨误》等文章。

1957年,五十岁。

夏,"反右"运动起,学校停课数月搞运动。

《稼轩词编年笺注》出版(上海古典文学出版社版,1962年上海中华书局,1978年、1993年上海古籍出版社再版)。

发表《论赵匡胤》《评向达教授著〈唐代长安与西域文明〉》等文章。

1958年,五十一岁。

参加"双反运动"(后改为"拔白旗运动"),历史系集中批判"资产阶级史学观点、资产阶级史学方法"。因在教学过程中提出年代学、职官制度、历史地理与目录学为研究中国历史的"四把钥匙"而受到批判。"历史系学生以铺天盖地的大字报要拔掉我这面白旗。结局是宣布不许我再上课。"(《自传》)

《光明日报·史学》专刊改由北大历史系独负编辑之责,专刊之领导仍为范文澜、翦伯赞二人,由邓广铭、陈庆华、田余庆、张寄谦四人任执行编辑。

1959 年,五十二岁。

郭沫若、翦伯赞相继在《光明日报》替曹操翻案的文章,引起学术界讨论与关注,旋即在《史学》上引起了关于如何评价曹操的一场讨论,影响及于全国。后因陈伯达的干预而中止。

参加中国历史博物馆陈列设计工作。

与王振铎合作,为科学出版社《中国古代科学家》一书撰写《苏颂》篇(1963 年修订再版)。

1960 年,五十三岁。

参加由周扬领导之全国高等院校文科教材建设之讨论会。

1961 年,五十四岁。

翦伯赞在全国高等院校文科教材建设讨论会上接受编写《中国史纲要》之任务,其后即以全力编写该书之宋辽金史部分。

发表《也谈关于岳飞和赵构的一段资料》。

1962 年,五十五岁。

年初,于苏州南林饭店讨论《中国史纲要》稿;是冬,《中国史纲要》之《宋辽金史》《元明清史》部分由人民出版社先行印出。

1963 年,五十六岁。

恢复为学生讲课资格。在《光明日报·史学》专刊上刊出孙达人批判"让步政策"之文章,继而引起一场讨论。

发表《南宋对金斗争中的几个问题》及《唐宋庄园制度质疑》等文章。

1964 年,五十七岁。

秋,至顺义县天竺公社楼台村参加"四清运动"。

1965 年,五十八岁。

夏,由顺义县返回北京。

11 月 10 日,姚文元在上海《文汇报》发表《评新编历史剧〈海瑞罢官〉》,京沪各地逐渐展开批判吴晗的运动,揭开"文化大革命"序幕。《文汇报》记者采访时,指出姚文对于吴晗的批判是"欲加之罪,何患无词"。

1966 年,五十九岁。

5 月 25 日,聂元梓等人在北大贴出题为《陆平、宋硕、彭珮云,你们到底要干什么?》的大字报,6 月 1 日《人民日报》社论《横扫一切牛鬼蛇神》发表,全国性史无前例的浩劫"文化大革命"开始,全国高等院校一律"停课闹革命"。旋被指为"反动学术权威",免去历史系中国古代史教研室主任职务,成为革命之"对象"。自 9 月开始,或在北大劳动基地太平庄劳动,或回校于"劳改大院"住牛棚参加"改造"。其后虽曾一度获准至北京中华书局参加《二十四史》中之《宋史》标点工作,但不久即被校内"新北大""井冈山"两派组织押回北大,进行批斗。

1969 年,六十二岁。

10 月,根据军宣队决定,与北大教职工一起下放至江西鄱阳湖畔之鲤鱼洲,从事繁重体力劳动。

1971 年,六十四岁。

5 月初,返回北大。"九·一三"林彪事件后,北大大批师生员工返校。

1972 年,六十五岁。

在军宣队领导下,在昌平献陵村"开门办学",参加劳动。9 月,日本首相田中角荣应邀访华,在毛泽东主席会见田中角荣时,"据说曾称赞他访华的勇气,与宋代宰相王安石'三不足'精神中之'祖宗不足法、人言不足恤'颇相似云云",于是,人民出版社派员商洽,请将旧作《王安石》中叙述"三不足"精神之处加以扩充,争取当年出版。先生坚持"旧作必须进行大量修改,只扩充'三不足'精神部分绝难了事"(《自传》)。其后,受到"评法批儒"与"批林批孔"诸闹剧之干扰,出版社要求《王安石》一书须富于"时代气息",因而一改再改。

1975 年,六十八岁。

《王安石——中国十一世纪时的改革家》由人民出版社出版。

1976 年,六十九岁。

10 月,"四人帮"被捕,十年"文革"浩劫结束。

1978 年,七十一岁。

任北京市"政协"委员。出任北京大学历史系主任,文科学术委员会主任。在教学科研工作中拨乱反正。

将 1954 年改写过之《岳飞传》重新大幅度修订,修订工作亘时五载,改写部分占全书百分之九十以上。

发表《剥掉罗思鼎"史学权威"的画皮》《历史上的宋江不是投降派》等文章。

1979 年,七十二岁。

痛下决心抓本系师资力量建设,同时力排众议,聘请校外专家学者来系兼课。

《王安石——中国十一世纪时的改革家》一书,经删削有关"儒法斗争"与"批林批孔"的内容后再版发行。

发表《从一篇黑文看罗思鼎们对宋史和王安石变法的懵懂无知》《不需要为沈括锦上添花》《"黄龙痛饮"考释》等篇文章。

1980 年,七十三岁。

是春,与郑天挺、周谷城、白寿彝、刘大年共同被推举为中国史学会理事会主席团成员。秋,"1000 年至 1900 年中国社会和经济史"中美学术讨论会在北京举行,任中国代表团副团长(团长严中平,另一位副团长王毓铨)。冬,国务院设立学位委员会,出任该会历史学科评议组成员。同年中国宋史研究会于上海成立,被推举为会长。

发表《就有关宋江是否投降、是否打方腊的一些史料的使用和鉴定问题答张国光君》《〈鄂王行实编年〉中所记朱仙镇之捷及有关岳飞奉诏班师诸事考辨》《北宋的募兵制度及其与当时积弱积贫和农业生产的关系》,以及《论改革、改良与改良主义的区别》等文章。

1981 年,七十四岁。

任北京大学历史系博士生导师。呼吁成立中国中古史研究中心,以求"多出人材,快出人材;多出成果,快出成果"。同年辞去北大历史系主任职务。

出任《中国大百科全书》中国历史编辑委员会副主任、辽宋西夏金史主编。

发表《岳飞的〈满江红〉不是伪作》《论秦桧是杀害岳飞的元凶》以及《略论爱国主义和民族英雄》等文章。

1982 年,七十五岁。

北京大学中国中古史研究中心成立。担任该中心主任近十年之久,"在此十年之内,此中心培育出许多名杰出学人,在学术上作出了突出贡献,这是我晚年极感欣慰的一桩事"(《自传》)。

任国家古籍整理出版规划小组成员(后改任顾问)。于河南郑州参加并主持第二届宋史年会。

发表《王安石对北宋兵制的改革措施及其设想》《再论岳飞的〈满江红〉词不是伪作》《关于宋江的投降与征方腊问题》等文章。

1983 年,七十六岁。

代表社会科学界,任第六届中国人民政治协商会议委员,全国政协文史资料委员会副主任。同年任全国高等院校古籍整理研究工作委员会副主任(后改任顾问)。

《岳飞传》(增订本)、《王安石——中国十一世纪时的改革家》(修订本)由人民出版社出版。

1984 年,七十七岁。

夏,于民盟中央举办的第二期"多学科学术讲座"作"两宋政治经济问题"学术讲演。

秋,于杭州参加并主持第三届宋史年会,发表《略谈宋学——附说当前国内宋史研究情况》讲话。

是冬,率大陆宋史学者赴香港中文大学参加第一次国际宋史研讨会,海内外学者共聚一堂。海峡两岸学者得以直接见面,交流学术意见。

邓广铭、程应镠主编之《中国历史大辞典·宋史卷》,由上海辞书出版社出版。发表《三十卷本〈陈龙川文集〉补阙订误发覆》《陈亮反儒问题辨析》等文章。

1985 年,七十八岁。

5 月,与徐规共同发起,北京大学与杭州大学联合主办中国宋史国际学术研讨会。是为祖国大陆举办的第一次宋史国际学术盛会。

《岳飞传》(增订本)由人民出版社出版。

1986 年,七十九岁。

发表《谈谈有关宋史研究的几个问题》《略论有关〈涑水记闻〉的几个问题》《〈涑水司马氏源流集略〉考》《宋朝的家法和北宋的政治改革运动》等篇文章。

1987 年,八十岁。

4 月至 5 月,应日本学术振兴会之邀,访问日本。

于石家庄参加并主持宋史学会第四届年会。

在求实出版社《中国古代史讲座》发表《两宋辽金史简述》;同年由中华书局出版校点增订本《陈亮集》。发表《中国文化的继往与开来》等篇文章。

1988 年,八十一岁。

退休,继续从事学术研究。

赴广东中山大学参加纪念陈寅恪教授国际学术讨论会,并于闭幕式上发言。

与漆侠合著之《两宋政治经济问题》由知识出版社出版。

1989 年,八十二岁。

主持编辑出版《纪念陈寅恪先生诞辰百年学术论文集》。

发表《关于周敦颐的师承和传授》《学术研究中的实事求是》《〈刘子健博士颂寿纪念宋史研究论集〉前言》以及《胡适与北京大学》等篇文章。与张希清合作校点之《涑水记闻》于中华书局出版。

1990 年,八十三岁。

发表《宋代文化的高度发展与宋王朝的文化政策》《〈大金国志〉与〈金人南迁录〉的真伪问题两论》《朱陈论辩中陈亮王霸义利观的确解》以及《在"文革"中被迫害致死的翦伯赞》等篇文章。

1991 年,八十四岁。

8月,与漆侠联合发起,北京大学与河北大学共同主办第二届中国国际宋史研讨会。

10月,值胡适诞辰百周年纪念之际,赴香港参加中文大学中国文化研究所主办之"胡适与现代中国文化"国际学术研讨会,发表题为《胡著〈说儒〉与郭著〈驳说儒〉平议》之学术报告。

是年辞去北大中国中古史研究中心主任之职。

发表《对有关〈太平治迹统类〉诸问题的新考索》《王安石在北宋儒家学派中的地位——附说理学家的开山祖问题》《辛稼轩归附南宋的初衷和奏进〈美芹十论〉的主旨——纪念辛稼轩诞辰850周年》《陈傅良的〈历代兵制〉卷八与王铚的〈枢廷备检〉》等文章。

1992 年,八十五岁。

是春,于开封宋史学会年会上,辞去宋史研究会会长一职,被推举为名誉会长。

《中国大百科全书》中国历史卷由中国大百科全书出版社出版。

发表《试破宋太宗即位大赦诏书之谜》《略论辛稼轩作于立春日的〈汉宫春〉词的写作年份和地点——读郑骞教授〈辛稼轩与韩侂胄〉书后》等文章。

撰《邓广铭学术论著自选集》之《自序》《自传》。

1993 年,八十六岁。

3月,南下杭州参加岳飞诞辰八百九十周年国际学术研讨会,发表题为《岳飞是永远值得我们纪念的人物》之学术讲演。

发表《关于王安石的居里茔墓及其他诸问题》《校点本〈宋诸臣奏议〉弁言》《读〈漫谈辛稼轩的经济生活〉书后》《解放思想,实事求是,把史学研究推向新的高峰》以及《我和北大》等文章。

1994 年,八十七岁。

《邓广铭学术论著自选集》由首都师范大学出版社出版,其中收录《唐代租庸调法研究》等学术论文三十九篇,附录包括《自传》《主要著述目录》等。

1995 年,八十八岁。

《辛稼轩诗文笺注》(邓广铭辑校审订、辛更儒笺注)由上海古籍出版社出版。发表《〈辨奸论〉真伪问题的重提与再判》《我与胡适》等文章。

编辑《邓广铭治史丛稿》,12 月,撰成该书自序。

1996 年,八十九岁。

发表《〈永乐大典〉所载〈元一统志·陈亮传〉考释》《为王安石的〈明妃曲〉辨诬》《略论王安石"为天下理财"的主张及其实践》《关于传统文化与现代化问题之我见》以及《怀念我的恩师傅斯年先生》等文章。

8 月 8 日,与冰心、贾兰坡、季羡林、柴泽民、王蒙等五十五人联名上书国家主席江泽民,呼吁紧急拯救三峡文物。

1997 年,九十岁。

《王安石统一中国的战略设想及其个人行藏》《漫谈我和胡适之先生的关系》发表。

3 月,完成"四写王安石"工作。

5 月,《辛稼轩年谱》(增订本)由上海古籍出版社出版。

6 月,《邓广铭治史丛稿》作为"北大名家名著文丛"之一,由北京大学出版社出版,该书收入作者之学术论文四十六篇。

7 月,因病住入友谊医院。卧病中修改完成《再论〈辨奸论〉非苏洵所作》一文,校读《北宋政治改革家王安石》校样,安排了有关《宋诸臣奏议》的出版及本人学术全集的编纂事宜。

10 月,《北宋政治改革家王安石》由人民出版社出版。原计划继续修订《岳飞传》《陈龙川传》《辛弃疾传》等三部著作,由于卧病而未竟其志。

1998 年,九十一岁。

1 月 10 日上午 9 时 50 分,因病在北京去世,享年九十一岁。1 月 17 日,遗体告别仪式于八宝山革命公墓隆重举行。

为黎东方《细说中国历史》所作序文、与刘浦江合作之《〈三朝北盟会编〉研究》刊出,《再论〈辨奸论〉非苏洵所作》由上海远东出版社《学术集林》发表。

先生毕生致力于中国古代史、特别是宋史的教学与研究工作,在二十世纪中国学术史上,被公认为宋史泰斗,一代宗师。

(参考:《邓广铭学术论著自选集·自传》;

关国煊"史学家邓广铭",台湾《传记文学》七十二卷第三期,1998年3月;

《仰止集——纪念邓广铭先生》,河北教育出版社,1999年3月;

《"文革"初期〈文汇报〉的一份"内参"》,《百年潮》1999年8月)。

邓小南　刘浦江　聂文华编